# HISTÓRIA DO FUTURO

Georges Minois

# HISTÓRIA DO FUTURO

## DOS PROFETAS À PROSPECTIVA

Tradução
Mariana Echalar

editora unesp

Título original: *Histoire de l'avenir: des prophètes à la prospective*

Cet ouvrage, publié dans le cadre du Programme d'Aide à la Publication 2015 a bénéficié du soutien de l'Institut Français du Brésil.

Este livro, publicado no âmbito do Programa de Apoio à Publicação 2015 contou com o apoio do Instituto Francês do Brasil.

Direitos de publicação reservados à:

Fundação Editora da Unesp (FEU)
Praça da Sé, 108
01001-900 – São Paulo – SP
Tel.: (0xx11) 3242-7171
Fax: (0xx11) 3242-7172
www.editoraunesp.com.br
www.livrariaunesp.com.br
feu@editora.unesp.br

CIP – Brasil. Catalogação na publicação
Sindicato Nacional dos Editores de Livros, RJ

M625h

Minois, Georges
História do futuro: dos profetas à prospectiva / Georges Minois; tradução Mariana Echalar. – 1.ed. – São Paulo: Editora Unesp, 2016.

Tradução de: *Histoire de l'avenir: des prophètes à la prospective*
ISBN 978-85-393-0640-4

1. História social. 2. Previsão – História. 3. Profecias – História. I. Echalar, Mariana. II. Título.

16-35506 CDD: 003.209
CDU: 159.961.3

Editora afiliada:

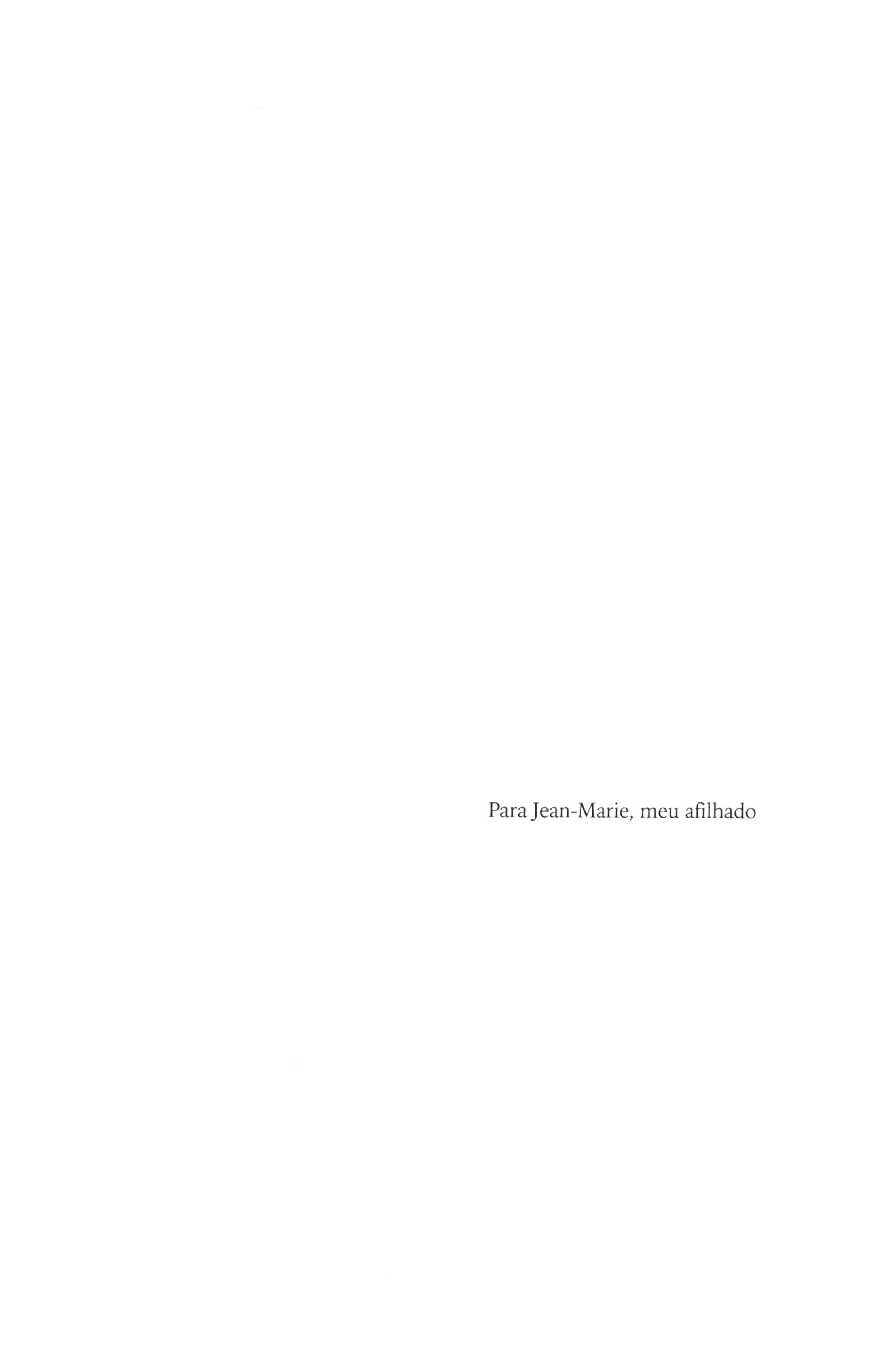

Para Jean-Marie, meu afilhado

"To morrow, and to morrow, and to morrow,
Creeps in this petty pace from day to day,
To the last syllable of recorded time:
And all our yesterdays have lighted fools
The way to dusty death. Out, out, brief candle,
Life's but a walking shadow, a poor player,
That struts and frets his hour upon the stage,
And then is heard no more. It is a tale
Told by an idiot, full of sound and fury,
Signifying nothing."[1]

William Shakespeare, *Macbeth,* V, 5

1 Trad.: "Amanhã, depois amanhã, depois amanhã, rasteja mansamente, dia a dia, até a última sílaba da recordação; e todos os nossos ontens iluminaram para os tolos o caminho rumo à poeira da morte. Apaga, apaga, breve chama! A vida é apenas uma sombra que passa, um pobre bobo que se pavoneia e se exalta uma hora sobre o palco e depois não se ouve mais, uma história contada por um idiota, cheia de barulho e fúria, e que não quer dizer nada". (N. T.)

# – SUMÁRIO –

# – INTRODUÇÃO –

Predizer é próprio do homem. É uma dimensão fundamental de sua existência. Todos nós temos um pé no presente e outro no futuro. Viver é antecipar incessantemente, e cada uma de nossas ações tende para um alvo situado no futuro. Apenas uma parte desse futuro é conhecida, determinada: amanhã, o dia amanhecerá, e as estações continuarão a se suceder. O desconhecido é o conteúdo desse quadro fixo: de que será feito o amanhã? Essa pergunta não é uma prova de curiosidade vã, é uma pergunta vital, à qual respondemos incessantemente de forma implícita, porque, se fazemos hoje os mesmos atos de ontem, é porque supomos que amanhã será como hoje. Passado, presente, futuro formam um todo indissociável e, se podemos agir no presente, é porque nos lembramos do passado e entrevemos o futuro.

Apenas o futuro dá sentido, justifica nossos atos, ou revela sua inutilidade. Para serem plenamente eficazes, portanto, teríamos de conhecer esse futuro. Isso era verdadeiro para o homem pré-histórico, que precisava prever os movimentos dos rebanhos selvagens; isso ainda é verdadeiro para as autoridades políticas e econômicas dos dias atuais, que precisam prever a evolução da conjuntura para tomar as decisões certas; mas também para qualquer homem, quer especule na Bolsa, escolha um novo emprego ou decida pegar um guarda-chuva. A vida nos força a escolher continuamente e, por consequência, a predizer.

O problema é que o futuro nos é desconhecido. Nossas escolhas, portanto, são apostas ou estimativas, e quanto mais exatas se revelarem essas estimativas, mais nossa ação terá sido eficaz. O ideal, acreditamos, seria conhecer o futuro, o que nos permitiria fazer exatamente o que convém para nosso bem. É por isso que, desde as origens, o homem se esforça para alcançar esse conhecimento do futuro pelos meios mais variados.

Essa busca patética se parece muito, portanto, com a procura de uma quimera. Ela é viciada desde o início por uma contradição. De fato, tentar conhecer o futuro é supor que ele é cognoscível, em outras palavras, já determinado no momento atual e inevitável. Então de que adianta conhecê-lo? O que foi decidido pelas parcas, pelo Deus Todo-Poderoso ou por um destino anônimo acontecerá de todo modo, e as ações que vou empreender já estão previstas: "Não se ganha nada por saber o que vai necessariamente acontecer", escreve Cícero, "porque é uma miséria atormentar-se em vão".

Portanto, anunciar o futuro somente tem sentido se ele não é determinado, isto é, se é imprevisível. Nesse caso, a "previsão" se torna uma atividade de caráter mágico, que se destina a produzir o futuro desejado. É entre estes dois extremos contraditórios que a atividade de predição se move há séculos: ler sem nenhum proveito um futuro inevitável, ou prever um futuro que não existe e ainda deve ser inventado. Tanto num caso como noutro, predizer é uma ilusão. Mas se os homens teimaram em perseguir esse fim é porque o futuro tem múltiplas funções, conscientes e inconscientes, ligadas à condição humana.

Procuramos, em primeiro lugar, nos tranquilizar, dar conteúdo a esse futuro aberto para acabar com a incerteza, para nos convencer de que não somos um joguete de um acaso cego, mas fazemos parte de um plano coerente. Trata-se de eliminar a angústia diante do futuro, munindo-se de referências. Essa preocupação, que aparece desde a Antiguidade, desenvolveu-se até os dias de hoje, quando nosso futuro a curto e médio prazos é previsto e planejado até não poder mais: agenda profissional, planos de poupança, seguros de todo tipo, idade da aposentadoria. Tudo é previsto com o intuito de garantir o máximo de segurança.

Predizer também é tentar controlar o futuro, determinar os acontecimentos antes que ocorram. Primeiro, porque a predição tem em si um poder mágico de autorrealização. Fenômeno bem conhecido no plano psicológico: "Aquele que teme não dormir está mal predisposto a dormir, e aquele que teme seu estômago está mal predisposto a digerir", escreve Alain. Convencer-se da vitória ou do fracasso é a melhor maneira de suscitar sua realização. Isso é verdadeiro também no plano coletivo: predizer uma queda na Bolsa ou uma alta da inflação é desencadear os processos que vão provocá-las. Isso permite todo tipo de manipulação, correntemente praticada por gregos e romanos, que mandavam anunciar por oráculos e presságios o fracasso ou o sucesso dos empreendimentos bélicos e políticos. É por isso também que as predições e os horóscopos a respeito dos grandes deste mundo foram proibidos durante muito tempo. Ainda hoje, sabemos que a realização de uma pesquisa prospectiva tem o objetivo, entre outros, de preparar o espírito para as reformas.

Portanto, predizer é ao mesmo tempo agir. Os dois termos são indissociáveis e complementares. Não existe ação sem anúncio de um resultado; por outro lado, predizer é dar os meios para cumprir ou evitar a realização da predição. Nesse sentido, a melhor predição é muitas vezes aquela que não se realiza, aquela que nos permite tomar medidas para evitar a realização da catástrofe prevista. A predição eficaz pode ser tanto autodestruidora quanto autorrealizadora. Prever a paz mundial pode nos estimular a tomar medidas para favorecê-la; prever a guerra mundial pode nos estimular a tomar medidas para evitá-la. Tanto num caso como noutro, a predição terá sido salutar.

O importante, portanto, não é a exatidão da predição, mas seu papel de terapia social ou individual. O que importa não é que aconteça aquilo que foi previsto, mas que a previsão cure, alivie e estimule a ação. O astrólogo, a cartomante, o vidente são psicólogos, ou até psicanalistas, que tomaram o lugar dos confessores. Os consulentes não esperam deles conhecer realmente o futuro; se esse fosse o caso, há muito tempo já teriam deixado de consultá-los. Eles procuram de preferência um contato humano que os tranquilize. Não é surpresa que períodos instáveis e conturbados como o nosso, em que a vida gera angústia e *stress*, assistam a uma proliferação de consultórios de astrólogos e videntes. Esses profissionais são na verdade médicos da alma, e seus consulentes, doentes. De certa forma, fingir predizer é curar.

Durante muito tempo, a grande profecia inspirada teve esse mesmo papel. Anunciar catástrofes, o Apocalipse, é fazer o povo dos crentes examinar sua conduta, arrepender-se, corrigir-se. O procedimento é conhecido, desde os profetas hebreus até as profecias marianas de Fátima ou Salete. O profeta, aliás, pode ter boa-fé, como Jonas, que predisse a destruição de Nínive se os habitantes não se arrependessem. Ele se instala no alto de uma colina para assistir ao cataclismo e fica irado ao ver que Deus perdoou, frustrando o espetáculo esperado. Esse é o tipo da predição autodestruidora, que é bem-sucedida porque não se realizou.

De fato, a predição nunca é neutra ou passiva. Corresponde sempre a uma intenção, a um desejo ou a um temor; exprime um contexto e um estado de espírito. A predição não nos esclarece sobre o futuro, mas reflete o presente. Nesse sentido, revela a mentalidade, a cultura de uma sociedade e de uma civilização. Fazer a história da predição é contribuir para a história das civilizações. Não haveria nenhum interesse em fazer um catálogo das profecias passadas com o único objetivo de conceder ou negar atestados de vidência em função de seu grau de realização, ou procurar nessas antecipações uma imagem do futuro. Se fosse esse o caso, a história das predições seria a história dos fracassos da predição. Porque nunca ninguém conheceu o futuro, nem profetas, inspirados ou não, nem oráculos, sibilas, astrólogos, cartomantes, autores de ficção científica, utopistas, filósofos ou futurólogos. As profecias "realizadas" ou são pseudoprofecias antedatadas, ou são textos tão obscuros que se prestam a qualquer interpretação – o que faz, aliás, que só possam ser decifradas depois do acontecido, quando este já não tem mais interesse –, ou são verdadeiras trapaças, ou puras coincidências, ou resultado de um trabalho perspicaz, pura operação da inteligência a partir de dados passados e presentes. Em todo caso, o interesse dessas predições reside no que elas nos revelam acerca da época e do meio em que foram feitas. É nesse espírito que é concebida esta obra, uma obra de história e não de previsão.[1]

1 Evidentemente, o interesse pelas predições é reforçado pela aproximação do ano 2000, um número do qual lembramos o caráter totalmente arbitrário e insensato, no sentido etimológico do termo. 2000 depois de quê? 2000 vezes que a Terra fez a volta do Sol, desde o nascimento de Jesus Cristo? Nem isso. Em primeiro lugar, por que privilegiar a revolução terrestre ao redor do Sol? Na época de Cristo, as pessoas se baseavam no ano lunar, o que hoje daria uma conta muito diferente. Em segundo lugar, por que associar esse valor ao número 10 e a seus múltiplos? 1996 não é importante também? Além disso, todo mundo sabe que essa contagem se baseia num erro de vários anos cometido por Dionísio, o Pequeno: Jesus não nasceu no ano 1, mas provavelmente seis ou sete anos antes, isto é, o verdadeiro ano 2000 já passou! E por que não levar em conta os milênios que precederam nossa era? Por que não começar do surgimento do homem? Ou da Terra? Ou do Big Bang? Para centenas de milhões de muçulmanos, que contam em anos lunares desde a Hégira, nosso ano 2000 não tem nenhum sentido, nem para os diversos calendários indianos, ou para os que persistem em contar a partir do ano 1 da República una e indivisível. O ano 2000 é o ano 2000 apenas para os ocidentais, e muitos nem conhecem seu significado. Esse número não tem nenhum valor absoluto. Portanto, não existe nenhuma razão para se entusiasmar com ele, e sua celebração tem a ver com o fetichismo mais irracional, alimentado pela sociedade de consumo.

# PRIMEIRA PARTE

# A ERA DOS ORÁCULOS

A adivinhação primitiva, bíblica e greco-romana a serviço do destino individual e da política

"O primeiro profeta foi o primeiro malandro que
encontrou um imbecil; assim, a profecia é
da Antiguidade a mais alta."

Voltaire, *Exame de milorde Bolingbroke*
*ou O túmulo do fanatismo*

"Na verdade, admira-me que ainda existam
homens tão crédulos para acreditar em profetas
que os acontecimentos e os fatos refutam todos os dias."

Cícero, *De divinatione*

# – 1 –

## A PREDIÇÃO ENTRE OS POVOS ANTIGOS: SEGURANÇA E GARANTIA DIVINA

Desde que existe, o homem prevê. Quando desenha um bisão cravado de flechas nas paredes de uma caverna, ele representa tanto a caça de ontem como a de amanhã. E o desenho é ao mesmo tempo um feitiço, um ato mágico que se destina a garantir o sucesso de seu ato. Com um único gesto, ele antecipa e força a natureza ou os espíritos a agir. O homem manifesta desse modo que já, para ele, no alvorecer da humanidade, prever é controlar o futuro. Essa afirmação está na origem de todos os empreendimentos de predição, da adivinhação primitiva à prospectiva e à futurologia moderna. O homem pré-histórico, primeiro adivinho e primeiro profeta, associa a vontade de controlar o meio ambiente e o futuro imediatos. A história da humanidade será a história do domínio crescente do homem sobre um espaço cada vez mais vasto e um tempo cada vez mais distante.

Mas enquanto a dominação das três dimensões espaciais progride, graças a técnicas cada vez mais eficientes, a dominação do tempo continuará a ser uma eterna ilusão. O homem de hoje conhece tanto seu futuro quanto o caçador de Neandertal, e essa incerteza é sem dúvida mais cruel para ele do que era para seu distante ancestral, porque sua necessidade de saber aumentou proporcionalmente à sua dominação sobre o meio ambiente. O homem pré-histórico queria saber se mataria a caça, e provavelmente sua curiosidade acabava aí. O homem de hoje gostaria de saber uma infinidade de coisas sobre o amanhã e o depois de amanhã, das cotações de Wall Street à paz mundial, passando pela situação do emprego e pelo tempo no próximo verão. Apesar dos fracassos contínuos de suas previsões, ele continua a prever, mesmo sabendo que provavelmente elas estão erradas.

A condição humana repousa sobre esse jogo duplo: temos de fingir que sabemos de que será feito o amanhã para agir desde já. No fundo, ninguém é bobo: ninguém conhece o futuro, nem o mais imediato. Mas as necessidades da vida exigem que façamos "como se" soubéssemos. Contentamo-nos então com um mínimo de confiança nas previsões. No que concerne à vida cotidiana, cada um de nós, a partir de seus próprios hábitos, é capaz de fornecer esse mínimo. Mas para os acontecimentos que estão além do controle individual, são necessários "experts", pessoas capazes de inspirar confiança na comunidade.

## UNIVERSALIDADE E VARIEDADE DA ADIVINHAÇÃO

Esses especialistas existiram em todas as sociedades, desde o princípio. Seus nomes e suas técnicas variam, dos adivinhos aos futurólogos, dos profetas aos prospectivistas, dos áugures aos astrólogos, dos oráculos aos leitores da sorte. Prova do papel essencial da predição na condição humana: nos primeiros traços escritos deixados pelas civilizações do Oriente Próximo, a atividade de adivinhação é mencionada e visivelmente tem um papel social fundamental. Na Mesopotâmia, no mundo caldeu e assírio-babilônio, as tabuinhas de argila falam desde o III milênio de uma profusão de práticas divinatórias como a lecanomancia (consulta pelo óleo), a teratomancia (presságios feitos a partir de deformações), a oniromancia (estudo dos sonhos premonitórios). Os especialistas da interpretação desses sinais são adivinhos denominados, segundo o texto, *bârû, shâ'ilû, âshipu*.[1]

A atividade mais elaborada então é o haruspicismo, isto é, a observação de órgãos internos de animais sacrificados, especialmente a fim de tirar presságios deles. Desde antes de 2000 a.C., tabuinhas descrevem os processos extremamente elaborados dessas consultas, o que nos leva a supor uma

---

1 Contenau, *La divination chez les assyriens et les babyloniens*.

história já muito antiga. É impressionante constatar o rigor dessa atividade, que se baseia em observações morfológicas e anatômicas de extrema precisão. Anotando as medidas, as analogias, as posições, conservando os resultados das consultas em "tábuas de experiências", os adivinhos dão um valor positivo ou negativo ao que constatam, em função das posições e do aspecto dos órgãos, em particular as oposições direita-esquerda, superior-inferior, claro-escuro. Eles escrevem tratados registrando sua experiência e ensinando os tipos de interpretação tirados da observação. De acordo com suas tradições, os princípios dessa arte teriam sido revelados pelos deuses a um rei lendário que viveu antes do dilúvio.

Desde o início, portanto, entre os sumérios e os acadianos, o conhecimento do futuro se baseia numa combinação de revelações sobrenaturais e estudos experimentais do mundo natural, e aquelas são fiadoras da legitimidade destas. Apenas os espíritos divinos conhecem o futuro, mas, por intermédio de fatos naturais, eles enviam sinais que permitem que os homens o adivinhem. Para o homem arcaico, estritamente submetido à natureza, a plausibilidade desses sinais repousa sobre a crença na existência de correspondências: correspondência entre o funcionamento do macrocosmo, o universo, e o do microcosmo, o organismo humano ou animal; correspondência entre os mundos divino e humano. Como o estudo direto do macrocosmo e do mundo divino é impossível, resta a possibilidade de acompanhar suas flutuações pela observação atenta do microcosmo humano e animal. O acúmulo de correlações deve poder fornecer ao menos indicações sobre as orientações gerais do futuro. Em virtude desse princípio, os *bârû*, levando em conta erros e fracassos, elaboram um saber cada vez mais complexo, que necessita de uma longa iniciação e acaba escapando aos não especialistas. Zelosos por monopolizar o conhecimento, cuja aquisição exige tanto esforço e que pode ser fonte de poder, os adivinhos transformam sua ciência em domínio esotérico.

Desde as mais altas épocas também, a prática da adivinhação está associada a uma concepção determinista do universo, outro pressuposto de tipo científico. Para dar valor de presságio a um sinal, é preciso ter convicção de que as mesmas circunstâncias produzem sempre os mesmos efeitos. Essa convicção, fundamento de toda ação eficaz sobre o mundo material, implica uma concepção fatalista do destino individual e coletivo. Nossa sorte está determinada inexoravelmente, e a história do mundo é o eterno recomeço dos mesmos atos e dos mesmos episódios. A história e o futuro são indissociáveis: conhecer um é prever o outro, porque a vida do mundo é cíclica, tudo recomeça ao fim de cada ciclo e para sempre. Essa visão do tempo parece ter precedido a visão linear de um tempo orientado para um fim definitivo. Ela é certamente predominante na civilização sumério-acadiana e em todas as civilizações do Oriente Próximo antigo.

Assim, os métodos de previsão do futuro são indissociáveis de um contexto cultural que inclui as crenças religiosas, a lógica científica, a concepção metafísica do universo e do destino do homem, e ao mesmo tempo a sua história. Os povos da Mesopotâmia, afirmando a possibilidade de um estudo científico do microcosmo vivo, que é à imagem do macrocosmo divino e universal, sendo tudo isso submetido a um destino cíclico inevitável, logicamente têm boas razões para afirmar a possibilidade da adivinhação. Suas práticas médicas são uma ilustração disso: elas associam observação, análise, diagnóstico e predição de evolução, ou, em linguagem profissional, sintomatologia, etiologia, diagnóstico e prognóstico. Tabuinhas de tratados médicos contêm fórmulas como esta: "Se o doente estiver coberto de erupções vermelhas, e seu corpo, negro: ele pegou isso [dormindo] com uma mulher: é 'a mão de Sin': ele se curará".[2] Há uma previsão nisso, justificada por uma atitude científica. O adivinho e o médico compartilham o mesmo estado de espírito.

Em todo o Oriente Próximo encontramos sinais inegáveis da onipresença da adivinhação. Entre os hititas, cujo determinismo não parece ter pesado tanto quanto na Mesopotâmia, ela tem um forte aspecto de magia: os maus presságios podem ser afastados por rituais mágicos, o que introduz uma ideia nova na predição: o futuro pode ser manipulado, alterado por aqueles que têm acesso aos mecanismos do universo.[3] Essa possibilidade é concebível desde que se acredite na interpenetração do mundo material e do mundo espiritual, e na ausência de um destino inevitável. O adivinho, que nessa época também é feiticeiro, pode agir sobre os espíritos graças a fórmulas mágicas e, assim, mudar o curso dos acontecimentos.

A concepção determinista e a concepção mágica excluem-se mutuamente apenas em nosso espírito racionalista moderno. A maioria dos povos antigos não parece ver contradição entre a previsão do futuro e a possibilidade de mudá-lo. Isso se deve em particular ao fato de que a adivinhação se contenta no mais das vezes em revelar um quadro geral, favorável ou desfavorável, dentro do qual existe certa margem para a liberdade humana. Um presságio bom ou um presságio ruim não é suficiente para determinar

---

2 Taton (dir.), *Histoire générale des sciences*, t.II, p.92.

3 Goetze, The Hittites and Syria (1300-1200 B.C.). In: Edwards et al. (eds.), *The Cambridge Ancient History*, v.II, parte 2A, p.270.

o sucesso ou o fracasso de um empreendimento; ele indica apenas o clima geral, o que nos permite tomar as medidas adequadas em função do objetivo que perseguimos. É por isso que devemos fazer distinção entre os diferentes níveis de predição, desde os mais vagos, que permitem todos os tipos de adaptação, até os mais precisos, em geral inevitáveis. A adivinhação antiga se confina, sem dúvida, nos primeiros.

A coexistência da magia e da adivinhação foi destacada em outras civilizações mediterrâneas, como em Malta no II milênio,[4] na Síria, na Fenícia e na Palestina na mesma época. A Bíblia é uma fonte inestimável de informações sobre esse assunto, se levarmos em conta os resultados da exegese moderna. É assim que, antes do período real, no II milênio antes da nossa era, os adivinhos proliferam entre os filisteus, os edomitas, os moabitas, os amonitas e outros povos da Síria-Palestina-Fenícia; os filisteus interrogam seus adivinhos para saber o que devem fazer com a Arca da Aliança (1 Samuel 6,2); os moabitas, preocupados com o avanço dos hebreus, apelam para os adivinhos Balaão e Balac (Números 22); necromantes, áugures, videntes intervêm constantemente. E as práticas dos hebreus não diferem em nada das de seus vizinhos e inimigos, já que utilizam correntemente todas as formas da mântica, isto é, da arte divinatória. Eles tiram presságios das palavras de uma pessoa encontrada por acaso: é assim que Isaac escolhe sua mulher (Gênesis 24,14) e Jônatas determina sua tática militar (1 Samuel 14,8-12); Saul consulta uma necromante (1 Samuel 28); eles interpretam os acontecimentos fortuitos, sobretudo os prodígios, e fazem testes cujo resultado supostamente exprime a intenção divina, como Gedeão, que estende um velo de lã numa eira e pede ao Senhor que faça o orvalho cair ou não sobre ele para conhecer sua vontade (Juízes 6,36-40); eles interpretam os sonhos (Gênesis 20,3); tiram a sorte (Josué 7,16-18); utilizam o bastão divinatório e a lecanomancia, à qual se faz alusão no Gênesis (44,5): leem o futuro pela observação da forma de uma gota de óleo flutuando numa taça de água; praticam a *extispicina*, ou exame das entranhas das vítimas.[5]

A prova da importância que essas práticas adquiriram entre os hebreus é a obstinação das autoridades religiosas a partir da época real, no século X antes da nossa era, para desarraigá-las. Esforços consideráveis foram feitos durante séculos, com um sucesso limitado, para acabar com adivinhos e áugures. A lei mosaica, que foi elaborada tardiamente pela casta sacerdotal,

---

4 Daniel; Evans, The Western Mediterranean. In: Edwards et al. (eds.), op. cit., v.II, parte 2B, p.730.

5 Lods, *Israël des origines au milieu du VIIIe siècle*, p.345-51.

entre os séculos VIII e V, proíbe formalmente recorrer aos adivinhos, "consultar os oráculos, praticar a invocação, a adivinhação, as feitiçarias e os encantos, interrogar os espectros ou consultar os mortos".[6] Os reis expulsam sem piedade todos os leitores da sorte, videntes e adivinhos: "Josias varreu também os necromantes, os adivinhos, os *terafim*, os ídolos e todo o lixo que se via na terra de Judá e em Jerusalém, a fim de cumprir as palavras da Lei".[7] Medidas inúteis, se julgarmos pelos anátemas contra esses personagens que enchem os escritos bíblicos nos séculos seguintes. Isaías, no fim do século VIII, queixa-se ao Senhor: "Desamparaste teu povo, a casa de Jacó. Eles foram inundados pelo Oriente, tanto os adivinhos como os filisteus, filhos de estrangeiros em demasia".[8] Dois séculos depois, é a vez de Zacarias lamentar: "Os adivinhos tiveram visões mentirosas, disseram sonhos vazios e consolos ilusórios".[9]

Teremos de voltar às razões da luta das autoridades religiosas contra os adivinhos. Por enquanto, devemos ter em mente a onipresença destes em todos os povos do Oriente Próximo na época arcaica. Aliás, eles não são os únicos especialistas capazes de decifrar o futuro: os astrólogos e os profetas também adquirem uma importância cada vez maior.

## OS PRIMÓRDIOS DA ASTROLOGIA

É natural que as misteriosas luzes penduradas na abóbada celeste, fora do alcance dos homens, tenham sido associadas desde cedo ao mundo divino, e que se tenha dado um significado premonitório a seus movimentos. Para os povos da Antiguidade Clássica, a astrologia nasceu na Mesopotâmia, a ponto de o termo "caldeu" servir para designar qualquer astrólogo. Na verdade, admite-se hoje que a astrologia surgiu muito depois de outros métodos de adivinhação, e durante muito tempo permaneceu num nível rudimentar e vago, fornecendo simples presságios. É porque a prática dessa arte é delicada e necessita de um arcabouço matemático muito complexo, até poder dar resultados precisos: o primeiro horóscopo babilônio data de cerca de 410 a.C.

Os princípios da antiga astrologia babilônia são bastante conhecidos graças à descoberta de uma grande obra, o *Enuma Anu Enlil*, composto por

6 Deuteronômio 18,10-11.
7 2 Reis 23,24.
8 Isaías, 2,6.
9 Zacarias 10,2.

volta do fim do II milênio antes da nossa era. Trata-se de uma astrologia puramente descritiva, em que os astros são assimilados às divindades Sin (Lua), Shamash (Sol), Ishtar (Vênus). A abóbada celeste é considerada um reflexo dos sítios terrestres: Câncer, por exemplo, reflete a cidade de Sippar e a Ursa Maior a de Nippur. Os movimentos dos astros, portanto, anunciam a sorte dos sítios refletidos por eles. Quanto aos planetas, eles são associados a certas personagens ou Estados, cuja sorte é comandada por eles: Marte representa Amurru, inimigo dos babilônios, Júpiter é o astro do rei da Assíria, e Mercúrio, o do príncipe herdeiro. Além dos movimentos, também o brilho desses planetas é levado em conta, e a palidez é um presságio funesto. Enfim, o momento da observação também tem sua importância: certas épocas do ano são mais favoráveis para os babilônios.

Combinando esses diferentes elementos, os astrólogos constroem casos de figura que permitem prever a evolução geral dos acontecimentos. Mas as predições concernem ao conjunto do povo, à sorte do soberano e de seus exércitos, e não aos indivíduos. É muito provável que a astrologia das épocas arcaicas estivesse inicialmente a serviço do poder real, como um instrumento de governo; ela permite determinar as épocas favoráveis para os empreendimentos bélicos e anuncia grandes catástrofes, epidemias, fomes, inundações ou, ao contrário, colheitas abundantes e prosperidade. Desde as épocas mais antigas, a necessidade de prever impõe-se aos chefes, que se cercam de um conjunto de adivinhos e astrólogos cuja tarefa é aconselhá-los.

As exigências da política são, portanto, um fator decisivo da importância adquirida pelos métodos de previsão. No *Enuma Anu Enlil*, por exemplo, o soberano podia ler:

> Quando a Lua esconder Júpiter, nesse ano um rei morrerá, um eclipse da Lua e do Sol ocorrerá. Um grande rei morrerá. Quando Júpiter entrar no quartil da Lua, haverá uma grande penúria no Aharrû. O rei de Elam perecerá pela espada; [...] quando Júpiter entrar no quartil da Lua, os gêneros alimentícios serão raros. Quando Júpiter sair de trás da Lua, haverá conflitos na região.[10]

Ou ainda:

> Quando a Lua e o Sol forem vistos ao mesmo tempo no décimo sexto dia do mês, a guerra será declarada ao rei. O rei será sitiado em seu palácio durante

10 Campbell Thompson, *The Reports of the Magicians and Astrologers of Nineveh and Babylon*, II, 192, p.lxvii.

> um mês, o inimigo invadirá a região e seu avanço será triunfante. Quando no décimo quarto e no décimo quinto dia do mês de Tamuz a Lua não for visível ao mesmo tempo que o Sol, o rei será sitiado em seu palácio. Quando ela for visível no décimo sexto dia, felicidade para a Assíria, desgraça para a Acádia e para Amurru.[11]

Essas predições, estritamente associadas ao movimento cíclico dos astros, reforçam a ideia de uma fatalidade opressiva pesando sobre a sorte dos povos e dos reis. A previsão astral é a mais mecânica e ao mesmo tempo a mais tirânica. Como o movimento dos astros é inexorável, supor uma correlação entre ele e os acontecimentos humanos é transformar a história em uma mecânica implacável; penetrar seu segredo é conhecer o futuro, mas é ao mesmo tempo renunciar a toda liberdade.

Até o século V antes da nossa era, por falta de conhecimentos matemáticos, a arte da astrologia estava em sua infância. Essa "protoastrologia"[12] se encontra, em graus diversos, na maioria dos povos. Os hebreus não escapam à regra, como demonstram de novo as proibições da lei mosaica: "Não vai erguer os olhos para o céu, observar o Sol, a Lua e as estrelas, todo o exército dos céus, e te deixar levar a te prosternar diante deles e os servir".[13] "Diante dos sinais do céu, não vos deixeis oprimir", pede Jeremias (10,2). O rei de Judá, Manassés, é acusado de ter restabelecido os adivinhos, necromantes, magos e astrólogos.[14] Muito longe de lá, no mundo celta, os astros também são consultados, de forma rudimentar, para conhecer o destino dos reis. Num texto irlandês intitulado *O exílio dos filhos de Uisneach*, o chefe dos druidas, Cathfaid, consulta o céu no momento do nascimento de uma criança na família real:

> saiu até o limite do pátio e pôs-se a observar e investigar profundamente as nuvens do ar, a posição das estrelas e a idade da Lua, para ter a predição e o conhecimento do destino reservado à criança que nascera. Cathfaid retornou então diante de todos, à presença do rei, e disse o presságio e a profecia de que viriam da província de Ulster muitas feridas e destruições por causa da menina que nascera.[15]

---

11 Apud Taton (dir.), op. cit., t.II, p.123.
12 Tester, *A History of Western Astrology*.
13 Deuteronômio 4,19.
14 2 Reis 21,6.
15 Apud Le Roux; Guyonvarc'h, *Les druides*, p.203.

Entre os povos antigos, um dos raros a não ter praticado a astrologia é o egípcio. Nenhum texto, nenhuma inscrição sugere sua existência antes da chegada dos gregos à região, embora ali proliferem os métodos de adivinhação. Os contos fervilham de presságios e predições de todos os tipos. A ausência da astrologia se explica provavelmente pela concepção muito particular da realeza. Enquanto na Mesopotâmia o rei está submetido ao destino, como todo mundo, o faraó é ele próprio uma divindade, que não poderia ser submetida a um fatalismo astral. Mestre da vida, é ele que determina a sorte do país e de seu povo. Mas ele tem à sua volta uma coorte de sacerdotes e adivinhos encarregados de interpretar os sinais e os presságios. A oniromancia, a adivinhação pelos sonhos, parece ter tido um lugar particularmente importante e cumprido certo papel político. Temos múltiplos indícios disso na Bíblia, em que, na época dos patriarcas, José fica famoso interpretando os sonhos dos grandes dignitários e sobretudo do faraó: o sonho das sete vacas gordas e das sete vacas magras, das sete espigas cheias e das sete espigas mirradas entrou para a posteridade. Tendo o soberano consultado inutilmente todos os seus adivinhos, é José que lhe explica que o sonho anuncia sete anos de abundância, seguidos de sete anos de miséria; em virtude disso, constituem-se estoques que permitem atravessar o período difícil – exemplo do papel do adivinho como conselheiro político e econômico.[16]

## O PROFETISMO NO ORIENTE PRÓXIMO ANTIGO

Nos povos antigos, existe, desde a época arcaica, outra forma de previsão, fadada a um grande florescimento: o profetismo. Também nesse caso, nada autoriza a particularizar Israel quanto à origem dessa prática, comum a todas as civilizações antigas. Ao contrário do adivinho que interpreta sinais externos, o profeta é diretamente tomado pelo espírito divino e se faz o porta-voz, o instrumento da divindade. Profere oráculos, que não são palavras suas, mas do deus, e o faz de duas formas. Ora o profeta se exprime de forma firme e relativamente clara; trata-se nesse caso de um profeta-sacerdote, membro do clero oficial de um templo. Ora é tomado de crises violentas, que podem ser provocadas por danças frenéticas e meios alucinatórios diversos; nesse caso, ele é um instrumento extático, falando, ou melhor, vociferando de forma caótica, metafórica, obscura, do qual resta interpretar

16 Gênesis 40-41.

o sentido. Esses extáticos se encontram por quase toda parte, com frequência em grupos errantes.

A presença desses mensageiros da divindade é atestada inúmeras vezes na Mesopotâmia, com o nome de *mahhû*, em particular em torno do templo de Ishtar em Arbela. Verdadeira instituição de Estado, segundo G. Contenau, "que substitui o que são entre nós todos os conselhos consultivos, uma instituição da qual dependeram todos os atos do Estado, a paz, a guerra, uma instituição na qual a história da Assíria e da Babilônia encontrou seus móbeis".[17] Os arquivos de Mari fornecem exemplos de consulta a esses profetas: cerca de 1800 a.C., um funcionário profeta do deus Adad, em Alepo, faz uma promessa ao rei de Mari sobre o futuro de sua dinastia, numa forma semelhante à que encontraremos bem mais tarde na Bíblia, com a profecia de Natã.[18] Sob o reinado de Zimrilim (1730-1697 a.C.), cartas proféticas advertem o rei, predizem vitórias.[19]

Um milênio depois, o reino da Assíria também conserva em seus arquivos compilações de oráculos proféticos entregues por "proclamadores" e "reveladores" em nome do deus Ashur ou da deusa Ishtar. Eis, por exemplo, a mensagem desta última ao rei Esarhaddon (680-669 a.C.):

> Esarhaddon, rei das nações, não temas! [...] Teus inimigos, como o javali selvagem no mês de Sivan, fugirão diante de ti. Sou a grande dama divina, sou a deusa Ishtar de Arbela, que destruirá teus inimigos diante de ti. Quais são as palavras minhas em que não confias? Sou Ishtar de Arbela. Esperarei teus inimigos e te livrarei deles. Eu, Ishtar de Arbela, estarei à frente e atrás de ti: não temas! Tu renasces; sentada ou de pé estou em angústia.[20]

Essa última expressão ilustra o clima religioso na Mesopotâmia: mesmo os deuses se angustiam e parecem submetidos ao destino e ao sofrimento. Quanto ao rei, ele vive com medo dos deuses e com medo do amanhã; ele precisa permanentemente de um guia, para esclarecer o contexto futuro das ações que ele planeja. Os profetas-funcionários lhe são indispensáveis, portanto; ele os consulta continuamente e conserva cuidadosamente seus oráculos. Um desses oráculos, datado de cerca de 665 a.C., sob o reinado de Assurbanípal, é certamente uma profecia *post eventum*, procedimento

---

17 Contenau, op. cit., p.361.
18 Malamat, A Mari Prophecy and Nathan's Dynastic Oracle. In: Emerton, *Prophecy*.
19 Pritchard (ed.), *Ancient Near Eastern Texts relating to the Old Testament*, p.623-32.
20 Ibid., p.449-50.

comum, destinado a dar caução divina a reviravoltas políticas recentes, mostrando que haviam sido previstas, logo desejadas, pelos deuses:

> Um príncipe se erguerá e reinará durante dezoito anos. O país viverá em segurança, o coração do país se alegrará, haverá abundância. [...] Mas o soberano será morto por uma arma por ocasião de um levante.
>
> Um príncipe se erguerá, ele reinará treze anos. Haverá uma rebelião de Elam contra a Acádia. O butim da Acádia será saqueado. Elam destruirá os templos dos grandes deuses, a queda da Acádia será decidida. Um homem terrível, filho de ninguém, do qual não se conhece o nome, se erguerá. Ele se apoderará do trono, destruirá os senhores. Metade das tropas da Acádia perecerá nas gargantas de Tupliash. Eles cobrirão planícies e montanhas. O povo ficará na aflição.[21]

Como diz uma tabuinha de um oráculo de Ishtar: "O futuro é como o passado". Nas profecias, ambos estão intimamente misturados, o que condiz com a ideia mesopotâmica do eterno retorno.

Num clima religioso diferente, a monarquia egípcia também recorre às profecias, essencialmente nos períodos de crise, agitação, mudança de dinastia. Em tempos normais, o faraó, divindade encarnada, garante a harmonia cósmica por sua palavra; os antigos egípcios não vivem na eterna angústia do amanhã e o soberano garante a segurança por si próprio. Os profetas, cuja presença é mais discreta, não são extáticos; pertencem ao clero oficial e não utilizam nem excitantes nem procedimentos mágicos. Seus oráculos são sóbrios, a ponto de certos historiadores, como Adolphe Lods, pensarem que suas "predições" eram apenas figuras de retórica, sem pretensão profética. André Neher mostrou de maneira convincente, contudo, que se tratava efetivamente de anunciar o futuro.[22]

É em períodos de transição que intervêm sobretudo esses profetas. Seu papel é, ao predizer a restauração do poder após os tumultos, assegurar a continuidade, mostrar que, apesar dos acontecimentos, existe constância. É em geral no início de uma dinastia nova que eles são encarregados de prever a restauração definitiva do poder. O oráculo toma a forma esquemática, que se tornará clássica, do par catástrofe-restauração. Num primeiro momento, eles descrevem as desgraças e calamidades que acabaram de acontecer, exprimindo-as no futuro, depois prometem o reerguimento, graças a um novo faraó, que é aquele a quem eles servem e que encomendou o oráculo. Como é

21 Ibid., p.451.
22 Neher, *L'essence du prophétisme*.

bastante frequente nesse campo, trata-se, portanto, de uma falsificação com objetivo político, procedimento de que usarão e abusarão os profetas bíblicos. Mas em povos constantemente imersos no sobrenatural, num contexto que mistura intimamente profano e sagrado, é difícil fazer um julgamento desses comportamentos. A falsa profecia tem um valor mágico: sua função, ao predizer uma mistura de passado e futuro, é determinar este último. Apresentada em forma de predição, a profecia tem valor encantatório e entende forçar o futuro. Essa intenção está subjacente em todas as formas de predição: controlar o futuro, associando-o aqui a fatos reais passados; passado determinado e futuro incerto encontram-se, assim, encadeados um no outro.

Essas profecias têm também um caráter messiânico. Anunciam a vinda de um novo soberano que restaurará a ordem cósmica e nacional, um salvador do Egito. Esse esquema, catástrofe-restauração-graças-a-um-salvador, já aparece bem estabelecido em um dos textos proféticos mais antigos que chegaram até nós, o da profecia de Nefer-Rohu, datando do século XX antes da nossa era, sob o reinado de Amenemés I, fundador da XII dinastia. A montagem é patente: a profecia é completamente inventada, reportada a vários séculos antes, e destinada a justificar a tomada do poder por Amenemés, restaurador da ordem desde muito anunciada. O texto conta que o faraó Seneferu, da IV dinastia, sob o Antigo Império, teria consultado um escriba profeta, hábil e rico, especialista na arte de "dizer as coisas passadas e as coisas por vir", Nefer-Rohu. Esse personagem, que é um sacerdote-leitor da deusa-gata de Bubástis, Bastet, não é em absoluto um extático excitado. A cena, aliás, é calma e informal. O faraó se dirige ao escriba:

> "Vamos, eu te peço, Nefer-Rohu, meu amigo, dize-me algumas belas palavras ou discursos escolhidos, com os quais minha majestade possa ter prazer." Então, o leitor-sacerdote Nefer-Rohu diz: "Do que já aconteceu, ou do que vai acontecer, ó meu soberano senhor?". Então, sua Majestade diz: "De preferência do que vai acontecer. Se é hoje, passa para cá". Então, ele pega o estojo de instrumentos de escrita, tira um rolo de papiro e um cálamo e começa a escrever.

É o próprio faraó, portanto, que copia a profecia, cujo tom é bíblico *avant la lettre*:

> Tomarão as armas da luta, e o país viverá da revolta. Farão flechas de cobre, e será com sangue que mendigarão a paz. [...] Essa terra será tão arruinada que ninguém se ocupará mais dela, ninguém falará dela, ninguém a chorará. Como será essa terra? O disco solar não brilhará mais para ela. [...] Então um rei virá

> do sul, cujo nome é Ameni, filho de uma mulher núbia, nativo do Alto Egito. Ele tomará a coroa branca e cingirá a coroa vermelha, unirá o poderoso duplo *pschent*. Regozijará os dois senhores [Hórus e Seth] com o que gostam. [...] Alegrai-vos, homens de sua época! Esse filho de um homem fará para si um renome eterno.[23]

Esse verdadeiro protótipo da profecia messiânica, mil anos antes da profecia de Natã para Davi, insere esta última numa linhagem arquetípica. As longas estadas dos arameus e dos hebreus perto de Mari, onde a tradição profética é muito importante, e no Egito, onde o messianismo dinástico tem um papel essencial, suscitam a questão das influências, visto que as especulações egípcias sobre o destino do mundo, com a sucessão do caos primitivo, da destruição e da renovação, encontram-se no pensamento hebraico antigo.[24] Muito depois, no Egito ptolemaico, encontramos de novo o mesmo tema: a crônica demótica e o oráculo do oleiro predizem a liquidação das dominações estrangeiras, a vinda de um rei salvador e uma nova era de prosperidade.

Na Ásia Menor e na Fenícia, o profetismo se manifesta sobretudo na forma extática, não obstante os hititas também tivessem sacerdotes praticando a adivinhação comum. Na Frígia, os cultos orgiásticos e frenéticos de Cibele e Átis são acompanhados de fenômenos de delírios divinatórios, estimulados pela absorção de drogas alucinógenas, o que rende profecias quase ininteligíveis. Também se praticam lá todos os outros tipos de adivinhação.

Os profetas fenícios são particularmente numerosos e turbulentos. Reunidos em grupos de várias centenas de indivíduos, entregam-se a danças frenéticas, com atos de mutilação, desnudamento, excessos sexuais, atingindo um estado de êxtase paroxísmico no qual supostamente são tomados pelo espírito divino. A Bíblia menciona ajuntamentos de oitocentos a novecentos profetas de Baal e Aserá no monte Carmelo: "E eles dançaram junto do altar que fora feito, [...] gritaram mais alto e, segundo seu costume, talharam-se a golpes de espada e lança, até estarem banhados de sangue. E quando passou meio-dia, vaticinaram até a hora da oferenda".[25] Esses profetas são consultados pela realeza nos momentos difíceis. Assim, uma estela do século VIII antes da nossa era representa Zakir, rei de Hamate, sitiado na cidade de Hazrik, declarando: "Ergui minhas mãos a Baal, e Baal me respondeu, [...] pela mão dos videntes e dos profetas: 'Não temas nada, pois eu te fiz rei,

23 Pritchard (ed.), op. cit., p.444-5.
24 Gressmann, *Der Ursprung der israelitisch-jüdischen Eschatologie*.
25 1 Reis 18,26-28.

estarei a teu lado e te livrarei de todos esses reis".[26] Em Ras Shamra, distinguem-se entre os *moqed*, ou profetas cultuais, os *ariel*, ou homens de deus, e os *hozé*, ou videntes:[27] esses curiosos personagens são mencionados por volta de 1080 a.C., no relato de viagem de Wen-Amon.

## O PROFETISMO DE GRUPO EM ISRAEL

Como todos os povos vizinhos, Israel tem suas tropas de profetas, nem mais nem menos importantes que em outros lugares. Todavia, o papel da Bíblia como fonte histórica e na civilização ocidental deturpou as perspectivas, dando aos profetas de Israel uma posição sem comparação com a situação real, a ponto de focalizar a função profética unicamente neles. Convém pôr de lado o caso dos "grandes" profetas individuais, os Isaías, Jeremias, Miqueias e Ezequiéis, que aparecem apenas no século VIII antes da nossa era e fizeram a reputação da profecia bíblica.

No período mais antigo, até o século IX, constatamos práticas idênticas às dos povos vizinhos, de um lado com bandos de profetas extáticos, mais ou menos errantes, e de outro com profetas pertencentes ao clero, que se estabelecem em tal ou tal local de culto e estarão a serviço da monarquia a partir de Saul, no século XI. A religião e o poder político, sempre muito misturados, dão um papel essencial à função profética: a literatura bíblica fala nomeadamente de 48 desses personagens e de 7 profetisas, entre as quais a irmã de Moisés, Miriam, e suas intervenções se contam às centenas.[28] O termo mais antigo para designá-los é *rô'eh*, "vidente", porém o mais comum é *nâbî*, que poderia vir de *nâba'* (verter, derramar), ou da raiz *nb'* (procurar, anunciar), ou ainda do acadiano *nabû* (chamar): o profeta seria chamado por Deus para cumprir uma missão. A tradução grega, utilizada na Bíblia dos Setenta, introduz outra ideia, já que o grego *prophétes* significa "falar no lugar de".[29]

O profeta, portanto, é um personagem que se sente chamado por Deus para anunciar, sob sua inspiração, o conteúdo de uma mensagem divina que ele próprio entrevê com frequência na forma de uma visão. "Pela palavra 'profeta', entendemos um simples indivíduo portador de um carisma, que em virtude de sua missão proclama uma doutrina religiosa ou um

26 Pritchard (ed.), op. cit., p.655.
27 Wilson, *Prophecy and Society*.
28 A *Table pastorale de la Bible* fornece todas as referências.
29 Harrington, *Nouvelle introduction à la Bible*, p.339-40.

mandamento divino",[30] diz Max Weber. Isso quer dizer que a missão do profeta, que consiste em anunciar a vontade divina, não é essencialmente voltada para a revelação do futuro. Que esse aspecto muito parcial de sua função tenha ofuscado com muita rapidez os outros em nosso vocabulário é muito revelador. É assim que Littré escreve: "*Profetizar*: predizer o futuro por inspiração divina". Esse abuso de linguagem significa que, desde o princípio, foi à revelação do futuro nos oráculos proféticos que os homens deram mais importância. O conhecimento do futuro é a necessidade mais vital e ao mesmo tempo a mais impossível de satisfazer, tanto é verdade que vivemos num estado de antecipação permanente, embora essa antecipação não repouse sobre nenhuma certeza. Aquele que afirma, de uma forma ou de outra, conhecer o futuro, por essência incognoscível, tem vocação para guia.

Considerados indispensáveis, os profetas proliferam na Palestina, desde os simples videntes, que as pessoas consultam para conhecer seu destino pessoal, até os bandos de inspirados usados pelas autoridades. Esses dois tipos extremos estão presentes num episódio do livro primeiro de Samuel (9,1-10). Saul partiu à procura de jumentas desgarradas. Seu servo o aconselha a ir consultar um "vidente": "Há nesta cidade um homem de Deus! É um homem renomado. Tudo que ele diz acontece com certeza". E o redator do livro acrescenta: "Antigamente, em Israel, costumava-se dizer, quando se ia consultar Deus: 'Venha, vamos ver o vidente', porque o 'profeta' de hoje chamava-se antigamente 'vidente'" (9,9). Esse vidente é Samuel, que, por uma quantia módica, dá consultas. Ele prediz a Saul seu futuro glorioso. Saindo da casa dele, Saul topa com um bando de profetas em transe. "Então, o espírito de Deus veio sobre ele, e ele entrou em transe com eles. Todos os seus antigos conhecidos o viram: ele profetizava, com profetas!" (10,10-11). O espírito profético seria contagioso, portanto – como ilustra outro exemplo, um pouco mais adiante no mesmo livro: "Saul enviou emissários para se apoderar de Davi. Eles avistaram a comunidade dos profetas profetizando, e Samuel em pé à frente deles. O espírito de Deus se apoderou dos emissários de Saul e eles entraram em transe também". Dois outros grupos de emissários têm o mesmo destino, e quando Saul vai ver o que está acontecendo, "também ele se despojou de suas vestes e entrou em transe, também ele, diante de Samuel. Depois, nu, desabou e permaneceu assim todo o dia e toda a noite".[31]

30 Weber, *The Sociology of Religion*, p.46.
31 1 Samuel, 19,18-24.

Esses são exatamente os mesmos fenômenos extáticos que se constatam nos povos vizinhos. Os meios utilizados são dança, música agitada, gritos, movimentos violentos da cabeça, consumo de licores ou drogas: "Por vinho e bebidas fortes, vou delirar em teu favor".[32] "Sacerdotes e profetas são desencaminhados pelo vinho", diz Isaías; "eles se desencaminham nas visões" (28,7). Os profetas extáticos "sucumbem a uma espécie de sugestão hipnótica", escreveu W. F. Albright, "sob influência da qual permanecem inconscientes durante horas. Nesse estado, o subconsciente pode se tornar anormalmente ativo, e pessoas de certo tipo psicológico podem ter visões e experiências místicas".[33] Eles têm a impressão de não ser mais a mesma pessoa: "Entrarás em transe e serás mudado em outro homem", diz Samuel a Saul.[34]

A partir do século IX, esses bandos de profetas parecem estar um pouco disciplinados e sedentarizados. Organizados em associações na forma de confrarias de "filhos de profetas", ligados aos principais santuários (os de Betel, Jericó, Gilgal), eles são dirigidos por chefes, os "senhores". Casados, fazendo as refeições juntos, esses profetas não são ascetas. Oriundos de meios humildes, conservam, porém, um comportamento bizarro, vestidos com um pano de saco ou pele de cabra, ou até nus, como Isaías que, se acreditarmos na Bíblia, perambulou durante três anos em trajes de Adão.[35] Sem dúvida, há entre eles um grande número de simples de espírito e perturbados, e suas relações com o povo nem sempre são excelentes: um grupo de crianças caçoa de Eliseu, chamando-o de careca; ele faz 42 serem devoradas por ursos para se vingar![36]

O rei mantém permanentemente uma tropa desses turbulentos profetas. Acab tem quatrocentos, comendo à mesa, exatamente como Jezabel mantém profetas de Baal. Eles ajudam o rei com suas predições, sobretudo nos momentos decisivos, como Aías de Siló junto a Jeroboão I. É o profeta Natã que comunica a Davi a famosa profecia sobre sua descendência: "Eu te farei um nome tão grande como o nome dos grandes da terra. Eu estabelecerei um lugar para meu povo Israel, eu o implantarei e ele permanecerá em seu lugar. [...] Eu elevarei tua descendência depois de ti, aquele que tiver saído de ti, e eu estabelecerei firmemente sua realeza...".[37]

32 Miqueias, 2,11.
33 Albright, *From the Stone Age to Christianity*, p.301.
34 1 Samuel 10,6.
35 Isaías 20, 2-3.
36 2 Reis 2,23-24
37 2 Samuel 7,9-13.

A importância dos profetas para os soberanos é manifesta quando sabemos que eles estão entre as primeiras vítimas em tempos de guerra. É o caso no conflito entre Acab e Jezabel: "Quando Jezabel mandou matar os profetas do Senhor, Abdias pegou cem profetas, escondeu-os em grupos de cinquenta em duas cavernas".[38] Em represália, Elias preparou um verdadeiro massacre dos profetas de Jezabel: "Elias lhes disse: 'Prendei os profetas de Baal! Que nenhum escape!'. E eles os prenderam. Elias os fez descer ao córrego do Qison, onde os degolou".[39] Na continuação da campanha, as intervenções proféticas são constantes em torno de Acab.

## VERDADEIROS E FALSOS PROFETAS

Contudo, os laços muito estreitos de dependência entre a realeza e o grupo dos profetas institucionais acabam suscitando o surgimento de profetas "de oposição", que agem individualmente, contra os profetas oficiais, enfeudados no poder, e contestam os poderes de predição dos primeiros. A querela entre "verdadeiros" e "falsos" profetas inicia-se sob o reinado de Acab (875-853 a.C.), quando Miqueias desafia os adivinhos reais. Mas é sobretudo a partir do século VIII, na época de Amós e Oseias, que os franco-atiradores da profecia vão se multiplicar e ganhar importância.

Reivindicando um chamado de Deus que os leva, às vezes a contragosto, a anunciar a vontade dele, eles expressam na verdade a ascensão de uma contestação social, política e religiosa no interior dos reinos de Israel e Judá. A mensagem se adapta às circunstâncias precisas da época, e é artificial agrupar ensinamentos que se estendem, de Amós a Daniel, por mais de novecentos anos, ou seja, o mesmo tanto de tempo que aquele que nos separa da primeira cruzada! Há, apesar de tudo, algumas constantes nesses discursos críticos: as injustiças sociais, a degradação moral, a ritualização do culto e as contaminações religiosas. Por essas razões, Deus vai castigar seu povo, vai fazê-lo conhecer tribulações, por intermédio das nações vizinhas, mas também o reerguerá, quando ele tiver se arrependido, enviando-lhe um salvador, cuja imagem evolui e continua sempre muito vaga. Encontramos mais uma vez o esquema clássico da profecia messiânica: falta, catástrofe, restauração.

38 1 Reis 18,4.
39 Ibid. 18,40.

O desenvolvimento desse tipo de profetismo permite estudar as implicações socioculturais de qualquer anúncio do futuro. A partir do século VIII, duas concepções do futuro se opõem em Israel, ambas afirmando provir de inspiração divina. O conflito é vivo e duradouro. Os traços essenciais já estão estabelecidos no espantoso capítulo 22 do livro primeiro de Reis, que supostamente narra os acontecimentos de 853 a.C. Vemos Acab, rei de Israel, e Josafá, rei de Judá, planejando uma guerra comum contra Aram. Em trajes pomposos, eles reúnem, numa ampla esplanada, os quatrocentos profetas oficiais e perguntam-lhes qual será o resultado da guerra; os profetas entram em transe, e seu chefe, Sedecias, faz um oráculo cuja força é aumentada pela utilização de um meio simbólico. De fato, pegando chifres de ferro, ele declara ao rei: "Assim fala o Senhor: com esses chifres, atravessarás Aram até acabar com ele". Todos os outros profetas aprovaram e repetiram em coro: "Sobe até Ramot de Galaad, serás bem-sucedido! O Senhor a entregará nas mãos do rei".

O roteiro é clássico. O objetivo de Acab é conseguir a caução moral que justificará sua expedição. Para os soberanos, a profecia é uma artimanha que dá a seus empreendimentos uma máscara de justiça, em particular em caso de guerra: "Deus o quer!". O grito famoso de Urbano II desencadeando a primeira cruzada é apenas o eco dos profetas do rei Acab.[40]

É então que entra em cena o desmancha-prazeres. Por desencargo de consciência, Josafá pergunta a Acab se não há outros profetas para consultar. Este último responde, de má vontade: "Há ainda um homem por quem se pode consultar o Senhor, mas não gosto dele, porque ele não profetiza o bem para mim, mas o mal: é Miqueias, filho de Yimla". Vão buscá-lo e, como previsto, ele prediz a derrota e a morte do rei. "Eu bem te disse: ele nunca profetiza o bem para mim, mas apenas o mal", declara Acab ao colega. Miqueias vai mais longe até, anunciando publicamente que viu em sonho Deus enviar um espírito de mentira sobre todos os profetas do rei: "Se o Senhor pôs um espírito de mentira na boca de todos os teus profetas, é porque ele próprio falou desgraça contra ti". O chefe dos profetas avançou e esbofeteou-o. Acab mandou-o para a prisão. Ele parte para a guerra, tomando a precaução de se disfarçar para não ser tomado por alvo. Trabalho perdido: ele é vencido e morto.

O episódio é característico sob vários pontos de vista. Em primeiro lugar, revela a importância da profecia como instrumento político: prever

---

40 Desenvolvemos esse ponto de vista em Minois, *L'Église et la guerre*.

um acontecimento já é favorecer sua realização, graças ao impacto psicológico produzido desse modo. A certeza do sucesso confere uma moral a toda prova, e existe meio mais seguro de alcançar a certeza do que uma profecia de origem divina devidamente certificada? Essa primeira constatação explica a extrema suscetibilidade da qual darão mostra todos os governos diante dos rumores proféticos ao longo da história, e seus esforços constantes para monopolizar os profetas, abafar as profecias desfavoráveis e espalhar as profecias favoráveis, ainda que tenham de inventá-las. O profetismo é um dos campos mais sujeitos à manipulação política. Aliás, Acab, disfarçando-se para a batalha, mostra que não é bobo; perturbado com o anúncio de Miqueias, prefere tomar suas precauções.

Uma das reprimendas dirigidas a partir de então aos profetas independentes será justamente a de desmoralizar a população. Jeremias se verá na prisão por ter predito a ruína de Jerusalém;[41] outros serão até mesmo executados. Constantemente, o poder tenta silenciá-los, intimidá-los: "Dai esta ordem aos profetas: 'Não profetizareis!'", escreve Amós;[42] segundo Isaías, pede-se a eles: "Não nos profetizeis coisas justas, dizei-nos coisas agradáveis, profetizai quimeras".[43] Urias, um profeta menor do século VII, anuncia o castigo próximo, é ameaçado de morte e foge para o Egito, onde os homens do rei Joaquim vão buscá-lo e executam-no.[44]

Outra lição sobressai do episódio de Miqueias: para os redatores da Bíblia, em nove de cada dez vezes são os profetas da desgraça que têm razão, a ponto de fazerem do anúncio de catástrofes um critério de autenticidade da inspiração divina. Jeremias, em luta contra os que considera "falsos" profetas, é o símbolo disso. Confrontado durante seu exílio na Babilônia com o profeta Hananias, que anuncia uma boa-nova – a libertação em dois anos, dia por dia –, ele o acusa de mentir pelo seguinte motivo: os "verdadeiros" profetas sempre anunciaram desgraças; o profeta da desgraça deve ser acreditado *a priori*, ao passo que aquele que prediz um acontecimento feliz somente deve ser acreditado retroativamente:

> Os profetas que exerceram seu ministério antes de mim e antes de ti, desde sempre, proferiram oráculos concernentes a muitas terras e a grandes reinos, anunciando a guerra, a desgraça, a peste. Mas se um profeta, profetizando,

41 Jeremias 20,1-2.
42 Amós 2,12.
43 Isaías 30,10.
44 Jeremias 26,20-24.

> anuncia a paz, é quando sua palavra se realiza que esse profeta é reconhecido como verdadeiramente enviado pelo Senhor.[45]

Não será em dois anos que sereis libertados, diz Jeremias, mas em setenta anos. E, naturalmente, ele tem razão.

Para Jeremias, o grande erro dos falsos profetas é que, dando esperanças vãs ao povo, eles o desviam da indispensável reforma moral, do necessário arrependimento.[46] Os profetas independentes são, na verdade, antes de tudo reformadores religiosos, voltados para o passado, que deploram a decadência moral e gostariam de restaurar a pureza da época patriarcal. O caráter reacionário de sua mensagem é muito claro, no que se refere sobretudo ao aspecto moral, no qual transparece uma nostalgia da época do nomadismo, da austeridade dos tempos do deserto, imaginados como uma era de ouro perdida. O povo, corrompido pelos bens materiais, deve submeter-se às provas de purificação e arrepender-se.[47] Já que as catástrofes são necessárias para essa restauração moral, elas são desejadas por Deus, e fazer o povo acreditar que elas não vão durar é mentir para ele e trair a fidelidade a Deus. Mas por trás dessa atitude também não haveria uma concepção autenticamente pessimista da vida, que leva a pensar que as predições de desgraça têm mais chances de se realizar que as predições de felicidade? É claro, no fim do túnel há a promessa de reparação, de restauração final, mas sempre tão distante e tão vaga... Prometer a libertação em setenta anos é proibir qualquer esperança a duas gerações; se os profetas oficiais mantêm a ilusão por mentiras, os profetas independentes correm o risco de instalar o desespero. O profeta autêntico é necessariamente um profeta de desgraça? Essa acepção pessimista do termo parece prevalecer.

Em todo caso, o meio bíblico, a partir do século VIII, é marcado pela oposição violenta entre duas correntes proféticas. Situação embaraçosa, que ameaça arruinar a credibilidade da profecia, a ponto de Jeremias e Ezequiel se perguntarem por que Deus inspira mentiras aos falsos profetas, ainda que tenha de puni-los depois: "Ah! Senhor Deus, seguramente iludiste esse povo de Jerusalém, dizendo: 'Tereis a paz', e a espada nos tira a vida", declara o primeiro.[48] Há um meio de reconhecer o verdadeiro profeta? Os exegetas distinguem no mais das vezes três ou quatro critérios: a pureza de vida e de

---

45 Ibid. 28,8-9.
46 Monloubou, *Un prêtre devient prophète*.
47 Lods, *Les prophètes d'Israël et les débuts du judaïsme*.
48 Jeremias 4,10. Cf. também Ezequiel 14,9.

costumes, a conformidade com a doutrina iahwista tradicional, a realização da profecia e o anúncio de desgraças.[49]

> Se surgir no meio de ti um profeta ou um fazedor de sonhos, se ele te propuser um sinal ou um prodígio, e se depois se cumprir o sinal ou o prodígio do qual ele te falou, se então ele te disser: "Vamos seguir outros deuses, que não conheceste, e servi-los", não ouças as palavras desse profeta nem os sonhos desse sonhador. É Iahweh vosso Deus que vos testa para saber se amais Iahweh vosso Deus com todo o vosso coração e toda a vossa alma. [...] Esse profeta ou esse fazedor de sonhos será morto.[50]

Assim diz a lei deuteronômica.

## REALIZAÇÃO DAS PROFECIAS E MAGIA

Esse preceito suscita, portanto, a questão fundamental das relações entre a profecia e sua realização. A nossos olhos, essa relação é essencial, porque temos uma visão puramente intelectual das coisas: uma profecia é verdadeira se o acontecimento predito se produziu. O Deuteronômio parece até concordar em reconhecer o caráter indispensável da realização: "Talvez digas em teu coração: como reconhecer a palavra que Iahweh não disse? – Se o profeta falou em nome de Iahweh, se o que ele diz não acontece e não se realiza, é porque Iahweh não disse aquilo".[51]

Na verdade, o vínculo entre a profecia bíblica e o acontecimento concreto pelo qual ela se realiza é mais complexo, porque depende não apenas da lógica, mas também, e talvez sobretudo, da moral. A profecia bíblica é com frequência mais uma chantagem divina do que um anúncio do futuro, e é por isso que ela toma às vezes a forma condicional: se não mudardes de conduta, eu vos enviarei catástrofes. Como o povo é empedernido, as catástrofes se realizam, mas há exceções, como ilustra o breve conto de Jonas. Este último acabou aceitando, não sem resistir, a missão de profeta, anunciando os cataclismos habituais: "Ainda quarenta dias, e Nínive será destruída". Sem contar com a conversão inesperada dos habitantes, no dia previsto, nada aconteceu. "Jonas levou a mal, muito mal, e zangou-se." Repreendeu Deus

49 Dheilly, *Les prophètes*.
50 Deuteronômio 13,2-6.
51 Ibid. 18,21-22.

por ter mudado de ideia; no entanto, ainda com esperança na realização da profecia, instala-se numa tenda fora da cidade, à espera do espetáculo.[52] Essa divertida fábula, que nos rende também o episódio da "baleia" e introduz um breve sorriso nessa longa trama de catástrofes, desolações e infâmias que é o Antigo Testamento, mostra que o verdadeiro objetivo da profecia bíblica não é predizer o futuro, mas conseguir a conversão; ela é uma arma moral, não um meio de adivinhação. É por isso que sua utilização apologética na Igreja Católica a partir dos padres e até o início do século XX é perigosa: querer provar a verdade do judeu-cristianismo pela realização das profecias é utilizar um argumento imaginário.

Os oráculos dos profetas têm todavia uma estrutura ritualizada, a começar pela fórmula solene: "Assim fala o Senhor". Eles se exprimem sobretudo oralmente, e os textos escritos dos quais dispomos hoje são resultado de coleções de anotações tomadas por discípulos, depois de terem circulado por muito tempo na forma de notas isoladas. Raros escritos dos próprios profetas, acréscimos diversos de escribas e sacerdotes, uma obra de edição que se estende por vários séculos: nada disso facilita a coerência e a compreensão de textos que já são suficientemente obscuros. É difícil encontrar a ordem interna.[53] Assim, o livro de Isaías é, na verdade, uma antologia de sermões e oráculos cuja composição se estende por vários séculos.

Além do mais, o estilo poético contrastante, os ritmos violentos, o aspecto exaltado, o abuso de imagens, o contínuo claro-escuro das expressões e o emprego de metáforas complicam ainda mais a compreensão. Os profetas bíblicos, como os dos povos vizinhos, mantêm a escuridão para envolver seus oráculos em mistério, desconcertar o ouvinte deixando que suponha riquezas escondidas, e deixar a porta aberta para interpretações diversas. Como se a palavra divina tivesse de ser incompreensível, e a visão do futuro somente pudesse ser brumosa, a ponto de muitas vezes só poder ser compreendida depois da realização dos acontecimentos. A mania de não chamar as coisas pelo nome é um dos hábitos mais irritantes dos profetas e videntes de todas as épocas. Amós, por exemplo, utiliza apenas perífrases para designar os assírios.

A estranheza da conduta desses profetas aumenta seu caráter desconcertante: Isaías anda nu; Jeremias, por sua vez, perambula com um jugo no pescoço, supostamente representando a dominação futura dos caldeus. Não se poderia negar o caráter mágico, flagrante no caso de Jeremias, de algumas

52 Jonas 3.
53 Westermann, *Grundformen prophetischer Rede.*

dessas atitudes, destinadas a provocar o acontecimento. Se seus gestos públicos visam, acima de tudo, impressionar os ouvintes, como quando envia um jugo a cada um dos reis que vão cair sob o domínio de Nabucodonosor,[54] seus gestos privados só podem ter um sentido mágico, para provocar a realização do acontecimento anunciado: que outra interpretação se pode dar ao episódio narrado no fim do livro, quando ele põe por escrito todas as suas predições sobre a ruína da Babilônia e manda alguém ler às escondidas essas predições na cidade, pedindo para depois atá-las a uma pedra e jogá-las no Eufrates, a fim de garantir a presença física da maldição?[55] Do mesmo modo, quando, depois de anunciar as desgraças que atingiriam Jerusalém, ele quebra um vaso, dizendo: "Quebro esse povo e essa cidade como se quebra a obra do oleiro que depois não pode mais ser consertada";[56] ou ainda, no Egito, quando esconde grandes pedras sob a argila ao lado do palácio do faraó, anunciando que Nabucodonosor irá até lá, invadirá o país e naquele lugar construirá seu trono.[57] Deus lhe dá, aliás, o poder de realizar o que prediz, simplesmente por sua palavra: "Ponho minhas palavras na tua boca. Sabe que te dou hoje autoridade sobre as nações e sobre os reinos, para arrancar e derrubar, para arruinar e demolir, para construir e plantar".[58] Enfim, Jeremias toma sempre o cuidado de desafiar as predições contrárias, anulá-las com sua palavra: "Não escuteis vossos profetas, vossos adivinhos, vossos oniromantes, vossos encantadores e vossos magos, que vos garantem que não sereis subjugados ao rei da Babilônia. É falso o que eles vos profetizam, assim eles vos afastam de vossa terra; sim, eu vos dispersarei e perecereis",[59] ele manda dizer aos reis de Edom, Moab, Tiro, Sidônia.

Profecia e magia, mesmo nos "grandes" profetas dessa época, nunca estão completamente dissociadas. Os gestos que eles realizam são mais do que símbolos: predizer já é provocar o acontecimento. Essa é uma das razões por que Jeremias se vê com tanta frequência na prisão. Senão, por que não deixá-los divagar e vaticinar à vontade, como simples de espírito pouco perigosos? Se os profetas são perseguidos pelas autoridades é porque se atribui a eles um real poder de provocar os acontecimentos. Predizer é tornar-se mestre do futuro, em particular para a mentalidade ainda arcaica da época. Mas até hoje a predição, mesmo dessacralizada, mantém uma reputação mágica:

---

54 Jeremias, 27.
55 Ibid. 51,59-64.
56 Ibid. 19,10.
57 Ibid. 43,8-12.
58 Ibid. 1,9-10.
59 Ibid. 27,9-10.

toda predição age de uma maneira ou de outra sobre o futuro e contribui para orientá-lo. A predição tem, por consequência, um papel prático.

Os profetas independentes conservaram também características extáticas, que encontramos em certas visões exaltadas. Os exegetas cristãos relutaram durante muito tempo em admitir isso, porque queriam ver nesses profetas apenas mentes altamente espirituais, inspirados sérios e sóbrios absolutamente anacrônicos, pensadores profundos com uma doutrina estruturada. Uma visão mais nuançada e mais "historicizante" prevalece desde então. Há meio século, Adolphe Lods já escrevia:

> Trabalhos importantes foram publicados recentemente sobre a psicologia dos grandes profetas. Eles parecem ter estabelecido que os fenômenos extáticos tinham entre eles uma posição muito mais considerável do que se tendia a admitir outrora. Constatam-se correntemente entre eles, graças a seus escritos, os diversos estados que os psiquiatras modernos distinguem nos sujeitos estudados por eles: êxtase agitado e êxtase apático, insensibilidade à dor, glossolalia, alucinação da visão, da audição, do paladar e do tato, ilusões dos sentidos, às vezes até hipnose e autossugestão. Os testemunhos são numerosos demais para que se possa ver nisso simples ficções literárias: os profetas fizeram realmente as experiências psicológicas que eles dizem ter feito.[60]

## O PROFETISMO BÍBLICO

Os estudos atuais tentam reconstituir a evolução do profetismo no contexto da história de Israel.[61] A ordem cronológica dos escritos proféticos é considerada dada. No século VIII, Amós e Oseias se baseiam numa crítica às injustiças sociais para anunciar o dia da ira de Deus, que trará a morte e a destruição por intermédio dos assírios, dos quais não é difícil prever a continuação da expansão: Adad Nirari III (810-783 a.C.) acaba de conquistar Damasco e aumenta a pressão. Mas Oseias já anuncia que Deus terá a última palavra: o ciclo infidelidade-castigo-restauração já está instaurado, e difere pouco dos esquemas que encontramos nos povos vizinhos.

Miqueias, cujos escritos são situados entre 740 e 687 a.C., retoma a mesma mensagem, que encontramos também, mais ou menos na mesma época, no "primeiro Isaías" (capítulos 1 a 39). Mas este último acrescenta

---

60 Lods, op. cit., p.61-2.
61 Cf., em particular, a excelente explicação de Blenkinsopp, *Une histoire de la prophétie en Israël*.

uma ideia nova, a do "restinho", o grupinho de fiéis que não participa da iniquidade reinante e que Deus vai poupar, prefigurando os eleitos. Essa noção é destinada a grandes desenvolvimentos nos movimentos proféticos futuros, que se apresentarão como a realização desse "resto", a pequena elite salva no meio da destruição geral. A partir da época de Isaías, vemos se formar um pequeno grupo, uma espécie de partido profético, que se opõe aos profetas oficiais e anuncia a catástrofe.

Esta última não tarda a se abater sobre o reino de Israel: em 722 a.C., Sargão II (722-705 a.C.) conquista a Samaria e deporta os habitantes; é o fim do reino do Norte. Resta Judá, o reino do Sul, em torno de Jerusalém. Sofonias, cerca de 630 a.C., promete a mesma sorte a ele, mas garante a sobrevivência de um pequeno resto. De toda maneira, não era necessário ser um grande entendido para prever nessa época uma invasão assíria: o grande Assurbanípal (668-626 a.C.) é senhor de todo o Oriente Próximo, inclusive do Egito; por que o pequeno reino de Judá, completamente cercado, escaparia de um destino que parece inevitável? E, no entanto, a catástrofe foi adiada meio século, já que é apenas em 587 a.C. que o babilônio Nabucodonosor conquista Jerusalém e deporta a população. Mais uma vez, o acontecimento era inevitável: Judá teve a sorte comum a todos os pequenos Estados da costa palestino-libanesa.

É nesse contexto que evolui Jeremias, cuja carreira é movimentada. Seus principais adversários são os profetas oficiais, contra os quais declama, denunciando a falsidade e a extravagância de suas predições:

> Assim fala o Senhor, o Todo-Poderoso: não deis atenção às palavras dos profetas que vos profetizam: eles vos iludem; o que pregam é apenas visão de sua imaginação, não vem da boca do Senhor. Ousam dizer aos que desprezam a palavra do Senhor: "Para vós, tudo correrá bem!". A quem quer que persiste em sua teimosia: "A desgraça não virá sobre vós!". [...] Eu ouço o que dizem os profetas que profetizam falsamente em meu nome, dizendo: "Eu tive um sonho! Eu tive um sonho!". Até quando! Há alguma coisa na cabeça desses profetas que profetizam falsamente? Eles não são mais do que profetas de invenções fantasiosas! Com sonhos que contam uns aos outros, pensam fazer meu povo esquecer meu nome, como seus pais com Baal esqueceram meu nome.[62]

62 Jeremias 23,16-27.

Jeremias anuncia a catástrofe: "Vou fazer de ti um espantalho", diz Deus a ele, e seu apelido na região é "terror por toda parte".[63] Preso por derrotismo em 588 a.C., no início do cerco de Jerusalém, ele vê a realização de suas predições. Contudo, sua vidência surpreende menos que a cegueira do partido da guerra, que instiga o rei Sedecias a se revoltar contra a Babilônia. Mas, no auge da desgraça, Jeremias anuncia a renovação, um futuro melhor.

Essa é também a essência da mensagem de Ezequiel, que é um dos deportados para a Babilônia, e dos escritos denominados pelos exegetas "segundo" e "terceiro" Isaías. A partir do retorno dos hebreus para a Palestina, por volta de 538 a.C., o profetismo muda de natureza. Torna-se um fenômeno mais marginal e mais espiritual. Na verdade, o país estando sob domínio dos persas, a realeza desaparece e, com ela, as tropas de profetas reais. São os sacerdotes que dirigem o país e, como em toda parte, o poder sacerdotal desconfia dos inspirados, dos extáticos e de todos que afirmem ter comunicação pessoal com o Espírito. A casta sacerdotal se define por seu papel de intermediário indispensável entre Deus e os homens; o Espírito passa por ela, e ela considera *a priori* os inspirados suspeitos. É nessa época que se redigem os grandes escritos da lei mosaica, dos quais vimos a feroz oposição a todas as formas de adivinhação. O culto oficial não poderia tolerar esses rivais desonestos. E a própria profecia tem má fama. Não existe pior inimigo das manifestações do sobrenatural do que os sacerdotes. Isso pode parecer paradoxal, mas a história das religiões é a ilustração disso. A religião sacerdotal é totalmente oposta ao animismo; o sagrado e o profano são dois campos totalmente separados; a usurpação do primeiro pelo segundo é um sacrilégio; a suposta usurpação do segundo pelo primeiro é uma superstição ou mistificação. Sendo os guardiões do sobrenatural, os sacerdotes não permitem que o Espírito se manifeste por intermédio de qualquer um.

Os fenômenos proféticos, portanto, são estritamente vigiados e tornam-se característica de uns poucos indivíduos isolados. O profetismo de grupo tende a desaparecer. E o conteúdo das profecias também evolui. A revelação direta parece se esgotar: os novos profetas trabalham com material antigo, com os escritos de seus predecessores, que eles reinterpretam. O oral cede seu lugar ao escrito, a inspiração espontânea à reflexão das antigas palavras, e isso é propício à espiritualização da mensagem. Embora ainda acreditem que Deus fala por intermédio deles, isso é feito através da interpretação dos velhos textos. Esses novos profetas, que cada vez mais parecem escritores

63 Ibid. 20,1-4.

místicos, rechaçam eles mesmos o extatismo e a adivinhação: "Os adivinhos tiveram visões mentirosas, disseram sonhos vazios e consolos ilusórios", escreve Zacarias por volta do fim do século VI;[64] em outra passagem, ele próprio profetiza o fim dos profetas:

> Eu também expulsarei da região os profetas e seu espírito de impureza. Então, se alguém continuar a profetizar, seu próprio pai e sua própria mãe lhe dirão: "Não deves continuar vivo: são mentiras que proferes em nome do Senhor". Então seu próprio pai e sua própria mãe o transpassarão enquanto profetizar. Nesse dia, cada profeta corará por sua visão enquanto profetizar, e não vestirá mais o manto de pele para enganar.[65]

Esses escritos de Zacarias, que hoje são considerados uma compilação anônima do fim do século IV antes da nossa era, marcam o fim do profetismo clássico, até que a corrente apocalíptica lhe dá um novo impulso e amplia seu quadro para a escala universal. Nessa época, os sacerdotes parecem ter conseguido disciplinar os profetas, e integrá-los na religião nacional oficial. Josias, Esdras, Ageu, Zacarias agem como auxiliares do sacerdote. Esdras, por exemplo, ordena a reconstrução do Templo por um oráculo profético.[66] O clero acaba se apropriando da função profética para suas próprias necessidades.

## OS PRIMÓRDIOS DO MESSIANISMO

Dentro dos anúncios proféticos, um tema também se define: o do messianismo, que em breve vai passar para o primeiro plano. A ideia messiânica é no início apenas um aspecto do ciclo falta-castigo-restauração. Outras grandes religiões do Oriente Próximo comportam esse aspecto: nós o encontramos na profecia egípcia de Nefer-Rohu; ele está igualmente presente nos cultos persas do zoroastrismo.

Entre os hebreus, a evolução desse tema é reveladora da do profetismo. No início, a ideia messiânica é apenas a afirmação confiante de uma restauração futura do povo de Israel, após a época das tribulações. No começo da monarquia, essa esperança se fixa na família davídica; é a fase do messianismo

---

64 Zacarias 10,2.
65 Ibid. 13,2-4.
66 Esdras 5,1-5; 6,14.

dinástico, representado pelo oráculo de Natã a Davi: o salvador de Israel será um soberano, descendente do presente rei – nada mais natural![67] O tema ressurge de tempos em tempos, discretamente, até o exílio do século VI. Depois, diante da falência e do desaparecimento da monarquia, da continuação das tribulações, os novos profetas pós-exílicos retomam as passagens messiânicas, refletem sobre elas e reformulam a mensagem em termos diferentes, mas sempre muito vagos. Já que a recuperação tarda tanto, já que o povo de Israel sofre dominação após dominação – assírios, babilônios, persas, gregos, em breve romanos –, já que parece não haver nenhuma chance de se libertar em face de impérios com pretensões universalistas, será que a recuperação predita não estaria no fim dos tempos, numa época muito distante e totalmente indeterminada? Por outro lado, dado o caráter sempre flutuante das questões humanas, e o tamanho diminuto do povo de Israel no concerto das nações, é razoável depositar esperanças no advento de um reino terreno? Não se deveria transferir a promessa do campo político para o campo espiritual, da história para a escatologia? Não se deveria cogitar um messias escatológico? Reflexões cheias de bom senso, mesmo que na época parecessem desconcertantes.

Jeremias é o primeiro a sugerir a nova orientação, falando pela primeira vez de um messias pessoal e não mais dinástico ou coletivo.[68] O segundo Isaías, e depois Zacarias, tomam conta do tema, sobre o qual fazem variações, por exemplo, introduzindo a figura do servo sofredor.[69] Tudo isso permanece extremamente vago e ambíguo. Nada de nome, data, circunstâncias precisas. Esse servo é uma alegoria? Um símbolo? Um ser de carne? Aqui, coloca-se a questão do papel do anúncio profético. Ele parece ter utilidade, na verdade, apenas depois de sua eventual "realização", para dar ao acontecimento a caução do sobrenatural. Os partidários de Cristo se basearão nessas passagens para autenticar o messias, mas seus adversários, muito mais numerosos, não se convencerão. Frequentemente obscuro demais antes do acontecimento para orientar a história de forma significativa, e depois para acarretar uma adesão unânime, de que adianta esse tipo de anúncio com aspecto de cilada, que vai fazer cair em "erro" as multidões que não souberam decifrá-lo? Não seria preferível o silêncio, na falta de uma profecia clara, límpida e sem ambiguidade possível? Com o risco de parecermos prosaicos, não poderíamos imaginar Jeremias, ou um outro, anunciando claramente

67 Coppens, *Le messianisme royal*.
68 Harrington, op. cit., p.407-40.
69 Isaías 42,1-7; 49,1-6; 50,4-9; 52,13-53.

que o messias nasceria em tal data, em tal lugar, de tais pais, e passaria por tal e tal aventura? Isso teria evitado muitos problemas à humanidade.

Voltemos à realidade: globalmente, o profetismo se adapta ao ambiente político-social. Sua característica primeira é ser uma reação diante da tendência dominante, prometendo catástrofes quando a situação parece boa, e recuperação no meio dos cataclismos. O profeta é ao mesmo tempo o oponente, o não conformista e a consciência social do grupo. Quase sempre de origem humilde, ele tem a função de criticar o funcionamento das relações político-sociais, anunciando sua derrubada em benefício de uma ordem que esteja em conformidade com um plano divino que ele foi encarregado de anunciar. Cada sociedade, portanto, secreta seus próprios profetas, que são parte integrante do equilíbrio do grupo, manifestando e canalizando suas insatisfações.

Embora a forma, exaltada, da mensagem seja desconcertante, os profetas também podem ser analistas lúcidos e lógicos da situação e demonstrar bom senso nas previsões. De todo modo, eles são sempre úteis para as autoridades, desde que estas saibam monopolizá-los e domesticá-los. Foi o que trataram de fazer a monarquia e, em seguida, a casta sacerdotal, porque, se um profeta livre pode ser perigoso, um profeta de aluguel, que prediz o que é desejável, pode servir aos objetivos dos governantes, orientando a energia popular no sentido desejado.

## DESTINO E ADIVINHAÇÃO ENTRE ARIANOS, CELTAS, GERMANOS E ESCANDINAVOS

No Irã, um corpo de profetas é mantido no templo de Mitra, e utiliza práticas orgiásticas e misteriosas, enquanto os profetas individuais rompem com o clero oficial: é o caso de Zoroastro, qualificado de "porta-voz" (*matran*), que parece ter sido um profeta extático. A originalidade do profetismo masdeísta é seu caráter universalista. A história do mundo é vista como um grande ciclo apocalíptico e escatológico: o universo foi criado, é e terminará com o triunfo do bem. O sistema de predição se define na época aquemênida com os chamados "magos ocidentais".[70] Nas colônias masdeístas estabelecidas a oeste do Irã, assiste-se a uma combinação da astrologia babilônica com a profecia zoroástrica, numa síntese grandiosa que estende

70 Cumont, La fin du monde selon les mages occidentaux, *Revue d'Histoire des Religions*, t.103, p.29-96.

a vida do mundo em sete milênios, cada um dominado por um deus sideral. Como a humanidade afunda numa perversão cada vez maior, a iniquidade atingirá um nível intolerável ao fim do sexto milênio, que será marcado por guerras, tribulações, cataclismos; Mitra, o messias local, enviado pelo deus do bem, Ahura-Mazda, virá separar os bons dos maus e trará de volta a era de ouro, que durará um milênio, antes do retorno das tribulações, seguido finalmente da destruição definitiva das forças do mal por Ahura-Mazda. Hesita-se aqui entre a concepção cíclica e a concepção linear da história do mundo, mas as bases do milenarismo já estão estabelecidas.

Estamos muito menos bem informados sobre o povo vizinho dos citas. Heródoto, no entanto, afirma que eles utilizavam numerosos adivinhos, queimados vivos em carros puxados por bois, caso se enganassem.[71]

Os celtas, por sua vez, atribuíam um lugar fundamental à adivinhação, e fizeram fama nesse campo. Cícero conta, em seu *De divinatione*, que seu amigo Divitiac, o Éduo, tinha talentos de áugure. Os métodos divinatórios dos celtas são extremamente variados. A língua irlandesa, aliás, possuía vários termos para essa atividade: *eicse* (adivinhação, poesia, ciência), *faitsine* (predição), *filidecht* (ciência do poeta), *druidecht* (druidismo). Uma de suas especialidades é a adivinhação por intermédio dos animais, em particular pelo voo e pelo grito dos pássaros, sobretudo do corvo, mas também pelo latido dos cães.[72] Muito sensíveis aos presságios, os celtas obedecem rigorosamente à interpretação: antes de atacar Antígono Gônatas, os gálatas sacrificam mulheres e crianças, porque os presságios são desfavoráveis.

Essa mentalidade confere aos especialistas da adivinhação, os druidas, um imenso prestígio.[73] Se recorrem pouco aos prodígios para conhecer o futuro, todos os outros métodos lhes são familiares, e eles praticam tanto a profecia como a interpretação dos presságios e a determinação dos dias fastos e nefastos: "No que diz respeito à prática dos áugures, os gauleses superam todas as outras nações", escreve Pompeu Trogo. Parece até que os druidas misturam intimamente adivinhação e magia: os encantamentos favorecem as condições de realização dos acontecimentos preditos, o que aumenta ainda mais os poderes dos druidas, cuja intervenção é constante no domínio político:

---

71 Heródoto, *Histórias*, IV, 69.

72 O'Grady, Irish Prognostication from the Howling of Dogs, *Mélusine*, V.

73 Le Roux; Guyonvarc'h, op. cit.; Le Roux, La divination chez les celtes. In: Caquot; Leibovici (eds.), *La divination*, v.I; Hubert, *Les celtes et la civilisation celtique*.

> Em nove de cada dez vezes, a adivinhação é um serviço político ou militar: um rei, uma rainha ou um guerreiro de alta patente indaga a sorte de uma guerra ou de uma expedição, ou bem mais simplesmente seu futuro pessoal. E, em quase todos os outros casos, é o druida que intervém, por razões religiosas ou às vezes pessoais.[74]

Assim, na narrativa irlandesa *Tain Bo Cuailnge*, a rainha de Connaught, Medb, às vésperas de uma guerra, vai consultar o druida: "Quando Medb chegou ao lugar onde se encontrava o druida, ela lhe pediu saber e predição".[75] Ela também procura uma profetisa, Fedelm, que faz uma predição desfavorável e profetiza as façanhas do herói Cuchulainn. Assim, vemos os druidas reterem o exército durante quinze dias porque os presságios são desfavoráveis.

Os celtas chegaram, portanto, a um compromisso entre a noção de destino e a previsão mágica que determina o futuro: quando um druida faz uma predição, esta fixa o destino e ele não pode mais mudar seu curso, ocasionando situações semelhantes às das tragédias gregas. Na literatura irlandesa, o druida Cathbad prediz que aquele que pegasse em armas naquele dia teria uma carreira gloriosa, mas curta. Ora, por casualidade, o jovem Cuchulainn, de cinco anos, pega uma arma, preparando-se assim para uma morte precoce, contra a qual o druida, profundamente desolado, não pode fazer nada.

Os druidas recorrem a uma astrologia rudimentar. Após a conversão dos celtas ao cristianismo, eles continuam a profetizar, adotando formas semelhantes às do Antigo Testamento. Na vida de são Columbano, o chefe dos *fianna*, Finn, profetiza a vinda do santo, e, durante uma cena de caça, quando os cães de Conall Gulban começam a brincar com a caça, "ele perguntou aos druidas que estavam com ele a razão daquilo".

> "Nós sabemos", disseram os druidas, "nascerá um menino da tua raça no lugar onde estás agora e ele será o terceiro descendente que virá de ti. Seu nome será Columb Cille e ele será repleto das graças do Deus único de todos os poderes e de todos os elementos."[76]

A predição celta, portanto, consagra-se essencialmente ao destino do povo e de seus chefes, os druidas-profetas aparecendo aqui numa posição

---

74 Le Roux; Guyonvarc'h, op. cit., p.131.
75 Ibid., p.200.
76 The Life of Columb Cille, *Zeitschrift für celtische Philologie*, 3, p.548.

de força, sendo capazes de orientar as decisões políticas, como César bem observou. Enquanto no Oriente Próximo os especialistas da predição são frequentemente instrumentos do poder, a situação aqui é invertida.

Entre os povos escandinavos e germânicos, a adivinhação não é menos importante, e os métodos, variados. A descrição mais antiga nos vem da *Germania*, de Tácito: eles fazem presságios do relincho e do resfolegar dos cavalos, do grito e do voo dos pássaros; os sacerdotes tiram ao acaso três hastes de madeira de um conjunto espalhado sobre um pano branco; recorrem assim a um método particular, que está relacionado ao "julgamento de Deus", e que Tácito descreve da seguinte maneira:

> Há ainda outra maneira de fazer auspícios, pela qual procuram conhecer o resultado das guerras importantes: arranjam-se para capturar um guerreiro da nação inimiga, depois o põem para lutar com um campeão escolhido entre eles, cada um com suas armas nacionais; a vitória de um ou de outro é recebida como uma decisão antecipada.[77]

César já havia notado a importância da adivinhação na vida política e militar dos germanos: Ariovisto recusou-se a travar batalha certo dia porque os *matres familiae*, ao lançar a sorte, predisseram um desastre, se lutassem antes da Lua nova. Na guerra, é o deus Odin que exprime seus oráculos, por intermédio do corvo, e esses sinais divinos têm um verdadeiro papel de causalidade. O futuro mais distante é predito pelas profetisas.

Mais uma vez, as relações com o destino não são claras. O problema não é posto de forma nítida e consciente, mas está sempre nas entrelinhas. Quem determina o futuro: os homens, os deuses, uma fatalidade impessoal e cega? Um pouco os três ao mesmo tempo, sem que possamos saber quem tem o papel determinante. Não os homens, mas quanto ao resto vemos os deuses, por exemplo, consultando os gigantes sobre o futuro, porque estes últimos conhecem melhor a origem das coisas, enquanto primeiros habitantes da Terra e ancestrais dos deuses. Existe a mesma hesitação entre os escandinavos, para os quais os espíritos, as Nornas, constroem o futuro, mas ao mesmo tempo deixam a cada um a possibilidade de se sair bem; todos podem tomar conta de seu destino, mas ao mesmo tempo sofrem as imposições da fatalidade. Aparente contradição, que nenhuma filosofia nem nenhuma religião conseguiu ainda resolver: pense-se nas lutas épicas entre os defensores

77 Tácito, *Germania*, 10.

do livre-arbítrio e da predestinação no seio do cristianismo. A possibilidade de conhecer o futuro depende em parte das respostas dadas a esse dilema.

Escandinavos e germanos não decidem a questão, mas afirmam a possibilidade de conhecer ao menos certos acontecimentos futuros. Textos tardios apresentam um amplo quadro de aparência escatológica sobre o destino do universo, desde a sua criação até o seu fim. É encontrado numa coletânea de poemas organizada na Islândia no século XIII, mas cujas passagens mais antigas remontam ao século IX: a *Antiga Edda*, ou *Edda poética*.[78] Nesse conjunto, o grande poema das "Predições da profetisa" anuncia o declínio do mundo, a aproximação do fim, o crepúsculo dos deuses, cujos confrontos preparam o retorno ao grande caos cósmico:

> Surt chega pelo sul com a chama devastadora;
> A espada flamejante projeta raios.
> As rochas rebentam, os gigantes sucumbem;
> Homens tomam o caminho de Hel; o céu racha!
> O sol começa a escurecer, a terra se abisma no mar,
> As estrelas cintilantes são precipitadas da abóbada celeste,
> A fumaça e o fogo rodopiam juntos.
> As chamas vacilantes se erguem ao céu.[79]

Mas o mundo renascerá de suas cinzas, ideal, purificado:

> Ela vê a terra surgir pela segunda vez
> Do fundo do mar e se cobrir de vegetação nova [...]
> Os campos, sem ser semeados, se cobrirão de frutos.
> O mal se mudará em bem. Balder vai voltar.[80]

É impossível saber se essa restauração será definitiva ou se se trata apenas do fim de um ciclo da história eterna do mundo. Essa incerteza

78 Derolez, *Les dieux et la religion des germains*.

79 Wagner, *Prédictions de la prophétesse*, 50-2 e 57. [No orig.: "Surt arrive par le sud avec la flamme dévastatrice;/ L'épée flamboyante projette des éclairs./ Les rochers éclatent, les géants succombent;/ Des hommes prennent le chemin de Hel; le ciel se fend!/ Le soleil commence à s'obscurcir, la terre s'abîme dans la mer,/ Les étoiles scintillantes sont précipitées de la voûte céleste,/ La fumée et le feu tourbillonnent ensemble./ Les flammes vacillantes s'élèvent jusqu'au ciel".]

80 Ibid., 59, 62. [No orig.: "Elle voit la terre surgir pour la deuxième fois/ Du fond de la mer et se couvrir d'une végétation nouvelle [...]/ Les champs, sans être ensemencés, se couvriront de fruits./ Le mal se changera en bien. Balder va revenir".]

se encontra em muitas mitologias, até na América pré-colombiana, onde, ao lado da predição comum, praticada com os métodos habituais (haruspicismo, horóscopo, adivinhação, uso de plantas alucinógenas nos povos incas e maias), crenças deixam entrever a existência de ciclos de destruição e restauração.

## DO ETERNO RETORNO À HISTÓRIA GUIADA

A frequência do tema do eterno retorno na maioria das civilizações antigas merece que nos detenhamos nele um momento. Ele tem consequências fundamentais para a capacidade e para as modalidades de predição. Se a vida do universo é cadenciada por uma sucessão sem fim de ciclos idênticos, "tudo recomeça de seu princípio a todo instante. O passado é apenas a prefiguração do futuro", escreve Mircea Eliade numa célebre obra dedicada a esse problema.[81] O tempo e o devir são anulados, assim como a história como sequência de acontecimentos imprevisíveis: "Nada de novo sob o sol". Nessa concepção, o conhecimento do passado é o mesmo que a predição do futuro, já que tudo é chamado a se repetir indefinidamente.

O eterno retorno é na verdade a combinação de dois ritmos, de duas oscilações de períodos diferentes. Há em primeiro lugar o que Mircea Eliade chama de arquétipos. Nessa concepção arcaica, o tempo não leva a lugar algum, ele não tem sentido; em última instância, o tempo não tem existência, é anulado. A vida não leva a lugar algum, não existe objetivo a se atingir. A constatação dos ritmos biocósmicos, indefinidamente repetidos, e acentuados pelos ritos primitivos de purificação periódica, é a origem dessa mentalidade que faz da previsão um elemento natural, perfeitamente integrado na existência cotidiana, a ponto de ser inseparável dela: a vida é repetição, na qual se misturam passado, presente, futuro.

A essa concepção sobrepõe-se a do retorno periódico da humanidade, na escala de ciclos gigantescos de criação, corrupção, cataclismo, restauração. É a noção do "Grande Ano", presente tanto nas mitologias hinduísta, budista e jainista como caldeia, simplesmente com variantes locais. O cataclismo pode acontecer na forma de dilúvio, quando os sete planetas se reúnem sob o signo de Câncer, ou, mais frequentemente, na forma de conflagração, quando eles se encontram sob o signo de Capricórnio. A duração de um ciclo

81 Eliade, *Le mythe de l'éternel retour*, p.134.

é frequentemente fixado em 7 mil anos, como vimos no masdeísmo, com o triunfo do mal durante seis éons, seguido de uma era de repouso, durante a qual o demônio é acorrentado, até escapar, retomar a guerra contra os justos e ser vencido. A questão de que haverá outros ciclos ou se o presente é o último, conduzindo à restauração definitiva, não é em geral claramente resolvida.

Essa visão duplamente repetitiva, na escala da vida humana e na do universo, é estritamente determinista. Ela torna possível e ao mesmo tempo inútil a predição, já que tudo que acontece não poderia não acontecer, e já aconteceu um número infinito de vezes. Concepção fatalista, que não é nem otimista nem pessimista, já que nada é definitivo, nem a catástrofe nem a restauração. Os pré-socráticos, como Empédocles, Heráclito, Anaximandro, e os primeiros estoicos, como Zenão, adotaram essa visão grandiosa, vertiginosa e, apesar de tudo, como tudo que diz respeito à eternidade, desesperadora. Reviver uma infinidade de vezes, mesmo a vida mais bela: existe motivo mais belo de angústia? Porque nessa perspectiva não existe nenhuma porta de saída, nem mesmo o suicídio, sempre repetido.

O eterno retorno é o eterno presente; o mundo é simultaneamente e está para sempre em cada ponto do círculo. A atividade de predição na escala do universo se confunde com o movimento da vida, e esta não tem sentido, já que está fechada em si mesma. Afirma-se com frequência que foram os profetas do judaísmo que romperam esse círculo, para dar à história um sentido, uma direção linear, rumo a uma realização definitiva. As calamidades infligidas por Deus são castigos pelas infidelidades do povo, elas são necessárias, benéficas e previsíveis; a revelação, que ocorre no tempo, anuncia um messias futuro, uma salvação por vir. Não está claro, todavia, que não se trata de uma forma nova da regeneração periódica do cosmo. Somente a partir da afirmação do caráter definitivo da salvação é que se poderá falar de introdução de um sentido histórico, e este demora a se afirmar.

A outra questão é a do determinismo. Romper o círculo do eterno retorno é introduzir a incerteza? É abrir o futuro? É o fim da necessidade, do determinismo? Responder afirmativamente é proclamar o futuro imprevisível. Ora, a função dos profetas é prevê-lo, ou melhor, revelá-lo, provando com isso que ele é determinado. Se acreditarmos nos profetas, tudo é definido de antemão: a decadência moral, o castigo, a restauração messiânica, a vitória do bem sobre o mal. O determinismo da vontade divina substitui o determinismo cósmico. A noção de profeta está ligada à de sentido determinado, de orientação, de finalidade, de inteligibilidade do real. A profecia é na verdade tanto uma tentativa de explicação do presente pelo futuro quanto uma revelação do futuro. É nesse sentido que Gabriel Tarde podia falar, num artigo do início do século XX, de "ação dos fatos futuros".[82] Ele estava empenhado em mostrar que o futuro agia tanto quanto o passado na determinação do presente, uma vez que se tinha uma visão finalista e inteligível da história: "A ação do futuro, que ainda não é, sobre o presente não me parece nem mais nem menos concebível do que a ação do passado, que não é mais".

Reside nisto, portanto, a grande inovação dos profetas do judaísmo em relação aos profetas das outras religiões: a elaboração de uma vasta concepção teológica da história, cujos episódios cruciais se situam no futuro, o que permite que eles tenham um papel capital no presente, para orientar este último na direção "prevista". Com o profetismo hebraico, é o futuro que determina o presente; as decisões devem ser tomadas em função das perspectivas anunciadas, da "promessa" messiânica de salvação.

## UTILIDADE PSICOLÓGICA E POLÍTICA DA ADIVINHAÇÃO

No nível mais modesto da vida política ou simplesmente das decisões cotidianas, o recurso constante às predições responde a necessidades ao mesmo tempo psicológicas e sociológicas. Constatamos em primeiro lugar que nessas sociedades antigas não se duvida nem um instante da possibilidade de conhecer o futuro. A vida forma um conjunto cujas partes são solidárias entre si e cujo curso depende da vontade de seres superiores, divindades e espíritos. A adivinhação é o conjunto dos meios que permitem sondar essa vontade, desde a consulta de entranhas até o oráculo profético de um extático, passando pelo voo dos pássaros e a astrologia; não existem fronteiras estanques entre esses meios. Tudo é sinal, e os adivinhos existem para interpretá-los.

Se há "falsos" profetas e charlatães, é apenas por oposição aos "verdadeiros" profetas e aos bons especialistas, inevitável refugo em relação a uma profissão legítima e respeitada. É claro que adivinhos e profetas erram às vezes, apesar das precauções que tomam para envolver as predições em condições, restrições e obscuridades. No entanto, os erros de predição nunca abalam a fé em adivinhos, profetas ou astrólogos. Essa persistência da crença, apesar da repetição dos fracassos, é explicada, há cerca de trinta anos, por etnólogos e sociólogos com a ajuda da teoria da "dissonância cognitiva".[83] Quando uma profecia falha, sua não realização é explicada por um raciocínio sutil,

82 Tarde, L'action des faits futurs, *Revue de Métaphysique et de Morale*, p.119-37.
83 Festinger, *When Prophecy Fails*; Carroll, *When Prophecy Failed*.

que mostra que, em razão de um dado que não foi levado em conta, a realização foi adiada. No caso da leitura dos sinais, pode ser uma negligência na observação; no caso da astrologia, um erro de cálculo; no caso da profecia, uma mudança na vontade divina em consequência de uma alteração no comportamento humano – é o caso das "profecias de ameaça", ou profecias condicionais: vão ocorrer catástrofes se não mudardes de conduta.

A confiança na adivinhação permanece inabalável na medida em que responde a uma dupla necessidade. Necessidade psicológica em primeiro lugar, resultante da angústia diante de um mundo incontrolável e incompreensível. O homem antigo é assaltado por uma infinidade de medos gerados pelas forças naturais, que estão além de sua capacidade de compreensão. Para tornar a existência vivível, é necessário dar uma aparência de ordem a esse universo, eliminando o acaso e o arbitrário. Ao contrário do que afirmamos algumas vezes, o homem "primitivo" dá a cada coisa uma explicação; o universo que ele inventa para si mesmo contém muito menos mistérios do que o nosso; ele "sabe" que por trás de cada acontecimento físico manifesta-se um espírito descontente ou satisfeito. Explicações ilusórias, que o trabalho da ciência vai destruir uma a uma. O mundo nos parece muito mais desconhecido e incerto do que a um caldeu ou egípcio dos tempos faraônicos. As civilizações antigas, graças a sua ignorância, puderam construir um sistema de explicação inatacável, que lhes permitia, segundo o psiquiatra e etnólogo Georges Devereux, "iludir-se com pseudoconhecimentos, e aceitar a adivinhação como um verdadeiro conhecimento, e como uma prova manifesta da previsibilidade e da compreensibilidade do universo".[84] A falta de conhecimentos científicos, no sentido moderno do termo, é a força desse sistema: já que não depende de uma verdade demonstrável, ele é inatacável. Quanto menos o homem sabe, mais acredita saber, o fato é notório; não há nada mais simples do que o universo para um ignorante; não há nada mais complexo e misterioso para um sábio. O homem antigo serena graças a uma explicação mítica que implica a possibilidade de conhecer o futuro por consulta de sinais e inspiração divina.

A adivinhação corresponde, além do mais, a um objetivo político e sociológico. A maioria das predições dessas épocas antigas concerne também ao futuro do grupo étnico, do povo e de sua forma organizada, a cidade ou o reino. A consulta dos adivinhos, dos oráculos, dos profetas oficiais, permite que a autoridade dirigente realize um consenso, legitime suas decisões,

84 Devereux, Considérations psychanalytiques sur la divination, particulièrement chez les Grecs. In: Caquot; Leibovici (eds.), op. cit., v.II, p.463.

apresentando-as como condizentes com a vontade dos deuses. É a garantia do sucesso de seus empreendimentos, assim como a desculpa de seu fracasso: no primeiro caso, o soberano reivindica a proteção divina, que justifica sua ação; no segundo, joga a responsabilidade nos adivinhos, que erraram na interpretação dos sinais. Isso pode chegar até mesmo à execução dos maus profetas. A política divinatória é infalível: quem contestaria a legitimidade de um empreendimento que tem o favor divino? Essa concepção confere aos adivinhos e profetas um papel eminente e perigoso. Ela também abre a porta para todas as manipulações, a partir do momento que a reflexão racional se introduz no sistema. Esse é o desvio que constatamos quando nos interessamos pelo mundo greco-romano.

## – 2 –

# ADIVINHAÇÃO GREGA: QUESTÃO FILOSÓFICA E MANIPULAÇÃO POLÍTICA

Com o mundo grego, ultrapassamos um grau capital, passando da prática espontânea para a prática refletida. Os helenos são tão ávidos por conhecer o futuro quanto os outros povos contemporâneos, e pelas mesmas razões. Para isso, utilizam e aperfeiçoam todos os métodos possíveis: oráculos proféticos, incontáveis procedimentos de adivinhação, astrologia. Mas colocam-se desde logo o problema teórico: é possível conhecer o futuro? E, se sim, em que condições, e quais são suas aplicações possíveis? Ora, o simples fato de colocar a questão faz da atividade profética um objeto de estudo e, consequentemente, de manipulação, porque desmontar os mecanismos de funcionamento é dar-se a possibilidade de utilizá-los para fins próprios, aperfeiçoando-os, completando-os, ou até mesmo desviando-os de seu objetivo original.

No conhecimento do futuro, dois elementos sobressaem, um intelectual e outro prático: o conhecimento e sua utilização. A prática espontânea da adivinhação no nível popular ainda não os distingue: a concepção antiga persiste. Mas em muito pouco tempo os filósofos vão refletir sobre a natureza desse conhecimento, ao passo que as autoridades políticas vão utilizá-lo para dirigir os acontecimentos, ainda que tenham de inventar ou manipular os oráculos. Tornar-se mestre do futuro para controlar o presente: esse será um dos legados fundamentais da civilização grega.

## MITOS E ADIVINHAÇÃO

Conhecer o futuro é uma preocupação fundamental desde o século VIII antes da nossa era, na época de Hesíodo e Homero, contemporâneos dos primeiros grandes profetas hebreus, Amós e Oseias. É na poesia épica e mitológica que encontramos os traços mais antigos das concepções divinatórias, mas também as primeiras ideias a respeito do destino, da história, da fatalidade. Porque tudo está intimamente ligado: passado, futuro, destino, fatalidade ou liberdade.

O destino individual e o destino do mundo são determinados pelos deuses. A sorte de cada um é tecida pelas Moiras, pelas Parcas na mitologia romana. Essas filhas de Zeus e Têmis, que nunca conheceram o amor, são azedas e ranzinzas: Cloto estica o fio, Láquesis o enrola e Átropos o corta, determinando o fim da vida. Dessas três irmãs não se deve esperar muita indulgência: visão pessimista da existência humana, em que as misérias ganham disparado dos prazeres. Devemos tirar alguma indicação do fato de que nossa vida seja tecida por divindades femininas? É duvidoso. A mulher é fonte de vida, e em muitas mitologias são virgens que asseguram os ritos ligados à perenidade do grupo social e político, sem que isso determine o destino. Por outro lado, se a fatalidade tem um grande papel na mitologia grega, essa noção é atenuada por múltiplas intervenções dos deuses, ao sabor de seus humores e aventuras. A impressão geral que se tem é que nossa sorte é decidida no Olimpo, mas ela depende de inúmeras circunstâncias que permitem equilibrar a fatalidade. Esta só é realmente inevitável em certos casos bem específicos, como o dos Átridas, por exemplo. Nós não somos mestres do nosso destino, mas este último não é determinado de modo definitivo, o que torna possíveis tanto a adivinhação como a livre decisão.

No que diz respeito à evolução global da humanidade, e admitindo-se que *Os trabalhos e os dias* representam a concepção geralmente aceita nessa época, o pensamento grego arcaico também tem uma visão pessimista do futuro. Desde as suas origens, o mundo segue um processo de decadência e corrupção, que o faz atravessar quatro eras sucessivas: a era de ouro, equivalente ao paraíso terreno, era de justiça, felicidade, juventude; a era de prata; a era de bronze; a era de ferro, na qual nos encontramos. Distanciando-se de suas origens divinas, o homem se degrada, a injustiça e as desordens aumentam, e esse declínio inevitável vai continuar, até que o mal vença completamente o bem. A questão é saber se esse movimento é irreversível, se toda a história do mundo reside nisso, ou se se trata apenas de um ciclo, ou de um período, uma espécie de fase B de um ciclo de Kondratiev cósmico. Devemos confessar que não temos resposta. A única alusão a uma eventual retomada do crescimento é o verso 175 de *Os trabalhos e os dias*, que suscitou muitos comentários, mas a partir do qual seria muito temerário extrapolar: "E aprouve ao céu", escreve Hesíodo, "que eu não tivesse por minha vez de viver no meio da quinta raça, e que morresse mais cedo ou nascesse mais tarde". As últimas palavras significam que um retorno à era de ouro é cogitado no futuro? Nada permite confirmar essa hipótese. Notemos que a ideia de uma decadência inevitável da civilização, de uma corrupção interna, ligada à afirmação de uma necessidade de justiça social, está presente em muitas mensagens proféticas do século VIII, muito além do mundo grego: nós a encontramos em Amós e Oseias, por exemplo.[1]

Apenas muito tempo depois a ideia de um progresso futuro começa a despontar nitidamente. Até lá, o quadro é fixo: destinos individuais que dependem dos deuses, mas não são inevitáveis, e um futuro coletivo de preferência sombrio. Como tudo isso acontece entre os deuses e os homens, e a comunicação é possível de um mundo para o outro, os homens inventam uma infinidade de meios para consultar os deuses acerca do futuro. O mundo homérico e mítico pulula de adivinhos e profetas, de todas as naturezas e de todos os níveis. Nas cidades evoluem os cresmólogos, profetas de tipo bíblico, de baixa origem e humilde condição, com frequência mendigos, que vendem oráculos. Consultados sobre os acontecimentos da vida cotidiana pelos cidadãos comuns, são totalmente autônomos, não dependem de nenhum templo.

A mitologia e a literatura épica fazem remontar a prática da adivinhação à época heroica: os deuses confiaram a uns poucos heróis o poder de ler o destino, interpretando os sinais. Esses primeiros adivinhos míticos formam verdadeiras dinastias, como Melampo e seus descendentes, os Melampódidas: Polifides, Teoclímeno, Poliído, Anfiarau; na linhagem de Tirésias, encontramos sua filha Manto, seu neto Mopso, e Calcas, que predisse o desenrolar da Guerra de Troia. Citemos ainda Enone, Mérope, Parnasso, Delfos, Cíniras, Tamiras, Frásio, Crio, Carno, Hécatos, Ápis, Pitaeis, Galeos, Telmesso,

1 Causse, *Du groupe ethnique à la communauté religieuse*.

Íamo. Em Troia, Cassandra é famosa por suas predições sombrias, tomadas por delírios, porque Apolo não lhe concedeu o dom de convencer. Seu irmão é o adivinho Heleno.

## MÉTODOS DIVINATÓRIOS

Todos esses personagens compartilham um dom, o da adivinhação indutiva, que, portanto, no início não é considerada uma ciência transmissível. Os deuses falam aos homens por sinais e enigmas, que apenas adivinhos que recebem uma luz particular podem compreender. Apenas progressivamente é que os homens vêm a controlar essa capacidade, transformando-a numa ciência e desenvolvendo escolas proféticas. Uma das mais antigas seria a de Eumantis, em Messena. O conjunto dos métodos forma a mântica, ou arte divinatória, cujos ramos são múltiplos e têm todos nomes gregos, o que indica a importância do aporte helênico nesse domínio: quiromancia (adivinhação pelas linhas da mão), cledonismancia (adivinhação pelas palavras instintivas), hidromancia (adivinhação pela água), iatromancia (adivinhação médica), ictiomancia (adivinhação pelos peixes), lecanomancia (adivinhação pelo óleo sobre a água de uma bacia), pegomancia (mesma técnica, sobre a água de uma fonte natural), litomancia (adivinhação pelas pedras), geomancia (adivinhação pela terra), aritmomancia (adivinhação matemática), astragalomancia ou cleromancia (adivinhação por jogos à sorte), empiromancia (adivinhação pelo fogo), oniromancia (adivinhação pelos sonhos), ornitomancia (adivinhação pelo voo dos pássaros; a águia, por exemplo, é a mensageira de Zeus, e o corvo o de Apolo), necromancia (adivinhação pela evocação dos mortos, que Ulisses experimenta na *Odisseia*), morfoscopia (adivinhação pelas formas do corpo), extispicina ou hieroscopia (adivinhação pelas entranhas das vítimas), adivinhação pálmica (adivinhação pelos estremecimentos involuntários), e assim por diante. Pôde-se recensear até 230 métodos divinatórios diferentes: os gregos não negligenciam nenhum meio de se informar acerca do futuro. Devemos dizer que eles imaginam os deuses como personagens que sentem prazer em complicar suas mensagens e exprimi-las pelos meios mais desconcertantes: é por intermédio do cavalo de Aquiles, Xanto, que eles dão a conhecer ao herói sua morte iminente.

Entre os tipos de mântica mais utilizados, a oniromancia ocupa um lugar privilegiado, e sonhos e devaneios podem aparecer como comunicações divinas diretas, que basta decifrar para conhecer o futuro. São conhecidos mais de trinta manuais sobre o assunto, descrevendo o significado dos sonhos e fornecendo quadros de interpretação aos práticos.[2] Os oniromantes se encontram em todos os cruzamentos das cidades, decifrando sonhos por dois óbolos. Segundo Plutarco, um neto de Aristides, Lisímaco, caindo na miséria, "vivia do que podia ganhar interpretando sonhos por certas tábuas, onde estava escrita a arte de expor os significados dos sonhos, e ficava comumente perto do templo de Baco".[3]

A crença no valor divinatório dos sonhos, durante a vigília ou o sono, é quase universal entre os gregos e os romanos. Mesmo os mais céticos, salvo raras exceções, são convictos. O único obstáculo vem dos erros de interpretação, como afirma Amiano Marcelino: "A certeza dos sonhos seria plena e indubitável se os intérpretes não se enganassem, ponderando suas conjecturas". Para os sonhos dos grandes personagens, que podem ter uma importância política capital, são consultados os prestigiosos oráculos. Conhecemos, por exemplo, o caso de Olímpia, mãe de Alexandre, que na véspera de seu casamento "sonhou que um raio lhe caía no ventre, e de repente acendeu-se um grande fogo, o qual veio a se dissolver em várias chamas que se espalharam por toda parte; e seu marido, Filipe, sonhou também depois que selava o ventre de sua mulher, e a gravura do selo com que ele o selava era a figura de um leão".[4] Filipe consulta todos os adivinhos e manda Querão Megalopolitano pedir a opinião do oráculo de Delfos. A história foi evidentemente inventada e espalhada por Alexandre e seu círculo a fim de lhe dar uma origem divina, mas ela prova ao menos que o público estava disposto a acreditar.

Quando examinamos a literatura dedicada pelos gregos à oniromancia, desde a obra do adivinho Antifonte, contemporâneo de Sócrates, até a de Artemidoro de Daldis, constatamos que esses especialistas encarregados de anunciar o futuro a seus clientes a partir de sonhos são acima de tudo excelentes psicólogos, combinando prudência e conhecimento da alma humana. Assim, Artemidoro faz duas distinções: primeiro entre os sonhos que não têm significado divinatório e os sonhos que têm significado divinatório; depois entre os sonhos teoremáticos, que representam diretamente a ação futura, e os sonhos alegóricos, que é preciso interpretar. Nesse trabalho, ele aconselha levar em conta, acima de tudo, a personalidade do cliente, para lhe fazer uma predição que corresponda, em termos vagos, a suas preocupações:

---

2 Bouché-Leclercq, *Histoire de la divination dans l'Antiquité*. Essa obra antiga continua sendo uma mina inigualável de informações sobre a adivinhação grega, ainda que suas conclusões tenham sido nuançadas.

3 Plutarco, *Les vies des hommes illustres*, t.I, p.750.

4 Ibid., t.II, p.323-4.

> Admite prognósticos de efeito médio e lapsos de tempo em harmonia com as circunstâncias que envolvem cada objeto percebido ou com a expectativa dos clientes, porque seria ridículo, na presença de um homem que teme ou espera para o dia seguinte e teve um sonho, explicar o que acontecerá ao cabo do ano.[5]

A influência dos sonhos é considerável na história greco-romana e, se acreditarmos na literatura clássica, eles foram um motivo de ação fundamental, o tipo mesmo da causalidade do futuro sobre o presente, a exemplo de Dion Cássio, que empreende sua história romana por ordem de um sonho. Entre os outros métodos, a necromancia parece muito antiga; afirma que as almas dos mortos conhecem os decretos do destino: evocadas e questionadas, podem revelá-los aos vivos. O haruspicismo, exame das entranhas das vítimas sacrificadas, é mais recente. Os primeiros vestígios aparecem em Atenas, no século VI apenas.

Já a adivinhação intuitiva, uma das grandes especialidades gregas, remonta à época mítica e heroica, e está associada sobretudo ao culto de Apolo, o mais falador dos deuses, sempre disposto a comunicar seus pensamentos aos homens. Os primeiros adivinhos intuitivos são heróis lendários, como Minos e Radamanto, ou semi-históricos, como Epimênides de Festo, Anteu, Kydas, Aletes, Anfilito, Bácis, em quem Heródoto acreditava firmemente, certificando que ele havia predito as guerras médicas e erguendo-se contra os céticos, que punham em questão seus oráculos: "Quando Bácis fala de tais acontecimentos e em termos tão claros, não tenho o atrevimento de lhe opor contestações a respeito dos oráculos, e não admito que outros o façam".[6]

Na linhagem desses inspirados, dos quais muitos são extáticos, alguns alcançarão um renome que vai além do quadro do mundo grego, como Apolônio de Tiana, que oficia na Ásia Menor, no século I da nossa era. Filóstrato, que escreve sua biografia romanceada no início do século III, faz dele um profeta extraordinário, predizendo a peste de Éfeso, o terremoto da Jônia e um sem-número de outros. No fim do século III, Hiérocles até o compara a Cristo.

## ORÁCULOS

A partir da época arcaica, a adivinhação intuitiva toma a forma específica dos oráculos, estabelecidos permanentemente em locais privilegiados,

---

5 Artemidoro de Daldis, *Onirocriticon*, IV, 27.
6 Heródoto, *Histórias*, VIII, 77.

onde se manifesta a palavra divina, por intermédio de um inspirado. O termo oráculo, aliás, designa ao mesmo tempo o inspirado, o texto da mensagem divina e o local onde ele se manifesta. De uma obscuridade sábia ou descabelada, esses oráculos são verdadeiros enigmas, cuja decifração necessita da perspicácia de especialistas, como os quatro "Píticos" que os reis de Esparta enviam a Delfos para consultar Apolo. Na verdade, admitia-se grande flexibilidade nas interpretações, que podiam ser feitas até mesmo pelos não especialistas, o que levava a dar razão aos mais astuciosos, como veremos.

A Grécia pulula de oráculos, que são também agências de informações concorrentes sobre as intenções divinas. Não é o caso de fazermos uma lista exaustiva. Entre os principais, citemos os oráculos telúricos, de Gaia, Deméter, Têmis, em Olímpia, Dodona, Mégara, Delos, Patras, Delfos, os oráculos das divindades das águas em Pontios, Delos, os das divindades do fogo em Rodes, Epidauro, Talamas, Apolônia, os de Atena em Corinto, Tegeia, os de Hermes em Esmirna, Patras, Pitane, os de Hera em Corinto, de Dioniso em Anficleia, de Plutão em Aeana, Acaraca, Limera, de Poseidon em Onquesto, Tinos, Delfos, de Afrodite em Pafos, de Apolo em Abas, Tegena, Tebas, Argos, Daraea, Mileto, Cólofon, Patara, Selêucia, Hiéracome, Grinea, Lesbo, Timbra, Calcedônia, Antioquia, e uma infinidade de outros, mais os de Asclépio, de Héracles, dos heróis e dos mortos. Os gregos são certamente o povo mais bem informado sobre o futuro de toda a Antiguidade. Eles têm, em todo caso, a rede mais eficaz de informações para captar as mensagens divinas.

Três oráculos ocupam uma posição preeminente. O de Zeus Amon em primeiro lugar, curiosamente situado no meio do deserto líbio, a semanas de viagem da Grécia. Sua origem é obscura. Supõe-se que foram os habitantes helenizados da costa da Cirenaica que, no século VII, quando mantinham relações com Tebas e Esparta, chamaram a atenção dos gregos para o oráculo do deus egípcio Amon, rapidamente assimilado a Zeus. Em todo caso, o local, apesar da distância, é muito frequentado, em particular pelos atenienses, aos quais Zeus teria aconselhado a expedição à Sicília no século V. O fato de Alexandre ter considerado útil fazer um enorme desvio no deserto durante sua expedição para receber a caução do deus mostra bem a importância que lhe dava a opinião da época.

Zeus também se faz ouvir em Dodona, onde o oráculo, reputado favorável aos atenienses, existia já no tempo de Homero. Mas o local mais prestigioso é Delfos, onde durante séculos Apolo dá a conhecer seus oráculos. Como sempre, a origem do fenômeno se perde na exuberância dos mitos e lendas. Parece que um culto báquico, com ritos extáticos, precedeu Apolo nesse local. Dioniso, aliás, tem boa reputação como profeta. O oráculo não existia ainda na época de Homero, que não fala dele. Provavelmente remonta ao fim do século VIII, com uma origem dórica e cretense, situando nesse local uma vitória de Apolo sobre o monstro Píton. Desde então, um espírito assombra o lugar, infundido na água da fonte Kassotis e no loureiro que cresce às suas margens. A Pítia, uma virgem local, bebe a água da fonte e mastiga as folhas do loureiro. O espírito de Apolo a investe e dita as revelações, que ela transmite empoleirada num trípode, durante transes convulsivos. Com idade de mais de cinquenta anos, para reduzir os riscos de rapto, essa mulher, ignorante, é um puro instrumento passivo. Toda a organização repousa de fato sobre o poderoso clero de Apolo, que vela pela encenação e pelo respeito às formas.

A consulta comporta na verdade todo um procedimento elaborado. Ocorre uma vez por mês, e somente após o sacrifício de uma cabra ou de um carneiro; se o animal, aspergido de água fria, não treme parte nenhuma do corpo, é porque Apolo não está ali. Feita a pergunta, a Pítia, drogada, sobe no trípode e começa a soltar gritos. Exercício extenuante: diante da multidão das consultas, em breve foi necessário apelar para uma segunda e depois para uma terceira Pítia, intervindo alternadamente. Os sons inarticulados que ela emite são recolhidos imediatamente por um ou dois profetas, que os põem na devida forma e tiram deles um oráculo versificado totalmente incompreensível, tendo ao mesmo tempo uma vaga relação com a pergunta feita. O exercício é delicado e necessita de muita experiência, um grande domínio das técnicas poéticas, um bom conhecimento do contexto da pergunta e muita imaginação. O consulente, munido de seu oráculo ininteligível, deve então levá-lo a um dos numerosos exegetas residindo em Delfos, que vai lhe dar seu significado. Se é uma cidade que faz a pergunta, o oráculo é selado e guardado nos arquivos do Estado.[7]

Bem azeitado, o sistema funciona mais de mil anos, do fim do século VIII antes da nossa era até o século IV da nossa era, naturalmente com flutuações na frequentação. Essa constância é prodigiosa; é a prova de que o oráculo correspondia a uma necessidade real, apesar de todas as críticas das quais era objeto por parte dos intelectuais e dos céticos. Porque em todas as épocas nunca se deixou de ironizar o enriquecimento colossal do clero, principal beneficiário da operação, notando que o oráculo tinha tendência a favorecer os que ofereciam os mais lindos presentes, protegendo, por exemplo, o

7 Uma tentativa de explicação do oráculo pítico pela cleromancia, isto é, pela tirada ao acaso de respostas gravadas com antecedência, foi realizada por Amandry, *La mantique apollinienne à Delphes*, mas não encontrou muito eco. Cf. também Parker; Wormwell, *The Delphic Oracle*.

abominável tirano Faláris e seus êmulos de Siracusa, ao passo que habitualmente apoiava os regimes aristocráticos contra as democracias e as tiranias. No século VI antes da nossa era, quando os Pisistrátidas tomam o poder em Atenas, seus inimigos, os Alcmeônidas, exilados, mostram-se generosos com o santuário e obtêm oráculos favoráveis, que afirmam que os espartanos devem ajudá-los a expulsar os Pisistrátidas.

Tudo isso, somado aos gracejos de certos filósofos contra a credulidade popular, deveria ter arruinado o crédito do oráculo. Os pedidos de consulta, no entanto, continuam a afluir durante séculos, embora a não realização das profecias possa abalar a confiança nelas. A explicação é simples: o oráculo foi mal interpretado. A obscuridade das fórmulas tornava a explicação plausível. A. Bouché-Leclercq escreve:

> Os crentes conseguiam quase sempre demonstrar a si próprios que a palavra de Apolo havia se realizado, mas de maneira muito diferente da que esperavam. A história da adivinhação é cheia dessas surpresas que faziam admirar os recursos engenhosos de Loxias e permitiam conciliar, na medida do possível, a liberdade humana com a liberdade e a dignidade dos deuses.

A necessidade de acreditar encontrava ainda outras explicações para os erros do oráculo: Apolo podia ter resolvido dar uma resposta falsa por razões pessoais; os deuses não são inteiramente mestres do destino; ou então foram os sacerdotes, corrompidos, que deformaram os oráculos. Gostaríamos de saber a opinião dos próprios sacerdotes. Sem confissões póstumas equivalentes à que deixará no século XVIII o padre Meslier, podemos apenas presumir que os sacerdotes estavam sob a influência da tradição e não procuravam se desvencilhar dela.

## DELFOS E A MANIPULAÇÃO POLÍTICA

No entanto, as intervenções cada vez mais numerosas dos sacerdotes nas questões diplomáticas dão a impressão de uma utilização consciente da predição a serviço de uma política. Nas guerras médicas, o clero délfico não acredita na possibilidade de uma vitória grega, e não quer arriscar represálias da parte do futuro provável vencedor, o rei dos persas. Para conciliar suas boas graças, os sacerdotes pendem todo o peso das profecias para o lado dele, numa verdadeira campanha antipatriótica. Desde o início, desencorajam a resistência dos cnidianos; na véspera de Maratona, não enviam as dispensas necessárias para que os espartanos se ponham a caminho durante a Lua cheia, e eles chegam tarde demais. Em 480 a.C., quando da segunda expedição persa, o oráculo responde aos atenienses que foram consultá-lo: "Infortunados, fugi para as extremidades da Terra, [...] abandonai vossas casas e os altos picos de vossa cidade". Numa segunda consulta, o oráculo é de uma obscuridade desencorajadora, em doze versos narrados por Heródoto:

> Não, Palas não pode dobrar Zeus Olímpico,
> Apesar das orações e dos sábios conselhos.
> Mas vou de novo anunciar-te minha decisão: ela é de um aço invencível.
> Quando o inimigo tiver tudo que encerram as fronteiras de Cécrope
> E os antros do Citéron divino,
> Então em Tritogênia [Atenas] Zeus de voz imensa concederá uma muralha de madeira
> Para proteger-te, a ti e a teus filhos, defesa única, inexpugnável.
> E tu, não esperes os cavaleiros, não esperes as hordas
> Que virão do continente, não fiques em repouso:
> Vira as costas, retira-te. Ele virá ainda, o dia em que enfrentarás.
> Mas por ti, ó divina Salamina, as mulheres verão perecer seus filhos,
> Na hora em que Deméter semeia, ou então na hora em que colhe.[8]

Para alguns, a "muralha de madeira" designa a paliçada que antigamente cercava a Acrópole. Para Temístocles, ao contrário, que era partidário de travar a guerra em mar, trata-se de uma imagem da frota. Assim, escreve Plutarco, "ele os ganhou pela profecia", acrescentando que, se o oráculo qualificava Salamina de "divina", era "porque ela devia dar nome a uma felicíssima vitória que os gregos deviam ter ali". É, portanto, aquele que tem mais astúcia e imaginação que faz triunfar sua interpretação, porque, no caso presente, esta não era evidente. Outra explicação, ainda mais plausível, é avançada por Marie Delcourt: o oráculo teria sido inventado depois dos acontecimentos para servir à política de Temístocles.[9]

Na continuação do episódio, o oráculo délfico ainda não acredita na derrota dos persas, e continua a complicar a tarefa dos gregos, multiplicando as predições desfavoráveis, proibindo argivos, corcireus e cretenses de se juntar a Atenas, recusando as oferendas de Temístocles, que havia manifestado seu ceticismo. Depois da partida de Xerxes, quando um exército persa

---

8 Heródoto, *Histoires*, éd. Pléiade, VII, 77, p.510.
9 Delcourt, *L'oracle de Delphes*, p.129-30.

comandado por Mardônio permanece na Grécia, o oráculo utiliza um estratagema grosseiro para evitar a destruição: prediz que o exército persa será destruído após saquear o templo de Delfos, o que tem o efeito de impedir Mardônio de tentar o que quer que seja contra o santuário. O futuro se mostra muito eficaz aqui para agir sobre o presente.

Durante a Guerra do Peloponeso, o oráculo de Delfos continua a alimentar a hostilidade entre os gregos. Nada lhe é mais favorável do que a guerra, vindo os dois campos consultá-lo com a esperança de obter pareceres favoráveis e preciosas predições sobre o desenrolar das hostilidades. Essa política pode se revelar perigosa e pôr os sacerdotes em situação embaraçosa. No início do século V, os espartanos, aos quais os oráculos haviam prometido a vitória, descobrem que os atenienses haviam recebido as mesmas garantias.[10] Esse não é o único caso de duplicidade assinalado nos anais délficos, mas na Guerra do Peloponeso Delfos se coloca nitidamente do lado dos espartanos, e manifesta claramente os sentimentos antidemocráticos de Apolo. É por isso, aliás, que Péricles, hostil a esse oráculo aristocrático, desenvolve os oráculos rivais, como o de Delos.

Em 432, o oráculo de Delfos claramente toma partido. Os espartanos, conta Tucídides, "enviaram uma delegação a Delfos para perguntar ao deus se seria sábio entrar em guerra. Dizem que o deus respondeu que, se eles combatessem com todas as suas forças, conseguiriam a vitória, e que ele próprio estaria ao lado deles, quer o invocassem ou não".[11] Durante o mesmo conflito, Delfos encoraja Corinto contra Córcira,[12] e até intervém nas questões internas de Esparta, ordenando, por exemplo, que chamem o rei Plistoanax, que é acusado de ter corrompido a Pítia.

Durante todo esse período, Delfos é o verdadeiro centro da diplomacia das cidades gregas. Delegações vêm de quase toda parte para consultar Apolo sobre os assuntos mais diversos, mas na grande maioria sobre questões puramente religiosas.[13] O santuário é uma espécie de Genebra do mundo mediterrâneo, onde se está perfeitamente a par de todos os acontecimentos políticos desse setor, graças às idas e vindas de diplomatas, delegados, comerciantes, turistas e peregrinos. Os oráculos podem ter em conta, portanto, todos esses dados para pronunciar predições com conhecimento de

10 Heródoto, op. cit., VII.

11 Tucídides, *A Guerra do Peloponeso*, I, 118.

12 Ibid., I, 25.

13 80% dos oráculos têm opiniões muito claras a respeito dos ritos, por exemplo; cf. Fontenrose, *The Delphic Oracle*.

causa, e assim surpreender os consulentes com sua vidência. Delfos é o local por onde o futuro irrompe no presente para lhe ditar suas decisões. Temos aqui um caso único de "futurocracia".

Contudo, o número de céticos cresce. Entre eles, o tebano Epaminondas, que no século IV declara que não tem medo das profecias, e impõe seu domínio em Delfos. Além do mais, os dirigentes das cidades podem lançar mão da livre concorrência profética: é sempre possível encontrar predições em consonância com seus desejos, porque os santuários em busca de clientela sabem se mostrar complacentes. No século IV, o espartano Agesilau, que foi consultar o oráculo de Zeus em Dodona para obter a aprovação de sua expedição contra os persas, vai em seguida tirar a contraprova no oráculo de Apolo em Delfos. Para evitar receber uma resposta contraditória do santuário rival, ele tem a habilidade de fazer a pergunta de maneira a não deixar escolha para os sacerdotes. Ele diz que veio ver "se Apolo é da mesma opinião que seu pai". Mesmo que as relações familiares entre os deuses não sejam excelentes, o clero de Apolo não pode assumir a responsabilidade de jogar o filho contra o pai. Os atenienses não foram tão hábeis por ocasião da expedição da Sicília: encorajada por Zeus, reprovada por Apolo, terminou em desastre.

O início dessa campanha foi precedido, aliás, de uma verdadeira guerra de oráculos, partidários e adversários da expedição apresentando predições opostas, como conta Plutarco:

> Todavia, dizem que os sacerdotes alegavam muitas coisas para impedir o empreendimento; mas Alcibíades, tendo também outros adivinhos habilitados, alegava igualmente oráculos antigos, que diziam que devia advir da Sicília uma grande glória aos atenienses, e emboscava também alguns peregrinos que afirmavam ter vindo recentemente do oráculo de Júpiter Amon, do qual traziam um oráculo, pelo qual se declarava que os de Atenas prenderiam todos os siracusanos. E, mais ainda, se havia quem soubesse de sinais e presságios a isso contrários, eles os calavam, de medo de que parecesse que por afeição eles se ocupavam em mal prognosticar.[14]

Não faltam presságios desfavoráveis, no entanto: mutilação milagrosa das estátuas de Hermes, castração voluntária de um homem perto do altar dos doze deuses, coincidência com a festa da morte de Adônis. O gênio

14 Plutarco, op. cit., t.II, p.26.

familiar do próprio Sócrates, "que tinha se acostumado a advertir das coisas por vir revelou a ele que essa viagem se fazia para a ruína da cidade de Atenas". Em Delfos, uma estátua de ouro de Minerva, dada pelos atenienses, é completamente bicada pelos corvos:

> mas os de Atenas diziam que foram os delfos, ganhos pelos siracusanos, que haviam fingido e inventado aquilo. Houve também uma profecia que lhes ordenou que levassem a Atenas uma religiosa de Minerva que estava na cidade de Clazômenas; eles mandaram buscar essa religiosa, que se chamava Hesíquia, isto é, repouso, e parece que era o que os deuses, por essa profecia, aconselhavam, que por ora eles deviam repousar.[15]

A expedição ocorrerá, apesar de tudo, porque Alcibíades consegue convencer os atenienses. O episódio conduz a duas conclusões opostas. De um lado, parece que os gregos fazem mais conta do futuro do que do passado e da situação presente para tomar suas decisões, procurando antes de tudo reunir todas as opiniões autorizadas sobre o futuro. Tratam primeiro de saber como as coisas vão terminar, antes de se lançar numa empreitada, o que em si não tem nada de absurdo; a questão está no grau de confiabilidade das predições. De outro lado, diante das profecias contraditórias, a decisão tomada não faz nenhuma conta do "futuro": é apenas reflexo das relações de força presentes. Os presságios e as predições desfavoráveis parecem levar a melhor, mas é a vontade de Alcibíades que impõe a decisão. A ponto de, segundo Plutarco, o astrólogo Meton, que também vislumbrava um resultado nefasto, preferir passar por louco. É claro que a narrativa de Plutarco, posterior ao desastre, exagera a importância dos presságios funestos, mas a impressão que se tem, apesar de tudo, e veremos outros exemplos, é que o futuro é para os gregos mais um instrumento, um meio de argumentação, do que uma causa.

O oráculo de Delfos oferece ainda outras ilustrações. Na "guerra sagrada" de 355 a 346 a.C., quando é abandonado pelos espartanos, ele começa a profetizar a favor de Filipe da Macedônia, cuja ameaça se precisa no mundo grego. Em Atenas, onde esses oráculos são cada vez menos respeitados, eles são acusados abertamente de tomar partido: o oráculo "filipiza", declara ironicamente Demóstenes. Quando Alexandre vai consultá-lo, antes da partida de sua expedição, evidentemente não é para ouvir predições, mas para receber uma caução suplementar, preciosa aos olhos de seu exército,

15 Ibid.

como a que vai procurar no oásis de Zeus Amon. Infelizmente, ele se apresenta em Delfos num dia em que este está fechado, e, diante da recusa da Pítia a comparecer, ele próprio vai buscá-la à força. Ela lhe diz então: "És invencível, pelo que vejo, meu filho". E Plutarco comenta, de maneira inabitualmente irônica: "O que tenha Alexandre ouvido, diz-se que não pedia outro oráculo, e que tinha aquele que desejava dela".[16]

## SIBILA, ORÁCULO DESENCARNADO

É mais ou menos na mesma época que aparece outra forma de profecia no mundo grego, com a Sibila, misteriosa personagem, ainda mais duradoura por ser evanescente, e cujo prestígio persistirá até o fim da Idade Média, graças a uma hábil apropriação pela mitologia cristã. É bastante difícil discernir as origens da Sibila, cujas aparições na literatura histórica são sempre fugazes e muito vagas. Nem Hesíodo nem Homero falam dela. O primeiro autor a mencioná-la é Heráclito de Éfeso, no fim do século VI antes da nossa era. Muito provavelmente, esse fantasma que é a Sibila é uma criação de origem jônica, do século VII ou VI. Ser abstrato, imaginário, ela é uma fusão entre Cassandra, Manto e as ninfas; é uma forma feminina – notemos mais uma vez a importância das mulheres na adivinhação grega –, um ser triste, imaterial e sem idade, que flutua nos arredores de seu antro, situado pela tradição na Eritreia, na costa jônica. A Sibila, escreve A. Bouché-Leclercq, "é a voz profética, a revelação mal investida num ligeiro envelope antropomórfico. Sua vida, situada de certo modo fora do tempo, não é contemporânea de nenhum acontecimento".[17] Para o mesmo autor, essa criatura mítica é uma das manifestações da era profética por que passa o mundo mediterrâneo nessa época: "Podemos, portanto, além de qualquer suputação arbitrária, considerar estes três instrumentos da palavra revelada, pítias, cresmólogos e sibilas, criados ao mesmo tempo e originários do mesmo movimento religioso".[18]

Uma diferença essencial, todavia, com relação aos oráculos: essa voz profética não é ligada nem a um lugar nem a uma época. Inapreensível, essa sombra feminina de humor sombrio e arisco vagueia e profetiza em qualquer lugar e em qualquer momento. Isso corresponderia a uma necessidade popular de libertar o espírito de profecia, preso nos santuários oficiais pelos

16 Ibid., t.II, p.338.
17 Bouché-Leclercq, op. cit., t.II, p.153.
18 Ibid., p.142.

colégios sacerdotais? É o que pensa A. Bouché-Leclercq: "A Sibila nunca foi mais do que um mito, mas um mito que mostra a lógica popular preocupada em liberar a cresmologia de qualquer restrição material e transportá-la, sem preocupação com o corpo, para o campo da intuição pura".[19]

O caráter imaterial da Sibila lhe permitirá viver mais do que os oráculos, destruídos no fim da época romana: não se mata um mito, ele é desacreditado, o que é muito mais difícil. O mais surpreendente é que esse mito produz escritos proféticos, que circulam e são conservados: os romanos farão toda uma coleção deles. Que mãos criaram essas predições imaginárias, cujo número cresce ao longo dos séculos? Do que se tem certeza é que, a partir do século IV antes da nossa era, a Sibila faz tanto sucesso que começa a proliferar. No século I, Varrão recenseia cerca de trinta, que ele classifica por afinidades e categorias geográficas, produzindo um catálogo – que será referência – de dez sibilas quase oficiais: a líbia, a délfica, a ciméria, a eritreia, a sâmia, a cumeia, a helespôntica, a frígia, a tiburtina, a pérsica.

Consequentemente, todos que têm uma mensagem profética para fazer valer, ou simplesmente procuram uma caução suplementar para sua causa, atribuem sua origem à Sibila, numa forma versificada bastante clara para ser compreendida e bastante obscura para ser divina. É assim que os judeus alexandrinos do século II antes da nossa era escreverão versos sibilinos reforçando os escritos de seus profetas, e os cristãos a farão anunciar o Cristo e seus principais dogmas. A maioria dos 4.232 versos que chegaram até nós é manifestamente de origem judaico-cristã, "predizendo" retroativamente a sucessão dos impérios e a vinda do messias. Os pais da Igreja "se mostraram, em relação aos oráculos sibilinos, de uma credulidade espantosa", escreve A. Bouché-Leclercq.[20] Todos de fato, com exceção de Irineu e Orígenes, aceitaram sem análise esses textos providenciais, achando normal que Deus se exprimisse também por intermédio de um oráculo pagão, e eles os acrescentaram ao arsenal apologético. Constantino até se empenhou em demonstrar sua autenticidade diante do Concílio de Niceia.

## ASTROLOGIA, OU PREDIÇÃO CIENTÍFICA

À adivinhação indutiva e intuitiva, aos oráculos, à Sibila, os gregos acrescentam um último meio de informação sobre o futuro: a astrologia, da

19 Ibid., t.I, p.369-70.
20 Ibid., t.II, p.213.

qual são os verdadeiros fundadores. Desde o século VIII, Hesíodo expõe, em *Os trabalhos e os dias*, a concepção dos dias nefastos em associação com as fases da Lua. Dos trinta dias do mês, dezesseis são favoráveis ou desfavoráveis, os outros são "mutáveis ou neutros".[21] Embora não atribua a cada dia a influência de um deus em particular, considera que a Lua tem um papel determinante, e muitos acreditaram discernir influências órficas nessa concepção.[22] Para os gregos do século V antes da nossa era, devemos aos egípcios a associação de um deus a cada dia, que assim determina a sorte dos indivíduos, como afirma Heródoto: "Foram os egípcios que descobriram a qual deus pertencem cada mês e cada dia, e o que acontecerá a cada homem segundo o dia de seu nascimento, e como ele morrerá, e qual tipo de homem ele será. De todas essas coisas se servem os poetas gregos".[23]

Na verdade, a herança caldeu-egípcia nesse campo é muito modesta, e limita-se a grandes princípios e vagas aproximações. Os gregos é que vão transformar, graças à sua matemática, a astrologia numa verdadeira ciência. As bases vêm, no entanto, da Mesopotâmia, como dão a entender todos os indícios reunidos até o presente. Foi na virada do século V para o IV antes da nossa era, cerca de 400 a.C., que ocorreu a mudança. Os laços com a antiga Babilônia, nas mãos dos persas havia mais de um século, desenvolveram-se no plano intelectual, e é nessa época que Hipócrates faz referência à astrologia oriental em sua obra *Dos regimes*. No mesmo momento, Demócrito fala da tríade babilônia Sin, Shamash e Ishtar, assimilada ao Sol, à Lua e a Vênus; pouco depois, Eudoxo contesta a pretensão dos "caldeus" de serem capazes de determinar a sorte individual de acordo com o dia de nascimento. Existe nesse momento, portanto, uma genetliologia babilônia, cujos resultados são ainda incertos. A assimilação pelo mundo grego somente ocorre no fim do século IV, quando o babilônio Berose, que teria sido sacerdote, contemporâneo de Ptolomeu Filadelfo, instala-se na ilha de Cós e desenvolve uma escola de astrologia. O texto mais explícito a esse respeito é o de Vitrúvio, no século I antes da nossa era:

> É preciso admitir que podemos conhecer os efeitos que os doze signos, o Sol, a Lua e os cinco planetas têm no curso da vida humana, segundo a astrologia e os cálculos dos caldeus. Pois a arte genetliológica pertence a eles, pela qual são capazes de expor os acontecimentos passados e futuros segundo seus

21 Hesíodo, *Os trabalhos e os dias*, 765-828.
22 Tester, *A History of Western Astrology*, p.83.
23 Heródoto, op. cit., II, 82.

> cálculos astronômicos. E muitos dessa raça dos caldeus nos transmitiram suas descobertas, cheias de sutileza e ciência. O primeiro foi Berose, que se estabeleceu na ilha de Cós e lá ensinou, e depois dele o sábio Antípatro, depois Achinapolus, que, no entanto, baseava seus cálculos genetliológicos não na data de nascimento, mas na de concepção.[24]

Berose se torna célebre em todo o mundo grego por suas predições astrológicas, a ponto de adquirir um status quase mítico: atribuem-lhe uma existência de 116 anos, e os atenienses erguem-lhe uma estátua de língua dourada. Ele também teria retomado a teoria do eterno retorno, interpretando as lendas caldeias: a vida do universo seria cadenciada pelos ciclos dos "grandes anos", tendo cada um uma duração não mais de 7 mil anos, mas de 432 mil anos, e compreendendo o retorno inevitável dos mesmos acontecimentos, em particular um dilúvio universal quando todos os planetas estão reunidos em Capricórnio. Trata-se, portanto, de uma concepção absolutamente determinista.

O sucesso da astrologia na Grécia é tardio e ao mesmo tempo estrondoso, o que é absolutamente compreensível. Os helenos, como acabamos de ver, estão sempre à espreita de predições capazes de guiar suas ações. Todas as fontes de informação sobre o futuro são bem-vindas. Esse estado de espírito, devemos frisar, é fundamentalmente lógico em sua atitude: por que caminhar às cegas, se é possível saber de que será feito o amanhã? Num primeiro momento, os métodos de adivinhação e os oráculos satisfarão a necessidade de informação sobre o futuro. Mas, de um lado, o abuso dos oráculos enfraquece pouco a pouco sua credibilidade, e várias escolas filosóficas espalham ceticismo a seu respeito, criando um vazio intelectual e uma incerteza, fatores de angústia; de outro, os oráculos se interessam sobretudo pelos grandes acontecimentos coletivos, pela sorte da cidade, pelas questões políticas, militares e religiosas. A partir do século III antes da nossa era, no contexto da civilização helenística, mais inquieta, as preocupações místicas sobre a sorte individual são mais prementes. A astrologia genetliológica oferece uma resposta às necessidades novas e antigas. Ela preenche o vazio deixado pela pouca confiança na adivinhação tradicional; responde às aspirações individualistas; satisfaz a necessidade intelectual de rigor, de lógica científica.

---

24 Vitrúvio, VI, 2. Também encontramos alusões a Beroso em Sêneca, *Questões naturais*, III, 29, 1; Plínio, *História natural*, VII, 123, 160 e 193, e Censorinus, *De die natali*, XVII.

A astrologia, portanto, não penetra na Grécia pelas camadas populares, mas pela elite dos doutos e dos filósofos. Longe de ser considerada uma superstição, apresenta-se como uma ciência, muito complexa. Enquanto o povo continua amplamente fiel à adivinhação tradicional, os pensadores se interessam pela astrologia: estoicos, platônicos, médicos como Hipócrates e Teofrasto. Ao lado das interpretações arbitrárias e temerárias dos presságios e dos augúrios, das mensagens incompreensíveis de uma velha pítia histérica, existe algo mais objetivo, racional e rigoroso do que a mecânica celeste? Conseguir vincular o destino individual e coletivo ao movimento dos astros é criar uma ciência social e humana, fazer da existência um todo compreensível e rigoroso. A adoção da astrologia pelos gregos deve ser sem sombra de dúvida atribuída ao lado racional de seu pensamento. Essa opinião é admitida hoje pelos historiadores das ciências: "Em comparação com o pano de fundo religioso, mágico e místico, as doutrinas fundamentais da astrologia são ciência pura", escreve O. Neugebauer,[25] seguido por G. Sarton: "Podemos quase afirmar que a astrologia grega foi fruto do racionalismo grego. [...] O princípio de base da astrologia, uma correspondência essencial entre as estrelas e os homens, que permite às primeiras influenciar os segundos, não é irracional".[26] Durante toda a Antiguidade, é aliás o mesmo termo, astrologia, que é utilizado para designar o que separamos cuidadosamente: astronomia e astrologia.

A adoção da astrologia, contudo, tem consequências metafísicas e filosóficas que não podem deixar os pensadores gregos indiferentes: ela se faz à custa da liberdade humana. Se a vida humana é determinada pela mecânica celeste, ela própria se torna mecânica. O destino se torna uma máquina de um determinismo absoluto, o que evidentemente permite prevê-lo, mas de que adianta prever uma coisa inevitável? Belo tema de discussão para alimentar a conversa durante os banquetes. De fato, estamos aqui no cerne do problema: somente se pode prever o futuro se há certeza a respeito de sua realização, e, se há certeza, se os acontecimentos previstos são inevitáveis, a previsão não tem mais razão de ser. Em outras palavras, a previsão é ou impossível, ou inútil. Cabia aos gregos trazer à luz essa contradição fundamental.

A astrologia tem um sucesso crescente no mundo helenístico a partir do século III antes da nossa era, em particular no Egito, nesse centro cultural mediterrâneo que é Alexandria. O progresso dos estudos astronômicos

25 Neugebauer, *The Exact Sciences in Antiquity*, p.171.
26 Sarton, *A History of Science*, p.165.

e matemáticos permite que ali se desenvolvam técnicas astrológicas complexas e se elabore de forma quase definitiva o *horoscopus*. Não é o caso de entrarmos aqui nos detalhes da ciência astrológica, para os quais o leitor poderá se referir aos numerosos manuais especializados. É suficiente dizer que suas bases já se encontram na obra do alexandrino Hiparco, em meados do século II antes da nossa era. Ele descreve o mapa natal, denominado de forma um pouco abusiva de horóscopo, como a imagem do estado do céu no momento do nascimento, indicando a localização do Sol, da Lua e dos planetas no círculo do zodíaco, que por sua vez gira sobre um quadrante de oito ou doze "lugares" ou "casas", os quais comandam, cada um, um setor da vida humana. A posição do conjunto permite avaliar a influência planetária sobre o recém-nascido.[27] Mais uma vez, o que nos interessa não é compreender os mecanismos da astrologia, que em si mesmos não têm mais valor do que os da adivinhação, mas entender suas implicações para as mentalidades. Ora, devemos constatar que o mundo helenístico está na origem de um instrumento de previsão cujo notável sucesso no espírito de seus adeptos repousa sobre a síntese entre o oculto e o científico, o que o tornará particularmente resistente à prova do tempo, a ponto de ter ainda hoje numerosos fiéis. Apresentando-se como uma verdadeira ciência, a astrologia pode explicar seus fracassos por deficiências de cálculo, as quais é possível remediar. Como qualquer outra ciência, a astrologia pode progredir, refinando seus métodos, o que evita pôr em causa sua afirmação de base, isto é, a existência de um elo de causalidade entre o mundo astral e os homens.

## PTOLOMEU E A ASTROLOGIA HELENÍSTICA

A ligação entre o oculto e o científico é típica da época helenística, cheia de contrastes e desequilíbrios, marcada por uma efervescência de ideias e procuras, uma mistura, uma fusão de tradições diversas, uma audácia inovadora, um questionamento de valores e uma grande inquietude metafísica e religiosa. Época de transição, desconcertante e atraente, que empurra uns para o ceticismo e outros para o misticismo. Época conturbada, em que a história parece se desregular e o destino individual, mais precário do que nunca, parece um joguete do acaso. Nesse contexto, a necessidade de conhecer o futuro é intensificada pela procura de uma estabilidade que se esquiva num

27 Para os detalhes técnicos, pode-se consultar Neugebauer e Van Hoesen, *Greek Horoscopes*.

presente sempre instável. Mais do que os períodos estáveis das "grandes civilizações", as épocas de transição, em que cresce a desordem, voltam-se para o passado idealizado e para um futuro cheio de esperanças. Predições, profecias, antecipações florescem então, tanto na época helenística como no século XX.

A mistura surpreendente do irracional e do científico é ainda ilustrada na época helenística pelo surgimento dos escritos herméticos, obras manifestamente gregas atribuídas ao deus egípcio Tot, assimilado a Hermes. Tot era ao mesmo tempo deus do tempo, da astronomia, da arte, da ciência, da escrita. Sua assimilação a Hermes data de antes do século IV. Quanto a este último, os hinos o reverenciam com o nome de "três vezes grande", *tris-megistos*, ou trismegisto. Toda uma literatura é patrocinada por ele, e nesses escritos herméticos, ao lado de livros alquímicos, médicos, mágicos, figuram tratados de astrologia, atribuídos aos antigos faraós Nechepso e Petosiris, assim como uma obra conhecida como *Salmeschiniaka*. Encontramos neles considerações sobre os cometas, os eclipses, os dias fastos e nefastos, a duração da vida. O fundo dessa literatura parece provir de textos divinatórios antigos, sobretudo babilônios, adaptados às exigências astrológicas. Esse seria o caso de uma predição como esta: "Quando Mercúrio estiver em Gêmeos, ao despontar de Sirius, a elevação [das águas do Nilo] será boa, o povo se alegrará, e o rei será vitorioso".[28]

É em meados do século II da nossa era que a astrologia helenística produz sua obra-prima, com o *Tetrabiblos* ou, em latim, *Quadripartitum*, do alexandrino Cláudio Ptolomeu.[29] Essa obra é a segunda parte da *Apotelesmatica*; a primeira é o *Almagesto*, que trata da astronomia pura, porque Ptolomeu insiste que as predições astrológicas somente podem ser confiáveis se são fundamentadas num perfeito conhecimento científico da mecânica celeste. Ele explica isso em sua introdução:

> Das formas de predizer o futuro pela astronomia, duas estão entre as mais importantes e mais capazes: uma, que é a primeira tanto no nível lógico como no prático, é a que nos ensina as configurações mutáveis – devido aos seus movimentos – do Sol, da Lua e das estrelas em relação umas às outras e em relação à Terra; a segunda é a investigação das mudanças produzidas no mundo pela situação natural dessas configurações. A primeira tem sua própria teoria e seu próprio método, e é boa em si mesma, ainda que não alcance os resultados

28 Apud Tester, op. cit., p.23.
29 Texto publicado por Boll e Boer, *Claudii Ptolemaei Opera*, III.

produzidos por sua combinação com a segunda. [...] Da segunda, que não basta por si mesma, vamos tratar neste livro de uma maneira que seja filosoficamente conveniente.

Ptolomeu separa, portanto, nos fatos, se não nos termos, astronomia e astrologia. O que fará sua glória na história das ciências é a primeira, contida no *Almagesto*, mas para ele a astronomia é apenas uma etapa necessária na direção do alvo principal, o conhecimento do futuro pela predição astrológica.

Duas características tornam notável seu modo de proceder: o rigor científico e a perspectiva filosófica. A exigência científica, em primeiro lugar. Ptolomeu utiliza todos os conhecimentos sérios da época, multiplica as observações e elabora um sistema astronômico mais apurado do que o de Aristóteles, explicando melhor as aparências. Também tenta demonstrar, utilizando os resultados da medicina astrológica, já sugeridos por Hipócrates, que os astros têm uma influência decisiva sobre o corpo humano, o caráter, a personalidade, o temperamento. Assim, Saturno "possui a qualidade de esfriar e, esfriando devagar, de secar, provavelmente porque está mais longe tanto do calor do Sol como das exalações úmidas da Terra". "Em geral, Saturno torna os homens frios, cheios de fleuma, sujeitos a evacuações, macilentos, fracos, de tez amarelada, sujeitos à disenteria e à tosse."[30] Além do mais, cada parte do corpo é influenciada por um signo do zodíaco.

Desses princípios, ele extrai todas as consequências possíveis do movimento dos planetas sobre a vida humana, demorando-se nos pontos delicados. Por exemplo, em genetliologia, devemos tomar como referência o momento do nascimento ou o da concepção para fazer o horóscopo? Se fosse possível conhecer o momento exato da concepção, escreve Ptolomeu, é nele que deveríamos nos basear. Como isso não é possível, utilizamos o momento do nascimento, mas há entre os dois uma relação estreita, ligada aos movimentos da Lua, e é possível deduzir um do outro. Por outro lado, ele recorre à teoria neoplatônica da viagem da alma através das esferas no momento do nascimento para explicar o caráter que marca essa alma, em função da localização dos astros, quando ela chega ao corpo.

Ptolomeu também sabe ser prudente. Por exemplo, sobre o ponto muito sensível do cálculo da duração de vida de um indivíduo e do tipo de morte que o espera. Essa questão é objeto de repetidas interdições por parte de soberanos e governantes, que temem que predições inconsideradas desencadeiem

30 Ibid., I, 4, 3, e III, 13, 6.

complôs contra a vida deles. Alexandre, por exemplo, ficou furioso ao saber que o governador da Babilônia, Apolodoro de Anfípolis, consultou o adivinho Pitágoras a respeito de seu destino. Também o método preconizado por Ptolomeu é de tal complexidade e entulhado de tantos imponderáveis que permite justificar qualquer resultado.

A astrologia também pode, a seu ver, predizer acontecimentos políticos e sociais. Os cometas podem provocar secas e tempestades. Segundo um de seus comentadores tardios, Hefestion de Tebas, certo tipo de cometa "indica a queda rápida de reis e tiranos, e provoca mudanças nos negócios dos países para os quais aponta a sua cauda".[31]

## ASTROLOGIA, ADIVINHAÇÃO E DESTINO

Contudo, mais do que as conclusões científicas, fadadas a cedo ou tarde ser suplantadas, mais do que as ilusões astrológicas, são as questões filosóficas que tornam interessante o *Tetrabiblos*. De fato, Ptolomeu se indaga sobre a epistemologia e os princípios metafísicos da astrologia. Ele discerne muito bem o problema principal, que é o do determinismo. Se a astrologia é verdadeira, se é capaz de predizer, é porque os astros determinam nosso destino e, nesse caso, de que adianta predizer?

Ptolomeu faz primeiro uma observação de ordem psicológica: mesmo que um acontecimento seja inevitável, é melhor conhecê-lo com antecedência.

> Mesmo no que se refere às coisas que acontecerão necessariamente, seu caráter inesperado provoca habitualmente aflição ou alegria imoderada, ao passo que a previsão habitua e acalma a alma pela habituação às coisas por vir como se estivessem presentes, e prepara-a para receber tudo que acontece pacificamente e firmemente.[32]

Coloca-se então a questão do grau de determinismo considerado por Ptolomeu. Se acreditarmos no rigor de suas demonstrações e em certas frases lapidares, ele teria uma concepção puramente mecânica do homem e do mundo, que exclui todo livre-arbítrio. Ele não escreve que "a causa dos

31 *Hephaestionis Thebani Apotelesmaticorum Libri Tres*, I.
32 Ptolomeu, *Tetrabiblos*, I, 3.

acontecimentos, tanto gerais como os que concernem a cada indivíduo, é o movimento dos planetas, do Sol e da Lua"?[33]

Na verdade, ele se vincula à concepção determinista mitigada, que é a dos estoicos. Tenta explicá-la de uma maneira que não é inteiramente satisfatória para o espírito racional, mas corresponde ao sentimento que prevalecerá na maioria dos astrólogos, resumida pela fórmula: "O céu inclina, não força". Os fenômenos físicos e os acontecimentos sociais, coletivos, gerais, os que fornecem o quadro da nossa vida, são determinados pelos planetas, e previsíveis; além disso, nosso caráter e nossas inclinações também são determinados, de modo que a astrologia pode afirmar que, em tal circunstância que ocorrerá, tal indivíduo provavelmente reagirá de tal maneira, e, portanto, há o risco de que lhe ocorrerá tal coisa. Em última instância, o astrólogo é o ancestral do psicólogo.

Essa posição permite a Ptolomeu apresentar a astrologia como se esta utilizasse o determinismo a serviço do livre-arbítrio: predizendo os acontecimentos gerais pela influência natural das leis astrais, e prevendo nossa conduta provável diante desses acontecimentos, ela nos permite tomar medidas antecipadas para determinar nós mesmos nossa ação em função de nossos objetivos. De certo modo, muito determinismo aprisiona, algum determinismo liberta. A astrologia se torna um instrumento de libertação: se não sei o que vai acontecer, vou ser arrastado irresistivelmente pelo acontecimento e por meu caráter; se sou prevenido de um acidente provável, posso tentar evitá-lo.

> Não devemos acreditar que todas as coisas acontecem aos homens como se obedecessem a causas celestes por alguma ordem divina original e irrevogável, que decreta exatamente o que foi decidido para cada um, devendo necessariamente lhe acontecer, sem que nenhuma outra causa seja capaz de se opor a ela. Devemos pensar de preferência que, enquanto o movimento dos corpos celestes se cumpre eternamente por um destino divino imutável, a mudança das coisas terrenas ocorre segundo um destino natural e mutável, tirando do alto suas causas primeiras, segundo o acaso e a consequência natural. [...] É por isso que deveríamos escutar o astrólogo quando ele diz que para tal ou tal temperamento, em tal ou tal situação particular dos céus, tal ou tal coisa acontecerá. Se não sabemos o que vai acontecer a alguém, ou, se sabemos, não fazemos nada para impedir, ele vai inevitavelmente seguir o curso ditado por sua natureza original,

33 Ibid., III, 1, 1.

> ao passo que se a coisa está prevista e tomamos providências (o remédio sendo uma mistura de leis naturais e destino), ela não acontece, ou então é completamente modificada.[34]

Isso não resolve todos os problemas. Primeiro, para os estoicos, não tenho muita escolha a não ser me conformar às leis naturais universais, suportando serenamente meu destino, ou tentar lutar contra elas e suportar meu destino, apesar de tudo, sendo infeliz. Por outro lado, a posição média, que é a de Ptolomeu e da maioria dos astrólogos, não permite saber onde se encontra o limite entre os acontecimentos determinados e os acontecimentos livres. Um fenômeno de sociedade, como uma revolução, faz parte do quadro, inteiramente determinado pelos astros e previsível; mas as reações individuais diante dessa revolução são reformáveis. Ora, os indivíduos são os que fazem a revolução. Uma soma de atos livres imprevisíveis pode provocar um ato coletivo determinado pelos astros e, portanto, previsível?

Todos os tipos de predições se confrontam com esse problema, que põe em causa o próprio princípio do conhecimento do futuro. E os intelectuais gregos não deixaram de se debruçar sobre a questão. As respostas não são unânimes. Os primeiros pensadores, que foram poetas, pendem a favor de um destino inevitável, que se confunde com a vontade divina. Para eles, assim como para os autores trágicos que se inspiram em suas obras, reside nisso o impulso fundamental da ação épica, mostrando o homem debatendo-se inutilmente contra uma fatalidade implacável. As predições se cumprem sempre, sejam quais forem os ardis empregados para desarmar as armadilhas do destino anunciado. A sorte dos Átridas é exemplar nesse sentido. Hesíodo, Homero, Píndaro, Sófocles, Ésquilo compartilham essa concepção. Nos dois últimos, os oráculos, infalíveis, parecem até mesmo ter o poder de causar os acontecimentos: previsão e magia não são ainda realmente separadas.

É o teatro de Eurípides que reflete pela primeira vez as discussões relativas ao futuro. Nele, vemos adivinhos e oráculos errando. Os filósofos pré-socráticos na verdade se dividem sobre o assunto. Os pitagóricos, que têm fortes tendências místicas, aceitam a adivinhação, e Pitágoras deixará uma reputação de profeta, cujos oráculos serão recolhidos por Ândron de Éfeso no século IV. Empédocles é favorável à mântica. Heráclito, por sua vez, aceita apenas a adivinhação intuitiva, comunicada em estado de vigília, como é o caso da Pítia e da Sibila, e Xenófanes caçoa das superstições populares em geral.

---

34 Ibid., I, 3, 6.

Para outros, a única predição legítima e digna de fé é a que se baseia na observação dos fenômenos físicos: é assim que Tales prevê uma boa colheita de azeitonas em função de suas observações meteorológicas. Para Demócrito, é o conhecimento científico das leis da natureza que permite prever. Mas como ele explica essas leis pela ação de gênios, a tradição grega o transforma em astrólogo, formado pelos caldeus, como conta Diógenes Laércio. O mais radical é Anaxágoras, que rejeita qualquer intervenção do sobrenatural e opõe-se violentamente aos adivinhos. "Foi o primeiro que atribuiu a disposição e o governo deste mundo não à fortuna nem à necessidade fatal, mas a uma pura e simples inteligência ou entendimento", escreve Plutarco,[35] que conta um pouco mais adiante a seguinte anedota. Encontraram nas terras de Péricles um carneiro unicorne. O adivinho Lampão interpreta esse fenômeno como um sinal profético: anuncia que Péricles vai eliminar seu rival Tucídides e ser chefe único de Atenas. Anaxágoras caçoa dele, manda cortar a cabeça em duas e dá a explicação científica do prodígio. Admira-se a sabedoria de Anaxágoras naquele momento, mas algum tempo depois Péricles elimina efetivamente o rival, e é o adivinho Lampão que triunfa. Plutarco aprende a lição: ambos tinham razão; um deu a causa, o outro o sentido, e não é porque um fenômeno tem uma explicação natural que não tem valor premonitório.

> Assim, não é inconveniente, em minha opinião, que o filósofo natural e o adivinho tenham descoberto de fato e realmente tudo juntos, tendo um pego a causa, e o outro o fim desse acontecimento: pois a profissão de um é descobrir como ele ocorre, e o outro por que ocorre, e saber predizer o que significa.[36]

Sócrates, que se mostra menos racional e moderno que alguns de seus contemporâneos, acredita no poder da adivinhação e não hesita em praticá-la, interpretando sonhos, declarando que seus espíritos são desfavoráveis à expedição da Sicília. Segundo Xenofonte, ele teria afirmado sem ambiguidade a legitimidade da mântica: "Quando não podemos prever o que nos será útil no futuro, os deuses não vêm ainda nesse caso em nosso auxílio? Não revelam pela mântica, aos que os consultam, o que deve nos acontecer um dia?".[37] Contudo, devemos recorrer a ela somente em último caso, porque pode degenerar em superstição ou manipulação.

---

35 Plutarco, Vie de Périclès, éd. Pléiade, VI, p.337.
36 Ibid., X, p.339.
37 Xenofonte, *Memorabilia*, IV, 3, 12.

## OS ADVERSÁRIOS DA ADIVINHAÇÃO

Os adversários mais determinados de qualquer forma de predição e profecia, na qual veem apenas trapaça, são as correntes cínicas e céticas. Se o conhecimento da verdade, mesmo presente, é impossível, trata-se ainda com mais razão de uma loucura ridícula pretender conhecer o que não existe, o futuro. Os pensadores megáricos, cirenaicos e cínicos só têm sarcasmos para os fracos de espírito que acreditam nas predições e se deixam levar por manipulações proféticas. Para Diógenes, os que dão ouvidos aos adivinhos são loucos. Devemos viver no presente. O cínico Enomau de Gadara, em *A escamoteação dos charlatães*, lança um ataque em regra contra a adivinhação, sublinhando a incompatibilidade entre predição e liberdade. O oráculo de Delfos, escreve ele, é responsável pela morte de inúmeras pessoas, enganadas por seus conselhos. A adivinhação reduz a religião ao fetichismo. Essas palavras, da parte de um pagão, não deixarão de ser aproveitadas pelos apologistas cristãos. Eusébio fica imensamente feliz por mostrar que, para Enomau, "os oráculos, tão admirados pelos gregos, não emanam dos gênios, muito menos dos deuses. Ele os considera obra tenebrosa e artificiosa trapaça de homens dados à magia, que dispõem tudo para impô-la à multidão".[38]

Carnéades, um célebre cético da Nova Academia, no século II antes da nossa era, ataca o próprio princípio da predição: se o acaso dirige o mundo, ele é imprevisível; se é a necessidade, a previsão é inútil, ou mesmo daninha. De fato, o homem é livre, e ninguém pode prever suas ações. As profecias realizadas são apenas coincidências. Quanto à astrologia, é uma trapaça: numa batalha morre ao mesmo tempo uma multidão de homens que não nasceram no mesmo dia e não têm o mesmo horóscopo. Ele é um dos primeiros a utilizar o que vai se tornar um argumento clássico contra os astrólogos: o caso dos gêmeos, que nascem ao mesmo tempo e, no entanto, têm destinos diferentes.

Entre os adversários da adivinhação temos de incluir ainda Epicuro e sua escola, para quem não existe fatalidade nem providência. De sua parte, os autores de peças de teatro mostram-se muito satíricos em relação aos adivinhos. Mesmo Sófocles, em *Antígona*, escreve que "a gente profética foi sempre ávida por dinheiro". Os autores cômicos não se privam de ridicularizar as pretensões dos adivinhos. Durante a Guerra do Peloponeso, quando as consultas aos oráculos se multiplicam, Aristófanes é particularmente

38 Eusébio, *Praep. Evang.*, V, 21.

virulento: em *A paz*, caricatura os adivinhos como glutões e impostores; em *Os cavaleiros*, põe em cena Cléon e um charcuteiro, que apresentam braçadas de oráculos contraditórios para convencer o povo. Como Cléon se vale do adivinho mais antigo, Bácis, o charcuteiro inventa para este último um irmão mais velho, para ter oráculos mais antigos ainda. As comédias helenísticas exploram a mesma veia – *O adivinho* e *O inspirado*, de Aleixo, *O iluminado*, de Menandro –, e os manuais de retórica aconselham a citar uns bons oráculos para reforçar a argumentação: a profecia faz parte das convenções literárias.

A história, outro gênero literário que devemos aos gregos, é também uma das primeiras escolas de ceticismo, ao menos quando é praticada com o indispensável espírito crítico. Sempre há historiadores crédulos, e o tempo não tem nada a ver com isso: setecentos anos após Heródoto, Plutarco é tão ingênuo quanto ele no que se refere à adivinhação. É por isso que suas *Vidas dos homens ilustres* são um filão para nós, uma mina inesgotável de todos os presságios, augúrios e profecias. Voltaremos a elas.

Caso muito diferente é Tucídides, ao menos quinhentos anos mais velho. Sua *História da Guerra do Peloponeso*, modelo de rigor e composição, escrita no extremo fim do século V, tenta analisar os mecanismos da conduta humana no terreno político.[39] Embora pareça tirar deles uma concepção determinista, não é certo que acredite no eterno retorno, como se afirma às vezes.[40] Quando fala "daqueles que quererão ver claro nos acontecimentos do passado, assim como naqueles, semelhantes ou similares, que a natureza humana nos reserva no futuro",[41] é num sentido muito geral, significando que a conduta humana obedece sempre aos mesmos móbeis, que ele se dedica a analisar. De todo modo, ele rejeita manifestamente a prática da adivinhação, e adverte o leitor:

> Não imitai a forma de agir do comum dos mortais que, no desalento em que os mergulha a perda de toda esperança fundada em realidades tangíveis, não pensam em se salvar pelas vias humanas ainda abertas diante deles e recorrem a meios sobrenaturais, tais como predições, oráculos e outras práticas desse gênero, que os levam à perda, alimentando neles uma esperança cega.[42]

---

39 Romilly, *Histoire et raison chez Thucydide*.
40 Bourdé; Martin, *Les écoles historiques*, p.21.
41 Tucídides, op. cit., I, 22.
42 Ibid., V, 26.

Regrar sua conduta por presságios ilusórios pode terminar em catástrofe, como no caso da expedição da Sicília, na qual, em consequência de um eclipse da Lua, Nícias, "que depositava confiança demais na adivinhação e em coisas do mesmo gênero, diz que, enquanto não tivessem passado os três vezes nove dias recomendados pelos adivinhos, ele não discutiria nem a forma de evacuar o exército".[43] Demora fatal, que levou ao desastre. Se uma predição se cumpre às vezes, é por puro acaso: assim, "pela primeira vez", os adivinhos previram com exatidão a duração da guerra.

Em contrapartida, Tucídides viu claramente que a adivinhação havia se tornado um puro instrumento de política, utilizado para manipular uma opinião pública crédula, e que os oráculos haviam substituído os argumentos racionais. Em 431 a.C., quando Atenas estava sob ameaça de uma invasão espartana, "uns queriam que se fosse lutar, outros se opunham. Os adivinhos espalhavam todos os tipos de profecias, que tanto uns como os outros colhiam com paixão".[44] De forma totalmente ilógica, a multidão depois culpa os adivinhos se os oráculos não se realizam, como após o fracasso da expedição da Sicília: os atenienses "culparam os haríolos, os adivinhos, todos enfim cujas profecias os haviam encorajado anteriormente em sua esperança de invadir a Sicília".[45] Superstição de um lado, trapaça de outro: Tucídides tira da história uma concepção totalmente negativa da predição.

Seu compatriota, muito latinizado, do século II antes da nossa era, Políbio, sente o mesmo desprezo por todos os métodos de explicação que recorrem ao sobrenatural. Adepto de uma visão rigorosamente racionalista e determinista da história, escreve: "Considero pueril não apenas tudo que se afasta de um princípio lógico, mas também o que está fora do possível". A história é conduzida pela "Fortuna", fatalidade que nada consegue alterar, e esse determinismo absoluto, que Políbio acredita distinguir por um estudo comparativo das civilizações, permite justamente a previsão, por aplicação de leis de tipo sociológico: toda sociedade começa por uma situação de caos, da qual surge um chefe; em pouco tempo instala-se uma monarquia, por consentimento geral, que em seguida degenera em tirania; vem então uma reação aristocrática, que conduz a um regime oligárquico, que será derrubado pela democracia, e em pouco tempo esta cede a tendências populistas e demagógicas, que a levam a uma situação próxima do caos, da qual surgirá

43 Ibid., VII, 50.
44 Ibid., II, 21.
45 Ibid., VIII, 1.

um novo despotismo. Visão cíclica, que a todo momento permite prever a etapa seguinte por meio de um esquema clássico: ascensão, apogeu, declínio.

## OS PARTIDÁRIOS DA ADIVINHAÇÃO

O pensamento grego e helenístico compreende, portanto, fortes correntes contrárias à predição de origem sobrenatural, por interpretação de sinais ou comunicação direta. Os partidários da adivinhação não são nem menos numerosos nem menos prestigiosos. Há, em primeiro lugar, a corrente estoica, que, em virtude da doutrina da simpatia universal, que afirma a existência de correspondências e influências recíprocas entre o todo e as partes, justifica a comunicação do futuro aos homens do presente. Sendo bons, os deuses tentam nos esclarecer, enviando-nos sinais ou visões sobre o futuro. Todavia, essas informações correm o risco de não servir para grande coisa, já que os estoicos estão convencidos de que o mundo obedece a uma fatalidade irreformável. Apenas os sábios, portanto, podem tirar proveito da adivinhação, permitindo-lhes harmonizar perfeitamente a vontade deles com a vontade divina: saber o que vai acontecer a fim de desejá-lo, essa é a receita, se não da felicidade, ao menos da serenidade. Para isso, a providência previu diversas maneiras de nos fazer conhecer o futuro: a adivinhação espontânea ou intuitiva, por comunicação direta com a divindade, e a adivinhação artificial, por observação de sinais provocados. Alguns, como Panécio, aceitam apenas o primeiro tipo; outros, como Posidônio, distinguem três tipos de revelação: pela providência, pelo destino e pela natureza humana. Passando pelo mundo romano, o estoicismo perde sua unidade com relação ao conhecimento do futuro. Um homem como Catão de Útica considera, por exemplo, que a preocupação com o futuro é uma fraqueza indigna do sábio.

Aristóteles não contesta o princípio da adivinhação, que ele atribui a uma faculdade natural, levada por condições fisiológicas particulares a um grande grau de eficácia em alguns, como os melancólicos ou certos doentes, por exemplo. É dessa forma que ele explica a faculdade das sibilas. Mas, crédulo em relação a esses seres míticos, mostra-se severo e crítico com os adivinhos comuns, que considera em conjunto uns charlatães. De resto, sua concepção cíclica da evolução universal permite a prática de certas previsões de ordem muito geral.

É Platão que, por seu imenso prestígio na civilização ocidental, faz mais para dar crédito à realidade e à eficácia dos métodos divinatórios de conhecimento do futuro. Para ele, os deuses que nos fizeram puseram em nós a capacidade de adivinhação como uma maneira de atenuar a insuficiência da nossa inteligência. E essa faculdade corresponde a um órgão preciso: o fígado. Denso, liso e brilhante, ele é como o espelho da alma. É nele que desde muito tempo os métodos da extispicina concentravam suas observações: aspecto geral, cor, importância respectiva dos lobos, presença ou ausência de cabeça. A esse órgão, cuja função fisiológica não se via muito bem, atribui-se um papel de comunicação com o mundo espiritual. No *Timeu*, Platão é categórico: "A natureza do fígado, eis por que razão ele é como é e por que no lugar que dizemos ele foi colocado pela natureza: é visando a adivinhação".[46]

Para Platão, a capacidade divinatória do homem é inversamente proporcional à sua capacidade racional. Quando a razão nele é fraca ou está adormecida, ele é mais capaz de receber as intuições divinatórias: durante o sono, a doença, o delírio, os transes. O momento mais favorável é a aproximação da morte: "Já estou naquele estado em que os homens profetizam melhor", ele faz Sócrates moribundo dizer. Nessas situações, o homem recebe imagens e profere palavras inconscientemente, e essas comunicações devem ser analisadas pelos adivinhos, que tirarão o seu significado profético:

> Uma prova suficiente de que é realmente na enfermidade da razão humana que Deus fez dom da adivinhação: nenhum homem, em bom senso, atinge uma adivinhação inspirada e verídica, mas é preciso que a atividade de seu julgamento seja entravada pelo sono ou pela doença, ou desviada por algum tipo de entusiasmo. [...] É por isso, aliás, que a classe dos profetas, que dos oráculos inspirados são juízes superiores, foi instituída pelo uso; às vezes essas pessoas são elas próprias denominadas adivinhos; mas isso é desconhecer completamente que, das palavras e das visões enigmáticas, eles são apenas os intérpretes, e não adivinhos, e que "profetas das revelações divinatórias" é o que lhes conviria melhor como nome.[47]

No *Fedro*, Platão explica de novo o fenômeno do êxtase profético, que suspende as faculdades próprias da alma. O profeta é um instrumento passivo, privado de si mesmo. É nesse estado que a Pítia e a Sibila pronunciam seus oráculos, cuja autenticidade e utilidade não são postas em dúvida por Platão:

---

46 Platão, *Timeu*, 72.
47 Ibid.

> A profetisa de Delfos, as sacerdotisas de Dodona prestaram de fato, e justamente quando são vítimas de delírio, muitos bons serviços à Grécia, de ordem tanto privada como pública, ao passo que, quando estão em juízo perfeito, prestam bem parcos, ou nenhum. E, se agora devíamos falar da Sibila, de todos que, usando uma adivinhação inspirada, deram a numerosas pessoas, por numerosas predições, a reta direção em vista de seu futuro, estenderíamos inutilmente nossas palavras com considerações que são patentes para todo mundo.[48]

Prova da importância que Platão dá ao conhecimento antecipado do futuro: na cidade ideal projetada por ele, a adivinhação seria um monopólio de Estado. Para ele, "governar é prever", e a faculdade de adivinhação conferiria um poder extraordinário aos dirigentes, mais eficaz do que qualquer polícia secreta. Os adivinhos independentes não passam de charlatães, ao passo que a adivinhação oficial seria autorizada. Platão especifica, porém, que o Estado não ficaria amarrado pelas conclusões dos adivinhos, o que pode parecer estranho, se admitimos a autenticidade da adivinhação. Devemos ver nisso a possibilidade de uma manipulação?

Além do mais, para Platão, a vida do mundo é marcada por um movimento cíclico, com retorno periódico à era de ouro, degeneração, cataclismo por água ou fogo, e novo recomeço. Esquema clássico no pensamento antigo, com algumas variações de detalhes, que facilita a previsão de acontecimentos levados a se reproduzirem indefinidamente, a cada nova volta da roda. Todavia, a duração considerável de cada ciclo, como no "Grande Ano" oriental, liquida em parte o aspecto repetitivo e devolve seu valor à prática divinatória.

As considerações platônicas sobre a inspiração profética encontram um terreno favorável no clima místico dos últimos séculos antes de Jesus Cristo e dos primeiros séculos depois dele, entre os últimos grandes autores pagãos: Plotino baseia a profecia na simpatia universal, Jâmblico a explica por uma luz interior que Deus faz brilhar na alma, Porfírio aceita todos os tipos de adivinhação, que Celso, Máximo de Tiro, Apuleio de Madaura, Filóstrato defendem contra os cristãos.

Na história da mântica pagã, Plutarco tem um papel importante. Vivendo numa época tardia, no século II da nossa era, na qual o prestígio da adivinhação é razoavelmente embotado nos meios intelectuais por séculos de abusos e discussões, esse grego da Beócia, de obra imensa, tenta formular uma teoria equilibrada da profecia por uma síntese de intervenção divina e meios físicos. Embora seu tratado principal, *Sobre a mântica*, tenha se perdido,

---

48 Id., *Fedra*, 244.

ainda temos opúsculos em que ele se esforça para encontrar explicações sobre o funcionamento dos oráculos e as causas de seu declínio.

O tratado intitulado *Sobre a pítia não dar mais seus oráculos em versos* é indicativo da forte ascensão do ceticismo. Plutarco, que provavelmente faz parte dos sacerdotes de Delfos, explica que a obscuridade poética dos oráculos acabou sendo considerada um simples meio de camuflar sua total inanidade:

> Condenaram a poesia com que se envolviam os oráculos. Não só acharam que ela impedia os espíritos de captar a verdade, espalhando nas próprias palavras incerteza e trevas, mas suspeitaram, além do mais, que essas metáforas, esses enigmas, esses equívocos eram de certo modo escapatórias e refúgios arranjados para que a profecia, quando se enganasse, pudesse ali se esconder e encolher.[49]

Para outros, se o oráculo às vezes acerta, é por acaso ou por pura habilidade humana dos profetas, bons conhecedores das questões correntes e das paixões, que utilizam sua experiência para anunciar o futuro de forma verossímil:

> Porque um fato ocorreu após ser predito, isso não é de maneira nenhuma uma prova suficientemente verdadeira de que aquele que o predisse tinha conhecimento disso: o infinito admite todas as eventualidades possíveis. Digamos melhor: aquele que é hábil em conjecturar, e o provérbio declara excelente adivinho, não me parece fazer mais do que procurar e seguir, por deduções plenas de sagacidade, os traços que o põem na pista do futuro.[50]

Assim, na salada dos escritos sibilinos, há profecias que se realizam; "que algumas dessas palavras tenham se cumprido por acaso, as predições enunciadas hoje ainda assim são sempre mentiras, conquanto mais tarde se realizem por circunstâncias fortuitas".[51]

Plutarco tenta, mal ou bem, responder a essas objeções. A obscuridade dos versos, escreve, era necessária para que fossem compreendidos apenas por aqueles a quem diziam respeito. Aliás, agora que são em prosa, os oráculos são criticados por ser simples demais. Além disso, longe de ser sempre vagos, às vezes eram muito precisos e muito claros, como aquele que

---

49 Plutarco, *Sobre a pítia não dar mais seus oráculos em versos*, 25.
50 Ibid., 10.
51 Ibid.

anunciava a Esparta as desgraças que a esperavam por causa de um coxo, Agesilau:

> Orgulhosa de teus dois pés, Esparta, evita, no entanto,
> Do reino de um coxo a desgraça que te espera.
> Sim, tu te debaterás sob longas misérias,
> E sobre ti virá se abater um oceano de guerras.

De todo modo, acrescenta Plutarco, "não se deve sacrificar a crença devota de seus pais". Em última análise, o que enfraqueceu muito o oráculo de Delfos foi a concorrência das outras religiões, os charlatães, os falsos profetas que seduzem o povo.

> Mas o que mais desacreditou a poesia foram esses charlatães, esses bufões, esses pelotiqueiros, todos esses sacerdotes vagabundos da Grande Deusa e de Serápis: uns predizendo segundo eles mesmos o futuro, outros anunciando, conforme certos papeizinhos, a boa ventura aos criados e aos maricas, que são seduzidos particularmente pela forma dos versos e pelas palavras poéticas.[52]

Em *Sobre os santuários cujos oráculos acabaram*, Plutarco se indaga sobre o fim progressivo dos oráculos. Na Beócia, resta apenas o de Lebadia, embora outrora houvesse um grande número deles. Ele avança uma hipótese que alia o sobrenatural à física. A inspiração profética seria devida a exalações do solo em certo lugares. Em Delfos, o Sol (Apolo) seria responsável por certas alterações que explicam que, originalmente, segundo a lenda, um pastor, Coretas, passando por lá por acaso, começou a profetizar. As exalações penetram pelos poros da pele e levam à alma as imagens do futuro:

> É provável que o calor e a dilatação abram poros que dão passagem para as imagens do futuro, como o vinho, quando sobe ao cérebro, revela um grande número de outros movimentos da alma. [...] A embriaguez e seus furores báquicos predispõem muito, como diz Eurípides, à faculdade divinatória. [...] Do mesmo modo, nada impede que a exalação inspiradora, que tem analogia e afinidade com as almas, encha esses vazios, combine-os e ajuste-os. [...] Não devemos nos admirar, portanto, que, entre as numerosas correntes de exalação que

52 Ibid., 25.

a terra faz brotar na superfície, apenas as de Delfos provoquem entusiasmadas disposições, capazes de revelar as imagens do futuro.[53]

Mudanças climáticas e tectônicas podem alterar esse processo e pôr fim aos oráculos: "É provável que chuvas excessivas as atinjam, que o raio ao cair as disperse e, sobretudo, que em consequência de terremotos, que determinam desabamentos e desordens no solo, essas exalações sejam repelidas profundamente ou completamente sufocadas".[54]

Na mesma obra, Plutarco estabelece o caráter inspirado da adivinhação, que é um sopro vindo dos deuses, comunicando-se pelo ar, unindo-se aos corpos e precipitando a alma num "estado insólito e estranho". Vincula-se às faculdades imaginativas, e não tem nada a ver com o dom de conjectura, que é uma qualidade intelectual, puramente humana. Levantando-se contra a afirmação de Eurípides ("Quem melhor conjectura é melhor adivinho"), dá a seguinte definição:

> O homem que conjectura bem é aquele cujas ideias estão em perfeita relação umas com as outras, que segue passo a passo as indicações dadas a seu espírito pela lógica e pela verossimilhança. A faculdade de adivinhação, ao contrário, parece uma tábua rasa: é essencialmente privada de raciocínio e determinação. As afecções e os pressentimentos que é capaz de receber vinculam-se todos à imaginação; é sem o menor espírito de dedução que capta o futuro, e não consegue conhecê-lo melhor do que quando mais se dissocia do presente.[55]

A obra histórica de Plutarco pulula de anedotas sobre a adivinhação, tanto no mundo romano como no mundo grego. Se acreditarmos nele, os greco-latinos eram guiados pelos presságios, pelos augúrios, pelos oráculos, pelas profecias; sempre à espreita dos sinais divinos, seus "homens ilustres" parecem sobretudo marionetes vivendo ao sabor das interpretações divinatórias, procurando incessantemente conhecer o resultado de suas ações antes mesmo de realizá-las. A comédia humana, segundo Plutarco, é uma verdadeira tirania do futuro. Exagero, provavelmente, mas muitos outros historiadores confirmam a importância da adivinhação na Antiguidade clássica.

Eles são, por exemplo, muito sensíveis aos presságios de morte. Um caso entre cem: o do ateniense Cimão, avisado de seu fim iminente pela

53 Id., *Sobre os santuários cujos oráculos acabaram*, 40, 41, 42.
54 Ibid., 44.
55 Ibid., 40.

oniromancia, pela insetomancia e pela extispicina. Ele sonha que uma cadela lhe dirige palavras amigáveis e lhe declara que será um prazer para ela que vá visitá-la, o que significa, segundo o adivinho local, que um persa vai matá-lo: a mistura de palavras humanas com um animal designa os persas, porque no exército persa há uma mistura de bárbaros e gregos; como o cão é habitualmente nosso inimigo, se ele declara que lhe daremos prazer, só pode ser por causa da nossa morte. Interpretação audaciosa. Por outro lado, durante um sacrifício, formigas levam sangue coagulado até perto do dedão do pé de Cimão, e o fígado do animal sacrificado tem um aspecto malsão. Tudo isso é bastante preocupante e, evidentemente, em breve Cimão vai morrer na guerra.[56]

A morte de um personagem como Alexandre tinha a obrigação de se anunciar com antecedência de múltiplas formas. Adivinhos caldeus o aconselham a não entrar na Babilônia; quando ele chega diante da cidade, corvos brigam entre si e alguns caem ao lado dele; o adivinho Pitágoras realiza um sacrifício: o fígado não tem cabeça; um jumento ataca um leão perto da Babilônia, matando-o com um coice; um desconhecido veste os trajes de Alexandre e senta em seu trono, enquanto ele joga pela; ele é executado, mas o rei sente "uma grande apreensão". Segundo Plutarco, Alexandre sofria em seus últimos dias de uma superstição doentia:

> tão perturbado dos sentidos, e tão aterrorizado em seu entendimento, que não lhe sucedia coisa extraordinária, por menor que fosse, que ele não fizesse dela sinal e presságio celeste, de modo que sua residência estava sempre cheia de sacerdotes e adivinhos que faziam sacrifícios, ou o purificavam, e vacavam às adivinhações.[57]

## ORÁCULOS, INSTRUMENTOS DE MANIPULAÇÃO POLÍTICA E MILITAR

Mais importante é o papel da adivinhação na política e nos negócios militares, a ponto de ser difícil separar o autêntico da trapaça, e saber em que medida os políticos gregos manipulavam a adivinhação para fazê-la servir a seus fins, ou eram manipulados por ela.

56 Id., Vie de Cimon, éd. Pléiade, t.I, p.1.102-3.
57 Id., Vie d'Alexandre, t.II, p.410.

Que houve manipulação consciente, disso não há dúvida. Existiam até receitas que explicavam meios de dar às entranhas das vítimas a aparência desejada:

> Para que o fígado apareça com uma inscrição, faz-se da seguinte maneira: na mão esquerda, escreve-se o que se julga apropriado à questão, em caracteres formados com noz de galha ou vinagre forte. Depois, segura-se algum tempo o fígado erguido com essa mão; ele toma a forma do caractere e parece gravado.[58]

Foi provavelmente esse recurso que Átalo utilizou quando descobriram a palavra "vitória" escrita no fígado de uma vítima. A invenção de oráculos é prática corrente, e a história de Delfos é cheia delas. Alcibíades mandou falsificar algumas para fazer prevalecer a decisão de organizar a expedição da Sicília. Temístocles também não se privou delas. Na opinião de Plutarco, "vendo que não conseguia por razões nem por persuasão humana conduzir o povo à sua opinião, [Temístocles] montou uma farsa, como se faz algumas vezes nas representações das tragédias, e começou a fustigar os atenienses com sinais celestes, oráculos e respostas dos deuses".[59]

Toda a expedição de Alexandre dá a impressão de uma colaboração entre o rei e os adivinhos, na qual não se sabe mais quem manipula quem. Assim, Aristandro de Telmesso parece ter a tarefa de fazer interpretações sistematicamente favoráveis de todos os presságios. Encontraram uma estátua de Orfeu banhada de suor: isso significa que os poetas se cansarão de celebrar as façanhas de Alexandre; diante da cidade de Tiro, sitiada, um pássaro deixou cair uma pedrinha na cabeça do rei, que havia sonhado com Héracles: isso quer dizer que a cidade será tomada com um trabalho hercúleo, e o rei correrá um grande perigo; soldados viram sangue escorrer do miolo do pão, mas não da casca: isso representa o sangue dos sitiados, não dos sitiadores. Segundo Quinto Cúrcio, Aristandro teria feito certa vez maus presságios, pedindo ao rei que não atravessasse o rio Tânais, e Alexandre o teria feito mudar a interpretação. Por outro lado, o rei socorre seu adivinho, que se meteu em dificuldade profetizando a queda de Tiro ao longo daquele mês, e aquele era o último dia dele: Alexandre decretou então o acréscimo de dois dias ao mês e lançou o ataque decisivo. Temos realmente a impressão de uma cumplicidade entre o rei e seus adivinhos.

58 Hipólito, *Ref. Haer.*, IV, 4, 13.
59 Plutarco, Vie de Thémistocle, p.256.

Cada expedição militar, aliás, tem o seu: Básias, na aventura dos Dez Mil, contada por Xenofonte; Deífone, na frota grega em Mícale; Astifilos, no exército de Cimão; Estilbides, no de Nícias; Teócrito, no dos tebanos em Leuctra. É que, mesmo que o chefe seja cético, as tropas são extremamente supersticiosas, e não há nada melhor para manter o moral e a confiança do que uma boa interpretação favorável dos presságios. É por isso que os manuais de tática dedicam longos desenvolvimentos ao assunto. Um exército sem adivinhos é derrota na certa. Eis o que diz o platônico Onosandros:

> Que o general não ponha jamais seu exército em marcha ou o arranje em batalha sem antes ter sacrificado; mas que tenha ao seu redor sacrificantes e adivinhos. [...] As entranhas, tendo reconhecimento favorável, que ele comece primeiro chamando todos os chefes para ver as entranhas, a fim de que, depois de as ter visto com seus olhos, eles vão encorajar seus subordinados, anunciando-lhes que os deuses ordenam o combate; porque as tropas têm confiança quando acreditam marchar para o perigo com a aprovação dos deuses. [...] Do mesmo modo, se a situação presente deve melhorar, é necessário chegar a ter um sacrifício satisfatório, e, para isso, sacrificar muitas vezes no mesmo dia; porque uma hora, um nada de tempo pode custar caro a quem se antecipa ou deixa passar o momento oportuno. A mim, parece-me que a títica encontra nas entranhas, com outro aspecto, o movimento dos astros do céu, seus nascentes, seus poentes, os ângulos de suas posições trígonas, tetrágonas e diametrais.[60]

O autor estabelece, portanto, uma correspondência entre a extispicina e a astrologia, e visivelmente confia nesses métodos, que ele detalha com tanta seriedade quanto seus princípios táticos.

Os generais se dividem quanto ao papel que se deve conceder à adivinhação. Alguns abraçam cegamente a opinião dos adivinhos. Vimos Nícias, e como isso terminou em catástrofe. Diante do mesmo fenômeno de eclipse, o rei de Esparta, Cleômbroto, também julgou mais prudente desistir da batalha contra os persas. Aliás, esse eclipse do outono de 480 a.C., mencionado por Heródoto, é confirmado pelos cálculos astronômicos. Em contrapartida, nas mesmas circunstâncias, em 357 a.C., Dion, que trava uma campanha contra o tirano Dionísio de Siracusa, depois de ter tentado em vão explicar a suas tropas a natureza do fenômeno, manda seu adivinho Miltas lhe dar uma

60 Onosandros, *De imperat. offic.*, X, 10, 25-6.

interpretação favorável: o eclipse anuncia o obscurecimento de uma pessoa brilhante – Dionísio.

O mesmo contraste nas atitudes se encontra em relação a outros presságios inquietantes, como os terremotos. Em 414 a.C., um exército espartano interrompe uma campanha contra Argos em consequência de um sismo; ao contrário, alguns anos depois, em 387 a.C., no mesmo contexto, o rei espartano Agesípolis persuade suas tropas de que se trata de um presságio favorável, já que ocorreu durante e não antes da partida da expedição.[61] Tudo parece depender da credulidade do chefe, de um lado, e de sua habilidade para convencer os soldados, de outro.

A multiplicidade de deuses, oráculos e adivinhos pode criar às vezes uma confusão espantosa. Na véspera da Batalha de Plateias, entre os gregos e os persas, o adivinho Tisâmeno prediz a vitória, contanto que se adotasse uma atitude puramente defensiva; já o oráculo de Delfos recomenda, além das orações e dos sacrifícios a numerosos deuses e semideuses, lutar apenas em território ateniense, quando o exército já havia saído dele, e de frente para o inimigo; enfim, o plateeu Arimnestos tem um sonho em que Júpiter declara que eles devem seguir para território plateeu. Perplexidade de Aristides e Pausânias, que comandam o exército. Como de costume, recorrem a um subterfúgio que permite conciliar os três oráculos: travam uma batalha defensiva num pedaço de território dado pelos plateeus a Atenas.[62]

Desde a época arcaica, a história grega apresenta, portanto, uma variedade de atitudes em relação às predições, da maior credulidade ao ceticismo completo. Já em Homero, vemos Príamo e Telêmaco desprezar os adivinhos,[63] e Heitor dar esta resposta arrogante a Polidamas: "Queres que eu obedeça a pássaros que estendem suas asas. Não me preocupa que voem à minha direita, para o lado da aurora ou do Sol; ou à minha esquerda, para as trevas imensas. O melhor dos presságios é combater por sua pátria".[64] O grande século V oferece tanto o exemplo de Nícias, derrotado por respeito escrupuloso aos presságios, quanto o de Péricles, que abre seu manto diante das tropas para mostrar que um eclipse não tem nada de sobrenatural.

61 Tucídides, VI, 95, 1, e Xenofonte, *Hel.*, IV, 7, 4.
62 Plutarco, Vie d'Aristide, p.725-6.
63 Homero, *Ilíada*, XXIV, 221, e *Odisseia*, I, 415.
64 Id., *Ilíada*, XII, 230.

## UTOPIA, SUBSTITUTA DA PROFECIA

A civilização grega é, portanto, a primeira a desenvolver uma verdadeira reflexão em torno da noção de predição: o conhecimento do futuro é possível? Em que medida e por que meios? A quem pode servir tal conhecimento? Como utilizá-lo no presente com discernimento? A essas perguntas eles deram toda a gama possível de respostas, de modo que os debates por vir só poderão ser variações sobre os argumentos dos autores gregos.

O futuro é onipresente entre os gregos, e a vida deles é invadida por oráculos e presságios. Mas se uns se deixam levar por essas sombras do futuro, outros as moldam a seu bel-prazer para justificar suas ações presentes, enquanto um terceiro grupo rejeita a ingenuidade dos primeiros e a trapaça dos segundos. Os gregos são os pais do ceticismo e, lançando suspeita sobre os oráculos e as profecias, criam um vazio angustiante, porque o homem sem predição se vê no escuro, entregue às escassas capacidades de sua razão, tendo como únicos guias certezas científicas ainda bem minguadas. Rejeitar os oráculos é viver em constante incerteza, portanto em desassossego. O mundo desencantado é um mundo desassossegado. E é talvez para acalmar esse desassossego que vemos nascer no mundo grego esse substituto da predição que é a utopia.

A utopia é o remédio dos desassossegados; ela apazigua, elaborando um mundo ideal estável, do qual é eliminado o tempo, logo a incerteza, a surpresa. Obviamente, a utopia pode tomar formas extremamente variadas, a ponto de os especialistas desse gênero literário nem estarem de acordo sobre sua definição.[65] O que nos interessa aqui são as relações entre a utopia e a profecia. Os laços são inegáveis. A utopia se opõe sempre ao presente, já que sua principal razão de ser é criticá-lo, contrapondo-lhe uma situação ideal. A utopia não está no passado, ainda que às vezes empreste deste último os traços da era de ouro. Nem no presente nem no passado, ela também não está claramente no futuro; está fora do tempo, que é seu principal inimigo. Mas na medida em que não é concebida exclusivamente como um sonho, sua única localização possível é o futuro. Um futuro mal definido, situado nesse espaço de liberdade que se encontra entre o impossível e o inevitável. Embora as fórmulas de Victor Hugo: "A utopia é a verdade de amanhã" e de Lamartine: "As utopias são apenas verdades prematuras" não sejam exatas, ainda assim há sempre no cerne da utopia certa proporção de esperança de

---

65 Cf. resumo do problema na introdução de Servier, *Histoire de l'utopie*.

realização, como no sonho de Martin Luther King. Essa proporção é muito variável; toca ligeiramente a certeza no espírito dos utopistas comunistas, mas é infinitesimal nos sonhos de Campanella e Cyrano. Isso vale também, é claro, para o que chamamos de contrautopias, isto é, as visões pessimistas de um mundo que se tornou infernal e desumano. O aspecto profético é, mesmo nesse caso, muito mais importante, como mostrarão as ficções do século XX.

O aspecto preditivo da utopia também pode ser reforçado pelas tentativas voluntárias de realização. A utopia torna-se então fonte de ação, à semelhança das utopias socialistas do século XIX, ou dos movimentos milenaristas. Em todos os casos, trata-se de tapar o buraco deixado pelo fim dos oráculos e das profecias, substituir o angustiante desconhecimento da incerteza por uma miragem mais ou menos crível, esperada ou temida, mas que possa servir de guia à ação presente. Quando o futuro não existe, é preciso inventá-lo.

Portanto, estava dentro da ordem das coisas que os gregos, que começaram a abalar a credibilidade das predições, tenham sido ao mesmo tempo os criadores desse sucedâneo que é a utopia. No século V, o arquiteto Hipodamos de Mileto fez o projeto de uma cidade ideal: 10 mil cidadãos, repartidos entre as três classes dos artesãos, dos agricultores e dos guerreiros, num quadro rigorosamente geométrico, inspirado nas proporções do homem cósmico. Concretizando pelas medidas a correspondência entre o mundo cósmico divino e o mundo humano, ele assegura a estabilidade, substitui definitivamente o caos e a incerteza por uma ordem imutável. E começa a realização em Mileto.

Pouco depois, Aristófanes, o adversário dos adivinhos, apresenta um contraprojeto em sua comédia *As aves*. Sua cidade ideal, Nefelococigia, mais comumente traduzida por "Cucolândia nas Nuvens", é o país da fantasia e da individualidade, opostas ao rigor e à tirania do grupo de Hipodamos. Nessa cidade ecológica, situada entre o céu e a terra, as pessoas vivem em conformidade com a natureza, sem dinheiro, sem tribunais, alimentando-se de menta, papoula, mirto e gergelim. É a cidade da liberdade: os deuses não têm nenhum poder sobre ela, e sua mensageira, Íris, é expulsa de lá. Não há mais necessidade de predição: quando um adivinho aparece, ele é ridicularizado e foge.

Desde o século V, portanto, estão estabelecidos os dois extremos de utopia que vão se confrontar continuamente e pretendem cada um assegurar a felicidade: o mundo hiperorganizado, regulado, vigiado, que garante a igualdade pela coerção coletiva, e o mundo sem coerção, em que o único mestre é a natureza, a serviço do indivíduo livre. Igualdade ou liberdade, comunismo ou anarquismo, Estado ou comuna, coletividade ou individualidade, as utopias não serão mais do que variações sobre os temas enunciados por Hipodamos e Aristófanes.

Com Platão, a utopia ganha outra dimensão. Torna-se projeto legislativo específico, destinado a remediar a fraqueza humana. Quando escreve *A república* e *As leis*, o velho Platão, decepcionado pelos homens, abatido pelo desastre da Guerra do Peloponeso, que termina em 404 a.C., não deposita mais suas esperanças na predição. O futuro, somos nós que temos de criá-lo, e não esperar que venha de uma revelação. Ele elabora então um projeto detalhado da cidade ideal, fundado sobre uma análise racional da natureza humana. Apenas sua atitude nos interessa aqui. São as decepções com o presente, as reviravoltas imprevistas da época que o levam a procurar refúgio num futuro utópico, em que, para evitar as vicissitudes ligadas à natureza humana, ele visa acima de tudo criar condições para a estabilidade. Para isso, os governantes serão os sábios, os que se inspiram nos princípios imutáveis do belo e do bem. Os sacerdotes são eliminados das classes dirigentes, e podemos ver aí um sinal de desconfiança em relação à adivinhação, que seria um monopólio estritamente reservado ao Estado. Na cidade ideal, não se governa em função de um futuro hipotético, mas de princípios eternos.

Por outro lado, o povo, rebanho de carneiros incapazes de se organizar, sujeitos às paixões corpóreas, é enquadrado, vigiado; a comunhão dos bens e das mulheres elimina os conflitos de interesses; o abandono dos doentes desde o nascimento garante o caráter são do grupo. Austeridade, simplicidade, racionalidade caracterizam a cidade platônica, reflexo do sonho grego de harmonia e continuidade, num futuro sem futuro.

– 3 –

# ADIVINHAÇÃO ROMANA: MONOPÓLIO DE ESTADO

O heleno e o latino não olham o futuro da mesma maneira. O primeiro se indaga sobre o que será esse futuro, o que lhe reserva, a possibilidade de conhecê-lo, e o que pode tirar dele para sua ação presente, ainda que tenha de manipular a predição. O segundo, homem de ação, somente se preocupa com o presente e o futuro imediato; tudo que lhe interessa é assegurar que os deuses sejam favoráveis ao seu propósito, e, se não são, saber como fazê-los mudar de opinião. A adivinhação não é, para os latinos, da ordem do conhecimento, mas da prática; é uma técnica que se destina a garantir a boa vontade divina, e que se apoia numa infinidade de receitas precisas, extremamente formais. Respeitar os ritos e ser o mais finório na interpretação: essa é a tarefa dos adivinhos; se forem bastante hábeis, saberão trazer os deuses para o lado de Roma, e garantir assim o sucesso do empreendimento.

Essa atitude vai mudar com a conquista. O contato com os oráculos gregos, com a astrologia, com a adivinhação oriental vai despertar nos romanos o gosto pela verdadeira predição, o que vai gerar inquietação nos conservadores, nos "velhos romanos" e no Senado, que a partir do século II antes da nossa era inicia a luta contra os novos métodos de adivinhação. Depois, uma vez estabelecido o Império, assiste-se a uma apropriação do futuro por parte do Estado, confiscado pelos novos mestres. O imperador proíbe a prática da adivinhação e reserva para si a consulta dos astrólogos, adivinhos, harúspices e outros. O conhecimento do futuro se torna um caso de sedição, uma verdadeira traição, na melhor das hipóteses uma perigosa enganação aos olhos de um poder que vive cada vez mais obcecado pelos complôs. O futuro é assunto de Estado, cujo conhecimento é confiado pouco a pouco a um verdadeiro ministério, e sujeito a sigilo. Apenas o imperador tem o direito de conhecer o futuro. A perseguição a que os astrólogos e os adivinhos não oficiais são submetidos prepara sua eliminação pelos imperadores cristãos, que admitem apenas uma visão do futuro: a dos profetas da nova religião.

## A TRADIÇÃO ROMANA ARCAICA: NEUTRALIZAR OS DEUSES PARA CONTINUAR MESTRE DO FUTURO

A adivinhação romana tem uma origem dupla, latina e etrusca. Segundo os termos de Raymond Bloch, a primeira:

> apresenta, em verdade, os caracteres que encontramos no conjunto da religião romana. Espírito positivo e concreto, sem grande imaginação, o habitante do Lácio parece ter bem pouco gosto e dom para a exegese divinatória. Contam-se poucos profetas, videntes entre os latinos, e pouquíssimos oráculos nos quais o deus fala pela voz ou pela intermediação de seu sacerdote.[1]

O latino reserva aos deuses a faculdade de conhecer o futuro, e na mitologia situa nos riachos e nas fontes a divindade Carmenta, desdobrada em duas carmentas, uma voltada para o passado, a outra para o futuro, ligando assim história e previsão. Fala-se também das *Fata-Scribunda*, espécie de fada que prediz o destino dos recém-nascidos. O deus Fauno também pode fazer predições, ao passo que o deus Vaticano às vezes faz profecias, as *vaticinia*, no campo Vaticano. Mas tudo isso permanece muito vago, e o que interessa aos primeiros romanos é saber se os deuses são favoráveis ou não ao sucesso de tal ou tal ação.

Para isso, basta decifrar os sinais enviados pelo mundo divino, os prodígios, os *omina* ou presságios fortuitos, os auspícios ou sinais convencionados.

---

1 Bloch, *Les prodiges dans l'Antiquité classique*, p.78. Cf. também Bayet, *Histoire politique et psychologique de la religion romaine*.

Essa adivinhação é acompanhada de um caráter mágico: não se trata de consultar passivamente a opinião dos deuses; por uma série de subterfúgios, é possível transformar sinais desfavoráveis em sinais favoráveis, ou neutralizar a oposição divina. Isso confere à adivinhação romana um estranho aspecto de técnica sofística, que tem como resultado tirar os deuses do jogo e deixar o homem decidir sozinho seu futuro.

É o caso dos presságios. Estes pululam; tudo pode ser presságio. Mas é possível simplesmente não vê-los, ou rejeitá-los, se são vistos. É possível mudar um presságio funesto por meio de um jogo de palavras. O *omen* só tem sentido em relação à vontade consciente daquele que o observa. O presságio pode começar com o nome de uma pessoa, que deve ser escolhido com cuidado, portanto, e o simples anúncio de um presságio é um presságio em si mesmo, de modo que se pode inventar um presságio para produzir um *omen*. Plutarco relatou certas dessas sutilezas na "Vida de Numa Pompílio". Convém, nesse clima, ter sempre o espírito alerta, porque as consequências podem ser dramáticas: quando Crasso, no porto de Brindisi, ia para embarcar para sua expedição contra os partos, onde a morte o esperava, ele ouve um vendedor de figos de Cauno gritar "*Cauneas*", isto é, "[figos de] Cauno"; ele devia ter desconfiado que os deuses o estavam avisando por meio de um jogo de palavras ruim e compreender "*Cave ne eas*" (não vá).

Nessas condições, ainda é melhor não ver e não ouvir. É por isso que nas cerimônias o sacerdote cobre a cabeça com um véu e o mais absoluto silêncio é obrigatório. A consulta dos auspícios, sinais dados em resposta a uma pergunta simples, feita pelos áugures numa cerimônia oficial, obedece a regras de uma extrema precisão; o menor vício de procedimento que passe despercebido torna a consulta nula e pode ter graves consequências, deixando que se cumpra uma ação à qual os deuses são desfavoráveis. Os auspícios são tirados sobretudo do voo dos pássaros (esse é o sentido primitivo de *auspicium*), mas também de seus gritos, do andar de certos animais, do exame das entranhas, do apetite dos frangos sagrados, coisas que são todas susceptíveis de interpretações extremamente variadas, conforme as necessidades do momento.

É esse mesmo espírito que preside à consulta das sortes, tabuinhas atadas em feixes com fitas e contendo inscrições de caráter profético. A "leitura da sorte" consiste em escolher uma ao acaso e interpretar a inscrição. As *sortes* ou *oracula* mais renomadas são as de Preneste, onde foi erguido o templo da Fortuna. Segundo a lenda, um cidadão distinto, Numerius Sffucius, havia recebido ordem divina de escavar a rocha, de onde saíram as tabuinhas. Elas somente podiam ser consultadas com a concordância da deusa Fortuna.

Durante muito tempo, esse tipo de adivinhação foi considerado com desconfiança, porque Preneste é originalmente uma cidade rival de Roma. Em 241 a.C., durante a Primeira Guerra Púnica, quando o cônsul Lutácio Cerco quis consultar as sortes, o Senado negou, declarando "que se devia administrar a República sob os auspícios nacionais e não sob os auspícios estrangeiros".

A adivinhação romana dá grande importância aos prodígios, isto é, a todos os fenômenos surpreendentes, imprevistos, e aparentemente sem causa natural. Se os deuses sentem a necessidade de se manifestar de forma brutal, é porque estão furiosos com os homens. O prodígio, portanto, não é uma predição propriamente dita, mas antes um aviso, que se deve levar em conta. Por isso o Senado ordena o recenseamento meticuloso dos prodígios todos os anos, a partir de 296 a.C., o que nos vale esta longa lista fornecida por Tito Lívio no fim de sua primeira década: eclipses do Sol e da Lua, todo fenômeno celeste que fuja do comum, cometas, meteoros, configurações estranhas das nuvens, acidentes climáticos, tempestades de poeira, mudança da cor das águas de superfície, raio em céu limpo ou que atinja um local público ou consagrado, estátuas que transpiram ou choram sob o efeito da condensação, terremotos, aparições insólitas de animais em lugares não habituais, como cobras, ratos, pássaros, nascimento de animais monstruosos ou de homens com deformações, fome, epidemias. O recenseamento desses prodígios oficialmente reconhecidos compreende na verdade tudo que fuja minimamente do que seja comum.[2]

O mais impressionante é que os romanos não tentam interpretar o sentido desses prodígios. Sua única preocupação é descobrir a resposta, o ato que permitirá neutralizar a cólera divina, deixando ao homem sua liberdade de ação: esse é o objetivo da "procuração", isto é, da cerimônia de reconciliação. Do verbo *curare* ou *procurare*, consiste num ritual de precisão meticulosa, e supostamente põe fim à cólera divina. O procedimento é regulado juridicamente, e as cerimônias expiatórias supostamente amarram os deuses, com a aplicação de um contrato: os homens ofenderam os deuses; estes últimos manifestam sua cólera; o procedimento é instaurado: observação do prodígio, notificação oficial, consulta dos especialistas, execução das medidas previstas pelo código no caso em questão e anulação da cólera divina. O romano não sofre, ele age, enfrenta a situação e continua mestre de seu destino. Mas é a autoridade senatorial que ordena os procedimentos. A partir da época republicana, o Estado se encarrega do futuro. Um de seus encargos

2 A lista foi feita por Wülker, *Die geschichtliche Entwicklung des Prodigienwesens bei den Römern*.

fundamentais é assegurar que nada venha contrariar o que ele empreende. Ele governa o presente pela política e o futuro pela magia divinatória, não para determiná-lo, mas para deixá-lo aberto.

## O HARUSPICISMO ETRUSCO EM AUXÍLIO DOS ROMANOS

Contudo, acontece de casos excepcionais de intervenção divina deixarem os sacerdotes romanos perplexos, então eles se voltam para os seus vizinhos etruscos, vistos como os grandes especialistas da adivinhação. As concepções, no entanto, são muito diferentes. Podemos partir de um caso famoso, descrito por Cícero no *De haruspicum responso*, em 56 a.C. Depois de misteriosos ruídos subterrâneos em Roma, dos quais ninguém consegue entender o sentido, o Senado manda vir harúspices etruscos. Estes começam descrevendo com precisão o fenômeno: "Um estampido seguido de um tremor". Identificam em seguida os deuses que se manifestam dessa maneira: Júpiter, Saturno, Netuno, Telo e deuses celestes. Depois as causas de seu descontentamento: displicência na preparação dos jogos, profanação de lugares sagrados, execução injusta de vários oradores, violação de promessas, negligência nos sacrifícios. Por fim, o que esses presságios anunciam para o futuro: reviravoltas políticas graves. Podem temer que:

> pela discórdia e divergência dos *optimates*, assassinatos e perigos se preparem contra os pais e os chefes, que estes sejam privados de socorro, depois disso as províncias se alinhariam sob uma única autoridade, o exército seria expulso e sucederia um enfraquecimento final. Devem temer também que a coisa pública seja lesada por intrigas secretas, que homens degenerados e banidos sejam alçados em dignidade, enfim que a forma do governo seja mudada.[3]

Tudo isso no condicional, porque os harúspices indicam em seguida as maneiras de apaziguar os deuses, por meio de certos ritos e cerimônias. Em todo esse procedimento, os harúspices seguem as indicações de um calendário divinatório, que a lenda fazia remontar a Tages, e do qual se encontraram certas partes em transcrições latinas ou gregas.[4] Podemos constatar por elas que a resposta preconizada corresponde à que Cícero relata. Acontece

3 Apud Bloch, op. cit., p.53.
4 Piganiol, Sur le calendrier brontoscopique de Nigidius Figulus, *Studies in Roman Economic and Social History in Honour of Alban Chester Johnson*.

que em 56 a.C. ela podia passar por verossímil no clima de pré-guerra civil em que se encontrava a República. Ela reflete fielmente a atitude conservadora que sempre marcou o colégio dos harúspices, selecionado nas classes nobres de Etrúria. Todas as suas intervenções são a favor dos regimes aristocráticos, e os maus presságios significam para eles ameaças de subversão social. Já alguns anos antes, em 65 a.C., consultados a propósito de um raio que caiu no Capitólio e numa estátua de Júpiter, "eles disseram que massacres e incêndios eram iminentes, e a aniquilação das leis, e a guerra civil no seio da cidade, e a ruína total de Roma e do Império, [...] se não se apaziguassem, a todo custo, os deuses imortais cuja intercessão abrandaria talvez os decretos do destino".[5] No caso presente, celebram-se jogos durante dez dias, e uma estátua maior de Júpiter é erguida, sobre um soclo elevado, com o rosto virado para o Oriente.

Se isso não afasta a catástrofe, o importante é que se acreditava que ela podia ser afastada. O que nos dá uma indicação sobre a maneira como os etruscos encaram o destino e a predição. O quadro geral é o de um destino implacável, um *fatum*, que regula tanto a sorte dos indivíduos como a do Estado. Esse *fatum*, aliás, está registrado nos livros sagrados em que estão as palavras das divindades, como o gênio Tages e a ninfa Begoé. Na verdade, há espaço para uma certa flexibilidade, conciliando a necessidade e a possibilidade de agir sobre o destino.

No nível individual, o curso do destino está compreendido entre dois pontos fixos, o nascimento e a morte, separados por doze períodos, as "hebdômadas" ou "semanas"; de um período para o outro, há fases críticas, reveladas por prodígios. No conjunto de uma vida, o total de bens e males é determinado, e imutável, mas é possível postergar os males de uma hebdômada para outra por intermédio de sacrifícios e orações. Contudo, é preciso pagar a dívida, o que explica o acúmulo de desgraças durante a velhice, correspondendo a todos os males adiados até lá.

No caso da vida de uma nação, o princípio é semelhante, mas os períodos são séculos de duração variável. Segundo os harúspices, o povo toscano durará dez séculos; os quatro primeiros duraram 100 anos cada um, o quinto 123 anos, o sexto e o sétimo 119 anos. Em 44 a.C., o surgimento de um cometa faz o harúspice Vulcácio anunciar a passagem do nono para o décimo século. De fato, cada passagem é assinalada aos homens por prodígios, registrados cuidadosamente pelos harúspices, o que permite prever e

5 Cícero, *Catilinárias*, III, 19.

seguir as etapas do inevitável declínio. Os romanos utilizarão o mesmo sistema, baseando-se nos doze abutres de Rômulo para predizer a Roma doze séculos de vida.

O mesmo raciocínio prevalece no caso da duração do mundo, que é cadenciada pelos ciclos do Grande Ano. Encontramos a ideia do eterno retorno combinada com a evolução cíclica. Segundo a Sibila de Cumas, há dez eras em cada ciclo; o décimo, que é o do Sol, será seguido de uma conflagração geral e de um novo começo. Cada era corresponde também ao domínio de uma nação, e a passagem de uma era para outra é marcada por prodígios que permitem aumentar a capacidade de predição dos adivinhos. É o que revela uma curiosa passagem de Plutarco, relatando em 90 a.C. uma nova consulta dos harúspices etruscos pelos romanos, desorientados por uma sucessão de prodígios:

> Sobre isso os sábios adivinhos da Toscana, inquiridos, responderam que esse tão estranho sinal acusava a mutação do mundo, e a passagem para outra era, porque consideram que deve haver oito, todas diferentes umas das outras em costumes e modos de viver, para cada uma das quais, isso dizem eles, Deus prefixou certo limite de duração; mas que todas venham a terminar seu curso no espaço da revolução do grande ano, e, quando uma termina e outra está prestes a começar, sucedia assim um maravilhoso e estranho sinal na terra ou no céu, de maneira que os que estudaram naquela ciência conhecem sem demora claramente que nasceram homens muito diferentes dos precedentes em suas vidas e em seus costumes, e que são mais ou menos agradáveis aos deuses que os que existiam antes; porque eles dizem que entre as outras grandes mutações que ocorrem nessas passagens, de uma era para outra, a ciência de adivinhar as coisas que estão por vir cresce em reputação, e encontra em suas predições, quando apraz a Deus enviar sinais mais expressos e mais certos, para poder conhecer e predizer as coisas futuras.[6]

Os adivinhos etruscos, portanto, podem predizer. Uma de suas grandes especialidades é a interpretação dos relâmpagos monitórios. Os *fulguratores*, seguindo o lugar de onde partiu o raio e seu ponto de impacto, sabem quem o lançou e o que ele anuncia. Por um dos calendários brontoscópicos etruscos, traduzido para o grego, e descoberto em 1951, constatamos que uma trovoada numa data equivalente a 11 de setembro pressagia uma sublevação

---

6 Plutaco, *Les vies des hommes illustres*, éd. Pléiade, t.I, p.1027-8.

política entre os dependentes da nobreza; em 24 de outubro, ela anuncia uma revolta camponesa; em 14 de julho, é um homem que vai tomar o poder e usá-lo sem discernimento.[7]

O outro grande livro do futuro são as entranhas dos animais e, em particular, o fígado. Uma ausência de protuberância na extremidade do lobo direito, o que é chamado de "cabeça", é presságio de morte; se é dupla, é anúncio de conflito; se há uma fissura, é uma dissensão que está se preparando. Como se vê, os harúspices, que fazem parte das classes aristocráticas, parecem obcecados pelas ameaças de agitações sociais. Quando realizam uma dissecação divinatória, invocam as divindades que presidem cada parte do organismo, pedindo que disponham o órgão em função de sua intenção. O animal se torna assim uma espécie de templo, no qual se devem ler as vontades dos deuses.

## CONFISCO DA ADIVINHAÇÃO PELO ESTADO

Toda uma casuística permite, além do mais, fazer o presságio dizer o que se deseja, declarando que ele se aplica ao sacerdote ou ao personagem que ordenou a consulta, ou desviando seu sentido. Por exemplo, Otávio faz um sacrifício sob os muros da sitiada Perúgia; todos os presságios são funestos. Os inimigos lançam um ataque e levam tudo, o que permite aos harúspices declarar que os presságios se aplicam dali em diante aos sitiados.[8]

É por isso, aliás, que os romanos, apesar de considerar indispensável o recurso à adivinhação etrusca, muito mais elaborada que a deles, são muito desconfiados a seu respeito. Várias desventuras justificam suas desconfianças. Segundo Dionísio de Halicarnasso, eles encontraram, quando escavavam o Capitólio para construir o templo de Júpiter na época de Tarquínio, o Soberbo, uma cabeça humana perfeitamente conservada. Um harúspice etrusco, consultado, tenta enganá-los, perguntando em que lugar preciso foi feita a descoberta, que designa a direção do território destinado a se tornar a cabeça do mundo. Precavidos, os romanos se recusam a responder, o que obriga o harúspice a admitir que o presságio se aplica ao próprio lugar onde ele foi encontrado, e não à região cuja direção teria sido sugerida para

7 Hamblin, *Les étrusques*.
8 Suetônio, Augusto. In: ______, *A vida dos doze Césares*, 96.

o local consagrado.[9] Outro caso: um raio tendo destruído a estátua de Horácio Cocles no fórum, os harúspices interpretam isso como um desfavor ao herói romano, o que lhes vale ser executados. Em 172 a.C., eles se mostram mais prudentes: um raio tendo destruído uma coluna rostral do Capitólio, eles fazem um ditoso presságio, já que despojos inimigos foram destruídos. Em caso de guerra entre os dois povos, isso causa um sério problema: em 396 a.C., durante o cerco de Veios, o Senado teve de apelar para o oráculo de Delfos.

Esse temor dos romanos mostra que se atribuía um caráter mágico à adivinhação etrusca. Contudo, a superioridade dos harúspices toscanos é tal que os ricos e poderosos superam a desconfiança dos primeiros tempos e fazem questão de ter um a seu serviço. Tito Lívio relatou como o destino de Tarquínio, o Antigo, foi anunciado por um prodígio interpretado por uma mulher, Tanaquil.[10] Os Gracos também tinham seu harúspice, Herennius Siculus; o de Sila era Póstumo, e o de César, Spurinna, a quem ele fez senador e que o advertiu em vão para desconfiar dos idos de março.

Os harúspices etruscos se tornam pouco a pouco, portanto, objeto de todos os cuidados. Ninguém quer deixar desaparecer uma espécie tão preciosa. No século III antes da nossa era, como a Toscana havia caído nas mãos dos romanos no fim do século anterior, a nobreza local se desinteressa da arte divinatória, que não tem mais nenhuma utilidade para os etruscos, e deixa que degenere nas mãos de adivinhos assalariados mais ou menos charlatães. O Senado decide então que certo número de jovens da nobreza romana vai estudar as ciências religiosas na Etrúria, "por receio de que uma arte tão considerável, representada por pessoas de condição inferior, perdesse a garantia da religião, tornando-se uma chance de salário e benefício". A decisão tem pouco eco; o haruspicismo está ligado demais à Etrúria, e os romanos não ousam se aventurar nessas matérias complexas.

Nos últimos séculos da República, os harúspices toscanos conservam também a posição de defensores da aristocracia senatorial: o futuro é posto a serviço de uma política de classe. Todo prodígio que anuncie a ascensão de um ambicioso ao poder excessivo é considerado funesto e deve ser imediatamente expiado para impedir sua realização. É o caso dos enxames de abelhas, símbolos de realeza, quando se instalam em locais públicos ou consagrados. Isso significa sempre perda de liberdade. No decorrer das guerras

9 Bloch, Le départ des étrusques de Rome et la dédicace du temple de Jupiter Capitolin, *Revue d'Histoire des religions*, p.141-56.

10 Tito Lívio, I, 34, 8-10.

civis dos séculos II e I a.C., a adivinhação dos harúspices é constantemente posta a serviço do Senado. Em 121 a.C., fizeram correr boatos sobre prodígios que teriam marcado a fundação de uma colônia na África por Caio Graco. O temor de uma vingança divina provoca um motim contra Caio, que é morto. Em 99 a.C., quando o tribuno da plebe Sexto Tício tenta votar uma lei agrária, sucede um prodígio, na forma de dois corvos brigando no alto da assembleia. Os harúspices concluem que os deuses não querem a lei proposta. Em 43 a.C., quando os triúnviros fazem as listas de proscrições, o chefe dos harúspices prediz diante do Senado que a realeza vai retornar, e a liberdade desaparecer. Ele se suicida por asfixia em sinal de protesto.

O novo poder imperial não podia tolerar essas aves de mau agouro, que além do mais haviam profetizado, diz Suetônio, a morte de Augusto num prazo de cem dias.[11] Mas os imperadores não podem prescindir de seus serviços, de tanto que são considerados insubstituíveis para o conhecimento do futuro. É preciso então pôr todos a serviço do Estado. Tibério "proíbe qualquer um de consultar os adivinhos, salvo abertamente e na presença de testemunhas, e tenta até suprimir todos os oráculos das redondezas de Roma".[12] É o imperador Cláudio que, em 47, decide agrupar os harúspices numa ordem oficial, transformando-os assim num órgão de Estado, uma espécie de Ministério do Futuro. Tácito conservou a essência do discurso imperial proferido nessa ocasião:

> Cláudio propôs então ao Senado a criação de um departamento de adivinhos. "Essa arte, a mais antiga da Itália", diz ele, "não deve desaparecer por negligência nossa. O conselho dos adivinhos, consultado em tempos de calamidades, provocou muitas vezes a renovação e a observância mais correta das cerimônias religiosas. Além disso, os etruscos importantes, por sua própria iniciativa ou do Senado romano, preservaram essa arte e transmitiram-na de pai para filho. Agora, porém, a indiferença pública com as ações louváveis levou a negligenciá-la, e o progresso das superstições estrangeiras contribuíram para isso. Agora, tudo vai bem. Mas devemos testemunhar nossa gratidão pelo favor divino, assegurando-nos de que os ritos observados nos períodos difíceis não sejam esquecidos nos tempos de prosperidade." Assim, o Senado decretou que os sacerdotes cuidariam das instituições requeridas para a manutenção dos adivinhos.[13]

11 Suetônio, op. cit., 97.
12 Ibid., Tibério. In: ______, *A vida dos doze Césares*, 63.
13 Tácito, *Anais*, XI, 15.

Os harúspices, agora funcionários públicos, prosseguem sua tarefa até o fim do império pagão. Alexandre Severo cria até mesmo cátedras de haruspicismo em Roma. As cidades e as legiões também têm seus colegas adivinhos, mas os imperadores desconfiam deles, e mandam executá-los.

## PENETRAÇÃO DA ADIVINHAÇÃO ESTRANGEIRA E RESISTÊNCIA SENATORIAL

A adivinhação tradicional e o haruspicismo etrusco se encontram assim sob o controle exclusivo do Estado desde os primórdios do Império. Os outros modos de adivinhação vão ter a mesma sorte.

Para desgosto dos velhos romanos defensores da tradição, as modas estrangeiras de predição, adivinhação intuitiva, oráculos, sibilas, astrologia, penetraram em Roma a partir do século III antes da nossa era. Como o gosto pelo luxo, que Catão tanto deplora, esse é o preço da conquista. O povo romano descobre que existem múltiplas maneiras de conhecer o futuro, e essas novidades o intrigam, e até o apaixonam.

É verdade que as circunstâncias são favoráveis à preocupação: de 220 a 202 a.C., ocorre a Segunda Guerra Púnica, que vê se desenrolar a famosa expedição de Aníbal. Em 216 a.C., ocorre o desastre de Canas, a derrota mais catastrófica de toda a história romana. A própria existência de Roma está em perigo. Os prodígios se multiplicam, segundo Tito Lívio, mas os procedimentos clássicos de interpretação dos presságios não são mais suficientes. Época eminentemente favorável aos profetas, que exploram a credulidade provocada pelo medo. Oráculos e predições de todo tipo circulam e alimentam rumores, especulações, tumultos. Em 212 a.C., o Senado reage. Encarrega o pretor Emílio de recolher os textos proféticos e de ritos divinatórios não oficiais ou de origem estrangeira com o intuito de destruí-los. Gesto simbólico: em Roma, o futuro não poderia ser decretado senão pela adivinhação oficial.

A operação, no entanto, tem um resultado imprevisto. Entre os oráculos confiscados, dois chamam a atenção do Senado. Atribuídos a um certo adivinho chamado Martius, ou a dois irmãos Marcii, eles profetizam a derrota de Canas e recomendam a celebração de jogos em honra de Apolo. Os senadores, que não estão a salvo dos medos ambientes, deixam-se impressionar por essa falsificação grosseira, evidentemente composta *depois* de Canas e atribuída a um adivinho imaginário, cujo nome talvez não seja mais do que o epíteto do pica-pau, o pássaro de Marte: Martius. De todo modo, o Senado atribui uma origem divina a esses textos, as *carmina marciana*, e ordena sua conservação com a coleção sibilina. Vê-se constituir-se assim o início de uma coleção oficial de oráculos nos arquivos do Estado, aos quais se poderá recorrer em caso de necessidade.[14] Alguns anos depois, em 205 a.C., em seguida a um prodígio – chuvas de pedras –, esses oráculos recomendam a introdução do culto da Grande Mãe, de Pessinonte: eles fazem assim o papel de cavalo de Troia das religiões estrangeiras em Roma.

Acabamos de mencionar os livros sibilinos. A penetração desses oráculos de tipo grego em Roma apresenta um problema à sagacidade dos historiadores, porque tudo repousa sobre um relato tardio e de caráter lendário que convém interpretar. Segundo Dionísio de Halicarnasso,[15] a questão remontaria à época dos reis etruscos. Tarquínio, o Soberbo, teria recebido a visita da Sibila em pessoa, sob a aparência de uma velha, que teria proposto lhe vender seus nove livros proféticos. Na primeira vez, ele recusa. A Sibila queima então três livros e propõe os seis outros pelo mesmo preço. Segunda recusa, seguida da destruição de outros três livros e do oferecimento dos três últimos, sempre pelo mesmo preço. Tarquínio fica intrigado e, a conselho de seus áugures, ele os compra. Os três preciosos manuscritos são colocados no templo de Júpiter Capitolino, sob a guarda de dois sacerdotes-intérpretes, os *duumviri sacris faciundis*. O número destes últimos é elevado para dez em 367 a.C., dos quais cinco patrícios e cinco plebeus.

Os livros, de pano de linho, em versos hexâmetros gregos, são úteis e ao mesmo tempo perigosos e, sob a República, a atitude do Senado em relação a eles reflete a desconfiança romana em relação às profecias. Apenas o Senado pode decidir consultá-los, o que faz raramente, e apenas ele pode decidir publicar ou não a resposta. Além disso, ele desconfia dos *duumviri*, e depois dos *decemviri*, e junta a eles escravos gregos que devem vigiá-los, ao mesmo tempo que os ajuda a decifrar o texto sagrado. Para a autoridade senatorial, controlar o futuro é tão importante quanto controlar o passado, visando a única coisa que conta: o presente.

Para consultar os livros, procede-se a sua abertura ao acaso e interpreta-se a primeira passagem que se apresenta. De tempos em tempos, outras narrativas proféticas são acrescentadas à coletânea, como as sentenças fatídicas da ninfa etrusca de Begoé, as profecias da ninfa de Tibur, Albúnea, e as *carmina marciana*, das quais acabamos de falar.

---

14 Tito Lívio, Livro XXV.
15 Dionísio de Halicarnasso, IV, 62.

Ora, constatamos que o caráter dos livros sibilinos de Roma, de acordo com as consultas que são feitas deles, muda radicalmente a partir do fim do século III antes da nossa era. Até então eram apenas procurações de prodígios e interpretações de presságios, à moda etrusco-romana. Depois são oráculos proféticos à moda grega. É a partir desse momento que começa a se construir a origem sibilina desses textos, lenda recolhida no século I antes da nossa era por Dionísio de Halicarnasso e depois retomada e difundida por Virgílio no livro VI da *Eneida*, no qual ele identifica a Sibila como sendo a de Cumas, na Itália do Sul: "Assim, de seu santuário, a Sibila espalha o horror sagrado de seus oráculos ambíguos e ruge em seu antro, onde a verdade se envolve em sombra".[16] Eneias promete conservar seus oráculos, "segredos dos destinos".

A interpretação dominante dessa questão entre os historiadores é a seguinte:[17] a origem da coleção primitiva dos livros "sibilinos" guardados no templo de Júpiter Capitolino é verossimilmente etrusca. No século VI, apenas a Etrúria tem uma literatura revelada e centros de oráculos, como Caere e Falérios. A dominação etrusca sobre Roma na época dos Tarquínios torna inteiramente lógica a ideia de uma implantação de seus livros sagrados, ao passo que uma influência grega vinda de Cumas, onde, por outro lado, os livros sibilinos não eram conhecidos nessa época, é muito improvável.

Mas a partir da queda dos Tarquínios a hostilidade contra os etruscos se torna uma constante na história romana. Roma se encontra de fato, em relação ao futuro, numa situação delicada. Não possuindo suas próprias fontes proféticas, ela fica à mercê das predições de origem estrangeira ou inimiga. Daí sua hostilidade às atividades proféticas. Feitas as contas, ainda era melhor confiar nos textos gregos do que nos etruscos. Supomos, portanto, uma lenta helenização das coleções etruscas a partir do século V antes da nossa era: tradução em latim e em grego, fim progressivo das prescrições de tipo toscano, acréscimos de textos novos, atribuídos a revelações de tipo grego e sibilino, popularidade da Sibila sempre crescendo no mundo mediterrâneo. Raymond Bloch resume:

> O caráter sobrenatural da profetisa e o mistério de sua existência conferiam à coleção sagrada a valorização que lhe convinha. Acima de tudo, tirava-se dos tiranos etruscos, cuja lembrança continuava a ser odiada, já que as guerras contra a Etrúria mal haviam terminado e os Tarquínios simbolizavam uma tirania

---

16 Virgílio, *Eneida*, VI, 72.

17 Uma exposição clara e simplificada da questão encontra-se em Bloch, op. cit., p.86-109.

estrangeira, todo o mérito na gênese dos livros. Penso que é isso que explica a anedota dramática da entrevista de Tarquínio com a Sibila.[18]

Desde a época da monarquia, aliás, as autoridades de Roma consultam o oráculo de Delfos quando falta imaginação a seus próprios adivinhos. No século VI, uma serpente tendo saído por uma fissura de uma das colunas de madeira do palácio de Tarquínio, este fica receoso e, conta Tito Lívio, "ele que, para os prodígios públicos, contentava-se em chamar os adivinhos etruscos, assustado com essa visão, que parecia interessar a sua casa, resolveu mandar interrogar o oráculo de Delfos, o mais famoso do mundo".[19] Ele encarrega da missão seus filhos Tito e Arruns, bem como seu sobrinho Brutus. A anedota nos fornece outra ilustração das respostas enigmáticas da Pítia. Os três rapazes aproveitam a ocasião para lhe fazer uma pergunta que queimava seus lábios: qual deles será o próximo rei em Roma. Resposta: "Aquele que primeiro beijar sua mãe terá a autoridade suprema em Roma". Enquanto Tito e Arruns pensam apenas no sentido primeiro da predição e se apressam em retornar, "Brutus, contudo, interpretou de maneira diferente as palavras da sacerdotisa de Apolo. Fingindo tropeçar, caiu de barriga no chão, e seus lábios tocaram a terra, mãe de todos os seres vivos".[20]

## OS PRIMÓRDIOS DA ASTROLOGIA EM ROMA

Foi no século II antes da nossa era que, com a conquista e a chegada maciça dos mercadores e dos prisioneiros do mundo grego, penetra em Roma um modo de conhecimento do futuro estranho ao espírito latino: a astrologia. As primeiras menções datam de Ênio e Plauto (fim do século III – início do II), mas essa ciência encontrará dificuldades para se implantar antes do reinado dos imperadores, e mesmo então conservará um caráter estranho, sem produzir grandes astrólogos nativos. Atribuir essa lacuna ao caráter essencialmente camponês dos latinos, voltados mais para a terra do que para os astros, é pouco convincente, já que todas as civilizações da época são acima de tudo rurais. É antes o aspecto especulativo e científico que desencoraja os romanos, porque nas cidades, no nível popular, não faltam práticos ecléticos, empíricos e charlatães, designando-se como "caldeus" para vender

18 Bloch, op. cit., p.108-9.
19 Tito Lívio, I, 56.
20 Ibid., I, 57.

horóscopos fantasiosos aos plebeus crédulos. O que falta são os astrólogos "científicos", os Ptolomeus romanos.

O primeiro que fez nome, e o único antes do início da nossa era, foi, em meados do século I, Nigídio Fígulo. Nós o vemos em ação no início da guerra civil entre César e Pompeu. Lucano o apresenta consultando as estrelas até antes da aurora de uma manhã de novembro de 50 a.C., prognosticando perigos e desastres para Roma, porque o planeta Marte está em Escorpião e é o único visível.[21] Episódio pouco conclusivo, porque, de um lado, qualquer um poderia ter feito a mesma predição naquele momento e, de outro, estudos modernos provaram que a descrição do céu feita por Lucano não corresponde em absoluto à situação dos planetas naquela época. Das duas uma: ou Lucano não entendeu nada, ou Fígulo inventou tudo para justificar um sombrio prognóstico.[22]

Meio século depois aparece outro astrólogo de renome, Manílio, personagem misterioso, cuja biografia é totalmente desconhecida e que deixou um volumoso tratado astrológico em versos, dividido em cinco livros.[23] Composta entre 9 a.C. e 15 d.C., essa obra afirma logo de saída sua concepção estoica de um universo absolutamente determinista, em que tudo é conduzido por uma fatalidade inevitável:

> O destino dirige o mundo, e todas as coisas obedecem a uma lei; a cada era corresponde uma sorte preestabelecida. No nascimento começamos a morrer, e nosso fim depende do nosso começo. Daí vêm riqueza, poder e pobreza, presentes com demasiada frequência; daí cada um recebe seus talentos e seu caráter, seus defeitos e suas virtudes, suas perdas e seus ganhos. Ninguém pode renunciar ao que recebeu, ou adquirir o que não recebeu, obter por orações o que a fortuna não lhe concedeu, escapar do que o ameaça: cada um deve sofrer sua sorte.[24]

Essa visão extremamente rígida permite a Manílio determinar de maneira muito rigorosa os tipos dos caracteres individuais. Sua classificação é um verdadeiro tratado de caracterologia, no qual ele atribui papel fundamental às estrelas fixas, o que é um traço de arcaísmo numa astrologia que

21 Lucano, *A Farsália*, v. 1649-1665.
22 Getty, The Astrology of P. Nigidius Figulus, *Classical Quarterly*, XXXV, p.17-22.
23 Editado por Housman, *M. Manilii Astronomicon liber primus*, em 1903. Os livros II a V foram editados entre 1912 e 1930.
24 Ibid., v. 14 e ss.

ainda dá pouca importância aos planetas. Vivendo no fim das guerras civis, Manílio ressalta a influência determinante dos astros sobre os temperamentos políticos. Sua descrição do horóscopo de homens nascidos no vigésimo sétimo grau de Áries, por exemplo, conviria a muito agitadores e ambiciosos do século de Mário, Sila, Crasso, Pompeu, César, Antônio e Otávio:

> Os que nascem nessa época não amam nem a paz nem a tranquilidade, procuram as multidões e a agitação dos negócios. Amam as desordens sociais ruidosas, e querem Gracos sobre o estrado, conduzindo revoluções; eles amam as guerras civis, e atiçam o fogo do descontentamento. Eles excitam hordas de camponeses miseráveis, e produzem o porqueiro fiel da *Odisseia*.[25]

Manílio representa a astrologia aristocrática, séria e cara, que granjeia um sucesso inegável nos meios abastados. Encontramos traços dela até nas inscrições funerárias: o horóscopo do defunto é depositado sobre o túmulo; as pessoas lembram que o instante do nascimento determinou o da morte; certas famílias consultam o astrólogo para todos os acontecimentos importantes, assim como para os insignificantes: ir ao banho, ao cabeleireiro, trocar de roupa. Os grandes dão o exemplo: o rei Antíoco de Comagena manda esculpir um horóscopo gigantesco em seu túmulo. Artistas, escultores, poetas participam dessa moda que se prolonga durante os dois primeiros séculos da nossa era, como mostram as coleções de horóscopos recolhidas por Neugebauer e Van Hoesen.[26] A astrologia popular, praticada por uma multidão de charlatães nas cidades, é muito apreciada, e raras são as queixas, como aquelas dos pais de uma criança de quatro anos, falecida, embora tenham lhe predito um destino brilhante, que acusam o "matemático mentiroso cujo grande renome os iludiu a ambos".[27]

Em Roma, a astrologia perde parte de seu caráter científico e adquire um aspecto religioso, deformação característica do temperamento latino. Os astrólogos se dão ares de sacerdotes, a exemplo do estoico Queremon, preceptor de Nero, que se diz "escriba sagrado" dos deuses de Alexandria e escreve sobre a influência dos cometas. Eles se apresentam como profetas inspirados, pertencentes a uma raça divina. O paralelo entre os planetas e a mitologia é ilustrado pelos nomes dados aos primeiros, que por sua vez servem para designar os dias da semana, exercendo sua influência pela simpatia

25 Ibid., V, v. 118-27.
26 Neugebauer; Van Hoesen, *Greek Horoscopes*.
27 Apud Cumont, *Les religions orientales dans le paganisme romain*, p.157.

e pela solidariedade universais. Os aspectos orientais, egípcios em particular, são valorizados e conferem um caráter esotérico à astrologia latina.

Essa evolução é muito clara na obra do terceiro grande astrólogo romano, em ordem cronológica, Vétio Valente, no século II da nossa era. Na verdade, o homem é originário de Antioquia e viveu longos períodos em Alexandria, onde compôs, em grego, uma *Antologia astrológica*. Lamentando que essa arte divina seja desvalorizada por charlatães, ele pede aos autênticos astrólogos que mantenham seus conhecimentos em segredo, a exemplo dos mistérios das religiões orientais de Mitra e Orfeu:

> Rogo-vos, irmãos mui honrados, e a todos os iniciados nessa arte sistemática, que estudam a esfera estrelada dos céus, o zodíaco, o Sol, a Lua e os cinco planetas, a predição e a bem-aventurada necessidade, que mantenham ocultas todas essas coisas, e não as compartilhem com os ignorantes, salvo aqueles que são dignos delas e capazes de guardá-las e recebê-las dignamente.[28]

Contudo, a astrologia esbarra numa forte corrente de oposição nos meios conservadores romanos. Catão, o Velho, rejeita a novidade como todas as modas estrangeiras que ameaçam de dentro a identidade latina. Em seu manual de agricultura, de meados do século II antes da nossa era, ele dá este conselho ao bom intendente: "Que não sustente parasitas, adivinhos ou profetas, e não escute os conselhos dos astrólogos".[29] Em 139 a.C., as autoridades chegam ao ponto de tentar expulsar todos os "caldeus", como são comumente chamados em Roma. O pretor Cornélio proíbe por édito sua estada na Itália.

Embora tenha pouco efeito, a medida revela, apesar de tudo, o temor do governo, que acusa esses orientais de agitar o povo com predições nefastas. Além disso, estamos na época da penetração do estoicismo em Roma, e nesse momento os que mandam no Pórtico, como Panécio de Rodes, são em sua maioria contrários à astrologia. A posição dos estoicos a esse respeito é vacilante, como dissemos, e um século depois nós os veremos a favor da astrologia, com Posidônio. Na verdade, os estoicos romanos não se sentem à vontade com as predições astrológicas, que supõem um destino inteiramente determinado pelos astros e ao mesmo tempo a possibilidade de modificar esse destino, conhecendo-o com antecedência, contradição permanente da astrologia, que prevê apenas para que suas predições mintam melhor.

28 *Vettii Valentis Anthologiarum Libri*, Livro I, cap. XI.
29 Catão, *De agricultura*, 5, 4.

"O pedante obtuso do Fírmico Materno afirma com convicção a onipotência da fatalidade, mas ao mesmo tempo invoca os deuses para resistir com sua ajuda à influência das estrelas",[30] observa Franz Cumont. Estamos numa época tardia, mas a observação é válida: não dizia Sêneca que as preces eram "os consolos dos espíritos doentios", que imaginavam poder mudar o curso do destino? É, portanto, o aspecto mágico, complemento frequente da astrologia, que repele os estoicos.

## O FLORESCIMENTO DA ADIVINHAÇÃO DURANTE AS GUERRAS CIVIS

A ascensão da adivinhação de origem estrangeira parece irresistível ao longo do trágico século I antes da nossa era, que assiste ao confronto sangrento de ditadores ambiciosos, com reviravoltas espetaculares, seguidas de massacres e proscrições. Oráculos, profecias e astrologia só podem florescer numa época como essa, com chefes tentando conhecer sua sorte e não hesitando em inventar e manipular oráculos a serviço de sua causa, o povo perguntando às profecias o que lhe reserva o futuro e qual futuro vencedor se deve apoiar desde já. Todos pedem aos oráculos que os tranquilizem, desvendando o que será o futuro, papel que a adivinhação romana clássica não cumpria.

Se a plebe tem acesso quase que só aos adivinhos charlatães, os grandes podem recorrer aos oráculos mais famosos. Lucano nos deixou um retrato da recrudescência dos presságios e superstições às vésperas do confronto entre Pompeu e César: "Para tirar dos corações trêmulos a esperança consoladora de um futuro melhor, revelaram-se, para o cúmulo, provas seguras de um destino pior".[31] Aparecimento de astros desconhecidos, fogaréu no polo, cometas, raios de formas diversas num céu sem nuvens, aparição de estrelas em pleno dia, palidez da Lua, eclipses, erupção do Etna, jorros de sangue do sorvedouro de Caribde, uivo dos cães de Cila, incêndio do altar de Vesta, divisão em dois do fogo das férias, maremotos, avalanches, estátuas cobertas de suor, invasão de animais selvagens em Roma, voos de aves sinistras, nascimentos monstruosos, animais dotados de palavra, gemidos de ossos nas urnas funerárias, estampido de armas, vozes vindo dos bosques, sombras acercando-se dos vivos, sons de trombetas, manes

30 Cumont, op. cit., p.167-8.
31 Lucano, op. cit., I, 523-525.

de Sila e Mário proclamando lúgubres oráculos: tamanho acúmulo de prodígios exige que se recorra a todos os tipos de adivinhação, o que nos permite comparar os métodos.

Em primeiro lugar, apela-se para os especialistas locais, os harúspices etruscos!

> Diante desses presságios, decidiu-se, de acordo com o antigo costume, chamar os adivinhos etruscos. O mais velho, Aruns, que habitava as muralhas da abandonada Luca, hábil na interpretação dos movimentos dos raios, as veias das fibras ainda quentes e os avisos de uma asa errante nos ares, [...] ordena que os cidadãos apavorados deem toda a volta da cidade e, purificando os muros com uma procissão solene, os sacerdotes aos quais é concedido o privilégio dos sacrifícios sigam o vasto *pomerium* ao longo dos limites extremos.[32]

Em seguida, o harúspice sacrifica um touro, e o que ele vê o estarrece:

> O sangue não brotou como de costume: pelo vão da ferida, em vez de sangue vermelho, espalhou-se um humor podre. Aruns, surpreso com esse sacrifício infernal, empalideceu e agarrou as entranhas para descobrir nelas a ira dos deuses do céu. A própria cor apavorou o harúspice; pois as vísceras pálidas, cobertas de manchas escuras e impregnadas de sangue solidificado, sarapintavam o tom lívido com pontos sanguinolentos. Ele vê o fígado inundado de pus, olha as veias ameaçadoras do lado hostil. A fibra do pulmão ofegante esconde-se e um pequeno sulco atravessa as partes vitais. O coração é baixo, as vísceras deixam escapar o humor através das fissuras abertas, os intestinos mostram suas pregas e, prodígio indescritível que jamais aparece impunemente nas entranhas, eis que Aruns vê crescer sobre a cabeça das fibras a massa de outra cabeça; uma parte pende murcha e doente; uma parte brilha e, enorme, agita as veias com batimentos rápidos.[33]

A conclusão do harúspice apavora: "O que tememos não pode ser expresso, mas os acontecimentos irão além de todo temor. Queiram os deuses tornar favorável o que vi; possam essas fibras ser mentirosas e Tages, fundador dessa arte, ser um impostor".[34] Esse discurso dá margem a certa dúvida, tal como a vimos no oráculo de Delfos: resta a possibilidade de que

32 Ibid., I, 584-595.
33 Ibid., I, 614-630.
34 Ibid., I, 633-637.

os deuses tenham tentado enganar os homens; e a natureza da ameaça permanece indeterminada.

A astrologia é mais categórica. Consultado, Fígulo prediz desastres inevitáveis e sugere a natureza deles:

> Prepara-se para Roma e para o gênero humano um próximo flagelo. [...] Combates se anunciam furiosos, o poder do fogo revirará toda noção de direito, o crime ímpio terá como nome virtude, e esse furor rebentará por anos. [...] Urde, ó Roma, a infindável trama das tuas desgraças, faze durar o desastre, não és mais livre do que pela guerra civil.[35]

Os profetas extáticos se unem ao concerto dos anúncios de desgraça. Os Galos, sacerdotes de Cibele e Átis, "berraram ao povo sinistras predições" em suas danças frenéticas, "fazendo girar a cabeleira ensanguentada", enquanto os sacerdotes de Belona, em transe, retalhando os braços, profetizam a desgraça. "Os oráculos sinistros da profetisa de Cumas" se espalham pelo povo.

Visivelmente, alguma coisa está se armando. É claro que tudo isso é apenas literatura, um poema épico em que Lucano utiliza todos os procedimentos narrativos para aumentar a tensão. Não são verdades históricas como entendidas num espírito positivista. O mérito da narrativa, contudo, é reconstituir uma atmosfera e uma mentalidade coletivas: o recurso a todos os meios de predição disponíveis, sem privilegiar nenhum. Os romanos acolheram todos os tipos de adivinhação, apesar das reticências do poder. Lucano, que escreveu pouco mais de um século depois dos acontecimentos, e que se formou no espírito estoico, acredita na possibilidade de predizer, profetizar, já que o universo é submetido a um destino cíclico. Mas ao contrário da maioria dos estoicos, ele gostaria de permanecer na ignorância do futuro, que permite ter esperança. No começo do livro II de *A Farsália*, ele se pergunta:

> O autor das coisas, quando depois do recuo da chama recebeu os reinos ainda informes e a matéria bruta, ele fixou para sempre as causas que determinam tudo, adstringindo a si mesmo essa lei; ele circunscreveu nos limites imutáveis dos destinos o universo e as gerações que ele deve levar com ele? Ou nada estabeleceu? A sorte erra sem objetivo e ele abandona tudo aos seus caprichos?

35 Ibid., I, 643-672.

> As coisas mortais são o joguete do acaso? Ah!, faze surgir de improviso tudo que preparas; deixa o espírito humano cegar-se sobre seus destinos; permite ter esperança a quem teme.[36]

A guerra civil também é ocasião para reviver os velhos oráculos. Pouco tempo antes de Farsália, um tenente de Pompeu, Ápio, decide consultar o oráculo de Delfos, fechado vários anos antes. Ele manda reabrir o lugar e trazer à força a última Pítia, que protesta, explicando que o oráculo não funciona mais. Não adianta; o prestígio de Delfos continua tal que um romano como Ápio ainda confia nele. A anedota é típica: Ápio preza o respeito escrupuloso aos ritos, como bom latino, e as manifestações extáticas; um oráculo autêntico deve ser misterioso e enigmático. De fato, numa primeira tentativa, a Pítia, com medo de cair em transe, simula a inspiração:

> Seu peito tranquilo finge a presença do deus, ela relata palavras inventadas, nas quais atesta com uma voz distinta demais que seu espírito é movido por um delírio sagrado, fazendo com isso menos mal ao chefe para quem fazia falsas predições do que aos trípodes e à fé em Febo. Palavras que não são entrecortadas por sons trêmulos, uma voz incapaz de ocupar a imensidão do antro, louros que não balançam com o eriçar dos cabelos, a cumeeira imóvel do templo, a madeira tranquila atestavam que ela temera se abandonar a Febo.[37]

Simples demais, claro demais, calmo demais e inteligível demais para ser divino. Ápio não é bobo: sabe que a palavra divina é sempre complicada, obscura, movimentada e ininteligível. Ele precisa do êxtase, dos transes, dos gritos e de todo o folclore tradicional. Eles fazem então uma segunda tentativa, bem-sucedida. A Pítia estrebucha, "a baba do furor escorre de sua boca assustada, depois de sua garganta arquejante saem gemidos e berros". Então vem o oráculo: "Escapas das temíveis ameaças de uma tão grande crise, romano, e sozinho, sem tomar parte nas guerras, possuirás o repouso nos amplos vales da orla da Eubeia".[38]

Ápio fica satisfeito, mas esquece que jamais se deve compreender um oráculo em seu sentido literal manifesto. O repouso que o aguarda durante as guerras civis é o repouso eterno, a morte, num túmulo na orla da Eubeia. Seja como for, mais uma vez, o valor histórico do episódio, sua importância,

36 Ibid., II, 7-16.
37 Ibid., II, 148-158.
38 Ibid., II, 194-198.

reside sobretudo no fato de que ele revela a atração dos romanos pelos métodos de adivinhação estrangeiros, em particular os gregos.

Os artesãos das guerras civis, aliás, não se contentam em consultar os adivinhos. Eles não se privam de inventar eles próprios falsos oráculos para favorecer sua política: inventar um futuro fictício a fim de torná-lo uma realidade. Atitude inversa à dos adivinhos e astrólogos, que "predizem" um futuro "real" a fim de permitir sua não realização. Tomemos o caso dos livros sibilinos, guardados no templo de Júpiter Capitolino. Utilizados até então com grande parcimônia, no século I, são objeto de consultas frequentes, que mostram a nova necessidade dos políticos de obter a caução divina. Em 83 a.C., os livros são destruídos no incêndio acidental do templo. Imediatamente, Sila e o Senado enviam embaixadas à Eritreia, Ílion, Samos, Sicília, África para recolher os oráculos das sibilas, dos quais vários milhares de versos são guardados em 76 a.C. no novo templo. Sila aumenta o número de guardiães para quinze, e esses *quindecimviri* se tornam agentes políticos fundamentais, agora tomando a iniciativa das consultas, por pressão do partido mais influente. Assim, "a poesia ambígua das sibilas não devia tornar árduas as mudanças, as trapaças",[39] conclui Raymond Bloch.

Como por acaso, os oráculos são sempre favoráveis aos que pedem a consulta. Em 57 a.C., quando Pompeu quer restabelecer Ptolomeu Auletes no trono do Egito, seus inimigos consultam os livros, que declaram que o rei do Egito não deve ser restaurado pela força. Em 44 a.C., quando César sonha com a realeza e a guerra contra os partas, o *quindecimvir* Aurélio Cotta anuncia que, segundo os livros, os partas só podem ser vencidos por um rei.[40]

## OS IMPERADORES PROÍBEM A ADIVINHAÇÃO PRIVADA

Os oráculos, em todo caso inspirados, constituem um instrumento de poder excepcional, que os novos mestres, os imperadores, não vão deixar de explorar. A partir de Augusto, o exercício da adivinhação se torna monopólio de Estado. A ação dos imperadores nesse domínio segue duas direções constantes: proibir o uso da adivinhação e da astrologia por particulares, e concentrar todos os poderes de predição em Roma para o uso exclusivo do soberano. O imperador tem todo o interesse em proibir o uso da adivinhação, que pode espalhar boatos alarmantes sobre o futuro de seu poder e suscitar

39 Bloch, op. cit., p.141.
40 Suetônio, Júlio César. In: ______, *A vida dos doze Césares*, 79.

complôs estimulados por predições de sucesso. Monopolizar oráculos cujas interpretações podem ser manipuladas à vontade também é muito útil. Não é menos verdade que a maioria dos imperadores é muito supersticiosa e inclinada a acreditar sinceramente nos oráculos. Cercados de astrólogos e adivinhos, assim como de conselheiros hábeis em bajular e orientar o poder, eles tendem demais a se deixar guiar pelas imagens ilusórias de um futuro inventado sob medida.

Uma constante da política imperial é a luta contra a adivinhação privada. Apenas o imperador tem o direito de conhecer o futuro. A grande proibição das profecias e dos oráculos começa a partir do reinado de Augusto, que manda recolher e queimar todos os textos em circulação em Roma. Segundo Suetônio, o número era considerável: "Augusto mandou juntar todas as cópias de textos proféticos em versos gregos e latinos que tinham aceitação, obras de autores anônimos ou pouco conhecidos, e queimou mais de dois mil".[41] Quanto aos livros sibilinos, ele os expurga cuidadosamente, elimina o que não lhe convém e manda levar o resto para um templo de Apolo, sobre o Palatino, reservando-os para seu uso pessoal, em 12 da nossa era. Como a eliminação dos adivinhos populares se revela uma tarefa muito difícil, Mecenas o aconselha a autorizar um certo número, tolerando a adivinhação apenas em público, e proibindo a predição de mortes. Para desencorajar qualquer tentativa de predição nefasta a seu respeito, Augusto manda publicar seu horóscopo, tal como o descreveu o astrólogo Teogênio.[42]

Sob Tibério, a prática ilícita da adivinhação se torna uma ofensa capital. Em 16, para se livrar de Druso Libo, acusam-no de ter consultado adivinhos, necromantes e leitores da sorte. Depois desse caso, o Senado decide expulsar os astrólogos, entre os quais alguns são executados, como Pituanius, jogado da rocha Tarpeia. Quatro anos mais tarde, Emília Lépida, uma das mais importantes damas de Roma, é acusada, entre outras coisas, de "perguntas criminosas dirigidas aos astrólogos sobre a casa de César".[43]

Cláudio é muito sensível a esse tipo de delito. É por isso que Agripina, que em 49 quer se livrar de Lólia Paulina, faz que ela seja acusada de "associação com astrólogos e magos caldeus, e consulta a estátua de Apolo em Claros a respeito do casamento de Cláudio".[44] Em 52, Escriboniano é "exilado sob o pretexto de que havia interrogado astrólogos sobre a época da morte do

41 Id., Augusto. In: ______, *A vida dos doze Césares*, 31.
42 Ibid., 94.
43 Tácito, III, 22.
44 Ibid., XII, 22.

príncipe", relata Tácito. Depois disso, os astrólogos são mais uma vez banidos da Itália; decreto "severo, mas fútil", observa o historiador.[45]

De fato, dezessete anos depois, em 69, os astrólogos proliferam mais do que nunca na península, tanto que Vitélio lhes ordena mais uma vez que a deixem antes das calendas de outubro. Segundo Suetônio, isso teria levado a um confronto direito com a profissão, que teria feito aparecer um édito contrário, prevendo que o imperador seria morto antes das calendas de outubro. Vitélio manda matar vários astrólogos, e contam que ele teria provocado a morte de sua mãe, porque uma profetisa lhe teria dito que ele viveria e reinaria muito tempo se sobrevivesse.[46]

Vespasiano e depois Domiciano renovam as medidas de proscrição contra os astrólogos, e essa política é perseguida com constância sob os Antoninos, que queriam eliminar todos os tipos de adivinhação. Um decreto de Antonino, o Piedoso, dirigido a Pacato, legado de Lugduno, declara: "Certamente não se devem deixar impunes homens dessa espécie, que, a pretexto de aviso dos deuses, anunciam certas coisas, e citam ou esses avisos ou pessoas que supostamente têm conhecimento deles". Marco Aurélio exila na ilha de Siros um iluminado que fez predições durante a revolta de Avídio Cássio.

A partir do século III, a voga do irracional invade tudo. As predições pululam, e as proibições imperiais têm pouco efeito. O jurisconsulto Ulpiano exprime assim a posição do poder: "Os que passam por profetas devem ser igualmente atingidos, visto que exercem uma profissão detestável, que vai muitas vezes contra o sossego público e o governo do povo romano". Sob Sétimo Severo, a luta contra a adivinhação e a astrologia endurece. O imperador manda selar livros suspeitos num túmulo,[47] e seu jurisconsulto Paulo, membro do conselho imperial, escreve:

> No que concerne aos vaticinadores, que se dizem inspirados pela divindade, julgou-se a propósito expulsá-los da cidade, de medo que, a credulidade humana ajudando, os costumes públicos fossem corrompidos e levados a esperar certas coisas, ou que ao menos a imaginação popular fosse perturbada. [...] Quem quer que consulte sobre a vida do príncipe, ou sobre o Estado em geral, matemáticos, feiticeiros, harúspices, vaticinadores, é punido de morte, com aquele que tiver dado a resposta. Cada um fará bem em abster-se não apenas da adivinhação, mas

45 Ibid., XII, 52.
46 Suetônio, Vitélio. In: ______, *A vida dos doze Césares*, 14.
47 Dion Cássio, LXXV, 13.

de suas teorias e de seus livros. Se escravos consultarem sobre a vida de seus mestres, serão condenados ao derradeiro suplício, isto é, à cruz; se, ao contrário, forem consultados e responderem, serão enviados às minas ou deportados para uma ilha.[48]

Diocleciano tenta eliminar a astrologia, e Constantino tenta reservar para si todos os métodos de consulta dos adivinhos. Em 31 de janeiro de 319, ele escreve ao prefeito de Roma:

> Que nenhum harúspice se aproxime da soleira de outro homem, nem mesmo por um motivo alheio à adivinhação; mas toda amizade com pessoas dessa espécie, por mais antiga que seja, deve ser rompida. O harúspice que tiver penetrado numa casa que não seja a sua será queimado, e aquele que o tiver atraído com promessas ou presentes será, após o confisco de seus bens, relegado numa ilha.[49]

Por outro lado, Eusébio afirma que Constantino proíbe absolutamente ocupar-se com "mântica e outras superstições".[50]

Os astrólogos, menos visados, devem ainda assim mostrar extrema prudência e sobretudo nunca se aventurar em predições acerca do imperador. É por isso que Fírmico Materno, em sua apresentação da *Mathesis*, escrita sob Constantino, a Mavórcio Loliano, toma o cuidado de especificar que o imperador está acima do destino:

> Nenhum matemático pôde jamais afirmar nada de verdadeiro a respeito do destino do imperador; porque só o imperador não é submetido ao movimento das estrelas, e ele é o único sobre o destino do qual as estrelas não têm o poder de se pronunciar. De fato, como ele é o mestre do universo inteiro, seu destino é decidido pela vontade do deus supremo. [...] É a razão que confunde os harúspices; pois todos esses seres sobrenaturais que eles invocam, sendo de menor potência, não podem jamais desvendar o fundo dessa potência superior que reside no imperador.[51]

---

48 Paulo, *Sentent.*, V, 21, 1-3.
49 Apud Bouché-Leclercq, *Histoire de la divination dans l'Antiquité*, t.IV, p.335.
50 Eusébio, *Vida de Constantino*, II, 45.
51 Fírmico Materno, *Mathesis*, II, 33.

O filho de Constantino, Constâncio II, vive com medo dos complôs suscitados por falsas predições. Assim, manda prender todos aqueles que recorrem à adivinhação, mesmo por motivos fúteis.[52] Em 359, manda executar Barbácio, chefe da milícia, assim como sua mulher, após um presságio interpretado por adivinhos como precursor de uma "grande crise": um enxame de abelhas veio se instalar em sua casa.[53] Um édito de 357 atesta a obstinação obsessiva de Constâncio contra qualquer forma de adivinhação:

> Que ninguém consulte harúspice ou matemático; que ninguém recorra aos leitores da sorte. Que a funesta corja dos áugures e dos adivinhos se cale. Que os caldeus, magos e outros indivíduos que o vulgo chama de autores de malefícios, por causa da grandeza de seus crimes, não se atrevam a maquinar alguma coisa de sua parte. Que em todos enfim a curiosidade de adivinhar guarde para sempre o silêncio. Pois quem quer que recuse obediência às nossas injunções sofrerá o suplício capital e sucumbirá sob o gládio vingador.[54]

Nessa época, a luta contra a adivinhação adquire para o poder imperial uma outra dimensão. Convertidos ao cristianismo, os imperadores querem eliminar esses vestígios de superstições pagãs. Assim, quando Juliano, sucessor de Constâncio, tenta restabelecer os antigos cultos, ele ressuscita os oráculos, utiliza harúspices para estudar as entranhas das vítimas, concede sua confiança a um advogado gaulês, Aprunsculus, praticante da extispicina, que lhe anuncia um futuro glorioso depois de encontrar um fígado de vítima envolvido em duas membranas.[55] Logicamente, seu sucessor, Joviano, que é cristão, proíbe de novo a adivinhação, o que não o impede de consultar os harúspices durante a campanha da Pérsia.

De fato, os primeiros imperadores cristãos continuam a acreditar na adivinhação pagã e a temer seus efeitos. Homens de transição, fazendo parte das duas culturas, ainda temem as predições divinatórias. Sob o reinado de Valente, em 371, um caso ruidoso mostra que seus temores são justificados: vários funcionários são presos por ter participado de ritos divinatórios com o intuito de saber quem seria o futuro imperador. No decorrer do processo, eles descrevem como o mago utilizava um anel suspenso num fio que, caindo

52 Amiano Marcelino, XV, 3, 5-6.
53 Ibid., XVIII, 3, 1-4.
54 *Código teodosiano*, IX, 16, 4.
55 Amiano Marcelino, XXI, 2, 4, e XXII, 1, 1.

em letras dispostas sobre um prato, permitia compor versos que respondiam às perguntas sobre o futuro.[56]

## A PREDIÇÃO, INSTRUMENTO DO GOVERNO IMPERIAL

Poderíamos pensar que a proibição da prática privada da adivinhação é uma simples precaução de ordem política para impedir a circulação de falsos rumores. Mas como constatamos paralelamente que esses mesmos imperadores recorreram constantemente à adivinhação para suas próprias necessidades, é forçoso admitir que eles acreditam no valor dessas predições, seja qual for sua origem. De Augusto a Valente, os imperadores romanos são todos uns mais supersticiosos do que os outros, e os historiadores latinos ainda forçam o traço, semeando presságios, augúrios, oráculos, predições de todos os tipos em suas narrativas, dando a impressão de que a corte imperial vive no ritmo das profecias, e as decisões importantes decorrem diretamente delas. Adivinhos e astrólogos seriam, junto aos imperadores, os antecessores dos prospectivistas e futurólogos.

Sensíveis às predições de toda natureza, os imperadores são muito ecléticos. Tudo que possa entreabrir o véu sobre o futuro deve ser escutado, mas o soberano deve ser o único beneficiário. Augusto, se acreditarmos em Suetônio, estava particularmente bem informado sobre seu destino. Muito tempo antes, adivinhos haviam profetizado que uma criança da aldeia de Velitrae reinaria sobre o mundo; alguns meses antes de seu nascimento, um presságio anunciou a vinda iminente de um rei; diziam que uma serpente havia entrado no sexo da mãe de Augusto durante seu sono, nove meses antes do nascimento; sabendo a hora do nascimento de Augusto, o astrólogo Nigídio Fígulo teria exclamado: "O mestre do mundo acaba de nascer". "Todo mundo acredita nessa história", precisa Suetônio. Otávio, pai de Augusto, consulta sacerdotes de Dioniso na Trácia, que predizem que seu filho será mestre do mundo. Interminável é a lista dos sonhos, delírios, prodígios e presságios relatados piamente por Suetônio.[57] Mais importantes para o nosso propósito são as consultas voluntárias de Augusto a adivinhos e astrólogos. Em Apolônia, ele pergunta seu horóscopo ao astrólogo Teogênio. Após Ácio, manda erigir uma estátua de bronze do camponês Eutychus ("Próspero") e de seu jumento Nicon ("Vitória"), que ele encontrou

56 Ibid., XXIX, 1, 29.
57 Suetônio, Augusto. In: ______, *A vida dos doze Césares*, 94.

por acaso antes de embarcar e cujos nomes foram premonitórios. Ele consulta as sortes no templo da Fortuna de Antium. Participando dos sacrifícios rituais, ainda dá a mais alta importância aos presságios interpretados pelos harúspices.

Com Tibério, o recurso à adivinhação toma proporções patológicas. Em sua juventude, ele consulta as sortes da fonte Aponina, ou fonte de Gerião, perto de Pádua.[58] Mais tarde, recorre às sortes do templo de Preneste, do qual ele proíbe a frequentação a particulares. Doente, temendo que alguém vá perguntar a data de sua morte, manda levar para Roma o arco que contém as sortes, mas quando é aberto, está vazio, e as sortes só reaparecem quando o arco é devolvido ao templo.[59] Na Grécia, Tibério visita o oráculo de Cólofon, que prediz a morte de Germânico. Em relação aos livros sibilinos, sua atitude é prudente, como se receasse a publicidade de uma consulta que pudesse não lhe ser favorável. Assim, ele recusa uma consulta que havia sido proposta após uma cheia do Tibre em 15. Quando, em 32, Lúcio Galo sugere incluir na coleção dos livros sibilinos um volume inteiro de profecias, ele se opõe, porque o procedimento de consulta dos *quindecimviri* não foi respeitado.[60]

Tibério parece ter mais confiança na astrologia, na qual foi iniciado em sua juventude em Rodes pelo astrólogo Trasílio. Tácito, após ter citado uma profecia de Tibério a propósito do futuro imperador Galba, conta esta anedota característica do personagem:

> O conhecimento de Tibério da astrologia caldeia lhe foi ensinado em Rodes por Trasílio. Ele havia experimentado o poder de Trasílio da seguinte maneira. Quando queria um conselho oculto, Tibério se retirava para o cume de sua casa, com um único liberto, vigoroso e iletrado. Este último escoltava os astrólogos que Tibério queria provar por um itinerário vertiginoso e incômodo, pois a casa dominava uma falésia. Depois, no caminho de volta, se fossem suspeitos de traição ou fraude, o liberto os precipitava no mar, a fim de que não subsistisse nenhum vestígio das entrevistas secretas.
>
> Trasílio, após ir ter com Tibério por esse caminho íngreme, impressionou-se com suas predições notáveis acerca do futuro, das quais a acessão de Tibério. Então, este último perguntou a Trasílio se ele havia feito seu próprio horóscopo. Como se apresentava o ano em curso, e o dia? Trasílio, depois de medir as posições e as distâncias das estrelas, hesitou, depois se inquietou. Quanto mais

58 Id., Tibério. In: ______, *A vida dos doze Césares*, 14.
59 Ibid., 63.
60 Tácito, I, 76 e VI, 12.

> olhava, mais se espantava e se afligia. Então gritou que uma ameaça crítica e talvez até fatal pairava sobre ele. Tibério agarrou-o, felicitou-o por sua adivinhação do perigo e prometeu que ele escaparia. Trasílio se tornou um de seus amigos íntimos, e suas predições foram consideradas oráculos.[61]

Segundo Suetônio todavia, a vida de Trasílio corria perigo se suas predições favoráveis não se realizassem: "Tibério perdia confiança nos poderes de adivinhação de Trasílio e lamentava ter lhe confiado imprudentemente segredos; pois, a despeito de suas predições otimistas, tudo parecia ir mal. Trasílio corria o risco de ser jogado do alto da falésia...".[62] Outros astrólogos giravam em torno de Tibério: Escribônio, por exemplo, que lhe predisse uma realeza sem coroa.

Certos astrólogos imperiais formam verdadeiras dinastias, já que encontramos nesse papel o filho e depois o neto de Trasílio. O primeiro faz o horóscopo de Nero,[63] e o segundo, Balbilo, é um dos conselheiros mais influentes desse imperador. Essa família de origem oriental faz uma belíssima carreira, mencionada por uma inscrição de Éfeso. Esse Balbilo, alexandrino, torna-se prefeito do Egito e membro influente do círculo literário da *Aula neroniana*.[64] Ele encoraja Nero, pretextando predições astrológicas, a se livrar da oposição senatorial: depois da passagem de um cometa, "o astrólogo Balbilo fez notar que os monarcas desviavam comumente os maus presságios dessa espécie executando seus súditos mais importantes, dirigindo para outra parte a cólera dos céus; foi por isso que Nero resolveu fazer um massacre na nobreza".[65]

Até o fim de sua vida, Nero consultou os astrólogos, cujas predições lhe são sempre favoráveis, mesmo no fim do reinado, quando é confrontado com múltiplas revoltas: "Certos astrólogos prediziam que, se ele tivesse de abandonar Roma, encontraria outro trono no Oriente, um ou dois designavam até mesmo o de Jerusalém. Outros lhe asseguravam que superaria as perdas, e essa predição lhe dava grandes esperanças".[66] Suetônio declara que Nero consultou também o oráculo de Delfos, em vão, porque, como na maioria dos casos, ele se enganou na interpretação: a Pítia o advertiu que desconfiasse do septuagésimo terceiro ano, o que o fez acreditar que ele viveria ainda muito tempo, ao passo que se tratava da idade do chefe da revolta, Galba. Nero é

---

61 Ibid., VI, 20.
62 Suetônio, op. cit., 14.
63 Id., Nero. In: ______, *A vida dos doze Césares*, 6.
64 Cizek, *Néron*, p.199-200.
65 Suetônio, op. cit., 36.
66 Ibid., 40.

muito mais inclinado para a adivinhação de origem oriental do que para os métodos latinos. Após o incêndio de Roma, mandou consultar os livros sibilinos e organizar cerimônias de procuração, mas a multiplicação dos prodígios desfavoráveis parecia afetá-lo pouco.

Seu sucessor, Galba, está pronto a se agarrar a qualquer profecia que lhe prometa bom êxito, como aquela, de dois séculos antes, "milagrosamente" encontrada por um sacerdote que seguiu instruções recebidas em sonho, e confirmada por uma predição de uma moça da nobreza, declarando que o mestre do mundo viria da Espanha.[67] Oto jura apenas por seus adivinhos orientais, e despreza os presságios de mau agouro da religião tradicional.[68] Vespasiano cerca-se de astrólogos, dos quais Domiciano, em contrapartida, parece desconfiar. Ascletarion, preso, prediz que em breve será despedaçado pelos cães; o imperador, para provar que ele está errado, manda que seja queimado, mas um pé de vento espalha os pedaços do cadáver, que são então disputados por cães de rua.[69] Suetônio afirma que astrólogos o avisaram do dia, da hora e da maneira como ele morreria. Por outro lado, frequenta com regularidade o templo da Fortuna, em Palestrina, aonde vai no começo de cada ano para receber seu oráculo favorável.

Mas é cada vez mais na direção da Grécia e do Oriente que os imperadores se voltam para conhecer o futuro. Vespasiano faz sacrifícios ao oráculo do Carmelo, que lhe promete "uma vasta morada, limites extensos e uma multidão de homens".[70] Tito consulta o oráculo de Afrodite em Pafos, que lhe prediz o império.[71] Trajano vai consultar em 114 o oráculo de Zeus Hélios, em Heliópolis, durante a campanha contra os partos, no decorrer da qual ele deveria morrer. Segundo Macróbio, ele deseja primeiro testar o deus, enviando-lhe à guisa de pergunta uma folha em branco, cuidadosamente lacrada. Tendo o deus respondido com outra folha em branco, Trajano, convencido de seus poderes, pergunta se retornará a Roma após a campanha. Como única resposta, o deus manda cortar uma cepa de centurião embrulhada num sudário, o que somente será compreendido depois do repatriamento dos ossos de Trajano.[72] Adriano também é adepto dos oráculos orientais, apesar da obscuridade das respostas: o de Nicéforo, no Eufrates, teria lhe previsto o império, e de passagem ele consulta o de Delfos.

---

67 Suetônio, Galba. In: ______, *A vida dos doze Césares*, 9.
68 Id., Oto. In: ______, *A vida dos doze Césares*, 8.
69 Id., Domiciano. In: ______, *A vida dos doze Césares*, 14-15.
70 Tácito, II, 78.
71 Ibid., II, 4.
72 Macróbio, I, 23, 14-15.

A adivinhação local nem por isso é abandonada, já que ainda se mencionam consultas aos livros sibilinos em 241, em 262, sob Galiano, e em 270, sob Aureliano, no momento da invasão dos marcomanos. Juliano também recorre aos livros sibilinos no século IV, do mesmo modo que ao oráculo de Delfos, que comete um de seus erros mais fragorosos, amplamente comentado pelos apologistas cristãos: ele prediz que o imperador adoeceria, mas não morreria no decorrer de sua expedição no Oriente, quando foi o contrário que sucedeu.

## OS INTELECTUAIS ENTRE O FATALISMO E O *CARPE DIEM*

Com exceção da velha escola da época de Catão, hostil a qualquer predição estrangeira, a posição da elite intelectual latina é cheia de nuances, volátil, marcada por tantas influências estrangeiras, reminiscências literárias e convenções que quase não se pode determinar a opinião pessoal do autor. Juvenal tem críticas mordazes contra os astrólogos que se fazem de mártires para atrair os favores das grandes damas, e caçoa da mania de recorrer a presságios e oráculos. O cínico Enomau de Gadara lança violentos ataques contra estes últimos no século III. Os epicuristas são rigorosamente refratários a todas as formas de adivinhação, das quais negam a capacidade de entrever o futuro, como constatamos no *De rerum natura*, de Lucrécio. Sua influência, porém, é bem menor do que a dos estoicos, que continuam divididos sobre essa questão: enquanto Panécio, no século II a.C., é totalmente contrário à astrologia, Posidônio, um século mais tarde, é um grande defensor dela, e Sêneca, ainda um século mais tarde, admite que se os astros são sinais do nosso destino, seria necessário levar em conta também as estrelas fixas. Em relação aos prodígios, em contrapartida, ele se opõe ao finalismo dos harúspices etruscos:

> Eis que não estamos de acordo com os toscanos, consumados na interpretação dos raios. Segundo nós, há colisão de nuvens porque o raio produz a explosão; segundo eles, há colisão somente para que se faça a explosão. Como atribuem tudo à divindade, eles estão convencidos não de que os raios anunciam o futuro porque foram formados, mas formam-se porque devem anunciar o futuro.[73]

---

73 Sêneca, *Quaestiones naturales*, II, 32.

A crença num destino rígido e estritamente determinado incita cada vez mais os estoicos a aceitar a possibilidade das predições, sobretudo quando se acrescenta a elas a concepção do eterno retorno, cujas grandes etapas cadenciam a vida do mundo e das civilizações. Tanto em Roma como entre os etruscos, progridem rapidamente as especulações sobre a duração provável da Cidade. A base dos cálculos repousa sobre a visão das doze águias de Rômulo. É consenso que Roma viverá doze séculos, mas de qual duração? As suputações sobre os ciclos e as eras se multiplicam e, na época das guerras civis, astrólogos, estoicos, gnósticos acreditam ser testemunhas dos sinais anunciadores da catástrofe final. Quando César atravessa o Rubicão, Nigídio Fígulo prognostica um drama cósmico-histórico que vai acabar com Roma e com a espécie humana, mas entrevê também uma possível renovação. De sua parte, Horácio se mostra muito pessimista:

> Esta cidade, somos nós, geração sacrílega, herdeiros de um sangue maldito, que a conduziremos à sua perda; e, como outrora, seu solo será a morada das feras. Ai!, o bárbaro se instalará vencedor sobre as cinzas de nossas casas; seu cavalo golpeará a terra com seu casco sonoro, e os ossos de Quirino, hoje ao abrigo do sol e do vento, serão dispersados, horrendo espetáculo, pelo insolente vencedor.[74]

Virgílio, ao contrário, maravilhado com a era de ouro augustiana, faz Júpiter dizer que não fixará nenhum limite espacial ou temporal ao império de Roma: "Não determino limite nem ao seu poder nem à sua duração; dei-lhes um império sem fim".[75] Nasce o mito da Cidade eterna. Mito frágil e contestado, posto em dúvida a cada retorno de guerra, a cada ameaça de invasão, que leva a temer a catástrofe final. Santo Agostinho, que se recusa a cogitá-la porque ela daria razão aos partidários do destino e da evolução cíclica, fica consternado quando ela acontece.

A oposição entre Horácio e Virgílio não concerne apenas ao futuro de Roma. De maneira mais geral, Horácio parece pouco inclinado às predições. Se elogia as sortes do templo de Antium, observa que a Fortuna é precedida da "cruel necessidade".[76] O poeta do *Carpe diem* exalta o presente. Louco é quem vive na inquietude do futuro: "Colhe o dia, fiando-te o menos possível no dia seguinte".[77]

---

74 Horácio, *Epodos*, XVI.
75 Virgílio, *Eneida*, I, 279-280.
76 Horácio, *Odes*, I, 25.
77 Ibid., I, 11.

> A divindade previdente esconde o futuro nas trevas da noite e zomba do homem cujos temores ultrapassam o limite estabelecido por ela. O presente, cabe a ti regulá-lo com uma alma constante. [...] Aquele será mestre dele e terá uma existência feliz, e todo dia poderá dizer: "Vivi". Que amanhã Júpiter cubra o céu com negras nuvens ou o encha com um sol puro: ele não fará que o passado seja vão, não poderá modificá-lo, não impedirá tudo que o tempo levou em sua fuga de ter existido.[78]

Virgílio, mais confiante no futuro, entrevê uma era de ouro, que será inaugurada por uma criança predestinada. Ele utiliza para essa predição a imagem clássica da ovelha, cujo haruspicismo dava a seguinte interpretação: "Se o tosão de uma ovelha ou de um carneiro está manchado de púrpura ou ouro, isso é para o príncipe, sua ordem e raça, presságio e garantia de felicidade, glória e poder".[79] O imaginário do cordeiro e da criança salvadora dará à sua quarta Écloga um imenso prestígio entre os cristãos, que farão dela, junto com os livros sibilinos, uma das raras profecias pagãs anunciando o cristianismo.

Com Marco Aurélio, encontramos um fatalismo estoico fundamentado no eterno retorno, que torna possível e inútil a predição, "já que é sempre a mesma coisa":

> Os que virão depois de nós não verão nada de novo, e os que vieram antes de nós não viram nada mais extraordinário do que nós, mas o homem que viveu quarenta anos, por menos inteligência que tenha, viu de certo modo tudo que foi e tudo que será, já que é sempre a mesma coisa.[80]

Mesma resignação em Celso, o adversário dos cristãos: "As coisas giram sempiternamente no mesmo círculo, e, portanto, é necessário que, seguindo a ordem imutável dos ciclos, o que foi, o que é e o que será seja sempre do mesmo modo".[81]

Com exceção dos epicuristas, a resignação melancólica a um destino inevitável é que leva a melhor entre os filósofos e os poetas. Contudo, esse determinismo fatalista, que possui múltiplas nuances, não ocasiona nenhum entusiasmo pela adivinhação e pelas predições. Sem contestar em absoluto

78 Ibid., III, 29.
79 Macróbio, *Saturnais*, III, 7, 2.
80 Marco Aurélio, *Pensamentos para mim próprio*, XI, 1.
81 Celso, *Discurso verdadeiro*, 85.

a capacidade dos astrólogos e dos adivinhos de prever o futuro, os intelectuais latinos são pouco inclinados a recorrer a eles, e não veem sua utilidade. A mistura paradoxal de resignação e voluntarismo em relação ao futuro é uma das originalidades de seu temperamento em comparação com os gregos, muito mais propensos às predições. Marco Aurélio, que luta com todas as suas energias contra os bárbaros, ao mesmo tempo que proclama que o futuro é determinado com antecedência, é um bom representante da atitude estoica dos intelectuais romanos.

Um traço revelador é a ausência de utopia entre eles. Nenhum sente necessidade de imaginar uma sociedade ideal, ao mesmo tempo meta e miragem.

Primeiro porque Roma é a cidade ideal, e segundo porque o futuro não nos pertence. Se o grego faz projetos de legislação graças a vastas sínteses coerentes, harmoniosas, racionais, teóricas e futuras, o romano ajeita o real para torná-lo mais eficaz hoje. O grego procura conhecer o futuro para guiar sua ação; o romano age, pedindo simplesmente aos deuses que apoiem e não atrapalhem sua ação. O grego determina um conteúdo para o futuro e empenha-se em realizá-lo. Já o romano pede apenas um quadro, a boa vontade divina; quanto ao conteúdo, ele o constrói dia a dia, sem tentar imaginá-lo, sabendo que provavelmente ele é inevitável. A civilização ocidental cristã repousará sobre a fusão, mas também sobre a oposição entre essas duas atitudes, com um conteúdo fornecido pela profecia apocalíptica judaica. Três concepções do futuro dificilmente conciliáveis e fontes de tensão, entre profecia judaica, utopia grega e fatalismo romano.

## HISTORIADORES E ESTRATEGOS: DA CREDULIDADE À MANIPULAÇÃO

A maioria dos historiadores romanos dá uma importância primordial aos presságios e prodígios como sinais do favor ou do desfavor divino. Não há predição de conteúdos precisos, mas uma infinidade de indicações sobre a sorte futura dos empreendimentos humanos. O homem propõe e os deuses dispõem: essa é a concepção de Tito Lívio ou de Suetônio, por exemplo. O primeiro relata cuidadosamente – devotamente, podemos dizer até – todos os prodígios e todas as interpretações oficiais dos harúspices, considerados agentes determinantes da história. O segundo dá aos presságios uma importância desmesurada nos *Doze Césares*, cujas vidas teriam sido apenas uma longa sucessão de avisos divinos, sem fazer diferença, aliás, entre astrologia, oráculos e adivinhação.

A atitude de Tácito é muito mais complexa,[82] essencialmente porque ele próprio é vacilante. Primeiro, no que concerne à evolução geral da história: linear ou cíclica? "Talvez haja para todas as coisas uma espécie de ciclo e, do mesmo modo que as estações, os costumes têm suas vicissitudes". Em seguida, a propósito do destino individual: predestinação ou acaso? No primeiro caso, é possível conhecer o futuro? Tácito se contenta em relatar o que pensam seus contemporâneos, sem tomar partido:

> Pergunto-me se os assuntos humanos são determinados pela necessidade inalterável do Destino ou pelo acaso. Sobre esse tema, os pensadores antigos mais sábios e seus discípulos divergem. Muitos acreditam que os céus não têm relação com o nascimento e a morte dos seres humanos, tanto que os bons muitas vezes sofrem, enquanto os maus prosperam. Outros são de uma opinião contrária, afirmando que, se bem que as coisas aconteçam segundo o Destino, este não depende dos movimentos dos astros, mas dos princípios e da lógica da causalidade natural. Essa escola nos deixa livres para escolher nossa vida. Mas uma vez que a escolha é feita, eles nos previnem que a sequência dos acontecimentos é imutável. [...] A maioria dos homens, porém, acha natural acreditar que a vida é predestinada desde o nascimento, que a ciência profética é verificada por provas notáveis, antigas e modernas, e que as predições não realizadas são devidas simplesmente a impostores ignorantes que as desacreditam.[83]

Existe, em contrapartida, um terreno em que os romanos, assim como os gregos, sabem utilizar predições e adivinhação como instrumentos de manipulação: o exército. O legionário é, como o hoplita, muito supersticioso e muito sensível aos presságios. Por isso os superiores da tropa devem cuidar para eliminar a adivinhação livre, capaz de minar o moral: Eneas, o Tático, já havia recomendado isso em seu manual do século IV antes da nossa era, e em Atenas os *hieropoei* eram encarregados de vigiar os adivinhos, a fim de evitar fraudes e interpretações nefastas. Em Roma, o controle é mais estrito ainda, já que a adivinhação é assunto de Estado.[84] Sob a República, os astrólogos são expulsos do exército, como faz Cipião diante de Numância, por exemplo. Sob o Império, os estrategos vão mais longe: no século I, o mais famoso deles, Frontino, considera que os ritos divinatórios são pura prestidigitação,

---

82 Ela foi estudada com profunda erudição por Aumüller, *Das Prodigium bei Tacitus*, e Kroger, *Die Prodigien bei Tacitus*.

83 Tácito, *Anais*, VI, 20.

84 Cramer, *Astrology in Roman Law and Politics*.

com um objetivo de preparação psicológica. Os augúrios devem manter o moral das tropas, e "não se deve usar desse estratagema somente quando acreditarmos lidar com imbecis, mas muito mais ainda quando se puder imaginar invenções tais que se acredite que são enviadas pelos deuses".[85] No século II, Poliaemo, que escreve para instruir Marco Aurélio e Lúcio Vero, adota a mesma linguagem, e recenseia mais de novecentos casos de manipulações de augúrios na história militar.[86]

## O PROCESSO DA ADIVINHAÇÃO: O *DE DIVINATIONE*, DE CÍCERO

Convém examinarmos a obra mais famosa do período romano produzida sobre esse tema, o *De divinatione*, de Cícero. Composta depois de 44 a.C., nos anos maduros do autor, quando ele se retirou, aos 63 anos, para Pozzuoli a fim de se dedicar à reflexão, esse tratado é importante por duas razões: primeiro porque ilustra a evolução das próprias concepções de Cícero, partidário e depois feroz adversário da adivinhação; segundo porque contém uma infinidade de precisões, anedotas, ao mesmo tempo que uma exposição sistemática dos argumentos favoráveis e desfavoráveis. Nessa obra desfilam todas as concepções antigas da adivinhação.

Na verdade, ela se apresenta como uma conversa entre Cícero e seu irmão Quinto, que, tomando a palavra primeiro, defende a prática da adivinhação. Existe na natureza, diz ele, sinais que permitem prever com certeza: os sinais meteorológicos anunciam o tempo que vai fazer, e o aspecto do fígado das vítimas anuncia os acontecimentos humanos. Citando incontáveis exemplos de predições realizadas, ele atribui os poucos erros a equívocos como se encontram em todas as artes; *a contrario*, a negligência dos áugures levou muitas vezes a catástrofes. Aliás, todos os povos praticam a adivinhação, e quase todos os filósofos a aceitam, à parte Xenofonte de Cólofon e Epicuro. Povos inteiros, como os etruscos, poderiam enganar-se?

Além dos mais, se a adivinhação fosse apenas uma superstição sem fundamento, isso seria sabido, uma vez que há séculos é praticada. O oráculo de Delfos seria tão famoso, se não dissesse a verdade? Se é menos popular agora, é porque é um pouco menos precisa do que antigamente, mas não temos o direito de contestar instituições tão veneráveis.

---

85 Frontino, *Strateg.*, I, 11, 13.
86 Poliaemo, *Stateg.*, III, 9, 8-9.

Devemos, prossegue Quinto, distinguir dois tipos de adivinhação: a natural, que é baseada na observação dos fatos passados, e que hoje chamaríamos de prospectiva ou futurologia, e a que resulta de uma comunicação sobrenatural:

> É uma arte naqueles que se baseiam em antigas observações para apoiar suas conjunturas referentes ao futuro, mas não é em absoluto uma arte naqueles que pressentem as coisas futuras não por meio da razão ou de conjecturas baseadas em observações cuidadosamente registradas, mas por uma espécie de excitação da alma, de movimento livre e desordenado, como acontece com frequência durante o sono, e algumas vezes com os adivinhos furiosos, como Bácis, o Beócio, Epimênides de Creta e a Sibila Eritreia. Assim também são os oráculos, não quando se tira a sorte, mas quando são resultado de uma espécie de entusiasmo e inspiração.[87]

Os sonhos premonitórios são particularmente importantes, e Quinto adota aqui a posição platônica: "Quando o espírito é separado pelo sono do comércio e do contágio do corpo, ele se lembra do passado, percebe nitidamente o presente e prevê o futuro".[88] Qualquer um pode então ser instrumento da comunicação: Quinto cita o caso de um simples remador de Rodes, que, pouco antes de Farsália, anunciava desastres para a Grécia.

Os presságios são igualmente seguros. Assim, os que anunciaram aos espartanos a iminência da derrota da Leuctra; as armas entrepostas no templo de Hércules entrechocando-se; as portas do templo de Hércules, em Tebas, trancadas com barras, abrindo-se; armas suspensas na parede caindo; uma estátua de Hércules coberta de suor. Explicar tudo isso por um abalo sísmico apenas adia a pergunta: são sinais. Eles não são evidentes? Como queríamos que os deuses nos prevenissem? "Que esperamos? Que os deuses imortais venham conversar conosco no fórum, nas ruas, em nossas casas?"[89]

Segue-se uma demonstração racional, em forma de silogismo, que é a que utilizam os estoicos: se existem deuses, a adivinhação é necessária.

> Se existem deuses e eles não dão a conhecer o futuro aos homens: ou eles não amam os homens, ou eles próprios ignoram o que deve acontecer, ou estimam que o conhecimento do futuro não interessa em nada aos homens, ou

87 Cícero, *De divinatione*, I, 18.
88 Ibid., I, 30.
89 Ibid., I, 36.

pensam que não é da majestade divina nos anunciar as coisas futuras, ou então não têm meios de nos transmitir tal conhecimento.

Ora, os deuses são o contrário disso, logo:

> Se não existem deuses, não existem sinais do futuro; mas existem deuses; logo eles nos instruem sobre o futuro. Se é assim, eles nos dão também o meio de compreender esses sinais, que do contrário seriam nulos. Esse meio é a adivinhação. Há, portanto, uma adivinhação.[90]

E não é porque não compreendemos sua natureza que ela não existe.

Vem em seguida o argumento prático: todos os Estados precisam de adivinhos antes de se lançar em grandes empreendimentos, e Quinto multiplica de novo os exemplos, antes de concluir com a indispensável distinção: não se deve confundir verdadeiros e falsos adivinhos. Eterno debate que já encontramos entre os profetas hebreus. Os charlatães fazem um grande mal à adivinhação autêntica. Temos aqui uma das constantes da mentalidade não apenas profética, mas mais amplamente religiosa: não há pior inimigo dos profetas do que outros profetas, não há adversários mais ferrenhos das superstições do que outros espíritos supersticiosos:

> Declaro protestar contra os sortílegos, os vendedores de boa ventura, e os que evocam os manes, [...] os harúspices de aldeia, os astrólogos das praças, os prognosticadores de Ísis, e os intérpretes de sonhos. Devemos ver neles apenas vagabundos, loucos e necessitados, homens sem arte, sem estudo, tão supersticiosos quanto impudentes.[91]

Após essa exposição dos argumentos favoráveis à adivinhação, Cícero toma a palavra e os refuta. Seu raciocínio é multiforme. Ele ataca primeiro a ideia de eficácia: em cada campo, escreve, os especialistas são mais capazes do que os adivinhos de nos esclarecer; é melhor confiar no médico, no piloto, no físico, no moralista, no comandante de guerra do que no adivinho, quando se tem uma decisão a tomar. A adivinhação não é uma arte, portanto; não conhece as causas dos acontecimentos: como poderia prevê-los?

Talvez a adivinhação seja útil como instrumento de governo, para impressionar o vulgo, mas a elite não deve se deixar enganar e não precisa

90 Ibid., I, 38.
91 Ibid., I, 58.

desses subterfúgios: "Para começar pelos harúspices, penso que o interesse da República e da religião do Estado exige que eles sejam respeitados; mas aqui estamos só nós: podemos buscar sem temor a verdade, eu sobretudo, que faço grande uso da dúvida".[92]

Como um homem racional pode acreditar nas estupidezes da mântica, do haruspicismo em particular? Ler o futuro no fígado de um animal? "Eis milagres nos quais, garanto-vos, as velhas já não acreditam mais."[93] Contam que os deuses dão ao animal o aspecto desejado no momento do sacrifício: quem provou isso? Como explicar as divergências de interpretação? Como acreditar que o último boi imolado por César não possuía coração? "Conhecemos há muito tempo esse dito de Catão, que se admirava que um harúspice não se pusesse a rir à vista de outro harúspice. Quando os acontecimentos verificaram suas predições? E se isso aconteceu alguma vez, quem pode dizer que não se deveu ao acaso?"[94]

Igualmente ridículos são os prodígios, fenômenos naturais que nos espantam apenas porque ignoramos suas causas: "Impossíveis, eles não se fazem; possíveis, não têm mais o direito de nos espantar. É a ignorância das causas que produz nosso espanto diante das coisas novas".[95] Nas circunstâncias excepcionais, como nos tempos de guerra, atribui-se uma importância exagerada a fatos banais, dos quais se fazem prodígios. Cícero enumera toda uma coleção que ele ridiculariza de passagem.

Os auspícios valem tanto quanto os outros. Trata-se, sem dúvida, de uma venerável instituição, mas não é porque Rômulo acreditava neles que devemos continuar a acreditar, e não é porque todos os povos têm esse costume que ele não é supersticioso. De fato, também nesse caso,

> é apenas no interesse do Estado, e para poupar a opinião do povo, que preservamos os costumes, a religião, a disciplina, o direito dos áugures e a autoridade de seu colégio. [...] A instituição dos áugures, fundada primeiro na crença na adivinhação, foi preservada depois por razões de Estado.[96]

Tudo isso faz parte do decoro necessário para dirigir a massa popular, mas entre intelectuais deve-se desmistificar essas bobagens.

---

92 Ibid., II, 12.
93 Ibid., II, 15.
94 Ibid., II, 24.
95 Ibid., II, 22.
96 Ibid., II, 33 e 35.

Quanto a atribuir um valor qualquer de predição aos sonhos, há coisa mais ridícula? Se os deuses querem nos avisar de alguma coisa, por que iriam escolher o momento do nosso sono, e esse meio tão frágil, que mistura todas as extravagâncias? Cícero troça desses adivinhos que imaginam que os deuses "não fazem mais do que correr ao leito e até aos grabatos de todos os homens, para pegar um roncando, e lhe apresentar visões obscuras e atrapalhadas, que no dia seguinte de manhã, todo assustado, o infeliz vai contar ao adivinho".[97]

Está aqui um dos argumentos mais sérios contra qualquer profecia de origem divina, seja qual for a religião em discussão: se a divindade tem alguma coisa a nos dizer, por que não o faz claramente? Por que esses segredinhos, esses enigmas, essas obscuridades? Que os deuses falem claramente, ou se calem: "Se eram sinais enviados pelos deuses, por que eram tão obscuros? Se os deuses queriam nos instruir sobre o futuro, deviam explicar-se claramente; ou se queriam escondê-lo, já era demais essa linguagem oculta".[98] Os deuses teriam um espírito bastante complicado: ainda que seja tão mais simples anunciar precisamente o que vai acontecer, eles utilizariam uma vaga linguagem codificada, cuja compreensão necessita de um intérprete, que pode muito bem se enganar. E Cícero fornece numerosos exemplos de interpretações contraditórias de sonhos. Não é porque os filósofos acreditam nos sonhos premonitórios que estes têm o mínimo valor, pois "não sei como não se possa dizer nada tão absurdo que já não tenha sido dito por algum filósofo".[99] Quando um sonho se realiza, é pura coincidência.

Os métodos de predição de origem estrangeira também não têm a simpatia de Cícero. Que valem os oráculos de Delfos?

> Uns são falsos, em minha opinião, outros são verificados por acaso, como acontece com frequência com tudo que se diz; outros são tão vagos e tão obscuros que o intérprete precisaria de um intérprete, e seria necessário recorrer à sorte para compreender as próprias sortes; alguns enfim são tão ambíguos que seria necessário submetê-los a um dialético.[100]

Seja qual for a fonte de adivinhação, caímos sempre na questão da obscuridade: qual é o interesse de fazer predições tão enigmáticas que na maior

97 Ibid., II, 63.
98 Ibid., II, 25.
99 Ibid., II, 58.
100 Ibid., II, 56.

parte do tempo só se pode compreender seu sentido depois que elas se realizam? Assim, a Pítia declara a Creso: "Creso, passando o Hális, destrói um grande império". Logicamente, Creso acredita que vai destruir o império de Ciro; ora, é a ruína de seu próprio Estado que ele vai provocar. Esse gênero de predição, pura charada, é provavelmente uma invenção de Heródoto, escreve Cícero. Hoje, acrescenta ele, a Pítia caiu em desuso, porque as pessoas são um pouco menos crédulas.

A astrologia não tem mais fundamento do que os outros: "Todos que pereceram na Batalha de Canas nasceram então sob o mesmo astro?". Cícero utiliza o argumento já clássico dos gêmeos que têm sortes diferentes, e aproveita para multiplicar os exemplos de erros grosseiros em predições astrológicas, como as que garantiam que Crasso, Pompeu e César morreriam velhos em suas camas: "Na verdade, admira-me depois disso que ainda existam homens assaz crédulos para acreditar em profetas que os acontecimentos e os fatos refutam todos os dias".[101] A audácia dos astrólogos chega ao ponto de fazer o horóscopo das cidades, como Lúcio Tarúcio fez para Roma: "Eis então o dia natal de uma cidade sob a influência das estrelas e da Lua! [...] Submeteis à mesma potência o tijolo e o cimento com que é construída uma cidade?".

Cícero também retoma a argumentação dos estoicos apresentada por Quinto: se existem deuses, eles nos avisam do futuro porque são bons e conhecem tudo. Essa é uma afirmação gratuita, porque para muitos os deuses não se ocupam conosco, e suas predições são tão obscuras que podemos fazê-los dizer qualquer asneira.

Enfim, existe o problema de princípio: se podemos predizer o futuro, é porque ele deve necessariamente acontecer, não existe acaso, tudo é regido pelo destino. E, nesse caso, de que adianta a predição? "O destino! Deixai às velhas essa palavra cheia de superstição. [...] Se tudo depende do destino, para que serve a adivinhação? Pois o que prediz o adivinho deve infalivelmente acontecer."[102] Por exemplo, contam que o rei Dejotaro, que devia partir em viagem, desistiu por causa de um presságio, e que o quarto onde deveria dormir desabou. O presságio teria salvado a sua vida, portanto. Mas se tudo é regrado pelo destino, de todo modo ele não teria partido, logo o presságio não serviu para nada. Para predizer, é preciso que os acontecimentos sejam determinados; para que a predição seja útil, é preciso que os

101 Ibid., II, 47.
102 Ibid., II, 8.

acontecimentos não sejam determinados. Há, portanto, uma contradição de princípio na base da adivinhação.[103]

E mesmo que fosse possível, a predição seria desejável? Cícero junta-se aqui à posição de Horácio: "Não digo mais, não acredito nem que o conhecimento do futuro nos seja útil. Como teria sido a vida de Príamo, se ele tivesse conhecido desde a infância a sorte reservada à sua velhice? [...] Seguramente, é melhor ignorar os males que nos reserva o futuro".[104]

A conclusão é inapelável: a adivinhação é uma trapaça e uma superstição; o conhecimento do futuro é absolutamente impossível. "Rechacemos, pois, a adivinhação pelos sonhos, assim como todas as outras. Temos de confessar, a superstição universalmente difundida escravizou quase todos os espíritos, e subjugou por toda parte a fraqueza dos homens."[105]

## DA ADIVINHAÇÃO ROMANA À ADIVINHAÇÃO CRISTÃ

O *De divinatione* faz o balanço da questão. Durante séculos, será o arsenal em que se vão buscar argumentos, incansavelmente retomados, contra tal ou tal aspecto da adivinhação. Mas enquanto Cícero demolia toda a capacidade de predição, os que se servirão dele utilizarão apenas os trechos que lhes interessam para criticar certos tipos de adivinhação, favorecendo certos outros. De modo que Cícero é elogiado em detalhe e traído em bloco. É o caso sobretudo dos cristãos, que vão propagar e emprestar, muitas vezes sem confessar, suas ideias para demolir a adivinhação pagã em proveito da profecia judaico-cristã, que Cícero naturalmente teria rejeitado com todas as outras. No início do século IV, o bispo Eusébio afirma que o *De divinatione* serviu de base para mais de seiscentas obras de apologética cristã,[106] e santo Agostinho se servirá largamente de seus argumentos contra a astrologia. Os pagãos, ao contrário, perseguem-no sem trégua: em 302, Diocleciano manda queimar todos os exemplares encontrados.

---

103 Em outro tratado, *De fato*, escrito pouco depois do *De divinatione*, e do qual restam apenas alguns trechos, Cícero estuda a questão do destino, tão intimamente ligada à da predição. Ele analisa a concepção estoica, que tenta conciliar o determinismo e a liberdade de reação pessoal do indivíduo. Plutarco e Alexandre de Afrodísia também escreverão cada um um tratado *De fato*.

104 Cícero, *De divinatione*, II, 9.

105 Ibid., II, 72.

106 Eusébio, *Prep. Evang.*, I, 4.

Uma página da predição está sendo virada com a conversão progressiva do Império Romano ao cristianismo. A partir de Constantino, que, no entanto, não hesita em consultar os harúspices quando um raio cai no anfiteatro de Roma, as novas autoridades se obstinam em destruir todas as fontes de adivinhação pagãs. Os bispos mandam demolir os templos oraculares de Afrodite em Afqa, de Asclépio em Aegea, de Serápis em Alexandria; Teodósio manda fechar o oráculo de Delfos; os godos destruirão os que escaparam dos cristãos, em Elêusis e Olímpia, por exemplo. Os livros sibilinos são queimados no início do século V por Estilicão, o que regozija o poeta Prudêncio: "Não há mais fanático ofegante que, com baba nos lábios, desfia os destinos tirados dos livros sibilinos, e Cumas, muda, chora seus oráculos mortos".

Trata-se de silenciar os deuses antigos. Em 385, o imperador Teodósio decreta pena de morte contra aqueles que:

> pela inspeção do fígado e pelos presságios tirados das entranhas, iludir-se-iam com a esperança de uma vã promessa, ou, o que é pior ainda, conheceriam o futuro por uma consulta execrável. Um suplício mais terrível é reservado aos que, contra nossa proibição, teriam procurado saber a verdade sobre o presente ou o futuro.[107]

Texto ambíguo, que deixa supor a possibilidade de conhecer o futuro por esse antigo meio. Se os deuses pagãos não existem, de onde vem esse conhecimento? Em breve os teólogos terão a resposta: do diabo.

A atitude dos imperadores cristãos apenas prolonga a de seus predecessores pagãos, proibindo o recurso à adivinhação por receio de complôs e revoltas, receio reforçado pelo levante de Arbogasto, que pretexta presságios ditosos para conferir a púrpura ao rétor Eugênio. Teodósio endurece então a repressão: "Se alguém ousar consultar as entranhas palpitantes, será culpado do crime de lesa-majestade, mesmo quando não tiver perguntado nada contra a saúde dos príncipes".

Mas a antiga adivinhação não havia ainda silenciado quando novas vozes se ergueram para anunciar o futuro: o bispo de Gaza, Porfírio, profetiza o nascimento do filho de Arcádio; um anacoreta egípcio é consultado por Teodósio durante a revolta do usurpador Eugênio. Essas vozes vêm ainda do

---

107 *Código teodosiano*, XVI, 10, 9.

Oriente. Elas profetizam em nome do Deus judeu-cristão. Uma era nova se abre para a predição.

O rompimento, contudo, não é completo. De fato, o episódio romano contribuiu largamente para delimitar o quadro da adivinhação, concentrando-a nas mãos dos poderes. Rompendo com as práticas greco-orientais, o Império distingue uma adivinhação ilegal e perigosa, de um lado, e uma adivinhação legal e oficial, de outro. Durante quatro séculos, os imperadores tentaram centralizar os órgãos de previsão no seio do Estado, relegando as predições populares ou a charlatanices supersticiosas, ou a empreendimentos suspeitos. Essa distinção está destinada a sobreviver um longo tempo, uma vez que a Igreja substituirá a autoridade imperial e monopolizará o poder profético. De um lado, as profecias bíblicas autênticas e sua interpretação oficial, às quais se juntam com regularidade as visões devidamente controladas de alguns santos personagens; de outro, todas as predições não controladas, de fonte não divina, da astrologia à cartomancia de aldeia, falsas, supersticiosas, condenáveis.

A novidade aparece no nível do conteúdo. As predições romanas eram modestas, e de amplitude muito limitada, relativas ao futuro imediato, de natureza sobretudo política: destino da guerra e do imperador essencialmente. A profecia cristã é de outra dimensão. Ela não negligencia os acontecimentos comuns de pouco alcance, mas estende-se a perspectivas muito mais ambiciosas no tempo e no espaço. Universalista, prediz na escala do mundo e sonda o futuro até o fim dos tempos. Com a profecia judaico-cristã, o futuro atinge uma dimensão cósmica, sem por isso abandonar os acontecimentos cotidianos, na medida em que eles se inserem no conjunto do plano divino.

# SEGUNDA PARTE

# A ERA DAS PROFECIAS

As promessas apocalípticas e milenaristas
da Idade Média

"Se os deuses queriam nos instruir sobre o futuro, eles deviam se explicar claramente; ou se queriam escondê-lo, já era demais essa linguagem oculta."

Cícero, *De divinatione*

"Esse falar obscuro, ambíguo e fantástico do jargão profético, ao qual o autor não dá qualquer sentido claro, a fim de que possa aplicar à posteridade o que lhe agrada."

Montaigne, *Ensaios*, I, 11

– 4 –

# DA ADIVINHAÇÃO POLÍTICA À PROFECIA APOCALÍPTICA (INÍCIO DA ERA CRISTÃ)

A passagem da Antiguidade pagã para a cristandade não modifica de forma fundamental a atitude em relação à predição. Tanto para o mundo cristão como para o mundo pagão, o homem pode ter acesso ao conhecimento do futuro. O que muda são os meios de acesso a esse conhecimento, e seu campo de aplicação. Somente Deus conhece o futuro, e existe apenas uma via pela qual ele comunica esse conhecimento: a inspiração profética direta. Todo o resto é superstição e trapaça condenáveis. Apenas uma coisa importa: a salvação e suas diferentes etapas. O futuro puramente terreno é sem importância; o mundo, aliás, sem dúvida não terá futuro por muito tempo. Deus comunicará, portanto, apenas conhecimentos proféticos que tenham incidência sobre a salvação, seguindo etapas distintas: tribulações, Anticristo, retorno de Cristo, fim do mundo. Os acontecimentos políticos e bélicos, a sorte dos soberanos e dos impérios, que representavam a massa das predições pagãs, são substituídos por anúncios mais globais, de amplidão planetária, na escala da humanidade ou mesmo do cosmo.

Durante os primeiros séculos da cristandade, essas profecias são marcadas por seu caráter messiânico e apocalíptico, que lhes dá profunda originalidade e colore o cristianismo com uma atmosfera trágica indelével. A religião cristã nasce, na verdade, em plena efervescência apocalíptica judaica. Esse traço literário e ao mesmo tempo espiritual marca a nova religião, para o bem e sobretudo para o mal. Pois dessas obscuridades alambicadas esotérico-simbólicas e alegóricas vão surgir pencas de aberrações intelectuais. Nascido três séculos antes ou dois séculos depois, sem dúvida o cristianismo teria sido profundamente diferente.

## O LIVRO DE DANIEL E O APOCALIPSE

O profeta Daniel e o discípulo João são os dois pilares da profecia apocalíptica cristã. Seus escritos alimentarão durante séculos as predições mais extravagantes.

O livro de Daniel situa os acontecimentos sob o reinado do rei babilônio Nabucodonosor, no início do século VI antes da nossa era. Daniel e seus companheiros são educados na corte, e continuam a adorar os deuses. O herói fica famoso ao interpretar os sonhos premonitórios do soberano. Sob o reinado de Baltazar, sucessor de Nabucodonosor, ele anuncia a queda iminente do rei, depois de ter a visão de uma mão escrevendo numa parede. O persa Dario tendo tomado Jerusalém, Daniel se torna um de seus altos funcionários por ter milagrosamente superado a famosa prova da cova dos leões. Em seguida, Daniel descreve suas visões.

Na primeira, ele vê quatro animais ferozes saindo do mar; eles representam os quatro impérios sucessivos: babilônio, meda, persa, grego. O último animal tem um pequeno chifre na cabeça, simbolizando o rei selêucida Antíoco IV. Deus condena os quatro impérios à ruína, então aparece numa nuvem um ser "semelhante a um filho de homem", que, explica um anjo, simboliza o povo de Deus e vai receber um reino eterno depois de "um tempo, dois tempos, e a metade de um tempo".

Na segunda visão, o anjo Gabriel explica a Daniel que o bode, figura do Império Grego, possui um belo chifre (Alexandre, o Grande) que se quebra para dar lugar a quatro chifres (os epígonos, sucessores do grande rei). De um deles sai um pequeno, Antíoco IV, o rei selêucida que vai perseguir os judeus, profanar o Templo, proibir o sacrifício. Mas ele será quebrado ao fim de 2.300 tardes e manhãs.

Na terceira visão, Daniel pede a explicação de uma profecia de Jeremias, que declarava que Jerusalém se ergueria de suas ruínas ao fim de setenta anos. O anjo declara que esse tempo marca a data do retorno do exílio, mas o advento dos tempos messiânicos ocorrerá ao fim de "setenta semanas de anos".

Na quarta visão, o anjo explana a história futura dos acontecimentos a partir do terceiro ano de Ciro até a morte de Antíoco IV, o perseguidor. Então será o fim:

> Nesse tempo, erguer-se-á Miguel, o grande príncipe, que se conserva ao lado dos filhos do teu povo. Será um tempo de angústia tal como jamais houve desde que existe uma nação até aquele tempo. Nesse tempo, teu povo escapará, todo aquele que esteja inscrito no Livro. Muitos dos que dormem no solo poeirento acordarão, uns para a vida eterna, outros para o opróbio, para o horror eterno.[1]

Segue-se a grande pergunta: quando isso acontecerá? "Será por um período, dois períodos e meio período"; e como Daniel não compreende, um personagem que está de pé acima de um rio diz: "A partir do tempo em que cessar o sacrifício perpétuo e for instalada a abominação devastadora, haverá 1.290 dias. Bem-aventurado aquele que alcançará e chegará a 1.335".[2]

Gerações de crentes vão se obstinar em tornar o livro de Daniel compreensível. Os livros mais obscuros incendeiam a imaginação, e o *non-sense* literal acaba atraindo uma infinidade de sentidos de empréstimo, sem nenhuma relação com a intenção do autor. É o caso da literatura apocalíptica, da qual Daniel é o primeiro grande exemplo.

Esse gênero literário desconcertante caracteriza o meio judaico do século II antes da nossa era ao século II depois, isto é, durante um período de crise política e religiosa, tensões, perseguições e aflições. A pergunta "Quando virá o fim?" está no centro dessas obras. Os escritos apocalípticos, portanto, estão intimamente ligados à profecia no sentido de anúncio do futuro, mas um futuro de sentido definitivo: anuncia-se o fim, mantendo-se uma confusão entre o fim de uma época histórica e o fim dos tempos.

O autor de apocalipses anuncia o fim da história e acredita que ele está próximo. Como esse fim só pode ser devido a uma intervenção divina, dentro do quadro do pensamento teológico da época, e como o escritor não raciocina segundo uma análise política, geoestratégica ou socioeconômica moderna, ele é levado a apresentar sua intuição na forma de uma comunicação divina, de uma "revelação" que assume um aspecto simbólico, oculto, selado: esse é o sentido da palavra "apocalipse" em grego. Para lhe dar um

---

1 Daniel 12,1-2.
2 Ibid. 12,11-12.

peso suplementar, a revelação é ficticiamente situada numa época muito distante do passado, o que permite fazer passar por profecia a narrativa de acontecimentos que ocorreram até a data de composição efetiva. Assim, a exegese conseguiu mostrar que o livro de Daniel data na verdade do fim do reinado de Antíoco IV, entre 167 e 164 a.C., embora supostamente remonte ao século IV antes da nossa era, o que permite "predizer" com uma precisão notável todos os episódios intermediários e aumentar a credibilidade do conjunto: se ele acertou até aqui, por que erraria depois?[3]

Além disso, o gênero apocalíptico com frequência reaproveita antigas profecias, atualizando-as e mostrando que elas podem servir duas vezes. Aqui, Daniel aproveita a profecia de Jeremias, que prometia a restauração de Jerusalém ao fim de setenta anos. Realizada uma primeira vez com o retorno do exílio, essa predição é estendida a setenta semanas de anos, divididas em três períodos: ao fim de sete semanas de anos (setenta anos), Israel é libertada por Ciro; depois, ao fim de 62 semanas de anos [434 anos], um "messias" é condenado à morte (talvez o grande sacerdote Onias III, assassinado em 171 a.C.); por fim, um príncipe, Antíoco IV, extingue o culto durante meia semana (três anos e meio), antes da libertação.

As indicações numéricas são misteriosas e nem sempre concordantes. Os três anos e meio vão ao encontro da expressão "um tempo, dois tempos e a metade de um tempo", mas mencionam-se também 1.150 dias, 1.290 dias, 1.335 dias. Os Pais da Igreja e os teólogos se obstinaram inutilmente até agora em decifrar o sentido desses números, sem resultado concludente,[4] de modo que a opinião predominante hoje é que esses números são puramente simbólicos e não têm sentido geral de iminência. É o que pensa P. Grelot, para quem o livro de Daniel não é um livro de predição. Ele contém uma promessa, e os números são uma convenção literária cujo intuito é fazer compreender a completa dependência diante das decisões divinas. Aliás, observa ele, o livro de Daniel caçoa várias vezes dos astrólogos que predizem e erram. Com sua cronologia simbólica, ele queria apenas sugerir a iminência

---

3 "Os autores de apocalipses acreditavam que o fim estava próximo e sobreviria quando ainda estivessem em vida. Diziam descrever a série de acontecimentos que conduziria ao desfecho e fim da história, e indicavam os sinais que seriam seu prelúdio. Assim como os profetas, não acreditavam numa evolução que culminaria naturalmente num apogeu. Estavam convencidos de que o fim requeria uma intervenção direta da parte de Deus. Não havia nada de novo nisso para um judeu" (Rowley, *Peake's Commentary on the Bible*, n.418d. Cf. do mesmo autor, *The Relevance of Apocalyptic*).

4 A *Traduction Œcuménique de la Bible* fornece uma sugestão baseada na comparação com o Apocalipse de João, p.1714.

psicológica da libertação.[5] Para D. S. Russell, os apocalipses, estreitamente ligados ao contexto histórico que os viu nascer, não teriam nenhuma mensagem especial; seriam simplesmente a aplicação de antigas profecias ao novo contexto, sem nenhum elo com a escatologia e o fim do mundo.[6]

Surgidos num contexto de desespero, os apocalipses têm sempre um aspecto trágico, acompanhado de uma esperança de libertação. Trata-se de tranquilizar os fiéis, mostrando que as desgraças presentes fazem parte de um plano divino que redundará inevitavelmente no triunfo do bem; tudo está previsto pela providência divina, o que deve eliminar a angústia gerada pelas tribulações. O Apocalipse é, à sua maneira, uma filosofia da história, cadenciada pela sucessão de grandes impérios, catástrofes e vitória final, de aspecto messiânico. A história tem um sentido e tende para um objetivo.[7]

O livro de Daniel seria obra de um membro da seita dos hassidim, os "piedosos", que surgiu pouco antes da grande revolta dos macabeus contra a dominação helenística dos selêucidas. Foram descobertos nele os traços característicos do movimento: ódio ao helenismo, apego à Torá, recusa incondicional de desobedecer às observâncias rituais.[8] Quanto às estranhezas contidas nele, aos detalhes desconcertantes para nós, escreve W. Harrington,

> não causavam surpresa aos contemporâneos; faziam parte de um certo número de convenções literárias, que eram aceitas por toda parte e se tornaram familiares. Assim, o mistério que para nós se vincula ao gênero apocalíptico quase não existia para os destinatários imediatos.[9]

Esta última afirmação sem dúvida deve ser nuançada. Se as extravagâncias do gênero apocalíptico faziam realmente parte do patrimônio comum a todo o povo hebreu, se esse gênero era imediatamente compreensível para qualquer um nos quatro séculos em que foi praticado, isso seria sabido. As chaves de leitura teriam sobrevivido, ao menos parcialmente. O fato de que

5 Grelot, Histoire et eschatologie dans le livre de Daniel. In: Congrès de Toulouse (Actes), *Apocalypses et théologie de l'espérance*.

6 Russell, The Method and Message of Jewish Apocalyptic. In: Congrès de Toulouse (Actes), *Apocalypses et théologie*, op. cit.

7 "A história do passado é apresentada nesse livro de maneira a fazer os judeus perseguidos compreenderem que seus sofrimentos têm um lugar marcado no plano de Deus, e é ele que permite que a tirania de Antíoco se exerça contra eles" (Harrington, *Nouvelle introduction à la Bible*).

8 Ibid., p.562.

9 Ibid., p.560.

hoje nós ainda continuamos a conjecturar a seu respeito indica que devia se tratar, mesmo naquela época, de um gênero hermético, reservado a um pequeno número de iniciados. Dizer que todo judeu do século II podia entender Daniel é mais ou menos como afirmar que todo francês do século XIX podia entender Mallarmé.

Seja como for, durante centenas de anos, gerações de cristãos vão considerar que essas obscuridades são sinais de revelação profética divina e vão dar a elas ou um sentido literal, ou um sentido figurado adaptado a suas próprias preocupações. De forma desconcertante, a tradição profética do cristianismo ocidental vai repousar sobre esses escritos simbólicos, dos quais ninguém conhece realmente o sentido. Constatando o número de movimentos sociorreligiosos, como os milenarismos, que se basearão nessas "predições", podemos realmente falar de poder da imaginação. É vertiginoso pensar que multidões de crentes serão postas em movimento pelas especulações mais temerárias suscitadas pelos números e pelas imagens proféticas dos apocalipses. Isso vem do fato de que, mais do que qualquer outra, o cristianismo é uma religião voltada para o futuro. Sua justificação está inteiramente no futuro, na escatologia, como sublinha J. Moltmann:

> O cristianismo é inteiro escatologia, é esperança, perspectiva e orientação para frente, logo também partida e mudança do presente. [...] A perspectiva escatológica não é um aspecto do cristianismo, ela é em todos os sentidos o meio da fé cristã. Há seguramente apenas um único problema real na teologia cristã; ele é posto por seu objeto e, por intermédio dela, ele é posto para a humanidade e para o pensamento humano: trata-se do problema do futuro.[10]

E o eminente teólogo conclui: o Deus judaico-cristão tem "o futuro como propriedade ontológica".

Deus está certamente num eterno presente, mas seu povo sempre se representou como um povo em marcha, em transição, em trânsito, rumo à salvação, ao Reino. Ele é guiado para seu objetivo pela promessa, isto é, pela profecia. No cristianismo, a profecia incita a ação, o progresso, o movimento. Ela é a essência do cristianismo. Não nos causa surpresa, portanto, vê-la florescer em todas as épocas, e nas formas mais variadas.

Durante muito tempo, essas profecias encontrarão inspiração nos apocalipses, repousando sobre um esquema de base que promete, depois de

10 Moltmann, *Théologie de l'espérance*, p.12.

grandes tribulações, a vinda de um personagem messiânico que inaugurará a grande libertação e o reinado dos eleitos. O parentesco com certos aspectos da utopia foi salientado pelos teólogos. É desse modo que Pierre Eyt atribui à utopia três funções que podemos encontrar na esperança apocalíptica: uma função heurística, que faz da utopia uma espécie de hipótese de pesquisa; uma função crítica, em relação à situação presente; e uma função prática, que incita a ação tendo em vista a realização da cidade ideal. A utopia, como o sonho apocalíptico, opõe-se à ideologia que tende a justificar um estado presente; ela projeta no futuro um dado transformado.[11] O próprio Paulo VI sublinhava o caráter positivo das utopias como motores do progresso social:

> Essa forma de crítica da sociedade existente provoca muitas vezes a imaginação prospectiva tanto para perceber no presente o possível ignorado como para orientar para um futuro novo; ela também sustenta a dinâmica social pela confiança que dá às forças inventivas do espírito e do coração humano.[12]

A religião judaico-cristã, a partir dos profetas, é uma projeção contínua no futuro. Ela se volta permanentemente para a Cidade de Deus, projeto utópico e apocalíptico de um mundo divinizado. Seu motor é o futuro, a visão profética do reino de Deus. É por isso que essa religião continuará dinâmica somente enquanto tiver os olhos fixos no futuro. Quando começar a olhar nostalgicamente para trás e a situar seu ideal no passado, ela renegará sua essência, e só poderá decair.[13]

## O APOCALIPSE DE JOÃO, BASE DAS PROFECIAS MILENARISTAS

É com o Apocalipse de São João que essa religião vai dar corpo a suas profecias. O imaginário e a aritmética sagrada desse texto esotérico vão estimular tanto as mais altas especulações como as predições sectárias mais absurdas. Em estado bruto, o Apocalipse é apenas um pesadelo disforme

---

11 Eyt, Apocalyptique, utopie et espérance. In: Congrès de Toulouse (Actes), *Apocalypses et théologie*, op. cit. Sobre esse tema, cf. também Mannheim, *Ideology and Utopia*, e Wackenheim, *Christianisme sans idéologie*.

12 Paulo VI, *Octogesima adveniens*.

13 Pierre Eyt observa, no entanto, que um aspecto psicopatológico pode intervir na utopia para justificar a inação. A utopia torna-se então "a visão pacificadora de um futuro no qual a fraqueza, a indecisão e a impotência na ação podem encontrar uma compensação falaciosa" (Eyt, op. cit., p.147).

e insano, do qual podemos tirar quase qualquer bobagem, se tentarmos ler nele os detalhes da história futura. Está aí o drama: durante séculos, as pessoas se obstinaram em fazer uma leitura profética e lógica de um texto visionário, de cuja coerência interna e verdadeira finalidade nós ignoramos tudo.

Texto simbólico, sem dúvida, abundante em números: 3, que representa Deus; 4, a terra; 7 e 12, adição e produto dos dois primeiros, podendo significar a perfeição da ação divina ou Deus entre os homens; 6, ou seja, 7 menos 1, é uma força malévola, assim como 3½, metade de 7. A partir daí, utilizando as quatro operações, todas as combinações são possíveis para chegar aos 144.000 eleitos, aos 1.260 dias, ou seja, os 42 meses ou três anos e meio de refúgio no deserto, ou ao número da Besta, 666. Acrescentemos a isso um imaginário completamente incoerente, e como que surgido de um sonho ruim, e teremos todos os ingredientes para as interpretações mais disparatadas. É claro que os teólogos atuais veem as coisas com mais serenidade. Um dos grandes especialistas do Apocalipse lembra que:

> seria um erro querer conceber visualmente o Cordeiro de sete chifres e sete olhos (5,6) ou a Besta de sete cabeças e dez chifres (13,1), e se perguntar como dez chifres podem ser divididos entre sete cabeças; seria um erro se chocar com a total falta de efeito plástico dessas descrições. Devemos nos contentar em traduzir intelectualmente os símbolos sem nos deter em suas particularidades mais ou menos surpreendentes.[14]

Em todo caso, durante séculos são as interpretações mais extravagantes que fazem mais sucesso e têm mais efeito. O preço da linguagem simbólica é que o símbolo acaba escondendo o sentido verdadeiro desejado pelo autor, e o significado único do início, voluntariamente ocultado, os intérpretes o substituem por uma profusão de sentidos saídos de sua própria imaginação.

Por que os textos proféticos, assim como os oráculos pagãos, são sempre tão obscuros? Se os profetas e adivinhos conhecem o futuro, por que não o anunciam claramente, de maneira a evitar os trágicos mal-entendidos? E por que gerações de exegetas e intérpretes continuam a entrar no jogo e alimentar a dúvida? Na maioria das vezes, os discursos a respeito das predições inspiradas se refugiam atrás da erudição e evitam se pronunciar sobre a realidade da predição, afundando o cerne do problema em subentendidos. Provavelmente o prestígio da expressão simbólica é tão grande que a clareza

14 Boismard, L'Apocalypse. In: *Bible de Jérusalem*, p.8-9.

de expressão acabou virando sinal de um espírito grosseiramente prosaico. Correndo o risco de sermos incluídos nessa categoria opressivamente positivista, afirmamos com clareza que o conhecimento do futuro é uma coisa impossível, e que os profetas e adivinhos manifestam intuições pessoais vagas, que eles vestem com os ouropéis das modas culturais da época, esboçando uma imagem do futuro suficientemente imprecisa e obscura para nunca serem pegos em erro. Esse é exatamente o caso dos apocalipses e, apesar do prestígio que os cerca, podemos nos perguntar que interesse tinham eles. Quando um texto é tão obscuro que vinte séculos depois ainda ignoramos o que ele poderia significar, podemos legitimamente nos interrogar sobre seu objetivo verdadeiro. Escrito em tempos trágicos, numa época de perseguições, o Apocalipse de João é a expressão de uma esperança, a concepção pessoal, herdada das profecias anteriores e ampliada com novas alegorias, da história do povo santo, de suas tribulações e de sua vitória final. Convicção íntima traduzida em imagens convencionais, muito mais que predição exata de acontecimentos por vir. A força e o drama desse texto é que durante séculos nós confundiremos essa utopia poética com uma predição e nos obstinaremos em fazê-la encaixar nos fatos, presentes e futuros.

Recordemos a trama do livro: a perseguição da qual é vítima o povo de Deus sob Nero (de 65 a 70) ou sob Domiciano (de 91 a 96), épocas em que se situa em geral a sua redação, vai fracassar e Deus vai triunfar. Na verdade, há aqui a justaposição de dois apocalipses, ambos terminando com uma visão do fim dos tempos. O primeiro concerne às relações entre a Igreja e o povo eleito. No princípio, Deus entrega a um Cordeiro um livro fechado com sete selos, contendo os decretos contra Israel. O Cordeiro rompe os selos um por um, e cada vez surge um flagelo. Ao fim de seis selos, restam apenas os 144 mil resgatados do povo do Israel. Com o sétimo selo começa uma nova série de flagelos, marcados pelo toque das trombetas, entre os quais se intercalam visões secundárias. No Capítulo 10, João recebe ordem de profetizar aos gentios, isto é, aos pagãos, enquanto os judeus incrédulos são afastados do Templo, cujo átrio é calcado durante 42 meses. Duas testemunhas prestam testemunho durante 1.260 dias, então a Besta sobe do abismo e as mata; elas ressuscitam e sobem ao céu. Um décimo de Jerusalém é destruído e 7 mil pessoas morrem, mas o resto é salvo. A sétima trombeta soa o fim do mundo e o início do reinado de Deus.

Na segunda narrativa, uma mulher dá à luz um messias, que um dragão tenta matar. O messias é levado ao céu, enquanto a mulher se refugia no deserto durante 1.260 dias. Depois o dragão é expulso do céu pelo anjo Miguel. Mas eis que aparecem duas Bestas, instrumentos de Satanás. Uma incita os habitantes da terra a adorar a outra, cujo número é 666. Diante dessa Besta surgem o Cordeiro e seus 144 mil companheiros, que são os mártires e não têm nada a ver com 144 mil do resto de Israel. Sete flagelos atingem a Besta e seus seguidores, enquanto Babilônia está sentada nas costas da Besta. Os exércitos do céu, conduzidos por um cavaleiro montado num cavalo branco, jogam as duas Bestas num lago de fogo. Satanás é acorrentado, e durante mil anos Cristo reina com os mártires. Depois, uma nova reviravolta:

> Quando os mil anos forem cumpridos, Satanás será solto de sua prisão, e ele sairá para seduzir as nações que estão nos quatro cantos da terra, Gog e Magog. Ele os reunirá para o combate: seu número é como a areia do mar. Eles invadiram toda a extensão da terra e investiram contra o campo dos santos e a cidade bem-amada. Mas um fogo desceu do céu e os devorou. E o diabo, que os seduziu, foi precipitado no lago de fogo e enxofre, junto da Besta e do falso profeta. E eles sofrerão tormentos dia e noite pelos séculos dos séculos.[15]

Então acontece o último julgamento, e o livro termina com a descrição da nova Jerusalém, a cidade dos eleitos, de doze portas, doze alicerces, e medindo 12 mil estádios.

Essa é a base da narrativa, cujas imagens alimentarão uma infinidade de profecias. Se algumas são relativamente claras, como as duas Bestas, que representam Roma e o culto de Roma, ou o número 666, que em letras hebraicas dá "César Nero", outras permanecem obscuras ou ambivalentes, o que permitirá identificá-las com episódios históricos que supostamente reproduzem o roteiro inicial: tal soberano será o dragão, tal outro a Besta, tais povos serão Gog e Magog, tal rei bom ou imperador matador de heréticos ou de infiéis será o cavaleiro que vence as Bestas, num drama teológico-cósmico incessantemente reencenado, cujo desfecho é profeticamente dado pelo Apocalipse.

Entre as peripécias dessa peça fértil em reviravoltas, os mil anos do reinado de Cristo e dos mártires instigarão particularmente as imaginações. Aparece progressivamente na Bíblia a ideia de uma espécie de era de ouro do futuro, na qual, depois das tribulações, os eleitos conhecerão enfim a serenidade, mas sem estabelecer uma duração. Em Isaías e Ezequiel, é uma promessa de felicidade definitiva; ainda em Daniel, é dito que "o Deus do céu suscitará um reino que nunca será destruído e cuja realeza não será deixada

15 Apocalipse 20,7-10.

a outro povo".[16] Pouco a pouco, efetua-se um desdobramento entre o reino celeste definitivo e um reino terreno provisório, mas de longa duração, uma espécie de retorno do paraíso terrestre, por um período que vai de 40 anos para os mais modestos a 365 mil anos para os mais gulosos. Outros falam de 100 anos, 600 anos, mil anos, 2 mil anos, 7 mil anos. O milênio leva a melhor com bastante rapidez, porque se insere com facilidade nas estimativas de duração do mundo. No século II da nossa era, por exemplo, a Epístola de Barnabé situa o milênio de reinado terreno de Cristo após 6 mil anos de história da humanidade. Aspiração a um repouso merecido, a promessa do milênio corresponde de maneira tão evidente à esperança de um povo, e mais tarde de um grupo cansado de perseguições, que acaba adquirindo um caráter de predição. Os Pais da Igreja serão vacilantes a seu respeito, mas vários se deixarão tentar, como Pápias, Justino, Irineu, Tertuliano, Hipólito, que juntarão o prestígio de seu pensamento à força própria do que será denominado milenarismo. Ao contrário do reino celeste, um pouco espiritual demais para o gosto de alguns, esse reino terreno terá o mérito de oferecer prazeres materiais e sensuais, como promete o herético Cerinto. Para Pápias, de Hierápolis, será um período de fertilidade extraordinária. Esses primeiros milenaristas podem se apoiar nas expressões do Apocalipse, que dão um sentido cronológico a esses mil anos.

Mas o Apocalipse precede o milênio de terríveis combates, nos quais se distingue a Besta ou o dragão. Essa figura que também impressiona as imaginações tem protótipos relativos ao Velho Testamento, como o rei megalomaníaco do sonho de Daniel, que tenta se erguer acima de Deus, e que designava Antíoco IV. Esse tipo de encarnação do mal tem equivalentes na maioria das religiões orientais próximas, como Ahriman para os masdeístas ou o dragão do caos para os babilônios.[17] No contexto apocalíptico judaico-cristão, torna-se "aquele que vem antes de Cristo", o Anticristo, soberano destruidor e perseguidor, enviado de Satanás, que fará os justos sofrerem antes de ser vencido. Sua vinda é ao mesmo tempo temida e esperada, porque precede os mil anos de bem-aventurança.

16 Daniel 2,44.
17 Cohn, *The Pursuit of the Millenium*, p.34.

## EFERVESCÊNCIA PROFÉTICA DO MUNDO JUDEU (SÉCULO II A.C.-SÉCULO II D.C.)

Na efervescência profética e apocalíptica, o elemento messiânico tem um papel importante: se as tribulações devem acabar, será graças a um libertador. No século II a.C., o *Livro dos jubileus*, as *Parábolas de Enoch* evocam o reinado messiânico e vão ao encontro da "figura de homem" mencionada no livro de Daniel. Essa espera pode ter contribuído para o desencadeamento das revoltas judaicas de 70 e 132, nas quais as profecias tiveram certo papel, segundo Flávio Josefo: "Uma profecia ambígua encontrada nas Sagradas Escrituras, anunciando aos judeus que naquele tempo um homem da terra deles se tornaria mestre do universo", teria dado origem ao levante de 66-70.[18] Correm rumores proféticos segundo os quais Jerusalém somente seria tomada quando a sedição reinasse, ou quando o Templo tivesse a forma de um quadrado.[19] Nos apocalipses de Baruc e Ezra, do século I da nossa era, o messias adquire um caráter bastante humano. O primeiro anuncia um tempo de terríveis desgraças, com o apogeu do mais terrível império, o de Roma. Então surgirá o messias, admirável guerreiro, que derrotará os romanos e seu chefe, exterminará os povos que dominaram Israel e inaugurará uma era de paz e abundância. Em 131, quando Simão Bar Kokhba começa sua grande revolta contra Roma, ele é aclamado como messias.

Como acontece com frequência, é sobretudo no interior de movimentos extremistas que essas profecias se espalham: na comunidade de Qumran e entre os zelotas, por exemplo, que esperam o retorno de Enoch e Elias. A seita dos essênios espera a última grande guerra apocalíptica contra as forças do mal, a luta final entre a luz e as trevas. Um de seus manuscritos, intitulado *Rolo da guerra dos filhos da luz contra os filhos das trevas*, conta antecipadamente o desenrolar do combate:

> Eles tomarão as armas, enquanto os sacerdotes soarão as seis trombetas de som agudo do massacre, conduzindo durante a duração da batalha. Os levitas e todos os outros, ao mesmo tempo que as trompas, soltarão um grito, um grande clamor de guerra, para apavorar o coração do inimigo. Ao mesmo tempo que o grito de clamor partirão as lanças de guerra para derrubar mortos.[20]

---

18 Flávio Josefo, *A guerra dos judeus*, 6, 5, 4.
19 Ibid., 4, 6, 3 e 6, 5, 4. Cf. também Giet, *L'Apocalypse et l'histoire*.
20 Tradução de G. Vermès, em *Les manuscrits du désert de Juda*, VII, 8-11.

Não é a mesma inspiração das visões guerreiras do Apocalipse, em que se vê à frente dos exércitos celestes o famoso cavaleiro de manto ensanguentado?

> E ele se chama: o Verbo de Deus. Os exércitos do céu seguiam-no em cavalos brancos, vestidos com um linho branco e puro. De sua boca sai um gládio afiado para golpear as nações. Ele as apascentará com uma vara de ferro, pisará a cuba onde ferve o vinho da cólera de Deus todo-poderoso. Sobre seu manto e sobre sua coxa ele tem um um nome escrito: rei dos reis e senhor dos senhores. Então vi um anjo de pé no sol. [...] E vi a Besta, os reis da terra e seus exércitos, reunidos para combater o cavaleiro e seu exército. A Besta foi capturada, e com ela o falso profeta que, pelos prodígios realizados diante dela, seduzira aqueles que receberam a marca da Besta e adoraram sua imagem. Ambos foram jogados vivos no lago de fogo ardente de enxofre. Os outros pereceram pelo gládio que saía da boca do cavaleiro, e todas as aves se fartaram com sua carne.[21]

## O PROFETISMO NAS PRIMEIRAS COMUNIDADES CRISTÃS

Dessa atmosfera dominada pela profecia apocalíptica, o Novo Testamento carrega inúmeros traços. Os Evangelhos gostam de lembrar que a vinda de Jesus foi profetizada, em último lugar, por João Batista, que levava uma vida ascética e vestia roupas de pele de camelo que lembravam seus antecessores.[22] O próprio Jesus é apresentado como um profeta: ele fala de si mesmo como tal e faz várias predições. "O profeta só é desprezado em sua pátria",[23] diz ele. À pergunta: "No dizer dos homens, quem é o Filho do Homem?", os apóstolos respondem: "Para uns, João, o Batista; para outros, Elias; para outros ainda, Jeremias ou um dos profetas".[24] "Quem é este?, diziam. E as multidões respondiam: é o profeta Jesus, de Nazaré, na Galileia."[25]

A profecia é apresentada como uma das marcas fundamentais da divindade de Cristo. Os Evangelhos lhe atribuem predições de curto prazo, às vezes prosaicas: "Encontrareis um jumento sobre o qual ninguém montou",

---

21 Apocalipse 19,13-21.
22 Mateus 3,4; 11,11-13; 21,26.
23 Ibid. 13,56.
24 Ibid. 16,14.
25 Ibid. 21,11.

"Tu me renegarás três vezes", "Um de vós me entregará"; ele anuncia sua morte, sua ressurreição, a destruição de Jerusalém. Jesus é o profeta por excelência, conhece o futuro tão bem quanto o passado e o presente, com uma única exceção, para desgosto de discípulos e fiéis: o dia e a hora do fim. "O céu e a terra passarão, minhas palavras não passarão. Mas esse dia ou essa hora ninguém sabe, nem os anjos do céu, nem o Filho, ninguém, exceto o Pai."[26]

A grande profecia sobre a ruína do Templo insere-se, aliás, na linhagem apocalíptica e mistura confusamente o fim de Jerusalém e o fim do mundo. Fazendo referência aos anúncios anteriores, o texto emprega expressões clássicas para descrever a desolação e dar os sinais anunciadores, entre os quais haverá a vinda de falsos profetas:

> Quando ouvirdes falar de guerras e rumores de guerras, não vos alarmeis: é preciso que isso aconteça, mas ainda não será o fim. Erguer-se-á de fato nação contra nação, e reino contra reino; haverá terremotos em diversos lugares, haverá fome; esse será o começo das dores do parto. Estai alertas. Entregar-vos-ão aos tribunais e às sinagogas, sereis espancados, comparecereis perante governadores e reis por causa de mim: eles terão um testemunho. Pois primeiro é preciso que o Evangelho seja proclamado a todas as nações. [...] Infelizes das que estiverem grávidas e das que estiverem amamentando naqueles dias! Orai para que isso não aconteça no inverno. Pois aqueles dias serão dias de aflição como jamais houve igual desde o princípio do mundo que Deus criou até agora, e como não haverá mais. [...] Mas naqueles dias, depois da aflição, o sol escurecerá, a lua não brilhará mais, as estrelas começarão a cair do céu e os poderes que estão nos céus serão abalados. Então verão o Filho do Homem vir, cercado de nuvens, na plenitude do poder e da glória. Então ele enviará os anjos e, dos quatro ventos, da extremidade da terra à extremidade do céu, ele reunirá seus eleitos.[27]

Essa profecia permanecerá no cristianismo como *a* profecia, a garantia da catástrofe final que precederá o julgamento. Esse texto, elaborado no clima apocalíptico das primeiras comunidades cristãs, provavelmente corresponde a palavras de Jesus, o que reforça a tese de seu pertencimento a meios extremistas próximos dos essênios ou dos zelotas, que eram os mais marcados por essas crenças.

---

26 Marcos 13,32.
27 Ibid. 13,7-27.

Também encontramos profecias nos outros textos doutrinários do Novo Testamento. Os escritos de Paulo estão cheios delas, e ele acrescenta às profecias de Cristo predições pessoais emprestadas da apocalíptica judaica: antes do retorno de Jesus, escreve ele, "é preciso que venha primeiro a apostasia e que se revele o Homem da impiedade, o Filho da perdição, aquele que se ergue e se levanta contra tudo que se chama Deus ou é adorado, a ponto de se sentar em pessoa no templo de Deus e proclamar que é Deus".[28] Esse "Homem da impiedade" contribuirá com a Besta joanina para o nascimento do mito do Anticristo. Para Paulo, esses acontecimentos são iminentes.[29] Na Epístola aos Romanos, ele explica que, se tardarem um pouco, é por causa da necessidade de primeiro converter todos os pagãos.[30]

A função profética é parte integrante das primeiras comunidades cristãs, juntamente com as de apóstolo e doutor. Encontramos várias menções nos Atos dos Apóstolos: "Havia em Antioquia, na igreja do lugar, profetas e homens encarregados de ensinar"; "Naqueles tempos, profetas desceram de Jerusalém para Antioquia"; "Judas e Silas por sua vez, como profetas que eram"; "Veio um profeta da Judeia, chamado Ágabo".[31] Paulo também os evoca com frequência e, segundo o que diz, esses profetas deviam se ocupar sobretudo com o ministério da palavra nas reuniões dos cristãos: "Quanto às profecias, que dois ou três tomem a palavra e que os outros julguem".[32] Era durante a leitura e a prédica que esses profetas deviam se entregar à predição, numa espécie de entusiasmo tal como aquele que acometeu os apóstolos no dia de Pentecostes.[33]

A importância da profecia apocalíptica nas primeiras comunidades certamente repercute no conteúdo dos Evangelhos, que são elaborados dentro delas:

> As relações do cristianismo nascente e da apocalíptica judaica devem ser apreciadas também em função desse espírito novo. Como Jesus falava e agia como profeta quando abria o futuro para os que acreditavam no Evangelho, é natural que a perspectiva do julgamento e da salvação tenham ocupado espaço

---

28 2 Tessalonicenses 2, 3-4.

29 1 Tessalonicenses 4,15; 1 Coríntios 7,29, 31; 10,11.

30 Benoît, L'évolution du langage apocalyptique dans le corpus paulinien. In: Congrès de Toulouse (Actes), *Apocalypses et théologie*, op. cit.

31 Atos 13,1; 12,27; 15,32; 21,10.

32 1 Coríntios 14,29.

33 "A leitura da Escritura pode dar lugar tanto à profecia como ao ensinamento, e há corroborações entre ambos" (Grelot, *Introduction à la Bible*, t.III, v.5, p.69).

> em sua mensagem, seja qual for a opinião que se tenha sobre o caráter primitivo de certos de seus *logia*. Posto que com isso ele ia ao encontro das preocupações dos círculos apocalípticos, podia retomar livremente os procedimentos literários deles. [...] O discurso de Marcos 13,5-32 é um caso clássico: as palavras "proféticas" de Jesus foram retomadas e sintetizadas num pequeno apocalipse cristão, anterior a 70 em Marcos, um pouco mais tardio em Mateus e Lucas.[34]

Certos teólogos, como E. Käsemann, chegam ao ponto de fazer da apocalíptica "a mãe da teologia cristã".[35]

O cristianismo nascente é de essência profética: anunciado por profecias das quais é a realização, Cristo é ele próprio o maior dos profetas, e o centro de seu ensinamento é a nova do advento do Reino de Deus. Os cristãos vivem na esperança de realização de uma promessa, e mesmo que o futuro se construa no presente, por uma vida imaculada, este último é desvalorizado em proveito do futuro; o cristão é um peregrino que tem os olhos fixos no objetivo que deve atingir; o cristianismo é uma religião do futuro, e esse traço vai marcar profundamente a civilização ocidental.

## A IGREJA PROFÉTICA EM FACE DO PROFETISMO LIVRE: O MONTANISMO

Na época das primeiras comunidades, esse futuro era considerado muito próximo: o retorno de Cristo é esperado de maneira iminente, num clima pré-apocalíptico que excita os espíritos e provoca certa agitação, como em Corinto, onde se manifestam "falsos profetas" contra os quais Paulo deve prevenir os fiéis. Os temas apocalípticos às vezes desbancam e relegam o resto da doutrina para segundo plano, dando origem aos primeiros desvios heréticos. O caso mais sério é, desde o século II, o do montanismo.

A origem desse movimento é um convertido, Montano, que se apresenta como uma encarnação do Espírito Santo, o "Espírito de verdade" do Evangelho de João, anunciando o retorno iminente de Cristo, que reinará mil anos na "Nova Jerusalém", na Frígia. A pregação de Montano é situada em 156 por Epifânio e em 172 por Eusébio. Tem como contexto a cidade frígia de Hierápolis, região de forte implantação do culto oriental de Cibele, cujas influências são muito claras sobre Montano. Sua doutrina é inteiramente profética

---

34 Ibid., p.63-4.

35 Käsemann, Les débuts de la théologie chrétienne. In: ______, *Essais exégétiques*, p.174-98.

e apocalíptica. Seus auxiliares são duas profetisas, Priscila e Maximila, que predizem desastres iminentes, precursores da vinda de Cristo. Uma das iluminadas afirma, aliás, ter tido uma visão deste último com feições de mulher.

Rapidamente, as autoridades locais da Igreja criticam essa corrente profética. O bispo de Hierápolis, Apolinário, e seus colegas da Ásia Menor lutam contra esse profetismo selvagem, e esse primeiro conflito é o protótipo de várias dezenas de outros que vão marcar a história da Igreja.

A multiplicação das heresias é, na verdade, a contrapartida inevitável de uma religião como o cristianismo, fundado sobre o espírito profético. Uma vez admitida a validade fundamental da revelação profética, como controlá-la e canalizá-la depois? Se "o espírito sopra onde quer", como distinguir os verdadeiros dos falsos profetas? O problema já se colocava para o judaísmo, mas a precisão meticulosa da Lei permitia reprimir o movimento. Aqui, a Lei estando superada, e o fundador, Cristo, tendo dado ele próprio o exemplo da liberdade de inspiração, o caminho fica aberto para inspirados de todos os credos. Montano é apenas o primeiro de uma longa série. Durante séculos, a Igreja institucional vai ser confrontada com o problema dos livres profetas, que ela não pode proibir de maneira sistemática sem renegar a si própria. Ela vai gastar parte considerável de sua energia durante séculos para separar as verdadeiras das falsas profecias, e relegar estas últimas à heresia. Paradoxo da Igreja: a invasão profética é ao mesmo tempo prova de dinamismo e fonte de fraqueza e divisão. Com o tempo, o aspecto institucional e racional vai pouco a pouco prevalecer, mas com isso a Igreja vai perder substância e força. Sua história é a da passagem da religião profética para o quadro institucional e social. A Igreja se vê cada vez mais reduzida a gerir o presente e até a buscar um modelo no passado.

A questão profética é um dos grandes problemas com os quais são confrontados os primeiros intelectuais cristãos, os Pais da Igreja, a partir da crise montanista. Porque, estimulada pela retomada das perseguições, essa corrente se difunde rapidamente na África, na Gália, em Roma. Ireneu, então padre de Lyon, a discute com Eleutério, bispo de Roma. Nessa cidade desenvolvem-se duas escolas montanistas, a de Ésquines e a de Proclo, e este último, que ensina de 199 a 217, prepara um recruta de primeira qualidade na pessoa de Tertuliano. Esse impetuoso africano toma a defesa dos dons proféticos de Montano. Em 213, no *Adversus Praxean*, responsabiliza o teólogo Praxeas por ter mudado a opinião do bispo de Roma contra o montanismo e, portanto, de ter combatido a profecia:

> O bispo de Roma reconhecera os dons proféticos de Montano, Priscila e Maximila. Em razão desse reconhecimento, concedera sua paz às Igrejas da Ásia e da Frígia. Nesse momento [Praxeas] apresentou falsas acusações contra os próprios profetas e suas Igrejas. [...] Desse modo, Praxeas fez dois favores ao demônio em Roma. Afastou a profecia e introduziu a heresia.[36]

Entre as obras perdidas de Tertuliano, um tratado *Sobre o êxtase* defende a prática da profecia, e na sétima parte refuta as acusações apresentadas pelo bispo Apolônio contra Montano. São Jerônimo examinou essa questão:

> Apolônio foi um homem de enorme talento que escreveu contra Montano, Priscila e Maximila um livro notável e copioso. Nele afirma que Montano e suas profetisas insanas morreram por enforcamento, e muitas outras coisas, das quais as que se seguem, contra Priscila e Maximila: "Elas negam ter aceitado os dons? Que eles confessem ao menos que aqueles que os aceitam não são profetas. Quero provar, com a ajuda de mil testemunhas, que elas receberam dons, porque é por outros frutos que se reconhecem os profetas. Dizei-me, um profeta pinta os cabelos? Um profeta pinta as pálpebras com antimônio? Um profeta se enfeita com belos ornamentos e pedras preciosas? Um profeta joga dados ou jogos de mesa? Admite a usura? Que eles respondam se sim ou não, isso pode ser permitido. Fixar-me-ei como tarefa provar que eles o fazem".[37]

Certos bispos são tentados pelo profetismo: na época de Montano, um deles, na província de Ponto, anuncia a segunda vinda de Cristo em dois anos; seus fiéis param de lavrar e trabalhar, dão suas casas e seus bens. Um outro na Síria conduz seus seguidores ao deserto para encontrar Cristo.[38] Em 200, o papa Zeferino condena oficialmente o montanismo. Mas a luta contra o espírito profético livre estava apenas começando.

## OS PAIS EM FACE DA ADIVINHAÇÃO PAGÃ

Os intelectuais cristãos dos primeiros séculos, os Pais da Igreja, que vão elaborar a doutrina oficial da Igreja, são confrontados com uma situação complexa e contraditória em matéria de predição, e não causa surpresa

36 Tertuliano, *Adversus Praxean*, cap.1.
37 São Jerônimo, *De viris illustribus*, 40.
38 Christie-Murray, *A History of Heresy*, p.36.

constatar divergências e hesitações entre eles. De fato, se estão de acordo sobre a legitimidade e a possibilidade de certo conhecimento do futuro, veem-se diante de uma grande variedade de meios, e muitas vezes têm dificuldade para distinguir o princípio geral de suas aplicações lícitas ou ilícitas: Deus não utilizou a adivinhação pagã para seus próprios fins, com a Sibila e Virgílio? O que pensar da astrologia? Das profecias hebraicas? Das profecias novas que surgem na Igreja?

Com relação à adivinhação pagã, a oposição é maciça, com certas ressalvas, porque não se trata de jogar o bebê com a água do banho. A margem de manobra é estreita: é preciso rejeitar a ideia de destino para manter a liberdade individual, afirmando ao mesmo tempo que para Deus o futuro já existe, e é preciso rejeitar os oráculos pagãos, sustentando ao mesmo tempo que o conhecimento do futuro é possível. Os primeiros apologistas sentiram a dificuldade. Foi assim que São Justino, no século II, foi o primeiro a tentar distinguir presciência e fatalidade:

> Que, aliás, se falamos de presciência e predição, que se evite concluir que acreditamos na fatalidade e no destino. [...] Se não fosse assim, se todos seguissem a lei do destino, onde ficaria o livre-arbítrio? [...] Do que dizemos que o futuro foi predito não resulta que consagrávamos o princípio da necessidade e do destino. Não, mas como Deus prevê todas as ações futuras dos homens, como deve dar a cada um segundo o mérito de suas obras, e recompensar os atos de virtude, ele faz fazer predições pelo Espírito Santo, chamando assim incessantemente o gênero humano à lembrança e à reflexão.[39]

Tendo feito essa distinção, são Justino afirma que "o Espírito Santo fala dos acontecimentos futuros como se tivessem acontecido"; até agora, tudo que os profetas anunciaram aconteceu; logo, o que anunciaram e ainda não se realizou também acontecerá.

As predições pagãs, em compensação, são erros grosseiros, ridicularizados por Minúcio Félix:

> Paulo Emílio achou os frangos de bom apetite antes da Batalha de Canas, e ainda assim morreu com a maior parte de seu exército. César, ao contrário, embora tenha menosprezado os auspícios e os augúrios, que se opunham a que

39 São Justino, *Primeira apologia a favor dos cristãos*, 43-44.

> embarcasse para a África antes do inverno, não teve uma navegação favorável, seguida da vitória?[40]

Os oráculos são mentiras inventadas para favorecer tal ou tal causa, e as respostas da Pítia são voluntariamente deturpadas.

É o que também afirma Orígenes: a Pítia é manipulada, e as predições pagãs são fábulas, cuja impostura foi assinalada por certos filósofos pagãos, como Epicuro, Demócrito e Aristóteles. Mesmo os livros sibilinos são mentiras, e Orígenes zomba dos "sibilistas", esses cristãos que se deixam seduzir por falsificações.[41] Eusébio se ergue contra a ideia de destino, que aniquila qualquer possibilidade de punição e recompensa, e torna a oração inútil, sustentando ao mesmo tempo a verdade das profecias do Antigo Testamento.[42]

No século IV, Gregório de Nissa dedica um tratado ao destino na forma de um diálogo que teria tido com um filósofo grego que defendia a fatalidade, declarando que "aquele que se suicida e aquele que espera pela morte obedecem ambos ao impulso dessa força todo-poderosa". Gregório considera "revoltante" a ideia de que o homem, ser inteligente e livre, seria determinado por seres materiais como os astros ou por uma fatalidade qualquer. Ele se lança então num ataque em regra contra todas as formas de adivinhação: haruspicismo, augúrios, astrologia, oráculos, dos quais sublinha o caráter ambíguo, vago, destinado a enganar os consulentes. Contudo, ideia nova que vai se impor entre os cristãos, ele afirma que, se adivinhos e astrólogos às vezes acertam, é porque o diabo os inspira. Um passo decisivo é dado: a adivinhação pagã não é apenas coisa de charlatães, mas é diabólica, e essa satanização da predição não ortodoxa permitirá que mais tarde ela seja brutalmente reprimida. A passagem é capital:

> Não é apoiando-se no conhecimento da ação necessária do destino que os harúspices e os áugures leem o futuro nas entranhas palpitantes das vítimas ou no voo de um pássaro; a malícia dos espíritos de trevas é a única causa dessas profecias mentirosas; e mesmo quando essas profecias se cumprem (se, no entanto, podemos crer que se cumprem completamente), não devemos concluir disso que o destino existe, pois do contrário toda ciência divinatória asseguraria em bom direito tirar sua força do destino. Haveria desse modo um destino

---

40 Minúcio Félix, *Octavius*, 26.

41 Orígenes, *Contra Celso*, V, 61; VIII, 45-46; *Homélies sur Ezéchiel*, col. Sources Chrétiennes, n.352.

42 Eusébio, *Discurso contra Hiérocles* e *Demonstrationis Evangelicae*.

para a astrologia, outro para os augúrios, outro para os presságios e símbolos. Se nada impede, nessas diferentes partes da ciência divinatória, predizer o futuro sem o auxílio do destino, os acontecimentos fortuitos que algumas vezes estão de acordo com essas predições não são prova suficiente da solidez dessa ciência; mas as predições daqueles que fazem profissão de ler no futuro estão longe de ser certas e indubitáveis; esses profetas mentirosos tomam o cuidado de amealhar uma infinidade de escapatórias a fim de conservar o crédito, caso o acontecimento venha a provar a futilidade de sua ciência. Toda a ciência dos astrólogos também se limita a enganar habilmente os homens; eles resguardam sua reputação imputando a falsidade de seus horóscopos ao erro cometido, dizem eles, por aqueles que não lhes indicaram a hora fatal em que a influência dos astros é sentida; suas predições ambíguas estão prontas a qualquer acontecimento, a fim de que, haja o que houver, pareçam tê-lo anunciado. [...]

Assim as sibilas, como que inebriadas pela inspiração que desce do alto em seu íntimo, abandonam-se a um delírio furioso, que o vulgo iludido toma por um espírito profético. Aliás, todos que leem o futuro nas entranhas das vítimas, nos movimentos do fogo e no voo dos pássaros não atribuem suas predições ao destino, mas a um gênio ou demônio todo-poderoso. [...]

Todos os falsos profetas se parecem; erram quase sempre na aplicação de sua ciência, e seduzem a credulidade dos homens com umas poucas predições com ar de verdade. Imitadores dos demônios dos quais são intérpretes, dedicam toda a sua atenção a nos impedir de voltar nossos olhares para Deus e obter dele os bens dos quais é fonte. [...]

É evidente que essa ciência mentirosa é obra dos demônios, que a inventaram para a perdição dos que adoram o destino como mestre do mundo, sem pensar no supremo poder de Deus.[43]

Em outro tratado, Gregório de Nissa também ataca os sonhos, que não têm nada a ver, diz ele, com a profecia. Ele põe a Pítia na categoria dos falsos profetas manipulados pelo demônio. Contudo, pode acontecer, em casos raros, que Deus comunique o conhecimento do futuro a pagãos, se isso servir a seus propósitos:

Se Deus permitiu ao rei do Egito e ao rei da Assíria ter o conhecimento do futuro, essa permissão tinha um objetivo velado; ele queria fazer saltar aos olhos

43 São Gregório de Nissa, *Epistola contra fatum*, 21-22.

de todos os homens a sabedoria de alguns santos personagens, a fim de que as lições dessa sabedoria divina servissem à felicidade da humanidade.[44]

Em meio aos ataques redobrados contra a adivinhação pagã, subsiste, porém, o desacordo entre os pensadores cristãos a respeito da Sibila e da quarta écloga de Virgílio, que parece anunciar o Cristo. Para muitos, a Sibila foi um instrumento divino. Teófilo de Antioquia cita uma longa profecia contra os deuses pagãos e a favor do Deus único e verdadeiro.[45] Lactâncio é particularmente entusiasta. Para ele, a Sibila anunciou a paixão de Cristo: "Ele cairá mais tarde nas mãos dos ímpios e dos infiéis; com suas mãos impuras golpearão Deus...";[46] a coroa de espinhos, o vinagre, os três dias na sepultura, o véu do templo, a ressurreição, tudo está lá, e nem lhe passa pelo espírito que poderiam ser interpolações cristãs. Clemente de Alexandria também está convencido.[47] Eusébio de Cesareia apresenta isso como um fato histórico:

> Uma vez, porém, que se precipitou no santuário de sua vã superstição, ela foi verdadeiramente repleta da inspiração do alto, e proclamou em versos poéticos os desígnios futuros de Deus, indicando abertamente a vinda de Jesus pelas letras iniciais desses versos, que formam um acróstico nessas palavras: *Jesus Cristo, filho de Deus, salvador, Cruz.*[48]

Eusébio também faz uma análise detalhada da quarta écloga de Virgílio, que para ele anuncia a encarnação e a redenção. Hermas, São Justino, Tertuliano também são dessa opinião.[49]

Raros são os cristãos que, como o autor anônimo do *Oratio ad sanctorum coetum*, que é atribuído a Constantino e descreve as perturbações cósmicas do fim do mundo, suspeitam, antes de Santo Agostinho, da origem fraudulenta dos textos sibilinos, que se enriquecem em meados do século IV com um conjunto capital, os *Tiburtina*. Atribuído à Sibila Tiburtina, esse texto, composto por cristãos após a vitória do imperador ariano Constâncio em 350, anuncia um tempo de tribulações precedendo a vinda de um imperador grego cristão, Constante, que ao longo de um reinado glorioso de 112 ou 120 anos

---

44 Id., *Tratado da formação do homem*, XIII, 42.
45 Teófilo de Antioquia, *Três livros a Autólico*, II, 36.
46 Lactâncio, *Institutions divines*, XVIII, 15; XIX, 5-10, col. Sources Chrétiennes, n.377, Livre IV.
47 Clemente de Alexandria, *Protréptico*, VIII, 77; *Stromata*, XXI, 108.
48 Eusébio de Cesareia, *Vida de Constantino*, 18.
49 Hermas, *Visões*, II, 4; Justino, *Apol.*, XX e XLIV; Tertuliano, *Apologeticum*, XIX, 10.

assegurará o triunfo da verdadeira fé e destruirá os infiéis. Ele aniquilará os povos de Gog e Magog, e entregará o poder de Jerusalém nas mãos de Deus. Então virá o Anticristo, que reinará durante um curto período, antes de ser derrotado pelo arcanjo Miguel, que precederá a segunda vinda de Cristo.[50] A importância desse texto reside sobretudo no anúncio dessa figura chamada a desempenhar um grande papel no imaginário profético medieval: o Imperador dos últimos dias, ator essencial do drama apocalíptico futuro com o Anticristo.

Seu papel será especificado em outra pseudoprofecia sibilina, a do Pseudo-Metódio, datada do fim do século VII, mas atribuída a um bispo do século IV, Metódio de Patara. Escrito para consolar os cristãos da Síria submetidos ao domínio dos muçulmanos, o texto não recua diante dos anacronismos e pinta um quadro movimentado, em que encontramos com variantes as peripécias do Apocalipse: os cristãos serão punidos por seus pecados com a invasão muçulmana; então virá um poderoso imperador que se acreditava morto havia muito tempo, e ele derrotará os muçulmanos e inaugurará uma era de paz; então Gog e Magog entram em cena, devastam o mundo antes de ser esmagados pelo enviado de Deus; o imperador abdica da coroa em Jerusalém e morre; começa o reinado do Anticristo, logo derrotado pelo próprio Cristo, que então procede ao julgamento.

Assim, ao mesmo tempo que combatem a adivinhação pagã, os cristãos enriquecem sua visão do futuro com elementos heteróclitos de fontes variadas, elaborando uma síntese a partir do Apocalipse e das invenções sibilinas, e não receando adaptá-la às necessidades do momento. Do lado dos pagãos, recorre-se com a mesma desenvoltura ao procedimento que consiste em fazer o adversário predizer sua própria ruína: na época de Juliano, o Apóstata, pagãos fazem circular, por volta de 360, versos gregos contando que São Pedro conseguira por meio de práticas mágicas que o cristianismo durasse 365 anos antes de desaparecer.[51] A profecia a serviço da propaganda e da intoxicação ainda terá belos dias pela frente.

## OS PAIS E A ASTROLOGIA: UMA CONDENAÇÃO COM NUANCES

Com relação à astrologia, os pensadores cristãos dos primeiros séculos se dividem. Tertuliano, favorável à profecia inspirada, condena a adivinhação

50 Cohn, op. cit., p.31.
51 Hubaux, *Les grands mythes de Rome*, p.146.

e a astrologia, "permitida somente até os tempos do Evangelho, de modo que, a partir da aparição de Cristo, ninguém possa interpretar a natividade de alguém a partir do céu". Os magos do Natal foram os últimos astrólogos lícitos; desde então, os cristãos não consultam "nem os astrólogos, nem os harúspices, nem os áugures ou os magos, mesmo sobre seus próprios assuntos (já que essas práticas vêm dos demônios e foram proibidas por Deus), e menos ainda sobre a vida de César".[52]

A interdição da prática da astrologia, contudo, não põe em questão a validade das predições dos astrólogos. Assim, para Lactâncio, as predições astrológicas são tanto verdadeiras como de origem demoníaca, porque Deus se serve também de seus adversários para anunciar a verdade.[53] Do mesmo modo, Epifânio, na história de Áquila, que aparentemente remonta a cerca de 120, mostra que cristãos continuavam a praticar a astrologia, e eram condenados por tentar conhecer o que não tinham o direito de conhecer. Áquila, escreve ele, foi batizado:

> mas, como não mudava sua maneira de viver, crendo na futilidade da astrologia, na qual era muito versado, consultando todos os dias a posição de sua carta natal, foi interrogado pelos mestres e repreendido, mas não apenas não se emendou, como se opôs a eles, e procurou conhecer o que não deve ser conhecido, a saber, o destino e tudo que dele decorre; ele foi, por consequência, expulso da Igreja, sendo inapto para a salvação.[54]

A crítica de Orígenes é mais racional. Corresponde em grandes linhas à de Plotino, o filósofo neoplatônico do início do século III, cujos argumentos são os seguintes:[55] como a alma, superior à matéria, poderia ser determinada por ela? Se a astrologia é confiável, somos apenas "pedras que são roladas, e não homens agindo por nós mesmos, segundo nossa própria natureza". Se os astros são sinais do que sucede conosco, e esses sinais são causas, então todos os sinais deveriam ser causas. Os astrólogos, muito hábeis para determinar os horóscopos dos outros, parecem incapazes de determinar o deles. Por que um homem e um animal nascidos ao mesmo tempo não têm o mesmo destino? Como os astros podem causar o bem e o mal de acordo com sua posição no céu?

---

52 Tertuliano, *Apologeticum*, cap.35.
53 Lactâncio, *Vitae Patrum*, éd. Migne, t.LXXIII, col. 452.
54 Epifânio, *De mensuris et ponderibus*, XV, éd. Migne, t.XLIII, col. 262.
55 Plotino, *Enéadas*, II, 3; III, 1.

A semelhança dos argumentos de Orígenes e Plotino vem seguramente do ensinamento que receberam de seu mestre em Alexandria, Amônio Sacas. Mas Orígenes acrescenta precisões técnicas muito refinadas. Sua argumentação não tem nada de especificamente cristão. Como a de Plotino, é racional: ele tenta mostrar que a astrologia é totalmente incapaz de predizer o futuro, uma vez que os astros não podem de maneira alguma determinar nossa conduta.

Desse ponto de vista, Orígenes é exceção. Para as autoridades cristãs dos primeiros séculos, o que torna a astrologia condenável não é sua falsidade, mas, ao contrário, sua diabólica precisão: ela revela o que apenas Deus conhece, o futuro. Ela é, portanto, obra de Satanás.

A astrologia adquire até mesmo um matiz herético com os priscilianos, que, segundo Orósio, acreditam na viagem da alma através das esferas antes do nascimento; ao longo desse périplo, ela é influenciada pelos planetas, e cada parte do corpo é vinculada a um signo do zodíaco.[56] Os concílios do século IV, portanto, e em particular o de Laodiceia, condenam a astrologia por motivos religiosos. As autoridades políticas do mundo bizantino se mostram muito firmes a esse respeito. Em 357, o imperador Constâncio proíbe a prática da astrologia e do haruspicismo; em 409, Honório e Teodósio ordenam que os astrólogos queimem seus livros na presença dos bispos, sob pena de exílio. Em 425, Teodósio e Valentiniano expulsam os "matemáticos". Nem por isso estes últimos abandonam suas atividades, já que em cerca de 500 Retório compõe seu *Floruit*.

Apesar de tudo, a conjunção dos ataques religiosos com a voga do neoplatonismo é responsável por uma séria inflexão na astrologia, que abandona progressivamente a teoria de um determinismo rígido: os astros não provocam os acontecimentos, apenas os anunciam, e unicamente no que concerne às substâncias corporais. É o que afirma o neoplatônico Calcídio no fim do século IV: "As estrelas não são a causa do que acontece, elas simplesmente predizem os acontecimentos futuros". Elas não poderiam causar o mal ou desafiar a providência divina. É também no século IV, por volta de 340, que o astrólogo Júlio Fírmico escreve sua *Mathesis*. Pouco conhecido, esse autor, talvez siciliano, neoplatônico e cristão, desenvolve uma concepção "branda" da astrologia.

Encontramos essas concepções dispersas em *O casamento de Mercúrio e da filologia*, de Marciano Capela, no início do século V, e sobretudo em *O sonho*

56 Orósio, *Priscilliani quae supersunt*, éd. Schepps, p.153.

*de Cipião*, de Macróbio, por volta de 430. Este último desenvolve o tema neoplatônico da viagem da alma, que desce das regiões etéreas para a Terra a fim de encarnar. Nessa viagem, ela atravessa as esferas dos planetas, recebendo em sua passagem a inteligência na esfera de Saturno, o poder de agir na de Júpiter, o ardor na de Marte, o sentimento e a opinião na do Sol, o desejo na de Vênus, a linguagem na de Mercúrio, o crescimento corpóreo na da Lua. Dessa viagem já mencionada por Virgílio e Horácio, autores cristãos conservarão também a ideia de uma associação entre os planetas e os sete pecados capitais. Além disso, Macróbio desenvolve o *thema mundi*, ou horóscopo do mundo, que corresponde à situação dos planetas no momento do surgimento da Terra. Essa ideia será retomada e desenvolvida por autores medievais, que a adaptam ao dia presumido da criação, de acordo com a Bíblia.

Podemos entrever, portanto, desde os primeiros séculos, a atitude antes de tudo hesitante dos intelectuais cristãos diante da astrologia, esse fruto proibido tão atraente, originário do paganismo, mas utilizado algumas vezes por Deus, como a estrela dos pastores e dos magos. Por sua origem, por seus poderes provavelmente demoníacos, ela parece invadir o campo privado de Deus: o futuro. Mas tentativas de conciliação são possíveis, como proclama no século VIII o persa Estêvão, o Filósofo, que justifica sua vontade de reintroduzir a astrologia em Constantinopla declarando que as estrelas não são deuses e não agem por si próprias, mas somente manifestam a vontade divina, e que seria um pecado não levá-las em consideração.

## OS PAIS E A PROFECIA JUDAICO-CRISTÃ: UM MEIO DE CONHECIMENTO SEMPRE EFICAZ

Seja como for, o problema da astrologia é relativamente secundário nessa época, porque os cristãos têm à sua disposição um meio de predição muito mais seguro: a grande profecia inspirada, cujo único defeito é anunciar apenas os grandes acontecimentos gerais relativos à história da salvação, e não satisfaz a curiosidade sobre a sorte individual.

Há, em primeiro lugar, o *corpus* das profecias antigas, as do Antigo Testamento, que os Pais utilizam largamente como arma apologética que prova a verdade do cristianismo. São compostas coleções e coletâneas, como as *Prophetiae ex omnibus libris collectae*, no início do século IV. Um pequeno tratado sobre os locais de sepultura e nascimento dos profetas, bem como sobre as lendas da vida deles, é atribuído a Epifânio de Salamina, outro autor do século IV. Esse tratado é sem dúvida apócrifo, assim como o *Opusculum S. Epiphanii de divina inhumanatione*, uma coletânea de profecias messiânicas do Antigo Testamento em 102 capítulos, mas essas obras atestam o interesse que se tinha pelas antigas profecias.

Interesse ainda mais vivo porque elas continuam a ser reinterpretadas. Seu sentido não se limita à vinda de Cristo, acreditam; ele tem um alcance muito mais geral, referente ao destino do mundo. Portanto, é preciso reler esses textos, à luz dos acontecimentos passados, para conhecer a sorte futura da humanidade. Coloca-se então o problema da interpretação, cada qual adaptando esses discursos obscuros a suas esperanças e temores. Já por volta de 200, Clemente de Alexandria acusa os heréticos de deturpar o conteúdo das profecias:

> Embora tenham a audácia de empregar as Escrituras proféticas, os heréticos não aceitam todas, nem cada uma em sua totalidade, nem com o sentido que exigem o corpo e a contextura da profecia. Uns escolhem as passagens anfibológicas, para introduzir nelas suas próprias opiniões; pegam aqui e ali palavras isoladas, e não se detêm em seu significado próprio, mas no som que produzem. Em quase todas as passagens que alegam, poderíamos mostrar que se prendem unicamente às palavras, mudando o que elas querem dizer: ou ignoram seu sentido, ou desnaturam em proveito próprio as autoridades que citam.[57]

Ainda no século V, Teodoreto de Ciro protesta contra o uso que os judeus fazem das profecias do Antigo Testamento. Para ele, as profecias só podem ir no sentido do cristianismo: "As profecias a respeito de Cristo Senhor, a Igreja dos Gentios, o Evangelho e a pregação dos apóstolos não devem ser interpretadas em relação a outra coisa, como se tem o costume de fazer entre os judeus".[58] Afirmação que ilustra bem a apropriação das profecias bíblicas pelos cristãos. O mesmo autor reitera seus ataques contra os judeus em seu comentário aos livros de Daniel, Ezequiel, Isaías e dos profetas menores, acusando-os de desnaturar o sentido das profecias messiânicas sobre acontecimentos da história judaica antiga.

Os Pais se detêm de preferência nas profecias apocalípticas, cujas imagens extravagantes permitem todos os tipos de jogos de espírito e as interpretações mais insanas. Daniel é um dos favoritos, comentado dezenas de vezes, porque os números misteriosos de suas visões parecem esconder

---

57 Clemente de Alexandria, *Stromata*, 7, 16, 96.

58 Teodoreto de Ciro, *Interpretação dos Salmos*, apud Quasten, *Initiation aux Pères de l'Église*, t.III, p.755.

predições sobre o fim do mundo. Tomemos um dos trabalhos patrísticos mais característicos desse estado de espírito, o *Comentário sobre Daniel*, composto em cerca de 202-204 por Santo Hipólito.[59] A exegese proposta por ele é amplamente tributária, como sempre, das circunstâncias presentes de sua obra. Estamos em plena perseguição, os fiéis procuram desesperadamente sinais que anunciem o fim de suas tribulações terrenas. A atitude de Hipólito é indicativa dessa imperiosa necessidade de conhecer o futuro num povo que está sofrendo. De fato, ele começa advertindo: Jesus nos disse que não pertence a nós conhecer a data do fim do mundo, para nos manter em vigília, numa espera ansiosa: "Posto que lhes ocultou o dia, mas revelou quais seriam os sinais pelos quais o homem poderá prever sua iminência, temos apenas de refletir sobre cada acontecimento que sucede e, apesar de toda a nossa ciência, silenciar".[60] Depois, imediatamente, anuncia que vai desobedecer a essa ordem de Cristo, porque a necessidade de saber é forte demais: "Mas para não negar, mesmo sobre esse ponto, esclarecimentos à curiosidade humana, vemo-nos obrigados a dizer o que não é permitido dizer".

Hipólito se lança então em cálculos inverossímeis, baseados numa interpretação simbólica arbitrária dos números bíblicos. Podemos dar aqui apenas uma magra ideia dela. Trata-se, em primeiro lugar, de saber em que altura estamos da história do mundo. Para isso, é preciso datar o acontecimento crucial: o nascimento de Cristo. Ele ocorreu no ano 5.500 após a criação.

> Mas dirão: "Como podes me demonstrar que o Salvador nasceu no ano 5.500?". Isso é muito fácil de saber, ó homem. O que Moisés fez outrora para o Tabernáculo era apenas o tipo e o símbolo dos mistérios espirituais, de modo que, quando a verdade for manifestada em Cristo, no fim do mundo, poderás compreender que tudo isso se realizou. Deus diz de fato a Moisés: "Vais fazer a Arca de madeira imputrescível. Vais cobri-la de ouro por dentro. Vais fazê-la com dois côvados e meio de comprimento, um côvado e meio de largura, um côvado e meio de altura". Se somarmos, isso dá cinco côvados e meio: o que simboliza os 5.500 anos ao cabo dos quais o Salvador nasce da Virgem, produzindo no mundo a Arca que é o seu próprio corpo, dourado de ouro puro por dentro pelo Verbo, por fora pelo Espírito Santo.[61]

59 Publicado na coleção Sources Chrétiennes, n.47.
60 Santo Hipólito, *Commentaire sur Daniel*, IV, 17.
61 Ibid., IV, 24.

Em outra parte, Hipólito demonstra que, de acordo com São João, Cristo teria morrido quando ainda não eram seis horas em ponto: eram portanto cinco e meia, símbolo evidente dos 5.500 anos transcorridos desde a criação. É por métodos igualmente estranhos que Sulpício Severo chega à data de 5467, Júlio Hilariano à de 5530, Isidoro de Sevilha à de 5211.

Segunda parte do raciocínio: quanto tempo haverá entre o nascimento de Cristo e o fim do mundo? Aqui é necessário remeter-se ao Apocalipse 17,10: "Cinco caíram, um existe, mas o outro ainda não veio". Isso significa que 5 mil anos se passaram, estamos no sexto milênio e resta um sétimo. Aliás, os seis dias da criação prefiguram os 6 mil anos de duração da história, precedendo os mil anos de repouso do sétimo dia. Entre o nascimento de Cristo, em 5500, e o início do milênio de descanso haverá 500 anos. Como Hipólito escreveu pouco depois de 200, isso permite postergar a data fatídica para um futuro que ainda parecia longínquo. Quanto à vinda do Anticristo, cujo reinado durará 1.290 dias, ela será antes do fim do mundo, que deveria ocorrer no ano 1500 da nossa era. A profecia das setenta semanas também é ocasião para desenvolvimentos assombrosos a respeito das datas da salvação.

As elucubrações de Santo Hipólito deixam os Pais perplexos. São Jerônimo confessa que os teólogos têm opiniões diferentes sobre o assunto, e dá liberdade de escolha a cada um. Para muitos, o sinal da vinda do Anticristo será o desmoronamento do Império Romano: Tertuliano, Cirilo de Jerusalém, Jerônimo, João Crisóstomo são dessa opinião.

Outros reagem contra essas interpretações das profecias, consideradas materiais demais. Para Orígenes, todos os anúncios a respeito do Reino não se situam nem no tempo nem no espaço, mas no coração dos fiéis. O bispo Nepos também é dessa opinião.

Outro problema se coloca: ainda há profetas, depois de Cristo, capazes de nos esclarecer o futuro e completar as antigas predições? Os Pais são unânimes ao responder afirmativamente: "Subsiste ainda entre os cristãos vestígios desse Espírito Santo que apareceu na forma de uma pomba. Eles expulsam os maus espíritos, realizam numerosas curas, predizem certos acontecimentos, segundo a vontade do Logos".[62] Assim se exprime Orígenes, e suas palavras são confirmadas pela crença geral dos autores cristãos na capacidade profética de um certo número de inspirados, como Macário, o Alexandrino, e seu homônimo Macário, o Egípcio, no século IV.

---

62 Orígenes, *Contra Celso*, I, 46.

No fim do século VI, em 593-594, Gregório, o Grande, tenta até explicar o mecanismo profético em seus *Diálogos*. Segundo ele, os santos, unidos a Deus em pensamento, podem captar fragmentos de seu conhecimento do futuro, mas de forma ainda obscura: "O Profeta e o Apóstolo estão de acordo, portanto: os julgamentos de Deus são impenetráveis e, no entanto, os que saem de sua boca podem ser pronunciados por lábios humanos: pois o homem pode conhecer o que Deus diz, mas não o que esconde".[63] Gregório relata, aliás, várias profecias de São Bento, morto meio século antes, em cerca de 547. Para ele, o fundador do monaquismo ocidental recebeu o dom da profecia: "Ele predizia o futuro e anunciava à distância os acontecimentos que se realizavam ao longe". Fato notável: São Bento prediz acontecimentos da história profana, e não mais fatos relativos à salvação, ao Anticristo ou ao fim do mundo. A profecia cristã se seculariza e retoma as práticas dos oráculos pagãos. Não está mais a serviço exclusivo dos interesses espirituais e religiosos, mas torna-se exercício de um dom de origem sobrenatural decerto, mas de uso cotidiano, poderíamos dizer. Entramos numa era nova, a dos "tempos bárbaros", em que o exercício profético tende a se rebaixar a espetáculos de mágico, para impressionar tanto os fiéis como os pagãos.

Foi assim que, segundo São Gregório, o venerável Bento teria prevenido gratuitamente o rei bárbaro Totila: "Entrarás em Roma e passarás o mar. Reinarás nove anos; e no último ano morrerás". Predição que se cumpre ao pé da letra, mas não tem nenhuma função espiritual; é predição por predição, que "prova" apenas uma coisa: Bento é muito bom. Assim como quando anuncia aos monges o fim de um período de fome: "Vossa alma se entristece por causa do pão? Ele falta hoje, mas amanhã tereis tanto e mais". E no dia seguinte encontram na porta do mosteiro 200 alqueires de farinha. O milagre vai ao encontro da profecia. São Bento é invencível nesse jogo; suas predições são sempre mais precisas do que as dos outros. Gregório relata o seguinte episódio:

> O bispo de Canusa costumava visitar o servo do Senhor; e o homem de Deus gostava muito dele, por causa do mérito de sua vida. Um dia, quando conversavam sobre a invasão de Totila e a queda de Roma, o bispo disse: "Esse rei destruirá a Cidade, e ela nunca mais será habitada". O homem de Deus lhe respondeu: "Roma não será aniquilada pelos bárbaros. Mas sacudida pelas

---

63 Gregório, o Grande, *Diálogos*, XVI.

> tempestades, cataclismos, ciclones, terremotos, afundará por si mesma". Essa misteriosa profecia se tornou mais clara do que o dia, a nós que vemos as muralhas da Cidade derrubadas, suas casas desabadas, suas igrejas destruídas pelas tempestades, seus edifícios corroídos pelo tempo e acabando de cair em ruína.[64]

De outra vez, Bento prediz a ruína de seu mosteiro no monte Cassino.

Para Gregório, o Grande, o espírito de profecia é concedido aos santos apenas de forma intermitente:

> É uma disposição paternal do Deus Todo-Poderoso: dando, depois retomando o espírito de profecia, ele eleva a alma dos profetas, mantendo-a, porém, na humildade: quando ele os visita, com efeito, eles descobrem o que são por Deus, e quando ele os abandona, eles reconhecem o que são por si mesmos.[65]

Entramos nesse momento, no fim do século VI, na era da banalização da profecia, que de instrumento espiritual degradou-se a instrumento secular. Não tendo sobrevindo o fim do mundo, esperado pelos primeiros cristãos, a Igreja se prepara para viver um longo período na terra, e os dons proféticos são utilizados para o governo temporal, assim como para o anúncio das etapas escatológicas. Para Gregório, o Grande, a profecia consiste em desvendar uma realidade oculta, seja qual for sua natureza.[66] A necessidade de conhecer o futuro se revela mais forte do que as ressalvas de certos Pais.

## SANTO AGOSTINHO DEMONIZA A ADIVINHAÇÃO E A ASTROLOGIA

Dentre eles, omitimos deliberadamente aquele que é considerado o maior de todos: Santo Agostinho. Sua obra imensa aborda com frequência a questão do conhecimento antecipado do futuro, mas revela muitas hesitações de sua parte a respeito desse tema.

Santo Agostinho refletiu sobre todos os tipos de predição possíveis. Alguns são categoricamente condenados, mas sempre com as distinções necessárias. Assim, a adivinhação pagã não tem evidentemente nenhum fundamento para ele. Contudo, educado na cultura clássica, aceita o fato de

64 Ibid., XV.
65 Ibid., XXI.
66 Ele se explica nas *Homélies sur Ezéchiel*, col. Sources Chrétiennes, n.327.

que muitas vezes os oráculos e os áugures acertaram, como atestam as fontes mais prestigiosas. Para isso, duas explicações são possíveis: uma natural (espírito de observação e dedução) e a outra sobrenatural (ação dos demônios).

> Ou é efeito de uma percepção antecipada das causas inferiores: assim a arte do médico prevê por seus sinais precursores muitos dos fatos que concernem à saúde; ou é obra de imundos demônios que anunciam antecipadamente seus projetos e reivindicam o direito de realizá-los, seja dirigindo os pensamentos e as paixões dos maus para as ações que lhes são conformes, seja agindo sobre os mais baixos elementos da fragilidade humana.[67]

Os demônios têm de fato um conhecimento do futuro que, embora incompleto, é superior ao dos homens:

> Os demônios, de sua parte, não contemplam na sabedoria de Deus as causas eternas e de certo modo cardeais dos acontecimentos temporais; mas por experiência de certos sinais que nos são ocultados eles preveem muito mais coisas futuras do que os homens; às vezes também anunciam antecipadamente suas intenções. Em última análise, eles erram, os anjos bons nunca![68]

Uma aplicação desse ponto de vista é dada pelas revelações de Hermes Trismegisto, muito populares nos meios cristãos da África por volta de 400, na época em que Santo Agostinho escreveu. O *Asclepius*, tratado hermético, circulava amplamente, difundindo numerosas profecias, uma das quais anunciando o fim dos cultos pagãos no Egito: "Visto que convém ao sábio saber tudo de antemão, não vos é permitido ignorar isto: virá um tempo em que parecerá vão, para os egípcios, ter observado com espírito piedoso e escrúpulo rigoroso o culto aos deuses". Em *A cidade de Deus*, Santo Agostinho retoma essa passagem e a compara com uma profecia de Isaías: "Os deuses do Egito feitos pelas mãos dos homens serão lançados longe de sua face, e o coração dos egípcios será vencido neles".[69] A profecia pagã de Hermes é exata, portanto.

A diferença é que, enquanto Isaías era inspirado por Deus, Hermes era inspirado pelo demônio. Agostinho discorda aqui de muitos autores cristãos

---

67 Santo Agostinho, *A cidade de Deus*, X, 32.
68 Ibid., IX, 22.
69 Isaías 19,1.

que, como vimos, admitiam que Deus pudesse se manifestar por oráculos pagãos. De todo modo, do ponto de vista humano, o que interessa é a exatidão da predição, e é difícil ver utilidade na distinção de Agostinho.

Este último, aliás, vê-se em apuros diante de outro grande caso de oráculo pagão incorporado pelos cristãos: a Sibila.[70] Em *A cidade de Deus*, um livro grego contendo os oráculos, apresentado a ele por Flaciano, visivelmente o impressiona. Há em particular uma passagem em que a sequência das letras iniciais de cada verso forma o nome de "Jesus Cristo filho do Deus salvador". Além disso, os 27 versos são o cubo de 3, "como para elevar a figura da superfície para o alto"; enfim, encontra-se no acróstico a palavra grega para "peixe", símbolo de Cristo, "pois Cristo, no abismo desta mortalidade análoga às profundezas das águas, pôde permanece vivo, isto é, sem pecado".

Surpreendentemente, não ocorre ao espírito avisado de Santo Agostinho que podia se tratar de uma falsificação inventada pelos cristãos. Ele conclui, ao contrário, que a Sibila "parece digna de ser incluída entre os filhos da Cidade de Deus".[71] E, aliás, "essa de Eritreia, em todo caso, escreveu sobre Cristo profecias evidentes". Em apoio a essa opinião, ele cita trechos de Lactâncio, ardente defensor da Sibila, como vimos, e acrescenta que Virgílio, em sua quarta écloga anunciando Cristo, talvez tenha apenas recolhido os oráculos sibilinos.

No entanto, às vezes ele muda de opinião, como é absolutamente característico de seu temperamento. A obra de Agostinho, como sabemos, é ditada pelas circunstâncias. Seus diversos tratados são reações a atitudes que ele considera heréticas e, como ataca heresias opostas, ele é frequentemente conduzido, quando força a mão, a desenvolver uma argumentação oposta, o que o torna aplicável a todas as causas. Assim, quando escreve contra Fausto, o Maniqueu, que gabava os oráculos sibilinos para depreciar os profetas hebreus, Santo Agostinho acaba atacando os mesmos oráculos que aprova em *A cidade de Deus*.[72]

Há ao menos um elemento que ele critica com constância: a ideia de um eterno retorno, pelo qual, diz ele, os pagãos explicam o conhecimento sobre o futuro que possuem seus deuses: "Também isto é, para mim, indubitável: antes da criação do primeiro homem, nunca existiu nenhum homem, nem

70 A atitude de santo Agostinho em relação à Sibila foi estudada por Kurfess, Die Sibylle in Augustins Gottesstaat, *Theologische Quartabschrift*, 117, p.532-42.
71 Santo Agostinho, op. cit., XVIII, 23.
72 Id., *Contra Fausto*, XXIII, 1.

esse mesmo homem voltou não sei quantas vezes por sei lá que revoluções, nem existiu nenhum outro tendo natureza semelhante."[73]

Santo Agostinho examina longamente o caso da astrologia, essencialmente para exorcizar seu próprio passado, que ainda lhe causa remorso. De fato, ele foi um adepto entusiasmado dessa ciência na juventude, e as precisões que fornece em suas *Confissões* mostram como ela estava em voga na África romana do século IV. A maioria de seus amigos também praticou a astrologia, que é objeto de debates acalorados nos meios cultivados. Aliás, é por influência de antigos astrólogos reconvertidos que Agostinho é levado a reconsiderar a confiança que tinha nessas práticas. Ligado a um médico mais velho, Vindiciano, ele trata desse tema com ele:

> Quando soube por minhas conversas que eu lia assiduamente os livros dos leitores de horóscopos, aconselhou-me com uma paternal benevolência que os deixasse, e não gastasse com tolices sem proveito o esforço e o trabalho que exigem as coisas úteis. Também ele, disse-me, havia estudado a astrologia; havia até mesmo pensado, na juventude, em transformá-la em profissão para viver. Compreendera Hipócrates, portanto era capaz de compreender aqueles livros. Se os abandonara para se dedicar à medicina, a única razão era que havia descoberto sua completa falsidade, e um homem sério como ele não quereria ganhar a vida enganando o próximo.[74]

Abalado, Agostinho continua todavia a se dedicar à astrologia, na qual adquire até certa notoriedade, já que seu amigo Firmino lhe pede que faça seu horóscopo, acrescentando que em sua família todo mundo é apaixonado por essa ciência:

> Contou-me então que seu pai, grande amante daqueles livros, tinha um amigo que os procurava como ele e ao mesmo tempo que ele. Movidos por um zelo igualmente compartilhado, e tendo verdadeira paixão por essas tolices, chegavam a observar o momento em que nasciam, em suas casas, as crias dos animais mudos, e a anotar a posição dos astros, a fim de colecionar experiências para sua pretensa arte.[75]

---

73 Id., *A cidade de Deus*, XII, 18.
74 Id., *Confissões*, IV, 3.
75 Ibid., VII, 6.

É a experiência de Firmino que afasta Agostinho da astrologia. O amigo lhe conta que nasceu exatamente no mesmo momento que um dos escravos de seu pai e, no entanto, um e outro tiveram sorte muito diferente. Em seguida ele estende sua reflexão ao caso clássico dos gêmeos:

> Tinha-se de concluir disso, com absoluta certeza, que as profecias exatas tiradas da observação dos astros resultam não de um método científico, mas simplesmente do acaso, e as que são desmentidas pelo acontecimento devem ser imputadas não a um erro de método, mas a um embuste do acaso. [...] Dirigia minhas reflexões para as crianças que nascem gêmeas. A saída delas do seio materno acontece normalmente tão rápido que esse ligeiro intervalo – por mais importância que se queira supor-lhe na ordem real das coisas – escapa às induções da observação humana, e pode ser registrada apenas por sinais que são submetidos ao astrólogo para que deles ele deduza prognósticos seguros. Mas essa exatidão é pura quimera. Examinando sinais idênticos, um astrólogo deveria ter predito o mesmo destino a Esaú e Jacó, cuja sorte foi tão diferente. Ele teria anunciado coisas falsas, portanto, ou, se as tivesse dito verdadeiras, deveria tê-las dito diferentes, com base em observações idênticas. Não é, pois, por certeza de método, mas por acaso que ele teria dito coisas verdadeiras.[76]

Abandonando a autobiografia, Santo Agostinho volta ao problema astrológico, para tratá-lo de forma sistemática, em *A cidade de Deus*. Seu testemunho mostra mais uma vez a importância que seus contemporâneos davam aos astrólogos: muitos, escreve ele, vão consultá-los sobre o destino de um cão, dissimulando a identidade do animal, para provar a vidência do praticante. Em seguida, Agostinho faz um ataque em regra a essas estúpidas crenças que são inadmissíveis em seres racionais, mesmo pagãos:

> Aqueles para quem os astros, à parte a vontade de Deus, decidem os nossos atos, os bens que desfrutamos e os males que padecemos, ninguém deve lhes dar ouvidos, sejam os fiéis da verdadeira religião, sejam até mesmo os partidários de um deus qualquer, mesmo falso.[77]

Retomando o argumento dos gêmeos, Agostinho ataca a objeção do astrólogo Nigídio Fígulo que, para mostrar que a situação dos astros nunca é exatamente a mesma no momento de um duplo nascimento, utilizava a

---

76 Ibid.
77 Id., *A cidade de Deus*, V, 1.

imagem de uma roda de oleiro: faça-a girar (como giram as esferas celestes) e, de passagem, faça sobre ela, o mais rápido que puder, duas marcas; por mais rápido que você seja, haverá duas marcas distintas. Isso explica que, apesar do breve intervalo entre o nascimento de gêmeos, estes tenham destinos diferentes. Mas então, retorque Agostinho, se tudo acontece tão rápido, como o astrólogo pode saber a fração de segundo exata em que uma criança veio ao mundo para fazer seu horóscopo? E se consideramos o momento da concepção, mais incognoscível ainda, mas que é exatamente o mesmo no caso dos gêmeos, como explicar que nasçam um menino e uma menina?

Por outro lado, se tudo é determinado no nascimento, de que adianta depois consultar os astrólogos sobre os momentos favoráveis ou desfavoráveis para viajar, casar ou realizar qualquer outra atividade?

> Ó estranha tolice! Escolhem tal dia para casar, para não cair, suponho, num mau dia e fazer um casamento infeliz. Que é feito então do decreto dos astros no dia do nascimento? Está, pois, no poder do homem mudar por escolha dos dias o destino a ele uma vez atribuído?[78]

A esses argumentos racionais, cuja evidência só se iguala à sua ineficácia sobre os espíritos irracionais, naquela época como hoje, Agostinho acrescenta argumentos religiosos. Os astrólogos, admite, frequentemente fazem predições corretas, o que mostra que desse ponto de vista ele continua preso a suas ilusões de juventude; mas se nas *Confissões* ele atribuía esses sucessos ao acaso, agora ele os demoniza:

> Tudo bem considerado, temos certa razão em crer que, se muitas vezes os astrólogos dão respostas surpreendentes, fazem-no por uma secreta inspiração dos espíritos maus, que se desvelam para introduzir e afiançar nos espíritos humanos essas falsas e perniciosas opiniões sobre a fatalidade astral, e não mediante a arte de estabelecer e examinar os horóscopos: essa arte não existe.[79]

A coordenação entre os dois tipos de argumentos, aliás, não é satisfatória: de um lado, Agostinho demonstra que racionalmente a astrologia não tem nenhuma chance de fazer predições corretas; de outro, constata que muitas vezes essas predições são corretas, atribuindo esse fato ao diabo. Ele não corre o risco de arruinar a parte racional da demonstração, admitindo

---

78 Ibid., V, 7.
79 Ibid.

que a astrologia acerta muitas vezes? A origem diabólica da predição não está comprovada, e o que interessa ao consulente é conhecer seu futuro.

Santo Agostinho admite, por outro lado, a causalidade astral sobre os acontecimentos puramente físicos:

> Não é de modo algum absurdo admitir que mudanças, mas apenas de ordem física, sejam devidas à influência dos astros: assim, vemos o Sol, por sua proximidade ou afastamento, provocar a variedade das estações; a Lua, crescendo ou minguando, fazer crescer ou minguar certas categorias de seres, os ouriços-do-mar, por exemplo, e as ostras, bem como as surpreendentes marés do oceano.[80]

E reconhece de bom grado a extraordinária capacidade de predição da astronomia no que se refere aos fenômenos celestes, mas faz isso para em seguida destacar sua futilidade:

> Eles anunciam com vários anos de antecedência os eclipses do Sol e da Lua, e o dia, a hora e o grau; e seus cálculos não se enganam, e suas predições se realizam. Deixaram por escrito as leis que descobriram; ainda hoje são lidas e servem para determinar antecipadamente em que ano, em que mês, em que dia do mês, a que hora do dia, em que ponto de seu disco, a Lua ou o Sol devem sofrer um eclipse, e acontecerá como está predito. Daí a admiração, o estupor dos que ignoram essas questões, a exultação e o orgulho dos que as interpretaram. A ímpia soberba afasta-os de vossa imensa luz; eles preveem com antecedência o eclipse do Sol, mas, enquanto isso, não se dão conta daquela que eles mesmos sofrem.[81]

Em sua crítica à astrologia, Santo Agostinho tinha um ilustre antecessor na pessoa de Cícero, do qual empresta os argumentos para o *De divinatione*. No entanto, ele critica os romanos a propósito da delicada distinção entre presciência e predestinação. Para Cícero, se Deus conhece o futuro, é porque este último é determinado, inalterável, e não existe livre-arbítrio. Para Agostinho, é possível conhecer o futuro sem que ele esteja submetido a um destino implacável:

> Contra essas audácias sacrílegas e ímpias, afirmamos que Deus conhece todos os acontecimentos antes que eles se realizem, e que fazemos voluntariamente

80 Ibid., V, 6.
81 Id., *Confissões*, V, 3.

> tudo que temos conhecimento e consciência de fazer unicamente porque o queremos. [...] Não decorre que não tenhamos nada no poder de nossa vontade do fato de que Deus previu o que aconteceria nela.[82]

A questão fará correr muita tinta. De fato, ela está no centro de toda teoria da predição. A distinção agostiniana entre presciência e fatalidade é indispensável para salvar tanto a liberdade humana como o conhecimento do futuro.

## HESITAÇÕES DE SANTO AGOSTINHO EM FACE DAS PROFECIAS APOCALÍPTICAS

Ora, para Agostinho, o conhecimento do futuro é possível, se não pela astrologia ou pela adivinhação, pelo menos pela profecia autenticamente inspirada. Mas ainda é necessário circunscrevê-la com cuidado. Visões que se tornam divinatórias por acaso ou por um desígnio secreto de Deus não são profecias verdadeiras, nem sonhos cujo sentido não se compreende, nem revelações extáticas nas quais o espírito arrebatado vê a imagem de objetos sem entender seu significado. Na autêntica revelação profética, o Espírito Santo faz o espírito humano ver o objeto da predição e dá a conhecer seu significado e objetivo: "Eis a profecia mais certa, a que o Apóstolo chama de profecia verdadeira".[83]

Foi assim que os profetas do Antigo Testamento, que às vezes parecem falar do passado quando falam do futuro, concorreram para a verdade da fé e anunciaram Cristo.[84] Todos, aliás, são anteriores aos sábios pagãos, inclusive aos egípcios. Agostinho compartilha esse erro cronológico grosseiro com muitos Pais. Todas as profecias do Antigo Testamento se realizaram, inclusive a de Jonas, que Agostinho toma por uma narrativa histórica. Sua interpretação da "realização" é bastante acomodatícia: Jonas predisse a destruição de Nínive; os ninivitas se converteram, e não houve destruição. Ilusão!

> O que Deus predisse aconteceu, portanto: Nínive foi destruída, a que era má, e a Nínive justa, que não existia, edificou-se. Na verdade, seus muros e suas

---

82 Id., *A cidade de Deus*, V, 9, 10.

83 Id., *Dois livros a Simpliciano sobre diversas questões*, II, 1.

84 Id., *Os trinta e três livros contra Fausto, o Maniqueu*, e *Sermão da montanha segundo São Mateus*, I, 22.

casas permaneceram de pé, mas em seus costumes de perdição a cidade foi derrubada. Assim, embora o profeta tenha se contristado porque não aconteceu o que os homens temiam ver acontecer segundo suas profecias, aconteceu todavia o que em sua presciência Deus havia predito, pois aquele que fez predizer sabia bem como se realizaria para melhor sua profecia.[85]

Encontramos aqui o mesmo espírito que envolvia os oráculos gregos, e que marca todos os métodos de adivinhação: o recurso à imagem, ao símbolo, ao enigma, à astúcia intelectual, permite justificar qualquer coisa, dos oráculos da Pítia às elucubrações de Nostradamus, passando pela profecia de Jonas. A necessidade de acreditar na possibilidade de predizer faz prodígios de imaginação.

Por que Deus se serve de profetas? "Os profetas dizem as coisas que ouviram da boca de Deus, e um profeta de Deus não é nada mais do que um porta-voz de Deus diante dos homens que não são dignos de ouvir Deus, ou não podem ouvi-lo."[86] Há três tipos de profecias: umas se referem à Jerusalém terrena, portanto aos assuntos temporais; outras à Jerusalém celeste, ou seja, aos assuntos espirituais, e as últimas têm duplo sentido.

O que interessa aos contemporâneos de Santo Agostinho não é tanto a parte já realizada das profecias, mas o que elas anunciam para o futuro, em particular o que concerne ao Anticristo, a última perseguição, o retorno de Cristo, o eventual milênio de paz, o fim do mundo. Santo Agostinho é bastante cauteloso sobre esses pontos. Se globalmente ele confirma que esses acontecimentos estão por vir, em compensação recusa-se a dar a mínima data que seja e, para dizer a verdade, a ordem dos próximos episódios da história humana parece extremamente vaga em seu espírito.

Como Hipólito, ele divide a epopeia humana em seis eras, correspondendo aos seis dias da semana e às seis idades do homem. A primeira era vai de Adão ao dilúvio (dez gerações); a segunda, do dilúvio a Abraão (dez gerações); a terceira, de Abraão a Davi (catorze gerações); a quarta, de Davi ao exílio babilônio (catorze gerações); a quinta, do exílio ao nascimento de Cristo (catorze gerações); a sexta, na qual nos encontramos, vai do nascimento de Cristo ao juízo final, mas não se sabe o número de gerações que terá. Esta última era será seguida de uma sétima, ou sabá eterno da Cidade celeste. Essa periodização, que encontramos em *A cidade de Deus*, não nos informa nada do futuro.

---

85 Id., *A cidade de Deus*, XXI, 24.

86 Id., *Os sete livros das questões sobre o Heptateuco*, II, 17.

Santo Agostinho é mais preciso quando aborda aspectos particulares que supostamente anunciam o fim dos tempos. Assim, com base no livro de Malaquias, vê-se que Elias, que foi levado num carro de fogo e ainda vive, virá explicar aos judeus o sentido espiritual da lei, e somente depois da conversão geral dos judeus é que haverá o julgamento final. Portanto, a ordem cronológica seria a seguinte, diz Agostinho: retorno de Elias, conversão dos judeus, vinda do Anticristo, retorno de Cristo, ressurreição dos mortos, julgamento, incêndio do mundo. Mas quando? Agostinho se nega a responder:

> Aqui costumam perguntar: quando isso acontecerá? Pergunta totalmente descabida! Se vos fosse útil saber, quem melhor do que o próprio Deus, respondendo como mestre à pergunta de seus discípulos, poderia dizer? [...] É-nos inútil, pois, tentar fixar pelo cálculo o número de anos que deve ainda durar este século, quando ouvimos da própria boca da Verdade que não nos compete sabê-lo.[87]

Todas as conjecturas a respeito dessas datas se revelaram falsas, sublinha Agostinho, mas o cuidado que ele toma para demonstrar isso indica quanto essas predições deviam circular em sua época. Um oráculo pagão ou judeu, escreve ele, previa 365 anos entre o nascimento de Cristo e o desaparecimento da Igreja: o prazo passou, e, aliás, muitos retornaram ao cristianismo quando constataram a falsidade do oráculo. As outras predições numéricas não são mais confiáveis do que essa.

Certas etapas do processo final são examinadas. Haverá uma última grande perseguição? Não sei quanto de perseguições haverá, escreve Agostinho, mas o que é certo é que haverá uma última. Ela será terrível e terminará com o retorno de Cristo, mas numa data desconhecida.

E o Anticristo? Agostinho, apoiando-se na segunda Epístola aos Tessalonicenses, acredita poder afirmar que ele virá antes do julgamento. Mas será um homem, um povo, uma multidão? Ninguém sabe. E por que ele tarda tanto a vir? É porque alguma coisa o retém: "Sabeis o que o retém presentemente", escreve São Paulo. O que deixa Santo Agostinho perplexo:

> Confesso que ignoro inteiramente o que ele quis dizer. Não calarei, todavia, as conjecturas dos homens, as que pude ouvir ou ler. Alguns julgam que se trata do Império Romano; se o apóstolo Paulo não quis dizê-lo claramente, foi

87 Id., *A cidade de Deus*, XVIII, 53.

para não incorrer na acusação caluniosa de desejar o mal ao Império Romano, do qual se esperava que fosse eterno; e as palavras: "Desde já, com efeito, está em ação o mistério da iniquidade" designariam Nero, cujas obras parecem as do Anticristo; daí vários conjecturarem que ele próprio ressuscitará para ser o Anticristo; outros pensam que ele não foi morto; teria ficado escondido, vivendo no vigor da idade que tinha quando se acreditou que estava morto, até que se revele a seu tempo para ser restabelecido no poder de seu reino.[88]

Essa história de Nero não convence Santo Agostinho, que pende a favor da primeira hipótese: é provavelmente a existência do Império que está retardando a vinda do Anticristo, como podem levar a supor estas palavras de Paulo: "Que aquele que se manteve até agora mantenha-se até que ele seja afastado".

Haverá um milênio de bem-aventurança para os mártires ao lado de Cristo antes do fim do mundo? Tudo depende da interpretação que se dá à passagem do Apocalipse que serve de base para essa predição. Santo Agostinho hesita e sua opinião evolui. Primeiro favorável a uma interpretação literal, por exemplo, em seu sermão 259, ele admite em *A cidade de Deus*: "Também nós compartilhamos outrora essa opinião", que ele resume da seguinte maneira:

Os que, de acordo com as palavras deste livro, conjecturaram que a primeira ressurreição seria corpórea foram profundamente impressionados, acima de qualquer outra razão, pelo número de mil anos, como se devesse haver para os santos uma espécie de descanso sabático de tão longa duração, isto é, um santo repouso após os labores dos 6 mil anos decorridos desde o dia em que o homem foi criado.[89]

Mas vendo que muitos imaginavam esses mil anos como um festim vulgar, ele se aparta dessa opinião que considera grosseira, chamando desdenhosamente seus partidários de "milenários" ou "milenaristas". Ele chega então a uma interpretação alegórica: mil sendo o cubo de dez, esse número pode significar a totalidade realizada.

No todo, é impossível tirar a mínima predição de Santo Agostinho. Mesmo a ordem dos acontecimentos futuros é incerta; a data em que ocorrerão é completamente desconhecida; alguns episódios são duvidosos. Na

88 Ibid., XX, 19.
89 Ibid., XX, 7.

verdade, ele destrói no detalhe o que afirma em bloco: embora proclame a realidade, a autenticidade, a confiabilidade da profecia inspirada, ele é incapaz de fornecer o mínimo exemplo convincente do futuro. É claro que existem exemplos maravilhosos de profecias realizadas no passado bíblico, até a vinda de Cristo; os profetas, aparentemente, eram muito bons para prever acontecimentos passados, mas é sempre retroativamente que as pessoas se dão conta disso. Porque, no que diz respeito ao verdadeiro futuro, a incerteza é absoluta. Se tem o mérito de reconhecer sua ignorância, Santo Agostinho não leva a lógica de sua atitude ao ponto de questionar a própria profecia, perguntando-se para que servem predições das quais ninguém consegue entender o sentido até se realizarem.

Seus contemporâneos têm ainda menos escrúpulos. Por seus escritos, percebemos como são ávidos de profecias, e pouco preocupados com sua origem. A passagem da Antiguidade para a cristandade só faz aumentar o apetite pela predição. As desordens políticas, as invasões, as guerras perpétuas exacerbaram a necessidade de consolo pelo conhecimento do futuro, ao passo que o recuo da cultura fez crescer a credulidade popular e mesmo a das elites. O ceticismo dos filósofos greco-romanos e o pragmatismo dos imperadores foram substituídos pela mística, pelos cultos de mistérios, pelo oculto, e, na nova mistura cultural que se efetua, vence o irracional.

Às preocupações materiais, cotidianas e pessoais somam-se a preocupação com a salvação e a expectativa dos grandes acontecimentos apocalípticos prometidos pelos textos judaico-cristãos. Sua suposta iminência perturba os espíritos e multiplica os rumores proféticos. A necessidade de saber aumenta proporcionalmente a insegurança física e espiritual. As novas elites, o clero, favorecem esse clima, incorporando a seu ensinamento os textos apocalípticos neotestamentários e apócrifos, e entregando-se a especulações extravagantes sobre os símbolos e os números.

Não que a sociedade bárbara que esteja se instalando viva permanentemente angustiada com um fim do mundo anunciado como próximo, mas, ao contrário da época anterior, uma nova dimensão se integra à mentalidade do povo grosseiramente cristianizado: a de uma promessa, ao mesmo tempo terrificante e exaltante em escala mundial. Promessa de reviravoltas, vinda do Anticristo, perseguições e tribulações, milênio de bem-aventurança, julgamento final. A ordem ainda é incerta, mas a realização desses fatos é inevitável. Começa o reinado do futuro, no sentido de que a conduta dos cristãos é ordenada agora em função dos acontecimentos por vir.

O ciclo do eterno retorno é rompido. O mundo tende para um alvo; a história humana caminha para um desfecho inevitável e conhecido com antecedência. Todos os esforços vão se dirigir agora para a datação dos últimos episódios. A grande pergunta é: quando? E, para responder a ela, todos os meios são válidos. As autoridades cristãs, que iniciaram a neurose apocalíptica, desencadearam um fenômeno do qual terão toda a dificuldade do mundo para controlar os excessos. O mundo cristão se projeta no futuro, mas um futuro baseado nas indecifráveis extravagâncias apocalípticas. Durante séculos, o Ocidente cristão vai tender para um futuro anunciado, constantemente atualizado por profetas inspirados. Ao antigo gozo do presente, ao *Carpe diem* horaciano, sucede a grande fuga adiante; a partir daí, seguindo os versos de Dryden, "não vivemos mais, esperamos a vida".

# – 5 –

# A PROFECIA EM LIBERDADE E SUA EVOLUÇÃO HETERODOXA ATÉ O SÉCULO XIII

Quanto tempo duraria esse mundo cristão que nascia com dificuldade em meio aos sobressaltos das invasões e ao naufrágio da cultura antiga pagã? Bem poucos pensadores dessa época conturbada ousariam imaginar que a humanidade transporia um dia a aurora de um século XXI depois de Cristo. Considerando, segundo indícios bíblicos, que este mundo já era bem velho depois de 5 mil anos de existência, eles lhe davam pouco tempo de vida. Podemos compreendê-los facilmente: se Cristo é o salvador, é lógico que sua vinda anuncie o fim. A grande tragédia foi encenada entre Adão e Jesus. "O resto é silêncio", diria Hamlet. Prende-se a respiração enquanto se espera a apoteose final. Mais alguns anos ainda? Algumas dezenas, algumas centenas? Daí em diante, toda a questão reside nisso.

Mas antes do fim definitivo, episódios anunciadores são esperados: Anticristo, perseguição, Gog e Magog, retorno de Elias e em seguida de Cristo, mil anos de paz para os eleitos. Há o suficiente aqui para excitar a imaginação dos povos guiados por pastores que só têm em vista a vida futura. É claro que a vida cotidiana continua. As pessoas não vivem mais com os olhos pregados no céu, à espera do carro de Elias. Mas a nova civilização, impregnada de sobrenatural, favorece a busca de contatos com o além e o futuro. Num primeiro momento, de fato, o resultado da conversão ao cristianismo é escancarar as portas do oculto para populações privadas de sobrenatural e escatologia pelos velhos cultos pagãos.

Obviamente, as autoridades religiosas já lutam contra a onda de superstições herdadas da era anterior, mas, por outro lado, o espaço que se dá às extravagâncias dos textos apocalípticos, às interpretações literais ou simbólicas mais fantasiosas, feitas pelos autores mais sérios, contribui para criar um clima de irracionalidade desenfreada, que depois a Igreja terá dificuldade para disciplinar. O exemplo vem de cima: o papa Gregório, o Grande, por volta de 600, compõe obras repletas de alegorias e demonstra uma grande credulidade diante dos dons proféticos, como vimos em relação a São Bento.

Numa época em que as fronteiras entre o natural e o milagroso, o presente e o futuro se confundem na própria mente das elites iludidas, não nos causará surpresa a recrudescência das consultas a adivinhos, astrólogos, videntes, profetas, e todos esses intermediários com acesso ao futuro. Muitos boatos circulam a respeito deste último, tranquilizando ou preocupando: nada mais natural do que se dirigir a esses especialistas. Sonhos, visões, profecias pululam. O cristianismo, religião profética, só podia dar asas à veia preditiva que existe em todo homem.

Mas em pouco tempo a cacofonia das profecias põe o próprio cristianismo em perigo. Correndo o risco de ser engolida pela onda de esperanças e temores suscitada pelos delírios apocalípticos, a Igreja vai tentar disciplinar e canalizar a inspiração profética. Sob pena de renegar a si mesma, ela não pode proibir a profecia; mas ao menos vai tentar monopolizá-la, concedendo certificados de autenticidade e condenando os falsos profetas.

## EM BUSCA DO FUTURO IMEDIATO: O TESTEMUNHO DE GREGÓRIO DE TOURS

Da onipresença das predições, das consultas a adivinhos, da abundância de profetas, da importância dos presságios no mundo merovíngio, Gregório de Tours nos oferece um exemplo excepcional. Sua *História dos francos*, escrita no fim do século VI, é um testemunho admirável da preocupação dos homens dessa época com o futuro. Continuamente voltados para os adivinhos, eles não empreendem nada que seja importante sem antes saber, por um meio ou outro, seu resultado futuro. Atitude que, notemos, é em si absolutamente racional: quem de nós não faria o mesmo, se nossos adivinhos fossem confiáveis? É surpreendente constatar, por outro lado, com que desenvoltura eles se dirigem tanto às feiticeiras quanto aos textos sagrados, aos adivinhos e aos falsos messias, e o próprio venerando bispo, um dos homens mais instruídos da época, dá crédito à maioria dessas predições.

Eles parecem mais curiosos a respeito do futuro profano, político em particular, do que do religioso. Os chefes merovíngios não parecem ansiosos pela vinda do Anticristo. O que lhes interessa é a sorte de suas guerras, de seus bens, de suas famílias. Eis o duque Gontrão Boso, preocupado com sua carreira:

> Ele enviou um de seus servos a certa mulher que supostamente possuía o dom da profecia. Ele a conhecia desde os tempos do rei Cariberto. Pediu que lhe dissesse o que ia acontecer no futuro. Garantiu que ela lhe revelara antes do acontecido não só o ano, mas o dia e a hora da morte do rei Cariberto.

Ao contrário do costume profético que encontramos inúmeras vezes, a resposta é absolutamente clara:

> Vai acontecer que o rei Chilperico vai morrer este ano. Meroveu vai ser rei, pois vai tomar o reino e excluir seus irmãos. Durante cinco anos, tu, Gontrão, serás o chefe militar desse reino. No sexto ano, serás designado bispo de uma cidade da margem direita do Loire, com a concordância de todos os habitantes. Quando vier a hora da tua morte, estarás velho e saciado de dias.[1]

O bispo Gregório caçoa dessa predição de adivinhadeira, à qual contrapõe sua própria predição: num sonho premonitório, ele viu passar um anjo que lhe anunciou que Chilperico morreria e nenhum de seus quatro filhos sobreviveria a ele. "Mais tarde, quando essas palavras se cumpriram, soube quão falsas eram as promessas dos adivinhos."

Mas um terceiro método é empregado a propósito do mesmo acontecimento: a leitura das sortes, segundo um procedimento pagão muito antigo, adaptado pelos cristãos, aparentemente com o consentimento das autoridades. A descrição feita por Gregório de Tours é interessante:

> Meroveu não confiava na predição da adivinha de Gontrão. Pôs três livros sobre o túmulo do santo [São Martinho de Tours]: os Salmos, o Livro dos Reis,

---

1 Gregório de Tours, *História dos francos*, V, 14.

> os Evangelhos. Depois passou a noite toda em prece, implorando ao santo confessor que lhe mostrasse o que ia acontecer e lhe indicasse claramente se herdaria o reino ou não. Passou três dias e três noites em jejum, vigília e súplica; depois foi ao túmulo e abriu o primeiro livro, que era o Livro dos Reis. O primeiro versículo da página que ele abriu era: "Porque abandonaste o Senhor teu Deus, seguiste outros deuses e não caminhaste reto diante dele, o Senhor teu Deus te abandonará nas mãos de teus inimigos". Nos Salmos, ele encontrou o seguinte versículo: "Colocaste-os nos lugares perigosos; abandonaste-os à destruição. Em que desolação foram jogados num instante! Consomem-se inteiramente por causa de suas iniquidades". E eis o que encontrou nos Evangelhos: "Sabeis que em dois dias será a Festa da Páscoa, e o Filho do Homem será traído e crucificado". Meroveu se apavorou com essas respostas e durante muito tempo chorou no túmulo do santo bispo.[2]

Este último método é relativamente comum na época merovíngia e mostra até que ponto o clero compartilha as superstições populares sobre a adivinhação. Gregório de Tours não diz uma palavra sequer de condenação ou de ceticismo contra as *Sortes Biblicae*, como eram chamadas essas consultas. Segundo ele, o método é confiável e lícito, e as predições se realizam. Ele dá outro exemplo, a propósito do filho de Lotário I, Chramn. Este chega diante de Dijon, e dessa vez é o clero do bispo, São Tétrico, que organiza a consulta:

> Os padres colocaram três livros sobre o altar, os Profetas, as Epístolas e os Evangelhos. Rogaram ao Senhor que lhes revelasse por sua divina potência o que seria de Chramn, se prosperaria e se obteria ou não o trono. Ao mesmo tempo, decidiram que cada um leria na missa o versículo que encontraria ao abrir o livro.[3]

Mais uma vez, as passagens anunciam morte e destruição; pouco tempo depois, Chramn é queimado vivo com a mulher e as filhas por seu próprio pai, Lotário, que em seguida vai em peregrinação a Saint-Martin de Tours.

O universo de Gregório de Tours está em constante comunicação com o futuro, que irrompe a todo instante no presente, em especial por intermédio dos presságios, cuja interpretação causa problema, mas quase sempre anunciam catástrofes.

2 Ibid.
3 Ibid., IV, 16.

> Enquanto eu celebrava a missa na véspera da Festa de São Martinho, que é em 11 de novembro, viu-se um sinal notável no meio da noite. Viu-se uma estrela brilhante bem no centro da Lua, e outras estrelas apareceram perto da Lua, acima e abaixo dela. Em torno da Lua estendia-se o círculo que é normalmente um sinal de chuva. Eu não fazia nenhuma ideia do que significava aquilo. No mesmo ano, a Lua apareceu muitas vezes em eclipse, e houve violentos trovões antes do Natal. Os meteoros, que os camponeses chamam de sóis, e foram vistos pouco antes da peste de Clermont-Ferrand, como eu disse num livro anterior, reapareceram acima do Sol. Disseram-me que o mar subiu mais alto do que de costume, e havia numerosos outros sinais e prodígios.[4]

A mínima desordem aparente nas leis naturais anuncia acontecimentos trágicos: num dia de 580, uma luz atravessa o céu de Touraine pouco antes do alvorecer, e ouve-se um barulho de árvores caindo;[5] pouco tempo depois, um terremoto destrói Bordeaux. O céu se inflama, galos cantam antes do anoitecer e um cometa passa; segue-se uma epidemia.[6] Em 582, um cometa particularmente brilhante chama a atenção; em Soissons, o céu arde em dois lumes distintos que em seguida se unem; em Paris, chove sangue, e esse sangue mancha as roupas; em Senlis, o interior de uma casa é aspergido de sangue; segue-se uma terrível epidemia.[7] No mesmo ano, eclipse da Lua; sangue de verdade escorre do pão rasgado; as muralhas de Soissons desabam; terremoto em Angers; lobos em Bordeaux; uma luz no céu; Bazas arde em chamas.[8] Em 31 de janeiro de 583, em Tours, uma bola de fogo ilumina todo o céu e depois desaparece; os rios transbordam.[9] Em 584, as rosas florescem em janeiro e um círculo multicolorido aparece em volta do Sol, precedendo catástrofes: as vinhas morrem por causa do frio, e os rebanhos são dizimados por uma epidemia.[10] Pouco tempo depois, outra luz suspeita no céu, com uma coluna de fogo encimada por uma estrela enorme; terremoto em Angers; e Gregório acrescenta: "Em minha opinião, tudo isso anunciava a morte iminente de Gondobaldo".[11] Em 585, "apareceram sinais. Viram-se traços luminosos no céu do Norte, se bem que, na verdade, isso seja frequente. Um

4 Ibid., V, 23.
5 Ibid., V, 33.
6 Ibid., V, 41.
7 Ibid., VI, 14.
8 Ibid., VI, 21.
9 Ibid., VI, 25.
10 Ibid., VI, 44.
11 Ibid., VII, 11.

clarão atravessou os céus".[12] Depois de novo os traços luminosos, porém mais numerosos e mais brilhantes; o jogo dos raios solares com as nuvens faz aparecer configurações fantásticas no céu: "Esse fenômeno extraordinário me enche de pressentimentos, pois era claro que o céu se preparava para enviar um desastre".[13] Em 587, novos presságios, de natureza diferente: de Chartres a Orléans, e depois em Bordeaux, encontraram-se inscrições indecifráveis e impossíveis de apagar em numerosos recipientes; brotos aparecem em outubro, ao mesmo tempo que as habituais luzes no céu; conta-se que choveu serpentes e uma aldeia inteira desapareceu sem deixar rastro: "Apareceram numerosos outros sinais dessa espécie, que normalmente anunciam a morte de um rei ou a destruição de uma região inteira".[14] Em 590, de novo bolas de fogo no céu.[15]

Devemos acrescentar aos presságios os sonhos e os delírios premonitórios, como os que se contam mutuamente o rei Gontrão e Gregório de Tours: ambos têm uma visão num sonho; as imagens eram diferentes, mas significavam claramente a morte iminente de Chilperico.[16] As narrativas merovíngias são cheias dessas histórias. Nas *Gesta Dagoberti*, por exemplo, o jovem Dagoberto, abrigado no túmulo de São Dinis, adormece e recebe em sonho a visita dos santos Dinis, Rústico e Eleutério, que prometem ajudá-lo, se ele consertar o túmulo.

## PROLIFERAÇÃO DOS ADIVINHOS E FALSOS PROFETAS

A importância que se dá ao conhecimento do futuro é atestada ainda pela proliferação de adivinhos, feiticeiros e profetas. Mas embora o clero demonstre grande credulidade diante dos presságios e dos sonhos, ele não tolera esses charlatães. O mesmo Gregório de Tours, bispo, que acredita nas *Sortes Biblicae* e nos presságios, escreve a respeito do recurso aos adivinhos:

> Há muitos que creem em tais imposturas e continuam a enganar o povo. Em minha opinião, é deles que Nosso Senhor fala quando anuncia que mais tarde

12 Ibid., VIII, 8.
13 Ibid., VIII, 17.
14 Ibid., IX, 4.
15 Ibid., X, 21.
16 Ibid., VIII, 5.

haverá falsos Cristos, falsos profetas, que realizarão sinais e prodígios que poderiam enganar até mesmo os eleitos.[17]

De fato, não faltam falsos Cristos e falsos profetas. Gregório conta que em 589 um homem de Bourges, louco e sem dúvida possuído pelo diabo, afirma ser Cristo e começa a profetizar na província de Arles:

> Ele predizia o futuro, profetizando a doença de alguns, a aflição de outros, e prometendo boa fortuna a alguns. Fazia tudo isso por artifícios diabólicos e procedimentos que eu não saberia explicar. Enganou muita gente, não apenas ignorantes, mas até mesmo padres ordenados. Mais de três mil pessoas o seguiam a toda parte.[18]

Finalmente, foi morto por um homem do bispo de Puy. Talvez aqui estejamos diante de um dos primeiros movimentos milenaristas, ainda que as promessas desse Cristo não sejam claras nesse sentido.

Do mesmo modo, no início do século XI, a crônica de Raoul Glaber contém a história de um camponês iluminado, Leutardo, que toma a frente de um levante camponês depois de um sonho, e por volta de 1110 um certo Tanchelm, em Antuérpia, afirma ser o Espírito Santo e profetiza.

P. Alphandéry, que estudou esses fatos de profetismo na Alta Idade Média, associa-os ao desenvolvimento de seitas de tipo montanista, que viviam em espera apocalíptica, sob a liderança de um ou vários inspirados.[19] Suas pretensões se fundamentam numa crítica da Igreja estabelecida, acusada de laxismo, e utilizam os textos apocalípticos, prometendo uma felicidade milenar ao pequeno grupo dos eleitos. A incerteza permanente do dia seguinte explicaria em parte o fascínio desses profetas, que anunciam um futuro certo e consolador.

Na verdade, muitos desses profetas anunciam simplesmente o fim do mundo e contribuem para espalhar o terror. Em 782, o abade espanhol Beato de Liébana, que se considera Cristo, profetiza o fim do mundo para a véspera da Páscoa; os camponeses apavorados se recusam a comer. Em 847, o sínodo de Mogúncia condena a profetisa Thiota, que anuncia o fim do mundo para o mesmo ano. O povo assustado lhe oferece presentes e lhe pede

17 Ibid., IX, 6.

18 Ibid., X, 25.

19 Alphandéry, De quelques faits de prophétisme dans des sectes latines antérieures au joachimisme, *Revue de l'Histoire des Religions*, t.LII, p.177-218.

orações. Parece, na verdade, que ela foi manipulada por um padre, que lhe "sugeria" as profecias. Ela é condenada ao açoite por usurpação do ministério da pregação.[20]

Desde essa época, portanto, distingue-se um início de exploração das esperanças escatológicas com um intuito interesseiro. A manipulação dos medos populares é muito fácil numa época de superstição generalizada, e na maioria das vezes deixa as autoridades impotentes. A partir do momento em que estas últimas admitem a possibilidade de uma inspiração profética autêntica, o controle se mostra difícil, e a repressão, aliás, parece relativamente indulgente. Outro caso é assinalado em 585 por Gregório de Tours: uma mulher, de origem servil, possui o dom da profecia; todo mundo a consulta, oferece ouro e joias por suas predições, até o dia em que o bispo de Verdun manda que ela seja presa e exorcizada. Mas não conseguem expulsar o demônio, e a mulher é solta; ela continua a fazer suas profecias no reino de Fredegunda.[21] A decisão é surpreendente, e o episódio ilustra como o clero é desorientado pela onipresença das profecias. No início do século seguinte, Beda, o Venerável, também relata numerosas predições aceitas sem problema pelas autoridades religiosas: a fronteira entre profecia diabólica e profecia divina é das mais vagas nessa época. Beda conta que o monge Adamnan teve uma visão que lhe anunciava a futura destruição do mosteiro de Coldingham pelo fogo, porque ali se levava uma vida sem rigor. O esquema geral dessa predição é copiado da profecia de Cristo chorando a ruína futura de Jerusalém, e da de São Bento chorando a futura destruição do monte Cassino:

> No caminho de volta, quando eles se aproximavam do mosteiro e viam elevar-se as edificações, o homem de Deus desatou em pranto, e seu rosto traiu sua aflição. Vendo isso, seu companheiro lhe perguntou a razão, e ele respondeu: "Aproxima-se o tempo em que os prédios públicos e privados que vês diante de ti serão reduzidos a cinzas".[22]

A predição, revelada à comunidade, tem pouco efeito, aliás; no início, as pessoas sentem medo e se corrigem, depois caem no laxismo e é a catástrofe anunciada. Beda relata também que, em 625, o rei Eduíno tem uma visão

20 Fatos assinalados por Alphandéry, op. cit.
21 Gregório de Tours, op. cit., VII, 44.
22 Beda, *A History of the English Church and People*, IV 25.

que lhe profetiza um futuro glorioso, desde que leve uma vida digna,[23] e, em 687, o bem-aventurado eremita São Cuteberto profetiza sua própria morte em Farne Island.[24]

Os penitenciais revelam a importância dos adivinhos e profetas para o povo, que os consulta com frequência, apesar das pesadas penas previstas. É assim que o penitencial de Burcardo de Worms, que foi composto em cerca de 1008-1012, mas reflete usos antigos, menciona incontáveis práticas divinatórias e propiciatórias e prevê dois anos de jejum para quem tiver, "segundo os hábitos dos pagãos, consultado os adivinhos, tais como os profetas, para conhecer o futuro", ou "os adivinhos, os áugures ou os magos".[25] Mas como proibir tais práticas, se os padres e os monges são os primeiros a dar crédito a sonhos, visões, presságios e outras profecias? Será necessário esperar a reforma gregoriana do clero no século XI para poder domesticar esse espírito profético selvagem. O próprio papa do ano mil, o sábio Gerbert, tinha uma sólida reputação de adivinho, apregoada pelo cronista Guilherme de Malmesbury.

## AS PROFECIAS POLÍTICAS

O mundo dos conventos é particularmente sujeito aos anúncios proféticos, como acabamos de ver com Beda. No fim do século X, na Saxônia, a irmã Rosvita, de Gandersheim, teria dado origem às profecias de caráter político, a respeito do futuro dos descendentes de Oto e do Império Germânico, misturadas com episódios escatológicos:

> O herdeiro do grande Oto sentirá todo o peso do mundo sobre sua espada. O carro flamejante de Elias voará nos ares, enquanto o inferno vomitará suas rochas e suas lavas em brasa; toda coisa notável será esmagada no ovo sobre a terra. [...] O Sacro Império, erguido sob o 249º papa e sagrado sob o 253º, ouvirá soar seu dobre, quando morrer o 255º filho de Pedro.[26]

Sobre as ruínas desse império nascerão os impérios de Cristo e do Anticristo. As profecias de Rosvita ainda serão exploradas em 1914-1918 e em

---

23 Ibid., II, 12.
24 Ibid., IV, 29.
25 Vogel (éd.), *Le pécheur et la pénitence au Moyen Âge*, p.60.
26 Apud Carnac, *Prophéties et prophètes de tous les temps*.

1939-1945 pela propaganda aliada, de tal modo que certas passagens pareciam corresponder à situação dos conflitos mundiais.[27]

Os soberanos da Alta Idade Média, por mais bárbaros que fossem, muito rapidamente reataram as práticas greco-romanas de manipulação das profecias, da qual não demoraram a avaliar a utilidade. No círculo de Carlos Magno e de seus sucessores imediatos aparecem profecias atribuídas a São Remígio, anunciando a restauração do Império, o poder carolíngio, e até na divisão de Verdun em 843. O arcebispo de Reims, Incmaro, relata essas predições que servem tão bem aos interesses da dinastia da qual é o principal conselheiro. Uma delas faz São Remígio dizer, a respeito de Clóvis:

> Apreciai, meu filho, que o reino da França foi predestinado por Deus para a defesa da Igreja Romana, que é a única Igreja de Cristo. Um dia, esse reino será grande entre todos os outros. Abarcará todos os limites do Império Romano e submeterá a seu cetro todos os outros reinos do mundo; depois durará até o fim dos tempos.[28]

Na mesma época, Rabano Mauro, arcebispo de Mogúncia, prolonga a profecia de São Remígio até o fim dos tempos:

> Por volta do fim dos tempos, um descendente dos reis francos estabelecerá seu reino sobre tudo que foi o Império Romano. Esse homem será o maior dos reis da França e o último de sua raça. Após um reinado dos mais gloriosos, irá a Jerusalém para depositar sua coroa e seu cetro no monte das Oliveiras. Desse modo acabará o Sacro Império Romano e Cristão.[29]

Esses textos testemunham o nascimento de um mito suplementar, o do "último imperador", cuja vinda antecederá o fim do mundo, mito de caráter político, susceptível a adaptações multiformes ao sabor dos interesses dinásticos. Ele se sobrepõe ao mito do Anticristo, numa dialética bem-mal, que é uma das encarnações da grande luta maniqueísta e cósmica entre os dois princípios. Escatologia religiosa e predição política começam assim a criar laços complexos, que acabarão por torná-las quase indissociáveis, e essa apropriação da profecia apocalíptica pela política será fonte de muitas ambiguidades. Pouco a pouco, a profecia se seculariza e passa da escatologia para

27 Ibid., p.88-9.
28 Ibid., p.109.
29 Ibid., p.110.

a política, dando cada vez mais ênfase aos episódios terrenos que precedem o destino final do mundo, o último julgamento e a conflagração definitiva. Este último ato tem menos interesse em si, uma vez que tudo estará acabado; em compensação, para o povo sofredor e para os soberanos devotados a suas ambições, o milênio de paz e a vinda do Grande Monarca encarnam esperanças concretas, e é compreensível que a ênfase recaia progressivamente nesses episódios.

Em 954, a rainha Gerberga, mulher de Luís IV de Ultramar, escreve ao abade de Dives, Adson, para lhe pedir esclarecimentos sobre o Anticristo e as profecias do Apocalipse. Por essas indagações, podemos distinguir preocupações essencialmente seculares. Assim, cada dinastia verá nascer um *corpus* de profecias para uso próprio, utilizando um Apocalipse desenvolvido por interpretações e especulações simbólicas. Na Espanha, serão atribuídas a Santo Isidoro, arcebispo de Sevilha no século VII, profecias sobre a grandeza futura dos reis da Espanha.[30]

O mesmo processo se desenvolve no Oriente, no contexto das guerras entre o Império Bizantino, os árabes e os persas, do século VI ao IX.[31] Após uma catástrofe militar, escritos apocalípticos anunciam um reerguimento e renascimento do Império, segundo o esquema bíblico e pré-bíblico castigo-renovação. Assim, o oráculo de Baalbek, atribuído a uma sibila cristã do início do século VI, anuncia que as derrotas sofridas diante dos persas antecederão a segunda vinda de Cristo. No século VII, os apocalipses gregos do Pseudo-Metódio apresentam as derrotas infligidas pelos árabes como anúncio de futuras vitórias de Bizâncio, que fará os invasores recuarem para o deserto e lhes imporá um jugo cem vezes pior do que aquele que impunha aos cristãos.

No Ocidente, o recurso às profecias pagãs cristianizadas também é comum. Virgílio é definitivamente incorporado, graças a sua quarta écloga. Os alinhamentos se multiplicam: o autor do sermão *Contra judaes*, atribuído a Santo Agostinho, acredita que Virgílio usou a Sibila de Cumas, e que até mesmo Nabucodonosor anunciou Cristo. Agnelo, historiador da Igreja de Ravena na época lombarda, tem a mesma opinião em seu *Liber pontificalis*. Pascásio Radberto, Rabano Mauro, Cristão de Stavelot, Cosme de Praga, e logo depois Joaquim de Flora, Pedro de Blois, Tomás de Cister e Inocêncio III incorporarão Virgílio, inserido na Árvore de Jessé pelos artistas e em certos

30 Ibid., p.86.
31 Alexander, Medieval Apocalypses as Historical Sources, *American Historical Review*, t.73, n.4, p.997-1.008.

ofícios pelos liturgistas. Por exemplo, no rito da procissão dos profetas, um leitor canta: *Dic et tu, Virgile, Testimonium Christo*. São Martinho de Leão supõe até mesmo que Virgílio foi instruído sobre a encarnação por Daniel, assim como Platão teria sido instruído sobre a criação por Jeremias.[32] Quanto à Sibila, ela também é incorporada e, em 1420, Antoine de La Sale visita sua caverna na Itália.

A Alta Idade Média pratica um sincretismo espontâneo entre as diferentes tradições proféticas. Sem o menor senso crítico, todas as predições úteis são aproveitadas, e outras são inventadas e aceitas. Como as autoridades espirituais cristãs abriram as portas do futuro, admitindo o princípio de um conhecimento possível do que está por vir pela comunicação do Espírito Santo ou de Satanás, a massa dos fiéis, ávida de certezas apaziguadoras, está pronta a aceitar qualquer anúncio que lhe permita agarrar-se a um ponto estável no futuro. As tribulações do presente são a maior garantia do sucesso das predições. Quanto ao mundo político, suas aspirações à dominação suscitam profecias que ele está inteiramente disposto a aceitar, sem que a manipulação seja consciente. O clima geral estimula o recurso à profecia e, diante da onda de predições, que vêm em grande parte do próprio clero, a Igreja parece desorientada e incapaz de distingui-las, sobretudo diante daquelas que se dizem inspiradas.

## A SITUAÇÃO AMBÍGUA DA ASTROLOGIA

Em compensação, ela acha que pode proibir em seu próprio princípio a astrologia, cuja situação durante a Alta Idade Média é pouco conhecida em virtude da raridade das fontes. Como vimos, os Pais demonstraram certa hesitação diante dessa ciência, e apenas Santo Agostinho a condenou categoricamente. O prestígio deste último é tamanho que ele contribuiu para a desconsideração dos "matemáticos", como ainda eram chamados, e encontramos ecos de suas condenações nos autores e nos concílios da Alta Idade Média.

No século VI, Cassiodoro (490-583), mestre dos Ofícios do rei ostrogodo Teodorico, escreve para os monges de Vivarium um tratado que resume, em sua segunda parte, os conhecimentos seculares necessários ao estudo das Escrituras, as *Institutes*. Encontramos ali um item sobre a astronomia que a

32 Lubac, Virgile, philosophe et prophète. In: ______, *Exégèse médiévale*, parte II, II, cap.V.

divide em uma parte lícita e outra ilícita: "A astronomia é a disciplina que examina todos os movimentos e formas das constelações celestes e estuda racionalmente as relações das estrelas entre elas e com a Terra". Essa ciência, escreve ele, é muito útil aos navegantes e aos camponeses.

> Mas as outras coisas que acompanham o conhecimento das constelações, isto é, as coisas relativas ao conhecimento dos destinos dos homens, que sem dúvida alguma são contrárias a nossa fé, deveriam nos ser desconhecidas, a ponto de ignorarmos que foram escritas. [...] Mas alguns, seduzidos pela beleza das constelações e seu brilhante esplendor, procurando diligentemente as causas de sua própria perdição, precipitaram-se no estudo do movimento das estrelas, acreditando-se capazes de predizer os acontecimentos por cálculos ilícitos.[33]

Cassiodoro apela para São Basílio, Santo Agostinho, mas também para Platão e Aristóteles para condenar a astrologia, declarando que é no Apocalipse que se deve ler o futuro.

O fato de ele se exprimir no passado levou algumas vezes a se pensar que a astrologia havia quase desaparecido em sua época, não tanto por causa das condenações da Igreja, mas pelo retrocesso científico da época bárbara: o desaparecimento dos livros e a baixa do conhecimento matemático privam os sábios dos instrumentos necessários aos cálculos astronômicos. A ignorância da língua grega e a ausência de traduções latinas de manuais básicos, como o *Tetrabiblos*, de Ptolomeu, tornam os astrólogos dependentes de fontes medíocres, como Plínio ou Calcídio. A astrologia do século VI ao X no Ocidente se reduziria, portanto, a uns poucos charlatães em ação no plano popular e talvez na corte dos reis ostrogodos e visigodos. As poucas representações do zodíaco datadas dessa época teriam apenas um vago significado simbólico, indicando a passagem do tempo. "Não foram nem as perseguições nem as acusações, mas a falta de manuais adequados que causou o desaparecimento da astrologia científica no Ocidente durante quatro ou cinco séculos após o manual astrológico de Fírmico",[34] explica M. L. W. Laistner. S. J. Tester é da mesma opinião, e observa que os mais antigos manuscritos da *Mathesis* de Fírmico Materno remontam ao século XI.[35]

---

33 Cassiodoro, *Institutes*, VII, 4.

34 Laistner, The Western Church and Astrology during the Early Middle Ages, *Harvard Theological Review*, n.34.

35 Tester, *A History of Western Astrology*, p.132.

Esse ponto de vista, porém, foi questionado por V. I. J. Flint numa obra que não só afirma a existência de práticas astrológicas muito difundidas durante a Alta Idade Média como ainda sustenta que foram favorecidas pela Igreja como uma maneira de desviar os fiéis de práticas divinatórias mais perigosas.[36] Quando examinamos as decisões conciliares desse período, damo-nos conta de fato de que as que condenam a astrologia visam, na realidade, a heresia prisciliana, que afirmava a influência dos astros. É o caso do Concílio de Braga, em 563. Os outros concílios atacam a adivinhação em geral, como os de Agde em 506 e Orléans em 511, que excomungam os adivinhos e os que os consultam, o de Toledo em 633, que condena "os clérigos que consultam os magos e os harúspices", o de Constantinopla em 692, que impõe penitência e excomunhão de seis anos aos que consultam os adivinhos, os de Roma em 721 e Paris em 829, que os anatematizam. Em 593, são também os priscilianos que acusam Gregório, o Grande: "É preciso saber que os heréticos priscilianistas acreditam que todo homem é submetido, em seu nascimento, aos decretos das estrelas".

A astrologia seria, então, muito mais comum e muito mais tolerada do que se pensava na Alta Idade Média, em particular graças à crescente distinção entre uma astrologia científica lícita e uma astrologia mágica ilícita, distinção que podia se apoiar nas declarações de Santo Agostinho em *A cidade de Deus*. É em Isidoro de Sevilha, no século VII, que encontramos a afirmação mais pronunciada da astrologia. O arcebispo revela certo conhecimento dos princípios astrológicos, e aceita alguns, como a correspondência macrocosmo-microcosmo, o fato de que o céu nos envia sinais: vivendo perto das colônias orientais da Bética, onde se pratica a astrologia, ele é influenciado pelos autores antigos que a proibiram, e o caso dos magos evangélicos o impressiona.[37] Assim, em suas *Etimologias*, ele se esforça para distinguir a astronomia da astrologia, pela primeira vez no pensamento ocidental, e, embora declare que a astrologia não é mais aceita desde a vinda de Cristo, não a condena abertamente e não põe em dúvida seus resultados. A passagem mais explícita é o capítulo "Sobre a magia", no Livro VIII:

> Os astrólogos são chamados assim porque fazem predições a partir das estrelas (*astri*). Os genetliólogos são chamados assim porque estudam a data de nascimento (*geneses*) dos homens em torno dos doze signos dos céus e tentam predizer o caráter daqueles que nasceram e o que eles farão e sofrerão de

36 Flint, *The Rise of Magic in Early Medieval Europe*.
37 Fontaine, Isidore de Séville et l'astrologie, *Revue des Études Latines*, t.31, p.271-300.

acordo com o curso das estrelas. Eles são comumente denominados matemáticos [...] mas esses mesmos intérpretes das estrelas primeiro foram denominados magos, como os que no Evangelho anunciaram o nascimento de Cristo; depois foram conhecidos apenas pelo outro nome, matemáticos. A prática dessa arte foi permitida até a Encarnação, com a condição de que, desde que Cristo viesse ao mundo, ninguém tentaria interpretar o nascimento de alguém observando o céu. Os horóscopos são chamados assim porque eles consideram a hora de nascimento dos homens à luz dos diferentes destinos.[38]

A condenação, portanto, não é clara, o que leva um historiador da astrologia, Jim Tester, a concluir: "A ideia, ao menos, de uma ciência astrológica potencialmente válida era sustentada pelas próprias autoridades que a condenavam".[39] No século VIII, Beda, que precisa trabalhar com a astronomia para ajustar o cômputo da Páscoa, é discreto sobre a astrologia, e contenta-se em dizer que a estrela dos magos simboliza a arte da profecia, pela qual esses personagens sucedem a Balaam. Essa discrição e essas indulgências permitem constatar uma retomada dos estudos astronômicos e astrológicos a partir da época carolíngia, no século IX. Visivelmente, a Igreja ainda não faz distinção entre as predições astrológicas lícitas e ilícitas, e, como no caso das profecias, isso contribui para o desenvolvimento da arte.

A mesma hesitação caracteriza o mundo muçulmano nessa época. Sendo também herdeiro da tradição grega, e tendo igualmente uma visão simbólica do universo, baseada na correspondência entre o macrocosmo e o microcosmo, ele é levado a atribuir aos astros um papel decisivo no destino individual. Mas, como no mundo cristão, essa concepção esbarra na ideia fundamental da liberdade do crente, a única que pode justificar o inferno e o paraíso. Assim, os grandes pensadores do islã clássico na Idade Média, Al-Farabi, Avicena, Al-Ghazali, Averróis, pronunciaram-se contra a astrologia judiciária, isto é, a astrologia dos horóscopos. Mas no século IX a reflexão sobre esse tema estava apenas começando no mundo muçulmano, e um de seus primeiros grandes filósofos, Al-Kindi, tenta justificar a astrologia.[40] Autor prolífero, da corte do califa Al-Mamun, ele é fortemente influenciado pelo pensamento platônico. Em seu tratado *De radiis*, tenta estabelecer um suporte metafísico, inspirado na doutrina da simpatia cósmica universal,

38 Isidoro de Sevilha, *Etimologias*, VIII, 9, 22-27.
39 Tester, op. cit., p.126.
40 Atiyeh, *Al-Kindy*.

para a astrologia. Ele cai, na verdade, num determinismo integral, que prefigura o de Laplace, quando escreve:

> Se fosse dado a alguém conhecer a situação completa da harmonia celeste, ele conheceria inteiramente o mundo dos elementos, com tudo que ele contém em todo lugar e em todo tempo, compreendendo o causado por sua causa, [...] de modo que todo aquele que adquire o conhecimento da situação completa da harmonia celeste conhece o passado, o presente e o futuro.[41]

Essa ideia é retomada por um discípulo de Al-Kindi, Abu Mas'har (787-886), no *Flores astrologiae*, e significa dizer que o conhecimento integral do futuro é possível a partir de um conhecimento total do presente, em razão do encadeamento inevitável das causas e das consequências.

Essa concepção extrema, que suprime qualquer liberdade, não poderia ser aceita pelas autoridades religiosas, e a reação, tanto dos cristãos como dos muçulmanos, não tarda. Não obstante, até o fim do século X, as posições são vagas e favorecem todo tipo de especulação. Aproveitando as incertezas doutrinais, as predições e profecias florescem, a respeito tanto do futuro individual e terreno como do destino coletivo escatológico, as etapas últimas da história humana, por videntes, adivinhos, magos, profetas inspirados ou simplesmente hábeis.

## MIL, UM ANO IGUAL AOS OUTROS

Nisso reside, certamente, uma das origens do mito dos terrores do ano 1000. Os historiadores modernos refutaram essa lenda apregoada durante muito tempo por uma historiografia repleta de preconceitos sobre as "eras obscuras" e a barbárie da Alta Idade Média, mostrando que ela repousava sobre fontes extremamente raras e de natureza singular.[42] De certa forma, esse mito é indicativo de uma época marcada pela proliferação descontrolada das profecias, por falta de uma posição claramente definida das autoridades espirituais. O florescimento nas atas oficiais, por exemplo, nas doações, de expressões do gênero "as ruínas que se multiplicam manifestam de forma inequívoca a aproximação do fim do mundo", expressões que desaparecerão na segunda metade do século XI, é um indício não desprezível.

---

41 Apud Tester, op. cit., p.159.

42 Focillon, *L'An mil*; Pognon, *L'An mille, textes traduits et annotés*.

O monge cronista Raoul Glaber, que escreve entre 1026 e 1048, lembra que três anos antes do ano 1000 surgiram sinais assustadores, como aquele "enorme dragão, que saía das regiões setentrionais e alcançava o sul, lançando feixes de raios", ou como aquela "fome rigorosa, que durou cinco anos, estendeu-se por todo o mundo romano". Mas, nesse campo, vimos que a densidade de presságios já era considerável quatro séculos antes, em Gregório de Tours.

Na verdade, o fim do mundo está em pauta desde o início do cristianismo, e nenhum motivo impunha o ano 1000 como a data fatídica, ainda mais que a incerteza cronológica da época tendia a apagar esse número da mente. As referências utilizadas então não são os anos da era cristã, mas os anos de reinados ou pontificados, ou o tempo transcorrido desde certos acontecimentos importantes. Apenas uma elite clerical mantinha uma cronologia precisa, e essa elite é justamente contrária à ideia de um fim do mundo programado para o ano 1000. Adson, cuja resposta à rainha Gerberga data de 954, declara que o fim não estará à vista enquanto os reinos não se separarem do Império. Abbon de Fleury, morto em 1004, não denota em sua obra nenhuma preocupação com o ano 1000, embora relate que um pregador anunciou que aquele ano veria o fim. Outros, escreve ele, fixam o momento fatídico no decorrer do ano em que a Anunciação coincidir com a Sexta-Feira Santa, isto é, 992. O ano 1000 chamou muito mais a atenção *depois* do que *antes*, e ocupou muito menos o espírito dos supersticiosos contemporâneos do que o ano 2000 no nosso século XX. A julgar pelo número de obras que foram dedicadas ao ano 2000 e pela frequência do uso desse número, os arqueólogos do século XXX teriam uma base documental considerável para nos atribuir certa obsessão pelo ano 2000, que é, apesar de tudo, muito relativa. Os homens do século X estavam certamente menos preocupados com a chegada do ano 1000, já que a maioria vivia fora das referências cronológicas cifradas.

O que é certo é que nessa época se vive na expectativa dos grandes acontecimentos apocalípticos, Anticristo, retorno de Cristo, eventualmente último imperador e milênio de paz, e todos os meios para se informar sobre esse futuro são empregados. Mas as pessoas também são ávidas por saber o futuro terreno, o da vida familiar e individual no caso dos humildes, político no caso dos grandes. E, mais uma vez, preocupam-se pouco com os meios: leitores da sorte, videntes, adivinhos, astrólogos, especialistas em sonhos, profetas inspirados são intermediários para o futuro, que, além do mais, é anunciado por uma infinidade de presságios numa natureza em que tudo é sinal, símbolo, e tudo é expressão de uma presença viva que prepara nosso futuro.

Essa onipresença de um futuro multiforme, que todos podem consultar, coloca a Igreja numa situação embaraçosa, na medida em que ela parece ser incapaz de controlar essas formas de acesso ao futuro. Religião do futuro, o cristianismo aceita o princípio da possibilidade de um acesso ao que está por vir no caso de certos espíritos privilegiados pelo Espírito Santo. Mas a relativa estagnação intelectual dos séculos V a X, apesar da "Renascença carolíngia", torna as autoridades incapazes de discernir claramente a parte de lícito e de ilícito, de divino e de diabólico, de autêntico e de ilusório nesse terreno.

A situação evolui nitidamente a partir da segunda metade do século XI, por efeito de três fatores complementares. De um lado, as esperanças apocalípticas, introduzindo-se em movimentos sociais camponeses e, em breve, urbanos, dão origem a heresias sociorreligiosas que ameaçam a ordem feudal e teocrática. De outro lado, a espetacular renovação intelectual do século XII, acompanhada da redescoberta de parte do pensamento antigo por intermédio dos árabes, põe à disposição dos pensadores e da hierarquia católica um arcabouço conceitual e filosófico mais rigoroso. Enfim, os progressos decisivos da autoridade, do prestígio e da centralização pontifícia permitem que Roma controle melhor o acesso ao futuro, regulamente os modos de comunicação. Portanto, vemos instalar-se, no decorrer dos séculos XI e XII, uma depuração severa das predições, cujo resultado é praticamente fechar o acesso ao futuro, ou ao menos reduzi-lo a aberturas estreitas, estritamente vigiadas, e demonizar a maioria das predições. Diante da ameaça herética, frequentemente baseada em profecias, o cristianismo, religião profética a princípio, converte-se em religião institucional, que administra o presente e monopoliza as vias de acesso ao futuro. A atividade profética livre se torna suspeita de sedição, e a predição se torna objeto de conflito. A apropriação do futuro pela Igreja, no entanto, nunca será completa, e gera confrontos a partir do século XI.

## CRUZADA E MILENARISMO: A PROFECIA EM ATO

O desvio mais notável do espírito profético a partir do século XI é ilustrado pelo desenvolvimento do milenarismo, que tem raízes nas concepções apocalípticas e messiânicas aplicadas a um contexto socioeconômico bastante particular. Temos aqui um exemplo flagrante da maneira como o futuro imaginado na forma de profecias inspiradas pode se tornar um motor da história. O milenarismo é uma das formas da utopia, a utopia em marcha, que mobiliza os homens para sua realização num movimento fadado ao fracasso porque persegue uma quimera. É a utopia da Cidade de Deus na terra, a única utopia com que pode sonhar a Idade Média exclusivamente cristã. O milenarismo sucedeu às utopias pagãs, e seu desaparecimento progressivo a partir do século XVI será contemporâneo do surgimento das utopias modernas. Milenarismo: avatar da utopia ou o inverso? Para nós é suficiente ressaltar o parentesco dos dois movimentos, ambos fundados na visão de um futuro radioso e ilusório. Isso basta, aliás, para explicar o caráter suspeito do milenarismo aos olhos da Igreja. O cristianismo, alheio a qualquer utopia, rejeita as promessas de felicidade terrena, assim como esses mil anos de paz e prosperidade demasiado material que alguns esperam. A felicidade não faz parte deste mundo.

Irineu e Lactâncio, porém, foram seduzidos por essa ideia, num contexto de vingança contra os perseguidores, como vimos. Ainda no século V, o poeta Comodiano anunciou o futuro retorno de Cristo à frente das dez tribos perdidas de Israel, formando uma comunidade feliz de vegetarianos pacíficos. Orígenes já havia condenado esse tipo de fantasia, ressaltando o caráter alegórico do Apocalipse, e Santo Agostinho havia acrescentado o peso decisivo de seu prestígio para rechaçar as interpretações temporais e literais dos mil anos. A Igreja agora assumindo uma posição oficial dominante, associada ao poder temporal, qualquer ideia de "reinado dos santos" só podia significar seu próprio desaparecimento, e numa época indeterminada da Idade Média as autoridades religiosas se empenharam em dar sumiço nas passagens do livro de Irineu, *Contra as heresias*, que anunciavam o milênio. Elas serão encontradas, por acaso, apenas em 1575, num manuscrito que havia escapado da destruição.

Durante vários séculos, o milenarismo sai de cena, mas a ideia se transmite de maneira sorrateira, originando os movimentos esporádicos que assinalamos anteriormente. É no século XI que ela volta à tona e entra realmente em ação.[43] O ressurgimento do milenarismo se deve à conjunção de dois fatores, socioeconômico e espiritual. "Grande parte do conteúdo das profecias religiosas medievais é a expressão de uma insatisfação com o presente e de uma esperança para o futuro", escreve R. E. Lerner.[44] No caso do milenarismo, Norman Cohn mostrou que ele aparecia em geral em regiões à beira da superpopulação, onde ocorrem mudanças econômicas e sociais rápidas, que desestabilizam o mundo tradicional. É raro que surja em meios exclusivamente rurais, mesmo pobres, ou então a vida tem de ser seriamente

43 Cohn, *The Pursuit of the Millenium*; Delumeau, *Mille ans de bonheur*.
44 Lerner, Medieval Prophecy and Religious Dissent, *Past and Present*, n.72, p.7.

perturbada por fome, guerra, doença. O centro dos movimentos milenaristas dos séculos XI-XIII situa-se entre o Somme e o Reno, onde um campesinato que se tornou relativamente numeroso após o ano 1000 alimenta ondas de êxodo rural que engrossam um pequeno proletariado urbano. No século XI, com a retomada do comércio, o desenvolvimento das cidades, o surgimento de uma burguesia, crescem também os grupos instáveis, os trabalhadores miseráveis, sempre sob a ameaça de perder o emprego, sem tradições estabelecidas, as tropas de mercenários, os bandos de mendigos. Não que essas pessoas sejam mais pobres do que no século X, época em que os períodos de fome foram terríveis, mas o enfraquecimento relativo do quadro comunitário, a irrupção de elementos externos e o início da abertura contribuem para desorientar os espíritos, para criar certa instabilidade, fator de insatisfação e aspiração ao restabelecimento do equilíbrio rompido.

Ora, na mesma época, o clima apocalíptico ganha intensidade de novo, em associação com o desenvolvimento das peregrinações e, em seguida, das cruzadas. Diversas vezes ao longo do século XI, o mundo cristão foi perturbado por terrores escatológicos que prepararam os espíritos para a aproximação de uma luta final. Na fome de 1033, conta Raoul Glaber, "os homens acreditavam que o desenrolar ordenado das estações e das leis da natureza, que haviam regido o mundo até então, haviam afundado num eterno caos; e temiam o fim da humanidade".

Esses terrores sempre provocam movimentos maciços de populações que se põem em marcha sob o comando dos padres, povo de Deus implorando a misericórdia divina. Partir significa tanto romper os laços terrenos, "abandonar tudo" para seguir o Senhor, como deixar para trás a vida de pecados. Isso é traduzido normalmente por simples procissões, mas cada vez mais a percepção da iminência das desordens definitivas incita os fiéis a empreender a grande viagem, a de Jerusalém, onde devem ocorrer os episódios decisivos. Em 1033, por ocasião do milênio da Paixão, escreve Raoul Glaber:

> uma multidão incontável começou a convergir do mundo inteiro para o sepulcro do Salvador, em Jerusalém. Foram primeiro pessoas das classes inferiores, depois os do povo médio, depois todos os grandes, reis, condes, marqueses, prelados, enfim [...] muitas mulheres, as mais nobres com as mais pobres. [...] A maioria tinha o desejo de morrer antes de retornar ao seu país.

Outro deslocamento maciço trinta anos depois, em 1064. O apelo de Urbano II, mais trinta anos depois, em 1095, insere-se numa tradição bem estabelecida de peregrinações. Mas, dessa vez, as condições políticas são diferentes: os turcos seljúcidas são os donos do pedaço e não deixam os peregrinos passar. Eles têm de forçar a passagem, travando o derradeiro combate contra o que poderia muito bem ser o Anticristo, cuja derrota, segundo o Apocalipse, deve inaugurar mil anos de paz. Os que participarão da derrota do dragão serão "felizes e santos, [...] sobre eles a segunda morte não tem poder: serão sacerdotes de Deus e de Cristo e reinarão com ele durante os mil anos".[45] Perspectiva extraordinária, que age como uma poderosa motivação em muitos cruzados.[46]

Mas nada disso poderia acontecer sem violência. O Apocalipse, depois de prometer paz e felicidade ao povo de Deus reunido diante da nova Jerusalém, acrescenta: "Quanto aos covardes, aos infiéis, aos depravados, aos assassinos, aos impudicos, aos mágicos, aos idólatras e a todos os mentirosos, sua parte se encontra no lago ardente de fogo e enxofre: essa é a segunda morte".[47] A promessa somente pode se cumprir, portanto, com o fim de todos os infiéis e de todos os inimigos de Cristo. Essa ao menos é a interpretação popular, a que é dada por Pedro, o Eremita; antes de se livrar dos infiéis orientais, é necessário suprimir todos os traidores de Deus que estão no Ocidente, e em particular os deicidas, os judeus. *Pogroms* já haviam ocorrido em 1065, condenados pelo papa Alexandre II.[48] O movimento de 1096 tem uma amplitude muito maior.

## O IMPERADOR DOS ÚLTIMOS DIAS

O apelo de Urbano II não chega inopinadamente, portanto. A ideia de cruzada, baseada na profecia, está no ar há muito tempo. Trata-se de cumprir o anúncio dos mil anos de paz, destruindo os infiéis. A cruzada é a profecia em ato. O tema do último imperador está intimamente ligado à cruzada: no círculo de Pedro, o Eremita, diz-se que Carlos Magno vai ressuscitar e tomar a frente do movimento; para outros, ele está apenas adormecido em seu túmulo em Aix. Desde o início, porém, o tema é aproveitado por príncipes bem vivos, que o transformam em instrumento a serviço de suas ambições.

---

45 Apocalipse 20,6.
46 Cohn, op. cit., p.30-5.
47 Apocalipse 20,8.
48 Alexandre II parabeniza os bispos da Espanha por ter impedido o massacre (Patrologie Latine, n.146, col. 1.386).

No Reno, o conde de Leiningen, Emmerich, que incitou os massacres de judeus, faz-se passar pelo Imperador dos últimos dias, mimoseado com visões. De sua parte, o bispo de Alba prediz que o imperador Henrique IV vai conquistar Bizâncio, encontrar e derrotar o Anticristo em Jerusalém, antes de reinar até o fim do mundo.

No século XIII, por ocasião da Segunda Cruzada, esse papel é atribuído a Luís VII, a partir das profecias da Sibila de Tibur, cuja nova versão, surgida de forma muito oportuna, anuncia que um rei da França conquistará os dois impérios, do Oriente e do Ocidente, será o Imperador dos últimos dias e depositará suas insígnias no Gólgota. Seu nome será mudado de "L" para "C". Uma nova profecia acrescenta que ele conquistará "Babilônia", a cidade dos demônios e do Anticristo. O próprio São Bernardo acaba se convencendo de que essas promessas são fundadas.

No século XIII, o mito continua vivo e permite a vários impostores audaciosos apresentar-se como a reencarnação do Imperador dos últimos dias. Em 1224-1225, um pobre eremita diz ser o conde de Flandres, Balduíno, ex-imperador de Constantinopla, que voltou para cumprir as profecias sibilinas. Ele desencadeia um vasto movimento em Flandres e no Hainaut, arrastando com ele o proletariado urbano. O próprio sobrinho de Balduíno acredita reconhecer nele o seu tio, e a nobreza se une a sua causa. As pessoas que praticam um ofício nas cidades flamengas e os habitantes do Hainaut veem nele o homem que poderia libertá-los da tutela dos reis da França. É sempre a coincidência dos interesses temporais com as esperanças religiosas que faz a força desses movimentos. A filha de Balduíno, a condessa Joana, tendo-o acusado de impostor, é expulsa de seus Estados, e o pseudo-Balduíno é coroado em Valenciennes imperador de Constantinopla e Tessalônica. Seus mais firmes partidários, numa região afetada pela fome e pela crise, são tecelões pobres, que esperam dele a abundância prometida pela profecia tiburtina. A partir de então, o movimento ganha uma feição revolucionária; burgueses e nobres se voltam para o rei da França. O pseudo-Balduíno, talvez manipulado no início por Bertrand de Ray, acaba fugindo, é preso e enforcado em Lille.

Alguns anos depois, o mito do último imperador ressurge e adquire uma nova amplitude, focando-se em Frederico II. As circunstâncias são excepcionalmente favoráveis. De fato, desde a morte de Frederico I Barba Roxa, em 1190, circulam profecias anunciando que um futuro Frederico seria o Imperador dos últimos dias, libertaria o Santo Sepulcro e inauguraria o milênio. Nada mais natural, portanto, do que ver em Frederico II, neto de Frederico I, coroado imperador do Sacro Império em 1220, a encarnação desse personagem apocalíptico. Na Suábia, um dominicano dissidente, irmão Arnaldo, imbuído do pensamento profético de Joaquim de Flora, do qual tornaremos a falar, prediz que, antes da instauração da era do Espírito, em 1260, Cristo virá denunciar o Anticristo, que não é ninguém menos do que o papa, e todos os seus sequazes, os bispos. Arnaldo será o agente de execução, tomando da Igreja de Roma todas as suas riquezas para distribuí-las aos pobres, com a ajuda do imperador Frederico.

As querelas deste último com o papa poderiam dar certa verossimilhança a esse discurso, mas também eram susceptíveis a uma interpretação oposta, com troca de papéis, sempre dentro de uma leitura profética dos acontecimentos. Nos anos 1240 é composto o *Comentário sobre Jeremias*, atribuído a Joaquim de Flora, que profetiza a destruição da Igreja por Frederico II; este representa aqui o papel do Anticristo, ou da Besta do Apocalipse: o Império é comparado à Babilônia, e o desaparecimento da Igreja precederá a era do Espírito, ainda previsto para 1260.

A morte de Frederico, em 1250, poderia ter feito essas profecias caducarem. Todavia, as assimilações simbólicas possibilitam uma capacidade infinita de adaptação. Em breve começam a correr boatos segundo os quais o imperador partiu para terras distantes, em peregrinação ou exílio, antes do grande retorno. Um monge siciliano o viu entrar na garganta do Etna, e para muitos isso significa que ele está adormecido, como Artur, como Carlos Magno, e retornará na data fatídica de 1260. E, efetivamente, de 1260 a 1262, um impostor faz seu papel na Sicília e encontra um número suficiente de espíritos crédulos para segui-lo. Em 1284, vários falsos Fredericos surgem no Império, motivo de dificuldade para o imperador reinante, Rodolfo, sobretudo porque parte da nobreza se alia aos impostores, apoiados igualmente pelos pobres das cidades. Como sempre, a profecia religiosa descamba em manobras políticas. Um pseudo-Frederico aparece em Worms, outro em Lübeck, um terceiro no vale do Reno. Este último, expulso primeiro de Colônia por motivo de loucura, consegue ser coroado em Neuss. Preso e entregue a Rodolfo, é queimado vivo em Wetzlar. Esse fim, que é o fim dos heréticos, revela a identificação da profecia apocalíptica com a heterodoxia feita pelas autoridades.

Também podemos falar desses episódios como movimentos sociais revolucionários, que se enfeitam com os ouropéis culturais de sua época e têm sempre um lado messiânico e utópico. No século XIX, a revolução será feita em nome do messianismo da classe operária, e terá como objetivo a utopia comunista. Nos séculos XII-XIII, ela se cristaliza no personagem do último imperador, ou do próprio Cristo reencarnado, visando o estabelecimento do milênio de bem-aventurança para os eleitos. Mas ela continua a ser um movimento revolucionário e, como tal, inadmissível para as autoridades civis e religiosas.

## PROFECIA E ANTICLERICALISMO

A Igreja é de fato, ao lado dos príncipes temporais, o alvo principal desses movimentos. O clero, e em particular os bispos, é comparado a uma tropa demoníaca, aos agentes do Anticristo, que às vezes é ele próprio assimilado ao papa. É o que declara, por exemplo, um herético queimado em 1209, em Paris. Ele próprio um antigo clérigo, imbuído do Apocalipse e das profecias sibilinas, anuncia que Roma é a verdadeira Babilônia, e o papa o Anticristo, que em cinco anos a fome e a guerra vão devastar a cristandade, engolir seus habitantes, que o fogo vai devorar os bispos, agentes do Anticristo. Começará então o reinado do monarca escatológico, o do rei da França, Luís VIII.

Nesse ódio ao clero, devemos ver, antes de tudo, um sentimento de traição em relação a um grupo que se apropriou das promessas bíblicas e as sufocou a fim de instaurar seu próprio poder sobre as almas e os corpos. Ódio à riqueza acumulada pelos clérigos, em contradição com sua vocação, naturalmente, mas ódio também ao abandono do espírito profético. A hostilidade contra a riqueza do clero provocou movimentos de pobreza voluntária, que souberam permanecer no interior da Igreja, como as ordens mendicantes. Mas a contestação em torno do espírito profético é mais radical, e só pode resultar em heresia. Os milenaristas foram privados do espírito profético. Censuram o clero por ter abandonado as promessas messiânicas e sufocado a inspiração profética para criar uma instituição, uma administração, que geria o presente em proveito próprio e escamoteava as promessas bíblicas. Acusam o clero de ter transformado a Igreja profética dos primeiros tempos em uma Igreja institucional.

É por isso que os movimentos milenaristas são dirigidos por messias inspirados e voltam-se ao mesmo tempo contra o clero. Os messias são ou membros do baixo clero descumprindo a pena de exílio, ou leigos que tiveram um rudimento de educação. É difícil avaliar seu grau de sinceridade. Se entre eles há manifestamente impostores, parece, como acredita Norman Colin, que a maioria tem convicção de ser um instrumento divino. Um bom exemplo é o "Mestre da Hungria", da época do movimento dos pastorinhos, em 1251, que é descrito da seguinte maneira pelo historiador inglês:

> Um desses homens era o monge renegado Jacob, que diziam ser da Hungria, e era conhecido como "Mestre da Hungria". Era um asceta magro, pálido, barbudo, de aproximadamente 60 anos, de porte imponente, e capaz de se exprimir com eloquência em francês, alemão, latim. Proclamava que a Virgem Maria, rodeada de uma legião angélica, apareceu-lhe e deu-lhe uma carta, que ele sempre tinha à mão, da mesma maneira que Pedro, o Eremita, teve documento análogo. Segundo Jacob, essa carta convocava todos os pastores a ajudar o rei Luís a libertar o Santo Sepulcro.[49]

O chamado é ouvido não só por pastores, mas também por bandidos, ladrões, assassinos, prostitutas, monges e padres despadrados. Essa tropa turbulenta ruma para a costa mediterrânea como uma nuvem de gafanhotos, atacando em particular o clero: em Tours, a igreja dos dominicanos é saqueada, o convento franciscano é destruído, as hóstias, consagradas por mãos indignas, são pisoteadas. Finalmente o movimento é dispersado por nobres, e Jacob se afoga.

Se encontramos os elementos de base de profecia em profecia, constatamos certa variedade em seu arranjo e parece, aliás, que, tanto quanto o conteúdo desses anúncios, é o fato de os profetas usurparem o ministério da palavra, dirigindo-se diretamente ao povo por intermédio da escatologia, que é condenado pela Igreja.[50] No século XII, na região de Estrasburgo, os membros da seita ortliebiana se tomam por Cristo e profetizam em nome do Espírito Santo. Em 1145-1146, ainda nos países renanos, o cisterciense Raul atrai multidões, em particular por se expressar em língua românica em regiões germânicas, o que contribui para que lhe atribuam o dom das línguas; o conteúdo de sua pregação não tem nada de muito chocante para a Igreja, não fosse o fato de incitar o massacre dos judeus. Ele comenta os livros sibilinos, chama a cruzada e prediz o sucesso dos cruzados franceses.

No fim do século XII, o herético Amalrico de Bena desenvolve um sistema, a partir de um recorte da história em grandes períodos, que de certo modo lembra as grandes sínteses positivistas do século XIX. Sua concepção do sentido da história o leva a predizer as seguintes fases: o reinado do Espírito chegou e a era da ciência vai suceder à era da fé; em seu sistema panteísta, a natureza é o desdobramento das ideias divinas, e as ciências da natureza estão destinadas a substituir a teologia para atingir o conhecimento do Ser. Dessa vez, estamos fora do pensamento apocalíptico, com

49 Cohn, op. cit., p.94-5.
50 Alphandéry, op. cit.

uma doutrina que não tem mais nada a ver com a ortodoxia, e que reflete o novo entusiasmo científico do século XII.[51] Em 1215, a doutrina de Amalrico é condenada pelo Concílio de Latrão, e já em 1210 seu corpo foi exumado e jogado em campo não consagrado. Seus discípulos, no entanto, fundem seu pensamento profundamente inovador no molde das profecias clássicas, o que dá a medida de seu prestígio. Eles se proclamam os arautos da era do Espírito, os profetas nos quais se encarna o Espírito Santo, cujo reinado vai durar até o fim do mundo, sucedendo ao reinado do Pai, que terminou com o nascimento de Cristo, e ao reinado do Filho, que acaba de chegar ao seu fim. Esse grupinho de catorze pessoas anuncia que o Espírito fala por eles, e que por seu ensinamento todos aqueles que os ouvirem também se tornarão "espirituais", ao passo que em cinco anos todos os outros morrerão em catástrofes diversas. O Anticristo, isto é, o papa e a Igreja, vai desaparecer, e o rei da França reinará para sempre. Presos, julgados, queimados em 1209, os adeptos do "livre espírito" terão, apesar de tudo, uma posteridade importante no século XIV com o movimento dos begardos.

Ainda circulam outras profecias em torno do Anticristo e do milênio, este último sendo situado quase sempre depois da derrota daquele primeiro. É o que diz, por exemplo, Hugo Ripelino, por volta de 1265, em seu *Compendium theologicae veritatis*: "Após a morte do Anticristo, o Senhor não virá julgar de imediato", mas haverá um tempo de repouso para os santos, durante o qual os judeus serão convertidos.[52]

Como lembrou Henri de Lubac, os temas apocalípticos e anticrísticos se tornam quase um gênero literário, para não dizer um clichê, nos séculos XII e XIII.[53] Para reformadores, polemistas, moralistas, é um meio de passar uma mensagem moral ou doutrinal: toda desgraça anuncia o fim. A pseudoprofecia se torna uma verdadeira moda; as comparações com o Antigo Testamento se multiplicam para fustigar os reis perseguidores: é assim que Henrique II Plantageneta se torna um novo Antíoco. Usa-se e abusa-se do Anticristo – com o perdão da expressão – e isso tira muito de sua graça. Gog e Magog são vistos em tudo: um a um, citas, getas, masságetas, godos, hunos, turcos herdam o título. Essa inflação e essa banalização dos episódios apocalípticos irritam visivelmente os teólogos, que se esforçam para lembrar o caráter simbólico dos números e das imagens do Apocalipse. Os grandes mestres da

---

51 Minois, *L'Église et la science*, t.I, p.178-9.

52 Lerner, The Black Death and Western Eschatological Mentalities, *American Historical Review*, v.86, n.3, p.533-52.

53 Lubac, Joachim de Flore. In: ______, *Exégèse médiévale*, parte II, I.

escolástica do século XIII, empenhando-se para definir estritamente os limites da profecia autêntica, vão tentar reduzi-la a raríssimos casos referentes às questões espirituais e escatológicas. As autoridades da Igreja preocupam-se visivelmente com a ascensão do espírito profético, que acende focos de heresia e perturba a ordem social.

## RENASCIMENTO DA ASTROLOGIA NOS SÉCULOS XII E XIII

O caráter invasivo do futuro se encontra também com o renascimento da astrologia, que às vezes se mistura com a profecia religiosa, e contra a qual os teólogos também vão tentar reagir. Finalmente, o mundo céltico cristão assiste no século XII à eclosão das famosas profecias de Merlin, ressurgência de um tipo de oráculo pagão, sob a pluma de um arquidiácono de Oxford, Godofredo de Monmouth. Esses fenômenos mostram que o renascimento intelectual pelo qual passou essa Idade Média central desenvolveu um desejo de conhecimento do futuro que vai além do quadro do milenarismo cristão. Espera-se que o desenvolvimento científico, o início da redescoberta das culturas antigas ponham à disposição tanto dos espíritos cultivados como dos povos meios de investigação do futuro mais numerosos e mais precisos. Isso preocupa os dirigentes da Igreja, que correm o risco de se ver atropelados pela escalada profética e divinatória. Daí a reação e a tentativa de estabelecer um monopólio eclesial sobre o futuro.

Astrólogos e Merlin: eles são ao mesmo tempo concorrentes e complementares dos profetas. A partir da segunda metade do século XI, vários indícios anunciam uma renovação do interesse pela astrologia, que atinge até mesmo os meios eclesiásticos. Em sua crônica, Guilherme de Malmesbury acusa Gerardo, arcebispo de York, morto em 1108, letrado refinado, de ter praticado atividades demoníacas, pois, escreve, "tinha o hábito de ler Júlio Fírmico em segredo, ao invés de suas devoções da tarde". Após sua morte, encontraram um livro de astrologia debaixo de seu travesseiro, e por esse motivo não foi permitido que fosse enterrado na catedral.[54] Na mesma época, Marbodo, bispo de Rennes, atacou os astrólogos em seu *Livro dos dez capítulos*. Eles determinam o caráter dos homens de acordo com os planetas, o que, acrescenta ele, "lembro-me de ter visto certa vez nos livros de astrologia: Fírmico tenta provar isso com argumentos fracos, mas penso que esses

54 Guilherme de Malmesbury, *De gestis pontificum anglorum*, éd. Hamilton, p.259.

temas são falsos".[55] A dupla menção às medíocres obras de Fírmico Materno, um astrólogo neoplatônico e cristão do século IV, mostra tanto a curiosidade crescente da época pelo tema como a insuficiência do material de que se dispunha então.

As cruzadas e os contatos culturais com os muçulmanos vão permitir que o saber aumente de forma espetacular na primeira metade do século XII. Guiberto de Nogent, cronista da primeira cruzada, tem consciência da inferioridade dos cristãos no que concerne às predições: "O conhecimento das estrelas é tão pobre e raro no Oeste quanto é florescente e de prática comum no Leste, onde ele nasceu".[56] A grande empreitada de tradução das obras gregas por intermédio do árabe que começa nessa época permite a redescoberta dos tesouros astrológicos da Antiguidade, mas também que se renove o contato com as próprias obras muçulmanas. Esse movimento deve ser situado no contexto mais amplo do entusiasmo científico que caracteriza essa época no Ocidente. Esse fenômeno de redescoberta maciça de uma cultura não tem precedente na história, e o otimismo que ela gera sufoca o espírito crítico por um bom tempo: traduz-se tudo, aceita-se tudo, em bloco, subjugado por esses prodígios de sabedoria vindos do passado.

Além disso, a operação se desenvolve num clima de guerra santa. É no rastro dos exércitos cristãos que chegam as equipes de tradutores, conscientes de que vão trabalhar para a grandeza de sua religião: trata-se de tomar dos árabes as técnicas que eles próprios tinham tomado dos gregos e faziam sua superioridade. Essas técnicas vão das receitas alquímicas para prolongar a vida humana[57] aos métodos de previsão astrológicos. A predição do futuro é uma arma estratégica da mais alta importância: se os árabes têm os métodos mais eficazes nesse terreno, por que se negar a empregá-los a serviço da boa causa? É esse espírito que motiva a equipe de tradutores comandada por Pedro, o Venerável, nos anos 1140, assim como o inglês Daniel de Morley, que estuda ciências em Toledo e escreve: "Despojemos, pois, consoante o mandamento do Senhor e com sua ajuda, os filósofos pagãos de sua sabedoria e eloquência, despojemos esses infiéis de maneira a nos enriquecer com seus despojos na fidelidade".[58] Em cerca de 1120, Platão de Tívoli, que traduz *Da ciência das estrelas*, de Al-Batani, queixa-se da ignorância ocidental nesse

55 Patrologie Latine, n.171, col. 1.704.

56 Guiberto de Nogent, *Gesta Dei per Francos*, VIII, 8.

57 É com esse espírito que Roger Bacon escreve no século XIII *O cuidado da velhice e a conservação da juventude*.

58 Le Goff, *Les intellectuels au Moyen Âge*, p.24.

campo: "É uma circunstância em que se deve deplorar mais a cega ignorância da latinidade, censurar mais vivamente a negligente preguiça?". Ao lado das ciências árabes, temos apenas "fábulas de velhas", e no prefácio ele escreve: "Imploro, pois, a ajuda de Deus, autor da ciência".[59]

Astronomia e astrologia são evidentemente misturadas e traduzidas sem distinção, o que permite que a segunda retorne maciçamente à cultura ocidental por intermédio das obras científicas de Aristóteles, que atribuem aos planetas uma influência decisiva sobre o mundo sublunar, e sobretudo pelas obras de Ptolomeu e de seus comentadores árabes. Entre 1130 e 1150, a equipe do arcebispo de Toledo, dom Raimundo, traduz os quatro primeiros livros da *Física* e os quatro livros *Do céu e do mundo*, de Aristóteles, assim como o *De scientus*, de Al-Farabi. Entre 1105 e 1110, Adelardo de Bath traduz as tábuas astronômicas de Al-Khwarizmi e o *Almagesto*, de Ptolomeu. Ele próprio compõe tratados científicos e astrológicos, e hoje vários horóscopos são atribuídos a ele.[60] Por volta de 1150, Hermann de Caríntia traduz o *Planisfério*, de Ptolomeu; em 1138, a equipe de Platão de Tívoli já havia traduzido o *Tratado em quatro partes* (*Tetrabiblos*), de Ptolomeu, os *Esféricos*, de Teodósio, o *De motu stellarum*, de Al-Batani.

Na Itália do Sul e em Castilha, as trocas se intensificam no século XIII, o que permite a Afonso X redigir tratados astronômicos e astrológicos, enquanto Frederico II envia seu astrólogo Miguel Escoto a Toledo, onde ele verterá para o latim o *Astrologia*, de Al-Bitrogi, e o tratado *Do céu e do mundo*, de Aristóteles. A astrologia ocupa um espaço importante na corte do imperador, para quem Miguel Escoto compõe seu *Liber introductorius*. Esse astrólogo de origem escocesa, bem colocado na corte pontifícia antes de passar para a de Frederico II, ganha renome em toda a Europa. Após sua morte, em 1236, um certo "mestre Teodoro" é quem faz o papel de astrólogo do imperador. Este último recorre à astrologia em certas circunstâncias: em 1235, quando se casa com Isabel, irmã do rei da Inglaterra, "ele se recusou a conhecê-la carnalmente antes que a hora propícia lhe fosse indicada por seus astrólogos", relata o cronista Mateus Paris. Em 1247, quando funda a cidade de Victoria, diante de Pádua, ele leva em consideração a posição dos planetas, como conta com muitos detalhes técnicos o cronista Rolandino de Pádua.[61]

Algumas traduções, como a da *Introductorium maius*, de Albumasar, fornecem argumentos aos autores ocidentais que permitem defender a

---

59 Minois, op. cit., p.169.
60 North, Some Norman Horoscopes. In: Burnett, *Adelard of Bath*.
61 *Rolandini Patavini Chronicon*, éd. Jaffé, p.85.

astrologia dentro do pensamento religioso. Outras, como o *Centiloquium*, erroneamente atribuída a Ptolomeu, fazem a ligação com o hermetismo na forma de aforismos astrológicos. Os limites entre os diferentes métodos de predição se tornam confusos. A preocupação com o predizer leva a melhor sobre as considerações relativas à licitude, acima de tudo com um intuito de eficácia. Mais do que o meio empregado, é o êxito da predição que importa, o que favorece a colaboração entre a adivinhação, a profecia e a astrologia, e isso preocupa as autoridades religiosas.

Desse pragmatismo, temos vários testemunhos. Em primeiro lugar, com o ressurgimento de tratados divinatórios que utilizam as sortes ou a geomancia, como os *Livros do destino*, os quais vários foram estudados pelo século XII.[62] O *Experimentarius*, atribuído a Bernardo Silvestre, de Tours, é uma antologia desses métodos ressurgidos do paganismo.[63] O mesmo autor escreve nos anos 1140 uma *Cosmografia* contendo estudos astrológicos. Na mesma época, o bispo de Chartres, João de Salisbury, admite o papel dos planetas como sinais de acontecimentos físicos, rechaçando ao mesmo tempo qualquer ação da parte deles que contradiga a liberdade humana e divina.

A ocorrência de dois eclipses e da conjunção de todos os planetas no signo de Libra em 1186 é ocasião para os astrólogos orientais e ocidentais praticarem seus talentos preditivos, de maneira muito pouco concludente, aliás, como relata o cronista Rogério de Hoveden: "Neste ano 1184, os astrólogos, espanhóis e sicilianos, assim como todos os prognosticadores do mundo, gregos e latinos, escreveram no todo a mesma predição a respeito da conjunção dos planetas". De acordo com um certo Corunfisa, os francos iam derrotar os sarracenos; um grande profeta e um grande príncipe iam aparecer na pessoa de Guilherme, um clérigo de Chester; a Inglaterra ia sofrer uma catástrofe, e para evitá-la "existe apenas um remédio, é que os reis e os nobres deliberem juntos, sirvam a Deus e afastem-se do diabo, a fim de que o Senhor desvie a punição ameaçadora".[64] Notaremos de passagem a mistura de gêneros e a incoerência do raciocínio, que reduz a predição a nada, já que a qualquer momento Deus pode anular os efeitos da conjunção astral. Além do mais, segundo o mesmo cronista, um monge do priorado de Worcester fez profecias apocalípticas em estado de transe, pouco antes de morrer: profecia

---

62 Por exemplo, Skeats, An Early Medieval Book of Fate: The Sortes XII Patriarcharum, *Medieval and Renaissance Studies*, III.

63 Burnett, What is the *Experimentarius* of Bernardus Silvestris?, *Archives d'Histoire Doctrinale et Littéraire du Moyen Âge*, XLIV, 1977, p.79-125.

64 *Chronica Magistri Rogeri de Hovedene*, éd. Stubbs, II, p.290.

e astrologia se juntam para predizer catástrofes. Mais tranquilizadora é a predição astrológica de um muçulmano de Córdova, Faramela, segundo o qual as influências do bem e do mal deveriam se anular. Efetivamente, 1186 não é marcado por nenhum grande flagelo, mas parece que Faramela fez sua predição depois de ocorridos os fatos.

## PROFECIAS DE MERLIN, SONHOS DIVINATÓRIOS E INQUIETUDES DA IGREJA

De ordem muito diferente são as profecias de Merlin, inventadas do princípio ao fim em meados do século XII por Godofredo de Monmouth, e destinadas a uma enorme celebridade durante a Idade Média. Esse arquidiácono de Oxford, bispo de Saint-Asaph, no norte do País de Gales, de 1151 a 1155, é autor de uma *História dos reis da Bretanha,* sobre a vida e as profecias de Merlin, que originalmente deveriam constituir uma obra separada.[65] De onde ele tirou essas profecias? De "um velho livro em língua bretã" que desapareceu, naturalmente, e deu margem a muitas hipóteses. Uma coisa parece certa: Godofredo utilizou pedaços de narrativas e tradições que existiam para compor uma obra altamente fantasiosa. Ele não inventou nem Merlin nem Artur, seus dois heróis principais. Merlin é uma figura antiquíssima da mitologia céltica, que poderíamos comparar em muitos aspectos à Sibila. O mérito de Godofredo é ter dado consistência a esse personagem que até então era apenas uma sombra muito vaga. Merlin é preocupante; ele se situa na conjunção das forças ocultas pagãs com o cristianismo, uma espécie de Cristo às avessas: sua mãe é uma religiosa e seu pai um demônio; nascido de uma virgem, mas vindo do mundo infernal, ele é um ser ambíguo, mágico e profeta dotado de poderes extraordinários.

A profecia que ele faz ao rei Vortigerno, um longo texto de mais de quinze páginas, é complexa e misteriosa, de forma inteiramente simbólica, o que permitirá todos os tipos de adaptação. Ela contém um bestiário extraordinário, que encanta a heráldica medieval. É impossível resumir seu conteúdo. Primeiro vemos um dragão vermelho, representando os bretões, sendo expulso por um dragão branco, os saxões; mas um javali da Cornualha derrota os invasores; em seguida, "seis descendentes do javali segurarão o cetro e depois disso se erguerá o verme alemão. O cão do mar exaltará o

65 Minois, Bretagne insulaire et Bretagne armoricaine dans l'œuvre de Geoffroy de Monmouth, *Mémoires de la Société d'Histoire et d'Archéologie de Bretagne,* LVIII, p.35-60.

verme, e as florestas da África velarão por ele". Seguem-se peripécias zoológicas incoerentes; em seguida:

> as montanhas da Armórica entrarão em erupção, e a própria Armórica será coroada com o diadema de Bruto. [...] De Conan descenderá um feroz javali, que será as defesas das florestas da Gália, porque ele desenraizará os grandes carvalhos, mas cuidará de proteger os brotos. Os árabes e os africanos temerão esse javali, porque o impulso de seu assalto o levará até as partes mais distantes da Espanha.[66]

E assim por diante por páginas e páginas.

Qual é o objetivo de Godofredo de Monmouth ao contar semelhantes extravagâncias? Devemos ler nessas infantilidades animalescas o anúncio secreto da grandeza futura da monarquia anglo-normanda, a serviço da qual se encontra o arquidiácono? Muitos comentadores acreditaram que sim e, para dizer a verdade, a única alternativa é fazer da obra de Godofredo um simples produto da imaginação, um divertimento sem intenção ideológica. Não somos nós que resolveremos a controvérsia. Outra questão é ainda mais intrigante: como explicar o sucesso fabuloso dessas infantilidades durante séculos? A obra fez um sucesso enorme desde o seu aparecimento: mais de 50 manuscritos do século XII se conservaram, e 186 de toda a Idade Média. A primeira edição do texto latino data de 1508, a segunda de 1517, ambas da tipografia Josse Bade, em Paris. Outras se sucederam em 1587, 1844, 1854, 1929, 1951. A primeira tradução para o inglês é feita em 1718 por Aaron Thompson. Romancistas, contistas, dramaturgos, poetas e historiadores tiram parte de seu material desse livro, de Chrétien de Troyes a Tennyson (*Idylls of the King*), passando por Spenser (*Faerie Queene*), Shakespeare (*Cimbelino, Rei Lear*), Dryden (*Arthur or the British Worthy*), Wordsworth (*Artegal and Elidare*) e muitos outros. Guardadas as proporções, o sucesso dessas fábulas não deixa de lembrar o da *Ilíada* e da *Odisseia*. E, no entanto, não lhe faltam críticas desde o século XII: Elredo de Rievaulx, Giraldus Cambrensis e sobretudo Guilherme de Newburgh revelam-se os mais lúcidos. Este último declara em 1190: "Está claro que tudo que esse homem escreveu a respeito de Artur, de seus sucessores e de seus predecessores a partir de Vortigerno foi inventado em parte por ele mesmo e em parte por outros, seja por amor

---

66 Ibid., p.51-5.

excessivo à mentira, seja para agradar aos bretões".[67] E, de fato, os bretões dos dois lados do Canal da Mancha ficam tão satisfeitos com o que Godofredo diz de seu passado que acabam se convencendo de que tudo é verdadeiro, apesar das advertências de Newburgh. É tocante ver com que unanimidade, com que fidelidade e respeito os historiadores bretões recopiam e citam as fábulas mais extravagantes de Godofredo, até o fim do século XVIII.

Em 1588, é a custo que o seriíssimo Bertrand d'Argentré faz uma ressalva a Merlin:

> Não é necessário acreditar em tudo que ele diz sobre Merlin, embora este tenha sido uma pessoa extraordinariamente inspirada e compenetrada, enquanto viveu. Mas condenaram todo Heródoto, no tocante a tais coisas, ou Diodoro Sículo, que é quase todo recheado dessas figuras?[68]

Em resumo, as profecias de Merlin são aceitas por quase todos, até os eruditos beneditinos do século XVIII, que finalmente destroem o mito.

Mas o mais curioso nesse caso é que, graças às profecias de Merlin, o resto do livro vai ser aceito durante séculos como uma verdade histórica. Na verdade, Godofredo reconstrói o passado remoto das ilhas britânicas e da Armórica com o auxílio de fábulas e lendas, misturadas com alguns nomes verdadeiros, e esse conjunto fabuloso é apresentado como história, da qual durante muito tempo não se duvidará: um livro que contém tais profecias pode contar mentiras? A frase revela a importância que se dá à profecia no século XII; se é normalmente a autenticidade dos fatos históricos que garante o valor da profecia, aqui é o inverso que acontece.

É por isso que não poderíamos separar Merlin das outras profecias e predições dessa época, relegando-o ao folclore céltico. Merlin, Joaquim de Flora e os astrólogos fazem parte da mesma mentalidade, persuadida de que certo conhecimento do futuro é possível e necessário para orientar nossas ações presentes. Cada um prosperará numa categoria social específica: o mundo político no caso dos astrólogos, o clero no de Joaquim, a cavalaria no de Merlin, porque cada um fornece respostas a esses grupos, obscuras e, portanto, adaptáveis, a suas indagações próprias. E todos os meios de investigação são válidos: os astros, o Apocalipse e o folclore bretão. Na mesma época, Abelardo, o grande dialético racional, vasculha o futuro por intermédio de

---

67 Guilherme de Newburgh, *Historia rerum Anglicarum*. In: Howlett (ed.), *Chronicles of the Reigns of Stephen, Henri II and Richard I.*

68 Bertrand d'Argentré, *Histoire de Bretagne*, p.38.

Virgílio e da Sibila. Em seu *Tractatus*, de 1119, declara que Deus pode muito bem ter usado os pagãos para anunciar suas intenções; em 1122-1125, em sua *Theologia christiana*, explica que Virgílio e a Sibila sem dúvida não entenderam a extensão de suas próprias palavras; e na *Introductio ad theologiam*, de 1135-1136, mostra ponto por ponto que esses dois personagens profetizaram a vida de Cristo, acrescentando na carta VII a Heloísa que às vezes eles até superam os evangelistas em vidência. De sua parte, nesse momento os judeus aprofundam as especulações cabalísticas sobre o Grande Ano, que vê a destruição periódica do mundo a cada 7 mil anos, com o retorno previsível dos mesmos acontecimentos.[69]

A grande busca do futuro está aberta. É possível ter acesso a ele até por sonho. No século XIII, vários autores estudam o caráter premonitório dos sonhos. Bartolomeu, o Inglês, em sua grande enciclopédia *Das propriedades das coisas*, mostra-se prudente: "Não se deve, pois, dar fé indistintamente aos sonhos, nem simplesmente desprezá-los todos, visto que às vezes se pode ter por certo o conhecimento do futuro, graças aos sonhos, por inspiração divina".[70] Em compensação, por volta de 1270, o pensador racionalista Boécio da Dácia, em seu livro sobre o sono, é muito mais audacioso. Para ele, alguns sonhos não apenas anunciam o futuro, como também podem ser a causa dele:

> É preciso dizer que a ciência dos sonhos, ou previsão do futuro pelos sonhos, é possível. Para compreender bem quais sonhos não permitem conhecer o futuro e por que razões, e quais sonhos permitem conhecer o futuro e por qual intermédio, é preciso considerar que, entre os sonhos que nos aparecem durante o sono, alguns são acidentes sem relação com um acontecimento futuro, mas conformam-se com um acontecimento futuro, como quando surge um raio enquanto caminhamos [...]. Há outros sonhos que são causa dos acontecimentos futuros. Com efeito, do mesmo modo que um homem que pensa intensamente em uma ação às vezes se lembra dessa ação durante seu sono, também às vezes o homem vê em seu sono a imagem de uma coisa que ele vai poder fazer e, em seu sono, organiza interiormente essa ação e a maneira de a conduzir; ao despertar, ele se lembra do sonho, julga que a ação e a maneira de a conduzir são boas, e age como a preconcebeu em sonho. Esse sonho é causa do futuro porque,

69 Duhem, *Le système du monde*, t.V, p.133.

70 Bartolomeu, o Inglês, *De genuinis rerum coelestium terrestrium et infernarum proprietatibus libri 18*, livro 6, cap.27.

> se as imagens das ações por fazer não lhe tivessem aparecido em sonho, ele não as teria conduzido ao seu fim. Esse sonho permite, pois, conhecer o futuro.[71]

Essa explicação esboça na verdade uma interpretação naturalista e racional da premonição, da adivinhação por autossugestão. Levada a conclusões extremas, pode arruinar o próprio princípio da profecia e da predição, reduzindo-o, na melhor das hipóteses, a fenômenos naturais sem nenhum significado sobre o futuro e, na pior, a manipulações.

Há aqui um perigo real, do qual a Igreja tem consciência. Boécio da Dácia faz parte de um grupo de pensadores suspeitos, entusiastas da razão, favoráveis a uma síntese entre Aristóteles e a fé, em níveis quase iguais. Perseguido por suas opiniões em 1277, talvez preso em Orvieto, Boécio é autor do grande tratado *Da eternidade do mundo*, de espírito aristotélico. Para a Igreja, seu caso é uma ilustração a mais da imperiosa necessidade de definir e controlar os modos de acesso ao conhecimento do futuro. As autoridades eclesiásticas estão nos séculos XII e XIII a um passo de afundar numa onda de predições descontroladas, predições pelos astros, pelos sonhos, pela geomancia, pela adivinhação mágica e pagã, por inspiração divina e diabólica. É por isso que se assiste nessa época a uma grande tentativa, que devemos descrever a seguir, para triar essa onda profética, definir os métodos lícitos e, se possível, monopolizá-los, atribuindo certificados de autenticidade.

Podemos compreender essa ação vendo-a em execução diante da grande corrente profética que surgiu no fim do século XII, a de Joaquim de Flora.

71 Boécio da Dácia, De somnis. In: Guyotjeannin, *Archives de l'Occident*, t.1, p.738-9.

## – 6 –

# A IGREJA DEFINE E REGULAMENTA O ACESSO AO FUTURO (SÉCULOS XI-XIII)

A obra de Joaquim de Flora é ao mesmo tempo produto de um século XII que investiga o futuro por todos os meios, culminação das especulações proféticas que se apoiam no Apocalipse e iniciadora de novos métodos de predição. Seu sucesso se deve a esse aspecto de síntese entre o antigo e o moderno, a seu caráter inovador, que se enraíza na tradição, para responder a uma das grandes aspirações da época: conhecer e datar com precisão as próximas etapas da história do mundo e da salvação.

Num primeiro momento, papas e bispos são seduzidos e aprovam o grandioso esquema joaquimista, até manifestar reservas e condená-lo, depois de avaliar o perigo dos desvios heterodoxos. Para isso será necessário mais de meio século, ao longo do qual a Igreja passa da incerteza e da perplexidade diante dos movimentos proféticos e dos métodos de predição a uma vontade firme de esclarecer, definir, fixar os critérios de autenticidade, com o objetivo de reservar para si o monopólio da profecia. Somente Deus conhecendo o futuro, somente os que são beneficiados com a inspiração divina podem ter a revelação desse futuro, e compete à Igreja determinar quem é inspirado; os outros são ou sequazes do diabo, ou charlatães. Esse grande empreendimento de regulação deve ser situado no contexto mais amplo de uma redefinição da doutrina diante dos movimentos heréticos que se multiplicam.

## AS BASES PROFÉTICAS DE JOAQUIM DE FLORA: APOCALIPSE E HISTÓRIA

O abade Joaquim de Flora (ca. 1130-1202) é um monge cisterciense da Calábria, de temperamento místico, fundador de um ramo rigorista, a Ordem de São João de Flora. A maior parte de sua vida é dedicada à reflexão sobre as relações entre o Apocalipse e a história do mundo, da qual ele tira um esquema grandioso, que abrange passado, presente e futuro. A força de sua teoria vem dessa coerência global entre as três fases temporais. Reside nisto a novidade de sua abordagem: apoiar a predição numa análise da história passada. Esse é o procedimento que fará a grandeza das teorias de Lessing, Schelling, Fichte, Hegel, Augusto Comte e Marx; o lado tradicional de Joaquim vem do fato de que ele procura sua interpretação da história no Apocalipse. Ele é verdadeiramente o homem da transição.

Henri de Lubac, num estudo famoso de sua obra, distingue três princípios de base.[1] Na raiz, encontra-se a "curiosidade popular", que espicaça Joaquim como a todos os seus contemporâneos, e leva-o a desprezar as advertências evangélicas que dizem que não nos compete conhecer o dia e a hora dos grandes acontecimentos futuros que anunciam o fim do mundo. Como outrora Santo Hipólito criticou "o estudo indiscreto dos tempos", e ao mesmo tempo não quis "negar esclarecimentos à curiosidade humana", Joaquim cede completamente à tentação, tão forte na época.

O segundo princípio de seu procedimento é mais moderno: uma reflexão sobre a história da Igreja. Esta, na verdade, prolonga-se desmesuradamente; doze séculos se passaram desde a morte de Cristo, embora se esperasse seu retorno iminente nos primeiros tempos. O que aconteceu? Por que esses atrasos imprevistos? Joaquim pressente a necessidade de um novo recorte na duração da história do mundo. Santo Agostinho já havia distinguido seis eras da humanidade: a vinda do Cristo concluía a quinta. Mas o sexto período é desproporcional; é preciso rever esse recorte.

---

1 Lubac, Joachim de Flore. In: ______, *Exégèse médiévale*, parte II, t.I, p.437-559.

O terceiro princípio é mais clássico. Sendo filho do século XII, Joaquim vai procurar nos números e nos símbolos bíblicos, e em particular nos apocalípticos, a explicação desse mistério. Todos os sinais de envelhecimento do mundo são investigados, tudo que possa ter valor de presságio, todos os escritos dos Pais e os acontecimentos da história profana, para elaborar um calendário preciso das etapas por vir.

O resultado dessas reflexões é de extrema complexidade, mas pode ser resumido – e é isto que seus contemporâneos reterão – numa data: 1260. Joaquim de Flora precisa de quatro volumosas obras eruditas para expor seu sistema: a *Concordia novi et veteri testamenti*, o *Expositio in Apocalypsim*, o *Liber introductorius*, composto a partir de 1184, e o *Super quatuor evangelica*, que ficou inacabado. O todo é desconcertante. Joaquim começa repertoriando os diferentes tipos de exegese possíveis da Escritura: existe, escreve ele, uma inteligência "típica" do texto, que compreende sete categorias, e uma inteligência "espiritual ou mística", em que se distinguem uma inteligência histórica, uma inteligência moral e uma inteligência alegórica; esta última comporta três aspectos: tropológico, contemplativo, anagógico. Ou seja, no total, doze inteligências possíveis da Escritura. Esse número, que não é fortuito, é justamente o número perfeito, e se excluirmos as inteligências histórica e moral, que são de um gênero inferior, teremos as dez cordas do saltério.

As quatro inteligências de base, histórica, moral, alegórica e típica, são como os quatro ventos do céu, os quatro viventes do livro de Ezequiel e do Apocalipse, os quatro rios do Paraíso, os quatro evangelistas, os quatro mistérios de Cristo, as quatro ordens (virgens, mártires, apóstolos, doutores). Essas analogias, que para nós não têm nenhum valor lógico, e cuja lista poderia ser prolongada indefinidamente, são, na exegese da época, cheias de significados.

Aplicando esses métodos à Escritura, que é como um grande enigma a ser decifrado, Joaquim de Flora acredita que pode discernir quatro eras na história humana: antes da lei mosaica, sob a lei, sob o Evangelho, sob o Novo Testamento, e depois, no além, uma quinta época, fora do tempo, correspondendo à visão divina. Mas as duas primeiras épocas podem ser agrupadas, o que nos deixa três eras históricas: a era do Pai, a era do Filho, a era do Espírito, que recobrem três momentos sob pontos de vista diferentes: a época da lei natural e mosaica, a época da lei evangélica, a época da inteligência do Espírito; ou antes da graça, sob a graça, sob a plenitude da graça; ou período da servidão à lei, período da verdade evangélica, período do louvor a Deus; ou ainda tempo do Antigo Testamento (correspondendo aos cinco primeiros períodos do mundo), tempo do Novo Testamento (sexto período do mundo), tempo do "Evangelho eterno" (sétimo período do mundo).

Joaquim de Flora situa sua época na junção do segundo com o terceiro período, no início da era do Espírito. Mas há uma complicação: cada período tem dois começos. Ele principia com um tempo de incubação, de preparação, iniciado por um sinal precursor, numa data de "iniciação", enquanto a era precedente prossegue sua maturidade. Durante um certo tempo, portanto, há uma sobreposição entre o período precedente e o período futuro, que está em gestação e só começará realmente na data de sua "confirmação" ou "frutificação". Desse modo, o período de gestação da era do Pai foi de Adão a Moisés, e seu período de plenitude de Moisés a Jesus. Mas a era do Filho já havia começado sua gestação sob o reinado de Ozias; iniciada plenamente com a vinda de Cristo, ela terminará no retorno de Elias, que marcará a entrada na era do Espírito. Esse retorno não deveria tardar, porque sua preparação começou com São Bento, no século VI.

Para Joaquim, e aqui entra o valor preditivo de sua teoria, há uma estrita correspondência entre os acontecimentos de cada era, o que permite saber o que vai acontecer em breve. Por exemplo, à perseguição de Nabucodonosor na primeira era corresponde a dos muçulmanos na segunda era; e como em seguida veio o libertador Ciro, é possível predizer que em breve virá um grande rei que derrotará os muçulmanos e exaltará o sacerdócio cristão; ele elevará a humanidade ao amor do Espírito, fundará uma nova ordem religiosa, da qual sairão doze patriarcas que converterão os judeus. Mas como no fim da primeira era houve a perseguição de Antíoco, o fim da segunda era será marcada durante três anos e meio (note-se de passagem a apropriação de todos os velhos materiais proféticos, inseridos nessa nova síntese) pela vinda do Anticristo, que destruirá a Igreja visível, e após a sua derrota, no retorno de Elias, é que começará realmente a terceira era, a do Espírito, do Evangelho eterno, que não será composta de palavras, mas consistirá na inteligência espiritual dos dois Testamentos.

É possível até mesmo calcular, sempre pelo método das correspondências, as datas desses acontecimentos futuros. Voltando intencionalmente a uma leitura literal dos textos, Joaquim lembra que Cristo nos advertiu de que somente Deus conhecia "o dia e a hora", o que não nos impede de procurar saber o ano do início da terceira era. O método combina simbolismo e interpretação literal. Cada era, à semelhança da primeira, comporta 63 gerações, como indica a Bíblia. Uma geração são trinta anos, já que foi com trinta anos que Jesus, sol de justiça, gerou seus filhos espirituais. O período preparatório de cada era dura 21 gerações: é esse lapso que separa Ozias de Cristo. De

Cristo até o ano 1200, época em que Joaquim escreve, há quarenta gerações. Faltam apenas duas, portanto, para completar as 63. Duas gerações são sessenta anos: o ano fatídico que marca a entrada na era do Espírito será 1260.

Podemos ir mais longe. A era do Espírito será um período de repouso, paz e contemplação: o milênio inúmeras vezes anunciado. A continuação é clássica: um segundo Anticristo reunirá seu exército, que se lançará violentamente do Oriente sobre o Ocidente. Ele será vencido, engolido com o diabo no lago de fogo e enxofre. Virá então o julgamento final e o século eterno.

Estes últimos pontos não são originais. O que a nosso ver constitui a modernidade de Joaquim de Flora é a reflexão sobre o desenvolvimento histórico, para tentar encontrar uma lei interna e aplicar essa lei à previsão do futuro. Deixando de lado qualquer ideia de evolução cíclica, o cisterciense se coloca deliberadamente numa óptica de história linear, portadora de uma ideia de progresso. Até o século XII, os historiadores medievais não têm uma visão coerente e ordenada; relatam fatos isolados que ilustram a intervenção divina, mas não obedecem a um plano de conjunto. Depois de Políbio, a história perdeu todo valor preditivo e toda coerência interna.[2] A mediocridade intelectual dos "historiadores" da época, somada ao fato de que a história não é um gênero literário autônomo,[3] também contribui para explicar essa deficiência. É no século XII que, por influência da teologia, a história readquire um sentido, o sentido de uma marcha do povo de Deus em direção à beatitude. Os fatos vêm se inserir nessa evolução, que lhes dá um significado. Pode ser introduzida uma periodização e, ao mesmo tempo, a história adquire um valor preditivo. Joaquim de Flora é um dos pioneiros desse novo espírito, que já mencionamos em seu exato contemporâneo, Amalrico de Bena, também ele um arauto da era do Espírito.

## A CONDENAÇÃO (1259)

É então que intervêm as autoridades eclesiásticas. Elas desconfiam mais do conteúdo das predições do que dos métodos utilizados. Mas se Amalrico de Bena é condenado logo no início do século XIII, o pensamento de Joaquim

---

2 Essa é a tese de Brandt, em *The Shape of Medieval History*, do qual se encontrará uma resenha em Guénée, Les genres historiques au Moyen Âge, *Annales ESC*, p.997-1.016.

3 Guénée, *Histoire et culture historique dans l'Occident médiéval*. A doutrina de Joaquim de Flora não é em hipótese alguma um retorno a um passado idílico. Foi qualificada até mesmo de "antiprimitivismo" (Boas, *Essays on Primitivism and Related Ideas in the Middle Ages*).

de Flora encontra uma acolhida favorável de início, que se deve atribuir à indefinição teológica do período pré-escolástico e talvez também a certa ignorância das autoridades a respeito da integralidade do pensamento joaquimista. Porque é difícil ver como é possível conciliar essas profecias com a ortodoxia relativa à missão da Igreja. Para esta última, o Novo Testamento é o verdadeiro sentido espiritual do Antigo, e nunca se falou de um "Evangelho eterno" não escrito, diferente do Evangelho de Cristo. Por outro lado, como conciliar a destruição da Igreja visível, prevista por Joaquim, com a continuação de sua obra até o fim dos tempos, proclamada pelas autoridades?

Há, portanto, desde o início, sérias ambiguidades e, mesmo quando Joaquim estava vivo, houve críticas. Em 1195, Roma encarrega Adão de Perseigne de examinar sua doutrina. Ele ressalta o espírito profético e pergunta a Joaquim de onde ele tira suas informações sobre o futuro: profecia, conjectura ou revelação? A resposta do monge é ambígua: não se trata de nenhuma dessas três coisas, diz, mas Deus lhe deu "inteligência" para compreender no Espírito os mistérios da Escritura. Na verdade, ele não nega ser profeta e acredita que recebeu a missão de advertir o mundo da manifestação iminente de Deus. Adão de Perseigne não se convence, e outros são igualmente céticos, como Godofredo de Auxerre, antigo secretário de São Bernardo, que ataca essa "nova forma de profetizar", essas "novidades blasfematórias". Godofredo de São Vítor e mais tarde Tomás de Aquino também o criticarão.

No entanto, durante muito tempo, os papas, provavelmente mal informados, manifestam publicamente sua aprovação. Lúcio III pede a Joaquim que comente o Apocalipse e redija uma *Concordia*; Urbano III o recebe em Verona em 1186 e encoraja seus trabalhos, do mesmo modo que Clemente III; em 1196, Celestino III confirma a Ordem de Flora, fundada em 1190. Após a morte de Joaquim, a descoberta do conjunto de sua obra poderia ter aberto os olhos do clero para os perigos de sua doutrina. Mais surpreendente ainda é ver Inocêncio III, tão severo nas questões de heresia, elogiá-lo. Em 1220, Honório III o declara "seguidor da santa fé ortodoxa", depois Gregório IX compara a Ordem de Flora a um dos quatro pilares da Igreja. Tudo que lhe censuram é um erro sobre a Trindade, num tratado contra Pedro Lombardo.

Durante todo esse período, o pensamento joaquimista se difunde rapidamente em toda a cristandade. Na Terceira Cruzada, Ricardo Coração de Leão se encontra com Joaquim de Flora em Messina, e o cronista Bento de Peterborough relata a conversa, qualificando Joaquim como profeta. É essa reputação que faz o seu sucesso, assim como a de exegeta do Apocalipse. Segundo o franciscano Alexandre de Bremen, que escreveu entre 1235 e

1250 um *Comentário sobre o Apocalipse*, o joaquimismo é conhecido na Alemanha desde 1217.[4]

É sua adoção pelo ramo "espiritual" da ordem franciscana que vai comprometê-lo definitivamente, sem que seja possível dizer se o joaquimismo é uma das origens do movimento, ou se este último, já constituído, assimilou-o pelo caminho. Para essa fração extrema da Ordem de São Francisco, contrária a qualquer concessão, que critica a riqueza da Igreja e anuncia sua futura destruição em benefício de uma nova religião, livre e espiritual, sem hierarquia, o pensamento de Joaquim fornece uma confirmação baseada na exegese e um calendário profético preciso, que situa a esperada reviravolta em 1260, início do reinado do Espírito. Em 1254, o franciscano espiritual João de Parma sublinha essa convergência no prefácio da nova edição do *Evangelho eterno*.

Dessa vez, a sorte do joaquimismo é selada. Até então, apenas os aspectos trinitários haviam sido condenados, no Concílio de Latrão em 1215 e em alguns outros, em 1225. Em 1259, é o conjunto da doutrina que é proibido. Já é difícil naquele momento distinguir as obras autênticas de Joaquim dos apócrifos cada vez mais numerosos que são atribuídos a ele e contribuem para desacreditá-lo aos olhos das autoridades. Como o *Comentário sobre Jeremias*, composto nos anos 1240, que transforma Frederico II no Anticristo que deveria derrubar a Igreja. Profecia atrás de profecia se juntam à obra inicial. Elas dão origem a movimentos milenaristas como os de Fra Dolcino e de Rienzo, na Itália.

Em 1260, ano fatídico, grupos interrompem todo o trabalho, esperam ansiosamente na miséria e na oração. Como ia se manifestar o advento do reinado do Espírito? Os meses passam, a tensão cresce, em especial na Alemanha. Em 4 de setembro, o gibelino sienense Farinata degli Uberti, partidário do filho bastardo de Frederico II, Manfredo, consegue uma obscura vitória em Montaperti sobre os guelfos, partidários do papa: seria esse o sinal da destruição iminente da Igreja? Em novembro, os espíritos mais exaltados e mais frágeis, abalados pela esperança escatológica, formam cortejos de flagelantes na Itália, depois na Alemanha, e proclamam que uma carta divina foi enviada ao altar da igreja do Santo Sepulcro, em Jerusalém. A mensagem, escrita em estilo apocalíptico, declarava que Deus, irritado com os pecados dos homens, havia decidido exterminar todos os seres vivos, mas a Virgem conseguiu uma última remissão, desde que os cristãos mudassem sua

4 Bloomfield; Reeves, The Penetration of Joachimism into Northern Europe, *Speculum*, n.29, p.772-93.

conduta e se arrependessem. Por conselho de um anjo, eles decidiram fazer uma procissão de flagelantes durante trinta e três dias e meio, como recordação do número de anos que Cristo passou na terra. Os padres que não transmitissem essa mensagem seriam condenados.

Assim passa o ano 1260, sem nenhum outro grande incidente. Como em todas as predições não realizadas na época prevista, novos prazos são dados; o projeto é apenas adiado. Mas a experiência provou aos dirigentes da Igreja como poderia ser perigoso o espírito profético não controlado. Assim, constatamos nos séculos XII e XIII uma vigilância mais rigorosa do que na Alta Idade Média.

Em 1147, o papa Eugênio III percorria os países renanos na companhia de São Bernardo quando o arcebispo de Mogúncia lhe diz que uma freira do convento de São Disibod, Hildegarda de Bingen, tem visões proféticas. O papa e o santo vão examinar a profetisa. Convencido da santidade de sua inspiração, Eugênio III dá seu consentimento e até encoraja Hildegarda a publicar o que o Santo Espírito lhe inspirar. É a primeira vez, pelo que sabemos, que um membro da hierarquia eclesiástica se permite conceder licença para profetizar.[5]

Trata-se de uma guinada, não no sentido de uma ampliação do círculo dos profetas aos não sacerdotes,[6] mas, ao contrário, no sentido de um estreitamento, de uma limitação, que visa afirmar a superioridade da hierarquia eclesiástica sobre os profetas. O papado, em pleno florescimento, tem interesse em brecar a licença profética que se desenvolveu de forma anárquica durante séculos e ameaça as próprias estruturas da Igreja. A profecia é um dom divino, como o da palavra ou das línguas, mas não dispensa a submissão às autoridades, e justifica-se apenas por sua contribuição para a salvação de todos. A proliferação dos profetas contribuía para desestabilizar as autoridades legítimas, acreditava-se. Assim, as predições descabeladas dos monges basilianos da Calábria diante da ameaça árabe alimentam um clima de insegurança. Os inspirados devem deixar a cena para os funcionários de Deus. Não estamos mais nos tempos heroicos; a Igreja, estabelecida, precisa mais de gestores do que de visionários, e embora estes últimos sejam sempre necessários para mostrar que o espírito divino ainda sopra, não há nenhuma necessidade de que sejam uma legião, e é pela mensagem que se julgará sua autenticidade.

---

5 Alphandéry, Prophètes et ministère prophétique dans le Moyen Âge latin, *Revue d'Histoire et de Philosophie Religieuse*, v.12, p.334-59.

6 Vauchez, Les théologiens face aux prophéties à l'époque des papes d'Avignon et du Grand Schisme, *Mélanges de l'École Française de Rome – Moyen Âge*, t.102, n.2.

A de Hildegarda é conhecida, já que, valendo-se da autorização pontifical, começa a escrever suas visões. As últimas compõem *Liber divinorum operum* [O livro das obras divinas],[7] conjunto apocalíptico denso, cujo único valor reside em seu caráter poético e místico. Porque o lado profético, composto de velhos anúncios anticrísticos clássicos e predições rituais de catástrofes purificadoras, sinais precursores da restauração final, está longe de ser convincente: "Guerras devastadoras grassarão por toda parte e grandes tribulações purificarão o mundo dos humanos". Predição pouco arriscada, sobretudo na ausência de qualquer datação; quanto ao fim, ele só pode agradar ao papa: "Após a triste derrota dos filhos da perdição, a Igreja brilhará com uma glória sem igual". Mas de novo falta o principal, a data: "Quanto a saber que dia, após a queda do Anticristo, o mundo encontrará seu fim, o homem não deve tentar conhecê-lo, ele não conseguiria, seu segredo é reservado apenas ao Pai".

As dez visões de Hildegarda, registradas no *Liber divinorum operum* desde 1163-1173, são ilustradas num belíssimo manuscrito do início do século XIII com miniaturas que a mostram recebendo a inspiração. Essa obra já é uma obra de propaganda, um arrazoado em favor da profetisa, cujo processo de beatificação começa em 27 janeiro de 1228.[8]

No mesmo ano é canonizado Francisco de Assis, dois anos após a sua morte, e desde então os sermões franciscanos enfatizarão o dom da profecia, com o qual o santo foi beneficiado em vida, atribuindo-lhe predições tanto sobre o futuro da ordem quanto sobre os acontecimentos naturais, como um terremoto. A santidade oficialmente reconhecida é em si uma garantia da autenticidade profética.[9]

Voltemos a Hildegarda, que se corresponde com o imperador, ao qual manda avisos, com o papa, com outra profetisa, Isabel, do convento de Schönau, na diocese de Trier, e com o próprio São Bernardo. O conteúdo vago de suas profecias tira todo caráter ameaçador de sua mensagem. Assim como no caso de uma jovem profetisa, morta aos 18 anos, em 1252, Rosa de Viterbo. Em compensação, o *Vaticinium Lehniensis*, do prior cisterciense de Lehnin, Herrmann, de Brandeburgo, é extremamente preciso em suas predições sobre o futuro da dinastia dos Hohenzollern até o século XX. O problema é

---

7 Hildegarda de Bingen, *Le livre des œuvres divines*.

8 Sausy, Iconographie de la prophétie: l'image d'Hildegarde de Bingen dans le *Liber divinorum operum*, *Mélanges de l'École Française de Rome – Moyen Âge*, t.102, n.2.

9 Bériou, Saint François, premier prophète de son ordre, dans les sermons du XIIIe siècle, *Mélanges de l'École Française de Rome – Moyen Âge*, t.102, n.2.

que esse texto, atribuído aos anos 1240, só pôde ser compreendido após a Primeira Guerra Mundial, o que torna absolutamente inúteis todas as suas pretensas profecias.

Outra razão pode contribuir para explicar o reforço do controle eclesiástico sobre as atividades proféticas. Segundo os estudos de sir Richard Southern, o interesse pelo futuro, que se referia essencialmente aos acontecimentos seculares até o fim do século XII, depois se concentra quase exclusivamente nos fins últimos. As questões que se colocam a Hildegarda, por exemplo, referem-se aos acontecimentos políticos, às guerras, aos soberanos, ao passo que a partir dos anos 1180 a ênfase recai sobre o fim do mundo.[10] As *Cartas de Toledo*, que aparecem em 1184, predizem o fim, em suas diferentes versões, para 1186, 1229, 1345, 1395, 1516.[11] Na mesma época, Joaquim de Flora elabora o calendário das três eras, e tudo isso prepara movimentos milenaristas preocupantes, prontos a se encarregar das últimas etapas apocalípticas. A Igreja, a principal interessada, é obrigada a reagir.

## ARTE E HAGIOGRAFIA: A PROFECIA DOMESTICADA

Por outro lado, o campo da profecia lícita recebe sua consagração ao entrar na literatura popular e na arte. A piedosa *Legenda áurea*, de Jacopo de Varazze, composta por volta de 1260, é salpicada de episódios proféticos que visam ilustrar os poderes sobrenaturais dos santos. As profecias, aceitas sem discernimento, são de todos os tipos, e são sobretudo ornamentos de caráter mágico análogos aos golpes teatrais dos contos de fada. O clima de maravilhoso que envolve essas narrativas confere aos milagres e profecias uma banalidade quase anódina, ou mesmo ridícula, como nesta passagem da vida de Santo Ambrósio:

> Certa vez, Santo Ambrósio ia pela cidade quando alguém caiu e ficou estendido no chão; um homem que o viu começou a rir. Ambrósio lhe disse: "Você que está de pé, cuidado para não cair também". Assim que disse essas palavras, o homem sofreu uma queda e lamentou ter zombado do outro.[12]

10 Southern, Aspects of the European Tradition of Historical Writing: 3. History as Prophecy, *Transactions of Royal Historical*, 22, p.159-80.
11 Gaster, The Letters of Toledo, *Folklore*, 13, p.115-34.
12 Jacopo de Varazze, *La légende dorée*, t.I, p.289.

Nessa coletânea de narrativas tradicionais, nenhuma profecia se refere ao fim do mundo. Todas estão relacionadas à vida e à morte dos heróis. O nascimento e a missão deles são preditos, às vezes em estilo bíblico, como no caso de São Remígio:

> Um santo recluso e cego dirigia frequentes orações ao Senhor pela paz da Igreja franca, quando um anjo do Senhor lhe apareceu e disse: "Saiba que a mulher chamada Celina dará à luz um filho de nome Remígio; ele libertará sua nação das incursões dos maus". Ao despertar, correu à casa de Celina e contou sua visão. Como ela não acreditou em razão de sua velhice, ele respondeu: "Quando amamentares teu filho, ungirás cuidadosamente meus olhos com teu leite e imediatamente me restituirás a visão".[13]

No caso de São Bernardo, é um sonho profético de sua mãe, que deve ser interpretado:

> Estando grávida de Bernardo, seu terceiro filho, ela teve um sonho que era um presságio do futuro. Ela viu em seu seio um cachorrinho branco, de dorso vermelho, que latia. Ela contou seu sonho a um homem de Deus. Este lhe respondeu com voz profética: "Sereis mãe de um excelente cachorrinho, que deve ser o guardião da casa de Deus; ele soltará grandes latidos contra os inimigos da fé; pois será um pregador eminente, que curará muita gente pela virtude de sua língua".[14]

A mãe de são Domingos tem a mesma visão, cujo modelo é reutilizado várias vezes: "Antes de seu nascimento, sua mãe viu em sonho que carregava em seu seio um cachorrinho que tinha na garganta uma tocha iluminada, com a qual incendiava todo o universo".[15] Mais tarde, um monge, o papa e o próprio santo terão visões proféticas a respeito da missão dele.[16]

Muito frequentemente, os santos são avisados em sonho do dia de sua morte, como São Ambrósio, São Domingos, Santo Adriano. Eles profetizam acontecimentos, de preferência catástrofes, guerras, invasões, como Santo Antônio, que anuncia as destruições dos arianos, e tomam o cuidado de

---

13 Ibid., t.I, p.123.
14 Ibid., t.II, p.112.
15 Ibid., t.II, p.46.
16 Ibid., t.II, p.49.

anotar a exata realização dessas profecias.[17] Até Carlos Magno é agraciado com visões proféticas: antes da batalha, ele vê aparecer cruzes vermelhas sobre a armadura dos que vão morrer.

Jacopo de Varazze também integra à Sibila à sua galeria profética, da forma mais natural do mundo, durante uma cena em que a mostra com as feições de uma mulher anunciando a Augusto o nascimento de Cristo. O pintor maneirista Antoine Caron transformará esse episódio num grande quadro barroco, no fim do século XVI. O acontecimento também é anunciado, segundo Jacopo de Varazze, por "uma voz", enquanto o imperador consultava os oráculos.[18]

A arte gótica traduz na pedra e nos vitrais essa banalização da profecia, retendo apenas o aspecto dogmático das coisas. A decoração das catedrais é, desse ponto de vista, a própria imagem que a Igreja do século XIII deseja dar da atividade profética. Esta última é inteiramente voltada para o anúncio de Cristo, diante do qual a personalidade dos profetas se anula. Nos vitrais da abside de Bourges, os quatro grandes profetas do Antigo Testamento e os doze pequeninos correspondem aos quatro evangelistas e aos doze apóstolos; todos semelhantes, eles não têm nenhuma importância em si mesmos e são apenas porta-vozes anunciando o Salvador. Em geral, vestem um filactério em que está escrito um versículo profético, e parecem desaparecer atrás de sua mensagem, como em Reims e Amiens. Para Émile Mâle, a inspiração dos escultores é tirada essencialmente das obras de Isidoro de Sevilha.[19]

A Sibila Eritreia ocupa um lugar especial nas representações dos profetas, provando que não há mais a menor dúvida quanto à sua inspiração divina. Em seu *Espelho histórico*, Vicente de Beauvais é categórico a respeito das sibilas: "A Sibila Eritreia foi a mais famosa e a mais ilustre de todas. Ela profetizava nos tempos da fundação de Roma, quando Acaz ou, segundo outros, Ezequias era rei de Judá".[20] Segundo Émile Mâle, ela estava representada provavelmente em todos os pórticos das catedrais, e só a usura da pedra, que apagou seu nome, tornou-a irreconhecível hoje, exceto em Laon e Auxerre.

Como todos esses personagens haviam anunciado Cristo, a multidão dos fiéis os encontrava todos os anos, em carne e osso, no Natal ou na Epifania, durante a grande procissão na qual saíam todos os precursores, e cada

17 Ibid., t.I, p.133.
18 Ibid., t.I, p.70.
19 Mâle, *L'art religieux du XIIIe siècle en France*, t.II, p.53.
20 Vicente de Beauvais, *Speculum historiale*, II, 102.

um, chegando à catedral, recitava um versículo profético, inclusive Virgílio, que lia um trecho de sua écloga.[21]

Assim, a dimensão profética, para a arte, a liturgia e a literatura hagiográfica, é concentrada e delimitada a alguns personagens e episódios oficialmente reconhecidos, investidos do espírito divino. De um lado, as grandes figuras do Antigo Testamento, cujas profecias se concentram em Cristo, e, de outro, os santos oficialmente canonizados, que predisseram acontecimentos já passados, relativos a sua própria missão ou a sua morte. Em compensação, a parte da profecia verdadeira, isto é, a que ainda não se realizou, é extremamente reduzida, salvo no que diz respeito à única certeza definitiva, o julgamento final, que produz a infinidade de representações românicas e góticas que conhecemos. Mas isso não é mais uma profecia, é uma evidência, um fato que é quase vivenciado antecipadamente pelos contemporâneos, uma certeza tão forte e irrefutável como a morte individual de cada um de nós. O que a profecia poderia nos indicar são as etapas intermediárias e as datas. Ora, a arte medieval até o século XIII é extremamente discreta a esse respeito.

O Apocalipse e o texto de São Mateus sobre o fim do mundo fornecem algumas ilustrações, é claro: a Besta, os cavaleiros, a mulher e o dragão. Mas, de um lado, como escreve Émile Mâle, "não se pode dizer que o Apocalipse tenha sido um livro muito fecundo no século XIII" para a arte religiosa,[22] e, de outro, esse tipo de representação, que apenas reproduz as imagens do livro, não tem nenhum valor profético. As obras enciclopédicas e hagiográficas são mais explícitas, mas o que elas fazem na realidade é apenas bordar em volta do tema das catástrofes anunciadoras do fim, sem acrescentar a mínima indicação sobre a época prevista para esses acontecimentos. É o que encontramos tanto em Vicente de Beauvais quanto em Pedro Comestor, cônego de Troyes no fim do século XII, cuja *História escolástica*, mais precisamente seu capítulo XXXIV, é quase copiada por Jacopo de Varazze, que examina longamente os sinais precursores do julgamento. Três coisas o precederão, segundo ele: primeiro, cinco sinais terríveis; depois, perturbações na ordem cósmica, que ele descreve baseando-se na leitura de São Lucas e do Apocalipse; e, por último, a vinda do Anticristo, que enganará a todos com seus dons e milagres. Após o fogo purificador, será realizado o julgamento, do qual Jacopo de Varazze faz uma descrição detalhada.

---

21 Sepet, *Les prophètes du Christ*.
22 Mâle, op. cit., t.II. O Capítulo VI é dedicado às representações do Apocalipse.

Alguns autores, escreve ele, preveem quinze sinais precursores, e ele dá a lista em ordem cronológica, sem se preocupar com a incoerência material dessas catástrofes. A primeira deveria ser suficiente para tornar todas as outras impossíveis:

> No primeiro dia, o mar se erguerá reto como um muro de quarenta côvados acima das mais altas montanhas. No segundo dia, ele baixará a ponto de ser quase invisível; no terceiro dia, animais marinhos nadarão acima do mar e soltarão rugidos que subirão até o céu e apenas Deus terá a inteligência de seus bramidos; no quarto, o mar e a água arderão em fogo; no quinto, as árvores e a relva se cobrirão com um orvalho de sangue: se acreditarmos em alguns autores, ainda nesse quinto dia, todos os pássaros do céu se reunirão nos campos, cada espécie à parte, sem comer nem beber, mas permanecerão transidos, diante da chegada iminente do soberano Juiz. No sexto dia, ruirão os edifícios. Dizem que ainda nesse sexto dia um raio irá do poente à aurora contra a face do firmamento. No sétimo dia, as pedras se entrechocarão e se partirão em quatro, e afirmam que cada pedaço baterá: o homem não conseguirá explicar seu som, somente Deus o compreenderá. No oitavo dia, terremoto geral, tão violento, dizem, que nenhum homem, nenhum animal conseguirá ficar de pé, mas todos serão jogados ao chão. No nono, a terra será nivelada, e as colinas e todas as montanhas serão reduzidas a pó. No décimo, os homens sairão das cavernas e caminharão aparvalhados, sem poder falar uns com os outros. No décimo primeiro, os ossos dos mortos se levantarão e ficarão de pé sobre as sepulturas, porque desde o alvorecer até o anoitecer todos os túmulos se abrirão para que os mortos possam sair. No décimo segundo dia, queda das estrelas: todos os astros, fixos e errantes, espalharão cabeleiras chamejantes e mudarão de substância. Ainda nesse dia, todos os animais virão rugir no campo, ficando sem comer nem beber. No décimo terceiro dia, morte dos vivos, para ressuscitar com os outros. No décimo quarto dia, o céu e a terra se incendiarão. No décimo quinto dia serão criados novos céus e uma nova terra, depois a ressurreição geral.[23]

Não podemos considerar que esse texto seja uma profecia nova, porque não acrescenta nada à ideia de base dos Evangelhos e do Apocalipse. Ela apenas borda em volta do tema das catástrofes que antecederão o fim. E, repetimos, todos na época estavam de acordo sobre este ponto: antes do fim do mundo haverá desordens cósmicas. Essa é uma certeza tão evidente quanto

---

23 Jacopo de Varazze, L'avent du Seigneur. In: ______, *La légende dorée*.

as catástrofes históricas, como o dilúvio universal. O futuro é tão claro sobre esse ponto quanto o passado, e as autoridades eclesiásticas não deveriam se impressionar com esses esforços de explicação ou de amplificação literária. O único ponto problemático é a data. É aqui que a hierarquia fica nervosa, porque é aqui que a nova profecia pode ter consequências sociorreligiosas muito perigosas.

## TEORIA E PRÁTICA DA PREDIÇÃO ENTRE DOMINICANOS E FRANCISCANOS

Por isso, desde meados do século XII, os grandes teólogos se empenham em definir e, portanto, restringir os limites da profecia autêntica. Abordando sistematicamente o problema, à maneira escolástica, eles expõem todas as questões, examinam os tipos opostos de respostas, antes de apresentar uma solução pessoal: o que é profecia? como ela funciona? o que o profeta vê no "espelho da eternidade"? o que é esse espelho? quais são as categorias de visões? quais são os diferentes tipos de profecias? Esses diferentes pontos são estudados em tratados relativamente curtos, os *De prophetia*, e J. P. Torrell, especialista nessas questões, chegou a contar as palavras de cada um: 10.400 em Alexandre de Hales, 11.340 em Filipe, o Chanceler, 13.200 em Alberto Magno, 14.940 em Hugo de Saint-Cher. Santo Tomás de Aquino é o único que se estende nessa questão, dedicando-lhe 26.500 palavras no *De veritate* e 14.500 na *Suma*.[24]

Desde meados do século XII, Pedro, o Venerável, indagava-se sobre a essência da profecia numa obra de polêmica antimuçulmana, o *Contra sarracenos*, de 1156. Ele dava uma definição ainda ampla: "A profecia é o anúncio feito, não por indústria humana, mas por inspiração divina, de realidades desconhecidas, passadas, presentes ou futuras". A profecia, portanto, não se limita ao anúncio do futuro, se bem que esta seja sua parte mais característica, que permite ao abade de Cluny excluir Maomé do rol dos profetas, já que ele não anunciou nada que tenha se realizado.[25]

A questão é estudada de maneira muito mais sistemática no século XIII pelos autores escolásticos dominicanos e franciscanos. Em 1245-1248, o

24 Torrell, La conception de la prophétie chez Jean de Roquetaillade, *Mélanges de l'École Française de Rome – Moyen Âge*, t.102, n.2.

25 Id., La notion de prophétie et la méthode apologétique dans le *Contra Saracenos* de Pierre le Vénérable, *Studia Monastica*, fasc.2, v.17, p.257-82.

dominicano Alberto Magno redige seu *De prophetia*. Partindo da definição de Cassiodoro, retomada por Pedro Lombardo: "A profecia é uma inspiração ou revelação divina que anuncia, com uma verdade imutável, os acontecimentos por vir", ele reduz sua aplicação ao conhecimento de certos acontecimentos futuros, o que é tendência geral na época, exceto em Alexandre de Hales.

Mas é preciso distinguir profecia natural e profecia sobrenatural. A primeira é uma noção puramente filosófica e psicológica; consiste, pela exploração das qualidades da imaginação e do raciocínio, em conjecturar com inteligência os acontecimentos por vir. É a esse tipo de predição que tendem a se limitar os filósofos muçulmanos, como Avicena, e o judeu Maimônides, assim como o herético Siger de Brabante, discípulo radical de Aristóteles, partidário de uma separação total entre fé e razão, e cuja doutrina é condenada em 1270.

Para Alberto Magno, a profecia natural não é uma profecia autêntica; é um raciocínio intelectual, algo que chamaríamos de previsão, cuja capacidade é limitada pelas forças humanas. A profecia verdadeira ultrapassa estas últimas e atinge domínios que estão fora de seu alcance. É um *carisma*, isto é, uma graça que não é concedida para a santificação daquele que a recebe, mas para o serviço da comunidade à qual é enviado o profeta. Essa precisão é essencial, e a partir de então será o critério de autenticidade das profecias, excluindo todos os anúncios "gratuitos", sem utilidade espiritual para os fiéis, a "profecia-espetáculo", para o simples prestígio do "profeta".

Acessoriamente, notemos que, para Alberto, como a profecia não é da ordem da graça santificadora, é possível profetizar em estado de pecado mortal, o que era contestado por Orígenes, por exemplo, que excluía qualquer possibilidade de profetizar durante o ato sexual, porque este é em si mesmo um pecado. Para o dominicano, se parece impossível, ou ao menos incongruente, fornicar e profetizar ao mesmo tempo, é por causa do vínculo entre as potências da alma, que torna humanamente impossível se concentrar ao mesmo tempo em duas atividades tão diferentes. O prazer carnal é tão intenso que exclui na prática o exercício das outras faculdades.

O objeto próprio da profecia, por sua vez, são unicamente os futuros contingentes, que dependem do livre-arbítrio e podem ser conhecidos somente por Deus e por aquele a quem ele quiser revelá-los. Prever fenômenos naturais, que dependem de causas naturais, não é profetizar: como o médico, por exemplo, que prevê a evolução de uma doença, ou o camponês que conjectura o tempo que fará no dia seguinte; isso exclui também os sonhos que se referem a acontecimentos cujas causas seriam naturais, e a astrologia, cujo objeto é a ação física dos planetas sobre os corpos.

A profecia tem como objeto aquilo que não pode ser conjecturado, as ações livres, portanto, o que leva à importantíssima questão, que está no âmago de toda predição: como conciliar o conhecimento do futuro, que supõe determinação, com o livre-arbítrio? Alberto Magno recorreu à distinção entre profecia de presciência e profecia de predestinação, que Jerônimo e Cassiodoro já haviam distinguido. Na profecia de predestinação, nosso livre-arbítrio não coopera para o acontecimento, mas consente que este se realize nele; portanto, ele não é verdadeiramente constrangido. Na profecia de presciência, ele é mais livre ainda: Deus sabe desde sempre quais serão suas escolhas, sem provocá-lo de maneira alguma.

Por qual processo se manifesta o conhecimento profético? Por imagens. Alberto Magno concorda com a maioria dos teólogos sobre esse ponto. Para Filipe, o Chanceler, por exemplo, as imagens permitem que o profeta anuncie ou vista a mensagem que foi encarregado de proclamar, e Hugo de Saint-Cher escreve: "A profecia se realiza na maioria das vezes por visões imaginativas". Daí o caráter simbólico, alegórico, que as mensagens proféticas assumem. Esses traços (os *rationes*) que manifestam o futuro têm certa existência na alma do profeta, mas são apenas sinais, não as causas das coisas que estão por vir.

Para muitos teólogos, essas imagens têm origem exclusivamente divina e são recebidas passivamente, sem nenhuma colaboração, pelo espírito do profeta. Para Alberto, ao contrário, o Espírito Santo respeita o processo natural e faz surgir essas imagens utilizando nossa faculdade imaginativa. Contudo, ele evoluirá e se alinhará à concepção neoplatônica no *Comentário sobre Isaías*, no qual apresenta o espírito profético como pura emanação da luz divina.[26]

Enquanto os dominicanos, a exemplo de Santo Alberto Magno, empenham-se em elaborar a teoria da profecia, os franciscanos, menos especulativos, estão mais interessados na prática. Os anúncios de Joaquim de Flora dizem diretamente respeito à ordem franciscana, e servem de base para a fração dissidente dos espirituais. Mas até mesmo os teólogos fiéis à ortodoxia se debruçam com interesse sobre o método joaquimista, e não hesitam em utilizá-lo para construir sua própria visão da história passada e futura. É o caso do intelectual franciscano mais importante do século XIII, São Boaventura, cujo pensamento profético foi estudado pelo cardeal Ratzinger.[27]

---

26 Id., La question disputée *De prophetia* de saint Albert le Grand, *Revue des Sciences Philosophiques et Théologiques*, t.65, n.2, p.197-232.

27 Ratzinger, *La théologie de l'histoire de saint Bonaventure*.

Nas *Conferências sobre o Hexamerão*, dadas por Boaventura a partir de 1273, encontramos uma aplicação fiel da concepção joaquimista de uma história dividida em três épocas, com correspondências estritas entre os acontecimentos que permitem prever o futuro. Assim, antes de alcançar a grande paz do sétimo dia, é preciso passar por dois acontecimentos importantes: a vinda do segundo zelador da Igreja e a segunda tribulação. No Antigo Testamento, Ezequias e Josias restauraram e exaltaram a religião judaica; no cristianismo, Carlos Magno é o correspondente de Ezequias; quanto ao de Josias, ele não deveria tardar; talvez até já tivesse vindo, e nesse caso sua vinda não foi espetacular. Do mesmo modo, o Antigo Testamento nos fala de duas grandes tribulações para os hebreus: a que sucede sob Manassés e o exílio na Babilônia; na era presente, os imperadores Henrique IV e Frederico II representaram vantajosamente o papel de Manassés, e deve-se esperar agora uma outra perseguição.

Por outro lado, a partir do sétimo capítulo do Apocalipse, São Boaventura identifica Francisco de Assis com o Anjo do selo, do qual procederão os 144 mil eleitos. Será uma comunidade de contemplativos que gozarão o descanso do sétimo dia que antecederá a parusia. Essa comunidade não será a dos franciscanos, já manchada por pecados, mas, apesar de tudo, eles são sua prefiguração.

São Boaventura confirma o rompimento definitivo do pensamento teológico com a noção de eterno retorno e eternidade do mundo, que ele apresenta como o erro fundamental, indicado no Apocalipse pelo número da Besta, 666.

A ideia de Joaquim de Flora, que consiste em partir das correspondências históricas para prever o futuro, revela-se fecunda, e produz êmulos. Utilizada com prudência, pode fornecer indicações e bases para reflexão; manipulada de forma arbitrária, pode apoiar as predições mais loucas, e os franciscanos pecarão muitas vezes por falta de discernimento nesse terreno, dando margem às críticas dos mestres dominicanos. De fato, a principal preocupação deles parece ser a previsão do fim iminente e a justificação de uma ordem de puros, formando a elite dos remidos. Com isso, eles favorecem as especulações apocalípticas de seus próprios inimigos, como Guilherme de Saint-Amour, adversário das ordens mendicantes, que têm convicção de viver na sexta e última era, e escreve em meados do século XIII: "Esta era já durou mais do que as outras, cuja duração é de um milênio, pois durou já 1.255 anos; é muito provável, portanto, que estejamos perto do fim do mundo".[28]

28 Guilherme de Saint-Amour, *Tractatus brevis de periculis novissimorum temporum*, cap.8.

## SANTO TOMÁS REGULAMENTA A PROFECIA

Voltemos aos dominicanos, menos ocupados em profetizar do que em definir e regulamentar a profecia. Santo Tomás de Aquino estabelece as suas leis, de maneira quase definitiva, nos anos 1260, e ao mesmo tempo critica com rigor as extravagâncias joaquimistas, que comprovaram seu fracasso na passagem dessa data que deveria marcar o início do reinado do Espírito.

A definição do Doutor Angélico é mais ampla do que a de Alberto Magno, e seu caráter comunitário é acentuado. A profecia, escreve ele na *Suma teológica*, é um carisma *social*, que está destinado a dar ao mundo uma revelação divina que se considera necessária à salvação, para instruir o gênero humano por intermédio de alguns privilegiados. É um carisma de conhecimento, que se situa no plano da inteligência, e de ordem sobrenatural. A profecia diz respeito não apenas ao futuro, mas a todas as realidades divinas que estão fora do alcance do espírito humano. Deus revela ao profeta apenas uma parte do que é necessário conhecer, e a colaboração ativa da vontade do profeta é indispensável para transmitir a mensagem recebida.[29]

Santo Tomás enfatiza a parte humana desse processo, indicando que o profeta se manifesta no contexto de sua cultura, com imagens que lhe são familiares, refletindo sua experiência e seu temperamento. A compreensão de sua mensagem exige uma verdadeira exegese. Pode acontecer de o profeta não ter consciência de que foi beneficiado com um dom divino, e más disposições naturais podem ser um obstáculo à revelação profética, do mesmo modo que uma paixão violenta, como a raiva, ou a concupiscência carnal. Seja como for, a profecia não é um *habitus*: esse dom é dado apenas transitoriamente, mas contribui para elevar o profeta. Não existem profetas loucos, ou então são falsos profetas.

A existência destes últimos leva à questão da inspiração diabólica. Com efeito, os demônios têm acesso a conhecimentos sobrenaturais, embora não conheçam os segredos divinos. E podem inspirar certos homens:

> É por essa razão que a profecia propriamente dita somente poderia vir da revelação divina. Todavia, a revelação feita pelos demônios pode, sob certo aspecto, ser chamada de profética. Aqueles a quem os demônios fazem uma revelação também não recebem o nome de profetas simplesmente, mas

29 Tomás de Aquino, A profecia. In: ______, *Suma teológica*, seção 2a-2ac, questões 171-178.

acrescenta-se-lhes um qualificativo; diz-se, por exemplo, "falsos profetas" ou "profetas dos ídolos".[30]

Estes últimos podem perfeitamente realizar profecias autênticas, o que é bastante desconcertante, e Santo Tomás explica de maneira pouco convincente por que Deus permite que seja assim. É, escreve ele, "ou para dar mais crédito à verdade, já que ela recebe um testemunho dos adversários; ou para conduzir mais facilmente os homens até ela, quando acreditam em tais oráculos".[31] É por isso que "as sibilas fazem muito mais predições verdadeiras sobre Cristo". Elas eram inspiradas por Deus ou pelo diabo? Santo Tomás não responde claramente, como no caso de Balaam, que ele apresenta como inspirado ora por um, ora por outro.

A profecia exclui a predição dos acontecimentos futuros por suas causas naturais: "Os homens não têm o conhecimento desses acontecimentos futuros, mas podem adquiri-lo pela via experimental; nesse caso, são ajudados pelas disposições naturais, conforme sua força imaginativa seja mais perfeita, e sua inteligência mais perfeita".[32] Mas esse conhecimento é falível e só pode ter como objeto os fatos naturais.

Já a verdadeira profecia é infalível, ainda que, no caso da profecia de ameaça, ela não se realize materialmente. Esse é um caso especial, aquele em que a revelação profética diz respeito ao conhecimento da relação causa-efeito: pode acontecer de o efeito não se produzir, se um acontecimento mudar a causa. O exemplo típico é a profecia de Jonas contra Nínive: o arrependimento dos habitantes anulou a causa.

> Disso resulta que o consequente é necessário; não se o tomamos como futuro em relação a nós, mas se o consideramos em sua realização presente, submetido como é então à presciência divina. [...] A revelação profética reproduz da presciência divina somente o conhecimento da relação das causas com seus efeitos; os acontecimentos podem ocorrer então de modo diferente daquele como foram preditos. A profecia, contudo, não está sujeita ao erro por causa disso, pois o sentido dessa profecia é que as causas inferiores, seres naturais ou atos humanos, são dispostos de tal forma que tal efeito deve se produzir.[33]

30 Ibid., quest. 172, art. 5.
31 Ibid., quest. 172, art. 6.
32 Ibid., quest. 172, art. 1.
33 Ibid., quest. 171, art. 6.

Profetizar não é suprimir o livre-arbítrio; não é provocar ou predestinar. Sendo toda a história simultaneamente presente para Deus, aliás, é incorreto utilizar para Ele o termo predição; Ele descreve o que acontece em seu eterno presente, e sua presciência respeita a contingência:

> A certeza da presciência divina não exclui a contingência dos acontecimentos particulares que estão por vir, pois ela diz respeito a eles enquanto presentes e já determinados em sua realização. Desse modo, a profecia, que é a marca ou o sinal da presciência divina, também não exclui, por sua imutável verdade, a contingência dos acontecimentos futuros.[34]

A profecia mudou de caráter ao longo da história. Santo Tomás não é desprovido de sentido histórico, mas para ele essa história é obviamente uma história santa, inteiramente orientada para a salvação. É por isso que antes da Lei, de Abraão a Moisés, a profecia envolvia revelações sobre a fé em Deus; de Moisés a Jesus, visava instruir o povo de Israel. Durante esse período, o profetismo foi muito ativo na época dos reis, porque o povo era livre e precisava de guias. Enfim, depois de Cristo, vivemos a época da graça, e a profecia contém revelações sobre a Trindade. De fato, o profetismo não morreu, e temos provas disso: os Atos mencionam Ágabo e as quatro filhas de Filipe, entre outros; Santo Agostinho evoca o monge João, que no deserto do Egito profetizou a vitória do imperador Teodósio. "Em cada período, não faltaram homens com espírito de profecia, não, na verdade, para desenvolver uma nova doutrina de fé, mas para guiar a atividade humana".[35] Santo Tomás evita citar nomes, sobretudo da história recente. A despeito, ou talvez por causa, da definição muito estrita que ele dá de profecia, é difícil discernir se o termo ainda pode ser aplicado aos contemporâneos. Encerrando a profecia em limites claros e rigorosos, ele não tentava, como bom intérprete das intenções da Igreja, sufocá-la, ou ao menos fazê-la extremamente rara e colocá-la sob alta vigilância?

Enfim, Santo Tomás estabelece uma tipologia da profecia, distinguindo três gêneros principais: profecia de predestinação, profecia de presciência, profecia de ameaça.

> Deus conhece o futuro de duas maneiras: 1) Tal como ele é em sua causa: assim devemos entender a profecia de ameaça; esta nem sempre se cumpre, mas marca antecipadamente a ordem de uma causa por seus efeitos, ordem que

---

34 Ibid.
35 Ibid., quest. 174, art. 6.

> às vezes é impedida por certos acontecimentos que lhe põe entraves. 2) Deus conhece certas realidades futuras nelas mesmas. Ou então essas realidades devem ser produzidas por ele: a profecia que lhes diz respeito é a profecia de predestinação. [...] Ou então elas são submetidas ao livre-arbítrio do homem: trata-se da profecia de presciência. Essa profecia pode se referir aos bons e aos maus; a profecia de predestinação, ao contrário, diz respeito apenas aos bons.[36]

O trabalho de Santo Tomás é a conclusão de um século de reflexão da Igreja sobre a profecia. Obra necessária de organização, destinada a regular o uso anárquico da predição inspirada, ela também marca, por uma preocupação excessiva de classificação e distinção, o início de uma formalização crescente do exercício profético, que só pode conduzir ao seu endurecimento e esgotamento. Por trás da codificação da inspiração, é o racionalismo que transparece. Obra ambígua, portanto: daí em diante, a primeira reação diante da profecia será a desconfiança, prelúdio de longas enquetes para verificar se a mensagem está em conformidade com as definições da escolástica. Através do profeta, é ao Espírito Santo que é imposto um código de conduta. Ele, que supostamente "sopra onde quer", deverá seguir a regulamentação em vigor.

Essa observação vale para o conjunto do imenso trabalho teológico empreendido pela escolástica, do qual só podemos admirar, do ponto de vista humano, o rigor racional, mas podemos temer que leve a um excesso de formalismo. Porque, uma vez lançada, a máquina de raciocinar não para mais. Sete séculos depois, o teólogo A. Michel, no verbete "Prophétie" ["Profecia"] do grande *Dictionnaire de théologie catholique*, faz primeiro uma distinção entre a profecia em sentido amplo ("é considerada 'profecia' qualquer palavra pronunciada sob influência de um instinto divino, que tenha como objeto a interpretação da Escritura e sobretudo predições que ela contenha, ou ainda qualquer exortação moral, todo exercício concernente às coisas divinas") e a profecia em sentido estrito ("o conhecimento sobrenaturalmente comunicado e a predição infalível de acontecimentos futuros naturalmente imprevisíveis"). Em seguida, ele estabelece uma tipologia, que distingue nada menos do que quatro grupos e doze subcategorias de profecias.

1. Profecia em função da natureza do acontecimento futuro:
   a) futuro absoluto: profecia de presciência;
   b) futuro condicional: profecia de ameaça.

36 Ibid., quest. 174, art. 1.

2. Profecia em função da extensão do conhecimento:
   a) 1º grau: conhecimento do acontecimento futuro, do tempo em que ele se dará, do significado profético e da origem divina dessa profecia; caso muito raro; exemplo: Cristo anunciando as três renegações de Pedro;
   b) 2º grau: não se conhece a época;
   c) 3º grau: conhecem-se apenas o acontecimento e seu significado;
   d) 4º grau: compreende apenas o anúncio de um acontecimento futuro.
3. Profecia em função do modo de conhecimento formal:
   a) profecia por visão intelectual;
   b) profecia por visão imaginativa;
   c) profecia por visão sensível.
4. Profecia em função do modo de conhecimento material:
   a) profecia em estado de vigília;
   b) profecia em êxtase ou arrebatamento;
   c) profecia durante o sono.[37]

Assim, no que diz respeito à profecia reconhecida no interior da Igreja, o hiperdesenvolvimento da teoria acompanha, mas também provoca, o desaparecimento progressivo da prática. As profecias oficialmente aceitas se rarefazem, e o resultado é a transferência da atividade de predição para os meios heterodoxos e heréticos. A Igreja, institucionalizada, perde sua dimensão profética em proveito de seitas e igrejas concorrentes. Se, por uma regulamentação muito estrita, a eliminação de fato da profecia é em si um elemento positivo, fator de estabilização, não há dúvida de que ela contribui para aprofundar o fosso entre a religião das elites e a religião popular, apegada a esses fenômenos supostamente sobrenaturais.

## O DEBATE SOBRE A ASTROLOGIA

Os teólogos dos séculos XII e XIII não se contentam em restringir o espírito profético a limites extremamente estreitos. Eles também eliminam qualquer outra forma de acesso ao conhecimento do futuro, tachando-o de superstições e atividades diabólicas. O caso da astrologia é o mais flagrante. Essa arte, como vimos, teve um renascimento espetacular a partir do século XII,

37 Verbete "Prophétie", *Dictionnaire de théologie catholique*, t.13.

no contexto da renovação científica da época. Recuperando a grande tradição grega, utilizando os avanços matemáticos e astronômicos, ela seduz por seu aspecto rigoroso, complexo, científico, que contrasta claramente com os métodos populares de adivinhação. Para quem quer conhecer o futuro, a astrologia é na época o complemento ou o concorrente da profecia: de um lado, o método natural e racional; de outro, o método sobrenatural.

A Igreja, que regulamenta o segundo e se mostra extremamente reticente em conceder licenças de profeta, também reage contra a astrologia. Mais ou menos tolerada até então, apesar dos escritos de Santo Agostinho, e graças à indefinição da doutrina, ela será claramente colocada entre as atividades ilícitas, com algumas ressalvas, porém.

O debate sobre a astrologia não ocorreu apenas no Ocidente. Em meados do século XII, uma grande controvérsia sobre o tema se desenvolve no Império Bizantino, onde um certo Pedro, o Filósofo, escreve uma carta ao patriarca Lucas Crisobergo, de Constantinopla, a favor da iatromatemática, isto é, do uso da astrologia na medicina, partindo da obra de Hipócrates. Mas é com o imperador Manuel Comneno que a questão passa ao primeiro plano. O soberano tem firme convicção dos poderes da astrologia. Assim, quando um monge do mosteiro Pantocrator de Constantinopla escreve um tratado contra essa ciência, ele redige uma refutação detalhada. Para ele, visto que o Sol e a Lua têm influência sobre a vida terrestre, não há razão para que os planetas e as estrelas não tenham nenhum efeito, desde que se reconheça que estes últimos são somente sinais, e não causas dos acontecimentos. Examinando longamente o caso da estrela de Belém e dos magos, ele o dá como prova de que Deus quis que estudássemos os movimentos dos astros, dos quais se serve para nos advertir das coisas importantes. O eclipse que ocorreu no momento da crucificação não é outro indício? Aliás, a medicina emprega correntemente a astrologia, e se esta se engana às vezes, é por causa dos erros dos astrólogos, e não da astrologia em si. Somente as pessoas ignorantes, como esse monge, podem afirmar o contrário. Se Deus pôs ele próprio esses sinais no céu, seria da nossa parte um verdadeiro sacrilégio desprezá-los. O importante é não cair na superstição, transformando as estrelas em seres vivos.

É contra esse tratado do imperador que o monge Miguel Glica redige uma refutação em regra por volta de 1150. Retomando o caso da estrela de Natal, ele escreve que, se isso justifica a astrologia, então temos de dizer que a pomba que apareceu no batismo de Cristo justifica os augúrios, e ressurreição justifica a necromancia, em resumo, que todos os meios de adivinhação são lícitos. De todo modo, a vinda de Cristo pôs fim à ordem antiga das coisas. Quanto aos magos, eles foram avisados por um anjo, não pela prática da astrologia. O argumento da medicina também não se sustenta; os médicos tratam pela física, não pelos astros. Em seguida, Glica aborda os princípios: a verdadeira astrologia não pode se contentar em dizer que os astros são simples sinais; se pretende ter a mínima eficácia, deve admitir que os astros agem, que são eles, portanto, as causas dos acontecimentos, o que exclui toda liberdade e, portanto, toda possibilidade de julgamento dos atos humanos. Aliás, as Escrituras, assim como as autoridades tradicionais, proíbem claramente a astrologia.

O imperador não se abala. Pouco antes de sua morte, ele ainda é convencido por seus astrólogos de que tem catorze anos de conquistas pela frente. É o patriarca Teodósio Borradiotes que consegue convencê-lo da inanidade dessas práticas. Mas o debate vai prosseguir até muito tempo depois de sua morte.

No Ocidente, é no século XIII que os teólogos decidem a sorte da astrologia. O método escolástico, com sua preocupação com a precisão e a distinção, permite que eles estabeleçam as nuances necessárias entre uma astrologia natural lícita e uma astrologia supersticiosa ilícita. Essa distinção mostra, aliás, que as práticas astrológicas têm ainda certa atração para esses espíritos cultivados e enamorados da razão. Não parece exagerado afirmar que eles são mais indulgentes com a "ciência" dos astros do que com a profecia, cujo estilo descabelado repugna ao seu rigor universitário. Obviamente, eles condenam a ideia de causalidade astral sobre a vontade humana, mas alguns, e não os mais obscuros, admitem uma ação indireta dos planetas sobre o nosso comportamento. É que, ainda que isso nos pareça paradoxal, a astrologia é, na Idade Média, o meio de acesso ao futuro mais racional e mais científico.

A partir dos anos 1130, Hugo de São Vítor esclarece os termos, separando nitidamente astronomia de astrologia, e concedendo a esta última uma parte lícita, a que concerne à determinação dos corpos:

> A diferença entre a astronomia e a astrologia é que a astronomia é assim denominada segundo as leis das estrelas, e a astrologia é de certa forma um discurso sobre as estrelas: *nomos* significa lei e *logos* quer dizer discurso. Assim, a astronomia concerne às leis das estrelas e aos movimentos dos céus, às posições e aos círculos, aos cursos, às auroras e aos ocasos das constelações, e por que cada uma tem esse ou aquele nome. A astrologia considera as estrelas em relação à observação do nascimento, da morte e de todas as outras espécies de acontecimentos, e é parte natural e parte supersticiosa. A parte natural concerne

às coisas corpóreas e a seu aspecto, coisas que variam com a disposição dos céus, como a saúde e a doença, as tempestades e o bom tempo, a fertilidade e a esterilidade. A parte supersticiosa concerne aos acontecimentos contingentes e aos que dependem da livre vontade, dos quais se ocupam os *matemáticos*.[38]

Mais adiante, Hugo de São Vítor trata, com o nome de horóscopo, da astrologia supersticiosa, que ele classifica, junto com o haruspicismo e os augúrios, nas artes mágicas.

Os grandes escolásticos do século seguem na mesma direção. Nenhum contesta a influência dos astros sobre os fenômenos naturais, da qual as marés são a melhor aplicação. Aceito esse princípio, resta saber até onde é possível estender o papel dos planetas. O caso das marés tem um peso enorme aqui: esse é um campo em que a predição astrológica alcançou um rigor e uma precisão matemática excepcionais, um método infalível, que permite prever com toda a segurança para uma duração indeterminada. De modo geral, os autores têm tendência a estender sua aplicação à maioria dos fenômenos naturais: meteorologia, terremotos, doenças, alterações físicas e químicas. A ação dos astros não é questionada; o que é contestado é a capacidade dos astrólogos de calcular e prever, e a licitude dessas previsões quando se referem a atos que dependem do livre-arbítrio.

Tomemos para começar Roberto Grosseteste, ilustre teólogo, bispo de Lincoln de 1235 a 1253. Em seu *Hexamerão*, ele declara que mesmo que se admita – o que parece ser o caso dele – que "as constelações têm um significado e um efeito sobre as obras do livre-arbítrio e os acontecimentos ditos fortuitos e sobre a conduta humana, não seria possível para o astrólogo conhecer essas coisas".[39] Antes de tudo porque não existem meios de observação suficientemente precisos para distinguir, por exemplo, entre dois gêmeos. Roberto Grosseteste acrescenta, é claro, que se as estrelas dirigissem o mundo, a liberdade, a providência e a prece não teriam mais sentido, e os astrólogos são, por conseguinte, "enganados e enganadores, e seu ensinamento é ímpio e profano, escrito por inspiração do diabo".[40] O que não o impede de admitir sem ressalva a utilização da astrologia na alquimia, na medicina, na meteorologia. Seu confrade e contemporâneo Robert Kilwardby, arcebispo de Canterbury, é exatamente da mesma opinião.[41]

---

38 Hugo de São Vítor, *De eruditione docta*, II, 9, Patrologie Latine, t.176, col. 756.
39 Roberto Grosseteste, *Hexaemeron*, cap.9.
40 Ibid., cap.11.
41 Kilwardby, *De ortu scientiarum*.

Vinte anos depois, em 1270, Bertoldo de Ratisbona lembra a distinção entre astrologia natural e astrologia supersticiosa:

> Como Deus deu poder às pedras, às plantas e às palavras, também deu poder às estrelas para que possam agir sobre todas as coisas, exceto uma. Elas têm poder sobre as árvores e as vinhas, sobre as folhas e o mato, sobre os legumes e as ervas comestíveis, sobre o trigo e todas as coisas; sobre as aves do céu, sobre os animais das florestas, sobre os peixes na água e sobre os vermes na terra, sobre todas as coisas que estão nos céus, sobre elas Deus deu poder às estrelas, salvo uma única coisa. Sobre essa coisa ninguém tem poder nem força, nem as estrelas, nem as plantas, nem as palavras, nem as pedras, nem o anjo, nem o demônio, nem o homem, mas apenas Deus. E ele não exercerá seu poder nem nenhuma autoridade sobre essa coisa. É a livre vontade humana; sobre ela ninguém tem autoridade, salvo tu mesmo.[42]

O que, de todo modo, deixa um vasto campo de ação à investigação astrológica.

O dominicano Alberto Magno é ainda mais amplo. Sua cultura astrológica pessoal é extensa e leva a supor de sua parte ao menos uma certa prática dessa ciência.[43] Entre as leituras científicas que ele recomenda incluem-se o *Almagesto*, o *Tetrabiblos*, as traduções dos astrônomos e astrólogos árabes. Em sua explicação científica do mundo, ele mostra que todos os acontecimentos naturais terrenos são provocados pelos movimentos celestes, por intermédio de um quinto elemento. Apenas a alma humana depende diretamente do primeiro motor, Deus, e foge desse modo do controle das estrelas; mas quando se deixa levar pelos impulsos da carne, ela também cai na dependência das estrelas, o que afinal é o caso da maioria dos homens. Partindo disso, Alberto legitima a prática das natividades, a determinação das horas propícias para tratar de negócios, a gravura de signos astrológicos em minerais para realizar operações prodigiosas. Ele afirma até que é insensato e contrário à liberdade humana desprezar a consulta astrológica antes de empreender uma ação importante, o que, de todo modo, é ir longe demais.[44]

---

42 Pfeiffer, *Berthold von Regensburg*, I, 50.

43 Zambelli, Albert le Grand et l'astrologie, *Recherches de Théologie Ancienne et Médiévale*, n.49, 1988, p.141-58.

44 Alberto Magno, *Speculum astronomiae*, cap.15, p.45.

## ROGER BACON: A ASTROLOGIA A SERVIÇO DA CRISTANDADE

Mas não tão longe quanto o franciscano Roger Bacon. Figura estranha a desse não conformista da escolástica, nascido por volta de 1220, aluno de Roberto Grosseteste em Oxford e depois mestre em Paris e Oxford. Ordenado franciscano em 1257, permanece à margem das grandes correntes de pensamento, mas seus trabalhos científicos lhe dão grande renome. É a pedido do papa Clemente IV que ele escreve seu *Opus majus*, completado pelo *Opus minus* e pelo *Opus tertium*. Em 1277, toma a defesa da astrologia contra o bispo de Paris, Étienne Tempier, e no *Speculum astronomiae*, o que lhe rende a prisão. Morreu muito idoso, em 1294.

A ideia que domina sua vida e sua obra é a do triunfo universal do cristianismo, propósito para o qual dirige toda a sua energia. Para consegui-lo, ele prega a aliança da Igreja com a ciência, uma ciência multiforme, que recorre amplamente à experiência. Dois séculos e meio antes de Leonardo da Vinci, ele imagina carros de assalto, submarinos, navios a motor, caças-bombardeiros e raios laser fulminando os infiéis; cogita meios de prolongar a vida humana dos cristãos; e, naturalmente, em seu arsenal heteróclito, não deixa de lado nem a alquimia nem a astrologia. Esta última, usada com discernimento, seria um trunfo estratégico inestimável.

Consciente da hostilidade que a astrologia suscita nas autoridades eclesiásticas, Roger Bacon critica aqueles que, sem distinguir lícito e ilícito, rejeitam por inteiro essa ciência, que ele chama de matemática:

> É sobretudo a propósito dos julgamentos da astronomia que atacam a matemática. Muitas pessoas, que ignoram o poder da filosofia e a grande utilidade que ela oferece à teologia, rejeitam, tanto relativa como absolutamente, as considerações dos matemáticos; sua hostilidade põe obstáculo ao estudo da sabedoria e, nessa parte, causa-lhe um sério prejuízo; assim, quero levar sua intenção de volta à verdade e fazer desaparecer a infâmia com que avaliam a verdadeira matemática. Nos escritos dos santos, os teólogos encontraram muitas afirmações contra os matemáticos; alguns, ignorando igualmente a matemática verdadeira e a matemática falsa, não sabem, da falsa, distinguir a verdadeira, então valem-se dos santos para incriminar a verdadeira, ao mesmo tempo que a falsa.[45]

---

45 Roger Bacon, *Opus majus*, t.1, p.239.

A falsa astrologia é aquela que afirma que tudo que acontece é inevitável, que não existe o contingente. A boa astrologia é aquela que respeita a liberdade humana e divina, que vê nos movimentos dos astros sinais e não imposições:

> Os astrólogos falam das religiões e as religiões dependem da liberdade da razão; todavia, eles não impõem nenhuma necessidade ao livre-arbítrio quando dizem: os planetas são sinais; eles nos indicam os acontecimentos cuja realização foi preparada por Deus, de toda a eternidade, seja pela natureza, seja pela vontade humana, seja por sua própria razão, em virtude da satisfação de sua vontade.[46]

Como os astros têm influência sobre os corpos, é óbvio que eles têm certo papel em nosso comportamento; eles determinam nosso caráter, nossa "compleição", e nos predispõem para tal ou tal escolha, sem nunca nos coagir:

> Os planetas alteram todas as propriedades naturais deste mundo; são causa da compleição de cada um dos homens; por consequência, incitam todo homem a seguir tal costume e tal religião, sem coagi-lo, todavia, como disse e demonstrei recentemente no *Opus majus*. Em todas as circunstâncias, a liberdade de escolha é salvaguardada, embora a compleição corporal, alterada pelas virtudes das estrelas, inclina e excita poderosamente a alma humana, a ponto de ela querer seguir essa compleição e essas virtudes; mas ela as segue de vontade e, acima de tudo, o livre-arbítrio permanece salvo. Mas tudo isso eu expus suficientemente alhures; agora, portanto, admito-o.[47]

A liberdade individual está salva, portanto, desde que o homem saiba repelir a influência de suas paixões. Mas constata-se que raramente as massas seguem o espírito e a razão; levadas por suas paixões animais, elas são susceptíveis à influência das estrelas e caem na esfera das predições astrológicas. É o caso das grandes religiões, que se encontram sob o signo da conjunção de Júpiter com outro planeta. No caso do cristianismo, essa conjunção é a de Júpiter com Mercúrio, por causa das qualidades místicas favoráveis associadas a esse planeta. A partir daí, é possível fazer o horóscopo das

46 Ibid., p.266.
47 Apud Duhem, *Le système du monde*, t.VIII, p.384.

religiões, que mostra a superioridade da fé cristã e prova sua verdade, e isso é um meio infalível de converter os infiéis, como escreve Bacon a Clemente IV:

> Esses prodígios têm grande valor para converter os infiéis e afastar os que não podem ser convertidos. Um homem, de fato, não os compreenderia de pronto; teria primeiro de acreditar neles para que, uma vez exercitado no estudo da ciência, pudesse ver suas razões; seria conduzido assim, como que pela mão, para as coisas divinas; seria levado a submeter o pescoço ao seu jugo, a acreditar neles em primeiro lugar, até o momento em que, forjado neles, perceberia finalmente a razão que o faria compreender e saber. Vendo, com efeito, que sua inteligência não pode alcançar as verdades divinas, o homem deve estimar-se bem mais feliz por acreditar nas coisas divinas do que nas coisas criadas. [...] Essa maneira de convencer da fé seria mais poderosa e melhor do que as palavras da pregação, pois o exemplo é maior do que o discurso. Esse modo de persuasão opera à maneira dos milagres; portanto, é bem mais poderoso do que a palavra.[48]

Ninguém levará tão longe quanto Roger Bacon a apologia da astrologia dentro do cristianismo. Contudo, embora seus excessos sejam condenados, os teólogos mais ortodoxos aceitam sem problemas o princípio de base da astrologia, isto é, a ação determinante dos astros sobre os assuntos terrenos, ao menos os naturais, e, se são céticos em relação às predições, é unicamente por causa da complexidade dos cálculos, que os astrólogos ainda não dominam bem. Assim o bispo Guilherme de Auxerre responde a duas objeções que eram feitas a eles. De um lado, eles erram com frequência:

> [porque] nenhum homem poderia ser especialista em astronomia se não se enganasse com frequência, por causa da profusão infinita de circunstâncias particulares que seria necessário observar. Deus fez isso para instruir esse astrônomo, torná-lo humilde, a fim de que ele encontre nisso uma marca de sua imperfeição.[49]

Segunda objeção: por que é que todos os grãos semeados à mesma hora, no mesmo campo, não germinam da mesma maneira? Sois muito curiosos, retruca o bispo em substância:

---

48 Little (ed.), *Part of the Opus Tertium of Roger Bacon*, p.41.
49 Guilherme de Auxerre, *Summa aurea*, Livro II, tratado V, quest. 4.

A isso é preciso responder que aqueles que, sobre o futuro, fazem tais julgamentos merecem repreensão por dois motivos. O primeiro motivo de repreensão é a curiosidade. Eles despendem um estudo excessivo e uma pesquisa mais do que vã perseguindo o que é impossível ou muito difícil, no estado em que nos encontramos, conhecer com certeza. Sem dúvida, certas coisas deste mundo são, sob certo aspecto, causadas do alto; mas tantos acidentes, tantas circunstâncias acessórias vêm lhes pôr entraves que é a muito custo que a verdade pode ser discernida e examinada.

## MAL-ESTAR DOS TEÓLOGOS E CONDENAÇÃO DE 1277

Tomás de Aquino não apresenta elementos originais sobre o problema da astrologia. Ele sistematiza com seu rigor habitual, sem poder escapar de certa ambiguidade, apesar de tudo. Ele não questiona a ação dos astros sobre a matéria e sobre o corpo humano. Em virtude da união do corpo e da alma, esta última é indiretamente submetida à influência dos planetas, mas tem o poder de resistir e conservar toda a sua liberdade de ação. Por isso, escreve ele, astrólogos "dizem que o sábio é mestre das estrelas na medida em que é mestre de suas paixões". Nenhum ser corpóreo pode agir sobre um ser incorpóreo.

O problema vem do fato de que:

> a maioria dos homens segue suas paixões, que são os movimentos do apetite sensitivo, e por essas paixões os corpos celestes podem agir; bem poucos são sábios o bastante para resistir a essas paixões. E, portanto, os astrólogos, como em muitas coisas, podem fazer predições autênticas, de uma maneira geral. Contudo, não em particular, porque nada impede um homem de resistir a suas paixões por seu livre-arbítrio.[50]

Santo Tomás repete o mesmo raciocínio no *Contra gentiles*, mostrando que os sábios são desse modo mais livres do que as pessoas da plebe.[51]

É lícito, portanto, predizer o futuro pela astrologia? Sim, no caso dos acontecimentos naturais, como o tempo. No caso das ações humanas, a resposta não é clara. Visivelmente, Tomás de Aquino também é influenciado pelo prestígio da astrologia judiciária e do horóscopo, a despeito da

---

50 Tomás de Aquino, *Suma teológica*, 1a, quest. 115, art. 4.
51 Id., *Suma contra os gentios*, II, 84, 85.

autoridade de Santo Agostinho. Ao mesmo tempo, porém, a reputação diabólica e supersticiosa dessa atividade o preocupa, e ele não se pronuncia com clareza. A ambiguidade de sua posição é ilustrada pelo fato de que pouco mais de um século depois Pedro de Ailly utilizará seus escritos tanto para defender como para atacar a astrologia.

A impressão geral é a de um mal-estar dos teólogos escolásticos diante da astrologia por causa da concepção aristotélica da união da alma e do corpo; o corpo é determinado pelos astros, e a alma é livre. Tudo depende, portanto, da própria natureza da união, que continua bastante misteriosa, e do grau de desapego da alma em relação ao corpo. Não há uma resposta global. Para os teólogos, os astrólogos acertam muitas vezes em suas predições; o prestígio dessa pseudociência os cega a ponto de fazê-los perder parte do espírito crítico.

As autoridades eclesiásticas se preocupam com essa voga astrológica, e às vezes reagem. A decisão mais espetacular é a do bispo de Paris, Étienne Tempier, que em 1277 faz uma lista de 219 proposições condenadas, anatematizando todos aqueles que as defendem. A lista é das mais heteróclitas: encontramos enumeradas nela, sem a menor classificação, as opiniões mais comuns e perigosas em voga, nos campos científico, filosófico, teológico. Sete séculos antes do de Pio IX, esse *Syllabus* medieval, cuja eficácia não será maior do que a de sua remota imitação, tem o mérito ao menos de nos fazer conhecer as ideias que circulavam no meio universitário parisiense no fim do século XIII.[52]

A astrologia não ocupa um lugar muito grande nessa lista: 6 proposições em 219. Não obstante, elas nos permitem constatar que as crenças astrológicas iam longe, e dessa vez elas as condenam sem ambiguidade. Assim, são anatematizadas as seguintes afirmações (na ordem – ou melhor, na desordem – da lista):

> 143. Que sinais diferentes nos céus significam condições diferentes nos homens, tanto em seus dons espirituais como em seus assuntos temporais.
> 161. Que os efeitos das estrelas sobre o livre-arbítrio são ocultos.
> 162. Que nossa vontade está sujeita ao poder dos corpos celestes.
> 195. Que o destino, que é uma disposição universal, não procede imediatamente da divina providência, mas da mediação dos movimentos dos corpos celestes.
> 206. Que todo mundo atribui a saúde e a doença, a vida e a morte, à posição das estrelas e ao aspecto da Fortuna, dizendo que se a Fortuna lhe é favorável ele viverá, e em caso contrário morrerá.

---

52 Hissette, Enquête sur les 219 articles condamnés à Paris le 7 mars 1277, *Philosophie Médiévale*, n.22. Mandonnet, *Siger de Brabant et l'averroïsme latin au XIIIe siècle*.

207. Que no momento em que um homem é gerado em seu corpo e, por conseguinte, em sua alma, que segue o corpo, por uma ordem de causas superiores e inferiores, há no homem uma disposição que o inclina a tal ou tal ação, ou a tal ou tal acontecimento. Isso é um erro, a não ser que seja entendido como "acontecimento natural" e "simples disposição".

A última ressalva mantém de pé a possibilidade de uma ação das estrelas sobre os corpos e a matéria, mas a ênfase é dada à defesa do livre-arbítrio, condição da responsabilidade humana diante de Deus. A mesma intenção leva Étienne Tempier a condenar também a ideia do Grande Ano, isto é, a teoria do eterno retorno, seja qual for a duração que se atribua a esses ciclos, fatores de fatalismo integral. Devemos supor, portanto, que essa concepção muito antiga não havia desaparecido.

Implicitamente, qualquer tentativa de horóscopo é condenada. Das portas do futuro, todas as que não são abertas por Deus são condenadas pela Igreja como supersticiosas, e a única que sobra, a da profecia, é cuidadosamente guardada pelo clero. Esse cerco ao futuro é motivado por razões ao mesmo tempo sociais e doutrinais. De um lado, é perigoso deixar os fiéis captarem fragmentos de um futuro que talvez não seja desejável conhecer, porque ele reserva surpresas desagradáveis que podem dar ideias subversivas, do tipo milenarista; de outro lado, o desejo de conhecer o futuro é uma curiosidade malsã, que pode ser suscitada e satisfeita pelo diabo. Para evitar decepções, a Igreja institucional tenta monopolizar o futuro como monopoliza as Escrituras. Só ela pode interpretar a revelação e profetizá-la.

Dante, que à sua maneira poética expressa tão bem a visão teológica da Igreja no fim do século XIII, não errou ao pôr no inferno todos que tentaram predizer o futuro. Com seu gênio do símbolo, ele os colocou no oitavo círculo, com a cabeça virada para trás, incapazes de ver o que está à frente deles, e obrigados a andar de costas, eles que tiveram a audácia de investigar o futuro, propriedade divina. Todos estão lá: Tirésias, Aruns, Manto, os áugures e adivinhos da Antiguidade, assim como os astrólogos modernos: Asdente, um sapateiro de Parma que se tornou leitor da sorte, Miguel Escoto, o célebre astrólogo de Frederico II, tradutor de obras árabes, Guido Bonatti, de Forli, astrólogo do século XIII, autor de um imenso tratado em doze livros, o *De astronomia*.[53]

A visão dantesca exprime a distância que há entre a teoria e a prática: a condenação póstuma desses adivinhos e astrólogos contrasta com as honras

53 Dante, *O Inferno*, XX.

que os cercaram em vida. Miguel Escoto serviu ao papa em pessoa. A tentativa dos escolásticos de guardar para si as chaves do futuro é um duplo fracasso. Regulamentada de maneira excessivamente estrita, a profecia vai se desenvolver fora da Igreja, ou melhor, às margens dela, nas zonas suspeitas onde sopra o espírito livre; quanto à astrologia, ela vai aproveitar a indefinição das posições oficiais, jogando com a distinção imprecisa entre astrologia natural e astrologia supersticiosa. Os homens da Igreja, aliás, são os primeiros a procurar os serviços dos astrólogos: em 1302, o bispo de Utrecht, Guy de Hainaut, manda Henrique Bateno de Malinas traduzir as principais autoridades no assunto e compor um *Speculum* mais do que favorável a essa arte. O desejo de conhecer o futuro vence todas as proibições.

As catástrofes dos séculos XIV e XV vão criar um ambiente eminentemente propício para o desenvolvimento de todas as profecias e predições. O retorno da incerteza contribui para dar asas à imaginação, mas também para encorajar manipulações e fraudes: a velha prática greco-romana de utilizar pseudopredições como instrumentos de governo político e religioso atinge proporções sem precedentes. Em resumo, assiste-se, no fim da Idade Média, a uma inflação, mas também a um desvio e uma mudança da predição.

## – 7 –

# INFLAÇÃO, BANALIZAÇÃO E DESVIO DAS PREDIÇÕES (SÉCULOS XIV-XV)

Em 1287, um monge cisterciense de um mosteiro de Trípoli tem uma visão: uma mão escreve uma mensagem profética no altar, predizendo a queda iminente de Acre e Trípoli, a vinda de um tempo de tribulação, ao qual se sucederá a conquista do mundo por dois grandes soberanos, um vindo do Oeste, o outro do Leste; após quinze anos de abundância, uma cruzada tomará Jerusalém e então virá o Anticristo.

Verificações feitas, não existe mosteiro cisterciense em Trípoli, nunca houve tal profecia em 1287 e, se Acre e Trípoli caíram em 1289, todo o resto é uma grande fantasia. Essa "profecia", denominada "Cedro do Líbano", é uma falsificação anônima, composta em 1347 a partir de velhos textos do século XIII, e antedatada de forma a "prever" a queda das duas cidades. Esse subterfúgio grosseiro visa dar mais garantia e seriedade às outras predições: se a primeira se realizou, não existe razão para as outras não se realizarem também.[1]

---

1 Lerner, The Black Death and Western Eschatological Mentalities, *American Historical Review*, v.86, n.3, p.533-52.

## CATÁSTROFES E PREDIÇÕES

Essa pseudoprofecia dá o tom do que será prática corrente nos séculos XIV e XV: uma multiplicação de predições de todos os gêneros, que misturam tanto os métodos quanto os domínios (político, religioso, temporal, escatológico). O Anticristo e o Imperador dos últimos dias são anunciados em quase toda parte, ao mesmo tempo que o fim da Igreja, ou do clero, ou de certas ordens religiosas, e a vitória ou a derrota de tal ou tal reino, tal ou tal dinastia, tal ou tal rei. Correm predições as mais extravagantes e mais contraditórias.

Para Norman Cohn e M. Barkun, essa inflação se deve ao acúmulo de catástrofes que marcou o fim da Idade Média.[2] A época é sombria: a partir dos anos 1315-1320, os períodos de fome reaparecem; nos anos 1330 começa a guerra dos Cem Anos, que manda para o campo tropas de mercenários, bandoleiros, "caimans", "esfoladores"; em 1348 chega a peste negra, que ceifa mais de um terço da população europeia, e cujas recorrências serão incontáveis durante mais de um século; nos anos 1380, *jacqueries* e revoltas urbanas abalam a Europa do Noroeste, seguidas de guerras civis entre Armagnacs e Bourguignons, York e Lancaster, contra o pano de fundo do Grande Cisma entre dois e em seguida três papas, e de guerra religiosa, em especial contra os hussitas, enquanto a maré turca invade o que resta do Império Bizantino e avança irresistivelmente sobre o Oeste. Há o suficiente aqui para abalar os espíritos mais fortes. O mundo, extenuado pelas catástrofes, não poderia durar muito; o Anticristo não deveria tardar, e, depois dele, talvez o milênio de paz tão aguardado pelos que sofrem e imaginam fazer parte dos eleitos. Os espíritos se exaltam; como durante a Alta Idade Média, a incerteza e a insegurança permanentes fazem crescer a necessidade de reconforto, de estabilidade, de conhecimento do futuro. Clima favorável ao desenvolvimento do irracional, do oculto, largamente em reação ao racionalismo dos grandes escolásticos do século XIII. A nova filosofia é o nominalismo, que separa completamente a fé da razão, proclama que a verdade é incognoscível e estabelece a inteligência no campo da aparência e do individual.

Nessas águas turvas prospera a nova geração de políticos, realistas, concretos, sem escrúpulos, prontos a utilizar para seus fins dinásticos as rivalidades entre as facções religiosas, as profecias obscuras dos neuróticos superexcitados pelo clima apocalíptico, as predições dos astrólogos sempre

2 Cohn, *The Pursuit of the Millenium*; Barkun, *Disaster and the Millenium*.

dispostos a ver reviravoltas nas conjunções planetárias. Três quartos das predições anunciam catástrofes, e como os acontecimentos desses dois séculos trágicos lhes dão razão, o prestígio dos visionários aumenta. Circunstância que explica, por sua vez, o recurso a falsas predições, inventadas do começo ao fim para manipular o destino e favorecer determinada causa. A única diferença entre a "verdadeira" e a "falsa" profecia é que apenas a segunda é premeditada, ao passo que a primeira é uma transcrição inconsciente de aspirações sociais e psicológicas suscitadas pelas circunstâncias. Mas nos espíritos desorientados da época a diferença desaparece, e a ação dos grupos sociais é orientada por um futuro imaginado, temido e esperado, ao qual as predições dão uma aparência de certeza. As catástrofes dos séculos XIV e XV conferem às predições um papel comparável ao das ideologias no século XX: miragens sedutoras para espíritos desorientados, em busca de valores mobilizadores para guiar sua ação.

Para R. E. Lerner, porém, não estaríamos na presença de um fenômeno excepcional, mas de uma constante medieval. Acusando Norman Cohn de ter elaborado sua visão dos milenarismos "sobre um conhecimento insuficiente das fontes originais inéditas",[3] ele declara que as profecias apocalípticas são extremamente comuns na Idade Média. O debate ainda não se encerrou.[4] É indubitável que cada uma das catástrofes dos séculos XIV e XV provocou o surgimento de uma infinidade de predições, sempre *depois* do acontecido, profecias que demonstram que o cataclismo fora previsto muito tempo antes, em função de tal ou tal conjunção astral ou tal ou tal profecia apocalíptica, e anuncia o Anticristo, o fim do mundo ou o milênio. Mas nem uma única vez esses profetas e astrólogos tão hábeis retroativamente foram capazes de ver o acontecimento *antes*. Nem mesmo a peste de 1348, acontecimento de escala europeia, que fez dezenas de milhões de mortos. É pueril ter de repetir isso, mas constatamos que às vezes a neutralidade do historiador pode contribuir para manter a ambiguidade. Ninguém nunca profetizou ou predisse em razão de uma luz sobrenatural, oculta ou astral. O acontecimento é que suscita a profecia; a reflexão o faz aparecer como um sinal e, graças ao caráter obscuro e simbólico do discurso profético ou astrológico, permite que ele seja ressituado num esquema de conjunto, provando que ele foi previsto e anuncia episódios futuros. Encontramos esse processo em cada uma das catástrofes do fim da Idade Média.

3 Lerner, Medieval Prophecy and Religious Dissent, *Past and Present*, v.72, p.19.
4 Delumeau, *Mille ans de bonheur*.

## CRISE DA IGREJA E ACESSO PROFÉTICO (1292-1303)

É possível detectar um primeiro acesso de febre profética na virada dos séculos XIII e XIV, provocado pela situação de crise por que passa a Igreja na época: vacância da Santa Sé de abril de 1292 a março de 1294; abdicação suspeita de Celestino V em novembro de 1294; luta entre Bonifácio VIII e as correntes espirituais das ordens mendicantes; confronto violento entre esse mesmo papa e o rei da França de 1300 a 1303; rivalidades entre as facções aristocráticas romanas. A cabeça da Igreja parece doente, o que dá ânimo às especulações proféticas sobre as tribulações finais. Tomás de Foligno,[5] Roberto de Uzès,[6] Pedro João Olivi, Pedro Auréolo, João de Paris, Arnaldo de Vilanova são representativos desse movimento.

O franciscano Pedro João Olivi entra na linhagem joaquimista, já que baseia suas profecias numa periodização da história. Em suas *Lectura super Apocalipsim*, ele distingue sete eras, que se sucedem de forma progressiva e marcam as etapas do confronto entre o bem e o mal. Cinco eras se passaram, e São Francisco de Assis foi o anjo da sexta, figura apocalíptica que iniciou um novo período. Aproxima-se o tempo da perseguição e do Anticristo, e a Igreja desaparecerá em benefício de uma ordem contemplativa. É o que Pedro João Olivi explica em 1295 aos jovens Roberto e Luís de Nápoles. Após sua morte, seus discípulos, em particular Ubertino de Casale, verão em Bonifácio VIII o Anticristo anunciado, o que encorajará a atitude de revolta dos espirituais da Provença em 1317-1318.[7]

Pedro Auréolo (1280-1322) pertence à mesma família de pensamento, interpretando a história com o auxílio do Apocalipse e vice-versa. Para ele, os sete selos da primeira visão anunciam o período que vai da criação da Igreja a Juliano, o Apóstata; a segunda visão, os sete anjos com as trombetas, prefigura a perseguição pelos heréticos até o imperador Maurício; a terceira visão corresponde à perseguição pelo islã; a quarta, os infortúnios da Igreja entre Carlos Magno e Henrique IV; a quinta, que fala da Grande Prostituta, da queda da Babilônia, da besta de sete cabeças, de Satanás acorrentado por mil anos, está se cumprindo: ela vai do reinado de Henrique IV à vinda do Anticristo; a danação da Prostituta prefigura a vitória sobre os muçulmanos

---

5 Alphandéry, Prophètes et ministère prophétique dans le Moyen Âge latin, *Revue d'Histoire et de Philosophie Religieuse*, p.334-59.

6 Amargier, Robert d'Uzès revisité, *Cahiers de Fanjeaux*, n.27. Roberto de Uzès tem visões e revelações a partir de 1291, com a idade de 30 anos aproximadamente.

7 Barone, L'Œuvre eschatologique de Pierre-Jean Olier et son influence, *Cahiers de Fanjeaux*, n.27.

na Primeira Cruzada. A próxima etapa é a vinda do Anticristo, enquanto a sexta visão anuncia a perseguição satânica de três anos e meio, o juízo final e a nova Jerusalém. Essa interpretação, aliás, é contestada por Nicolau de Lira (1270-1340), que acha estranho que nada tenha sido profetizado entre a Primeira Cruzada e a vinda do Anticristo.[8]

João de Paris, em seu *Tractatus de Antichristo*, de 1300, prevê o fim do mundo antes de duzentos anos, sem poder ser mais específico. É claro que, segundo ele, já estamos em 6300 depois da criação, embora o mundo tenha apenas seis milênios para viver, mas, segundo uma opinião corrente, o sexto milênio pode chegar até 6500. João confirma seus cálculos pela astrologia, o que é característico do ecletismo dos métodos da época: comparando a latitude do apogeu do Sol no dia da criação com a do tempo de Ptolomeu, ele deduz que o mundo tinha aproximadamente 5.100 anos por volta de 130 d.C.[9]

Arnaldo de Vilanova é sem dúvida o profeta mais famoso dessa geração marcada pela crise da Igreja. Nascido em Valência por volta de 1238, entrou para o serviço do rei de Aragão por volta de 1281, percorreu a Catalunha, o Languedoc, a Provença, e tornou-se íntimo de Frederico III da Sicília e Roberto I de Nápoles, assim como dos papas, graças a seus talentos de médico. Místico e pensador religioso, também se envolve nos assuntos temporais e até é preso por algum tempo por ordem de Bonifácio VIII. Por volta de 1290-1297, compõe o *De tempore adventus Antichristi*, em que, explorando ao mesmo tempo Daniel, o capítulo 24 de São Mateus e Joaquim de Flora, anuncia a vinda do Anticristo para 1368. Seu método é eminentemente eclético. Embora afirme que o homem não pode conhecer o futuro por seus próprios meios, acredita que pode deduzi-lo pela revelação, pela concordância da Escritura interpretada pela numerologia e pela exegese hebraica, pelas obras de certos inspirados, e até com a ajuda da astrologia. No *Expositio super Apocalipsim*, de 1305-1306, ele escreve:

> Na quinta época da história, Deus suscitou na Igreja o abade Joaquim e o padre Cirilo e a monja Hildegarda e o autor do livro *Horóscopo* e vários outros a seu serviço. Eles têm espírito de profecia e dão informações seguras aos eleitos sobre todo o curso dos tempos últimos da Igreja.

8 Smoller, *History, Prophecy and the Stars*, p.111-2.
9 Clark (ed.), *The Tractatus de Antichristo of John of Paris*.

Ele se opõe, no entanto, à concepção astrológica segundo a qual o mundo deve durar 36 mil anos, tempo necessário à revolução completa das oito esferas. Para ele, mesmo que essas revoluções sejam necessárias, Deus pode muito bem acelerar o movimento para que tudo isso não dure mais do que 6 mil anos. O principal fundamento da profecia é a Bíblia, mas esta deve ser interpretada de forma alegórica, não literal, como diz Tomás de Aquino. Aliás, a partir de 1305, Arnaldo afirma ser inspirado diretamente por Deus e proclama que o Anticristo já nasceu e deve estar com três anos. Misturando política e escatologia, em 1309 ele atribui um papel messiânico aos reis de Aragão e da Sicília, e defende o projeto de cruzada deles contra Almería.[10]

Suas predições são recebidas de maneira muito diversa. Em 1299, o *De tempore* é condenado pela Sorbonne, mas aprovado por Bonifácio VIII. No início do século XIV, os dominicanos o acusam de embuste. Em 1302-1304, os de Girona e Marselha polemizam com ele a respeito da interpretação da Bíblia. Em 1333, ironizando todos que fizeram prognósticos sobre o fim dos tempos no início do século, Durando de Saint-Pourçain o tem particularmente em mira.

Na verdade, ele não foi o único a ficar perturbado com os acontecimentos dos anos 1292-1303. Numerosos textos são compostos nesse momento, de espírito joaquimista, sobretudo no meio franciscano espiritual. No centro das profecias, o papado, cujas tribulações parecem anunciar a mudança radical. Em 1305, o *Liber de Flore*, ao qual se acrescentam comentários até 1314, faz especulações sobre a sucessão dos papas.[11] Muito mais famosos são os *Vaticinia de summis pontificibus*, texto atribuído a Joaquim de Flora, mas provavelmente composto em 1304, em Perúgia, por franciscanos espirituais. O contexto é político, mas também religioso. Parece se dever, originalmente, a um partidário dos angevinos de Nápoles impregnado de cultura bizantina, que teria utilizado os oráculos gregos atribuídos ao imperador Leão VI, o Sábio, com o objetivo de fazer propaganda política contra Nicolau III, da família Orsini, inimigo de Carlos de Anjou. A obra depois teria sido modificada e prolongada, com especulações sobre os futuros papas e as datas da morte deles. Ela fez um sucesso considerável, e recenseamos ainda 76 manuscritos nos dias atuais.[12]

---

10 Santi, La vision de la fin des temps chez Arnaud de Villeneuve. Contenu théologique et expérience mystique, *Cahiers de Fanjeaux*, n.27.

11 Rusconi, À la recherche des traces authentiques de Joachim de Flore dans la France méridionale, *Cahiers de Fanjeaux*, n.27.

12 Millet; Rigaux, Aux origines du succès des *Vaticinia de summis pontificibus*, *Cahiers de Fanjeaux*, n.27.

É também por volta de 1303-1305 que aparece o *Horoscopus*, mencionado por Arnaldo de Vilanova, do qual se suspeita que talvez seja o seu autor. Há nele uma mistura de astrologia e profecia, típica da época, em que a astrologia dá uma "prova científica", como diz João de Paris, à profecia.[13] Os trabalhos de Raoul Manselli e Jeanne Bignani-Odier trouxeram à luz os mecanismos proféticos desse início do século XIV, distinguindo quatro tipos de profetas:

– o visionário, que interpreta uma palavra interior que lhe veio de forma misteriosa, durante a missa, em oração ou durante o sono. Utilizando uma linguagem esotérica ou simbólica, ele declara não falar por autoridade própria;

– o intérprete da Bíblia, que utiliza sobretudo Daniel e o Apocalipse, do qual procura aplicações no tempo presente;

– o astrólogo;

– o autor anônimo ou coletivo, que atribui seu escrito a um autor célebre de séculos passados e o faz predizer infalivelmente acontecimentos que já ocorrem, para garantir os que ele anuncia para o futuro.

Todos são mais ou menos influenciados pela técnica de Joaquim de Flora e pelo recorte que ele faz da história, e não hesitam em misturar métodos e gêneros, trabalhando sempre no limite da propaganda consciente. Se é impossível determinar a parte exata de má-fé e de vontade de manipulação em um ou outro, é certo, porém, que muitos revelam um espírito sectário e inventam profecias com um objetivo político bem definido.

A mistura de política com escatologia é particularmente evidente: o Anticristo e o Imperador dos últimos dias se tornam parceiros do jogo dinástico e religioso, como "curingas" ou peças fundamentais que são usadas para arranjar a bel-prazer o grande jogo de xadrez do futuro, com implicações cada vez mais terrenas. Pedro João Olivi chega a distinguir dois Anticristos: um místico, que será um antipapa, e um tirano real. Em 1320, o círculo de Aymar de Mosset também pende para uma dupla identidade: um Anticristo maior, monge mendicante despadrado, talvez Filipe de Maiorca, e um Anticristo menor, talvez Frederico III da Sicília. Cada um inventa seu Anticristo, de acordo com suas opiniões político-religiosas. Outros continuam a fantasiar sobre o Apocalipse, como o irmão Sean, num convento irlandês, que escreve um suplemento ao texto – canônico – ditado por São João em pessoa. Como se este já não houvesse previsto catástrofes suficientes, ele acrescenta

13 Clark (ed.), op. cit., p.45.

novas, como a do "quinto cavalo", que anuncia uma época de loucura total para a humanidade salva dos cataclismos precedentes. O fim virá ao término de um ciclo de 444 luas.[14]

Os primeiros períodos de fome dos anos 1315-1320 desencadeiam uma segunda onda de movimentos apocalípticos, dessa vez de caráter mais social do que político. A partir de 1315, circula entre as massas atingidas pela fome uma profecia que anuncia que os pobres vão derrubar os ricos e os poderosos, assim como Igreja e uma grande monarquia; após os massacres, a humanidade se unirá a serviço da mesma cruz. Em 1320, quando o rei da França, Filipe V, sugere uma cruzada, a ideia excita o espírito desse proletariado rural formado por pastores e guardadores de porcos: nasce o movimento dos pastorinhos. Messias improvisados surgem no Norte da França, monges e padres despadrados, ou simples pastores, proclamando que viram aparições. Grupos heterogêneos se formam e avançam para o Sul, engrossados por onde passam por mendigos, ladrões e prostitutas, massacrando judeus e atacando o clero. João XXII excomunga os pastorinhos e pede ao senescal de Beaucaire que os disperse à força. Muitos são enforcados ou massacrados.[15]

## A GUERRA DOS CEM ANOS, MERLIN, OS ASTRÓLOGOS E OS PROFETAS

Mal termina esse entreato e a "grande" política volta ao papel principal com o início da grande querela entre Valois e Plantagenetas em torno da coroa da França, que levará à guerra dos Cem Anos. É ocasião para cada campo vasculhar as antigas profecias em busca de anúncios favoráveis, ou até de inventar novas, e consultar as estrelas.

É então que ressurge Merlin. No *Perceforêt*, narrativa composta entre 1330 e 1340 pelo conde Guilherme de Hainaut, o profetismo político se baseia na predição merlinesca, que descreve o futuro da Inglaterra até o retorno de Artur. O Plantageneta Eduardo III é apresentado como a reencarnação de Filipe IV e a prefiguração de Artur. O personagem Gadifer, que representa Filipe, o Belo, é ferido por um javali, e uma feiticeira derrama veneno sobre as chagas, tornando o ferimento fatal, e isso anuncia os infortúnios do reino da França. Mas haverá um restaurador, cuja identidade é obscura; esse herói renovará a cavalaria, detalhe que talvez não tenha deixado

14 Carnac, *Prophéties et prophètes de tous les temps*, p.9.
15 Cohn, op. cit., p.102-4.

de influenciar Eduardo III e João, o Bom, que pouco tempo depois criam a Ordem da Jarreteira (1348) e a da Estrela (1352).

Nas profecias de Merlin, cada rei é designado por um animal, o que serve de base para as especulações histórico-proféticas da *Epistola sibyllae*. Esses seis animais misteriosos são sucessivamente o leão da justiça, o dragão, o lince, o javali de coração de leão, o asno de chumbo e a toupeira. No século XII, essa lista foi aplicada a partir da morte de Henrique I, o que exigiu ajustes à medida que a dinastia se prolongava. No início do século XIV, a reatualização parte da morte de João, fazendo Henrique III (1216-1272) ser o leão, Eduardo I (1272-1307) o dragão, Eduardo II (1307-1327) o lince e Eduardo III, a partir de 1327, o javali de coração de leão, o que vem a calhar, porque o javali deve arrasar as florestas e os pastos do continente, reconquistar as províncias perdidas, conquistar a coroa da França e partir para a Terra Santa. Essa profecia é muito popular na corte da Inglaterra, que desde Eduardo I revive o mito da Távola Redonda. O rei manda restaurar o túmulo de Artur em Glastonbury e organiza banquetes da Távola Redonda. Froissart se torna o eco desses jogos proféticos:

> Se como ouvi na Inglaterra o javali de Windsor virá bater os dentes nas portas de Paris. Pois por javali deve-se entender o rei Eduardo, pois ele nasceu no castelo de Windsor e cumpriu esse destino. Passou e repassou Sena e Somme, combateu seus inimigos, toda a flor da França, e destroçou-os.

Outros textos proféticos alimentam os sonhos da aristocracia inglesa. Thomas Walsingham anuncia para 1338 o nascimento de monstros de duas cabeças, designando a monarquia franco-inglesa; rosas (da Inglaterra) desabrocharão nos salgueiros (jogo de palavras com o termo latino *salices*, que significa tanto "salgueiro" como "sálio", evocando portanto a monarquia francesa). Outro texto, o *Lilium regnans in meliori parte mundi*, atribuído ora a Merlin, ora a Homero, ora a Tomás Becket, fala do filho do homem (a Inglaterra), carregando leopardos nos braços, que virá socorrer o leão (a Flandre) contra o lírio (a França), que perderá a coroa. Então o filho do homem será coroado pela águia (o Império).[16]

Esses jogos, cujo lado pueril deve ser contextualizado na mentalidade da aristocracia cavalheiresca decadente,[17] situam-se entre o sonho e a profecia.

---

16 Beaune, *Perceforêt* et Merlin: prophétie, littérature et rumeurs au début de la guerre de Cent Ans, *Cahiers de Fanjeaux*, n.27.

17 Huizinga, *Le déclin du Moyen Âge*.

O simbolismo animal e vegetal com que se deleitam essas crianças grandes, apaixonadas por heráldica, ostentando leopardos, leões, javalis e flores de lis sobre suas extravagantes armaduras, é o correspondente laico do simbolismo religioso. A profecia de Merlin oferece à aristocracia desse grande torneio, que é no início a guerra dos Cem Anos, a oportunidade de se identificar com heróis míticos num Apocalipse laico; os protagonistas gostam de acreditar que estão vivendo a realização de uma profecia grandiosa e trágica.

O lado religioso, evidentemente, não está ausente. Em 1332-1337, o franciscano aquitano Géraud, no *Sirventes*, profetiza que Eduardo derrotará o rei da França, tomará o Império, reformará a Igreja e fará a Cruzada.

A guerra dos Cem Anos é ocasião para uma profusão de profecias, como mostra uma antologia compilada em meados do século XV, e estudada por Matthew Tobin.[18] O manuscrito, que provém da abadia de Marmoutier, é uma espécie de enciclopédia, que descreve sem ordem e sem preconceito as profecias mais variadas. Dos 229 fólios, metade (126) trata da guerra dos Cem Anos, 72 contêm textos de inspiração joaquimista e 30 concernem ao Grande Cisma.

A maioria das profecias a respeito da guerra são invenções manifestas, cujo intuito é favorecer um partido. Assim, uma profecia em versos, atribuída ao agostiniano João de Bridlington, morto em 1379, foi composta pouco depois de 1361 em meios favoráveis ao Príncipe Negro, apresentado como a figura messiânica do soberano dos últimos dias. Trata-se de dar uma dimensão apocalíptica ao combate contra os franceses e justificar a retomada da guerra após o Tratado de Brétigny, em 1360.

A intenção partidária é mais clara ainda num comentário em prosa da profecia de Bridlington, feito pelo agostiniano João Ergome, de York. O texto é grosseiramente antedatado para ser atribuído ao prior do convento Roberto, o Escriba, morto em 1160. Ali são preditas todas as vitórias inglesas e a devastação da França. No mesmo espírito figuram profecias atribuídas a João de Rocacelsa, à Santa Brígida da Suécia, ou pretensamente encontradas após a Batalha de Azincourt.

A guerra dos Cem Anos também inspira os astrólogos. Cada conjunção planetária anuncia um desastre para um campo ou outro. Tomemos apenas um exemplo, o de João de Murs, nascido em cerca de 1290, na diocese de Évreux, cônego da diocese de Bourges de 1338 a 1342, chamado pelo papa a Avignon, em 1344, para trabalhar na reforma do calendário. Bom astrônomo

---

18 Tobin, Une collection de textes prophétiques du XVe siècle: le manuscrit 520 de la bibliothèque municipale de Tours, *Mélanges de l'École Française de Rome – Moyen Âge*, t.102, n.2.

e matemático, ele escreve uma *Carta sobre a reformulação do calendário antigo* e outra sobre as conjunções de 1357 e 1365, ainda por vir. Suas predições são particularmente interessantes, na medida em que ilustram a notável maleabilidade da astrologia nessa época, capaz de explorar até mesmo seus próprios fracassos.

Para 1357, João de Murs é alarmista, dada a posição de Júpiter, que preside os destinos da Inglaterra, e de Saturno, do qual depende a França; ele prevê uma catástrofe militar para os Capetos, com a transferência do reino para um estrangeiro:

> Essa conjunção, aliás, é ruim por si só, e muito ruim; assinala grandes guerras, enormes derramamentos de sangue, mortes de reis, destruições de reinos ou transferências desses reinos para estrangeiros [...]. Creio e presumo que o reino da França está em perigo de ruína, desordem e opróbio eterno.[19]

Mas, prudente, João de Murs acrescenta que sempre é possível resistir a essa ocorrência nefasta por intervenção diplomática do papa, por exemplo: "A não ser que Vossa Santidade, antes do tempo dito acima, tenha, nas ocasiões de guerra presentes entre os príncipes cristãos, provido pelo remédio oportuno, restabelecendo entre eles uma paz firme e estável". A predição astrológica é condicional, portanto. Não é inevitável, e pode se revelar um excelente estimulante para a ação política, incitando os dirigentes a anular as influências astrais. Predizer para não ter de sofrer – esse parece ser o ponto de vista de João de Murs, o que faz Jean-Patrice Boudet escrever:

> Não poderíamos encontrar documento da prática astrológica mais esclarecedor sobre a natureza determinista da influência do céu, mas totalmente antifatalista, segundo a opinião de numerosos astrólogos do fim da Idade Média que faziam questão de respeitar o livre-arbítrio do homem.[20]

Dito isso, João de Murs erra por pouco: em 1356 ocorre a derrota de Poitiers; João, o Bom, é feito prisioneiro; em 1357, Étienne Marcel e Carlos, o Mau, provocam sérios tumultos, e o reino está em plena anarquia.

Para a outra conjunção, a prudência do cônego se traduz de forma diferente. Dessa vez, o acontecimento previsto é apresentado como inevitável, mas o efeito da conjunção talvez não seja imediato; é possível que seja

---

19 Apud Duhem, *Le système du monde*, t.IV p.36.
20 Boudet, La papauté d'Avignon et l'astrologie, *Cahiers de Fanjeaux*, n.27.

necessário aguardar algum tempo. Sábia prudência: o acontecimento previsto para 1365 é, na verdade, pura e simplesmente o fim do islã:

> Que Vossa Reverendíssima Santidade saiba, em primeiro lugar, que: no decorrer do ano 1365 de Jesus Cristo, no 30º dia de outubro, no oitavo grau de Escorpião, ocorrerá uma das maiores conjunções, a de Júpiter com Saturno; ao mesmo tempo, haverá permutação de triplicidade do ar em triplicidade da água por Marte, que, no mesmo ano e no mesmo signo, estará em conjunção com cada um dos planetas precedentes.
>
> A supracitada conjunção será o primeiro retorno da conjunção famosa que, segundo autores e filósofos, assinalou o advento da religião dos sarracenos e a elevação ou reinado do pérfido Maomé [...]. Também os filósofos acreditam, com toda a razão, que esta assinalará, nessa seita, grandes novidades, tribulações e transformações. Se, nesse momento, os cristãos a combaterem energicamente e a atacarem vigorosamente, então, nas palavras de Albumasar, Messahallat e outros autores, ela deveria se mudar em outra religião ou então vergar e ruir por si mesma. Não acreditamos, contudo, que tudo isso deva acontecer logo após a conjunção ou no mesmo ano; de fato, é apenas pouco a pouco, e de maneira sucessiva, que a virtude e a complexão dessa conjunção farão impressão sobre as coisas terrenas.

O confrade de João de Murs, João da Saxônia, compartilha inteiramente essa concepção da predição astrológica, escrevendo além disso, em 1327, em seus *Canones super tabulas Alphonsiis*, que a astrologia é a maior de todas as ciências, porque engloba todas e, além do mais, permite enriquecer pela leitura dos horóscopos.

## PESTE NEGRA, SINAL PRECURSOR DO ANTICRISTO

No entanto, ela é pega completamente de surpresa, como os outros métodos de adivinhação, pela explosão da peste negra em 1348. Alguns afirmam depois que a previram, como João de Bassigny. Na verdade, ele escreve depois de 1361, o que lhe permite simultaneamente atribuir a si mesmo a predição de Poitiers (1356), da *jacquerie* de 1357-1358, e ainda prever sem grandes dificuldades que um jovem herói, o delfim Carlos, vai herdar a coroa. Promete a ele um reinado longo e próspero. Corre um boato também de que um "grande astrólogo" havia predito a peste e, para o mesmo ano, o advento de um imperador, que seria Frederico ressuscitado, que julgaria o papa e os cardeais, derrubaria o rei da França e se tornaria o mestre da cristandade.

Na verdade, esses boatos, que se espalham a partir de 1348, traduzem a comoção dos espíritos sob o choque da peste. Comoção bastante compreensível, dada a amplidão sem precedentes da catástrofe, que mata mais de um homem em cada três em toda a Europa: em comparação com a população atual, isso significaria a morte de 200 a 250 milhões de pessoas! As explicações *post eventum* parecem irrisórias. Guy de Chauliac, por exemplo, explica que a peste se deve à grande conjunção de Saturno, Júpiter e Marte em 1345, que demora a agir. Em 1382, em seu *Tractatus de pestilentia*, Raymond Chalmel de Viviers, médico de Clemente VII, avança explicações análogas para as pestes de 1348, 1361, 1373, 1382.

Para a maioria da opinião pública, para o simples fiel como para o intelectual, tal catástrofe tem seguramente um alcance escatológico. Como no mesmo ano acontece um terremoto na Suíça, o franciscano João de Winterthur vê nisso as primícias do fim do mundo. Em 1349, o carmelita William de Blofield escreve a um dominicano de Norwich, dizendo que corre o boato de que o Anticristo já tem dez anos e vai reinar como papa e imperador. No mesmo ano, o franciscano João de Rocacelsa, em seu *Liber secretorum eventuum*, confirma que sem dúvida o Anticristo já nasceu: a peste é um indício; outras catástrofes virão, depois ele reinará três anos e meio, de 1366 a 1370, e será morto por Cristo; virão então mil anos de paz, depois o assalto de Gog e Magog, por volta de 2370, e finalmente o juízo final. Outros situam o milênio antes do Anticristo, mas também utilizam a peste como um sinal anunciador.[21] Um autor francês de meados do século XIV, refletindo sobre a multiplicação das catástrofes, vê nisso o anúncio da vinda iminente do Anticristo.[22] Um autor anônimo inglês, em 1356, situa esta última em 1400,[23] do mesmo modo que um "adivinho desconhecido" citado por Henrique de Langenstein. Outros, alarmados por esses sinais, reúnem coleções de profecias para buscar precisões a respeito desses episódios e seu significado. Como Henrique de Kirkestede, cuja antologia, ecletíssima, compreende Merlin, as sibilas, Pseudo-Metódio, Hildegarda, Joaquim de Flora. Aqui, o recurso à profecia é manifestamente uma forma de ao mesmo tempo tranquilizar, saber e compreender, para homens desorientados diante dos cataclismos.

Na plebe, o pavor se traduz por movimentos sociais guiados por uma esperança profética: são os flagelantes de 1348-1349, que se fixam no

21 Lerner, The Black Death and Western Eschatological Mentalities, *American Historical Review*, v.86, n.3.

22 Id., *The Powers of Prophecy*, p.104.

23 Wadstein, *Die eschatologische Ideengruppe*, p.93.

número trinta e três e meio – trinta e três dias e meio de procissão, início de um movimento que deveria durar trinta e três anos e meio, período que deveria assistir ao desaparecimento das ordens monásticas existentes e sua substituição por uma ordem nova, pura, desapegada dos bens terrenos, que durará até o fim do mundo. Quer qualifiquemos esses movimentos como milenaristas, como queria Norman Cohn, quer contestemos esse título, conforme a opinião de Robert Lerner,[24] o que importa é que eles são motivados por promessas proféticas, de caráter violento e herético, o que contribui para acentuar o divórcio entre a Igreja e a profecia.

Na Alemanha em particular, os flagelantes atacam o clero, negando-lhe qualquer caráter sobrenatural; contestam o milagre eucarístico, interrompem as missas. Outro alvo são os judeus, vítimas de um *pogrom* generalizado. As autoridades têm de reagir. Num primeiro momento, Clemente VI encoraja a prática do flagelo, depois, com base no relatório do flamengo João de Fayt, enviado pela Sorbonne, que o informa das desordens causadas por esses movimentos na Europa do Norte, ele publica em outubro de 1349 uma bula condenando as doutrinas dos flagelantes e convoca as autoridades religiosas e civis a dispersar a "seita". Os bispos da França, da Inglaterra, da Polônia, da Suécia e sobretudo da Alemanha tomam medidas rigorosas; os padres que se uniram ao movimento são excomungados; líderes são executados.

Os flagelantes saem de cena por alguns anos, mas retornam periodicamente durante mais de um século, no ritmo das recorrências da peste e das crises sociais. De meados do século XIV até o fim dos anos 1470, a profecia popular de tipo milenarista e messiânico dá às massas de pobres, errantes, desequilibrados e excluídos um sucedâneo de ideologia, uma espécie de pré-marxismo medieval, capaz de mobilizar multidões contra a ordem existente, com a certeza de agir no sentido da história, rumo ao triunfo inevitável – já que foi profetizado – da classe dos puros. Esses movimentos são revolucionários, no sentido de que visam a completa subversão da ordem estabelecida. Pouco importa que o objetivo final seja o retorno ilusório a uma era de ouro original ou a realização de uma ordem nova, totalmente inédita. Tanto num caso como em outro, trata-se de perseguir uma utopia, cuja realização é garantida pelos messias locais. A profecia é a única força espiritual capaz de mobilizar em grande escala as massas populares medievais, porque só ela tem aspecto de certeza.

A questão da anterioridade, isto é, quem, a miséria ou a profecia, deu origem a esses movimentos, é uma questão falsa. Podemos dizer que ou os

---

24 Cohn, op. cit., p.137; Lerner, op. cit.

mitos proféticos se infiltram numa situação de miséria, ou a miséria se abate sobre populações atormentadas por mitos proféticos, pois os temas apocalípticos e joaquimistas não são recentes. O resultado cultural é certo: divórcio entre a autoridade religiosa ortodoxa e o espírito profético, assimilado à heresia. É absolutamente esclarecedor a esse propósito ver a hierarquia eclesiástica do século XV, assim como a civil, ir procurar na astrologia os segredos do futuro. A profecia, desprezada por seus excessos milenaristas, é substituída pela "ciência" das estrelas, outrora condenada. Nos fatos, se não na teoria, o astrólogo sucede ao profeta. A predição astrológica, racional e adaptável, dá mais tranquilidade ao poder do que à profecia, voltada para a escatologia, para uma derrubada subversiva da hierarquia terrena.

De fato, esta última é submetida a uma prova dura pelos inspirados, pelos messias, pelos espirituais dos séculos XIV e XV, que profetizam seu fim e desencadeiam revoltas que visam provocá-lo. Na linhagem dos adeptos do livre espírito, encontramos, por exemplo, o grupo bastante indistinto dos begardos, que ressurge – e isso não é coincidência – no início do século XIV, em meio urbano. Equivalente laico das ordens mendicantes, mas sem nenhum status oficial, eles vivem na mendicância e vêm de meios diversos: artesãos, semi-intelectuais, clérigos que têm apenas as ordens menores, ou mesmo burgueses, e também muitas mulheres, cujo status social nas cidades é indefinido, sobretudo no caso das viúvas. Estas se juntam em bairros, nas cidades do Norte e da Renânia, onde vivem de seu trabalho, como comunidades religiosas não oficiais, muitas vezes ligadas às ordens terceiras franciscana e dominicana. O movimento se estende também à Espanha e à Itália, em particular Toscana e Úmbria, onde em 1307 um certo Bentivenga da Gubbio é muito ativo na divulgação do livre espírito; ele tenta até mesmo converter Santa Clara de Montefalco.

Praticantes da pobreza voluntária, os adeptos do livre espírito são favoráveis a uma concepção comunista dos bens, inclusive dos bens de consumo, como declara um deles, Johann Hartmann, em Erfurt: "O homem verdadeiramente livre é rei e senhor de todas as criaturas. Tudo lhe pertence, e ele tem o direito de usar tudo que lhe agrade. Se alguém tenta impedi-lo, o homem livre pode matá-lo e tomar seus bens".[25]

Mesmo sem considerar essa posição extrema, a situação ambígua dos begardos e dos adeptos do livre espírito torna-os suspeitos aos olhos da Igreja. Condenados em 1259 e 1310 pelo concílio de Mogúncia, depois na

25 Ibid., p.182.

Itália por Bernardino de Siena e pelos bispos, e em 1317 pelo bispo de Estrasburgo, eles se refugiam na clandestinidade a partir dos anos 1320 e dão continuidade ao seu proselitismo. O profetismo milenarista é um dos elementos de sua espiritualidade e, a partir dos anos 1340, os vínculos com os flagelantes se reforçam. Assim, Johann Hartmann é preso ao mesmo tempo que o messias dos flagelantes de Erfurt, Konrad Schmidt.

Este último, um leigo íntimo dos textos apocalípticos e das tradições proféticas da Turíngia, elabora uma mensagem que faz um sucesso espantoso nessa região da Alemanha, por ocasião da grande epidemia de 1368. Vinte anos depois da terrível mortandade da primeira peste negra, devemos constatar essa coincidência entre epidemia e profetismo. Konrad Schmidt se apresenta como o próprio messias, anunciado por Isaías, o verdadeiro filho de Deus, do qual Cristo foi apenas o precursor. Ao mesmo tempo, ele é a reencarnação do imperador Frederico, o soberano dos últimos dias. Unindo em si mesmo os dois personagens anunciadores do fim dos tempos, ele profetiza o juízo final e o início do milênio para o ano seguinte, 1369. Seus fiéis, os que querem receber em partilha a bem-aventurança do milênio, devem se flagelar, trocando o batismo na água pelo batismo no sangue. Preso, Konrad Schmidt é queimado vivo em Nordhausen, em 1368, mas sua memória continuará a inspirar revoltas nessa região até o século XVI: Thomas Müntzer é um de seus herdeiros.

Em 1370, o bispo de Würzburg tem de intervir novamente contra os flagelantes; nos anos 1395-1400, em consequência da pregação apocalíptica de Vicente Ferrer, outros flagelantes atravessam a Espanha, a França meridional e a Itália, onde o papa manda queimar o líder deles. Na Turíngia, Konrad Schmidt e seu sócio são apresentados como a reencarnação das duas testemunhas citadas no Apocalipse: seriam elas Enoch e Elias, mortos pelo Anticristo, isto é, a Igreja; em breve eles terão sua revanche. Um cronista turíngio do início do século XV mostra o vigor dessa crença, e em 1414-1416 o margrave manda julgar e queimar vivos os três líderes de um movimento herético flagelante. Em 1446, são executados ainda mais outros, e mais um por volta de 1480. O movimento profético continua latente, e vai ressurgir por ocasião da Reforma.

## MILENARISMO, COMUNISMO E ERA DE OURO

Não longe de lá, na Boêmia, na mesma época que Konrad Schmidt, outro profeta põe Praga em ebulição: João Milício anuncia a aproximação do fim.

O Anticristo já está em ação; ele se manifesta pela corrupção dentro da Igreja. É preciso eliminá-lo, praticando a pobreza.

Pobreza: tema recorrente nesses anos, e que está no centro dos movimentos socioproféticos da Inglaterra a partir de 1380, antes de retornar à Boêmia. Em 1381 estoura no sudeste do reino de Ricardo II a grande revolta camponesa, à qual os sermões de John Ball dão um arcabouço apocalíptico. Chegou o tempo da colheita, como anunciou a parábola: Deus vai enviar seus anjos para separar o trigo do joio, e este será jogado ao fogo. O joio são os ricos. Como observa Froissart, os revoltosos "invejam os ricos e a nobreza", e John Ball faz reluzir diante deles a perspectiva de um retorno à era de ouro original, ao período fabuloso de antes do pecado de Adão, quando não existiam fidalgos.

Esse velho mito vem se fundir ao do milênio: nos dois casos, trata-se de uma utopia de conteúdo semelhante que se deve realizar. Pouco importa que seja inédita ou se trate de uma restauração. Suponha-se ou não um precedente desse mito, sua realização se situa no futuro.

A velha ideia de um estado de natureza em que reina uma perfeita igualdade entre os homens tem raízes nos meios estoicos antigos. Os Pais da Igreja a retomaram, associando-a à época do Éden, do paraíso terreno, época feliz em que todos os bens eram comuns. Mas época irremediavelmente passada desde o pecado original, que introduziu, entre outras coisas, o confronto e a desigualdade. Por meio das Falsas Decretais do século IX, do *Decreto* de Graciano no século XII, do *Romance da Rosa* no século XIII, transmitiu-se o tema do anarco-comunismo do jardim do Éden. Ninguém sonhava em contestar que essa era uma situação ideal, e ninguém, nem mesmo os heréticos, Wycliffe inclusive, pensava que a restauração desse paraíso era possível.[26]

Até o dia em que John Ball, segundo o cronista Thomas Walsingham, começa a pregar sobre o tema célebre: "Quando Adão tecia e Eva fiava, onde estava o fidalgo?". O Éden comunista é apresentado como o conteúdo do milênio por vir, restauração de uma humanidade antes do pecado. A profecia se imbui, portanto, de um conteúdo revolucionário e igualitário, que faz tanto sucesso quanto as desgraças da época engrossam a massa de mendigos, marginais, ladrões e trabalhadores miseráveis, com o rompimento dos laços e das comunidades tradicionais. O clero é o primeiro visado, por causa de suas riquezas, mas os ricos laicos também estão em mira. Na Inglaterra, o movimento dos lolardos vai transmitir essas ideias por mais de um século.

26 Ibid., p.187-97.

Na Boêmia, para onde retornamos agora, elas encontram um terreno particularmente favorável a partir dos anos 1390. Superpovoado, o país sofre um grande êxodo rural de um campesinato miserável rumo a uma capital, Praga, onde se aglomeram mendigos e trabalhadores de baixo nível de vida e a estagnação dos salários se soma à constante desvalorização da moeda. As obras de John Wycliffe são introduzidas a partir de 1380; um discípulo de João Milício, Mateus de Janov, vê o Anticristo em ação no enriquecimento do clero e nos primórdios do Grande Cisma. E, sobretudo, um intelectual inspirado, João Huss, pregador popular e ao mesmo tempo reitor da universidade, sabe dar ao descontentamento popular uma forma doutrinal que lhe permite criar um poderoso movimento. Atraído pelo Concílio de Constância para a cilada que conhecemos, é queimado vivo em 1415.

Esse é o ponto de partida para uma verdadeira revolução na Boêmia, o movimento taborita, no qual o profetismo tem um papel fundamental. Congregações se reúnem em lugares remotos, nas colinas do sul do país. Um desses montes é rebatizado Monte Tabor, por causa de uma tradição que dizia que o retorno de Cristo seria naquele lugar. As crenças dos taboritas são confusas e misturam elementos muito diversos. Negando a autoridade de Roma e do clero católico corrompido pela riqueza, afirmam que todos têm o direito de interpretar as Escrituras, que o papa é o Anticristo e a Igreja a grande prostituta da Babilônia; o retorno de Cristo está próximo e iniciará o milênio ou Terceira Era. Mistura de elementos valdenses, lolardos, joaquimistas, com ideias de Milício, Janov, Huss, begardos – vários dos quais, vindos dos Países Baixos, refugiam-se na Boêmia –, o movimento utraquista é ao mesmo tempo a expressão da hostilidade tcheca contra os alemães, que detêm a riqueza em Praga.

E, sobretudo, por efeito de uma perseguição feroz iniciada em 1419, o elemento profético e apocalíptico se torna essencial, desenvolvido por ex-padres exaltados, como Martinho Huska. A grande luta final é iminente, pregam eles; a ira de Deus se abaterá de 10 a 14 de fevereiro de 1420 sobre o mundo inteiro, poupando somente o Monte Tabor e os quatro outros centros taboritas. Os fiéis devem colaborar para a destruição do mal, do Anticristo, massacrando todos os pecadores e todos que se opõem à comunidade dos taboritas. Esse clima de paroxismo apocalíptico é alimentado pela guerra atroz que se inicia nessa época contra o imperador Sigismundo, cuja autoridade não é aceita pelos tchecos. Durante anos, João Zizka impede o avanço das forças imperiais alemãs e húngaras, enquanto as comunidades taboritas se organizam em unidades anarco-comunistas, preparando o retorno à era de ouro inicial: em Písek e depois em Usti, os fiéis afluem, desfazem-se de seus bens, depositam o dinheiro em conjunto em cofres. Todos esperam o retorno iminente de Cristo e preparam-se para o milênio, identificado com a era do Espírito de Joaquim de Flora, um paraíso terrestre restaurado pelos eleitos, os fiéis da última hora.

Enquanto isso, as necessidades concretas da vida cotidiana não tardam a perturbar o ideal comunitário. Como a produção foi interrompida na expectativa da iminência do milênio, é preciso organizar coletas nos campos vizinhos; uma minoria extremista, os adamitas, vivendo nus em estado de natureza integral, separa-se do resto, sob o comando de um exaltado que exige ser chamado Adão-Moisés. Eles são massacrados em outubro de 1421 pelas tropas de Zizka.

Somente em 1434 é que os taboritas são aniquilados, na Batalha de Lipan, pelos utraquistas, hussitas moderados. O Monte Tabor é tomado apenas em 1452, e a partir de então o ideal da seita é transmitido de forma pacífica dentro do pequeno grupo dos irmãos morávios. Os últimos sobressaltos violentos ocorrem nos anos 1460 e 1470, com os irmãos Janko e Livin de Wirsberg, que anunciam a vinda do verdadeiro messias, aquele que é anunciado no Antigo Testamento e vai purificar o mundo, destruir o papa-Anticristo e seu clero, massacrar todos os pecadores, os ricos em particular, até que restem apenas 14 mil eleitos, que entrarão na Terceira Era, o milênio de bem-aventurança. Os instrumentos do massacre serão as tropas de mercenários, tão numerosas no território tcheco na época. Quanto ao messias, seria um monge franciscano despadrado. O grupo se estabelece em Eger, onde Janko se proclama "João do Leste", precursor do Salvador, cujo advento é previsto para 1467. A repressão é conduzida sem muita dificuldade a partir de 1466.

Em 1474, surge um novo profeta, dessa vez na Alemanha, na aldeia de Niklashausen, perto de Würzburg. Hans Böhm, um jovem pastor, declara que a Virgem lhe apareceu e disse que a única maneira de afastar a vingança divina era ir em peregrinação a Niklashausen, onde começam a ocorrer milagres. Nessas pregações, o pastor anuncia que o retorno de Cristo está próximo, e que sua ira cairá sobre o clero, que afundou na avareza e na luxúria. O milênio começará então, e reinará a perfeita igualdade, sem classes, sem hierarquia, sem impostos. O movimento ganha amplitude, e os peregrinos afluem.

Na realidade, Hans Böhm, jovem de espírito frágil, é manipulado por um grupinho de personagens cuja sinceridade, como sempre, é difícil de avaliar: o cura de Niklashausen, que recolhe as oferendas dos peregrinos, e um eremita que parece ser o cérebro do negócio. Depois de proibir inutilmente a peregrinação, o príncipe-bispo de Würzburg manda prender Böhm e dispersar os fiéis, numa escaramuça que faz cerca de quarenta mortos. Böhm, julgado culpado de heresia e feitiçaria, é queimado vivo.

Todos esses movimentos que se desenvolvem na Europa Central têm repercussões nas regiões vizinhas.[27] Circulam panfletos; sobreviventes, mercadores, viajantes, andarilhos espalham as notícias. O movimento taborita em particular causa grande alvoroço, apesar do número limitado dos membros da comunidade, no máximo alguns milhares de pessoas. O caráter extremo e espetacular de suas ideias chama a atenção, e nos anos 1430 fala-se de pequenos grupos que se formam em Nuremberg, Bamberg, Constança, Mogúncia, Bremen, Weimar, Estetino, Leipzig, Ulm; a Borgonha e a região de Lyon são atingidas. Um inegável nervosismo toma conta da cristandade. Na base dessa inquietação, o espírito profético, as especulações apocalípticas e joaquimistas, que encontram terreno favorável numa Europa socialmente, economicamente, religiosamente perturbada. Não surpreende que, para as autoridades, a própria profecia seja cada vez mais assimilada à subversão. O choque do Grande Cisma apenas reforça essa ideia e favorece o recurso a um método de previsão menos perigoso, a astrologia.

## O GRANDE CISMA E A EXPLOSÃO PROFÉTICA (1378-1417)

Desde 1309, o papado está instalado em Avignon, sob a dependência do rei da França. Permanece setenta anos lá, essencialmente por causa do clima de insegurança que reina em Roma. Eternizando-se, essa situação, vista no início como um expediente provisório, provoca reações hostis em certos setores da Igreja, que veem nisso um sinal preocupante, que poderia ser o anúncio do fim. Místicos intervêm: Santa Brígida da Suécia, que profetiza desgraças se o papa não retornar a Roma, e Santa Catarina de Siena, que anuncia que conduzirá o papa a uma última cruzada, o que resultará na tomada definitiva de Jerusalém.[28]

Em 1378, acontece a catástrofe: dois papas rivais são eleitos e iniciam uma luta sem piedade: Urbano VI em Roma e Clemente VII em Avignon. O Grande Cisma vai durar 39 anos, até a eleição de Martinho V em 1417. Ele é vivido como um trauma do qual hoje mal se consegue imaginar a extensão.

27 Cohn analisou de forma notável todos esses movimentos. Cohn, op. cit., p.205-34.

28 Santa Brígida também ameaça com castigos o rei da Suécia, Magnus, se ele não mudar de conduta; o soberano tenta anular o efeito dessas predições, consultando adivinhos e necromantes.

A unidade do mundo cristão, que fazia a sua força, é rompida, não mais por um movimento nascido da base, mas do alto, o que tem consequências até para o conteúdo da fé. Para muitos, um tal drama, que atinge o topo da Igreja, só pode ser um sinal anunciador do fim. O Anticristo está próximo, as tribulações últimas estão à vista. A preocupação cresce, tanto nos simples fiéis como nos intelectuais. Uma imperiosa necessidade de saber se manifesta: o que vai acontecer, e sobretudo: quando?

Para responder a essas perguntas, todos os especialistas do futuro são consultados, tão forte é a pressão da opinião pública. Uma predição anônima de 1380-1383 revela a demanda popular:

> porque muitas pessoas desejam saber as coisas que devem acontecer segundo a sagrada Escritura e os ditos dos profetas, os doutores da Santa Igreja, por prognósticos de muitos e muitas que tiveram espírito de profecia, pelos ditos de alguns astrônomos segundo os fatos de algumas conjunções dos planetas...[29]

Pouco importa a fonte, pouco importa o meio, lícito ou ilícito: o que interessa é saber.

No entanto, o autor, que é astrólogo, toma o cuidado de mostrar que sua arte não é contrária à religião, pois não contradiz o livre-arbítrio:

> Descobriu-se pelo Filósofo que os corpos de baixo, isto é, homens e mulheres, feras, aves e peixes, e todas as coisas que Deus criou no mar e na terra, estão sujeitos aos corpos celestiais, não por necessidade, [mas] por causa do livre-arbítrio que os ditos homens e mulheres têm de Deus, pela alma de Deus participando.[30]

Tendo estabelecido esse ponto, o autor se lança em predições loucas, que misturam o Apocalipse, as conjunções planetárias, as merlinices sobre

29 Boudet, Simon de Phares et les rapports entre astrologie et prophétie à la fin du Moyen Âge, *Mélanges de l'École Française de Rome*, t.102, n.2. O texto da predição, que é para 1384-1386, vem do ms. francês 1.094, da B.N., e é citado no apêndice do artigo, p.643-8. [No original: "pour ce que maintes gens désirent savoir les choses qui doivent avenir selon la sainte Escripture et les diz des prophètes, les docteurs de Sainte Église, par pronostications de mains et maintes qui orent esperit de prophecie, par les diz d'aucuns astronomiens selons les faiz d'aucunes conjonctions des planectes".]

30 No original: "Si a trouvé par le Philosophe que les corps dessoubz, c'est-à-dire hommes et fammes, bestes, oyseaux et poissons, et toutes choses que Dieu a créé en mer et en terre, sont subjectes des corps celestiaux, non pas de nécessité, pour cause du libere arbitre que les diz hommes et fammes ont à Dieu, par l'âme à Dieu participant". (N. T.)

a guerra dos Cem Anos, o último imperador e a conquista de Jerusalém, um verdadeiro *cocktail* profético-astrológico absolutamente dentro do espírito da época. O Anticristo nasceu; foi anunciado pela conjunção de 1365:

> Júpiter se juntará com Saturno no ano 1365, o que significará naquele ano o nascimento de um novo profeta. Este será o Anticristo, que destruirá a fé em Jesus Cristo por três anos e meio. E cada um pode ver seu advento pela divisão desses III papas, dos quais um é mensageiro do Anticristo.[31]

O Cisma vai provocar "a mais cruel cisão sobre a gente da Igreja que jamais se viu":

> E dentro do dito tempo todas as ordens mendicantes serão destruídas, dizem, e começarão a governar os pequenos contra os príncipes e os burgueses. E será dentro de III anos que em Roma não haverá papa justo, no Império imperador justo, nem na França rei justo. E isso será por XXII meses, os ingleses se guerrearão muito no dito tempo, mas virá I leão branco de cauda bifurcada da parte do Ocidente e com a ajuda de um leão vermelho, coroado de ouro [França e Escócia?], [eles] destruirão a Inglaterra. Dizem que o dito leão branco recuperará a honra da França, e será de grande ajuda a um imperador oriental, cujo nome será Carlos, que de resto estará na parte das relíquias do lis [...] e naquele país o dito imperador e o dito leão, em especial com os franceses, bretões e ingleses, e o santo papa na companhia deles, desconfiarão dos sarracenos e virão conquistar todas as suas terras, até a terra do padre João [...]. Um outro diz que quando a cidade de Paris for cindida ela não durará até XXX anos que será destruída.[32]

---

31 No original: "Jupiter se conjoindra avec Saturne l'an 1365, qui signifiera en cellui an naissance un nouvel prophète. Ce sera Antéchrist, qui destruira la foy Jhesu-Christ par trois ans et demi. Et chascun puist appercevoir l'advenement de lui par la division de ces III papes, desquielz l'un est messagé Antéchrist". (N. T.)

32 No original: "[...] la plus cruelle occysion sur les gens d'Eglise qui oncques fut veue. Et dedens le dit temps seront toutes les ordres mendians mises au néant, se dit-on, et commenceront à seigneurir les menuz contre les princes et les bourgeois. Et sera dedens III ans que à Romme ne aura juste pape, en l'Empire juste empereur, ne en France juste roy. Et ce sera par XXII moys, les Anglois si guerrieront fort ce dit temps, mais il vendra I lyon blanc à queue fourchée de la partie d'Occident et à l'aide d'un lyon roge, coronné d'or [France et Ecosse?], destruieront Engleterre. Se dit lyon blanc recouvrera l'onnour de France, et sera très grant aide à un empereur oriental, duquel le nom sera Charles, qui sera du demorant en celle partie des reliques du liz [...] et en cellui païs le dit empereur et le dit lyon, par especial avecques les Françoys, Bretons et Angloys et le saint pape en leur compaignie, desconfiront lesdiz sarrazins et vendront conquérir toutes leurs terres jusques à la terre

Em certos intelectuais, há quase pânico: "Estimo que nos resta apenas três anos até esse dia grandemente temido", escreve Nicolau de Clamanges.[33] Uma carta apócrifa do grande mestre dos hospitalários de Rodes declara que o Anticristo já está em ação, e Eustache Deschamps vê nas desgraças dos tempos o trabalho de seus mensageiros:

> Ó Anticristo, vieram teus mensageiros
> Para preparar tua vinda hedionda;
> E da lei de Deus fazem deixar o uso
> Falsos profetas, que já vão pela rua,
> Vilas, cidades, países; um o outro mata...[34]

O dominicano espanhol Vicente Ferrer deixa um rastro de angústia. Em 8 outubro de 1398, numa visão, Cristo lhe deu a missão de pregar o exemplo de Domingos e Francisco para conseguir a conversão das multidões antes da vinda iminente do Anticristo. Ele vai seguir sem descanso essa ordem, acrescentando profecias de sua lavra. Em seu sermão sobre o Anticristo de 10 de março de 1404, em Friburgo, ele anuncia que em breve esse agente de Satanás vai seduzir os fiéis, por dinheiro, promessas, falsos milagres, argumentos filosóficos, e em seguida vai torturar suas vítimas: "Primeiro, ele tomará todos os vossos bens temporais. Depois, matará os filhos e os amigos na presença dos pais. Depois, a cada hora, a cada dia, arrancará um a um vossos membros, não continuamente, mas de mansinho".

Isso não deveria tardar. Em 1403, os indícios se multiplicam. Na Lombardia, Vicente Ferrer recebe a visita do mensageiro de um grupo de eremitas que teve a revelação do nascimento do Anticristo. No Piemonte, um mercador veneziano lhe contou que noviços franciscanos tiveram uma visão horrível anunciando o mesmo acontecimento. Confrontando os testemunhos, o santo conclui que o Anticristo está chegando à adolescência: deve ter 9 anos. Em 1412, escreve ao papa, dizendo que a catástrofe é iminente, pois o Cisma é a grande divisão anunciada por São Paulo na segunda Epístola aos Tessalonicenses. O Anticristo vai reinar três anos e, depois de sua

---

prestre Jehan [...]. Une autre dist que quant la cité de Paris sera enthamée elle ne demourra pas jusques à XXX ans qu'elle ne soit destruicte". (N. T.)

33 Nicolau de Clamanges, *Opera omnia*, p.357.

34 Eustache Deschamps, balada 1.164. [No original: "Ô Antéchrist, venu sont ti message/ Pour préparer ta hideuse venue;/ Et de la loy Dieu font laissier l'usaige/ Faulx prophetes, qui ja vont par la rue,/ Villes, citez, païs; l'un l'autre tue...".]

aniquilação, 45 dias se passarão antes do fim do mundo. Em Vicente Ferrer, o milênio de paz está fora de questão.[35]

Alguns anos depois, o Burguês de Paris registra em seu diário, em 1429, a passagem de um pregador franciscano, irmão Ricardo, que se inspira no dominicano espanhol e anuncia acontecimentos extraordinários para 1430:

> Ele afirmava como verdadeiro que viera havia pouco da Síria, assim como de Jerusalém, e lá encontrou várias turbas de judeus que ele interrogou, e eles lhe afirmaram como verdadeiro que o Messias nascera, o qual devia lhes devolver sua herança, isto é, a terra de promissão, e iam para a Babilônia em turbas, e, segundo a Sagrada Escritura, esse Messias é o Anticristo, que deve nascer na cidade de Babilônia, que antigamente foi sede dos reinos dos persas. [...] Do mesmo modo, esse irmão Ricardo pregou o derradeiro sermão em Paris terça-feira, dia seguinte a São Marcos, 26º dia de abril de 1429, e disse ao partir que no ano que viria depois, isto é, o ano 1430, veríamos os maiores prodígios que jamais se viu, e que seu mestre, irmão Vicente, dá testemunho disso segundo o Apocalipse e a Escritura de monsenhor São Paulo, e também dá testemunho irmão Bernardo, um dos bons pregadores do mundo, como dizia esse irmão Ricardo.[36]

Entre as incontáveis profecias desencadeadas pelo Cisma, há algumas particularmente suspeitas e sectárias. Em Avignon, o papa protege uma certa Marie Robine, originária dos Pireneus, que tem visões proféticas. Doente, essa mística foi tratada primeiro graças a Clemente VII e, a partir de 1387, estabelece-se como reclusa na capital do Comtat. Em 1398, até a enviam ao rei da França para lhe pedir que renuncie à subtração de obediência que cogita para pressionar os dois papas.[37]

---

35 Fages, *Histoire de saint Vincent Ferrier*; Delaruelle, L'Antéchrist chez saint Vincent Ferrier, saint Bernardin de Sienne et autour de Jeanne d'Arc. In: ______, *La piété populaire au Moyen Âge*.

36 *Journal d'un bourgeois de Paris*, ano 1429, n.500, p.255-6. [No original: "Il disait pour vrai que depuis un peu il était venu de Syrie, comme de Jérusalem, et là encontra plusieurs tourbes de Juifs qu'il interrogea, et ils lui dirent pour vrai que Messias était né, lequel Messias leur devait rendre leur héritage, c'est assavoir la terre de promission, et s'en allaient vers Babylone à tourbes, et selon la Sainte Écriture ce Messias est l'Antéchrist, lequel doit naître en la cité de Babylone, qui jadis fut chef des royaumes des Persans. [...] Item, ledit frère Richard prêcha le darrain sermon à Paris le mardi lendemain saint Marc, 26e jour d'avril 1429, et dit au départir que l'an qui serait après, c'est à savoir l'an 1430, on verrait les plus grandes merveilles qu'on eût oncques vues, et que son maître frère Vincent le témoigne selon l'Apocalypse et l'Écriture monseigneur saint Paul, et ainsi le témoigne frère Bernard, un des bons prêcheurs du monde, si comme disait cestui frère Richard."]

37 Tobin, Les visions et révélations de Marie Robine d'Avignon dans le contexte prophétique des années 1400", *Cahiers de Fanjeaux*, n.27.

Na mesma época, o misterioso Telésforo de Cosenza compõe, entre 1378 e 1386, um livro profético inspirado em João de Rocacelsa e o envia ao doge de Gênova. O Cisma, também para ele, é o sinal da chegada do Anticristo. Um terceiro imperador Frederico virá e provocará muitos infortúnios. Mas um "príncipe Carlos, filho de Carlos", da linhagem dos reis da França, porá fim ao Cisma por volta de 1420 e instaurará um longo período de paz; então virá o Anticristo e depois a sétima era da paz.

Diante dessas profecias favoráveis à causa da França e de Avignon, Roma também tem seus inspirados, e falsas profecias são inventadas. Uma delas, que surge no círculo de Gregório XII, prediz que o papa irá a Perúgia, ficará lá dois anos, às voltas com mil dificuldades, depois será procurado por aqueles que o abandonaram, os quais implorarão seu perdão. Então, o mundo inteiro se convencerá de que ele é o único papa.[38]

São Vicenzo e o cardeal Pierre Blau, no início do século XV, também anunciam desgraças ligadas ao Anticristo, e certos visionários ficam completamente desorientados. Henrique de Langenstein conta que um de seus amigos, o monge francês Guilherme, um santo homem instruído e devoto, profundamente abalado pelo Cisma, começa a ter visões que anunciam o fim iminente da divisão da Igreja. Dez anos depois, nada mudou; Guilherme refaz seus cálculos e erra de novo. Dessa vez, desanimado, ele abandona a religião e, "tendo deixado o hábito religioso, vagava nos bosques perto do mosteiro, em terra secular".[39]

A própria profecia, estimulada pela angústia ambiente, contribui para abalar os espíritos já perturbados pelas desgraças da época. Como escreve Martin Aurell:

> o todo reflete a angústia diante de um mundo atormentado no dia a dia pela fome, pela guerra e pela peste, cavaleiros do Apocalipse. Ler o passado para compreender o futuro, esse parece ser o sentido da atitude desses visionários. Eles também vivem com intensidade o presente, fase terminal de um universo que envelhece entre a abertura do sexto selo, efetuada na época de Francisco, e a do sétimo, desencadeamento da mutação final.[40]

---

38 Millet, Écoute et usage des prophéties par les prélats pendant le Grand Schisme d'Occident, *Mélanges de l'École Française de Rome – Moyen Âge*, t.102, n.2.

39 Henrique de Langenstein, *Liber adversus Telesphori eremitae vaticinia*, col. 517.

40 Aurell, Eschatologie, spiritualité et politique dans la confédération catalano-aragonaise (1282-1412), *Cahiers de Fanjeaux*, n.27.

A hierarquia, igualmente desorientada, também procura compreender e conhecer o desfecho. O conteúdo das bibliotecas episcopais e papais revela a ansiedade dos dirigentes da Igreja, que vasculham as profecias. Na de Bento XIII, encontramos as obras de Joaquim de Flora e João de Rocacelsa, ao lado dos textos sibilinos, e o bibliotecário declara que esses livros são emprestados com frequência. Na de Gregório XII, Santa Brígida e Santa Catarina estão junto dos profetas menores. O abade de Jumièges, Simon du Bosc, forma uma coleção de profecias.[41] A astrologia não é desprezada, com especulações sobre a conjunção de 1385, nem as hipóteses ousadas, baseadas em nomes: em 1394, quando Pedro de Luna se torna Bento XIII, é feita uma aproximação com "as leis da Lua".

## PEDRO DE AILLY EM FACE DO GRANDE CISMA: DA PROFECIA À ASTROLOGIA

Dessas hesitações, embaraços e angústias diante da predição dá testemunho a obra de um dos maiores intelectuais dessa virada dos anos 1400, Pedro de Ailly. Sua evolução entre 1380 e 1420 ilustra também como os intelectuais e as autoridades, confrontadas com o mistério do Cisma, renunciarão progressivamente à profecia inspirada, fator de desordens sociais, para se voltar para um meio de predição mais controlável, a astrologia.

Nascido em 1350, em Compiègne, esse espírito brilhante faz uma carreira eclesiástica excepcional, o que o torna uma das autoridades incontestadas da Igreja. Doutor em teologia em 1380, grande mestre do Colégio de Navarra em 1384, representante da Sorbonne junto ao papa em 1388, esmoler do rei Carlos VI e chanceler da Universidade de Paris em 1389, embaixador do rei junto a Bento XIII em 1394, bispo do Puy em 1395 e de Cambrai em 1396, cardeal em 1411, legado pontifício em 1417, ele é um dos principais atores do Concílio de Constança (1414-1418), que encerra o Grande Cisma, e morre em 1420.

Exato contemporâneo da crise da Igreja, ele é profundamente marcado por ela. De fato, toda a sua obra se organiza em torno desse ponto, e sua reflexão sobre a predição foi estudada recentemente por Laura Ackerman Smoller.[42] Numa primeira fase, Pedro de Ailly compartilha as angústias escatológicas de seus contemporâneos. Seu olhar sobre o futuro é inteiramente

41 Millet, op. cit.
42 Smoller, op. cit.

guiado pelos textos proféticos da Bíblia: os capítulos 12 de Daniel, 2 da segunda Epístola aos Tessalonicenses, 24 de são Mateus e o Apocalipse. Também utiliza as obras proféticas medievais, como as de Hildegarda. Sua visão sobre o futuro é expressa nos anos 1380 por dois tratados contra os falsos profetas, um sermão sobre São Bernardo e um grande sermão sobre o Advento, em 1385.

Ele começa descartando respeitosamente a advertência de Cristo de que não podemos conhecer "nem o dia nem a hora". É claro, diz ele no sermão sobre São Bernardo, esse grande santo, do mesmo modo que Santo Agostinho, São Gregório e Guilherme de Auvergne, declarou que era absurdo querer calcular o momento do fim. Mas, "pelas Escrituras que lemos e pelos fatos que vemos, podemos determinar, por meio de conjecturas plausíveis, a aproximação do Anticristo e a iminência do fim do mundo".[43] A necessidade de conhecer o futuro é, mais uma vez, mais forte do que a prudência, a razão e o Evangelho juntos. De Ailly é arrastado pela corrente apocalíptica. Em 1380, época em que redige esses textos, o meio teológico da Universidade de Paris está em efervescência por causa do livro do tcheco Mateus de Janov sobre o Anticristo: este último nasceu e corrompe todas as nossas doutrinas, de modo que os próprios doutores sustentam teses falsas. O próprio Pedro de Ailly acrescenta os sinais precursores do fim: a iniquidade redobra no mundo, a caridade diminui, o Cisma divide a Igreja. Este último ponto é o mais preocupante. No sermão sobre o Advento, ele escreve: "No que toca a essa terrível sedição do presente cisma, deve-se temer fortemente que seja a horrível divisão e a perseguição cismática após a qual há de vir em breve a perseguição furiosa do Anticristo".[44] E no segundo sermão sobre os falsos profetas: "Parecemos estar perto do fim do mundo".

Num sermão sobre São Francisco, Pedro de Ailly ressalta também a correspondência com as profecias de Hildegarda: esta previu sete perseguições. Estamos na quarta, que é "o tempo das mulheres", caracterizado pela cupidez, pelo prazer sensual, pela vaidade, que tornam até mesmo os clérigos piores do que os judeus e os pagãos. Hildegarda previu um cisma no fim dessa época: ei-lo. Portanto, vai começar a quinta perseguição, mais terrível que a anterior. São Francisco, exclamando: "Desgraça, desgraça, desgraça aos habitantes da terra!", confirmou que restavam três perseguições para sofrermos.

43 Apud ibid., p.97.
44 Ibid., p.58.

A astrologia não poderia corroborar essas profecias? Nessa época, Pedro de Ailly descarta o recurso a essa ciência duvidosa, mantida sob suspeita pela Igreja. É claro, diz ele em seu sermão de 1385, a astrologia, assim como Hermes Trismegisto, a Sibila, Ovídio e os antigos caldeus, serviu para anunciar a vinda do Cristo de carne, cujo nascimento foi marcado por uma conjunção de Mercúrio com Júpiter. Mas os astros só podem servir de sinal para os acontecimentos materiais. Sendo a segunda vinda de Cristo um acontecimento sobrenatural, ela não pode ser lida nas estrelas. Quanto ao grande ano de 36 mil anos, considerado o término necessário de um ciclo do universo, nada nos garante a sua duração, porque Deus pode acelerar o movimento, o que provavelmente ele está fazendo. O homem é incapaz de conhecer por seus próprios meios o momento do fim; apenas uma revelação divina direta, uma profecia, portanto, pode nos esclarecer. E esta última nos indica que o fim está próximo, talvez em 1400.

Essa convicção começa a vacilar a partir de 1386, como revelam as obras do segundo período de Pedro de Ailly, até 1409. Para isso, houve três razões fundamentais. Em primeiro lugar, o tempo passa e não traz nada de novo: nem Anticristo nem fim do mundo despontam no horizonte. Em segundo lugar, Pedro de Ailly toma consciência, diante da novidade dos movimentos sociais que se multiplicam, flagelantes, begardos, lolardos, irmãos do livre espírito, taboritas, das consequências subversivas inesperadas que essas histórias de Anticristo podem ter no espírito do povo. Ele terá uma experiência direta em sua diocese de Cambrai, onde se desenvolve a seita dos *homines intelligentiae* ("os homens da inteligência"). Em 12 de junho de 1411, ele interroga um dos líderes, Guillaume de Hildernissem; a doutrina, confusa, inspira-se em parte no joaquimismo e afirma que vivemos hoje a era do Espírito, o que torna caducos todos os ensinamentos da Igreja e todas as Escrituras; todos os homens serão salvos; não há necessidade de orações, confissão, sacramentos, e o amor livre é perfeitamente lícito. Há o suficiente aqui para preocupar um bispo, e Pedro de Ailly escreve a João XXIII, às vésperas do Concílio de Constança, para comunicar seus temores diante do crescimento das seitas heréticas. Em 1415, ele preside a comissão episcopal do concílio que condena João Huss à morte; uma das afirmações de base deste último é a identificação do papa com o Anticristo. Enfim, como ator essencial do concílio, que tenta encontrar uma solução para o Cisma, Pedro de Ailly percebe como os rumores sobre a iminência do Anticristo e do fim do mundo contribuem para arruinar seus esforços. Se o desfecho está próximo, os cristãos sentem que um eventual fim do Cisma, que faz parte dos inevitáveis sinais da catástrofe anunciada, tem pouco a ver com eles. Ora, o cardeal considera agora que, se o escândalo que é o Cisma pode ser apagado, a vinda do Anticristo pode ser postergada para uma data muito longínqua: infalivelmente, com o passar do tempo, o administrador desbanca o profeta.

É por isso que, simultaneamente, Pedro de Ailly se volta para a astrologia, que lhe parece mais adaptada a uma visão serena do futuro. Ele começa então um trabalho de reabilitação dessa ciência, indo de encontro a suas primeiras obras.[45] Sua conversão é evidente no sermão que faz no dia de Todos os Santos de 1416 perante o Concílio de Constança, assim como em outras obras, desde o *Vigintiloquium*, de 1414, uma tentativa de síntese entre a astrologia e a teologia, até a *Apologia astrologiae defensiva*, de 1419.[46]

O cardeal considera, na verdade, que a astrologia é um complemento indispensável da profecia, e chega a qualificá-la como "teologia natural". Ele trata, naturalmente, de excluir a parte "supersticiosa" da astrologia, classificada em três rubricas no *Vigintiloquium*: crença num destino fatal provocado pelas estrelas; mistura de magia e astrologia; redução do livre-arbítrio pela potência astral. Retomando a argumentação de Tomás de Aquino e Roger Bacon, ele afirma que os astros exercem uma influência direta sobre o corpo e uma influência indireta sobre a alma, por intermédio do corpo. Como a massa popular segue os impulsos do corpo, é possível fazer predições exatas sobre os grupos humanos, bem mais do que sobre os indivíduos.

O horóscopo das religiões lhe parece muito interessante, e ele segue Bacon na ligação entre as seis grandes religiões e as conjunções de Júpiter, que explicam a ocorrência de agitações religiosas a cada 240 anos. Todavia, somente as religiões ou seitas dos caldeus, dos egípcios, dos muçulmanos e a do Anticristo são qualificadas como "naturais", portanto inteiramente determinadas pelos astros. As religiões judaica e cristã, sobrenaturais, dependem dos planetas apenas em seus aspectos naturais: a excelente saúde de Cristo, por exemplo, deve-se à posição favorável dos astros em seu nascimento. Em seu sermão sobre o Advento, em 1385, ele já havia declarado que, antes do nascimento de Cristo, "aproximadamente seis anos, alguns dias e algumas horas, houve uma grande conjunção de Saturno com Júpiter, no início de Capricórnio, a qual presidia Mercúrio, senhor da Virgem, tudo isso anunciando claramente que uma virgem ia dar à luz um menino que seria o maior dos profetas".[47] Palavras espantosas para um sermão episcopal!

---

45 Em seu excelente estudo sobre a carreira e a obra de Pedro de Ailly, Bernard Guénée omitiu essa evolução, que, no entanto, é essencial (Guénée, *Entre l'Église et l'État*).

46 Uma lista completa dessas obras é dada por Smoller, op. cit., p.136-7.

47 Apud Smoller, op. cit., p.55.

Segundo ele, os erros nas predições astrológicas se devem unicamente à dificuldade do exercício, e não invalidam seus princípios. Tudo depende da precisão da observação e dos cálculos. Uma astrologia séria pode predizer o tempo, as colheitas, os acontecimentos gerais da história humana, ou mesmo a morte dos reis, por um encadeamento bastante bizarro, tirado da *Meteorologia* de Aristóteles: os cometas causam vento e tempo seco; essa secura produz o aquecimento dos corpos, que dá origem à cólera; depois, "a cólera é a causa das querelas, e as querelas das batalhas. E as batalhas são a causa da morte dos reis e dos combatentes".[48]

Aliás, a história confirma a verdade da astrologia, e Deus é "o astrólogo supremo", declara Pedro de Ailly num sermão de 1416. E ele reúne "provas": todos os grandes acontecimentos da Antiguidade, da queda de Troia à fundação de Cartago, são explicados por conjunções planetárias, à custa de ajustes muito aproximados.[49] O mesmo vale para a Idade Média, quando a morte de Tomás Becket, a Quarta Cruzada, a criação das ordens mendicantes, entre outras coisas, correspondem às dez revoluções de Saturno. O nascimento e a morte de Maomé foram anunciados pela conjunção de Saturno com Júpiter em Escorpião. Pedro de Ailly explica essas relações com tal liberdade que poderia justificar qualquer coisa por esse método. Assim, a conjunção de 841 a.C. em Sagitário anuncia o nascimento do cristianismo; a de 748 pressagia a chegada de um novo profeta e de uma nova religião por volta de 1600. A conjunção de Saturno com Júpiter em Câncer antecedeu 279 anos o dilúvio; a conjunção dos três planetas superiores em Aquário em 21 de março de 1345 anunciava a peste negra, e a de Júpiter, Saturno e Sol em Escorpião era o sinal anunciador do Grande Cisma, porque Escorpião, por uma razão desconhecida, é "inimigo da religião". Nada disso é sério, mas, como escreve Laura Ackerman Smoller, "o que aparece claramente nesses tratados é o desejo de De Ailly desprezar todos os obstáculos para justificar a astrologia [...]. De Ailly nesses tratados é inteiramente devotado à astrologia e desejoso de conferir a essa ciência uma firme sustentação empírica", pois "com o tempo extremamente longo que concede a uma conjunção para que seus efeitos sejam sentidos, ele dá uma chance ilimitada às predições astrológicas para se mostrarem exatas".[50] É até possível, escreve De Ailly seguindo Fírmico Materno, fazer o horóscopo do mundo, o *thema mundi*, pela posição dos planetas no quarto dia da criação.

---

48 Ibid., p.46.
49 Ibid., p.68.
50 Ibid., p.74 e 76.

Isso posto, a astrologia pode nos ajudar a completar e refinar a profecia, como já fez nos tempos de Noé. Este último foi avisado do dilúvio pela via profética, mas "parece provável que alguma constelação astronômica tenha pré-significado esse efeito e de certo modo possa ter sido causa parcial dele".[51] Por que não se poderia aplicar a astrologia ao cálculo da data da vinda do Anticristo? Pedro de Ailly pratica ativamente nas muitas obras que compõe entre 1410 e 1414, e sua conclusão é a seguinte: em 1692, haverá grandes reviravoltas, por causa da conjunção de Saturno com Júpiter, um acontecimento que ocorre apenas a cada 960 anos. Mas um século depois, em 1789, é que sucederá a catástrofe, coincidindo com o término das dez revoluções de Saturno no zodíaco e com o equilíbrio da oitava esfera. Portanto, escreve Pedro de Ailly, "se o mundo durar até essa data, o que somente Deus sabe, haverá então grandes e maravilhosas mudanças e alterações no mundo, e sobretudo no que concerne às leis e às religiões".[52] O Anticristo é para 1789.

Para nós, a coincidência com a revolução é, quando muito, uma curiosidade. Para Pedro de Ailly, o essencial é que a temida vinda do Anticristo seja adiada para uma data suficientemente distante para não ter mais nenhuma incidência sobre os espíritos do século XV: é como se predisséssemos hoje o Anticristo para o ano 2375. A Igreja tem tempo, portanto, para se reformar. Dessa forma, o cardeal encontrou um meio de conciliar profecia, livre-arbítrio e astrologia, encarregando esta última de apontar as datas. O esquema geral permanece tradicional e baseado no Apocalipse, já que Pedro de Ailly não acrescenta concretamente nenhuma predição pessoal, a não ser o anúncio de uma nova religião por volta de 1600 e grandes mudanças religiosas no século XVI. Ele se recusa em particular a qualquer prática da astrologia judiciária. Para ele, não há contradição entre teologia e astrologia, e tem sempre o cuidado de salvaguardar a liberdade divina e humana: não existe necessidade absoluta, escreve. Para muitos historiadores e psicólogos, no entanto, a posição do cardeal é um caso de "dissonância cognitiva", expressão utilizada igualmente para caracterizar a negação semiconsciente dos fracassos das predições. Aqui, trata-se de evitar ver de frente o inevitável conflito entre religião e astrologia, "sem abandonar um dos dois sistemas de crenças em conflito, por uma série de respostas parciais e, a curto prazo, visando descartar as contradições, ao invés de estabelecer uma coerência real".[53] Pedro de Ailly chega a conciliar a concepção astrológica de um tempo cíclico com

51 Ibid., p.64.
52 Ibid., p.105-6.
53 Ibid., p.42.

a concepção teológica de um tempo linear, ou melhor, a escamotear a contradição entre as duas.[54]

## O DESVIO POLÍTICO-RELIGIOSO DAS PREDIÇÕES: O CASO ESPANHOL

Portanto, a necessidade de se tranquilizar diante das catástrofes econômicas, sociais e religiosas dos séculos XIV e XV é uma das causas, provavelmente a principal, da inflação das predições nessa época, e do sucesso crescente da astrologia. Ela não é a única. De fato, também observamos um desvio utilitarista no campo político. A mentalidade dos dirigentes no fim da Idade Média evolui para um realismo pré-maquiavélico. Por trás dos princípios cristãos despontam os axiomas do Direito Romano e o cinismo dos tiranos locais. A feudalidade desemboca, por um fenômeno de concentração, na formação de Estados regionais, principados, condados, ducados, dotados de um embrião de administração, enquanto a monarquia feudal evolui para o absolutismo e visa absorver esses grandes domínios. Nessa luta implacável, todos os golpes são permitidos. A luta entre Luís XI e Carlos, o Temerário, é a ilustração extrema, às vésperas do Renascimento. Mas, nesse caso, trata-se apenas do remate de um clima cujas primeiras manifestações são percebidas desde o século XIV.

Nessas lutas silenciosas ou declaradas, a predição é uma arma como outra qualquer, uma arma psicológica. Tudo é útil para promover o sucesso de uma família principesca, de Merlin às conjunções astrais, com preferência marcada pelas profecias, que são ao mesmo tempo menos controláveis e mais impressionantes por causa de sua aura sobrenatural. Mas não se hesita em fazer misturas. Um dos exemplos mais flagrantes de manipulação profética é dado pelos reinos espanhóis, em particular o de Aragão.

A partir da conquista da Sicília por Pedro III, em 1282, visionários sicilianos afluem a Barcelona e Valência, que se tornam centros de profetismo político, no espírito joaquimista. Grupos de begardos se desenvolvem, cooptando adeptos nos meios ricos em busca de uma espiritualidade elevada. A própria família reinante se envolve: Filipe, infante de Maiorca, nascido em 1288, torna-se dominicano por algum tempo e desenvolve o tema das três eras, anunciando a destruição das ordens religiosas, exceto a dos franciscanos. Outro infante, Pedro, filho de Jaime II, nascido em 1305, também é um

54 Cf. a discussão desse ponto em Smoller, op. cit., p.80-4.

visionário. É nesse meio que é composto em 1351-1354 o anônimo *Breviloquium*, que retoma e adapta o pensamento de Joaquim de Flora, dividindo a história da humanidade em sete períodos, todos terminando com uma catástrofe: o dilúvio (período de Adão a Noé), a chuva de fogo e enxofre (de Noé a Abraão), as dez pragas do Egito (de Abraão a Moisés), o fim dos descendentes de Saul e Elias (de Moisés a Davi), a destruição de Jerusalém (de Davi a Cristo), as devastações dos dez reis infiéis (de Cristo ao Anticristo), a destruição da Terra pelo fogo (do Anticristo ao fim do mundo). Paralelamente, a Igreja viverá sete períodos, todos terminando com uma perseguição. Após Carlos Magno vieram os sarracenos; após Francisco de Assis, os religiosos se apoderaram de bens temporais e a autoridade do papa foi posta em questão; em breve virá o Anticristo, precedido dos ataques contra os homens evangélicos, que praticam a pobreza; por fim, virão Satanás, Gog e Magog e o fim do mundo. A duração desses períodos é contada em termos de gerações: 63 de Adão a Cristo, 44 de Cristo a Martinho IV (1281-1285), depois 63 até o julgamento final.

A intenção desse texto é clara: encorajar os begardos aragoneses a resistir à Inquisição, mostrando que o fim está próximo. Porque os ataques são intensos, sobretudo a partir do pontificado de João XXII (1316-1334). O amigo do infante Filipe, Aymar de Mosset, foi interrogado pelo inquisidor Jacques Fournier e, em Girona, Durand de Baldec foi queimado em 1321. Mas a corte de Barcelona protege os meios proféticos que, após a conquista da Sicília, transferiram para ela o papel messiânico de Frederico II, graças ao casamento de Pedro III de Aragão com Constança de Hohenstaufen, neta do imperador. Salimbene di Adam, citando um oráculo da Sibila, fala da águia de rosto duro (Pedro III), que recebe a galinha oriental (Constança) e luta contra o leão (Carlos de Anjou). Desse casamento nascerá uma águia ardente que perseguirá o papa e esmagará a casa de lis.

É sob Pedro IV de Aragão (1336-1387) que o recurso aos meios divinatórios atinge proporções consideráveis. O rei apela para qualquer predição que possa reforçar suas pretensões. Em 1361, pede a um de seus fiéis em Paris que consiga o texto do sonho da mulher de Meroveu, predizendo para a dinastia franca o tempo dos cães após o tempo vitorioso dos leões, uma alusão, segundo ele, ao fracasso de Filipe III contra Girona. Em 1370, ele pede a seu médico Bertomeu de Tesbens que componha um *Tractat d'astrologia* para confirmar as profecias pela astrologia, e o mesmo exercício é feito em 1376 por Dalmau Sesplanes. Em 1378, mandam vir o judeu Yusef Avernarduc com seus tratados de astrologia.

O sucessor de Pedro IV, João I (1387-1395), também é um grande amante das predições; ele manda vir as profecias de Merlin e em 1393 consulta um clérigo de Girona que teve visões sobre sua expedição à Sardenha. Sob seu reinado, Francesc Eiximenis, um franciscano nascido em Girona, em 1330, recebe pensão da corte, reside em Valência de 1383 a 1408 e é conselheiro do rei e de seu sucessor Martinho I (1395-1410). Especialista em escatologia, ele aplica essa disciplina à política e profetiza o fim das casas reais em 1400. Defendendo a causa dos espirituais, critica a riqueza da Igreja e anuncia que o Anticristo, que está próximo, seduzirá os poderosos, os ricos e as pessoas cultivadas, prometendo-lhes bens e prazeres, e elogiando sua inteligência. Em 1370, a *Prophetia inventa in electione Pape Gregorii XI* acusava Bonifácio VIII de ter corrompido a Santa Sé.

Dois outros elementos se misturam às profecias espanholas do século XIV: a questão dos judeus e a dos muçulmanos. Esses dois grupos, para espirituais e begardos, desaparecerão antes dos tempos últimos, pois nada é previsto para eles nos textos apocalípticos. Tentar sua eliminação física, portanto, é ir no "sentido da história". Em Castilha, Henrique de Trastamara trava uma perseguição sangrenta, ainda mais ativa porque no início do século XII o barcelonês Abraham bar Hiyya havia predito para 1358 a vinda do messias judeu. Como todos devem se converter antes do fim do mundo, o tempo urge; a monarquia castelhana e Vicente Ferrer encorajam as conversões forçadas por volta de 1390-1420. Vicente Ferrer, extremamente antijudeu, pede que se exija deles o uso da rodilha vermelha, das mulheres o uso do véu, e que se proíba qualquer comércio com eles e qualquer ama de leite cristã para as crianças judias. Os soberanos que não aplicassem essas medidas seriam agentes do Anticristo. Está previsto que, na vinda deste último, os judeus o aclamarão em Jerusalém e se converterão em massa após a sua derrota. Quanto aos muçulmanos, Eiximenis prevê seu desaparecimento na conjunção de Saturno com Vênus.

Martinho I de Aragão (1395-1410) é tão apaixonado por predições quanto seus predecessores. Em sua biblioteca, Merlin está junto das revelações de Cirilo. Sob seu reinado, profetiza o curioso franciscano Anselm Turmeda, nascido em 1352. Eclético como poucos, alimentado com apocalipses, Pais, Cirilo de Constantinopla, Eusébio de Alexandria, Hildegarda, Joaquim, sibilas, astrologia, e convertido ao islã, ele compõe em Túnis três profecias catalãs, dedicadas ao futuro político de Aragão. Suas previsões, de espírito laico, utilizam a astrologia com o intuito de conferir um "atestado científico" à profecia.[55]

---

55 Sobre todos esses aspectos, cf. Aurell, op. cit.

## JOÃO DE ROCACELSA E A NOVA PROFECIA

Mas a figura mais característica do ecletismo profético politíco-espiritual dessa época é João de Rocacelsa. Esse estranho personagem, que entrou para a ordem dos franciscanos em 1332, fascina e preocupa ao mesmo tempo. Suas mensagens desconcertantes lhe valem uma vida movimentada, boa parte da qual na prisão. Encarcerado em 1344 nas masmorras de Figeac, onde é submetido a um tratamento rigoroso, ele tem visões em 1345 sobre o Anticristo. Transferido para Rieux, perto de Toulouse, ele vai se explicar em 1349 diante do Consistório. Interrogado novamente em 1350 e 1354, desconcerta os juízes com um discurso incompreensível, em que se misturam expressões dos textos proféticos do século XIV e termos da exegese franciscana, o que o faz ser qualificado de "fantasticus".[56]

João de Rocacelsa explica seu "método" no *Liber ostensor*, de 1356. Embora negue ser da linhagem dos antigos profetas, afirma ter a inteligência das profecias, que ele classifica em sete categorias: visões do futuro por revelação divina em sonho; por inteligência das Escrituras; por consequências necessárias a partir de proposições reveladas na Escritura; pela boca de Deus, que irrompe no coração; por revelação dos anjos; pela harmonia ou concórdia dos dois Testamentos; ou ainda deduzindo o antecedente de uma consequência infalível.

É certo, segundo ele, que sempre existiram profetas. Apoiando-se numa frase de São Paulo que declara que Jesus "concedeu a uns ser apóstolos, a outros ser profetas", ele acha que é heresia dizer que as profecias desaparecerão. O verdadeiro profeta, que tem a alma pura para ver o que os outros não veem, sabe distinguir, nas Escrituras que anunciam Cristo, o que diz respeito a sua primeira vinda na carne do que diz respeito a sua segunda vinda em espírito.[57] Essa segunda vinda será precedida da vinda do *Reparator*, figura enigmática, síntese do papa e do Imperador dos últimos dias, saído da linhagem dos reis da França. Escrevendo em 1356, ano de Poitiers e das tribulações do reino da França, ele prediz uma série de desgraças que culmina entre 1360 e 1365: revoltas, desestabilização das hierarquias, degradação dos grandes, derrubada dos reis, seguidas de pestes e catástrofes naturais que eliminarão todos os pecadores. Então virão dois Anticristos, um a oeste, em Roma, e o outro a leste, em Jerusalém. Este último, à frente dos judeus e dos

---

56 Barnay, L'univers visionnaire de Jean de Roquetaillade, *Cahiers de Fanjeaux*, n.27.

57 Torrell, La conception de la prophétie chez Jean de Roquetaillade, *Mélanges de l'École Française de Rome – Moyen Âge*, t.102, n.2.

sarracenos, saqueará os países cristãos, enquanto os soberanos temporais se apossarão dos bens da Igreja. O clero, purificado pelas provações, poderá então retomar sua missão, quando aparecerá, em 1367, o *Reparator orbis*, rei da França eleito imperador e papa que expulsará e converterá os judeus e os muçulmanos, reconciliará as Igrejas Católica e Ortodoxa, dará fim às heresias e conquistará o mundo inteiro.

Essa visão grandiosa, que não podia desagradar aos reis da França, permitiu que se dissesse que havia em Rocacelsa "um delírio de grandeza que revela certa forma larvada de esquizofrenia".[58] A expressão se justifica também se considerarmos seu ódio feroz aos muçulmanos, cuja eliminação é prevista por ele. Essa será, segundo ele, a segunda etapa rumo ao milênio, após a pacificação da terra, e é novamente ao *Reparator* que é dada essa tarefa. Sem dúvida, devemos ligar isso à retomada da ideia de cruzada em meados do século XIV, embora tivesse sido mais ou menos abandonada na época anterior, por causa dos repetidos fracassos. Do mesmo modo, os judeus serão ou exterminados, ou convertidos.[59]

João de Rocacelsa, que explora sonhos e delírios em suas profecias, e cita entre seus antecessores Heitor de Troia e Daniel, utiliza frequentemente símbolos animalescos. Suas visões são povoadas de monstros, como aquele enorme bicho preto, semelhante a uma aranha, que ele vê em 1348, ano da peste, acontecimento que ele inclui entre os sinais anunciadores do Anticristo. Os animais também são os protagonistas da profecia política feita por Arnaldo de Vilanova em 1301, no *De cymbalis Ecclesiae*:

> A Espanha, ama de leite do erro maometano, será retalhada por uma cólera recíproca. Então os reinos se erguerão de uma forma mais ímpia uns contra os outros. E quando o potro da égua tiver completado três setenatos, o fogo devorador será multiplicado até que o morcego devore as moscas da Espanha e, subjugando e esmagando a cabeça da besta, receba a monarquia e humilhe os habitantes do Nilo.[60]

---

58 Amargier, Jean de Roquetaillade et Robert d'Uzès, *Mélanges de l'École Française de Rome – Moyen Âge*, t.102, n.2.

59 Lerner, Millénarisme littéral et vocation des juifs chez Jean de Roquetaillade, *Mélanges de l'École Française de Rome – Moyen Âge*, t.102, n.2. João de Rocacelsa reata com a interpretação quase literal do capítulo 20 do Apocalipse, seguindo Joaquim de Flora e João Olivi. Haverá um milênio de paz e três adventos de Cristo: "Na carne, para resgatar o mundo, no espírito, para reformar o mundo, e no julgamento, para glorificar os eleitos".

60 Aurell, Prophétie et messianisme politique. La Péninsule Ibérique au miroir du *Liber ostensor* de Jean de Roquetaillade, *Mélanges de l'École Française de Rome – Moyen Âge*, t.102, n.2.

Esse texto, intitulado *Vae mundo in centum annis*, é citado por João de Rocacelsa em seu *Liber secretorum eventuum* de 1349, e ele lhe consagra um tratado inteiro em 1355, o *De oneribus orbis*. Sua exegese se baseia na situação espanhola da época: o potro da égua é Pedro I de Castilha (Pedro, o Cruel, 1350-1369), que como seu pai, Afonso XI (1312-1350), tem hábitos equestres e incontáveis amantes; os três setenatos indicam sua idade (ele tem 21 anos). Apoiado pelos ingleses do Príncipe Negro, está em guerra contra seu meio-irmão, Henrique de Trastamara, que é ajudado pelos franceses de Du Guesclin. Quanto ao morcego, que tem o melhor papel, ele seria Fernando de Aragão, meio-irmão de Pedro IV.

Mas essa merlinice tem outras interpretações, usadas por Henrique de Trastamara em benefício próprio: ele é o morcego e Pedro, o Cruel, é um *Alter Nero*, um outro Nero, agente do Anticristo, "malvado tirano, inimigo de Deus e da nossa Santa Mãe Igreja, [...] aumentando e enriquecendo os mouros e os judeus, degradando a fé católica". Em 1377, o infante Pedro de Aragão retoma a profecia e associa a ela a do "Cedro do Líbano", assimilando o Príncipe Negro a Júpiter, Pedro I a Saturno, Pedro IV a Marte. As variações sobre o tema são incontáveis.[61]

A profecia política é onipresente em João de Rocacelsa, que utiliza largamente os pensadores catalães dos anos 1280-1320. Sua obra tem enorme influência em Aragão, e está presente nas principais bibliotecas, como a de Ripoll a partir de 1362. Eiximenis foi muito marcado por ela. Para Rocacelsa, de fato, as guerras internas da Espanha revelam acontecimentos apocalípticos. Em seu entendimento, os reis de Aragão possuem um lado messiânico e um lado diabólico, por causa de sua luta contra a França e contra o papado, e prediz os infortúnios de Pedro IV.

No cárcere de Avignon, ele recebe muitas visitas e se mantém a par de todos os negócios políticos da cristandade. Em 1350, Élie Talleyrand-Périgord, cardeal de Albano, que almeja a tiara, faz dele seu conselheiro profético, e seu rival ao trono de São Pedro, o cardeal Guido de Bolonha, também tem um visionário a seu serviço, o dominicano Francisco de Montebelluna. Em 1352, Rocacelsa prediz o fracasso de seu patrão na eleição pontifícia, o que uma simples análise da relação de forças deixava claro. Em 1356, ele

61 O *De cymbalis ecclesiae*, de Arnaldo de Vilanova, que contém em *incipit* a interrogação *Vae mundo in centum annis?*, também trata da vinda do Anticristo, situada em 1378. João de Rocacelsa a situa em 1370, após doze flagelos anunciadores, cujo primeiro foi a queda de Trípoli em 1288 (Batllori I Munné, La Sicile et la couronne d'Aragon dans les prophéties d'Arnaud de Villeneuve et de Jean de Roquetaillade, *Mélanges de l'École Française de Rome – Moyen Âge*, t.102, n.2).

apoia a missão diplomática do cardeal de Albano junto a João, o Bom, e relata: "Ouvi uma voz dizendo do céu que ele [o rei] não perderia seu reino". Predição bastante ambígua no ano de Poitiers: João, o Bom, é feito prisioneiro, mas efetivamente continua rei da França. João de Rocacelsa é sempre bastante hábil para não ser desmentido pelos fatos, como quando apoia as pretensões dos sobrinhos do cardeal de Albano, da família de Duras, ao trono de Nápoles. Na verdade, ele possui a qualidade essencial dos grandes profetas: com uma boa dose de obscuridades e frases de duplo sentido sempre é possível mostrar depois do acontecido que eles tinham razão.

## DE COLA DI RIENZO A JOANA D'ARC: BANALIZAÇÃO DA PROFECIA

É exatamente o que pensa um contemporâneo de Rocacelsa, que manipula a profecia política de forma visivelmente cínica: Cola di Rienzo. Esse intriguista, que governa Roma com o título de tribuno até 1347, refugia-se em Nápoles e nos Abruzos, e estuda a literatura profética durante o seu retiro, de Merlin ao Pseudo-Metódio, passando por Joaquim de Flora. O profeta Angelo de Monte Vulcano o alimenta com o mito do Imperador dos últimos dias e o convence a ir em missão junto ao imperador Carlos IV para convencê-lo, apoiado pela profecia, a restabelecer a ordem no mundo e na Igreja, levar o papado de volta para Roma, preparar o reinado do Espírito e unificar a Itália. Sua missão é um fracasso: encarcerado por Carlos IV de 1350 a 1352, depois em Avignon em 1352 e 1353, ele renega suas "profecias" e acusa Monte Vulcano de o ter manipulado. Ele recupera o poder em Roma por um breve momento em 1354 e transfere suas esperanças ao papa.[62] Numa carta a Carlos IV, atesta o prestígio considerável de que gozavam as profecias de todas as origens, até nas mais altas esferas da Igreja:

> Se as profecias de Merlin, de Metódio, de Policarpo, de Joaquim e de Cirilo vêm do espírito do mal ou são simplesmente fábulas, por que razão os pastores da Igreja e os prelados, com tanto prazer, abrigam em suas bibliotecas esses livros preciosos, com fechos de prata?[63]

62 Maire-Vigueur, Cola di Rienzo et Jean de Roquetaillade ou la rencontre de l'imaginaire, *Mélanges de l'École Française de Rome – Moyen Âge*, t.102, n.2.

63 Apud Rusconi, À la recherche des traces authentiques de Joachim de Flore dans la France méridionale, *Cahiers de Fanjeaux*, n.27.

Mais uma vez, notamos o ecletismo da enumeração. Esquecidas as ressalvas, as definições estritas do século XIII sobre a profecia autêntica. O retorno maciço do irracional se traduz na multiplicação dos profetas, que responde a uma demanda cada vez mais forte da parte de uma população cuja credulidade aumenta com a aflição, e está pouco preocupada com a origem das predições. Na região de Montaillou, aos pés dos Pireneus, no início do século XIV, recorre-se a judeus convertidos, a adivinhos que utilizam livros árabes ou métodos estranhos, como os movimentos pendulares de um bastão, as medidas de um sapato; a interpretação do voo dos pássaros é uma prática comum, que fornece presságios sobre as doenças, as colheitas, o clima. Em 1318 correm boatos sobre o Anticristo.[64] Na Bretanha, na mesma época, os judeus convertidos também têm reputação de adivinhos, e as predições de Merlin são evidentemente muito bem acolhidas; indefinidamente adaptáveis, são exploradas, por exemplo, para explicar a ascensão de Du Guesclin, que é a águia da Pequena Bretanha.[65] Em 1386-1390, Honoré Bonet, na *Árvore das batalhas*, menciona o recurso às "profecias antigas" para entender os "males presentes": a profecia não serve apenas para anunciar o futuro, ela tem também o papel de tranquilizar, na medida em que permite inserir os infortúnios presentes num plano, numa ordem preestabelecida; ela permite suprimir o acaso. Dizer: "Estava previsto" já é explicar, logo entender e, consequentemente, aceitar.

A plebe urbana não é menos sedenta de predições que a do campo. Em 1427, conta o Burguês de Paris, quando um bando de boêmios chega à capital, a população corre para que eles lhes leiam a sorte e as linhas da mão, a ponto de o bispo se zangar e pedir a um jacobino que faça um sermão contra essas práticas, "excomungando todos aqueles e aquelas que o faziam e que haviam acreditado e mostrado suas mãos".[66]

Dois anos depois, começa a epopeia de Joana d'Arc, à qual desde o princípio o povo atribui dons proféticos: ela anuncia a vitória do rei, a cruzada, sua morte na Terra Santa. O caso não é único: assinalam-se na época vários obscuros profetas e profetisas favoráveis ao rei da França: Guillemette de La Rochelle, Marie de Maillé, Robert de Mennet, Marie Robine. Mas o fenômeno Joana d'Arc rapidamente supera em amplidão todos os casos precedentes, e imediatamente começa uma polêmica sobre a realidade de seus dons proféticos. Do lado do Delfim, não há nenhuma dúvida: não só ela profetiza,

64 Le Roy Ladurie, *Montaillou, village occitan*, p.426 e 450.
65 Minois, *Du Guesclin*, p.40.
66 *Journal d'un bourgeois de Paris*, op. cit., p.238.

como também foi ela própria anunciada por profecias; e citam, indistintamente, o inevitável Merlin, a Sibila e os autores mais ortodoxos. É assim que Cristina de Pisano escreve a seu respeito:

> Pois Merlin e Sibila e Beda,
> Mais de V C anos a viram
> Em espírito, e por remédio
> Na França em seus escritos a puseram,
> E suas profecias dela fizeram,
> Dizendo que carregaria estandarte
> Em guerras francesas, e disseram
> De seu feito toda a maneira.[67]

Ela está destinada a reconciliar a cristandade e conquistar a Terra Santa. Um clérigo alemão anônimo a descreve em 1429 como a *Sibylla francica*, inspirada por Deus, e conta que ela examina o céu à noite e profetiza. O que é confirmado por Cosme Raimondi, de Cremona, e em 10 de maio de 1429 Pancrazio Giustiniani escreve de Bruges para seu pai, dizendo que em Paris se espalham "muitas profecias [...] que anunciam todas que o delfim vai prosperar grandemente", e acrescenta em 9 de julho: "Em Paris foram encontradas muitas profecias que fazem menção a essa donzela".[68]

O partido contrário não compartilha esse ponto de vista. Em Paris, o Burguês, favorável aos Bourguignons e a seus aliados ingleses, menciona o caso com muita cautela: "Naquele tempo havia uma donzela, como se dizia, no rio Loire, que se dizia profeta, e dizia: 'Tal coisa acontecerá, por certo'". Por ocasião do processo de 1431, ele relata que Joana "diz que sabe grande parte das coisas por vir", e os santos "lhe diziam coisas secretas por advir".[69] Aliás, sete dos setentas artigos de acusação aceitos contra a Donzela referem-se à prática da adivinhação, da qual não se contesta a realidade, mas cuja origem se atribui ao diabo.

Alguns anos depois, o "Processo de nulidade da condenação" retoma esse problema, considerado essencial.[70] Os teólogos constatam que a maioria

67 Cristina de Pisano, *Ditié de Jeanne d'Arc*. [No original: "Car Merlin et Sebile et Bede,/ Plus de V C anos la virent/ En esperit, et pour remede/ En France en leurs escripz la mirent,/ Et leurs prophecies en firent,/ Disans qu'el pourteroit banière/ Es guerras françoises, et dirent/ De son fait toute la manière".]

68 Lefèvre-Portalis; Dorez (éd.), *Chronique d'Antonio Morosini*, t.III, p.38, e t.IV, p.316.

69 *Journal d'un bourgeois de Paris*, op. cit., p.257 e 294.

70 Duparc (éd.), *Procès en nullité de la condamnation de Jeanne d'Arc*.

das profecias de Joana se realizou: a libertação de Orléans, a coroação do rei, a derrota dos ingleses; observa-se que ela não procurou aumentar sua própria glória com suas predições e, se errou algumas vezes, também foi o caso dos antigos profetas. Além do mais, nota-se que ela partiu muitas vezes da simples experiência para fazer suas predições. O Grande Inquisidor, Jean Bréhal, que recapitula os debates, é ainda mais generoso. Declara não apenas que sempre houve profetas e profetisas, como também que é normal que eles errem algumas vezes, pois existem diferentes tipos de profecias; quando se é movido inconscientemente por um instinto secreto, diz ele, a profecia é imperfeita, e esta pode se realizar de forma diferente daquela que se esperava.[71] Trata-se de uma banalização da profecia. Melhor: Jean Bréhal não hesita em citar a favor da autenticidade profética de Joana uma prognosticação astrológica de Giovanni da Montalcino, astrólogo sienense que em 1429 havia predito a vitória a Carlos VII graças à Donzela. Enfim, o próprio Merlin é chamado em socorro, graças a alguns de seus versos, apropriados às circunstâncias. Não é proibido recorrer a esses inspirados, declara Bréhal, "sobretudo quando não se encontra nada neles que repugne à fé católica e aos costumes bons e honestos".

Tradução cínica: quando se defende uma causa política, todas as predições favoráveis são bem-vindas, seja qual for a sua origem. Banalização, nivelamento e manipulação: essas são as direções em que se desviam as predições no século XV. Os objetivos da profecia são cada vez mais militaristas. Esse termo ainda pode ter um sentido louvável, como nos pregadores da Observância Franciscana, os *romiti* italianos, como Miguel Carcano de Milão, que nos anos 1460 utiliza as profecias apocalípticas para obter a conversão moral dos pecadores.[72] Mas a profecia é também um argumento de revolta: em 1464, um discurso no Parlamento de Paris faz alusão a distúrbios fomentados pelos camponeses do Poitou, que "fizeram vários monopólios e assembleias, nas quais diziam que se sabia por profecias que o populacho destruiria os nobres e a gente da Igreja".[73]

A profecia tem a ver, com cada vez mais frequência, com os arsenais da propaganda política. Um bom exemplo é dado pela chamada profecia de Karolus, ou de "Carlos, filho de Carlos", da qual circulam duas versões no

71 Cf. a conclusão de Contamine no colóquio *Les textes prophétiques et la prophétie en Occident*, em *Mélanges de l'École Française de Rome – Moyen Âge*, t.102, n.2.

72 Dessi, Entre prédication et réception. Les thèmes eschatologiques dans les *Reportationes* des sermons de Michèle Carcano de Milan (Florence, 1461-1466), *Mélanges de l'École Française de Rome – Moyen Âge*, t.102, n.2.

73 Arch. nat., X 2a, 32.

Rouergue dos anos 1450-1470. O instigador é Jacques, conde de Armagnac, culto, colecionador de manuscritos, amante de quiromancia, astrologia e profecia, que tem em seu círculo um franciscano de Aurillac, Guy Briansson, especialista em matérias ocultas. O conde de Armagnac apoia Carlos, filho caçula de Carlos VII, em plena Revolta do Bem Público contra seu irmão mais velho, Luís XI. A profecia, na versão codificada, anuncia sua subida ao trono em 1467 ou 1469, e suas vitórias em 1470. Prevê também que ele apoiará o papa cismático, Bento XIV, e ajudará a reerguer a Igreja. O conde será executado por traição, e o caso revelará a importância subversiva da predição.[74]

As profecias de tipo apocalíptico também são desviadas de seu contexto original para se tornar instrumentos políticos. O caso mais flagrante é o do Imperador dos últimos dias, que, como vimos diversas vezes, tornou-se uma disputa entre os Capetos e os Hohenstaufen. No século XV, numerosas profecias vêm reforçar providencialmente a causa do imperador do Sacro Império. Muitas estão ligadas à degradação da imagem do clero e contam com o Grande Monarca para restaurar a Igreja em sua pureza. Assim, a profecia *Veniet Aquila* declara que um imperador Frederico, vindo do Oriente, vai se apoderar do papa, mandar apedrejar o clero e reinar sobre mundo. A profecia *Gamaleon*, que surgiu em 1409, anuncia que um alemão derrotará os franceses e se tornará imperador, reformará a Igreja e instalará o papa em Mogúncia. Uma terceira profecia, datada de 1460, prediz que Frederico destruirá os "vãos padres" e reinará 32 anos. Para uma quarta, os poderes do papa cessarão numa época situada entre 1447 e 1464; então Frederico reformará o clero e trará a paz. Uma quinta estabelece em 1461 o castigo do papa, ao passo que um astrônomo de Basileia, Philippe, prevê revoltas terríveis para 1477, com a morte do papa e o castigo do clero. Não admira que a profecia não tivesse boa fama na Igreja hierárquica no século XV.

O mito profético do retorno de um herói se encontra em outras regiões. Na Bretanha circulam profecias no século XV que anunciam o retorno de Artur; na de Gwenc'hlan, datando mais ou menos de 1450, o profeta Guynglaff anuncia os acontecimentos que antecederão o fim do mundo; Merlin também entra em cena nas peças de teatro em bretão.[75]

Parece, portanto, que ao longo do século XV a corrente profética, inflada por uma multidão de textos novos e glosas dos antigos, orienta-se cada vez

74 Beaune; Lemaître, Prophétie et politique dans la France du Midi au XVe siècle, *Mélanges de l'École Française de Rome – Moyen Âge*, t.102, n.2.

75 Le Menn, Du nouveau sur les prophéties de Gwenc'hlan, *Mémoires de la Société d'Émulation des Côtes-du-Nord*, n.111, p.45-71.

mais para as predições terrenas, ou inteiramente profanas. Por volta de 1400, a grande questão é a vinda do Anticristo e do fim do mundo: Vicente Ferrer o anuncia na Espanha e na França; Manfredo de Vercelli espalha o alarme na Toscana, e Bernardino de Siena, que deplora esses excessos, apenas constata: "Fomos invadidos até a repulsa por profecias que anunciam o advento do Anticristo, os sinais do julgamento iminente e a reforma da Igreja".[76] Em 1456, Felix Hemmerlin, baseando-se nos cálculos da Bíblia e do Pseudo--Metódio, datados do século VII, estabeleceu o fim do mundo em 1492. Mas, para chegar a essa data, foi obrigado a estender os seis milênios tradicionais da duração do mundo para 7 mil anos, dos quais 5.508 de Adão até Jesus.

Esse mundo que não acaba de acabar torna-se embaraçoso e bastante difícil de encaixar nos esquemas clássicos. Por isso, de um lado, como vimos com Pedro de Ailly, os visionários se voltam para a astrologia, que possibilita prever a longo prazo, e, de outro, interessam-se mais pelos acontecimentos intermediários, religiosos e políticos: a renovação do clero, o destino dos reinos, dos impérios, das dinastias. O fato de que se chegue a organizar debates públicos sobre os sinais do fim dos tempos, como em Colônia em 1479, indicaria uma banalização do tema, agora integrado na cultura vulgar. Naturalmente, os medos escatológicos não morreram; eles ressurgem a cada incidente; mas o hábito entra em jogo. A inflação das predições, o caráter cada vez mais fraudulento dessas predições, sua manipulação a serviço dos conflitos políticos as fazem perder parte de seu crédito. O racionalismo do século XIII havia reforçado o prestígio da profecia; o irracionalismo dos séculos XIV e XV a banalizou e abastardou; as elites intelectuais se voltam a partir de então para um método com reputação de científico e confiável: a astrologia.

76 Bernardino de Siena, *Opera omnia*, t.III, p.138.

# TERCEIRA PARTE

# A ERA DA ASTROLOGIA

As estrelas ditam o futuro, do século XV ao XVII

"Sempre os homens foram ávidos de conhecer o futuro, e jamais faltaram impostores para se vangloriar de o conhecer."

Pierre Gassendi, *Syntagma philosophicum*

"A astrologia é do mundo a coisa mais ridícula."

Pierre Bayle, *Pensées sur la comète*

# – 8 –

# AVATARES E DECLÍNIO DA PROFECIA RELIGIOSA (SÉCULOS XV-XVI)

A partir do século XV, os limites entre os diferentes tipos de predição tendem a se atenuar, enquanto os abusos da adivinhação inspirada e os riscos de subversão social acarretados por eles levam a elite intelectual a um começo de ceticismo, mas sobretudo a depositar suas esperanças num método mais seguro, mais tranquilizador e mais científico: a astrologia. O século XVI vê esse movimento se acentuar.

De um lado, os sobressaltos religiosos que acompanham a Reforma exacerbam a sensibilidade profética; como no Grande Cisma, os inspirados acreditam ler nos acontecimentos os sinais anunciadores do fim, e os anúncios apocalípticos redobram. Mas enquanto uns veem chegar o fim dos tempos, outros preparam o milênio de igualdade e felicidade sobre a terra.

De outro lado, a predição se seculariza e se profissionaliza com a astrologia. O astrólogo, cientificamente mais bem armado e dispondo pouco tempo depois da imprensa para difundir seus manuais, torna-se um personagem indispensável no círculo dos soberanos e dá consultas nos meios abastados, ao passo que as crenças divinatórias se reforçam no povo. O clima cultural do Renascimento tende sobretudo a favorecer esse movimento: os sarcasmos de Rabelais e o ceticismo de Montaigne são indicadores das reações de uma pequena minoria racionalista diante do crescimento da credulidade astrológica ambiente. Com tantos Cardanos, Paracelsos e Boehmes, não é realmente o momento da razão.

Diante dessa maré de predições sem controle, cheias de ameaças aos dogmas, à moral e à ordem social, as autoridades multiplicam as interdições. Mas como são as primeiras a se servir das profecias e das predições astrológicas para suas próprias necessidades, essas medidas são pouco eficazes. Usando as predições em benefício próprio, os reis e os papas reforçam o prestígio destas últimas, dando a impressão – justificada – de que tentam reservar para si esses meios de conhecimento. Apenas a indiferença e o desprezo poderiam desacreditar as predições. Ainda se está longe disso, mesmo na elite intelectual, no fim do século XVI.

## NOVA MODA: AS COLEÇÕES DE PROFECIAS

Apesar de seus excessos e repetidos fracassos, a profecia não está morta. Ela continua a fascinar ou intrigar, como atesta a partir de meados do século XV a moda das coleções de profecias. Amadores formam coletâneas que permitem corroborações, novas interpretações, e no mais das vezes estão relacionadas com a atualidade. Eles vasculham as bibliotecas conventuais em busca de predições inéditas e as copiam com observações pessoais. Essa prática se desenvolve muito na Itália, frequentemente por iniciativa dos príncipes locais.[1] Assim, o doge de Veneza, Domenico Morosini, manda reunir uma antologia manuscrita focada nas consequências da queda de Constantinopla em 1453. Essa catástrofe interessa muito ao comércio veneziano, e o arcebispo dominicano Leonardo de Chio já a havia estudado à luz da profecia da Sibila.[2] A coletânea constituída a mando do doge, as *Variae prophetiae visiones atque oracula*, reúne, na versão que possuía o marquês de Mântua, Luís II de Gonzaga (1444-1478), dois tipos de textos: uns mais proféticos, outros mais astrológicos, e estes eram uma espécie de confirmação científica daqueles. Um até apresenta a conjunção planetária de 1465 como uma profecia feita no convento de São Paulo, em Roma.[3]

---

1 Niccoli, *Profeti e popolo nell'Italia del Rinascimento*; Vasoli, *Temi mistici e profetici alla fine del Rinascimento.*

2 Rusconi, Les collections prophétiques en Italie à la fin du Moyen Âge et au début des temps modernes, *Mélanges de l'École Française de Rome – Moyen Âge*, t.102, n.2.

3 B.N. ms. lat. 16021.

É ainda em Veneza, nos anos 1510-1530, que é composta outra coletânea, provocada dessa vez pela invasão dos franceses na Itália. A Liga de Cambrai, a derrota de Agnadel em 1509 perturbam as autoridades que tentam saber o sentido desses acontecimentos. Encontram-se na coletânea das *Vaticinia*, posta em circulação em 1524 e 1525 pelo eremita e profeta agostiniano Bernardino de Parenzo, cujo convento, San Cristoforo della Pace, em Veneza, é um centro de difusão do joaquimismo. Também foram acrescentadas a elas profecias antiluteranas.[4]

No fim do século XVI, são as eleições pontificais que suscitam a busca de profecias, na esperança de um "papa angélico". É nesse contexto que o beneditino Arnaut de Wyon publica em Veneza, em 1595, as *Prophetiae de summis pontificibus*, pseudoprofecia atribuída ao monge irlandês do século XII, São Malaquias. Essa fraude, que se tornou famosa, enumera de maneira supostamente profética todos os papas desde Celestino II (1143-1144) até o último, que precederá a destruição de Roma e o fim do mundo. A cada papa corresponde uma divisa que ilustra o personagem. As 72 primeiras, até 1585, são extremamente judiciosas, é claro, mas as 39 últimas são absolutamente fantasiosas, apesar dos esforços de imaginação dos comentadores até os nossos dias.[5] A "profecia de São Malaquias" terá de fato muita popularidade e será constantemente atualizada, a primeira vez no fim do século XVII até Inocêncio XI (1691).

É ainda na Itália que Jean Picard, bibliotecário da abadia de São Vítor de Paris, vai procurar os textos das *Prophéties et prédictions des divers sancts personnages recouvertes en Italie en l'année 1590*, publicadas em 1604.

Na França também aparecem coleções de profecias. A de meados do século XV, encontrada em Tours, parece ter tido um propósito estritamente pedagógico.[6] Em compensação, a maioria das outras corresponde a circunstâncias específicas e tem um objetivo bem definido. Os conflitos entre Luís XII e o papado, por exemplo, deram origem às coletâneas compostas por Jean Lemaire de Belges: a *Légende des vénitiens* [Lenda dos venezianos], em 1509, e o *Traité des schismes et des conciles de l'Église*, em 1511. Para ele, a rivalidade entre o rei e o papa é sinal de um próximo cisma, o vigésimo quarto da Igreja, e será precursor da vinda do Anticristo: "Isso designa e prognostica o

4 Bibliothèque Mazarine, ms. 3898.

5 Segundo essa lista, a divisa de Paulo VI, por exemplo, o centésimo nono, é: "da metade da lua". Maravilha! É sob seu pontificado que os americanos desembarcam no nosso satélite. Ainda segundo a lista, João Paulo II seria o centésimo décimo e penúltimo papa.

6 Tobin, Une collection de textes prophétiques du XVe siècle: le manuscrit 520 de la Bibhothèque Municipale de Tours, *Mélanges de l'École Française de Rome – Moyen Âge*, t.102, n.2.

futuro grandíssimo XXIIII cisma na Igreja Católica e universal, do qual tanto falaram os vaticínios dos profetas e sibilas e os prognósticos da astrologia". Como podemos ver, Lemaire de Belges não está preocupado com a origem das predições. Para ele, o Espírito Santo está em ação em todos os adivinhos, astrólogos e profetas:

> Se bem que as coisas contingentes futuras não tenham nenhuma verdade determinada, segundo o dito do Filósofo, todavia nossa Santa Mãe Igreja tem como artigo de fé que o mundo deve perecer pelo fogo. E, antes que ele acabe, é certo (segundo a autoridade da sagrada escritura e do apocalipse) que o anticristo virá, e, antes que o anticristo venha, será o grande e maravilhoso cisma da Igreja pelo qual os príncipes seculares serão constrangidos a pôr a mão na reforma dos eclesiásticos, como essas coisas previram por inspiração divina e revelação do Santo Espírito vários profetas, sibilas, santas pessoas, astrólogos e matemáticos.[7]

Ele recruta para seu serviço Paulo, o Apocalipse, o Pseudo-Metódio, Santa Brígida, Joaquim de Flora, a Sibila de Cumas, as de Creta e Eritreia, assim como Merlin. Utiliza vários tratados do século XV, como o *De veritate astronomie*, de Jean de Bruges (1444), que cogitava um cisma para depois de 1484, a *Pronosticatio in latina*, de Lichtenberger (1488), e o *Opusculum divinarum sancti Methodi*, de Wolfgang Aytinger (1496), primeira publicação comentada do Pseudo-Metódio.

Jean Lemaire de Belges usa essas fontes com um espírito sectário e palaciano, com o intuito de desacreditar Júlio II: a ambição desmedida dos papas será responsável pelo cisma. Seu livro, aliás, será utilizado pelos príncipes que aderiram à Reforma e traduzido para o inglês em 1539, sem as passagens mais favoráveis à França. A propósito do Imperador dos últimos dias, ele evita tomar partido, porque em 1511 escreve a favor de Luís XII, mas continua a serviço de Margarida da Borgonha, e o rei da França e Maximiliano

7 Jean Lemaire de Belges, *Traité des schismes et conciles de l'Église*, p.243. [No original:"Jasoit (bien que) ce que des choses contingentes futures il n'y ayt point de vérité déterminée, selon le dit du Philosophe, toutes voies nostre Mère Saincte Église tient pour article de foy que le monde doibt périr par feu. Et avant qu'il soit finy il est certain (selon l'auctorité de la saincte escripture et de l'apocalipse) que l'anthechrist viendra, et avant que l'anthechrist viegne sera le grand et merveilleux scisme de l'Église par lequel les princes séculiers seront constrainctz mettre la main à la refformation des ecclésiasticques, comme ces choses ont preveu par inspiration divine et révélation du Sainct Esperit pluiseurs prophètes, sibilles, sainctes personnes, astrologues et mathématiciens".]

ainda são aliados contra o papa. Ele tomará partido a favor de Luís XII apenas na última edição, em 1512.[8]

Outra compilação profética igualmente sectária é impressa em 1522: o *Mirabilis liber*, obra latina com algumas passagens em francês. A partir das mais diversas fontes – Merlin, Lichtenberger, Rocacelsa, Savonarola, Pseudo--Metódio, sibilas, profecias recolhidas nos manuscritos da abadia de São Vítor de Paris –, a coletânea, iniciada no contexto de disputa entre Francisco I e Carlos V na eleição imperial de 1516, é orientada para o anúncio de um imperador francês e de um "papa angélico", também francês, originário da diocese de Limoges, que inauguraria uma era de reformas e conversão, inclusive a dos judeus e dos infiéis. A obra ressalta a superioridade dos reis da França, ilustrada pela sagração, pela santa ampola, pelo poder de cura, pelo envio de Joana d'Arc. O prestígio do *Mirabilis liber* será considerável depois da Batalha de Pavia, em 1525, já que uma das profecias, composta depois de Poitiers em 1356, fala de uma grande derrota francesa, quando o rei seria feito prisioneiro: a repetição da história vem em auxílio dos profetas.[9]

O duelo entre os Valois e os Habsburgos é ocasião para o florescimento de coletâneas proféticas orientadas, favorecendo um campo ou outro. Francisco I manifesta várias vezes seu desprezo pelas profecias favoráveis ao seu rival e encoraja muito pouco as tentativas de seus partidários. Mas os tempos são propícios a esse gênero de exercício que, além do mais, é muito estimado na corte de Luísa de Saboia. Em cerca de 1516, Georges Benignus, um franciscano croata expulso pelos turcos, dedica ao rei seu *Vexillum victoriae christianae*, que profetiza sua vitória. Em 1497 ele já havia anunciado o fim do islã e a futura grandeza da monarquia francesa em suas *Propheticae solutiones*.[10]

Em 1525, Jean Bocard, padre da diocese de Avranches, publica o *Thremodia mirabiliter*, coletânea de profecias favoráveis ao rei da França. Em 1551, Guillaume Postel, em seu *Thrésor des prophéties de l'univers*, que retoma o *Mirabilis liber*, reúne as predições que anunciam o futuro papel da monarquia francesa na reforma universal. Essas coletâneas, aliás, nem sempre são do agrado das autoridades: em 1545, a Sorbonne condena o *Livre merveilleux contenant en brief la fleur et substance de plusieurs traictez tant de prophéties et révélations que anciennes cronicques*, que é na verdade a tradução do *Libellus*, de Telésforo de Cosenza.

---

8 Britnell, Jean Lemaire de Belges and Prophecy, *Journal of the Warburg and Courtauld Institutes*, t.42, p.144-66.

9 Britnell; Stubbs, The *Mirabilis liber*: Its Compilation and Influence, *Journal of the Warburg and Courtauld Institutes*, t.49, p.126-50.

10 Secret, Aspects oubliés des courants prophétiques au début du XVIe siècle, *Revue de l'Histoire des Religions*, t.173, p.173-201.

Ainda sob Henrique IV, alguns insistem em fazer do rei da França o futuro Imperador dos últimos dias, como Jean-Aimé de Chavigny, um discípulo de Nostradamus, que utiliza as profecias do *Liber* em suas *Pléiades*, de 1603.

## PROFECIA E PODER POLÍTICO

A profecia a serviço dos soberanos atinge proporções muito mais consideráveis na Itália, tornando-se uma verdadeira moda por volta de 1500. O episódio de Savonarola, o crescimento do profetismo popular, o choque das guerras da Itália, a vontade de sacralização do príncipe, numa óptica maquiavélica, levam os soberanos a contratar os serviços carismáticos de um inspirado, que desempenha o papel de oráculo da corte. Na imensa maioria dos casos, trata-se, aliás, de uma profetisa, com frequência uma religiosa enclausurada, num convento fundado pelo príncipe, que vai consultá-la regularmente. Discreta, menos incômoda que um personagem residindo na corte, e de acesso difícil para qualquer outro soberano, a profetisa oferece todas as garantias de segurança.[11]

Catarina de Vigri é o caso mais antigo. Depois de consultada por Borso d'Este em 1453, instala-se num convento da Bolonha e serve de oráculo para a senhoria de Bentivoglio, cuja vitória militar é predita por ela. Catarina também anuncia a destruição de Constantinopla e a ruína de certas casas locais. Após sua morte, em 1463, Sabadino degli Arienti publica sua biografia em 1472, contribuindo para difundir esse modelo de profetisa de corte, que será disputado pelos príncipes locais. Entre 1497 e 1500, o duque D'Este fuça os conventos italianos e consegue tomar a seu serviço uma estigmatizada de Viterbo, Lucia de Narni. Em Perúgia, é Colomba de Rieti que dá conselhos aos Baglioni; em Mântua, Osanna Andreasi e depois Stefana Quinzani prestam serviço a Gianfrancesco Gonzaga; em Parma, Simona della Canna ilumina o conde de Berceto; em Bolonha, Elena Duglioli serve ao cardeal legado, governador da cidade; em Milão, Andrea, uma agostiniana de Santa Marta, é consultada pelo governador Lautrec; em Turim, Caterina Mattei é usada por Cláudio de Saboia; em Urbino, Osanna Andreasi e depois Laura Mignani fazem revelações proféticas a Isabel Gonzaga; em Monferrato, uma dominicana terceira, Maddalena Panatieri, profetiza as vitórias do marquês

11 Zarri, Les prophètes de cour dans l'Italie de la Renaissance, *Mélanges de l'École Française de Rome – Moyen Âge*, t.102, n.2.

Guilherme VIII Paleólogo e as devastações que as guerras da Itália vão provocar; em Nápoles, os místicos são consultados antes de cada empreitada.

Os papas não ficam atrás: Alexandre VI, Júlio II, Leão X, Clemente VII consultam Colomba de Rieti e Elena Duglioli. Em 1512, o cônego regular Archangelo Canetoli prediz a Juliano de Medici, então exiliado em Mântua, a exaltação de sua família, um ano antes da eleição de Giovanni de Medici ao pontificado (Leão X). O camáldulo Michelangelo Bonaventura Pini prediz a eleição de Giuliano de Medici, que se tornará Clemente VII, e depois a de Alessandro Farnese. Os Della Rovere também utilizam os serviços de Pini.

A moda dos profetas de corte culmina na Itália entre 1480 e 1530, depois recua, em parte por efeito da estabilização dos Estados, que têm menos necessidade de uma caução sobrenatural, mas também por causa dos progressos da depuração e da racionalização da fé no espírito tridentino. Haverá certo ressurgimento dos profetas urbanos no início do século XVII, nos meios aristocráticos, mas logo abandona a cena para a astrologia.

Na Espanha, Filipe II, que em 1592 condena a astrologia e a adivinhação, por um momento dá ouvidos à profetisa Lucrecia de León, em meio à aflição que se seguiu à derrota da Armada, mas logo a denuncia à Inquisição, quando suas profecias se tornam antimonárquicas.

Na Inglaterra, a situação da profecia em relação à monarquia é mais confusa, em razão dos conflitos religiosos por que passa o país na época dos Tudors. Se os soberanos não hesitam, quando necessário, em utilizar ou suscitar predições favoráveis, a maioria dos profetas é hostil a eles, e o poder vai se esforçar para proibir essa atividade, que é ainda mais perigosa porque é irracional, incontrolável, e bebe dos velhos fundos célticos, assim como dos clássicos cristãos. Se os efeitos são temíveis é porque a população parece particularmente crédula. Um escocês escreve em 1549: "Os ingleses dão crédito a diversas profecias profanas de Merlin e a outros vaticinadores corrompidos, aos trabalhos imaginários, nos quais eles creem mais do que nas profecias de Isaías, Ezequiel, Jeremias ou dos Evangelhos".[12]

Já no século XV, a profecia política teve um papel importante na Guerra das Rosas e nos movimentos nacionais gauleses e irlandeses. Merlin foi usado tanto por York e Lancaster como por Owain Glyndwr revoltado contra Henrique IV. Foi igualmente contra este último que a família Percy utilizou a profecia do *Mouldwarp*, que anunciava que a toupeira, sexto rei depois de João, seria tirada do poder por um dragão, um leão e um lobo, que dividiriam

12 Murray (ed.), *The Complaynt of Scotlande*, p.82.

o reino entre si. Essa profecia apareceu de novo contra Henrique VIII na época da Peregrinação da Graça, e o vigário de Isleworth foi executado em 1535 por tê-la aplicado ao rei. Em 1537, o bispo de Bangor teve aborrecimentos por tê-la citado, e em 1539 um juiz de Exeter foi exilado por tê-la discutido.[13]

Os bardos gauleses, assim como os pregadores lolardos, acusados de difundir profecias políticas, são perseguidos. Uma lei de 1541-1542 qualifica como felonia as predições feitas a propósito dos animais simbólicos que paramentam a heráldica aristocrática. Outra lei de 1549-1550 pune com multa e prisão os que fazem circular essas predições. Os juízes de paz e os bispos são encarregados de descobrir os autores. Na Irlanda, toda revolta se apoia em profecias, como a de Girard, o Gaulês, e em 1593 um morador do condado de Kildare teve as orelhas cortadas porque espalhou uma profecia que afirmava que um dia os O'Donnel seriam reis da Irlanda.

Henrique VII, fundador da dinastia dos Tudors, recorre com frequência aos adivinhos; um deles, Robert Nixon, camponês do Cheshire, teria predito sua vitória em Bosworth e vários acontecimentos da história inglesa no século XVII. Mas ele também tem de enfrentar revoltas baseadas em predições, como a de Perkin Warbeck. Sob Henrique VIII, o representante de Carlos V na Inglaterra, Chapuys, confirma: os ingleses são particularmente crédulos e as profecias os conduzem frequentemente a revoltas. O episódio do rompimento com Roma e do confisco dos mosteiros é propício à disseminação de boatos proféticos, muitas vezes tirados do bestiário merlinesco e heráldico, como este dístico que mistura a vaca vermelha que faz parte de um brasão real e o touro de Ana Bolena: "Quando essa vaca cavalgar o touro/ Que tome tento o padre ao seu crânio".

O falcão branco do brasão de Ana Bolena está presente em profecias que anunciam a ruína do clero, o que alimenta outras profecias anunciando a rebelião do clero contra o rei, como a que Alexandre Clavell espalha em 1535 em Dorset.[14] Durante a revolta da Peregrinação da Graça, profetas garantem que o rei será morto por padres e predizem o papel do líder dos revoltados, Robert Aske. O ministro Cromwell é visado por profecias rimadas com seu nome ("Muito mal vem de pouca coisa, como uma migalha bem [*crumb well*] entalada na garganta de um homem").

Em seu grande livro sobre o declínio da magia, Keith Thomas dá numerosos exemplos das profecias político-religiosas que parecem infestar o

---

13 Thomas, *Religion and the Decline of Magic*, p.474.
14 Ibid., p.473.

reino de Henrique VIII:[15] em 1537, um monge de Furness anuncia que, se a influência do papa durasse mais quatro anos, ela seria definitiva, e que tudo mudaria radicalmente nos três anos seguintes; o prior de Malton desenterra uma velha profecia que prova que o rei ia fugir e a Igreja ia recuperar seus bens em três anos; outros predizem a morte do rei antes do Pentecostes de 1538. Nesse ano, foi executado o cura de Muston, em Yorkshire, que predisse a derrubada do rei, o advento do imperador na Inglaterra, a restauração do poder pontifício e a revolta da família Percy. O interrogatório permite pôr em evidência toda uma rede de textos proféticos, que têm como base Merlin e suas adaptações. O cura havia emprestado do prior dos cistercienses de Scarborough vários manuscritos proféticos, que o próprio prior havia copiado de um padre de Beverly e de um nobre de Scarborough, que os recebeu de outro padre, Thomas Bradley, que os conseguiu com um clérigo, William Langley. Entre os textos em questão encontram-se misteriosas predições sobre "K. L. M." (Katherine e Lady Mary) e "A. B. C." (Ana Bolena e Cromwell).

Em 1546, é preso um certo Richard Laynam, profissional da profecia, velho conhecido dos serviços governamentais, já preso uma vez em Tour como "profeta louco". Ele espalhava profecias desfavoráveis ao rei, anunciando sua expulsão e o restabelecimento do poder do papa. Segundo ele, Henrique VIII era o último dos seis reis preditos por Merlin, e em breve deveria perder três quartos de seu reino. Em 1530, William Harlokke, de Colchester, vendedor de profecias, revela a existência de numerosos colegas pelo país; as predições utilizam sempre animais alegóricos.

Os revoltosos de 1549 utilizam uma profecia segundo a qual o rei e a nobreza seriam substituídos por um parlamento de plebeus que estabeleceria quatro governadores, e o governo replica com uma profecia de Merlin anunciando que os conselheiros de Troia (logo, de Londres) perderiam a cabeça. Os mesmos fenômenos acontecem durante e depois da revolta de Robert Ket. No condado de Norfolk, as profecias pululam, e em 1554 os juízes de paz recebem ordens de procurar as "vãs profecias", que são "o próprio fundamento de toda rebelião". O governo de Eduardo VI manda prender várias pessoas que espalham predições sobre uma invasão iminente do rei da França. Sob Maria Tudor, a multiplicação das profecias anticatólicas e antiespanholas alimenta as revoltas, como a de Wyatt, que admite ter sido motivado por um desses textos. O poder organiza uma busca sistemática dos livros proféticos.

15 Ibid., p.474-6.

O reinado de Isabel assiste a uma intensificação das atividades proféticas, o que leva o conde de Northampton, Henri Howard, a escrever em 1583 uma *Defesa contra o veneno das supostas profecias, para opor-se a essas extravagâncias*. Sem nenhum efeito, naturalmente. Mesmo a mais alta nobreza se deixa levar, talvez por interesse, a essas especulações: em 1572, o duque de Norfolk, julgado por traição, confessa ter sido seduzido por uma profecia que anunciava a derrubada de Isabel (o leão) por outro (ele próprio) e uma leoa (Maria Stuart). Cada prisão por sedição é acompanhada de rumores sobre profecias, como em Derbyshire em 1569, ou em 1584, onde livros proféticos foram encontrados em posse de um certo John Birtles.

A oposição católica utiliza largamente a arma profética merlinesca, como numa profecia delirante de 1583, atribuída a John Tusser, que põe em cena cavalos brancos, águias, elefantes, leões, homens mortos.[16] Também é um homem morto que faz o papel principal numa profecia descoberta em 1586, durante o interrogatório de um bordador de Leicester, Edward Sawford. A predição gira em torno do destino de Maria Stuart, e anuncia reviravoltas catastróficas, se lhe acontecer alguma coisa. Guerras e rebeliões cessariam apenas com a chegada do homem morto, que restabeleceria a ordem, colocando quatro governadores à frente do país, partiria para Jerusalém, onde morreria (?) e seria enterrado entre três "reis de Colônia". Um estudo cuidadoso desse depoimento permitiu desvendar uma mistura assombrosa de Merlin, mitos apocalípticos, lendas sobre o soberano dos últimos dias, utopias sobre a era de ouro, e predições tiradas de uma coletânea intitulada *As profecias de Rymer, Beda e Merlin*. A lógica é, evidentemente, a menor das preocupações desses textos, como podemos ver ainda na profecia confessada por Simon Yomans, em 1586, que também anunciava a substituição da rainha por quatro pares.[17]

O caso da Invencível Armada, é claro, dá asas à imaginação profética. Mais uma vez, o folclore merlinesco é amplamente explorado: fala-se do retorno de uma frota vinda de Roma, que libertaria a Bretanha. O gaulês Morys Clynnog faz referência a essa profecia em 1575, em seus projetos de invasão católica; os padres que viviam na clandestinidade alimentavam as esperanças, falando de um retorno pujante e iminente do papado, e o conspirador Anthony Babington se fundamentava numa profecia de Merlin. O próprio acontecimento, em 1588, embora frustre as esperanças católicas,

16 Ibid., p.482.
17 Ibid., p.483.

parece confirmar o prognóstico de Regiomontanus, que anunciava grandes reviravoltas para aquele ano.

Desse breve apanhado, deduzimos que a profecia política na Inglaterra, no século XVI, é coisa mais particularmente do povinho católico inspirando-se nas histórias de Merlin. O prestígio deste último é considerável: "Foi um homem que predisse muitas coisas por vir, sim, e até o fim do mundo", declara o bordador Edward Sawford durante seu processo. O fato de ele ser filho de um demônio não parece perturbar as consciências, tampouco o fato de a lenda ser condenada pelas autoridades católicas. Do lado dos protestantes, o povo é mais reservado no que lhe diz respeito, mas os lolardos não desdenham de servir-se dele e, no próprio clero anglicano, um bispo como Bale lhe atribuía a predição da dissolução dos mosteiros, e Wilfred Holme mostrava que ele devia ser identificado com o leão e a águia das narrativas arturianas.

As profecias de inspiração mais estritamente religiosa são relativamente menos numerosas no campo político, mas são mais bem distribuídas entre protestantes e católicos. A propaganda real, quando necessário, sabe recorrer aos textos proféticos, por exemplo, para justificar o rompimento com Roma: Richard Morison identifica Henrique VIII com o leão do livro de Esdras, e Thomas Cromwell manda reunir e reinterpretar textos proféticos a fim de provar que o rei estava fadado a derrubar o poder do papa.

O alto clero anglicano se divide sobre a questão da profecia. No século XVII, os bispos, como Sprat e Hacket, acreditam que Deus ainda comunica visões a alguns, mas julgam que as seitas puritanas dão importância demais a esse assunto. Os períodos de perseguição são os mais propícios à exaltação profética, e sob o reinado de Maria Tudor vários mártires protestantes supostamente predisseram a própria morte, mas também a da rainha e o fim da perseguição. John Foxe, autor dos *Atos e monumentos*, martirólogo dos protestantes mortos sob a rainha católica, declara que muitos tinham o dom da profecia, e ele próprio, no exílio, teria tido uma visão premonitória do falecimento de Maria. John Knox afirmava em 1565, sem nenhum complexo: "Deus me revelou segredos desconhecidos ao mundo". Sob o reinado de Isabel, os messias proliferam; na maioria das vezes são loucos que acreditam ser Cristo, e as autoridades contentam-se em açoitá-los. As medidas são mais draconianas quando o caso toma proporções exageradas, como em 1591, quando William Hacket, um indigente analfabeto, apresenta-se como o messias que veio julgar o mundo, e anuncia cataclismos, caso ele não se emende. Acompanhado de dois puritanos que dizem ser seus profetas, ele causa certa agitação. É preso e executado.

Do lado dos católicos, acontecem os mesmos fenômenos. Sob Henrique VIII, a donzela de Kent, Elisabeth Barton, acredita ser dotada de dons proféticos e anuncia que o rei perderá o trono, se casar com Ana Bolena. Aristocratas ambiciosos podem explorar essas predições, como o duque de Buckingham, executado em 1521, que deu ouvidos demais ao cartuxo Nicolas Hopkins, que predizia que ele ia herdar o trono porque o rei não teria herdeiros. Eremitas e algumas histéricas espalham rumores proféticos favoráveis a Maria Stuart.

## INEFICÁCIA DA REPRESSÃO ANTIPROFÉTICA

A exaltação religiosa provocada no século XVI pelos conflitos em torno da Reforma extravasa amplamente para o domínio político, causando embaraço nas autoridades. Sem dúvida, não devemos exagerar a ameaça que as profecias políticas representam para os governos. Contudo, elas podem, em certos casos, atingir proporções preocupantes, desconhecidas até então, e justificar medidas repressivas severas. Porque o fenômeno é europeu e de certo modo traduz a frustração de grupos excluídos do poder, que encontram na profecia uma espécie de realização simbólica de suas vãs esperanças, por uma fuga para um futuro ao qual o caráter inspirado dos textos dá uma aparência de certeza. É o que constata, por exemplo, Willem Frijhoff nos Países Baixos: a profecia, escreve ele, "é, por assim dizer, o discurso daquele que não tem – ou não tem mais – poder sobre a realidade histórica cotidiana, ou sente que esta lhe escapa, mas, ao mesmo tempo, ainda não perdeu a esperança de recuperar esse poder sobre a situação ou sobre o destino".[18] Os Países Baixos, como a Inglaterra, são sacudidos no século XVI pelos conflitos religiosos, e nos dois campos o recurso à profecia é moeda corrente: representa de 3% a 6% do conjunto da produção impressa. Um exemplo entre muitos outros: Pedro Opmeer, burguês de Amsterdã, católico, declara que a introdução do protestantismo em sua cidade foi pressagiada pelo cometa de 1577, por um terremoto, por chuvas diluvianas, ou seja, anúncios de catástrofes.

Notemos mais uma vez a mistura dos gêneros, regra no século XVI, em particular nas profecias políticas. Em 1572, o médico e astrólogo Cornelius Gemma (1535-1578) observa no céu uma estrela com formato de cruz;

---

18 Dupont-Bouchat; Frijhoff; Muchembled, *Prophètes et sorciers dans les Pays Bas (XVIe-XVIIIe siècle)*, p.278.

o acontecimento, relatado por Guy Le Fèvre de La Boderie (1541-1598), é criticado por Tycho Brahe, que prefere utilizar uma profecia da Sibila Tiburtina encontrada na Suíça em 1520 para prognosticar em 1578 uma troca de reinado na França.[19] Essas profecias podem ocasionalmente ter sérias consequências para as decisões políticas ou militares. Montaigne conta a história do marquês de Saluzzo que, em 1536, impressionado com as predições a favor dos imperiais, por instigação de Roma, trai o exército francês.[20]

Os governos civis tentam uma repressão sistemática das profecias políticas, sem grande sucesso. Já proibidas em 1402 e 1406 por Henrique IV na Inglaterra, onde lolardos são executados por esse motivo, elas são assimiladas aos atos de traição sob Henrique VIII, em 1541-1542. Em 1549, uma lei de Eduardo VI estabelece nitidamente a ligação entre profecia e sedição:

> Recentemente diversas pessoas mal-intencionadas, com o propósito de agitar e levar à sedição, à desobediência e à rebelião, com um espírito perverso fingiram, imaginaram, inventaram, publicaram e praticaram diversas profecias fantásticas a respeito da majestade real e de diversas pessoas nobres e comuns.[21]

As leis de 1552, 1562, 1580 retomam os mesmos motivos.

A ineficácia dessas medidas deve-se tanto à personalidade dos "profetas" como às fontes de suas predições. Como escreve Keith Thomas, a profecia é, nesse caso, um "mito de validação":

> Esses homens se apoiam em visões e revelações a fim de convencer os outros da justiça da causa que eles adotaram [...]. Deveríamos hesitar, portanto, antes de tratar todos esses profetas e curandeiros como psicopatas, vítimas de alucinações provocadas por jejum ou histeria causada por inibição sexual. Não basta qualificar esses homens como loucos. É preciso explicar por que sua loucura tomou essa forma particular.[22]

---

19 Secret, Cornelius Gemma et la prophétie de la Sibylle tiburtine, *Revue d'Histoire Ecclésiastique*, t.64, n.2, 1969, p.423-31.

20 Montaigne, *Ensaios*, I, 11: o marquês "deixou-se espantar tanto, como se fora advertido, pelas belas prognosticações que então faziam correr por todos os lados a favor do imperador Carlos V, e contra nós (mesmo na Itália, onde essas loucas profecias encontraram tanta aceitação que em Roma foi dada grande importância em dinheiro em troca dessa opinião sobre a nossa ruína), que, depois de se condoer muitas vezes a seus íntimos dos males que via se preparar inevitavelmente para a coroa da França e os amigos que tinha, revoltou-se e mudou de partido".

21 Apud Rusche, Prophecies and Propaganda, 1641 to 1651, *English Historical Review*, t.84, p.754.

22 Thomas, op. cit., p.176-7.

Devemos ter em mente, contudo, que esses personagens, com exceção dos manipuladores conscientes, são desequilibrados. Lembrar esse fato talvez não seja tão inútil quanto parece, quando se constata o volume de estudos que discutem a validade de suas predições. Quanto ao segundo ponto, que é saber por que tantos homens se dedicaram a esse tipo de elucubração no século XVI, parece-me necessário responder dizendo que a fuga para o futuro é, nessa época, a única solução adequada ao convulsionamento dos valores tradicionais. Para homens que não têm mais poder sobre a marcha real dos acontecimentos, só resta se convencer de que "virá o dia em que...". O Renascimento foi o choque que levou todos os excluídos da nova ordem, ou todos os marginais da incerteza ambiente, a se refugiar na profecia: artesãos rebaixados pela evolução capitalista, figuras de certa importância no mundo feudal repelidos pela concentração monárquica dos poderes, camponeses arruinados pelos cercamentos, religiosos ameaçados pela Reforma, protestantes perseguidos pela Contrarreforma. Para todas essas categorias, a profecia é um meio de afirmação e um escape para as frustrações dos vencidos. Nessas condições, proibir que se profetize é como proibir de sonhar; ora, a lei não tem poder sobre isso.

Em segundo lugar, a ineficácia da legislação vem da natureza dos textos proféticos. Estes não são inventados em função das circunstâncias; são textos antigos, obscuros e de prestígio, constantemente reinterpretados e adaptados à atualidade, serpentes marinhas que ressurgem indefinidamente, cada vez com um disfarce diferente, hidras de múltiplas cabeças.[23] Mal se destrói uma profecia adaptada de Merlin e o mesmo texto serve de suporte para outra. O que teria de ser feito era matar Merlin, a Sibila ou o Apocalipse, reduzindo-os a sua estrita dimensão histórica original. Mas o século XVI não tem nem o desejo nem os meios exegéticos para isso. Além disso, as autoridades não têm nenhum interesse em arruinar o prestígio das profecias. Os dogmas católicos, as crenças protestantes, a ideologia do poder absoluto dos reis estão enraizados nos mesmos escritos das profecias que os contestam, de modo que todos são solidários, irmãos inimigos disputando a herança da qual cada um constitui uma parte. A exegese histórica de São Paulo, por exemplo, esvazia o mito do Anticristo e do milênio, mas ao mesmo tempo reduz a justificação pela fé, a submissão às autoridades estabelecidas e uma parte dos dogmas católicos a seu contexto histórico.

---

23 As fontes proféticas na Inglaterra do século XVI foram estudadas por Taylor, *The Political Prophecy in England*; Dodds, Political Prophecies in the Reign of Henry VIII, *Modern Language Review*, v.11; Previté-Orton, An Elizabethan Prophecy, *History*, II.

Portanto, são Paulo deve – se é que podemos nos exprimir assim – permanecer palavra de Evangelho, ainda que se tenha de fazer acrobacias intelectuais para separar o que deve ser aceito literalmente daquilo que é puramente simbólico.

O bestiário de Merlin merece a mesma observação. Enquanto a aristocracia e os poderes monárquicos continuarem a empregar a sério as águias, os leões, os leopardos e outros símbolos pueris em seus jogos políticos, será impossível calar a imaginação profética dos descontentes, que se servirão dessas histórias. Na época de Isabel I, John Harvey é o único a caçoar do zoológico e do bricabraque merlinesco de "águias e briquets, gatos e ratos, cães e ouriços, corvos e borboletas, pedras e ossos, elfos e anões, sapatos remendados e luas estivais".[24] O caráter sacrílego desse inventário à moda de um Prévert *avant la lettre* mostra que a cultura dominante não está pronta para romper com a mitologia de Godofredo de Monmouth.

Devemos acrescentar a esse material as especulações sobre os números simbólicos, os textos atribuídos a ilustres "profetas" de outrora – como Tomás Becket, Beda, Gildas, Eduardo, o Confessor, Bacon, ou mesmo Chaucer, em cujo nome é impressa em 1532 uma profecia inventada –, as predições escocesas atribuídas a Thomas Rymer, publicadas em parte em 1603,[25] e finalmente as profecias de fabricação recente, como as do protestante alemão Paul Grebner sobre o futuro da Europa, oferecidas a Isabel I. Esta as aceita, porque coincidem com suas opiniões, e manda que sejam depositadas na biblioteca do Trinity Collège, em Cambridge. Mas como poderes políticos que aceitam em seu proveito o princípio da profecia podem proibir com êxito essas mesmas profecias quando lhes desagradam?

## PROFECIA E ANGÚSTIA APOCALÍPTICA

A mesma constatação emerge do exame das profecias de conteúdo religioso, quer se refiram aos assuntos da Igreja terrena, quer aos dos tempos últimos. Os dois domínios, aliás, são dificilmente dissociáveis. No século XV, as profecias hostis à Roma se multiplicam. Entre dezenas de outras, a do alemão Theodorius, residente na Apúlia, em 1463: ela prevê, contra um pano de fundo obrigatório de tremores de terra, dilúvios e mortandades que contribuirão para purificar o mundo, a conversão do papa e de todos os padres, que não falarão mais latim e não esconderão mais nada dos leigos. Ao mesmo

24 Harvey, *A Discoursive Problem concerning Prophecies*, 1588, p.62.
25 Rymer, *The Whole Prophecies of Scotland, England, France, Ireland and Denmark*.

tempo, os muçulmanos tentarão uma grande investida contra Roma, mas o rei deles se converterá e Jerusalém será definitivamente conquistada pelos cristãos.[26] A ameaça se precisa no fim do século. Em 1496, em Augsburgo, Mathis Sandauer tem visões: Deus lhe anuncia a vinda de uma "reforma". No mesmo ano, Wolfgang Aytinger prediz a chegada de um líder messiânico que vai se apoderar da Terra Santa, reformar a Igreja, castigar o clero. Seus escritos são publicados três vezes entre 1496 e 1515, enquanto numerosos outros anunciam uma reforma.

No mesmo momento, Savonarola faz Florença ferver. Seu pensamento, essencialmente profético, oscila entre o anúncio do fim dos tempos e o anúncio do início de uma era de bem-aventurança para a sua cidade regenerada.[27] Em escritos de 1472, 1475, 1490, 1491, ele enumera os sinais precursores do julgamento final, que está próximo. Entre eles, a corrupção generalizada da Igreja tem lugar de destaque. Depois, a partir de 1494, sua mensagem muda, torna-se mais política e milenarista: invasão francesa e início de uma era de felicidade terrena. Espiritual e temporal são inextricavelmente misturados:

> Anuncio essas boas-novas à cidade de Florença: ela será mais gloriosa, mais rica, mais poderosa do que nunca antes. Primeiro, gloriosa aos olhos de Deus como aos dos homens, pois tu, Florença, tu serás a reforma de toda a Itália; em ti começará a renovação que resplandecerá em todas as direções, pois que aqui se encontra o coração da Itália. Teus conselhos reformarão tudo à luz da graça que Deus te dará. Segundo, Florença, tuas riquezas serão incontáveis e Deus multiplicará tudo em teu favor. Terceiro, estenderás teu império e gozarás assim do poder temporal e do poder espiritual.[28]

Savonarola também teoriza a profecia, com a preocupação de autenticar suas predições. Ao contrário de muitos de seus contemporâneos, que misturam os gêneros, ele condena categoricamente a astrologia como ímpia, num panfleto de 1497, o *Contra gli astrologi*. De sua parte, os astrólogos, como Luca Bellanti, tratam-no como inimigo: ele seria o pseudoprofeta herético anunciado por Paulo de Midelburgo e João Lichtenberger em seus julgamentos sobre a conjunção de Saturno com Júpiter em 1484. Em 1495, Savonarola, no *Compendio di rivelazioni*, recapitula suas visões proféticas, avançando como prova de sua origem divina o fato de terem se revelado justas, desde

26 Lerner, Medieval Prophecy and Religious Dissent, *Past and Present*, n.72, p.3-24.
27 Weinstein, *Savonarole et Florence*.
28 Apud Weinstein, op. cit., p.150.

a morte de Lourenço de Medici até a loucura de Pedro, passando pela invasão francesa. Excomungado em 1497, ainda escreve o *Dialogus de veritate prophetica* para se justificar, e ali explica que somente o carisma profético pode salvar a Igreja.[29]

Seus continuadores seguem na mesma direção, mas a unidade da mensagem se quebrou. Uns, como Francesco da Meleto, conservam o aspecto otimista, anunciando em 1513 a conversão dos judeus, para 1517, a dos muçulmanos, seguida da vinda de um homem simples, enviado de Deus, que inaugurará a nova era entre 1530 e 1540, preparando o retorno de Cristo. Outros, ao contrário, como Fra Francesco di Montepulciano, anunciam a chegada da vingança divina: "As pessoas navegarão sobre marés de sangue, lagos de sangue, rios de sangue. [...] Dois milhões de demônios estão soltos no céu [...] porque mais mal foi cometido ao longo dos últimos dezoito anos do que ao longo dos 5 mil que precederam".[30] As duas predições contraditórias dos dois Francescos, o otimista e o pessimista, foram feitas no mesmo ano 1513, na mesma cidade, e revelam-se tão falsas uma como a outra: viram-se tantas conversões de judeus quanto rios de sangue, tanto era nova como Anticristo. Mas os florentinos tinham várias opções, de tanto profeta que circulava pelas ruas da capital toscana nessa época com o artesão Bernardino e seus fiéis (os "ungidos"), por exemplo, e em 1514 o ex-franciscano Bonaventura compõe uma carta profética, apresenta-se como o papa evangélico e recomenda ao doge de Veneza que se alie ao rei da França, instrumento de Deus para renovar a Igreja e converter os turcos.[31]

Com o início da Reforma, a exaltação profética explode, com grande confusão de meios e fins. O fanatismo utiliza todos os sinais, tanto divinos como astrais, para anunciar a vingança, o castigo, a iminência do fim ou o começo da regeneração. Denis Crouzet analisou esse "formidável ataque de angústia apocalíptica", que ele situa no mundo católico da primeira metade do século XVI.[32] Profetas e astrólogos concordam que o fim do mundo será numa época próxima, como indica o título explícito do livro de Richard Roussat, publicado em 1550: *Livro do estado e mutação dos tempos, provando pela autoridade da Sagrada Escritura e por razões astrológicas que o fim do mundo está próximo*. A imprensa contribui para a multiplicação desses escritos, como os opúsculos

29 Leonardi, Jérôme Savonarole et le statut de la prophétie dans l'Église, *Mélanges de l'École Française de Rome – Moyen Âge*, t.102, n.2.

30 Apud Delumeau, *La peur en Occident*, p.282.

31 Secret, Aspects oubliés des courants prophétiques au début du XVIe siècle, *Revue de l'Histoire des Religions*, t.173, p.173-201.

32 Crouzet, *Les guerriers de Dieu*.

incendiários do padre Artus Désiré, sobre os quais foram encontradas 112 edições, das quais 71 de 1545 a 1562. Henri de Fines prevê o dilúvio universal para 1524; a conjunção de 1564 anuncia desastres; as guerras entre Valois e Habsburgos antecedem o julgamento final; Nostradamus prediz "infinitos assassínios, cativos, mortos, réus, [...] sangue humano, ira, fúria, ter"; Robert Céneau, bispo de Avranches, o franciscano Antoine Cathelan, os dominicanos Esprit Rotier e Pierre Doré, os doutores Antoine de Mouchy e Antoine Duval, o cônego Nicolas Maillard profetizam o Apocalipse. Para todos, a multiplicação dos heréticos é o sinal indubitável do fim iminente, e a única maneira de afastar a ira divina é eliminar os heréticos: a violência das guerras de religião será uma autorrealização das profecias. A angústia profética encontra um escape no massacre dos inimigos da fé, cuja apoteose é a noite de São Bartolomeu. Para Denis Crouzet:

> mais se aproxima o ano fatídico de 1572, mais é certo, pela leitura das fontes, que a sociedade é pega na espiral obsidional da tensão de purificação penitencial; e mais certo deveria ser, para os homens incriminados pelas denúncias proféticas de sua infidelidade, que sua salvação passava por uma violência vital que seria uma das provas de sua adoração a Deus, e do dom deles próprios a Deus.[33]

Talvez nunca até então sentiu-se a tal ponto a proximidade do fim do mundo. Em 1480, o *Prognosticon* do eremita alsaciano João Lichtenberger, dez vezes reimpresso na Alemanha antes de 1490, anunciava, a partir da conjunção de Saturno com Júpiter em 1484 e do eclipse de 1485, catástrofes e o fim do mundo.[34] Os cálculos da idade do mundo voltam com afinco para determinar a data final. No século XV, o seriíssimo cardeal de Cues a situa em 1700; o geógrafo Mercator estima em 3.928 anos o período que separa a criação do nascimento de Cristo, o que deixa pouco tempo para um mundo destinado a durar entre 6 mil e 7 mil anos. Para Viret, estamos na vigésima segunda hora de vinte e quatro. Para o cônego Richard Roussat, o fim será em 1791, e tira disso consequências práticas para a indústria civil: é inútil fazer construções muito sólidas.

Sobre essa questão, não há a princípio nenhuma diferença fundamental entre católicos e protestantes. Para Lutero, "tudo está consumado, [...] o mundo se fende por toda parte".[35] O aumento da ameaça turca e a encarnação

33 Ibid., v.1, p.211.
34 Zambelli (ed.), *Astrologi hallucinati*.
35 Epístola dedicatória à tradução do Livro de Daniel, em *Luthers Werke*, ed. Weimar, XI, 2, p.380.

do Anticristo como papa são sinais claros para ele. Aliás, João Hilten, que ele conheceu, situava o fim de Roma em 1524 e o do mundo em 1651. Lutero não fixa uma data precisa, mas declara: "Isso pode durar alguns anos, mas nossos descendentes verão a realização das Escrituras, e talvez sejamos nós que a testemunhemos".[36] Em outra parte, ele escreve: "O último dia bate à porta", e responde a uma pergunta sobre o assunto: "O mundo não durará muito tempo; talvez ainda, se Deus permitir, uma centena de anos".[37] Para o reformista, há uma razão suplementar que torna o desfecho iminente: Deus, correndo o risco de se cobrir de ridículo por sua fraqueza, não pode mais tolerar infidelidades, pecados, superstições dos homens. "Neste estado de coisas, não tenho outro reconforto nem outra esperança, exceto que o último dia é iminente. Pois as coisas foram conduzidas a um extremo tal que Deus não poderá suportar mais."[38] Teólogos e escritores seguem seu rastro. Bullinger anuncia para breve o fim do mundo; Melâncton o descreve como "agora ao alcance da mão", em consonância com o astrólogo João Carion, enquanto Osiander publica em 1545 *Sobre os últimos tempos e o fim do mundo* e Sleidanus fala de "nós que nascemos perto do fim do mundo".[39] Calvino e Miguel Servet concordam ao menos nesse ponto. Pedro Viret, amigo de Calvino, não esmorece: "O mundo está perto do fim, é como um homem que se aproxima da morte tanto quanto pode"; "O mundo está em declínio e aproxima-se do fim"; "Parece-me deste mundo que vejo um velho edifício prestes a ruir".[40] Os artistas se antecipam, porque depois será tarde demais: é preciso representar o Apocalipse agora; as gravuras de Dürer põem o tema na moda na Alemanha. As cenas do julgamento final ressurgem, até no teto da Capela Sistina.

No mundo católico, no entanto, não há unanimidade. O pregador da base, como dissemos, partilha as angústias proféticas de muitos fiéis, e no fim do século percebe-se um novo aumento da violência ligada a essas concepções. Por outro lado, os "evangelistas", como Lefèvre d'Étaples, falam também dos "últimos tempos da fé", e os místicos espanhóis do início do século orientam-se para a escatologia. Mas o refluxo é nítido, após o Concílio de Trento. Progressivamente, o clima muda na Igreja Católica. O catastrofismo do fim dos tempos que predomina por volta de 1500 é substituído

36 Lutero, *Propos de table*, p.276.
37 Ibid.
38 Apud Delumeau, op. cit., p.290.
39 Ibid., p.285.
40 Ibid., p.286, 294, 295.

pelo triunfalismo da Contrarreforma um século depois. Não se fala mais de fim do mundo para logo; a Igreja, triunfante, principia um novo contrato terreno que pode durar um bom tempo; ela se estabelece. Em 1536, aliás, polemistas católicos, como Georges Wizel, atacam as profecias apocalípticas dos protestantes, acusando-os de manipular os fiéis pelo medo. Wizel ridiculariza a obsessão dos luteranos, que acreditam ver um presságio do fim em cada acontecimento que saia um pouco do usual:

> Lutero acreditou que, causando terror às almas, atrairia mais facilmente para sua nova doutrina, e por isso falou tanto do julgamento final e do advento do Anticristo. [...] Se o vento sopra com violência, se a tempestade agita o mar, é anúncio evidente do último julgamento, do advento iminente de Jesus Cristo![41]

No fim do século, em 1597, o ex-protestante Florimon de Raemond é ainda mais sarcástico, diante do fracasso manifesto das profecias anticrísticas:

> Vemos todos os dias sair escritos das lojas profetizando essa ruína papal, e de toda a papimania (são as palavras deles). É gente que perdeu muito óleo com o Apocalipse e Daniel... É ali que encontram a ruína infalível do Anticristo deles, o banimento da catolicidade da França, e mil outros delírios tais.[42]

De fato, o exame da produção literária dessa época confirma: a obsessão anticrística se tornou apanágio dos protestantes. Assim, das oitenta e nove obras publicadas sobre esse assunto em Frankfurt em 1625, apenas uma é católica.[43] Entre os títulos importantes, mencionamos o *Tractatus de Antichristo*, de L. Daneau, publicado em Genebra em 1576, *O Anticristo romano em oposição ao Anticristo judeu do cardeal Belarmino*, de Nicolas Vigner, em 1604, até *Reflexão sobre o Apocalipse*, de Jaime I da Escócia, em 1588, e *Doomsday*, de seu amigo, o poeta Alexander, em 1614, no qual podemos ler estes presságios clássicos:

> Correm rumores de guerra, o Evangelho é pregado por toda parte, alguns judeus se convertem, o Anticristo revela-se, os diabos estão furiosos, o vício reina, o zelo arrefece, a lei enfraquece, as estrelas caem. Todos os tipos de pestes

41 Apud Janssen, *L'Allemagne et la Réforme*, VI, p.394.
42 Florimon de Raemond, *L'Antichrist*, p.132.
43 Korn, *Das Thema des Jüngsten Tages in der deutschen Literatur des 17. Jahrhunderts*, p.57.

fizeram soar a última trombeta: e por sinais prodigiosos vê-se claramente que eles anunciam a aproximação do Filho do Homem.[44]

A situação precária de muitas comunidades protestantes na Europa explica em parte a persistência dessa mentalidade obsidional. Em contrapartida, é notável que o profetismo apocalíptico tenha tendência a recuar nas correntes protestantes que se tornam majoritárias e se estabelecem no poder. É a vez do mundo reformado conhecer a hostilidade natural entre profecia e administração. A profecia, essencialmente subversiva, não pode ser livremente tolerada pelo poder, ainda que tenha sido usada para tomá-lo.

É assim que na Inglaterra, por volta do fim do reinado de Isabel, constata-se uma cisão entre os puritanos, que permanecem fiéis ao espírito profético, e a hierarquia anglicana, que dali em diante a rejeita, em proveito da continuidade, e até questiona a identificação do papa com o Anticristo.[45] A rainha se opõe às reuniões proféticas organizadas no clero puritano.[46]

## PROFECIA E MOVIMENTOS SOCIAIS: OS MILENARISTAS

A luta entre Igrejas estabelecidas e correntes proféticas toma um caráter de extrema violência a propósito do milenarismo. A introdução dessas ideias num contexto de contestação social explica a reação repressiva das autoridades católicas, protestantes e civis. O movimento chega ao paroxismo na primeira metade do século XVI, e um de seus manifestos mais radicais é o *Livro dos cem capítulos*, composto por volta de 1500, na Alsácia, por um anônimo apelidado de "o revolucionário do Alto Reno". Norman Cohn analisou essa obra, que não foi impressa.[47] Trata-se de uma síntese dos principais temas da profecia apocalíptica medieval. O autor, que escreve em alemão, recebeu uma comunicação divina por intermédio do arcanjo Miguel. Deus decidiu finalmente castigar o mundo; quer que um fiel inspirado – o autor – crie com leigos casados uma associação que use uma cruz amarela, à frente da qual estará em breve o imperador Frederico, Imperador dos últimos dias e messias ao mesmo tempo. Então a organização dos puros se lançará na grande cruzada contra o pecado, exterminando todos os pecadores, em

---

44 Apud Delumeau, op. cit., p.303-4. Vários outros exemplos são fornecidos por Delumeau.
45 Capp, The Millenium and Eschatology in England, *Past and Present*, n.57, p.156.
46 Alexander, *Religion in England, 1558-1662*, p.73-4.
47 Cohn, *The Pursuit of the Millenium*, p.118-23.

particular os adeptos da luxúria e da avareza, os usurários, os mercadores, os comerciantes e, é claro, os clérigos, que serão massacrados ao ritmo de 2.300 por dia durante quatro anos e meio (o que dá o extravagante total de 3.700.000, ilustrando como os fanáticos do Apocalipse, tão hábeis na manipulação dos números dos anos, estão fora da realidade quando se trata de recenseamento).

Curiosamente, essa limpeza também tem um aspecto racista: o último imperador restaurará a grandeza da raça alemã, que é a verdadeira raça eleita, eliminando judeus, árabes e latinos. Instalado em Trier, reinará mil anos sobre um grande Reich alemão, espiritual e racialmente puro, que irá do Atlântico aos Urais. Esse sonho lembra noções familiares ao leitor do século XX, mas o revolucionário do Alto Reno, ao contrário de seus herdeiros nacional-socialistas, também é comunista: o milênio abolirá a propriedade privada, instaurará a comunidade total de todos os bens, e todos os anos se procederá à eliminação física de todos aqueles que tiverem tentado escapar do ideal.

Síntese exaltada das aspirações sociais, nacionais e espirituais de uma parte do pequeno campesinato, mas também dos artesãos urbanos da Alemanha do Sul, setores desorientados pelas turbulências econômicas, pelas exigências fiscais cada vez maiores dos soberanos locais, pela desagregação do Sacro Império e pelos abusos do clero, o *Livro dos cem capítulos* não originou diretamente nenhum movimento concreto, mas a revolta do Bundschuh, na região de Espira em 1502, inspira-se em ideias semelhantes; seu líder, Joss Fritz, lança outras insurreições em 1513 e 1517.

Esse é apenas o começo da grande onda milenarista germânica, cuja história, tão bem analisada por Norman Cohn e depois por Jean Delumeau, não cabe expor aqui. Interessa-nos apenas o papel da profecia nesses movimentos, papel bastante ambíguo e que difere conforme a revolta. Importante nas origens intelectuais das revoltas milenaristas, ele passa para o segundo plano quando os movimentos, levados pelas necessidades práticas, entram em sua fase criativa. É o caso de Thomas Müntzer. Esse padre errante, perturbado por dúvidas pessoais a respeito da realidade da fé, e seduzido primeiro pelo pensamento luterano, encontra seu caminho em Zwickau, perto da fronteira com a Boêmia, por influência de um tecelão exaltado, formado na tradição taborita, Niklas Storch. A ideia é bastante banal: o fim está próximo; os turcos vão conquistar o mundo e o Anticristo vai reinar; mas o Enviado de Deus vai vir e reunir os eleitos, os que receberam o Espírito Santo, e eles vão executar o grande massacre dos pecadores, ao qual sucederá o milênio de bem-aventurança. Müntzer, convencido agora de ter Cristo dentro dele para conduzir a missão escatológica, prega para os mineiros e tecelões desse cantão industrial, onde o excesso de mão de obra contribui para a deterioração das condições de vida. Ele provoca tumultos em Zwickau em 1521, vai para a Boêmia, depois para a Alemanha Central, e fixa-se em 1523 na Turíngia, onde faz em 1524 um célebre sermão diante do duque João da Saxônia, convocando os príncipes a massacrar o clero. Decepcionado com a apatia dos soberanos locais, Müntzer se volta contra eles e deposita todas as suas esperanças nos pobres, que serão os agentes do massacre apocalíptico. Usando Daniel e São João, proclama que o dia da vingança chegou e intensifica os panfletos contra o clero, os príncipes e Lutero, em quem vê a Besta e a grande prostituta da Babilônia.

Lutero é violentamente contra os movimentos milenaristas. Nele, está fora de questão uma futura era de felicidade sobre a terra. É o fim do mundo que se aproxima, e o que está em jogo é a salvação eterna, que é uma questão individual, não coletiva.[48] Além do mais, um movimento como o de Müntzer ameaça a estrutura social hierárquica indispensável para difundir o movimento de reforma.

O tipo de organização social que Müntzer cogita para o milênio é muito vago. Provavelmente similar ao comunismo, pende para um retorno ao estado de natureza, segundo as ideias do profeta Hugwald, que Müntzer frequentou e cujas ideias lembram o tema da era de ouro. Mas, visivelmente, o espírito de profecia se atrapalha quando se trata de prever estruturas, uma organização. Eficiente para motivar a ação, a profecia tem uma capacidade administrativa medíocre.

A sorte de Müntzer é a revolta dos camponeses de 1525. Essa revolta, desencadeada por motivos que não têm nada de escatológicos, é uma revolta social contra o endurecimento do sistema senhorial nos principados alemães. Introduzindo suas ideias milenaristas no movimento, Müntzer lhe dá uma dimensão espiritual e apocalíptica que o endurece e em parte justifica o caráter implacável da luta e da repressão: a escatologia não se discute, e não há concessões quando a profecia está em jogo. O movimento é esmagado pelo exército dos príncipes. Müntzer, que prometera a vitória por um milagre divino, é preso, torturado e decapitado em 27 de maio de 1525.

O bastão passa imediatamente para os anabatistas, cujo líder, Hans Hut, também é turíngio, ex-discípulo de Müntzer que se proclama profeta enviado por Deus para anunciar o retorno de Cristo no Pentecostes de 1528;

48 Birnbaum, Luther et le millénarisme, *Archives de Sociologie Religieuse*, V.

os santos receberão a espada da justiça de dois gumes para eliminar os padres e os ricos e instaurar o milênio, no qual reinarão o amor e a comunidade dos bens. O pensamento de Hut, que vem diretamente de John Ball e dos taboritas, espalha-se nas comunidades anabatistas perseguidas. Hut é executado em 1527, e seus seguidores são esmagados na Alemanha em 1530.

O movimento se transfere então para os Países Baixos, onde o profeta visionário Melchior Hoffmann anuncia para 1533, 15º centenário da morte de Cristo, o retorno deste e o início do milênio. Os anabatistas se estabelecem em Münster, onde Bernt Rothmann, um ex-capelão relativamente culto, convertido primeiro ao luteranismo, torna-se líder do movimento. As dificuldades do artesanato têxtil tradicional, provocadas pelo desmantelamento das guildas em face da ascensão do capitalismo, atraem uma ampla clientela de desempregados e mendigos que não têm mais nada a perder e, portanto, estão dispostos a aderir às ideias nebulosas de Rothmann.

Hoffmann tendo sido preso, o papel dirigente no mundo anabatista passa para o padeiro Jan Matthys, de Haarlem, defensor de métodos violentos. Ele envia "apóstolos" a cada comunidade. Em Münster, um desses apóstolos é um rapaz de 25 anos, Jan Bockelson, mais conhecido como João de Leyde. A partir de 1534, Münster se torna o centro de uma teocracia milenarista, a Nova Jerusalém, a única que será poupada no retorno iminente do Filho do Homem. Luteranos e católicos são expulsos, enquanto os anabatistas afluem. Sob a direção conjunta de Matthys e Leyde, instala-se um regime de terror, que mistura comunismo e poligamia.

Matthys sendo morto num combate contra as forças do bispo, João de Leyde se torna o único chefe. Proclamado rei e messias dos últimos dias, esse aprendiz de alfaiate, místico e visionário, dotado de um inegável instinto político, governa a cidade com mão de ferro. Apoiado numa tropa de pregadores que explicam que ele é o messias anunciado pelos profetas do Antigo Testamento, pondo em cena enviados de Deus, ele consegue manter durante meses a efervescência apocalíptica na população. Reunindo profecias, ele elabora uma nova versão da teoria joaquimista das três eras: a primeira era, a do pecado, terminou no dilúvio; a era da perseguição e da cruz acaba no século XVI, quando começa a era da vingança e do triunfo dos santos. Münster é de certa forma o laboratório dessa era, tendo a sua frente João de Leyde, o novo Davi, que, após um grande massacre, deve estender seu domínio sobre o mundo todo, a fim de preparar o retorno definitivo de Cristo.

Enquanto o regime de terror se intensifica em Münster, uma guerra de panfletos tenta juntar todos os anabatistas dos Países Baixos e da Alemanha para um grande levante. Mas, sob o comando do bispo, o cerco da cidade se intensifica. João de Leyde conduz uma luta desesperada, sempre utilizando a profecia, apesar de correr o risco de se contradizer, caso ela não se realize: ele anuncia que na Páscoa de 1535 a vitória será total, ou ele será queimado na praça do mercado; como nenhuma das alternativas se realiza, ele explica que suas palavras tinham um sentido puramente espiritual. O fim inevitável acontece enfim: em 24 junho de 1535, a cidade é tomada e os anabatistas são massacrados.

O último rompante de milenarismo violento se dá em 1567, sob o comando de um talhador de pedras, João Willemsen, que estabelece uma Nova Jerusalém na Vestfália, sobre os mesmos princípios de João de Leyde. Ele é preso e executado em 1580. Com ele desaparece uma forma particular de milenarismo, o milenarismo religioso e violento, que caracterizou a desagregação da sociedade medieval: nos meios afetados pela evolução econômica, que reduz toda uma camada da população a uma situação precária, introduzindo progressivamente novas estruturas de tipo capitalista, a necessidade de restabelecer a antiga estabilidade e a antiga segurança encontra motivação nas especulações proféticas. A contestação do papado e do clero desde o Grande Cisma desenvolveu a obsessão do Anticristo e, portanto, do fim dos tempos. Alguns semi-intelectuais exaltados, situados ao mesmo tempo nas zonas sociais ameaçadas pela evolução econômica e no mundo conturbado dos clérigos, resumem as duas inquietações e predizem o restabelecimento da grande unidade perdida num milênio de paz e felicidade, que será também um retorno à era de ouro comunista, após a eliminação violenta de todas as forças do mal. A profecia foi, portanto, o fator de federação dessas aspirações, única capaz de propor uma saída para os conflitos da época. Saída ilusória, é claro, porque toda profecia é uma miragem, mas capaz de incitar à ação espíritos profundamente religiosos, ainda que em certos líderes, como João de Leyde, não se possa excluir uma parte de má-fé e manipulação.

Mais do que os repetidos fracassos desses movimentos, o que põe fim às tentativas milenaristas ao mesmo tempo violentas e místicas é a estabilização religiosa a partir do fim do século XVI. O milenarismo não desaparece, mas divide-se em dois, pela separação de seus componentes tradicionais. De um lado, o aspecto violento perde a roupagem religiosa e se seculariza, assumindo um caráter revolucionário moderno, cujo último grande avatar será o socialismo marxista; de outro, o aspecto religioso perde seu caráter violento e assume formas totalmente pacifistas e espirituais, como será o caso de batistas, quakers, menonistas e uma infinidade de seitas a partir dos séculos XVIII e XIX. De ambos os lados, o elemento profético continua presente, e alimenta a convicção, mas agora há dois conteúdos diferentes.

## *UTOPIA* E AMÉRICA, DOIS AVATARES DA PROFECIA

Mas a cisão do milenarismo violento e religioso em dois movimentos separados também permitiu o ressurgimento de uma terceira via, que curiosamente havia desaparecido durante a Idade Média: a utopia. O grande renascimento desse gênero literário ambíguo ocorreu em 1516, com a publicação da obra que lhe dá nome: *Utopia*, de Thomas More. Os historiadores ainda se questionam sobre as verdadeiras intenções do chanceler Henrique VIII quando compôs essa descrição de uma ilha imaginária, povoada por uma sociedade aparentemente feliz, regida por princípios de rigorosa equidade, que deriva tanto da geometria como do Evangelho, verdadeira síntese do racionalismo e do espírito religioso. Sonho? "Bagatela literária que escapou da minha pluma quase contra a minha vontade", como escreveu o próprio Thomas More? Para quem conhece um pouco que seja a personalidade de More, é evidente que o sujeito não é um gaiato disposto a perder tempo com criancices. Embora ele tenha acumulado sinais da não existência da ilha, cujo nome significa "lugar nenhum", cuja capital é "cidade nevoeiro", cortada pelo "rio sem água", governada pelo "príncipe sem povo", cujos habitantes são os "cidadãos sem cidade", e cujos vizinhos são os "homens sem país", tudo isso é demais como medida de precaução, pois *Utopia* está realmente nos antípodas da organização civil e religiosa da época.

*Utopia* não poderia ser considerada uma obra estritamente profética, mas seu caráter de antecipação, ao menos parcial, parece inegável. Os humanistas, que a recebem com entusiasmo, também a entendem assim, e fazem comparações tanto com a cidade ideal de Platão como com a Cidade de Deus de Santo Agostinho, sobre a qual Thomas More havia feito conferências em Oxford, em 1496. As viagens de descobrimento e as primeiras notícias sobre a organização das cidades indígenas também podem ter contribuído para dar um fundo de verossimilhança à narrativa, cuja intenção principal é, apesar de tudo, a crítica sociopolítica, com o objetivo, talvez não inteiramente consciente, de favorecer reformas racionais. *Utopia* é filha bastarda da profecia e da imaginação racional. Ela não se tolhe nem com as certezas dogmáticas da primeira nem com as ilusões congênitas da segunda. É ao mesmo tempo crítica e esperança, com doses variáveis conforme o caso. A obra de Thomas More é o protótipo, o precursor de um gênero que vai realmente se desenvolver apenas a partir do início do século XVII, isto é, quando a verdadeira profecia inspirada tiver recuado definitivamente e o espírito científico tiver surgido: a cronologia é muito esclarecedora. O aspecto científico logo ganha importância nas utopias dos séculos XVIII e XIX, reintroduzindo progressivamente o elemento de certeza que habitava a antiga profecia religiosa, cujos fracassos a haviam feito cair em desuso. A astrologia virá ocupar no século XVII o vazio entre a profecia e a utopia preditiva.

Cristóvão Colombo, personagem emblemático, símbolo da transição da Idade Média para o mundo moderno, do Velho para o Novo Mundo, é também a encarnação da passagem da profecia para a utopia por intermédio da astrologia. Vários estudos recentes enfatizaram o aspecto profético do descobridor,[49] e Alexandre de Humboldt já falava a seu respeito de "geografia mística".[50] Cristóvão Colombo prepara sua expedição com espírito mais religioso do que científico, como escreveu a Fernando e Isabel:

> Sempre disse que a razão, a matemática e os mapas do mundo não me eram de nenhum auxílio na execução da empresa nas Índias. O que diz Isaías cumpriu-se, e é o que quero escrever aqui a fim de lembrá-lo a Vossas Majestades [...]. Nessa viagem às Índias, o Senhor queria fazer um milagre muito claro, a fim de me consolar, assim como aos outros, dessa outra viagem ao Santo Sepulcro. [...] Santo Agostinho diz que o fim do mundo virá no sétimo milênio da criação, e os santos teólogos o seguem, em particular o cardeal Pedro de Ailly no capítulo XI de seu *Vigintiloquium* e em outros. Segundo esse cálculo, faltam cerca de 155 anos para completar os 7 mil ao cabo dos quais se encontra o fim do mundo, como disseram as autoridades supracitadas.[51]

O descobridor investigou a Escritura tanto quanto os mapas marítimos para chegar à conclusão de que o mundo é menor do que se acredita, e se leva com ele na expedição Rodrigo de Jerez, judeu convertido que fala hebreu e aramaico, é porque esperava encontrar o paraíso terreno, cuja língua é o aramaico: "A experiência o mostrou", observa, "e eu o escrevi, com citações da Sagrada Escritura, em outras cartas, nas quais tratei da localização do paraíso terreno, com a aprovação da santa Igreja".[52]

Para ele, a conversão universal, fase preparatória do fim do mundo, poderá se realizar pelo descobrimento das últimas terras desconhecidas; enquanto Fernando conquista Granada, prelúdio da reconquista do Monte Sião e de Jerusalém, ele empreenderá a conversão da China. Fundamentando-se numa

49 Phelan, *The Millenial Kingdom of the Franciscans in the New World*; Williams (ed.), *Prophecy and Millenarianism*; Moffitt Watts, Prophecy and Discovery: On the Spiritual Origins of Christopher Colombus's "Enterprise of the Indies", *American Historical Review*, v.90, n.1, p.73-102.

50 Humboldt, *Examen critique de l'histoire et de la géographie du nouveau continent*, t.1, p.110.

51 Moffitt Watts, op. cit., p.96.

52 Ibid., p.83.

profecia de Joaquim de Flora, ou de Arnaldo de Vilanova, que declarava que "aquele que restaurará a Arca de Sião virá da Espanha", ele acredita estar predestinado a cumprir as predições, a ponto de assinar "Christoferens", isto é, "mensageiro de Cristo", e é nesse papel que Juan de la Cosa o representa em 1500-1505, no mais antigo mapa do Novo Mundo. A convicção de ser o agente da realização das profecias é compartilhada por seu filho Fernando, do qual se encontram notas manuscritas nas margens de uma tragédia de Sêneca, *Medeia*, ao lado destas palavras: "Virá o dia, na continuidade das eras, em que o Oceano abrandará os limites em que estamos confinados, quando uma terra imensa será revelada, Tétis revelará novos mundos e Thule não mais será a mais longínqua das terras"; Fernando escreveu: "Meu pai, o almirante Cristóvão Colombo, cumpriu essa profecia em 1492".[53]

O descobridor também investigou longamente as obras dos astrólogos, em particular as de Pedro de Ailly, do qual comentou o *Imago mundi*, o *De legibus et sectis* e o *Tractatus de concordia astronomice veritatis et narrationis hystorice*. Nessas obras, ele encontrou as especulações de Roger Bacon sobre o horóscopo das grandes religiões e dos impérios, assim como a vinda do Anticristo. Ele se deteve na teoria das conjunções e da sucessão das seis "seitas", as dos hebreus, dos caldeus, dos egípcios, dos sarracenos, dos cristãos e do Anticristo, e copiou a passagem que indica que a lei de Maomé duraria apenas 693 anos e seria seguida da vinda do Anticristo. Do *Tractatus* ele copiou também as predições a respeito da chegada de Gog e Magog, e a de um príncipe guerreiro que restabeleceria a ordem antes da vinda do Anticristo.

Com esse material, Cristóvão Colombo trabalhou na redação de um *Livro das profecias*, que ele modifica com a ajuda de um amigo cartuxo, Gaspar Gorricio, até a sua quarta viagem. Nunca o terminou, mas fragmentos dele foram publicados em 1894 por De Lollis. Nesse manuscrito encontramos especulações sobre o fim do mundo, que Colombo situaria de bom grado em 1666, número da Besta.

Cristóvão Colombo, contemporâneo de Thomas More, ilustra junto com ele a mutação do espírito profético por volta de 1500. O espírito moderno de More produziu a *Utopia*, e o espírito medieval de Colombo produziu a América: a miragem profética se revelou mais "realista" do que a construção racional, mas os dois elementos caminham juntos; a profecia funde-se ao espírito racional para dar a predição moderna, cuja primeira forma será a utopia.

53 Ibid., p.90.

## DECLÍNIO DA PROFECIA RELIGIOSA E DESCONFIANÇA DAS AUTORIDADES

O declínio da profecia, além do repetido fracasso de suas predições apocalípticas, também se deve ao crescimento conjunto do ceticismo, da desconfiança das autoridades e da repressão. A repetição dos fracassos não é o elemento mais importante. Para espíritos convictos, existem sempre boas explicações que permitem justificar o adiamento da realização por Deus: misericórdia, paciência ou mudança de planos. Assim, por mais que o ano 1186, que segundo a "carta de Toledo" deveria assistir à realização de desastres, tenha transcorrido sem incidentes, a mesma profecia continua a inspirar temores até o fim da Idade Média. A profecia de Trípoli, feita supostamente em 1287, é sucessivamente retomada e atualizada, para corrigir erros, em 1291, 1297, 1346, 1347, 1348, 1367, 1387, 1396, 1400, 1487.[54] São raros os espíritos céticos, como o cronista inglês John Capgrave, que escreveu no século XV que Joaquim de Flora, "para parecer hábil, predisse o ano em que viria o dia do julgamento. Mas ele falhou e se enganou em seu cálculo".

A desconfiança das autoridades teológicas e eclesiásticas tem um papel mais importante. Em 1320, o eremita agostiniano Agostino Trionfo, na *Summa de ecclesiastica potestate*, declara que o dom da profecia não é suficiente para canonizar uma pessoa, pois os pagãos podem profetizar corretamente, sendo inspirados pelo demônio, e os falsos profetas podem fazer isso com a intenção de enganar: "O dom da profecia", diz ele, "às vezes convém mais aos homens maus do que aos bons, em virtude de certa disposição de espírito requerida pela revelação profética".[55] Essa desconfiança encontra aplicação no processo de canonização de Santa Clara de Montefalco, em 1329-1330, quando suas revelações são analisadas com um espírito ressabiado. E, alguns anos depois, o pedido de canonização de Joaquim de Flora é rejeitado.

Um dos ataques mais sérios contra a profecia dentro da Igreja é conduzido no fim do século XIV, no contexto do Grande Cisma, pelo teólogo Henrique de Langenstein, também conhecido como Henrique de Hesse (1325-1397). Seu pensamento segue a mesma evolução do de Pedro de Ailly. Formado na Universidade de Paris, e membro do círculo intelectual de Carlos V, Henrique interpreta o Cisma até 1390 como sinal da vinda do Anticristo. Estuda Hildegarda, as sibilas, Joaquim e os pseudo-Joaquins,

---

54 Lerner, Medieval Prophecy and Religious Dissent, *Past and Present*, n.72, p.3-24.

55 Vauchez, Les théologiens face aux prophéties à l'époque des papes d'Avignon et du Grand Schisme, *Mélanges de l'École Française de Rome – Moyen Âge*, t.102, n.2, p.579.

que elogia em cartas, sermões e num tratado de 1388, o *De semine scripturarum*. Depois, bruscamente, em 1392, na *Invectiva contra quendam eremitam de ultimis temporibus vaticinantem nomine Telesphorum*, ele ataca Joaquim de Flora, classificando-o como falso profeta, ao lado de Merlin, dos oráculos sibilinos e, sobretudo, de Telésforo de Cosenza, franciscano espiritual italiano cujas profecias, datadas de 1356-1365, haviam sido reunidas em 1386. Ele ridiculariza o dom de interpretação das profecias antigas que Telésforo dizia possuir, perguntando-se por que Deus não lhe comunicava diretamente as predições. E, sobretudo, mostra o caráter perigoso das profecias de Telésforo, como quando faz Deus dizer que em breve os príncipes se apossarão das riquezas do clero: isso poderia dar ideias a eles, imaginando que estavam executando o plano divino. Como Pedro de Ailly, julga que as profecias apocalípticas podem ser socialmente perniciosas e contribuem apenas para perpetuar a desordem: "Tais profecias", diz ele, "feitas por intermédio de uma arte diabólica, não pendem para a paz, mas antes, retardando a paz, prolongam a controvérsia e reforçam a discórdia nos corações".[56]

Henrique de Langenstein ridiculariza Telésforo, que afirma ter sido visitado por um anjo, e acha que o próprio Joaquim de Flora trabalhava com cálculos puramente humanos e não tinha nada de inspirado. Mas ele não condena toda a profecia: Hildegarda e Arnaldo de Vilanova caem em suas graças. Se persegue Telésforo, é porque este último apoia o papa de Avignon, ao passo que ele próprio é a favor do de Roma. Em todo caso, predizer a vinda iminente do Anticristo corre o risco, segundo ele, de acarretar movimentos sociais.

Henrique de Langenstein também ataca as predições duvidosas do *Liber de horoscopio*, atribuído a um misterioso Dandalus de Lérida. Na verdade, esse tratado foi escrito em 1304 por franciscanos espirituais ou leigos inspirados por Arnaldo de Vilanova. Com todos os seus ataques, Henrique, que em 1393 se torna reitor da Universidade de Viena, fornece armas aos adversários da profecia e da astrologia.

Alguns anos depois, outro universitário, o prestigioso Jean Gerson, repete os ataques, em duas frentes diferentes. De um lado, condena todo anúncio de uma vinda iminente do Anticristo, a fim de fazer parar os movimentos de flagelantes.[57] Em 1416, escreve ao exaltado Vicente Ferrer para criticar a presença em torno dele dessa "seita de gente que se açoita", e pede

56 Henrique de Langenstein, Liber adversus Telesphori. In: Pez, *Thesaurus anecdotorum novissimus*, t.1, col. 519.

57 Gerson, Tractatus contra sectam flagellantium. In: ______, *Œuvres complètes*, v.10, p.51.

que os dispense. De outro lado, em vários tratados compostos entre 1400 e 1423, ele estuda a psicologia dos profetas de sua época e chega a um quadro pouco lisonjeiro: são pessoas de temperamento melancólico, sujeitas a fobias e obsessões, orgulhosas, de verbalismo intemperado, que utilizam imagens arrebatadas; as profetisas não passam de umas loucas. No Concílio de Constança, prelados denunciam também o desequilíbrio e a incoerência mórbida de certos profetas: vozes da razão ainda isoladas numa época irracional.[58]

No século seguinte, diante do aumento da angústia escatológica, é necessário interditá-la pura e simplesmente: em 1516, o V Concílio de Latrão proíbe os pregadores de predizer a data da vinda do Anticristo e do fim do mundo. O Concílio Provincial de Florença reitera essas interdições em 1517. De sua parte, os protestantes denunciam as predições astrológicas como fatores de angústia. O Concílio de Trento lembra em seu catecismo que o objetivo da profecia é estritamente "nos desvendar os segredos do céu, e nos exortar à reforma de nossos costumes por instruções salutares e pela predição do futuro".

No novo clero católico, saído da reforma tridentina, a profecia específica, orientada para os acontecimentos do fim dos tempos, entra em declínio a partir dos anos 1580. Mesmo no grande movimento místico que acompanha a Contrarreforma, o espírito profético se torna secundário. É nítida a diferença com os místicos renanos dos séculos XIV-XV, por exemplo.

Tomemos o caso mais prestigioso da mística espanhola. Teresa de Ávila tem visões frequentes de Jesus, da Virgem, dos santos, que a encorajam a continuar sua obra, apesar dos obstáculos, mas não se trata de profecia propriamente dita.[59] Para João de Ávila, o dom da profecia é muito raro.[60] João da Cruz demonstra sua desconfiança de forma mais categórica em *A subida do Monte Carmelo*. Deus ainda faz revelações proféticas, diz ele, mas, de um lado, elas dizem respeito aos incidentes da vida terrena, e não ao fim do mundo ou ao Anticristo, e, de outro, essas revelações podem muito bem vir do diabo:

58 Alphandéry, Prophètes et ministère prophétique dans le Moyen Âge latin, *Revue d'Histoire et de Philosophie Religieuses*, v.12, p.334-59.

59 Algumas linhas misteriosas intrigaram os comentadores, que viram nelas um anúncio do ano de sua morte, mas como sempre a obscuridade do discurso se presta a qualquer interpretação, o que tira todo o interesse dele. Cf. Migne (éd.), *Œuvres très complètes de sainte Thérèse, de saint Pierre d'Alcantara, de saint Jean de la Croix et du bienheureux Jean d'Avila*, t.III, p.257-8.

60 Ibid., t.IV, p.498.

> Nestes tempos Deus ainda faz revelações dessa natureza a certas pessoas, a quem revela, por exemplo, o fim da vida delas, as cruzes que carregarão, os acidentes que sucederão a tal homem, a tal família, a tal reino; ele também dá a inteligência dos mistérios da nossa fé, ou, melhor dizendo, explica mais claramente as verdades que ele já revelou. Ora, o demônio se mistura com frequência nessas espécies de revelações; pois, como se fazem ordinariamente por meio de palavras, figuras, semelhanças, ele pode fingir as mesmas coisas.[61]

João da Cruz se indaga também sobre a interpretação das profecias, da qual conclui que são quase incompreensíveis para nós, pois Deus não fala a mesma linguagem dos homens:

> De fato, como Deus é de uma sabedoria infinita, ele tem, de ordinário, pensamentos e sentimentos em suas profecias, os quais são muito diferentes do sentido que lhes damos algumas vezes: e, contudo, essas profecias são de uma verdade tanto mais constante quanto, segundo nosso pensamento, menos o aparentem. Assim, vários dentre os judeus, tomando muito ao pé da letra algumas das predições de Deus, não as viram realizar-se como esperavam. [...] Disso concluo que as almas se enganam com frequência, interpretando as revelações divinas segundo a força das palavras que as declaram, e não segundo as intenções de Deus, as quais são comumente ocultas, de tal sorte é com dificuldade que as compreendemos. Pois aí reside o espírito das predições do Senhor, e as palavras das quais ele se serve são apenas a letra. De sorte que aquele que se apega à casca não pode evitar o erro e a confusão, encontrando-se tão distante do verdadeiro sentido das profecias de Deus.[62]

Tomando exemplos bíblicos, João da Cruz mostra que na maioria das vezes os judeus não entenderam nada das profecias, e o próprio Jeremias se enganou algumas vezes.

Isso vem, diz ele, do fato de que essas profecias têm um sentido espiritual, ao passo que nós lhes damos um sentido material:

> Suponhamos que um homem de grande santidade sofra uma perseguição cruel, e que Deus lhe revele que ele se livrará. Se, não obstante, seus inimigos tivessem a vantagem e o matassem, aqueles que associassem essa profecia a sua libertação temporal acreditariam que esse homem foi enganado, embora a

61 Ibid., t.III, p.488.
62 Ibid., p.464.

predição possa ser muito verdadeira. Porque Deus teria falado tão somente da libertação da alma, da vitória que teria sobre seus adversários, e da liberdade que ela gozaria no céu. De modo que essa profecia prometeria bens maiores que aquele que a ouvisse no tempo presente poderia compreender. Pois Deus pretende sempre dar a suas palavras o sentido mais alto e mais útil; visa apenas o bem dos homens, o mais considerável, embora o conhecimento deles possa ser falso nesse ponto.[63]

Devemos acrescentar o caso das profecias condicionais, cujo exemplo sempre citado é o de Jonas. Ela se realizou, já que o povo de Nínive se converteu.

Nessas condições, pergunta-se João da Cruz, de que servem as profecias?

Vós me direis: se não está em nosso poder entender essas coisas, por que Deus no-las comunica? Já respondi que as compreendemos a seu tempo, e segundo a ordem que Deus quiser que as conheçamos. Então nos convenceremos de que elas deviam cumprir-se daquela maneira e não de outra, e que o Senhor não faz nada sem razão e sem verdade. É preciso crer, portanto, que as palavras e as profecias de Deus são tão extensas e tão profundas que excedem a vivacidade de nosso espírito e a solidez de nosso julgamento, e não podemos discerni-las, segundo suas simples aparências, sem nos expor ao erro e à confusão.[64]

Resposta pouco convincente, devemos admitir: se temos de esperar o fim dos tempos para que Deus enfim nos revele o sentido de suas enigmáticas profecias, quando tudo estiver terminado e consumado, continuamos sem entender qual é o interesse desse joguinho humilhante para o homem. Como já dizia Cícero: se Deus quer nos revelar elementos do futuro, por que não o faz claramente?

Seja como for, no fim do século XVI a Igreja Católica tranca de novo a porta da grande profecia apocalíptica, que decididamente é perigosa demais. Os grandes teólogos do século XIII já haviam regulamentado rigidamente esse gênero de revelação, mas a tranca cedeu sob a pressão das grandes catástrofes dos séculos XIV-XV, que pareciam realmente premonitórias dos tempos últimos. A invasão das profecias apocalípticas, após provocar agitações sociais graves e movimentos milenaristas, secou pouco a pouco no mundo

63 Ibid., p.466-7.
64 Ibid., p.469.

católico, por efeito dos repetidos fracassos, das múltiplas interdições e da mudança de mentalidade. O retorno do equilíbrio e da estabilidade, do otimismo, relega ao segundo plano as preocupações com o Anticristo e o fim do mundo, que continuam mais no mundo protestante e nas seitas.

## A ADIVINHAÇÃO POPULAR

As autoridades religiosas, protestantes e católicas, têm menos sucesso em sua luta contra os métodos populares de adivinhação, classificados desde então como superstições. Conjunto heteróclito de práticas e crenças ocultas, mágicas ou astrológicas, indo da quiromancia à interpretação de presságios, da leitura de cartas aos sonhos premonitórios, esses métodos multimilenares e perpetuados desde a longínqua Antiguidade pagã são perseguidos, com maior ou menor convicção, por autoridades religiosas rivais, que querem depurar a fé de seus elementos heterodoxos para não dar chance às críticas dos adversários.

A lista das práticas divinatórias populares nos séculos XV e XVI é interminável. Keith Thomas faz um bom panorama delas na Inglaterra dos Tudors e dos Stuarts, a partir dos numerosos manuais em circulação na época.[65] Estes, ilustrados com desenhos e figuras, ensinam aos leitores da sorte as sutilezas da arte, como ler o destino de uma pessoa nas linhas da testa ou da mão, no valor numérico das letras de seu nome, acrescentando o número do dia e do mês de seu nascimento, nas cartas, nos dados, como prever o tempo para o ano todo, como saber o preço futuro do trigo em função do comportamento de grãos colocados numa lareira quente. Alguns adivinhos têm um sistema pessoal: em 1525, Joan Mores, no condado de Kent, prediz pelo coaxar das rãs; em 1556, Robert Harris, no mesmo condado, e Valentine Staplehurst, em 1560, predizem olhando o cliente nos olhos; em 1493, uma adivinha declara possuir um livro que lhe revela todo o futuro. Um dos mais difundidos desses manuais é o *Arcandam*, traduzido do francês e sete vezes editado na Inglaterra entre 1562 e 1637.

Recorrer a adivinhos e leitores da sorte é uma coisa extremamente comum, em todas as circunstâncias delicadas da existência, desde doença até casamento infeliz, apesar dos regulamentos que condenam a consulta desses charlatães, que "afirmam conhecer o futuro pela fisiognomonia e pelas linhas

65 Thomas, op. cit., p.252-3.

da mão, ou outras ciências falsas pelas quais levam as pessoas, predizendo-lhes o destino, a morte e as fortunas, e outras imaginações fantásticas".

Também se tenta conhecer o futuro ou a vontade divina em escolhas embaraçosas por meio da prática das sortes, abrindo a Bíblia ao acaso e interpretando a primeira passagem que aparece. A questão dos sonhos premonitórios é muito discutida pelos teólogos, e figuras tão esclarecidas quanto William Laud, John Foxe, Peter Heylyn ou Richard Greenham creem seriamente neles. No povo, essa crença é quase geral, e manuais de interpretação de sonhos circulam amplamente, como *The most Pleasaunte Art of the Interpretation of Dreams*, sob o reinado de Isabel. Reimprime-se amplamente *O julgamento dos sonhos*, do grego Artemidoro de Éfeso, traduzido para o inglês em 1518. As autoridades inglesas são constantemente perturbadas no século XVI por cidadãos que as avisam de perigos diversos dos quais tiveram conhecimento por sonho. Até os meios de provocar esses sonhos premonitórios são descritos. Incontáveis procedimentos são utilizados com esse objetivo preciso, como fazer vigília durante toda a noite de São João sob o pórtico da igreja para ver passar a sombra dos que vão morrer ao longo do ano.

Quanto aos presságios, eles não impressionam apenas o povo. John Foxe estava convencido de que prodígios haviam anunciado a Reforma, e os próprios bispos ficavam constrangidos em caso de nascimentos monstruosos. Terremotos, desastres naturais e, naturalmente, passagens de cometas são sinais de catástrofes iminentes e, como sempre acontece algum, a ligação parece irrefutável. Os cometas são particularmente temidos. Os de 1572, 1577, 1583 agitam o público na Inglaterra, como as conjunções de Júpiter e Saturno em 1583, 1603, 1623. Em 1577, a rainha Isabel apavorou as cortesãs indo ver o cometa, enquanto na Saxônia o eleitor Augusto pede que se componham orações e manda que sejam recitadas em todo o seu Estado para afastar o perigo anunciado. Na França, os jornais populares anunciam as catástrofes pressagiadas por esses fenômenos celestes,[66] e na Alemanha o cometa de 1604 dá asas aos espíritos proféticos:

> O novo cometa que brilha no céu desde 16 de setembro de 1604 anuncia que o tempo é próximo em que se encontrará mais nenhuma casa, nenhum único abrigo em que não se ouçam lamentos, gemidos, gritos de aflição, pois terríveis calamidades vão desabar sobre nós! O cometa pressagia sobretudo a perseguição e a proscrição dos padres e dos religiosos. Os jesuítas são particularmente

66 Seguin, *L'information en France avant le périodique*.

> ameaçados pela chibata do Senhor. Em pouco tempo, a penúria, a fome, a peste, violentos incêndios e horríveis assassinatos causarão terror em toda a Alemanha. [...] Essa estrela prodigiosa nos pressagia calamidades bem mais terríveis do que um simples cometa, pois supera em grandeza todos os planetas conhecidos, e nunca foi observado pelos sábios desde o começo do mundo. Ele anuncia grandes mudanças na religião, depois uma catástrofe sem precedente, que deve atingir os calvinistas, a guerra turca, terríveis conflitos entre os príncipes. Sedições, assassinatos, incêndios nos ameaçam e batem à nossa porta.[67]

Em 1525, Lutero escreve, após a morte do eleitor da Saxônia: "O sinal de sua morte foi um arco-íris que vimos, Filipe e eu, à noite no último inverno, acima de Lochau, e também uma criança que nasceu aqui, em Wittenberg, sem cabeça, e ainda outra com os pés virados".[68] E em 1568 uma clarissa de Nuremberg, Caridade Pirkheimer, faz a associação entre os sinais celestes e o início da Reforma:

> Lembro em primeiro lugar a predição feita, há muitos anos, de um cataclismo que transtornaria, no ano do Senhor 1524, tudo que se encontra na face da terra. Antigamente, acreditou-se que essa profecia se referia a um dilúvio. Os fatos demonstraram, desde então, que as constelações haviam anunciado na realidade desgraças sem número, misérias, angústias, tumultos seguidos de sangrentas carnificinas.[69]

O *Journal d'un bourgeois de Paris sous François Ier* [Diário de um burguês de Paris sob Francisco I] assinala diversas vezes prodígios celestes anunciadores de desgraças. No entanto, acontece de ele observar que os efeitos esperados depois de certos presságios não se verificaram. Assim, em 1524, uma missa é celebrada na Notre-Dame de Paris, "durante a qual e após o evangelho recitado ao povo do alto da abóbada da dita igreja caiu uma pedra sobre a águia, sobre a qual havia sido posto o livro que serviu para o evangelho, por causa disso foi conjecturado que o caso do imperador já não iria bem, o qual é comparado com a águia". Ele acrescenta adiante: "Todavia, a verdade foi o contrário".[70] Reconhecimento excepcional de um erro de prognóstico, que não abala em nada a credulidade geral.

---

67 Profecia de Paulus Magnus, apud Janssen, *La civilisation en Allemagne*, VI, p.388-9.
68 Lutero, *Œuvres*, t.VIII, p.103.
69 Apud Delumeau, op. cit., p.95.
70 *Journal d'un bourgeois de Paris sous François Ier*, p.74.

Na Itália, prevalece o mesmo estado de espírito. Lembramos, por exemplo, que numerosos prodígios foram interpretados como o anúncio da morte iminente de Lourenço de Medici: leões se matam dentro da jaula, um raio atinge a lanterna do domo da catedral, e Savonarola vê no céu uma mão brandindo uma espada.

Dez volumes não seriam suficientes para enumerar os métodos de adivinhação popular, as predições e os presságios que agitam a sociedade europeia no século XVI.[71] O futuro é onipresente, e quase sempre é um futuro temido, calamitoso, catastrófico. As crenças não atingem apenas a plebe. Elas são amplamente difundidas nas categorias mais instruídas da população, nas quais adquirem uma nuance de dúvida insegura, de mal-estar difuso, em espíritos que ainda mal se livraram das superstições. As memórias desse aventureiro genial que foi Benvenuto Cellini ilustram essa ambiguidade das práticas proféticas que obcecam as camadas intermediárias e mal-afamadas das cidades italianas e francesas. O pai de Benvenuto era um pouco profeta, e o artista recorreu aos préstimos de padres necromantes com sucesso, se acreditarmos nele. Um desses padres, ao longo de uma sessão de magia com a invocação das legiões infernais, predisse que ele reveria sua amante, que havia desaparecido, e que lhe aconteceria uma desgraça, dupla predição realizada.[72]

## AMBIGUIDADE DAS CONDENAÇÕES E CETICISMO DE MONTAIGNE

Esse último exemplo mostra que, em matéria de profecia popular, a fronteira entre lícito e ilícito é facilmente transposta, e tanto pelos clérigos quanto pelos leigos. Para os dirigentes das Igrejas, aliás, todos os métodos de adivinhação popular são suspeitos por vários motivos: herdeiros do paganismo, contaminados pela feitiçaria, de curiosidade sacrílega e no mínimo indiscreta na visão puramente terrena, eles são nefastos tanto nas intenções como nos meios. Em busca de uma fé depurada das superstições, as Igrejas multiplicam os textos de condenação, sem grande sucesso.

Em 1524, o Sínodo de Sens pede aos curas que "advirtam os paroquianos que é um grande pecado consultar os adivinhos". Em 1548, o Sínodo de Augsburgo ordena "que os curas neguem a absolvição a todos que adivinhem

71 Apenas na França, recenseou-se mais de uma centena de livros de predições no século XVI, estudados por Ponthieux, *Prédictions et almanachs du XVIe siècle*.

72 Cellini, *Mémoires*, p.141-8.

as coisas por vir", e o Sínodo de Trier os excomunga. Mesmas proibições no Concílio de Narbona em 1551, no Sínodo de Chartres em 1559. Em 1565, o Concílio de Milão condena a crença nos presságios e manda os bispos "castigar, exterminar todos que fazem profissão de adivinhar pelo ar, pela água, pela terra, pelo fogo, pelas coisas inanimadas, pela inspeção de unhas e linhas do corpo, pela sorte, pelos sonhos, pelos mortos, e todos que se metam a predizer o futuro". Em 1583, o Concílio de Bordeaux declara que "os povos são exterminados da terra por causa desse crime", e pede aos curas que "recuperem aqueles que, por causa do encontro com certos animais ou certas pessoas, não continuam as obras que começaram". Em 1607, o Concílio de Malines ordena que os juízes eclesiásticos expulsem e castiguem com rigor "egípcios e boêmios", e os estatutos sinódicos de Saint-Malo condenam "os que são denominados boêmios, que empreendem ler a boa ventura".

Jean-Baptiste Thiers, que em seu *Traité des superstitions* recapitula todas essas decisões, faz uma lista de todos os tipos de mântica que conhece, e declara que são pecados mortais, exceto se há boa-fé e ignorância, e ausência de pacto com o demônio. Ele cita uma infinidade de presságios temidos, como encontrar de manhã um banco caído, calçar primeiro o pé direito, ver alguém cuspir no fogo, vestir a camisa do avesso, ouvir o canto de tal ou tal pássaro e assim por diante. Todos aqueles, escreve ele, que acreditam nesses augúrios são *ipso facto* excomungados, "a não ser que a boa-fé, a simplicidade ou a ignorância os torne de algum modo desculpáveis". Até em Roma, diz ele, recorre-se a essas superstições: durante as vacâncias da Santa Sé, o resultado da eleição é prognosticado em função dos nomes e das armas dos cardeais reunidos. Lendo esse extraordinário tratado, nós nos damos conta da incrível estabilidade da mentalidade popular desde a Antiguidade.[73]

Mesma luta contra as superstições divinatórias na Inglaterra, com as leis de 1547 e 1559, por exemplo, cuja eficácia não é melhor do que no continente. As reais sanções parecem ter sido relativamente raras, e os teólogos anglicanos se dividem quanto ao alcance que se deve dar à adivinhação natural e, portanto, lícita. Os neoplatônicos têm uma concepção das forças "naturais" muito mais ampla do que os aristotélicos e, portanto, estão prontos a aceitar mais procedimentos de adivinhação. Em compensação, uma circunstância agravante vem se somar à suspeição ambiente: a assimilação das superstições ao "papismo".

73 Thiers, *Traité des superstitions*.

Seja qual for o contexto, a multiplicação das condenações até o século XVIII é um indício de sua ineficácia, ao mesmo tempo que da vontade da Igreja de erradicar a adivinhação popular. O principal obstáculo é, na verdade, a posição ambígua dessas mesmas Igrejas, que têm uma enorme dificuldade para fazer seus fiéis compreenderem os limites entre o sobrenatural lícito, o sobrenatural ilícito e o sobrenatural falso ou superstição. Se Moisés tem quase reputação de mágico, se o Antigo Testamento é cheio de histórias fabulosas e profecias de todos os tipos, se a história oficial é concebida como uma sequência ininterrupta de intervenções divinas, punições e recompensas anunciadas e previsíveis, se o Apocalipse é apresentado como um livro de predição infalível que guarda o segredo do futuro da humanidade, como se pode convencer os fiéis de que a busca dos segredos do futuro é pecado? Como se fará para fazê-los aceitar que o conhecimento do futuro revelado por intermédio do diabo é pecado, se é sinal de santidade quando é revelado por Deus? Como se tratará como superstição a crença na virtude premonitória dos presságios, se os sermões são cheios de advertências sobre os sinais dos tempos? As Igrejas só conseguem escapar dessas contradições graças às sutis distinções dos teólogos. Mas, no que diz respeito ao povo, a única maneira de fazer as superstições divinatórias recuarem seria afirmar claramente que todo conhecimento do futuro, qualquer que seja o método empregado (exceto pelas leis físicas), é impossível, e o bom êxito aparente só pode se dever a coincidências. Isso, as Igrejas não podem evidentemente admitir, a menos que reneguem a si mesmas. Logo, a luta contra a adivinhação popular está fadada ao fracasso.

No fim do século XVI, apenas uma pequena elite seduzida pelo ceticismo rejeita a possibilidade de conhecer o futuro. Montaigne é o representante mais inteligente. Além de reflexões isoladas, dedica um capítulo inteiro de seus *Ensaios* às "prognosticações", no qual não se contenta em rejeitá-las por serem fúteis e ridículas, mas tenta explicar seu mecanismo psicológico. A razão essencial, diz ele, reside na "furiosa curiosidade da nossa natureza":

> Restam entre nós alguns meios de adivinhação pelos astros, pelos espíritos, pelas figuras do corpo, pelos sonhos, e alhures; notável exemplo da furiosa curiosidade da nossa natureza, divertindo-se em se preocupar com as coisas futuras, como se não tivesse bastante que fazer digerindo as presentes.[74]

74 Montaigne, Das prognosticações. In: ______, *Ensaios*, I, cap.XI. [No original: "Il reste entre nous quelques moyens de divination ez astres, ez esprits, ez figures du corps, ez songes, et

O prestígio das prognosticações, prossegue ele, deve-se a duas causas principais: a obscuridade da linguagem, em primeiro lugar, que possibilita qualquer interpretação, subterfúgio que ele executa com poucas palavras certeiras, caçoando do "falar obscuro, ambíguo e fantástico do jargão profético ao qual o autor não dá nenhum sentido claro, a fim de que a posteridade possa aplicar tais que lhe agradem". Em seguida, da enorme massa de predições, retêm-se apenas os casos extremamente raros em que, por pura coincidência, elas acertam em cheio:

> Vejo quem estuda e glosa seus almanaques, e alegam-nos sua autoridade nas coisas que acontecem. De tanto falar, devem falar verdade e mentira [...]. Não os julgo nada melhores, por vê-los cair em algum acerto. Haveria mais certeza, se houvesse regra e verdade em mentir sempre: além disso, ninguém mantém registro de seus erros, tanto mais que são comuns e infinitos; e faz valorizar suas adivinhações o fato de que são raras, incríveis e prodigiosas.[75]

Para Montaigne, seria melhor regrar a própria conduta pela sorte do que pelos sonhos, e revela-se um iconoclasta em relação às profecias mais veneradas, como as de Joaquim de Flora e do imperador Leão, declarando: "Gostaria de ter visto com meus olhos essas duas maravilhas". Em resumo, tudo é "diversão de espíritos agudos [obtusos diríamos] e ociosos".

Adiante, Montaigne escreve que certos métodos de adivinhação, pelo voo dos pássaros, por exemplo, embora sejam evidentemente grotescos, poderiam ser utilizados de forma inteligente, interpretando-se corretamente o instinto animal; ele cita o caso das cadelas, mais capazes do que nós de discernir os melhores filhotes: "Elas têm um uso do prognóstico que nós não temos".[76]

Montaigne não se aventura no campo da grande profecia inspirada, mas visivelmente não confia nas predições. Sua atitude, repetimos, é muito minoritária, e em sua época, que vê o declínio da profecia religiosa, o campo da

---

ailleurs; notable exemple de la forcenée curiosité de nostre nature, s'amusant à préoccuper les choses futures, comme si elle n'avoit pas assez à faire à digérer les présentes".]

75 No original: "J'en veoy qui estudient et glosent leurs almanachs, et nous en allèguent l'auctorité aux choses qui se passent. À tant dire, il fault qu'ils disent et la vérité et le mensonge [...]. Je ne les estime de rien mieulx, pour les veoir tumber en quelque rencontre. Ce seroit plus de certitude, s'il y avoit règle et vérité à mentir tousjours: loinct que personne ne tient registre de leurs mécomptes, d'autant qu'ils sont ordinaires et infinis; et faict on valoir leurs divinations de ce qu'elles sont rares, incroyables, et prodigieuses". (N. T.)

76 Montaigne, op. cit., II, cap.XII.

adivinhação se encontra nitidamente dividido em duas correntes paralelas: diante dos métodos populares tradicionais que acabamos de evocar, e contra os quais a Igreja trava um combate inútil, a elite intelectual e política confia sobretudo nas astrologia, que suplanta largamente a profecia religiosa a partir da metade do século XVI. E, mais uma vez, a atitude da Igreja é das mais ambíguas: somam-se às incertezas de princípio entre astrologia natural e astrologia supersticiosa as incertezas da prática num alto clero que de um lado condena e de outro utiliza os astrólogos a seu serviço, inclusive o papa e os cardeais. É porque o prestígio da astrologia podia se apoiar em suas pretensões científicas, numa era em que a ciência já é um ideal, mas não ainda uma realidade circunscrita.

# – 9 –

# O TRIUNFO DA ASTROLOGIA (SÉCULO XV – MEADOS DO SÉCULO XVII)

A grande época da astrologia ocidental situa-se entre meados do século XIV e meados do XVII, trezentos anos ao longo dos quais os homens tentam ler seu futuro no céu estrelado. Obviamente, o reinado dos astrólogos não é único, mas eles são os grandes beneficiários das tribulações e do declínio da profecia religiosa, vítima de seus excessos e de condenações. Eles preenchem um vazio, oferecendo uma solução alternativa para os espíritos decepcionados com os fracassos da predição clássica, que tirava sua inspiração do sobrenatural.

## AMBIGUIDADE DA ASTROLOGIA

O que faz a força dos astrólogos é sua aparência científica e natural. Por isso seduzem primeiro a elite intelectual e política. Mas a partir de meados do século XVI, por um fenômeno de mimetismo frequentemente constatado, o povo se apodera desse meio de adivinhação, que se difunde em particular pelos almanaques.

Durante esse período, contudo, o triunfo da astrologia nunca é absoluto ou garantido. Sua posição é precária em virtude da dificuldade de se inserir num sistema de valores predominantemente religioso. Apesar de seus esforços para distinguir astrologia natural de astrologia supersticiosa, os astrólogos nunca conseguirão suprimir as suspeitas dos teólogos, que os acusam de negar a liberdade humana. Além disso, os poderes políticos, apesar de utilizar amplamente seus serviços, desconfiam das consequências que as predições podem ter para o espírito público. Portanto, o astrólogo, apesar de seus sucessos incontestáveis, tem um status ambíguo, que se deve às contradições dos poderes diante dele. Todo mundo recorre à astrologia, mas de maneira não oficial, e tenta proibir que seja usada por terceiros.

Ilustremos imediatamente esse ponto pela situação dos astrólogos na corte pontifícia. Desde a época de Avignon, no século XIV, apesar da hostilidade oficial de fachada, eles estão presentes no círculo dos papas, e não só como figurantes. Alguns são médicos, como Arnaldo de Vilanova, Guy de Chauliac e Raymond Chalmel de Viviers. Levi ben Gerson faz uma predição para Bento XII em 1339 e Clemente VI encomenda a tradução de seu *De astronomia* em 1342. Cardeais e bispos não ficam atrás: o arcebispo de Aix, Robert de Mauvoisin, consulta Moisés de Trets ou de Jouques. Na maioria das vezes, trata-se de uma astrologia coletiva e analítica, ligada às conjunções dos planetas superiores, que determinam o destino dos reinos. O número de tratados astrológicos na biblioteca pontifícia pode parecer ínfimo (sete manuscritos de 2.100 livros entre 1369 e 1375), mas muitos escritos circulam de mão em mão, e o tratado de Levi ben Gerson sobre a conjunção de 1345, por exemplo, foi provavelmente uma encomenda do papa.[1]

Um século depois, os astrólogos têm uma posição quase oficial na corte pontifícia. Alexandre VI consulta o judeu provençal Bonet de Lattes; Sisto IV, Júlio II, Leão X, Paulo III não tomam nenhuma decisão importante sem a opinião de seus "matemáticos": abertura de um consistório, data da coroação, entrada numa cidade conquistada.

A reviravolta é espetacular a partir de meados do século XVI, em consequência da reforma tridentina. Chovem condenações. Em 1565, o Concílio de Milão decreta penas severas contra "os astrólogos, que pelo movimento, pela figura e pelo aspecto do Sol, da Lua e dos outros astros, predizem com inteira certeza as coisas que dependem da vontade e da liberdade dos homens". Em 1583, os concílios de Reims e Bordeaux excomungam adivinhos e astrólogos

1 Boudet, La papauté d'Avignon et l'astrologie, *Cahiers de Fanjeaux*, n.27.

judiciários. Em 1586, Sisto V condena a astrologia judiciária, declarando que apenas Deus pode conhecer o futuro ligado às contingências humanas. Em 1609, o Concílio de Narbona excomunga "os adivinhos, os leitores de horóscopos e os astrólogos judiciários". Em 1612, o Sínodo de Ferrara os expulsa da diocese. Em 1631, Urbano VIII retoma e desenvolve a condenação de Sisto V, que em 45 anos não teve o menor efeito. Ele toma o cuidado de especificar que a astrologia natural, utilizada pela medicina, pela agricultura, pela navegação, é inteiramente lícita, mas proíbe qualquer horóscopo sobre o papa e seu círculo, e ressalta o perigo social que são as predições sobre a morte dos líderes políticos. Ritualmente, os estatutos sinodais do século XV retomam a condenação da astrologia judiciária.

## AS POLÊMICAS DO FIM DO SÉCULO XIV

Essa evolução e essas vacilações refletem as incertezas doutrinais a respeito da astrologia. As belas definições dos grandes escolásticos do século XIII não resolveram o problema. A partir da segunda metade do século XIV, a polêmica reacende, e diante do progresso das práticas astrológicas alguns teólogos lançam vigorosos ataques.

Um dos mais encarniçados é Nicole Oresme (1320-1382), bispo de Lisieux e conselheiro de Carlos V. No *Livro de adivinhações* e no *Tractatus contra iuditiarios astronomos*, mas também numa série de *Quodlibeta* e *Quaestio*, ele utiliza todos os argumentos possíveis, religiosos e científicos, contra a astrologia.[2] No *Livro de adivinhações*, distingue seis tipos de práticas astrológicas. A primeira, que corresponde a nossa astronomia, consiste em estudar "os movimentos dos sinais e das medidas dos corpos do céu; pela qual, com as tábuas, pode-se saber as constelações e os eclipses por vir e coisas semelhantes". A segunda se dedica aos efeitos naturais dos astros, que causam o calor, o frio, a umidade, a seca. A terceira, que se baseia nas conjunções dos planetas, faz parte da astrologia "judiciária"; ela permite três tipos de predições:

2 Lejbowicz, Chronologie des écrits anti-astrologiques de Nicole Oresme. Étude sur un cas de scepticisme dans la deuxième moitié du XIVe siècle. In: Colloque Oresme, *Autour de Nicole Oresme*, p.119-76; Coopland, *Nicole Oresme and the Astrologers*; Caroti, La critica contro l'astrologia di Nicole Oresme e la sua influenza nel Medievo e nel Rinascimento, *Atti dell'Academia Nazionale dei Lincei, Memorie*, 8, v.23, fasc.6, p.545-684.

> a saber pelas grandes conjunções as grandes aventuras do mundo, como pestilências, mortalidade, fome, dilúvios, grandes guerras, mudanças de reinos, aparecimento de profetas, seitas novas e mudanças tais; a saber a qualidade do ar, as mudanças do tempo, do calor para o frio, do seco para o molhado, dos ventos e tempestades; a julgar os humores dos corpos humanos e das coisas, como tomar medicamento e coisas semelhantes.[3]

A quarta determina o horóscopo individual ou "natividade", predizendo "a fortuna de um homem pela constelação e figura de sua natividade". A quinta responde a perguntas específicas, por exemplo, sobre o resultado de uma batalha, em função da posição dos astros no momento da pergunta. A sexta concerne às "eleições", isto é, à determinação dos momentos favoráveis a um empreendimento.

Essas práticas, declara Oresme, negam a liberdade humana, afirmando que o futuro é determinado; foram condenadas pela Bíblia, pelos Pais e pelos doutores da Igreja, por filósofos pagãos. Concretamente, não possuem nenhuma base racional e utilizam uma formulação obscura para que sejam tomadas retroativamente como autênticas, embora as predições sejam quase sempre falsas; os astrólogos não concordam nem entre eles mesmos, e não conseguem explicar o destino diferente dos gêmeos.

Nicole Oresme vai mais longe: ele critica as afirmações de Santo Tomás, segundo as quais, como vimos, os astros agem sobre os corpos e a maioria dos homens se deixa influenciar por seus apetites corporais. Isso, escreve, não está em conformidade com a física de Aristóteles. Seu argumento mais original, todavia, é de ordem matemática. Os astrólogos afirmam que o mínimo erro de cálculo na posição dos planetas arruína todas as predições. Ora, as relações entre as velocidades de evolução dos planetas têm toda a probabilidade de ser números irracionais, e essa incomensurabilidade arruína todas as tábuas astrológicas, além de tornar impossível a repetição exata de uma configuração do céu.[4]

---

3 No original: "à savoir par les grans conjonctions les grans aventures du monde, comme sont pestilences, mortalitez, famines, déluges, grans guerres, mutacions de royaumes, apparicion de prophètes, sectes nouvelles et telles mutations; à savoir la qualité de l'air, les mutacions du temps, du chault en froid, du sec en moiste, des vens et tempestes; à jugier des humeurs des corps humains et des choses comme de prendre médecine ou de choses semblables". (N. T.)

4 Esse argumento é desenvolvido no *De commensurabilitate vel incommensurabilitate motuum coeli*. Os problemas da astrologia nos séculos XIV e XV são tratados na obra clássica de Préaud, *Les astrologues à la fin du Moyen Âge*.

Para uma atividade que se pretendia científica, a objeção deve ter sido terrível. Na verdade, ela teve pouco efeito, sobretudo por causa da baixíssima circulação dos escritos de Oresme. No entanto, seus argumentos são retomados em parte, alguns anos depois, por Henrique de Langenstein e Philippe de Mézières. O primeiro resume a influência das estrelas à temperatura e à umidade, e acha absurdo associar os acontecimentos à posição dos planetas em relação uns aos outros, e a conjunções que ocorreram vários anos antes. A influência dos cometas também lhe parece ridícula. Escrevendo sob efeito do momento presente (a *Quaestio de cometa* é publicado após o cometa de 1368, e *Tractatus contra coniunctionistas* após a conjunção de 1373), ele reage às interpretações correntes, e em particular à teoria das grandes conjunções, que na época vem reforçar ou rivalizar com as profecias.

Essa teoria, elaborada pelos astrólogos muçulmanos nos séculos VIII e IX, chegou ao Ocidente no século XII e é empregada sobretudo a partir do século XIV, porque permite a introdução de uma periodização da história, desde a morte de Cristo, numa era cristã que se prolonga desmesuradamente, e mais do que as profecias deixavam prever. Em 1303, Pedro de Albano, no *Conciliator*, utiliza pela primeira vez as conjunções Saturno-Júpiter para explicar o surgimento de alguns grandes personagens, como Maomé. O florentino Giovanni Villani as utiliza de forma sistemática, distinguindo períodos de 20, 240 e 960 anos a partir da grande conjunção de Júpiter com Saturno em Aquário em 1345, que foi retroativamente responsabilizada pela peste negra. João de Murs afirma que ela anuncia também a vinda do messias dos judeus em dez anos, e João de Rocacelsa usa essa concepção para reforçar suas profecias.

A teoria, no entanto, deve ser usada com prudência: em 1327, Cecco d'Ascoli é queimado por heresia em Florença; o horóscopo que fez de Cristo, mostrando que era possível predizer sua sabedoria, seu nascimento num estábulo e sua morte na cruz, não é estranha a essa condenação. Mesmo tomando precauções e jogando com a ambiguidade da astrologia, não se deve transpor certos limites.

A nova conjunção Saturno-Júpiter em Escorpião em 1365 dá lugar a novas predições: será vista como um sinal precursor do Grande Cisma, e João de Legnano, combinando-a com Ptolomeu, o Pseudo-Joaquim e a Sibila Eritreia, a faz anunciar a ruína do islã e o Anticristo, cuja "constelação será conforme à de Maomé". Pedro de Ailly e depois o abade Johannes Trithemius também utilizarão as conjunções.

É contra essas extravagâncias que Henrique de Langenstein reage, e seus escritos não fazem mais sucesso do que os de Oresme diante da maré montante da astrologia. Em 1389, Philippe de Mézières assume o posto e, numa obra em francês de difusão mais ampla do que as anteriores, *O sonho do velho peregrino*, é a sua vez de criticar a astrologia. A forma é a de um diálogo alegórico, no qual Retidão denuncia à rainha Verdade a multiplicação dos "perversos e obstinados filósofos", que fazem "julgamentos de astrologia" concebidos na "forja da idolatria". Eles fazem cada vez mais sucesso e seduzem "muitos grandes clérigos e vários grandes senhores", o que a velha Superstição confirma:

> E, além do mais, hoje na cristandade, que sói ser minha inimiga, a glória da minha ciência por toda parte se renova. Que maravilha!, pois as grandes capas e capotas forradas e os grandes príncipes seculares não ousariam nada de novo sem meu comando e minha sagrada eleição. Não ousariam erguer castelos, nem edificar igreja, nem começar guerra, nem entrar em batalha, nem vestir toga nova, nem dar joias, nem empreender viagem, nem sair de casa sem meu comando.[5]

O testemunho é importante. Ele confirma o papel fundamental da astrologia entre nobres e reis no século XIV. Carlos IV já consultava Geoffroy de Meaux, mas é sobretudo sob Carlos V que os astrólogos invadem a corte, e é provável que as palavras de Philippe de Mézières sejam uma reação à situação. Carlos começou a reunir obras astrológicas entre 1358 e 1362, quando era apenas um delfim, encomendando uma tradução do *Quadripartitum* de Ptolomeu, a Guilherme Oresme, tratados árabes a Robert Godefroy, "mestre em artes e astrônomo"; em 1361, Pèlerin de Prusse compõe para ele um *Tratado das eleições universais das doze casas*, e traduz obras árabes em que são examinadas questões como "Interrogação de reino se alguém será senhor ou não", "Outra interrogação de um homem se ele terá reino". Como escreve Françoise Autrand em sua biografia de Carlos V: "Seguramente, a astrologia, na mente de Carlos, faz parte das ciências que devem ser postas em ação na prática do poder".[6]

---

5 Mézières, *Le songe du vieil pèlerin*, p.598. [No original: "Et que plus est, aujourd'huy en la crestienté, qui souloit estre mon ennemie, la gloire de ma science par tout est renouvelée. Quel merveille! car les grans chappes et chapperons fourrez et les grans princes séculiers n'oseroient rien faire de nouvel sans mon commandement et ma sainte élection. Ilz n'oseroient fonder chasteaux, ne eglise édifier, ne guerre commaincier, ne entrer en bataille, ne vestir robe nouvelle, ne donner ungs joyaulx, n'entreprendre voyage, ne partir de l'ostel sans mon commandement".]

6 Autrand, *Charles V*, p.745.

Sua famosa biblioteca não possui menos de 180 livros sobre astrologia e artes divinatórias, ou seja, 20% do total, ao passo que essa relação não ultrapassa 5% nas bibliotecas principescas.[7] Nela também se encontram todos os instrumentos astronômicos da época. Fazem parte de seu círculo Pedro de Valois, André de Sully, Dominicus de Clavasio, Gervais Chrétien, todos astrólogos atestados, assim como Tomás de Pizzano, ou Tomás de Bolonha, pai de Cristina de Pisano. Segundo esta última, Carlos V é um "rei astrólogo, muito experimentado nessa ciência",[8] e seu pai teria lhe dado conselhos muito úteis. O soberano manda anotar cuidadosamente os horóscopos de todos os seus filhos, preservados com o dele num manuscrito que se encontra atualmente em Oxford, e em 1378 ele cria uma pensão para sustentar no Colégio Notre-Dame de Bayeux dois estudantes que aprofundarão "as ciências matemáticas lícitas e permitidas para leitura na Universidade de Paris".

A formulação indica a prudência de praxe nessa matéria. A maioria dos conselheiros do rei são contra a influência dos astrólogos e, como mostrou Jean-Patrice Boudet, essa influência foi sem dúvida exagerada após a famosa obra de Simon de Phares no fim do século XV.[9] Seja como for, Carlos V tentou seriamente utilizar um hipotético conhecimento do futuro como instrumento de governo para guiar suas decisões. Se o meio não é adequado, o espírito é bastante moderno e de certa forma anuncia os estudos de prospectiva.

Mas ele choca os conselheiros conservadores. Em *O sonho do pomar*, Évrart de Trémaugon sublinha o caráter diabólico da astrologia. Philippe de Mézières faz críticas sobretudo de ordem científica. Sem negar a influência astral sobre os assuntos terrenos, mostra que o espírito humano é incapaz de controlar a complexidade da situação para tirar ensinamentos dela: os astrólogos levam em conta 1.022 estrelas e 7 planetas, o que já é muito com que lidar. Mas por que os outros milhões de estrelas não seriam levados em consideração também? Basta examinar as predições passadas para constatar a impotência dos astrólogos, que não concordam entre si, acumulam erros, e não são capazes nem de anunciar o tempo que vai fazer amanhã. Como poderiam prever os "efeitos das grandes batalhas dos reis e a sorte futura dos grandes príncipes e as aventuras que de ordinário sucedem aos reinos

7 Boudet, op. cit.

8 No original: "[...] roi astrologien, très expert en icelle science". (N. T.)

9 Boudet, *Lire dans le ciel*.

e às regiões"?[10] A astrologia judiciária é uma loucura, como pensa o astrônomo João de Dondis (apelidado de João dos Relógios), que cita Philippe de Mézières. Enfim, como lembra a donzela Boa-Fé, outra interlocutora do *Sonho*, somente a astrologia natural é lícita; a outra, que afirma dizer o futuro, faz parte das artes mágicas ilícitas, como todos os outros tipos de mântica.

É o que lembra também, nove anos depois, em 1398, a Sorbonne, ao condenar a opinião segundo a qual "nossas cogitações intelectuais e volições íntimas são causadas diretamente pelos céus e podem ser conhecidas por uma arte mágica, e é lícito formular a partir disso julgamentos seguros".[11]

Apesar dessas críticas e condenações, a atração da astrologia não para de crescer nos meios eruditos dessa época, e uma das razões desse progresso é o fracasso dos outros tipos de explicação. O caso da peste negra é uma boa ilustração. Tamanho trauma leva os intelectuais a se fazer perguntas. Punição divina? Envenenamento provocado pelos inimigos da cristandade? Os mais perspicazes têm dúvidas: o mundo muçulmano foi atingido do mesmo modo que o Ocidente cristão. Resta então a causa "natural", "científica": a corrupção do ar por ação dos astros. Essa solução parece a mais verossímil ao carmelita João de Venette:

> Nesse mesmo ano 1348, no mês de agosto, viu-se acima de Paris, a oeste, uma estrela muito grande e muito brilhante. [...] Se era um cometa ou um astro formado por exalações e dissipado em seguida em vapores, deixo aos astrônomos o cuidado de decidir. Mas é possível que fosse o presságio da epidemia que se seguiu quase imediatamente em Paris, em toda a França e em outros lugares.[12]

A explicação astrológica aparece como a mais racional, diante da explicação sobrenatural ou da explicação do complô judeu. Tudo é reduzido a fenômenos físicos, sem intervenção externa, e a "hipótese astrológica" pode ser considerada de certa forma um avanço na direção do pensamento científico. Até o século XVIII, aliás, a explicação das epidemias pela corrupção do ar, em virtude das influências astrais, será a mais comumente aceita, até ser

10 No original: "[...] effetz des grans batalhas des roys et les fortunes à venir aux grans princes et les aventures que de commun cours aviennent es royaumes et es régions". (N. T.)

11 Denifle; Chatelain (éd.), *Chartularium Universitatis Parisiensis*, t.IV, p.35.

12 Apud Delumeau, *La peur en Occident*, p.172. Jean Delumeau cita também a prudente opinião de Boccaccio: "Que a peste tenha sido obra das influências astrais ou resultado de nossas iniquidades, e que Deus, em sua justa cólera, tenha-a precipitado sobre os homens como punição de nossos crimes, ela se declarou em todo caso, alguns anos antes, nos países do Oriente".

substituída pelos mecanismos biológicos. Mas a verdadeira mutação situa-se no século XIV, com a passagem das causas sobrenaturais para as causas físicas, enquanto a passagem da astrologia para a biologia se faz dentro de um mesmo sistema, o das causas naturais.

## O CRESCIMENTO DA ASTROLOGIA NO SÉCULO XV

A atração cada vez maior das elites intelectuais pela astrologia é absolutamente compreensível. No século XV, ela tem causa ganha, e a resistência é cada vez menor. A produção de obras astrológicas é enorme; chega a 12.563 manuscritos na Alemanha do século X ao XVIII, talvez dez vezes mais na Europa inteira, e os anos 1400 marcam um salto espetacular nesse campo.[13]

Uma das grandes novidades, coroada de sucesso desde o princípio, é a prática das "prognosticações" anuais, das quais encontramos exemplares impressos desde 1470. Elas anunciam para o ano seguinte o tempo que fará quase dia a dia,[14] o estado das colheitas, o nível dos preços, as doenças mais comuns para cada faixa de idade, o estado das guerras, das tréguas e das batalhas, enfim, todos os fenômenos importantes para a vida social. É fácil compreender a atração dessas fantasias: num mundo sempre tão instável e imprevisível, essas predições introduzem pontos fixos, asseguram e, portanto, tranquilizam, mesmo em caso de previsão alarmista, porque saber permite preparar-se. Na maioria das vezes, aliás, as previsões são lenientes. As de 1454, num período de recorrência frequente da peste, declaram:

---

13 Ibid., p.93.

14 Assim, na predição em francês para 1454, encontramos para o mês de outubro: "No começo do mês de outubro fará frio, vento, céu nublado, nevoeiro de manhã e à noite em lugares perto de rios. O dia será claro, as vésperas seguirão claras até o X ou XI dia do mês. Depois ele se porá em umididade e ventos de setentrião e ocidente, e durará cerca de seis dias. O tempo se porá bem convenientemente limpo, frio e seco, e durará até o XXII. O tempo se porá coberto e com neves, trovoadas, ventos contrários de um lado, de outro todas as quatro partes do oriente, sul, ocidente e setentrião, isto é, o galerno, e durará até o fim do mês" ["Au commencement du mois d'octobre, il fera froit, venteux, couvert de nues, broullaz les matins et les soirs en lieux près de rivières. Sur jour sera cler, le vespre tournera cler jusques le Xe ou XIe jour dudit mois. Après il se mectra en moicteur et en vens de septentrion et d'occidant, et durera environ six jours. Le temps se mectra bien compectamment en beau, froit et secq, et durera jusques au XXIIe. Le temps se mectra au couvert et neges, tonnerres, vens contraires d'une part, d'autre toutes les quatre parties d'orient, de midi, d'occident et de septentrion, qui est à dire la galeme, et durera ce temps jusques à la fin dudit mois"]. Apud Contamine, Les prédictions annuelles astrologiques à la fin du Moyen Âge: genre littéraire et témoin de leur temps. In: Mandrou, *Histoire sociale, sensibilités collectives et mentalités*, p.198.

"Várias vezes empenhei-me diligentemente para encontrar nos livros supraditos se neste ano haveria epidemia universal para todo mundo. Na verdade, não encontrei nada".[15] As de 1438 são nitidamente utópicas, anunciando o fim definitivo das guerras e da passagem de tropas.[16] Mas na maior parte do tempo as previsões são absolutamente banais.

Os acontecimentos políticos têm um lugar importante nas predições, e, nesse campo, perguntamo-nos sempre qual é o papel da bajulação, do cálculo e da manipulação. Segundo o pesquisador Philippe Contamine, as previsões que o zuriquenho Conrad Heingarter envia em 1476 a Luís XI, anunciando boas-novas graças aos "alemães", visam servir aos interesses de seus compatriotas; a coincidência com as derrotas do Temerário em Grandson e Morat lhe vale uma pensão real.[17] Do mesmo modo, em 1464, as predições políticas teriam contribuído largamente para estabelecer a linha da diplomacia florentina; mas a de 1454, que garante a Carlos VII que ele não tem nada a temer de uma invasão inglesa, esconde um motivo ulterior? A de 1438, que anuncia a expulsão do papa e a eleição de um antipapa, não é apenas uma estimativa baseada na fragilidade da posição de Eugênio IV?[18]

Essas predições refletem também as preocupações predominantes na época, por exemplo, o medo de levantes populares, que aparece no prognóstico de 1454. O interesse do texto é, de um lado, o fato de estabelecer um vínculo entre a posição dos astros e a agitação popular dos "pobres" e dos "malvados", o que retoma a velha ideia da harmonia entre o cosmo e a ordem social, e, de outro lado, o de destacar o vínculo entre a astrologia e as classes dominantes:

> Encontro nos livros, como está dito, que várias pessoas humildes e de baixa origem estarão inclinadas neste ano a fazer muito barulho, debates e tumultos por todas as quatro regiões por causa da última conjunção, que foi no XIII dia de outubro, de Saturno, Marte, Sol e Mercúrio. Essa influência e conjunção as mantêm em malquerença, ódio e crime contra os senhores da Igreja, nobres,

15 Ibid., p.199. [No original: "Par plusieurs fois j'ay mis bonne diligence de trouver es livres dessus diz se en ceste année auroit espidemie universal par tout le monde. En vérité, je n'en treuve point".]

16 "Da satisfação e alegria em que o mundo estará no fim do ano. As pessoas serão como meninos e em breve se entregarão a suas vontades" ["De l'aise et joye en quoy le monde sera en la fin de l'an. Les gens seront comme enfans et pour peu se adonneront leurs voulentez"]. Ibid., p.200.

17 Ibid., p.201-2.

18 Ibid., p.201.

> burgueses e mercadores e contra as pessoas de ofício que possuem abundância de bens deste mundo; e serão os mais pobres e mais malvados os mais inclinados a causar dano aos supraditos por causa de Marte e Saturno, se bem que o Sol, Vênus, Mercúrio e Júpiter não se conciliam bem com Saturno e Marte; e pelas pessoas miseráveis e por temor da boa justiça que correrá neste reino, nenhum inimigo do rei ousará exilar nem mostrar sua malquerença, especialmente neste reino, do qual Deus seja louvado.[19]

Às vezes os prognósticos têm um alcance maior do que o prazo de um ano. Assim, em 1474, João Peuerbach publica em Nuremberg suas *Ephemerides ad XXXII annos futuros*, em que indica as tábuas de posição dos planetas para os 32 anos seguintes, e os efeitos que se podem esperar.

No fim do século, Marsílio Ficino sente certo embaraço diante da astrologia, que submete o mundo do espírito ao mundo da matéria, situação intolerável para um neoplatônico. Contudo, o prestígio dessa ciência é tal que ele é levado a retomar a divisão definida pelos escolásticos: as estrelas agem sobre nosso corpo, determinam nossas capacidades, nossas forças e nossas fraquezas, mas nosso espírito tem todo o vagar para dominar esse condicionamento.[20]

Os astrólogos são mais presentes do que nunca na corte dos soberanos. Luís XI, evidentemente, que tem espiões por toda parte, inclusive no além, não poderia dispensar seus serviços. Por exemplo, Jacques Loste lhe escreve, antes de 1467, que Filipe, o Bom, morrerá provavelmente antes de 24 de fevereiro, porque "passou os principais direitos e termos de vida".[21] Na Inglaterra, o fundador da dinastia dos Tudors, Henrique VII, tem vários "matemáticos" a sua volta. Em Florença, Lourenço, o Magnífico, compõe em 1490 uma canção em honra à astrologia:

> De nossos tronos do céu, somos nós os sete planetas
> que para vos instruir descemos à terra.
> De nós vêm os bens e os males,
> e quem vos faz chorar, o que vos faz contentes.
> O que sucede ao homem, aos seres animados,
> às plantas e às pedras, nós decidimos tudo.

---

19 Predição em francês para 1454, B.N., ms. fr. 1.356, fl. 30.

20 Cassirer, *Individuum und Kosmos in der Philosophie der Renaissance*.

21 B.N., ms. fr. 1.278, fl. 258 recto.

É prontamente destruído quem luta contra nós,
quem crê em nós, ao contrário, é mansamente guiado.[22]

Para o Carnaval de 1490, ele manda construir um carro no qual são representados os sete planetas e os temperamentos humanos correspondentes. O que não o impede de, paralelamente, declamar contra todos os métodos de adivinhação e leitura do futuro, inclusive a astrologia:

Seguem a infeliz em estranha coorte
sonhos, predições, engodos impudentes,
os que leem as mãos, adivinhos de todas as sortes,
que desvendam o destino e fazem profecias
de voz e por escrito, lendo nas cartas,
que dizem, quando está feito, o que deve suceder;
e a alquimia também e a ciência dos astros,
descrevendo o futuro segundo sua vontade.[23]

Essa contradição é reflexo do status ainda ambíguo da astrologia, e dos ataques que sofre, apesar de seu sucesso universal. Há sempre céticos irredutíveis, como constata a introdução de uma predição em francês para 1438.[24] O texto ataca duramente os broncos que se deixam guiar pelo acaso, que proclamam que a astrologia é completamente inútil, e os que se recusam a conhecer o futuro, ou ainda, que não fazem conta dos avisos dos astrólogos. A predição, aliás, contém uma ameaça: em 1478, esses céticos serão destruídos, "porque os astros nesse ano destruirão seus inimigos, mostrando nisso a sua potência".

---

22 Apud Cloulas, *Laurent le Magnifique*, p.329. [No original: "De nos trônes du ciel, c'est nous les sept planètes/ qui pour vous enseigner descendons sur la terre./ De nous viennent les biens et les maux tout autant, ce qui vous fait pleurer, ce qui vous rend contents./ Ce qui advient à l'homme, aux êtres animés, aux plantes et aux pierres, nous le décidons tout./ Est promptement brisé qui lutte contre nous, qui croit en nous par contre est doucement guidé".]

23 Ibid., p.328. [No original: "Suivent la malheureuse en étrange cohorte/ songes, prédictions, effrontées tromperies,/ ceux qui lisent les mains, devins de toutes sortes,/ qui dévoilent le sort et font des prophéties/ de voix et par écrit, lisant dedans les cartes,/ qui disent, quand c'est fait, ce qui doit arriver;/ et l'alchimie aussi et la science des astres,/ décrivant l'avenir suivant sa volonté".]

24 Contamine, op. cit., p.197.

## ATAQUE E DEFESA: PICO DELLA MIRANDOLA E SIMON DE PHARES

Devemos crer que a vitória astral foi incompleta, porque em 1494 foi lançado um dos ataques mais sistemáticos da história cultural contra a astrologia, com os doze livros de Pico della Mirandola, as *Disputationes adversus astrologiam divinatricem*.[25] A filosofia da obra é neoplatônica e contesta formalmente que o mundo material, o dos astros, possa determinar o curso do mundo espiritual, o das almas. A argumentação nos é familiar, mas aqui é um pouco mais desenvolvida: os astrólogos são uns charlatães, que procuram apenas seu enriquecimento pessoal; eles não concordam nem entre eles mesmos; acumulam erros há séculos, e não, como dizia Ptolomeu, por causa da dificuldade do assunto, mas porque "o astrólogo consulta sinais que não são sinais, e examina causas que não são causas". Além disso, utilizam fontes medíocres e muito pouco científicas, como Manílio. A teoria das grandes conjunções, que vincula os acontecimentos importantes, depois que aconteceram, a encontros planetários, é fantasiosa: não existe nenhuma regra que determine a duração entre a conjunção e o acontecimento, e é sempre retroativamente que se estabelece a ligação, e isso tira todo o interesse dela. E se os astrólogos são incapazes de prever os grandes acontecimentos, como podemos confiar neles nos pequenos detalhes da existência e da vida individual? Nos horóscopos e natividades, uns utilizam a data da concepção, outros a data do nascimento; por que não se basear na data da formação do germe? Eles também não sabem que papel dar às estrelas fixas. Não conhecemos nem o momento preciso do começo de um indivíduo, nem a posição precisa dos astros naquele momento, nem a influência que isso pode ter: que valor podem ter as predições feitas em tais bases?

O grande ataque de Pico foi um furo na água. Os argumentos não são novos; os astrólogos são impermeáveis a eles, e o público, que precisa acreditar nas quimeras astrológicas, não se comove. O que pode a razão contra o irracional? No entanto, no mesmo ano 1494, na França, as autoridades civis e religiosas retomam a ofensiva: o Parlamento e a Sorbonne condenam Simon de Phares e seus livros, e começa uma viva controvérsia sobre as relações entre profecia e astrologia, e sobre a legitimidade desta última. Isso motiva a redação de um dos mais importantes tratados da história astrológica, a *Recueil des plus célèbres astrologues* [Coletânea dos mais célebres astrólogos], composta entre 1494 e 1498 por Simon de Phares.[26]

---

25 Texto italiano editado por Garin.
26 Boudet, op. cit.

Trata-se de uma defesa da astrologia, mostrando que ela é tão antiga quanto o homem: o primeiro astrólogo foi o próprio Adão, e desde então "constata-se que a ciência da astrologia era e foi sempre praticada por grandes homens, reis e príncipes, e pelos pastores".[27] Simon de Phares dedica-se então a uma enumeração que pretende exaustiva de todos os grandes astrólogos, não hesitando em exagerar grosseiramente seu papel. Esse recurso às "autoridades", à moda escolástica, é bastante frequente entre os astrólogos do século XV, que gostam de reforçar seus prognósticos com citações de seus prestigiosos predecessores.[28]

Na lista de Simon, encontramos apenas quatro astrólogas, das quais duas sibilas, além da rainha de Sabá e Tiphaine Raguenel, esposa de Du Guesclin. A astrologia, profissão masculina, racional e científica, contrasta com a profecia, atividade fortemente feminizada, que apela para a sensibilidade e o instinto.

Um dos objetivos do *Recueil*, aliás, é provar que profecia e astrologia, longe de rivalizar, completam-se: parece que Moisés, Daniel e Jó também eram astrólogos. Até a época de Cristo, havia complementaridade, como mostra o caso da estrela dos magos, que completa os profetas. A profecia é um dom de origem divina, ao passo que a astrologia é uma ciência humana, "experimental", mas é ao mesmo tempo uma "ciência infusa", concedida por Deus a Adão. Em sua *Pronosticatio*, de 1488, Lichtenberger faz uma distinção semelhante, separando três modos de acesso ao futuro: a experiência, a ciência dos astros, a revelação divina.

Para Simon de Phares, os gêneros não devem ser misturados. Por isso, ataca o tratado astrológico-profético de Ânio de Viterbo, composto em 1481, a *Glosa super Apocalipsim*, que ele acha muito pouco científica: "Este fala assaz astrologicamente, mas tem a mioleira presunçosa",[29] escreve, considerando

27 No original: "[...] il appert que la science de astrologie estoit et a esté tousjours exercée par grands hommes, roys et princes et par les pasteurs". (N. T.)

28 Por exemplo, em 1465, numa predição feita por Hervé Mériadec a Filipe, o Bom, duque de Borgonha, lê-se que, "segundo Albumasar, por causa do signo de Áries, isto é, de Mercúrio, é possível que os grandes, como reis e príncipes, sejam de grande coragem, desejando honras, fama e renome fortes e voluntários, e várias pessoas usem e se metam mais do que de costume com armas e engenhos, e é possível que em alguns lugares haja debates e guerras e alguns bota-fogos" ["selon Abumasar, a cause du signe d'Ariez ou est ledit Mercure, est possible que les grans comme rois et princes et seigneurs seront de grant couraige et desirans honneurs, bruyt et renom fors et voluntaires, et pluisseurs peuples useront et se mesleront plus que de coutume d'armes et d'engins, et est possible que en aucuns lieux aient debas et guerres et aucuns boutefeux"]. B.N., ms. fr. 1.278, fl. 253.

29 No original: "Cestui parle assez astrologalement, mais il a cervelle bien presumptueuse". (N. T.)

muito arriscados os amálgamas entre a Besta do Apocalipse, o islã, Maomé, o Anticristo e as conjunções astrais. Prudente, Simon se recusa a considerar as questões escatológicas. Como seu colega, o astrólogo Guilherme de Carpentras, do qual ele cita o *Liber desideratus*, de 1494, ele declara que não está "em condições de acreditar que seja permitido que a data real da aparição do Anticristo possa ser buscada segundo os astros", e a predição da vinda do messias dos judeus em 1504 baseia-se sem dúvida num erro de cálculo.

De todo modo, escreve Simon de Phares, a era da profecia acabou desde Cristo. Todos que se proclamaram profetas em quinze séculos são impostores, inclusive Joaquim de Flora e João de Rocacelsa.[30] Apenas um tem sua simpatia: Merlin, o único cujas profecias se realizaram: o "mensageiro da águia de duas cabeças" que ele anunciou não era Du Guesclin?

O arrazoado de Simon de Phares se deve amplamente ao desejo de defender o status social da profissão.[31] Solidamente estabelecidos entre os grandes e na corte, onde há sempre um ou dois astrólogos habilitados entre 1451 e 1499, ganhando de 120 a 240 libras por ano, bem plantados na Faculdade de Medicina, gozando de grande prestígio na rica burguesia, os "matemáticos" formam um grupo de pressão muito poderoso sobre as autoridades, que não saberiam passar sem eles.

## O SÉCULO DE NOSTRADAMUS

O Renascimento e a imprensa, longe de enfraquecer os astrólogos, acentuam sua influência. Eles chegam no século XVI ao apogeu. Já mencionamos seu papel ao lado dos profetas nas predições catastrofistas. Seu poder sobre as autoridades políticas aumenta ainda mais. Na França, a corte de Henrique II e Catarina de Medici é particularmente marcada por sua presença, simbolizada inteiramente pela fama de Nostradamus.

Michel de Nostre-Dame, estabelecido em Salon-de-Provence em 1549, é um homem de sete instrumentos. Primeiro, a venda de unguentos, filtros mágicos, maquiagem, compotas, receitas de beleza e saúde, que lhe permite fazer fortuna. Durante a peste de Aix em 1546, seu pó aromático de madeira de cipreste, almíscar, aloé e lírio lhe vale certo renome, e em 1552 ele publica

30 No século XIV, o astrólogo João de Eschenden mostrou a incompatibilidade entre as três eras de Joaquim de Flora e as peridiocidades de Saturno e Júpiter.

31 Boudet, Simon de Phares et les rapports entre astrologie et prophétie à la fin du Moyen Âge, *Mélanges de l'École Française de Rome*, t.102, n.2.

um tratado sobre "maquiagens" e compotas. Depois, sempre para ganhar dinheiro, lança-se na nova atividade da moda, a prognosticação. A partir de 1550, plagiando a coletânea de profecias astrológicas de Regiomontanus, divulgadas naquele ano na França por Richard Roussat, ele publica um almanaque com quadras proféticas para cada mês. A obra, graças a sua misteriosa obscuridade, logo se torna famosa, e em 1555 são publicadas em Lyon as primeiras *Centúrias*, grupos de cem quadras em decassílabos.

O nome de Nostradamus chega à corte, para a qual Henrique II o chama e recebe com grandes honras. Hospedado no Hotel de Sens, recompensado com 200 escudos, ele acompanha o casal real a Saint-Germain e Blois, onde faz o horóscopo dos filhos da França, assim como de vários cortesãos. Voltando para a Provença, prolonga a série das *Centúrias*, cuja edição completa aparece em 1558, acompanhada de uma carta a Henrique II datada de 27 de junho.

Nostradamus é o protótipo do charlatão talentoso, uma espécie de Cagliostro do século XVI, que, apesar do caráter sério que pretende dar a suas predições, nunca foi completamente aceito no mundo restrito dos astrólogos científicos. Em *History of Western Astrology*, Jim Tester o executa em uma nota de rodapé de cinco linhas, declarando:

> Nostradamus ficaria deslocado numa história da astrologia. É verdade que ele pratica a astrologia, mas apenas como um charlatão e entre outras formas de ocultismo. Ele é conhecido hoje por suas quadras, uma série de versos totalmente insanos, dos quais alguns podem ser "interpretados" para convir a acontecimentos posteriores e até ao nosso futuro; mas pode-se dar qualquer sentido ao absurdo.[32]

O julgamento não é muito severo. Toda a fama de Nostradamus repousa, na verdade, sobre a incrível obscuridade de suas quadras, às quais se pode dar qualquer sentido, coisa que seus adeptos não se abstiveram de fazer ao longo dos séculos. "Na maioria das vezes, ele é particularmente obscuro, exceto quando trata de acontecimentos que já se realizaram", escreve Ivan Cloulas, que cita a quadra sobre o advento de Henrique II, escrito sete ou oito anos depois de ocorrido.[33] Em compensação, a famosa quadra em que Nostradamus supostamente anunciou a morte de Henrique II num torneio, com um golpe de lança no olho, diante da qual seus admiradores se embasbacam, ela não foi nem notada por seus contemporâneos. O próprio Nostradamus,

---

32 Tester, *A History of Western Astrology*, nota 14, p.215.
33 Cloulas, *Henri II*, p.546.

que não teria deixado de se vangloriar, não faz nenhuma alusão a esses quatro versos esquecidos entre centenas de elucubrações:

> O jovem leão o velho sobrepujará
> Em campo de combate por singular duelo;
> Na gaiola de ouro os olhos lhe perfurará
> Duas feridas uma, depois ele morre de morte cruel.[34]

Em 1594, 35 anos depois do acidente, o primeiro comentador das *Centúrias*, Jean Aimés de Chavigny, não pensa nem mesmo em fazer a aproximação. Nas cerca de 1.500 interpretações diferentes da obra de Nostradamus que foram feitas até hoje, ele prediz absolutamente tudo e qualquer coisa, o que, racionalmente, deveria ser suficiente para arruinar sua credibilidade. Do fim do mundo ao advento do comunismo, passando pela Revolução Francesa, o astrólogo teria previsto tudo.[35] O único inconveniente é que é sempre *após* a "realização" de suas predições que compreendemos seu sentido, o que faz delas, na melhor das hipóteses, uma literatura inútil.

A leitura de Nostradamus através das eras, que mereceria um estudo específico, é um dos monumentos da inconsequência do espírito humano. As atualizações periódicas em função dos fatos contemporâneos ilustram a verdadeira natureza da predição, que tem valor somente para o presente; pura charada, ela tem fundamentalmente a função de tranquilizar, eliminando o acaso e situando os acontecimentos humanos numa trama contínua e coerente. É por isso que os comentadores de Nostradamus privilegiam sempre os fatos do passado recente e do futuro imediato. Daremos apenas um exemplo. Entre 1860 e 1862, o abade Torné publica três volumes intitulados *Histoire prédite et jugée interprétant de façon précise les Centuries de Nostradamus*. O trabalho interessa a personalidades tão diversas quanto Victor Hugo, Alexandre Dumas, Ernest Renan e Louis Veuillot. Alguns bispos se convencem, como o cardeal Donnet e monsenhor Landriot. Como o abade Torné morre em 1880, Élisée de Vignois prossegue seu trabalho em *Notre histoire racontée à l'avance par Nostradamus*, publicado em 1910. Para o autor, a astrologia reforça a religião: "O homem, em última análise, incapaz de explicar pelas causas

---

34 No original: "Le jeune lion le vieux surmontera/ En champ de combat par singulier duel;/ Dans cage d'or les yeux lui crèvera/ Deux blessures une, puis il meurt mort cruelle". (N. T.)

35 O estudo mais recente e mais sério sobre a obra de Nostradamus é o de Brin d'Amour, *Nostradamus astrophile*. Uma das interpretações mais divertidas é a de Ionescu, *Le message de Nostradamus sur l'ère prolétaire*.

naturais o fenômeno da presciência, é obrigado a pronunciar a palavra profecia, e repetir uma vez mais a grande afirmação universal: Deus existe!".[36]

Élisée de Vignois faz em seguida a exegese dos procedimentos sabendo que isso torna o texto de Nostradamus obscuro, pelo uso de marcas, anagramas, sinédoques, antonomásias, apócopes, metáforas, elipses e outros jogos de palavras,[37] e aplica essas regras explicativas a cada quadra. Para tomar um exemplo nos 875 do livro, que podem predizer os quatro versos seguintes?

> A guarda estranha trairá, fortaleza,
> Esperança e sombra do mais alto matrimônio,
> Guarda enganada, fortemente pega na imprensa,
> Loire, Saône, Ródano, Gard, de morte ultraje.[38]

O caso Dreyfus, é claro! Tudo fica claro quando se sabe que a fortaleza é a França, que o matrimônio significa um tratado, que a sombra são as decepções que Dreyfus sofreu depois, que os quatro rios representam a reprovação geral na França; se o Sena não é mencionado, é porque tornaria a coisa muito evidente; quanto ao Reno, por um lado, ele não era francês na época e, por outro, ele tirou proveito da traição, porque é alemão. Nostradamus predisse, portanto, em 1555, a traição de Dreyfus; o que ele não parece ter previsto é que Dreyfus era inocente. Mas isso não casa com a visão *antidreyfusarde* do comentador.

Além do mais, Élisée de Vignois escreveu em 1910 e, se decifra a quadra com tanta habilidade, é porque o caso Dreyfus já pertence ao passado. Em contrapartida, ele não encontra no astrólogo nenhuma predição capaz de anunciar um acontecimento de alguma importância para 1914, que para ele ainda é futuro. No entanto, os intérpretes de Nostradamus que virão depois de 1918 mostrarão a clareza com que o astrólogo previu a Primeira Guerra Mundial. O absurdo dessas predições não merecia que nos detivéssemos nelas, se não constituíssem um exemplo flagrante da dependência da astrologia com relação ao contexto presente. Das 875 quadras que decifra, Élisée de Vignois aplica 775 à história do século XIX. Cada comentador privilegia

---

36 Vignois, *Notre histoire racontée à l'avance par Nostradamus*, p.iv.

37 As marcas consistem em designar um personagem por um traço de seu caráter ou de sua vida ("Aemathieu", filho da Aurora, designará o Rei-Sol, Luís XIV). A sinédoque consiste em designar o todo pela parte (Pisa significa a Itália). A antonomásia consiste em substituir um nome próprio por um nome comum ("as Ilhas" significam a Grã-Bretanha). A apócope consiste em suprimir o fim de uma palavra (Cap por Capeto, por exemplo).

38 No original: "La garde estrange trahira forteresse,/ Espoir et ombre de plus haut mariage,/ Garde deçeu, fort prinse dans la presse,/ Loyre, Saône, Rosne, Gar, à mort oultrage". (N. T.)

sua própria época, e o fim do século XX não foge à regra. Em 1980, Jean-Charles de Fontbrune faz Nostradamus predizer a vitória de François Mitterrand em 1981, como também a invasão russa e a destruição de Paris em 1982, e a restauração da monarquia em 1999.[39]

Também não se perde ocasião de ressaltar a advertência do astrólogo de Salon para 1789, esquecendo-se de especificar que se trata de uma opinião banal, tirada da teoria dos ciclos de Albumasar, que já encontramos em Pedro de Ailly, e era tão corriqueira no século XVI que Antoine Couillard du Pavillon se dizia farto de ouvir falar daquele ano "do Nosso Senhor mil setecentos e oitenta e nove". Cinco anos antes de Nostradamus, Richard Roussat, no *Livre de l'estat et mutation des temps*, publicado em Lyon em 1550, já havia escrito:

> Falemos da grande e maravilhosa conjunção que os senhores astrólogos dizem estar por vir aproximadamente nos anos do Nosso Senhor mil setecentos e oitenta e nove, com dez revoluções saturnais: e, além disso, aproximadamente vinte e cinco anos depois, será a quarta e última estação do altitúdico firmamento. Todas essas coisas imaginadas e calculadas, concluem os supracitados astrólogos que, se o mundo até esse e tal tempo durar (somente de Deus conhecido), grandes, maravilhosas e terríveis mutações e alterações sucederão neste universal mundo: sobretudo quanto às seitas e leis.[40]

Os partidários de Nostradamus levam tão a sério essas criancices que nem percebem mais o escárnio, por exemplo, dando como líquida e certa a exegese de Georges Dumézil de uma quadra que supostamente contaria em detalhes a fuga de Luís XVI para Varennes.[41]

Nostradamus foi clarividente uma única vez: quando previu que suas quadras não convenceriam todo mundo, e a todos esses futuros céticos ele faz esta advertência:

> Que aqueles que lerem estes versos reflitam com prudência!
> Que o vulgo profano e ignorante não se aproxime!

39 Fontbrune, *Nostradamus*.

40 No original: "Venons à parler de la grande et merveilleuse conjonction que messieurs les astrologues disent estre à venir environ les ans de Notre Seigneur mils sept cent octante et neuf avec dix révolutions saturnales: et outre, environ vingt-cinq ans après, sera la quatrième et dernière station de l'altitudinaire firmament. Toutes ces choses imaginées et calculées, concluent les susdits astrologues que, si le monde jusques à ce et tel temps dure (qui est à Dieu seul connu), de très grandes, merveilleuses et épouvantables mutations et altérations seront en cestuy universel monde: mêmement quant aux sectes et loix". (N. T.)

41 Cazes, *Histoire des futurs*, Paris, 1986, p.70-1.

> Atrás de todos os "astrólogos", os tolos, os bárbaros!
> Que aquele que fizer diferente seja maldito segundo os ritos! (VI, 100)[42]

## A ASTROLOGIA DE CORTE NO SÉCULO XVI

Nostradamus não foi o único astrólogo que frequentou a corte. Um dos mais famosos foi Cosme Ruggieri, florentino do círculo de Catarina de Medici, sua compatriota, que o fez ser nomeado abade e o presenteou com um observatório em Paris. Ao mesmo tempo mágico, tirador de sortes e astrólogo, ele é consultado pela rainha sobre os assuntos mais importantes. Suas façanhas preditivas são relatadas após a sua morte, em 1616, por Simon Goulard, em *Trésor des histoires admirables*, em particular o famoso caso do espelho, uma sessão de magia realizada em 1560, quando ele teria anunciado a duração do reinado de cada um dos filhos de Catarina, assim como o de Henrique IV. Depois da morte de sua protetora, Ruggieri é envolvido em complôs e estabelece-se na província como redator de almanaques com o nome de Johannes Querberus. Quando morre, em 1615, o arcebispo de Paris não permite o enterro religioso.

O astrólogo italiano Lucas Gaurico tem um destino mais honroso, já que o papa Paulo III o nomeia bispo. A pedido de Catarina de Medici, ele redige em 1551 o horóscopo de Henrique II, que merece figurar na monumental antologia dos erros de predição:

> O mui glorioso rei da França Henrique Cristianíssimo imporá sua lei a vários reis, atingirá antes de sua morte o ápice de seu poder e terá uma velhice muito feliz e alerta, como indica a conjunção em seu horóscopo de Sol, Vênus e Lua. Ele será muito poderoso sob a influência particular do Sol. Nos períodos situados sob o signo de Capricórnio, será beneficiado com um enorme poder. Se passar os cinquenta e seis, sessenta e três e sessenta e quatro anos de idade, chegará à idade de sessenta e nove anos, dez meses e doze dias por um caminho fácil e feliz.[43]

---

42 No original: "Que ceux qui liront ces vers réfléchissent mûrement!/ Que le vulgaire profane et ignorant n'en approche pas!/ Arrière tous les 'astrologues', les niais, les barbares!/ Que celui qui ferait autrement soit maudit selon les rites". (N. T.)

43 Cloulas, op. cit., p.547.

Para um rei morto acidentalmente aos 41 anos, a predição é infeliz. Mas a reputação de Lucas Gaurico foi salva pelo secretário Claude de L'Aubespine, que conta mais tarde, em sua *Histoire particulière de la cour de Henri II*, que em 1556 o astrólogo teria feito chegar ao rei uma retificação anunciando que por volta dos 41 anos ele corria o risco de sofrer num duelo um ferimento no olho que poderia resultar em morte. Os astros se tornaram de repente muito precisos!

As relações entre Catarina de Medici e seus astrólogos fazem as delícias de seus biógrafos, que relatam sem pestanejar as anedotas impressionantes que ilustram o poder destes últimos. Da sessão do espelho, à qual fizemos alusão, há várias versões. Ela teria ocorrido em 1560, em Chaumont, onde ainda se pode visitar a sala astrológica, na presença das sumidades planetárias da época: Nostradamus, Ruggieri, Ogier e Ferrier, o astrólogo do papa. Um espelho, colocado numa roda de fiar, gira; o número de voltas indica o número de anos de reinado da pessoa cuja imagem aparece nele: um para Francisco, catorze para Carlos, quinze para Henrique; mas no lugar do último dos quatro irmãos aparece a imagem de Henrique de Navarra, que dá 22 voltas.

Uma coisa é certa: esses não são métodos muito ortodoxos para astrólogos "científicos". Contam que foi após essa sessão que Catarina de Medici deu sua filha Margarida em casamento a Henrique de Navarra, e fez que este fosse protegido na noite de São Bartolomeu, fábula que ao menos confirma a importância da astrologia na corte. Catarina sempre tem com ela no mínimo três astrólogos oficiais, e manda o arquiteto Bullant construir a "coluna do horóscopo", cuja plataforma serve para observações. Com trinta metros de altura, ainda hoje é um dos traços marcantes do bairro Les Halles, em Paris.

Na Inglaterra, os Tudors não devem nada aos Valois no que diz respeito à confiança nos astrólogos. Depois de Henrique VII, que consulta o italiano Guilherme Parron, Henrique VIII utiliza John Robins, e paga pensão ao alemão Nicholas Kratzer, do qual Holbein deixou um belo retrato. O rei manda suprimir do *Livro dos bispos* as passagens que proíbem a astrologia, a adivinhação, a quiromancia, a crença nos presságios. O cardeal Wolsey consulta os astrólogos antes de cada decisão importante; em 1527, calcula a data de partida de sua embaixada na França em função da conjunção astrológica.

Durante a menoridade de Eduardo VI, o italiano Girolamo Cardano é chamado à Inglaterra para fazer o horóscopo do rei e de certos membros do Conselho, como John Cheke, apaixonado pela astrologia, do mesmo modo que o secretário de Estado William Paget, a quem é dedicada a edição basileense de Guido Bonatti, em 1550, e que protege o redator de almanaques

George Hartgill. O editor basileense de Fírmico Materno, Nicolas Prukner, dedica a obra a Eduardo VI em 1551. Durante sua passagem pela Inglaterra, Girolamo Cardano desenvolve sua ideia de criação de um poder político oculto, composto de um conselho de astrólogos que inspiraria os dirigentes.

É verdade que o terreno é particularmente fértil no reino, onde os principais conselheiros e cortesãos de Isabel são fervorosos adeptos da astrologia. O famoso William Cecil, lorde Burghley, mantém uma agenda astrológica e recomenda grande prudência a seu filho nos dias considerados nefastos, como a primeira segunda-feira de abril, a segunda segunda-feira de agosto e a última segunda-feira de dezembro. O conde de Leicester manda Thomas Allen fazer seu horóscopo e emprega um médico astrólogo, Richard Forster. O conde de Essex possui um tratado de astrologia do século XV. O secretário de Estado Thomas Smith é obcecado pelo papel dos astros, a tal ponto que "mal consegue dormir, de tanto pensar nisso".[44] O astrólogo John Dee tem um papel importante na corte; ele determina o dia da coroação em função dos dados astrológicos, e pedem sua opinião a respeito do cometa de 1577, enquanto um bispado é oferecido ao astrólogo Thomas Allen. O conde de Oxford estuda os tratados ocultos sobre o assunto, e em 1581 John Maplet dedica ao futuro chanceler Christopher Hatton seu *Quadrante do destino*.

Personalidades tão diversas como Walter Raleigh, Robert Burton, Thomas Browne, Herbert de Cherbury, Kenelm Digby têm um interesse não disfarçado pela astrologia; as grandes famílias aristocráticas mandam fazer o horóscopo de seus filhos e consultam médicos astrólogos. Essa verdadeira paixão alcança um primeiro apogeu na Inglaterra no fim do século XVI, do qual é testemunha a inflação das obras dos autores autóctones. Em 1556, o matemático Robert Recorde (1510-1558), autor do primeiro manual de aritmética em inglês, lembra no prefácio de *Castelo do conhecimento* o papel dos astros:

> Nunca houve grande reviravolta no mundo, mudança de impérios, queda de grandes príncipes, miséria e penúria, morte e mortandade, das quais Deus não tenha prevenido os homens por sinais celestes, para que temam e se arrependam por sua graça. Os exemplos são infinitos, e todas as histórias são repletas deles, de sorte que é inútil que eu os repita mais uma vez, visto que pertencem à parte judiciária da astronomia, mais do que a essa parte que estuda os movimentos.[45]

44 Thomas, *Religion and the Decline of Magic*, p.343.
45 Apud Tester, op. cit., p.224.

Recorde é geocentrista. Seu colega John Dee (1527-1608) é heliocentrista. Mas ao contrário do que se poderia imaginar, Copérnico não foi uma revolução no mundo dos astrólogos, que diferentemente da Igreja passou sem hesitar da Terra fixa para a Terra em movimento. Na verdade, esse mundo se acomoda a todos os sistemas astronômicos, como mostra o caso de Tycho Brahe, cujas concepções sincretistas são típicas da época. Esse alquimista-astrônomo-astrólogo-matemático, partidário de Ptolomeu com adaptações, vê no cometa de 1572 antes de tudo um sinal celeste anunciando uma nova era.

O impacto da astrologia na sociedade inglesa do século XVI é considerável. Revelador é o fato de que, em 1524, o anúncio de um dilúvio provocado pela conjunção dos sete planetas no signo de Peixes leva o prior de São Bartolomeu de Smithfield a mandar construir uma casa no alto de uma colina e abarrotá-la de provisões. As primeiras traduções em inglês das obras astrológicas eruditas aparecem na segunda metade do século, e em 1563 Laurent Humphrey declara que na nobreza a astrologia é "arrebatada, abraçada e devorada por muitos". Os primeiros astrólogos profissionais, dando consultas, aparecem e já atingem camadas urbanas mais populares, como um tal Thomas Lufkyn, muito frequentado pelas mulheres de Maidstone em 1558.

## O ALMANAQUE E SEUS DETRATORES

O mais poderoso meio de difusão da astrologia nos meios populares, devido à imprensa, é o almanaque. Esse tipo de literatura, atestado desde a Antiguidade, circulava na Idade Média na forma manuscrita. A tipografia vai permitir seu crescimento, tendo o primeiro saído das prensas alemãs em 1455; em 1464, assinalam-se almanaques corporativos e, em 1471, o primeiro almanaque anual.[46] Em sua forma clássica, é composto de três partes: acontecimentos astronômicos do ano (eclipses e conjunções); festas religiosas; prognósticos astrológicos, que podem ir da meteorologia à fome, passando pelos dias favoráveis para fazer sangrias ou cortar a barba, ainda com o papel dos signos do zodíaco sobre as diferentes partes do corpo, os perigos de epidemia, o estado das colheitas ou os acontecimentos políticos.

Acessível até mesmo aos analfabetos, graças a uma ilustração eloquente, o almanaque no século XVI ainda não é vendido no campo. É um produto

---

46 Bollême, *Les almanachs populaires aux XVIIe et XVIIIe siècles*.

urbano e peri-urbano, compreendendo numerosas profecias patrocinadas pelas celebridades da astrologia. Como *As profecias perpétuas de Tomás José Moult*, astrólogo napolitano, em 1560; as *Profecias ou predições perpétuas compostas por Pitágoras*, ou então *O espelho de astrologia*, atribuído a Nostradamus; o *Tratado da compleição das doenças das mulheres*, do astrólogo milanês Sinibal de Spadacine (1582). O medieval *Calendário dos pastores* conserva a popularidade como um método astrológico para predizer o destino e um guia da influência dos planetas sobre as partes do corpo. Traduzido para o inglês em 1503, teve nessa língua dezessete edições em um século.

Na Inglaterra, um dos grandes sucessos dessa literatura é o *Erra Pater*, tirado das prognosticações perpétuas de *Esdras*, um clássico da Idade Média. Encontramos nele uma tábua que permite prever o tempo de acordo com o dia de Ano-Novo, e uma lista dos dias favoráveis e desfavoráveis. Doze vezes reimpresso entre 1536 e 1640, essa obra tem muitas imitações, como *The Compost of Ptolomeus*, de 1532, e *Godfridus*, que prediz o tempo de acordo com o dia da semana em que cai o Natal. Em 1600, recenseiam-se na Inglaterra mais de seiscentos almanaques diferentes.[47]

O vigor desse tipo de literatura parece ainda mais notável pelo fato de resistir vitoriosamente a todos os ataques dirigidos contra ela. De um lado, os astrólogos "científicos" tratam com desprezo essas predições empíricas, que, acreditam, tiram todo o crédito da arte. De outro, os céticos se divertem a valer com as extravagâncias dos almanaques, ridicularizadas em 1508 pelo alemão Heinrichmann e pelo anônimo autor de *A Merry Prognostication* em 1544; em 1569, Nicolas Allen, em *The Astronomer's Game*, compara as predições totalmente divergentes de três autores de almanaques. É nessa linha que devemos situar a *Pantagruélica prognosticação segura, verdadeira e infalível para o ano perpétuo, novamente composta em proveito e advertência de pessoas tolas e desmioladas por mestre Alcofribas*, de Rabelais, publicada em 1533. A paródia burlesca começa pela exposição do método:

> Querendo, pois, satisfazer a curiosidade de todos os bons companheiros, revolvi todos os mapas dos céus, calculei as quadraturas da Lua, costurei tudo que jamais pensaram todos os astrófilos, hipernefelitas, anemopilácios,

---

47 Bosanquet, *English Printed Almanachs and Prognostications*; Camden, Elizabethan Almanacs and Prognostications, *The Library*, 4. series, XII.

uranopetas e ombróforos, e conferi tudo com Empédocles, o qual se recomenda à vossa boa graça.[48]

Seguem-se as "predições", litania tautológica acrescida de certas grosserias:

> Colhões penderão às pencas, não havendo sarrões; [...] a barriga irá à frente; a bunda sentará primeiro; [...] nesse ano os cegos verão muito pouco, os surdos ouvirão bem mal, os mudos quase não falarão, os ricos viverão um pouco melhor que os pobres, e os sãos melhor que os enfermos. Muitos carneiros, bois, porcos, pássaros, galinhas e patos morrerão, e não será tão cruel a mortandade entre macacos e dromedários. A velhice será incurável nesse ano por causa dos anos passados; [...] as freiras terão dificuldade de conceber sem operação viril. Bem poucas donzelas terão leite nas tetas.[49]

Em alguns trechos aparece a crítica social:

> A maior loucura do mundo é pensar que existam astros para reis, papas e grandes senhores, e não para pobres e sofredores, como se novas estrelas tivessem sido criadas desde os tempos do Dilúvio ou de Rômulo ou Faramundo, a cada criação dos reis. [...] Tendo por certo, pois, que os astros cuidam tão pouco dos reis como dos mendigos, e dos ricos como dos vagabundos, deixarei falar os outros loucos prognosticadores dos reis e dos ricos e falarei das pessoas de baixa condição.[50]

---

48 Rabelais, Pantagrueline prognostication. In: ______, *Œuvres complètes*, p.897. [No original: "Voulant doncques satisfaire à la curiosité de tous bons compaignons, j'ai revolvé toutes les pantarches des cieulx, calculé les quadratz de la lune, crocheté tout ce que jamais pensèrent tous les astrophiles, hypernephelistes, anemophylaces, uranopetes et ombrophores, et conféré du tout avecques Empedocles, lequel se recommande à vostre bonne grâce".]

49 Ibid., p.899. [No original: "Les couilles pendront à plusieurs faute de gibbessière; [...] le ventre ira devant; le cul se assoira le premier; [...] ceste année les aveugles ne verront que bien peu, les sourdz oyront assez mal, les muetz ne parleront guières, les riches se porteront un peu mieulx que les pouvres, et les sains mieulx que les malades. Plusieurs moutons, beufz, pourceaulx, oysons, pouletz et canars mourront, et ne sera si cruelle mortalité entre les cinges et dromadaires. Vieillesse sera incurable ceste année à cause des années passées; [...] les nonnains à peine concepvront sans opération virile. Bien peu de pucelles auront en mamelles laict".]

50 Ibid., p.900. [No original: "La plus grande folie du monde est penser qu'il y ayt des astres pour les roys, papes et gros seigneurs, plutost que pour les pouvres et souffreteux, comme si nouvelles estoilles avoient esté créées depuis le temps du Deluge ou de Romulus ou Pharamond, à la nouvelle création des roys. [...] Tenant doncques pour certain que les astres

Rabelais repete várias vezes o exercício, com o *Almanaque para o ano 1533*, o *Almanaque para o ano 1535*, *A grande e verdadeira prognosticação nova para o ano 1544*. Também aborda o tema da profecia no *Terceiro livro*, no qual Panúrgio, que se pergunta se vai se casar, consulta adivinhos, intérpretes de sonhos e até uma sibila, a "Sibila de Panzoust". A consulta se torna embaraçosa para esses charlatães, incapazes de prever o que quer que seja. Já a sibila se entrega a uma gesticulação grotesca e a consulta termina com uma obscenidade, quando a profetisa, "ditas essas palavras, retirou-se para a sua toca e, na soleira da porta, levantou saia, gibão e camisa até os sovacos e mostrou-lhes a bunda. Panúrgio percebeu e disse a Epistemon: 'Pelo sangue de Cristo, lá está o buraco da Sibila'".[51] Quanto ao oráculo dado por ela, ele é incompreensível, é claro, mas Panúrgio faz uma exegese pornográfica, cuja audácia só pode ser apreciada se lembrarmos a veneração que se tinha na época pela Sibila, quase da mesma maneira como se tinha pelas profecias do Antigo Testamento.[52]

Os ataques contra o almanaque vêm também, de forma séria e sistemática, das Igrejas, porque católicos e protestantes compartilham a mesma hostilidade contra as predições populares. Do lado católico, o Decreto de Orléans, em 1560, pede que os bispos "visitem as tipografias [...] onde se publicam almanaques e prognosticações, [...] astrologia contra o expresso mandamento de Deus". Em 1579, os Estados de Blois declaram: "Proibimos todos os tipógrafos e livreiros, com pena de prisão e multas arbitrárias, de imprimir ou expor à venda certos almanaques e prognosticações, que primeiramente não tenham sido visitados pelo arcebispo ou bispo, ou por aqueles que ele nomeará". Em 1583, o Concílio de Bordeaux decide: "Se houver certas efemérides ou almanaques impressos que tratem dessa astrologia, e contenham outra coisa além da mudança das estações e a disposição do

---

se soucient aussi peu des roys comme des gueux, et des riches comme des maraux, je laisseray ès autres folz prognostiqueurs à parler des roys et riches et parleray des gens de bas estât".]

51 Rabelais, Tiers Livre. In: ______, *Œuvres complètes*, p.389. [No original: "ces paroles dictes, se retira en sa tesnière, et sus le perron, de sa porte se recoursa, robbe, cotte et chemise jusques aux escelles, et leur monstroit le cul. Panurge l'aperceut, et dit à Epistemon: 'Par le sambre guoy (par le sang de Dieu), voylà le trou da Sibila'".]

52 Presumimos que tipo de interpretação Rabelais daria a este oráculo: "Te privará/ De reputação./ Emprenhará,/ De ti não./ Te sugará/ O bom bocado./ Te esfolará,/ Mas não todo" ["T'esgoussera/ De renom./ Engraissera,/ De toy non./ Te sugsera/ Le bon bout./ T'escorchera,/ Mais non tout"] (ibid., p.390). Interpretação no Capítulo XVIII do Terceiro Livro.

tempo, nós os condenamos da mesma maneira que os livros cuja leitura é perniciosa". Em 1586, Sisto V condena formalmente a astrologia judiciária.

Do lado protestante, a oposição não é menos vigorosa, e Calvino dedica um tratado inteiro a essa atividade. Além das razões comuns com as dos católicos, há nele a negação de um sistema determinista, concorrente da predestinação divina:

> Nosso primeiro princípio é que o desejo de todo conhecimento da predestinação, além daquele que é exposto na Palavra de Deus, não é menos enganador do que caminhar onde não há caminho, ou procurar luz na treva. Não temamos ser ignorantes quando a ignorância é o saber. Abstenhamo-nos antes da busca do saber, à qual é inútil, perigoso e mesmo fatal aspirar.[53]

Os calvinistas não toleram outro conhecimento do futuro que não seja o que é tirado da Escritura, e alarmam-se com predições astrológicas que chegam ao ponto de anunciar quem será salvo.

De modo geral, o mundo protestante retoma a velha objeção tradicional contra a astrologia, acusada de destruir a noção de responsabilidade individual: "Não procura atribuir tuas imperfeições às estrelas, e assim crer-te mau por uma fatalidade desesperada", escreve Thomas Browne.[54] De fato, as pistas são razoavelmente embaralhadas, e a confusão é alimentada, às vezes de forma consciente: entre o livre-arbítrio total defendido pelos jesuítas, a predestinação divina dos calvinistas puros, a astrologia natural que age sobre os corpos e dobra as almas, tradicionalmente aceita pela Igreja, a astrologia judiciária que afirma a influência direta sobre o espírito, permitindo ao mesmo tempo a possibilidade da vontade dominar essa ação, e a astrologia branda, que vê os astros como simples sinais, todas as nuances e todos os acordos são possíveis.

A Inglaterra oferece um campo de estudo privilegiado nesse campo, graças à coexistência a partir de meados do século XVI de todos os matizes do leque protestante, desde o anglicanismo criptocatólico até o presbiterianismo puritano. Keith Thomas analisou as relações complexas desses diferentes grupos com a astrologia,[55] mostrando em particular como as rivalidades religiosas contribuem para a negação da astrologia, cada vertente acusando as outras de favorecer essa superstição e sugerindo sua própria

53 Calvino, *Institutes*, III, XXI, 2.
54 Thomas, op. cit., p.429.
55 Ibid., cap.XII.

independência. Todos consideram de má-fé que a astrologia seja um resquício de idolatria papista, e vence quem a condena com mais firmeza. Para muitos ministros independentes, o simples fato de tentar conhecer o futuro é um sacrilégio, porque é uma invasão do campo reservado de Deus. Para John Gaule, "Deus tomou para si a presciência e o conhecimento prévio das coisas futuras, e eximiu o homem de tais curiosidades e presunções, e proibiu-nos formalmente de nos intrometer".[56] Para William Bridge, "se um homem tenta predizer os acontecimentos futuros pelas estrelas, [...] ele simplesmente se instala no trono divino".[57] Em 1601, John Chamber escreveu: "Por que Deus nos pôs tão longe das estrelas, se com nossos astrolábios, nossas réguas e nossos quadrantes podemos agir como se estivéssemos mais perto?".[58] Isso já é mais do que um ataque à astrologia: o que se visa é a ciência, em particular a matemática e a astronomia. O amálgama é frequente no espírito dos puritanos, que muitas vezes destroem livros de matemática porque o simples fato de olhar para figuras geométricas os torna suspeitos de magia e ciências ocultas. Sob o reinado de Maria Tudor, William Living é preso por um sargento ignorante que encontra em seus livros a *Esfera* de Sacrobosco e, em 1582, Edward Worsop conta que no entendimento de pessoas pouco instruídas todos os livros com círculos, cruzes, triângulos e letras gregas são considerados livros de magia.[59]

Para o bispo Carleton, no início do século XVII, a astrologia é a universidade do diabo, e os astrólogos deveriam ser queimados como feiticeiros.[60] Muitos *clergymen*, num nível mais prosaico, veem os astrólogos como concorrentes, rivais perigosos: "Se um homem pode prever o futuro pelas estrelas, então para que serve a profecia?", pergunta-se William Bridge.[61] Acreditar que o destino é determinado pelas estrelas é negar também a eficácia da prece.

Na verdade, a frente protestante contra a astrologia é bem menos sólida do que parece. Afora os puritanos mais obstinados, percebe-se em muitos *clergymen* uma forte tendência à concessão, sobretudo na Igreja estabelecida. Enquanto os escritores puritanos John Hooper, John Foxe, Miles Coverdale, Roger Hutchinson compõem livros contra a astrologia, e George Grylby traduz em 1561 o tratado de Calvino sobre o tema e os presbiterianos acusam

56 Gaule, *The Mag-Astro-Mancer*, p.48.
57 Bridge, *The Works of the Rev. William Bridge*, t.1, p.438.
58 Chamber, *A Treatise against Judicial Astrology*, p.102.
59 Worsop, *A Discoverie of Sundry Errours*.
60 Carleton, *The Madnesse of Astrologers*.
61 Bridge, op. cit., t.1, p.437.

os astrólogos ou de errar, ou de ser inspirados pelo diabo, o arcebispo William Laud, no século XVII, lembra que, de acordo com a Bíblia, Deus pôs as estrelas no céu como sinais, e a oração fervorosa sempre pode ter a esperança de vencer a influência das conjunções. Alguns vão mais longe, e contamos um bom número de *clergymen* entre os astrólogos do século XVI. Em 1656, fazendo a lista desses *clergymen*, John Gadbury incluirá "numerosos reverendos religiosos, na maioria dos condados da Inglaterra, que nos dias de hoje são muito doutos em astrologia". Keith Thomas faz uma longa enumeração nos séculos XVI e XVII.[62] Entre eles, William Bredon, vigário de Buckinghamshire, que participa da redação da defesa da *Astrologia judiciária*, de Christopher Heydon, em 1603, e, por outro lado, respeita os domingos, dia em que se recusa a fazer horóscopos. Richard Napier (1590-1634), reitor de Great Linford, mistura intimamente suas funções religiosas com suas atividades astrológicas, acompanhando seus horóscopos de orações. Para ele, para seu confrade Anthony Asham, reitor de Methley, e para muitos outros, nem os *clergymen* escapam da influência das estrelas. Nessas condições, e apesar de uns raros processos, a oposição religiosa à astrologia se revela muito pouco eficaz, porque se coloca sobretudo no plano individual.

Um quarto setor une seus ataques aos dos astrólogos científicos, dos céticos e das Igrejas: as autoridades políticas. Para elas, a astrologia popular dos almanaques é uma atividade que beira a sedição, quando se mete a fazer predições políticas. Estas podem, de fato, contribuir para provocar o que anunciam, e quase sempre os levantes se apoiam em alguma profecia inventada ou interpretada para a ocasião. É o caso das revoltas do reinado de Henrique VII na Inglaterra.[63] Para Thomas Nashe, "todos os descontentes que planejam uma ação violenta contra seu príncipe e seu país correm em busca de seu oráculo [do astrólogo]". Uma questão particularmente delicada é o cálculo da data de falecimento do soberano, mais ou menos identificado como uma conjuração mágica destinada a provocá-lo, e muitos astrólogos do século XV pagaram com a vida por essa audácia. Sob Isabel, casos desse tipo são assinalados. Robert Cecil exila um astrólogo escocês por esse motivo, e em 1581 o Parlamento vota um estatuto que transforma em felonia o fato de determinar a natividade ou o horóscopo da rainha, predizer quanto tempo ela viverá e o que lhe acontecerá. Os astrólogos são frequentemente molestados por esse motivo.

62 Thomas, op. cit., p.450-2.
63 Wedel, *The Medieval Attitude toward Astrology*.

Outras condenações são dirigidas a eles, como contribuir para desencadear a penúria, apenas pelo fato de predizê-las, provocando assim altas artificiais de preços. Em 1583, o conde de Northampton escreve: "Panfletos prognosticando a fome foram a causa, não por malícia dos planetas, [...] mas pela cobiça dos camponeses que, temendo tal crise, [...] por precaução, e entesourando secretamente os grãos, fizeram aumentar os preços, com o pretexto da escassez".[64] Em 1560, William Fulke já havia feito uma acusação semelhante em seu *Antiprognosticon*,[65] e em 1609 John Allen resume a opinião dos dirigentes declarando que as predições levam as pessoas simples "a realizá-las simplesmente porque acreditam que são inevitáveis".[66]

É para evitar qualquer extravasamento nas predições que o rei Jaime I manda incluir em 1603 a seguinte cláusula na carta de monopólio da Companhia dos Livreiros, da qual depende a publicação dos almanaques:

> Todos os adivinhos e fazedores de almanaques e profecias que ultrapassem os limites permitidos da astrologia serão severamente punidos em sua pessoa. E proibimos todos os tipógrafos e livreiros, com as mesmas penas, de imprimir e pôr à venda todos os almanaques e profecias que não tenham sido examinados pelo arcebispo, pelo bispo (ou por aqueles que tiverem sido nomeados para isso), e aprovados por certificados, e, ademais, não tenham sido autorizados por nós ou por nossos juízes ordinários.[67]

Paradoxalmente, Nostradamus, que faz as delícias da corte francesa, preocupa o governo inglês por suas predições de revoltas e calamidades em 1559, primeiro ano do reinado de Isabel. Sua fama atinge a Inglaterra nessa época, e um cronista escreve que "o reino inteiro estava perturbado e impressionado com as cegas profecias enigmáticas e diabólicas desse escrutador de estrelas Nostradamus",[68] e William Fulke confirma o sucesso de suas profecias: "Sem a boa estrela de suas profecias, acreditava-se que nada poderia acontecer". O governo tem de proibir a venda de suas obras.

Isso nos leva de volta à França, onde o poder real também persegue as profecias políticas dos almanaques. Pelo édito de 1560:

---

64 Howard, *A Defensative against the Poison of Supposed Prophecies*, fl. 113 verso.
65 Apud Thomas, op. cit., p.404.
66 Allen, *Judicial Astrologers Totally Routed*, p.16.
67 Apud Curry, *Prophecy and Power*, p.20.
68 Apud Thomas, op. cit., p.405.

é proibido a todo tipógrafo ou livreiro imprimir ou expor certos almanaques ou prognosticações antes de ser visitado pelo arcebispo ou bispo, ou aqueles que ele nomeará, e ordena-se que se instaure processo por juízes extraordinários e punição física contra aquele que tenha feito ou exposto os supracitados almanaques.

Em 1579, Henrique III proíbe "todo fazedor de almanaques de ter a temeridade de fazer predições sobre os assuntos civis ou de Estado, ou particulares, seja em termos expressos, seja em termos ocultos". É expressamente proibido publicar profecias a respeito da morte de um rei. Consequentemente, os autores de almanaques são reduzidos a banalidades sobre o clima e *faits divers*.

Encontra-se a mesma preocupação nos Países Baixos, onde em 15 de janeiro de 1555 os magistrados de Amsterdã decretam:

> Sabendo-se que há quem tenha a audácia de ler a mão de nossos cidadãos; que existem leitores da sorte, astrólogos e outros personagens curiosos que, por práticas inconvenientes, ousam aspirar predizer, em especial com a ajuda dessa adivinhação, as coisas por vir e os segredos do passado, provocando irreligião, escândalo e abuso no seio de nossa boa comunidade, o que não poderia ser tolerado ou permitido [...][69]

Será aplicada a eles uma multa de 6 florins.

## ASTROLOGIA, ETAPA NECESSÁRIA DA PREVISÃO

Esses ataques redobrados de todas as autoridades contra o almanaque e a astrologia popular, num século em que os astrólogos se pavoneiam nas cortes, ao lado de reis, príncipes e muitos eclesiásticos, não deveriam surpreender. Eles são indicadores da crença geral no poder divinatório dos astrólogos e do temor das repercussões sociopolíticas das predições. Assim como a Igreja tentou reservar para si própria a utilização da profecia, os poderes civis querem monopolizar a astrologia. Esta última amedronta. Para além do problema da exatidão dos prognósticos, eles temem os efeitos psicológicos sobre populações inclinadas a aceitar todos os sinais celestes e praticar a autorrealização das profecias. Os governos se empenham, portanto, para

69 Apud Dupont-Bouchat; Frijhoff; Muchembled, *Prophètes et sorciers dans les Pays Bas (XVIe--XVIIIe siècle)*, p.276.

desacreditar e ao mesmo tempo interditar a astrologia judiciária dos almanaques. Desacreditá-la apoiando-se na religião, que faz campanha contra essa superstição e tenta mostrar sua inanidade; interditá-la, intervindo contra os autores dos almanaques.

Atitude duplamente contraditória, cujo fracasso não causa surpresa. De um lado, se as predições dos almanaques são tão inúteis, como explicar a obstinação em proibi-las? O mecanismo aqui é semelhante ao que está em funcionamento na mesma época contra a feitiçaria: a política de repressão sistemática apenas reforça a crença na realidade dos poderes dos feiticeiros; proibir as predições é incitar a crença de que elas poderiam ter fundamento. Por outro lado, que credibilidade poderiam ter governos que condenam a astrologia, mas são os primeiros a usar os serviços dos astrólogos? Esse comportamento só pode aumentar a credulidade popular. O que é bom para os reis é bom para os súditos.

Não nos causará surpresa, portanto, a crença quase universal nos poderes da astrologia, em todas as camadas sociais, no século XVI. Os memoriais e os livros-razões mostram que os notáveis fazem uso constante dela. Em sua Normandia, o sire de Gouberville lê e segue os conselhos do almanaque de Nostradamus de 1557 a 1562, e um camponês da região até recebeu o apelido de Astrólogo.[70] No início do século seguinte, os romances, que abrem cada vez mais espaço para a observação social, fazem numerosas alusões à leitura do almanaque, na cidade como no campo. Em 1644, um tabelião de Poitou anotou da seguinte maneira a data de um nascimento: "Era o 20º dia da Lua, segundo o almanaque de Pierre Delarivey, grande astrólogo".[71]

É porque as predições astrológicas correspondem, nessa época, a uma necessidade real. O declínio da profecia tradicional, agora bem regulamentada pela Igreja, cria um vazio previsional, que a ciência moderna ainda não é capaz de ocupar. Diante das incertezas ainda enormes e dos imprevistos da vida cotidiana, assim como do curso das questões políticas e religiosas, é necessário um mínimo de referências fixas no futuro. Numa época em que não existe nenhum sistema de seguros contra acidentes naturais e humanos, nenhum limite político fixo, na falta de eleições, em que todos os tratados e todas as decisões se aplicam supostamente "para todo o sempre", isto é, até o momento indeterminado em que o arbítrio dos grandes julgará conveniente revogá-los, o futuro é um grande buraco negro. Mundo de estabilidade onde

70 Tollemer, *Un sire de Gouberville*.

71 Exemplo citado, com vários outros, por Marais, Littérature et culture populaires aux XVIIe et XVIIIe siècles. Réponses et questions, *Annales de Bretagne et des Pays de l'Ouest*, t.87, n.1, p.83.

nada muda durante séculos, temos tendência a pensar. Isso é verdadeiro apenas para as grandes estruturas; nos detalhes dos acontecimentos, o futuro é o mais completo desconhecido. Hoje, apenas improváveis catástrofes conseguem perturbar um calendário cuidadosamente definido de antemão, coalhado de pontos fixos, prazos eleitorais, implantação de reformas, início de aposentadoria; penúria, fome e grandes epidemias foram riscadas do nosso horizonte, e os seguros multirriscos eliminam a maioria das más surpresas; orientado, ordenado, planejado, nosso futuro dá relativamente pouca margem à incerteza. Para o homem do século XVI, a incerteza é, ao contrário, a própria trama da existência. Ora, esta última é invivível sem referências tanto no futuro como no passado.

Essas referências eram dadas até então pela religião. Ainda são, mas com o trabalho de depuração das Reformas, protestante e católica, elas foram reduzidas a um pequeno número de grandes etapas de natureza escatológica; a profecia religiosa tende a se limitar à história da salvação, com um fim do mundo cuja data poucos se arriscam a fixar. Enquanto isso, é preciso viver, portanto prever, e somente a astrologia parece ter condições de responder a essa necessidade fundamental, dando uma aparência de segurança com predições que permitem medidas preventivas. Esse é exatamente o propósito indicado pelo *Miroir d'astrologie naturelle*, publicado em 1606: "A presente obra é feita apenas por curiosidade, e para bem saber se proteger dos perigos que o céu ameaça pela inclinação das influências celestes".

Segurança totalmente ilusória, é claro, mas essa não é a questão. O que interessa é a crença, que fornece um guia e uma referência. E a astrologia é uma etapa necessária entre a profecia religiosa e a prospectiva moderna, fundamentada na ciência. Aliás, ela já se apresenta como uma ciência. Desde o início do século XVI, o mantuano Pietro Pomponazzi (1462-1524), adepto de uma filosofia naturalista, fazia-se o defensor das influências astrais, criticando Pico della Mirandola, adversário da astrologia, como sendo um espírito não científico.

## PERSISTÊNCIA DA PROFECIA ECLÉTICA E INSPIRADA

Se a astrologia é a principal ciência da adivinhação no século XVI, os outros métodos de predição nem por isso desapareceram. No campo do conhecimento do futuro, cada procedimento tem fiéis em todas as épocas, e os diferentes meios de investigação mais se sobrepõem do que se sucedem. O clima cultural do momento contribui simplesmente para hierarquizar esses métodos, dando a um deles o papel principal. O Renascimento é particularmente eclético, e o ocultismo tem nele uma posição mais importante do que as concepções científicas de base matemática.

Paracelso (1493-1541) é o representante típico dessas gerações de transição, tão moderno por certas concepções médicas e químicas, e tão medieval por sua procura da quinta-essência e outras fantasias alquímicas. Suas predições são baseadas essencialmente em especulações místico-ocultas e apresentam-se numa linguagem cuja obscuridade supera a de Nostradamus. Seu *Prognóstico*, de 1536, foi qualificado como um "trecho de bravura do ininteligível", no qual se tentou encontrar anúncios relativos aos acontecimentos do século XX. Suas principais predições se inserem num esquema diretor da história do mundo, que é uma história química. Deus é, acima de tudo, o Grande Químico, que criou o mundo por uma verdadeira operação de laboratório. Retomando o quadro do pensamento joaquimista, Paracelso anuncia que a última fase da história começará 58 anos após a sua morte, com o retorno de "Elias, o Artista", isto é, Elias, o Alquimista, que virá revelar todos os segredos da química, em particular a transmutação do ferro em ouro. Essa última era será a da transmutação, durante um longo processo de separação química (intuição da entropia?): tipo original de milênio, o "milênio químico", segundo a fórmula certeira de Hugues Trevor-Roper.[72]

Este último, aliás, estudou os prolongamentos e ramificações do movimento no início do século XVII, quando os paracelsistas protestantes da Boêmia, convencidos do retorno de Elias, o Artista, recebem o início da Guerra dos Trinta Anos como o início do milênio, numa região muito sensível a essa linguagem. Raphael Eglinus, um alquimista de Marburgo, em sua *Disquisitio de Helia Artista*, de 1606, assim como alguns outros, anunciam a vinda de Elias, e o movimento dos rosa-cruzes explora a notícia. A Batalha da Montanha Branca, em 1620, destrói todas as esperanças, mas surgem outros focos. Em 1622, Guillaume de Trougny, em Sedan, afirma que Elias, o Artista, revelou-lhe seus segredos. Comenius, ao longo de sua vida errante, tenta unir a profecia, a ciência e a alquimia numa ciência total, a "pansofia". Não hesita, com seus fiéis, em se apropriar do pensamento de Francis Bacon e Tommaso Campanella, proclamados os "profetas da nova era", apesar das numerosas incompatibilidades entre suas obras e o espírito dos rosa-cruzes. Na verdade, o elo existe no nível da utopia, e o papel desta última dentro do movimento profético se precisa: a *Nova Atlântida*, de Bacon, a *Cidade do Sol*, de

72 Trevor-Roper, *Renaissance Essays*, p.157.

Campanella, a *Reipublicae christianopolitanae descriptio* e a *Christiani amoris dextra porrecta*, de Andreae, colega de Comenius, apresentam-se como substitutos de profecias milenaristas, cujo prolongamento é encontrado no *Macaria*, de Samuel Hartlib, em 1641, durante a guerra civil inglesa, vista como um novo começo do milênio.

Outro testemunho do ecletismo pansofista redundando numa visão profética é Jacob Boehme (1575-1624), cujo pensamento desconcertante foi estudado por Basarab Nicolescu.[73] Boehme anuncia a "sétima época" da história, marcada pela plenitude e pela conflagração purificadora, numa visão ambivalente em que os contrários se unem.

O milenarismo, o messianismo, o profetismo escatológico vivem um renascimento incontestável na primeira metade do século XVII, no clima de combate religioso e político que marca a Contrarreforma e a Guerra dos Trinta Anos. A Inglaterra assiste a uma nova onda de messias: em 1612, o anabatista Edward Wightman, que se toma por Elias, foi o último inglês a ser queimado por heresia; em 1623, John Treske retoma o papel de Elias, e no mesmo ano John Wilkinson se proclama profeta; em 1636 e 1644, ocorrem casos semelhantes. Ao contrário da astrologia, como dissemos, as mulheres são numerosas entre os profetas inspirados, e nem todas vêm de meios humildes ou populares. O caso mais famoso nesses anos é o de lady Eleanor Davis, filha do conde de Castlehaven, que em 1625 tem uma visão que anuncia o dia do julgamento em dezenove anos e meio. A partir desse momento, ela não para de profetizar, de forma obscura, como de costume; várias vezes presa, porque suas profecias, impressas ilegalmente, referem-se à vida do rei, ela impressiona certas figuras importantes. Não há dúvida de que Eleanor Davis, que certa vez julga ser o primaz da Inglaterra, era louca, mas, como observa Keith Thomas, o grande número de profetisas que existem nessa época, em todas as categorias sociais, de Mary Cary à duquesa de Newcastle, é revelador do fato de que a pretensa inspiração profética é o único meio de expressão do sexo "frágil" em matéria política e religiosa. Num mundo em que os assuntos públicos e da fé são monopolizados pelos homens, a impossibilidade de expressar abertamente sua opinião pode levar certas mulheres a tipos de neuroses "proféticas". Em 1629, Jane Hawkins prediz a queda dos bispos, e em 1639 outra inspirada insta o rei a mudar de comportamento, pois ela prevê uma catástrofe.[74] É também em 1641 que uma obra anônima "redescobre" *As profecias da mãe Shipton*, textos atribuídos

---

73 Nicolescu, *La science, le sens et l'évolution*; reed. *L'homme et le sens de l'univers*.

74 Thomas, op. cit., p.164-5.

a uma profetisa semilendária do fim do século XV, e que parecem se aplicar à guerra civil recém-iniciada.[75]

A ameaça do Anticristo e do fim do mundo ainda está no ar, mas agora seus arautos são os puritanos, alheios à astrologia. Em 1589, em *O segundo soar, ou Aviso da trombeta do julgamento*, Anthony Marten declara que a multiplicação dos profetas é o sinal pelo qual Deus nos adverte de que o fim está próximo.[76] O número de obras que anunciam a data do fim do mundo não para de crescer: recenseamos oitenta em 1649. Entre as datas avançadas com mais frequência: 1656, que corresponde ao suposto número de anos que se passaram entre a criação e o dilúvio, e sobretudo 1666, que corresponde ao número da Besta no Apocalipse. Aqui, os profetas juntam-se aos astrólogos, como Israel Hiebner, de Dantzig. O efeito sobre os contemporâneos, porém, parece mínimo, se julgarmos pelas *Memórias* de Samuel Pepys, que escreve em 18 de fevereiro de 1666: "Parei no meu livreiro e comprei um livro escrito há cerca de vinte anos sobre uma profecia atinente a este ano, 1666, explicando que essa era a marca da Besta. Voltei para casa, comecei a ler, depois jantei e fui me deitar". Em 4 de novembro, ainda sobre esse tema: "Voltei para casa, e lá comecei a ler o discurso de Potters sobre 666, que muito me interessou. Depois parei, jantei e fui me deitar". Visivelmente, a profecia não tira o apetite de Pepys nem o impede de dormir, embora desperte sua curiosidade. Mas estamos numa era mais racional.

Meio século antes, a preocupação escatológica é grande, e circulam muitos boatos. Entre os mais precisos, está o que encontramos em *Advertência a todos os cristãos sobre o grande e terrível advento do Anticristo e o fim do mundo*, de Penières-Varin, publicado em 1609. O autor é categórico: o Anticristo vai nascer em 1626, e sua vida será calcada na de Cristo; começará sua vida pública aos trinta anos, em 1656, e aos 34 anos seu império desabará, em 1660, seis anos antes do fim do mundo. As especulações numéricas, baseadas em Daniel, no Apocalipse, na cronologia bíblica, permitem que outros estabeleçam a data fatídica em 1649, 1650, 1688, 1690, 1695, 1700. A ciência matemática em pleno desenvolvimento possibilita o refinamento dos cálculos: John Napier, inventor dos logaritmos, utiliza-os para investigar todos os anos o número da Besta.[77] Os acontecimentos astronômicos como os eclipses de 1652 e 1654 só alimentam a inquietação.

---

75 Rusche, Prophecies and Propaganda, 1641 to 1651, *English Historical Review*, t.84, p.752-70.
76 Marten, *A Second Sound, or Warning of the Trumpet unto Judgement*.
77 Hill, *Antichrist in Seventeenth Century England*, Londres, 1971, p.25.

De um extremo a outro da Europa circulam rumores proféticos, e alguns ainda hoje fazem as delícias dos amantes de mistérios e ocultismo, que se obstinam em encontrar uma interpretação contemporânea para eles. Citamos as profecias catastrofistas de um monge bávaro que assina seus manuscritos com uma aranha negra;[78] os anúncios pansofistas de renovação universal do alquimista alemão Heinrich Khunrath (1560-1605); os cataclismos anunciadores do fim do mundo previstos por um texto espanhol anônimo, publicado por volta de 1630 com o título de *Mensagem de são Diogo*, no qual, segundo os especialistas, o fim do século XX tem uma importância capital; as profecias francesas e alemãs a respeito da destruição iminente de Paris;[79] as especulações pseudojoaquimistas do padre alemão Bartolomeu Holtzhauser (1613-1658), que divide a história do mundo em sete episódios, cujo quinto começou sob Leão X e acabará no reinado de um santo papa e do Grande Monarca; estes inaugurarão uma breve sexta era, que será interrompida pelo Anticristo, precursor da sétima e última era.

A guerra civil inglesa é uma época privilegiada para as profecias de fim de mundo e milenarismo social. A derrocada da autoridade religiosa anglicana, ligada ao fim da autoridade monárquica nos anos 1640, permite a liberação das múltiplas expressões da esperança escatológica que obcecam os meios puritanos. O contexto de guerra civil contra um fundo de luta religiosa e social provoca um espetacular ataque de sobrenatural. O aspecto descontrolado dessas manifestações vem do fato de que emanam de grupos sectários que fogem a qualquer autoridade central reguladora. Estamos fora do grande combate que se desenrola no continente europeu entre Reforma e Contrarreforma, no qual dos dois lados os dirigentes políticos e religiosos se esforçam para racionalizar e depurar a vida religiosa, lutando contra as manifestações intempestivas de um profetismo desestabilizante. Na Inglaterra dos anos 1640, o desaparecimento da autoridade conjunta de Igreja e Estado permite a expressão das correntes mais exaltadas, e esse parêntese na história ilustra a força latente do espírito profético popular. Cromwell, que contribuiu fortemente para levantar a tampa, vai repô-la às pressas, assustado com as predições apocalípticas que escapam do caldeirão social e tornarão qualquer governo impossível.

Magia, superstição, ocultismo, irracionalismo fervilham no interior das classes populares e surgem bruscamente, tão logo a Igreja estabelecida não

78 Baschera, *Le profezie della monaca di Dresda*.

79 Todas essas profecias são enumeradas, na mais inteira desordem e sem referências precisas, por Carnac, *Prophéties et prophètes de tous les temps*.

esteja mais presente para canalizar esses impulsos. Presságios e profecias proliferam; Elias, Daniéis, Jesus, testemunhos do Apocalipse circulam por toda parte, lançando predições contraditórias sobre assuntos públicos e privados; a publicação de profecias se multiplica. Ao menos seis vezes, entre 1647 e 1654, Cromwell tem de interromper seu conselho para deixar que um profeta ou uma profetisa, alegando uma inspiração divina, possam se manifestar. Muitas vezes levadas a sério, essas predições interferem constantemente nas decisões políticas e militares, e contribuem para paralisar o andamento do governo e do exército. Em maio de 1643, em plena campanha militar, as tropas do Parlamento estacionam perto de Wallingford para discutir a tática que devem adotar diante do anúncio de uma profecia que afirma que Cristo virá em pessoa destruir Carlos I, e que o conde de Essex é João Batista. Em 1647, William Sedgwick, em Ely, tem uma visão de Cristo anunciando o fim do mundo em duas semanas.

Mais preocupantes são as retomadas das profecias com caráter de revolução social e milenarismo, originando movimentos como o da Quinta Monarquia, que se apresenta como o reinado dos santos, sucessor das monarquias da Babilônia, Pérsia, Grécia e Roma. Esse reinado deveria ser marcado por uma completa igualdade entre os homens e pelo fim de todos os males. A execução do rei, acontecimento sem precedentes, conforta os "profetas" na certeza de presenciar o início de uma era nova, e quando percebem que a dominação do Protetor não deixa nada a desejar à de Carlos I, tentam um levante em 1657. Sua concepção, cuja base fundamental é o livro de Daniel, adapta esse profeta ao mundo contemporâneo: assim, o "pequeno chifre" que "movia guerra contra os santos" é Carlos I, segundo o major Thomas Harrison.

Outros atualizam o Apocalipse, como Lodowicke Muggleton (1609-1698), um alfaiate londrino que acredita ter recebido a "terceira dispensação" anunciada nesse livro, o que lhe dá o poder de salvar e condenar, como Moisés e Cristo. Por sua vez, o profeta William Evenard vive debaixo de uma tenda e anuncia a vinda do messias, que de fato vem e se chama James Nayler.

As profecias de origem não religiosa também retornam à superfície. Merlin ressuscita com os vaticínios do escocês Brahan, as elucubrações do alemão Heinrich Zanzer por volta de 1640, e não é só o famoso astrólogo William Lilly que utiliza seu nome como título de almanaque, *Merlinus Anglicus*. Em 1641, Thomas Heywood publica uma *Vida de Merlin*, mostrando que o mago era um bom cristão e foi até um precursor do calvinismo: se foi proibido pelo Concílio de Trento, esclarece outro inglês em 1658, foi porque predisse a queda do papa. Heywood não hesita em pôr sob seus auspícios profecias de sua lavra.

Do mesmo modo, a Sibila é chamada como reforço: ela anuncia o fim dos bispos, e coletâneas proféticas atribuídas a autoridades de antigamente vêm amparar as visões puritanas: o *Nuncius propheticus* em 1642, o *Mercurius propheticus* em 1643, a *Profecia do rei branco* em 1644, *Uma coleção de profecias antigas e modernas* em 1645. Encontramos nelas, sem distinção, predições de Santo Inácio, de Merlin, da Sibila, e da mãe Shipton, cujo sucesso cresce em progressão geométrica: *A profecia da mãe Shipton*, de 1641, torna-se *Duas estranhas profecias* em 1642, *Quatro estranhas profecias* no fim do mesmo ano, *Sete estranhas profecias* em 1643, *Nove profecias notáveis* em 1644, *Catorze estranhas profecias* em 1649.

A exploração desse filão entra na linha das criações ou "descobertas" de textos antigos. Centenas de profecias "medievais" surgem como por mágica, milagrosamente encontradas em criptas, em paredes e altares de abadias em ruínas, nas fundações dos velhos castelos; outras saem dos arquivos particulares de tal ou tal família, onde dormiam havia séculos, até que por acaso se decida publicá-los nos anos 1640; enfim, descobre-se uma infinidade de predições inéditas de Beda, Chaucer, Henrique II e Tomás Becket, Gildas, Savonarola, Santo Inácio, Walter Raleigh e personagens menores.[80]

## PROFECIA, GUERRA E MANIPULAÇÃO

Grande parte dessa literatura é fraudulenta, é claro, e é bastante fácil desvendar esses casos, como, por exemplo, aquela profecia de 1651 atribuída a "um jesuíta dos tempos de Henrique VII", isto é, meio século antes da criação da Companhia de Jesus.[81] Outras vezes são os detalhes pormenorizados sobre os acontecimentos contemporâneos que indicam que o texto é antedatado. Também com frequência, são predições reinterpretadas para fazê-las condizer com o novo contexto, ou até mesmo escritos que originalmente não eram proféticos e nos quais se descobre um sentido premonitório. Em todos esses casos, ainda que as profecias desempenhem certo papel em sua própria realização, elas são muito mais consequência do que causa dos acontecimentos.

Em seu desejo de justificar e explicar o curso da política da época, os profetas praticam uma mistura completa de gêneros. O astrólogo William Lilly,

80 Thomas fornece uma lista detalhada de todas essas "descobertas". Cf. Thomas, op. cit., p.463-5.

81 Ibid., p.469.

uma das celebridades de seu tempo, não hesita em recorrer a Merlin e outras fontes. Em 1647, publica a tradução da *Profecia de Ambrósio Merlin*, e em 1651 reúne uma coleção heteróclita de predições em *Monarquia ou não monarquia*, provando, como bom fiel do Parlamento, que todos os inspirados do passado previram que Carlos I seria destronado e seria o último rei da Inglaterra, ainda que tenha de descobrir novos textos profetizando o contrário na época da restauração de Carlos II, como conta ingenuamente em sua *Autobiografia*.[82] Outros autores também reúnem coleções heteróclitas de profecias variadas, como as *Diversas profecias estranhas de Merlin, Beda, Becket e outros*, em 1652, as *Profecias britânicas e estrangeiras*, em 1658, as *Profecias estrangeiras e domésticas antigas e modernas*, em 1659. Todas essas obras vendem bem: 4.500 exemplares da *Coleção de profecias antigas e modernas* em 1645, segundo William Lilly,[83] e, se não determinam, podem ao menos influenciar o curso da política: é com base nessas profecias, por exemplo, que o marquês de Montrose justifica sua tentativa de reconquistar a Escócia para o rei.

Onde quer que haja guerra, as profecias florescem, confirmando os acontecimentos, dando-lhes a caução e o selo do sobrenatural, ou reanimando as esperanças. No continente europeu, a Guerra dos Trinta Anos oferece múltiplos exemplos, desde a justificação das vitórias de Gustavo Adolfo por uma profecia de Paracelso até a revolta da Catalunha em 1640 usando predições merlinescas. O caso dos Países Baixos, estudado por Willem Frijhoff, é um verdadeiro laboratório profético no século XVII.[84] As predições em folhas soltas, que representam 3% dos impressos em todo o século, são fortemente inflacionadas em tempos de guerra: a média de títulos passa de dois para vinte por ano durante a guerra anglo-holandesa de 1665-1667, e para trinta durante a guerra da Holanda contra a França (1670-1678). Essas profecias são muito ecléticas, e dão grande importância aos presságios, como os cometas de 1664 e 1665 e o ano apocalíptico 1666.

Os fenômenos são cuidadosamente descritos e interpretados. As visões populares são particularmente numerosas, como a de João de Oosterzee em 1622, que consiste em três personagens simbólicos anunciando as desgraças que vão arrasar o país. Em 1672, é uma viúva de Zaandam que vê anjos anunciando o desenrolar da guerra; visão confirmada por um camponês

82 Lilly, *Autobiography*, p.194-8.
83 Ibid., p.106.
84 Dupont-Bouchat; Frijhoff; Muchembled, op. cit. A parte sobre o profetismo é de Frijhoff.

em 1674.[85] Ouvir sons estranhos, ver tropas e combates no céu são coisas corriqueiras.[86]

Algumas dessas profecias são deliberadamente inventadas para tranquilizar a população, manter o moral, devolver a confiança. Uma das mais famosas, da qual conhecemos ao menos cinco impressões holandesas e uma alemã, é a de um camponês da Vestfália, Miguel Ruholts. É até muito fácil datar sua composição: até junho de 1672, essa "profecia" anuncia com extraordinária exatidão todos os acontecimentos da guerra da Holanda; depois, bruscamente, erra tudo: prevê o incêndio de Paris em julho, depois a reconciliação da Inglaterra com a Holanda, mas não vê o assassinato dos irmãos De Witt. Procedimento clássico, que consiste em antedatar uma predição para incluir acontecimentos já passados e assim lhe dar o prestígio necessário.

Ao lado dessas profecias de propaganda, racionalmente e friamente construídas, vemos surgir as profecias inspiradas de exaltados e entusiastas, para os quais a guerra é acima de tudo o sinal anunciador do fim do mundo ou do milênio. João Rothe (1628-1702), filho de um negociante holandês, passa para o lado da Inglaterra durante o Interregno, onde participa do movimento da Quinta Monarquia, retorna às Províncias Unidas e publica em 1672, em Amsterdã, *Algumas profecias e revelações de Deus sobre a cristandade do nosso século*. Como prevê, entre outras coisas, uma derrota naval inglesa, e ocorre uma em Texel em agosto de 1673, seu prestígio se torna considerável. Estabelecendo-se perto de Hamburgo, com uma pequena comunidade, ele aguarda a batalha final contra Babel. Como o milenarismo deixou péssimas lembranças nessa região, e, ainda por cima, Rothe participa de uma campanha antiorangista, ele é preso como louco em 1676 e será solto apenas em 1691.

O mundo católico também recebe bafios milenaristas no século XVII, apesar dos esforços da hierarquia para afastar definitivamente essa perigosa opção. A rigor, predizer o fim do mundo – embora Leão X tenha proibido que se fixe uma data – é tolerável, já que, em última instância, nem se trata mais de profecia, pois o vencimento do prazo é inevitável. Mas querer intercalá-lo com mil anos de reinado dos santos, cujo bode expiatório será a Igreja, é inaceitável. A própria ideia se torna um sinal de heresia. Os que insistem

85 Ibid., p.311.

86 Seguin encontrou 24 casos entre 1575 e 1652. Cf. Seguin, Notes sur des feuilles d'information relatant des combats apparus dans le ciel (1575-1652), *Arts et Traditions Populaires*, t.VII.

em alimentá-la dentro da Igreja são considerados suspeitos, como o jesuíta português António Vieira (1608-1697). Seu milenarismo é, na verdade, mais nacionalista do que universalista; ele se identifica com um país e não com uma classe social. No contexto da absorção de Portugal por seu vizinho espanhol a partir de 1580, a identidade nacional portuguesa se cristaliza em volta de uma profecia, último recurso na falta de uma esperança racional. O rei Sebastião não morreu, ele retornará e libertará seu povo, inaugurando uma era de prosperidade. Vieira prediz que o rei de Portugal reinará em conjunto com o papa, que Lisboa será a capital da terra regenerada, onde os turcos e os judeus terão sido convertidos. O começo dessa era nova, situado primeiro em 1670, é postergado para 1679, depois para 1700.

O triunfo da astrologia não faz desaparecer a profecia e os outros métodos divinatórios. Mas agora a divisão sociológica é muito clara: nas elites intelectuais, políticas e científicas, o estudo científico das estrelas, fonte de explicação dos comportamentos humanos e, dentro de limites ainda controversos, fonte de previsão; no povo, as profecias, merlinescas ou sibilinas, e toda a gama de procedimentos empíricos de adivinhação, da quiromancia à interpretação dos sonhos. Nada consegue desarraigar essas práticas multisseculares, contra as quais a Igreja tridentina grita em vão. No início do século XVII, um livro em bretão para uso dos confessores ainda lembra:

> acreditar nos sonhos, dando-lhes fé, com orações, para saber as coisas por vir, ou ocultas, é pecado mortal. Respeitar as adivinhações que se fazem com "arte" e inteligência vinda do Inimigo, pelo canto ou pelo voo dos pássaros ou pelo andar dos animais, como faziam os antigos, é pecado mortal.[87]

Na mesma época, os missionários do interior descobrem que o povo do campo bretão presta culto à Lua e às fontes, e faz presságios a partir delas; as mesmas constatações são feitas na Irlanda, onde o pai-nosso é recitado em honra à Lua, e na Inglaterra, onde o puritano Richard Baxter constata que muitos identificam Cristo com o Sol. O clero local, quase tão pouco instruído quanto suas ovelhas, faz eco às múltiplas e misteriosas profecias. Assim, em 14 de fevereiro de 1628, o reitor de Edern, na Baixa Bretanha, escreve em seu registro de batismos:

87 *Confessionnal*, p.21.

No oitavo [dia] de dezembro do ano 1627, uma pedra caiu sobre o campanário de São Mateus de Morlaix, à vista de várias pessoas, na qual estava escrito o que se segue:

Pouco antes de 1630
Os bichos-papões de barba amarela pagarão a renda
Um belo bastão muito pelejará
E a cruz vermelha para ele de cor mudará.[88]

O sentido dessa profecia é obscuro, assim como os quatro versos em bretão que vêm em seguida:

Após grandes chuvas [virão] armas cruéis seguramente.
Muitos espantalhos barbudos virão gloriosamente
E em vosso país mudarão o modo de ser
Pois mais de cem mil [homens] eles farão em pedaços.

Ainda no século XVII, muitos textos proféticos em bretão são impressos em Morlaix, assim como traduções de Nostradamus com o título de *Guir pronosticou an den savant meurbet Michel Nostradamus evit nao bloas*.[89]

O rompimento que ocorre na primeira metade do século XVII entre astrologia, de um lado, e profecia e adivinhação "vulgar", de outro, reflete na realidade a ampliação do fosso entre a cultura de elite e a cultura popular, a primeira dando para um futuro aberto para a novidade e a segunda permanecendo presa a um passado imutável, fator de tranquilizadora estabilidade. De fato, na base da necessidade da profecia encontra-se o desejo de ligar o presente ao passado, de afastar a impressão de imprevisto, de novidade, de reviravolta, mostrando que todos os acontecimentos contemporâneos fazem parte de um plano preexistente, dos quais os antigos já tinham conhecimento. A profecia, que é criada, reinterpretada, antedatada, é o grande elo que materializa a solidariedade entre o passado e o presente. Não existe nada de novo sob o Sol, porque tudo estava previsto.[90]

A astrologia científica se origina de outra mentalidade, em que o imutável não é mais do que uma aparência, um suporte mecânico que possibilita

---

88 Le Menn, Les quatre vers moyen-bretons du registre des baptêmes d'Edern, *Annales de Bretagne et des Pays de l'Ouest*, t.77, p.615-7.

89 Id., Une bibliothèque bleue en langue bretonne, *Annales de Bretagne et des Pays de l'Ouest*, t.92, n.3.

90 Até o século XVIII, persiste-se, por exemplo, em atribuir predições cristãs a Virgílio (cf. abade Faydit, *Remarques sur Virgile et sur Homère*).

prever coisas realmente novas. O movimento dos astros é repetitivo, não há dúvida, mas graças à liberdade de reação do espírito às influências astrais ele gera situações novas, inéditas. Além do mais, o astrólogo faz predições hoje, podemos consultá-lo, ao passo que as profecias são sempre textos velhos; e mesmo os recentes se colocam sob os auspícios de ilustres antigos. É claro que as predições astrológicas podem ser reutilizadas, como as de Nostradamus, mas nesse caso trata-se de uma forma bastarda de astrologia popular. O astrólogo científico aspira a uma obra original, construindo seu prestígio sobre a habilidade de seus cálculos, o que lhe permite realizar uma obra pessoal.

A profecia, que prediz o passado ou o presente, também é uma arma política e religiosa, manipulada para justificar tal ou tal causa diante do povo. Isso contribui para desacreditá-la ainda mais na opinião da elite, que tem apenas a astrologia como guia para o futuro. Mas esta última ainda tem de inspirar confiança. Ora, ao longo do século XVII, ela enfrenta duas revoluções culturais que vão arruinar sua credibilidade: a revolução científica galileana, nos anos 1620-1650, e a crise de consciência europeia, a partir de 1680, que assiste à ascensão do espírito crítico. A astrologia, por sua vez, vai ser restringida às superstições populares.

# – 10 –

# ASTROLOGIA, UMA NECESSIDADE SOCIOCULTURAL NO SÉCULO XVII

> Vi esta noite o cometa. Sua cauda tem um belíssimo cumprimento; ponho nele parte das minhas esperanças.[1]

> Temos aqui um cometa que é bem extenso também; é a mais linda cauda que se possa ver. Todos os grandes personagens estão alarmados, e acreditam firmemente que o céu, muito ocupado com sua perdição, dá aviso por esse cometa. [...] O orgulho humano ufana-se demais, crendo que haja grande caso nos astros quando devemos morrer.[2]

Entre esses dois textos de Madame de Sévigné, passaram-se dezesseis anos. Em dezembro de 1664, ela ainda compartilha a opinião geral sobre o valor de presságio atribuído ao cometa que provoca grande comoção em Paris: "O Pont-Neuf e as grandes praças estão cheios, todas as noites, de pessoas que o observam. Sua descoberta, no momento do processo do sr.

---

1 Madame de Sévigné, 22 décembre 1664. In: ______, *Correspondance*, t.I, p.80.
2 Ibid., t.III, p.59.

Foucquet, é uma coisa extraordinária", escreve Olivier Lefèvre d'Ormesson em seu diário.[3] Dezesseis anos depois, em 1680, o clima muda. O cometa ainda atrai muitos curiosos e faz correr muita tinta, mas o tom das reflexões é de ceticismo. Em 8 de janeiro de 1681, respondendo à carta da prima, Bussy-Rabutin é mais explícito. Embora ainda conceda ao cometa certa influência sobre o tempo, e indiretamente sobre as colheitas e a saúde, ele relativiza seu papel e realinha as crenças numa perspectiva histórica que anuncia a mentalidade crítica própria da crise de consciência europeia:

> O cometa que se vê em Paris também se vê na Borgonha e faz falar os tolos daqui como de lá. Cada um tem seu herói, que, em sua opinião, é ameaçado por ele, e não duvido que tenha gente em Paris que acreditará que ele anunciou no mundo a morte de Brancas. [...] A fraqueza de temer os cometas não é moderna. Ela foi corrente em todos os séculos, e Virgílio, que tinha tanto espírito, disse que jamais eram vistos impunemente. Talvez não tenha acreditado nisso e, como era um dos bajuladores de Augusto, quis convencê-lo que acreditava que o céu testemunhava por esses sinais o interesse que tinha pelas ações e pela morte dos grandes príncipes. De minha parte, não acredito, e penso que, quando muito, um cometa marca a mudança das estações, e também pode causar peste e fome.[4]

A evolução do julgamento de Madame de Sévigné sobre os cometas ilustra a crise com a qual se defronta a astrologia no século XVII. Outra porta para o futuro estava se fechando.

## ASTROLOGIA E NOVA CIÊNCIA

A astrologia tem de enfrentar, na verdade, duas ondas críticas de naturezas diferentes. A primeira, cronologicamente falando, vem do aparecimento da ciência moderna, ao longo daquilo que é comumente chamado de revolução galileana: o universo é escrito em linguagem matemática, e o número substitui as qualidades ocultas. A astrologia sente o golpe, mas sai-se bastante bem afinal, ao contrário do que se poderia esperar. Da rápida análise do pensamento dos principais representantes da nova ciência temos, na verdade, uma impressão cheia de nuances.

3 Ibid., t.I, p.920, n.6.
4 Ibid., t.III, p.60.

Para Francis Bacon (1561-1626), a própria ideia de um conhecimento do futuro é suspeita. Em seu ensaio *Das profecias*, ele compara estas últimas a contos fantásticos, "histórias que se contam no inverno, à beira do fogo". Como seu compatriota e contemporâneo Edward Coke, acredita que em sua maioria são inventadas deliberadamente com um propósito político, e são muito nocivas; o resto é composto de embustes, escritos depois dos acontecimentos, ou simples conjecturas, que passam por profecias. Se os homens continuam a acreditar nelas, apesar de seus repetidos fracassos, é porque guardam apenas aquelas que por coincidência se realizaram.

A adivinhação por procedimentos mágicos também é suspeita para ele. As noções de "simpatia" e "antipatia" lhe parecem "vãs e preguiçosas conjecturas", e ele protesta contra as doutrinas herméticas de seu outro contemporâneo, Robert Fludd (1574-1637), que dá grande importância à ideia de correspondência.

No que concerne à astrologia, a posição de Bacon é mais nuançada. No *Novum organum* declara que "todas as superstições são semelhantes, seja a astrologia, os sonhos, os presságios, a justiça imanente ou o resto, em tudo isso os espíritos crédulos notam apenas os acontecimentos que se realizam, mas desprezam os fracassos, embora sejam muito mais frequentes".[5] No entanto, em 1623, no *De augmentis scientiarum*, ele se pronuncia a favor de uma depuração da astrologia, que conservaria as partes úteis:

> Quanto à astrologia, ela está tão infectada de superstição que quase não se encontra parte dela que seja sã. No entanto, prefiro que seja purificada a que seja completamente rejeitada. [...] De minha parte, considero a astrologia uma parte da física, contudo não lhe atribuo mais do que é permitido pela razão e pela evidência, repelindo ficções e superstições. [...] Não hesito em rejeitar como vã superstição a doutrina dos horóscopos e a distribuição das casas, [...] as doutrinas das natividades, das eleições, das investigações e outras frivolidades não têm, em minha opinião, nada de certo nem de sólido, e são refutadas e condenadas pelas razões físicas.[6]

Para Bacon, os astros podem agir sobre as grandes massas, os grandes números e os longos períodos, e sobretudo sobre o ar e os humores. A rigor, portanto, podemos tirar das grandes revoluções e conjunções indicações

5 Bacon, *Novum organum*, I, 46.
6 Mantagu (ed.), *The Works of Francis Bacon*, t.III, p.130.

a respeito do futuro global, mas em hipótese alguma isso se aplica aos indivíduos:

> Dou como certo que os corpos celestes têm neles certas outras influências, além do calor e da luz; essas influências agem de acordo com as regras mencionadas acima, e não de outro modo. Sua natureza, porém, está oculta nas profundezas da física e requer uma longa dissertação.

O campo de aplicação das previsões é bastante amplo; abrange "cometas, meteoros, inundações, secas, ondas de calor, terremotos, erupções vulcânicas, ventos, chuvas, estações do ano, pestes, epidemias, abundância, fome, guerras, sedições, seitas, migração de povos, e todas as comoções e grandes inovações naturais e civis".[7] É possível até, acrescenta Bacon, que, uma vez que a astrologia seja reformada e purificada, "talvez se possa encontrar mais casos nas matérias civis", e ele não exclui a eventualidade de predições particulares aplicando-se a indivíduos.

Entre os praticantes da nova ciência, a desconfiança em relação à astrologia também se insinua muito lentamente. Johannes Kepler (1571-1630), que durante muito tempo ganhou a vida dando consultas astrológicas, manifesta uma posição muito prosaica em sua famosa tirada, referindo-se à astrologia como "a mocinha estúpida que, graças aos seus encantamentos, sustenta e alimenta uma mãe [a astronomia] tão sábia quanto pobre". De fato, Kepler, assim como Bacon, acredita que uma astrologia depurada seria capaz de prever amplos setores do futuro. Ele expõe seus planos de renovação em três obras: *De certioribus fundamentis astrologiae* (1602), *Tertius interveniens* (1610) e *Harmonies mundi* (1619). O simples fato de dedicar ao assunto longos e doutos desenvolvimentos em latim mostra a seriedade que atribui a ele. Para Kepler, devemos rejeitar todas as elucubrações sobre os signos do zodíaco, puras invenções humanas convencionais; a astrologia "supersticiosa" compreende todo o jargão de "natividades", "eleições" e "horóscopos", que não possuem nenhum valor, embora ele tenha dedicado um bom tempo ao seu próprio horóscopo. Os astros, escreve, são sinais e não causas, e têm influência apenas sobre a matéria. Em compensação, sua idcia original, que vai ao encontro do pitagorismo, é de harmonia das esferas, esse imenso concerto astronômico orquestrado pela alma do mundo, cujo estudo aprofundado poderia fornecer conhecimentos úteis para as predições. Ele

7 Ibid., p.132.

também dá grande importância às principais conjunções de Saturno e Júpiter, que o conduzem à ideia de ciclos de oitocentos anos.

Nem o próprio Galileu (1564-1642) hesitou em fazer horóscopos até 1624, mas com um propósito muito mais utilitarista que Kepler, e seu admirador Tommaso Campanella (1568-1639) prevê dotar sua utópica *Cidade do Sol* de um grupo de astrólogos oficiais. Para esse dominicano suspeito de heresia, e que, por causa disso, passa parte de sua vida na prisão, a astrologia praticada cientificamente pode dar resultados úteis. O próprio título da obra que ele dedica ao assunto em 1629 é, em sua extensão, de uma prudência explícita: *Os seis livros de astrologia de Campanella, da Ordem dos Pregadores, nos quais a astrologia, desimpedida das superstições dos árabes e dos judeus, é praticada de acordo com os princípios físicos, segundo a Sagrada Escritura e o ensinamento dos santos teólogos Tomás e Alberto Magno, de tal maneira que podem ser lidos com grande proveito, sem incorrer nas suspeitas da Igreja de Deus*. Como se não bastasse, Campanella acrescenta no início do sumário:

> No prefácio, mostramos como a astrologia científica deve ser separada da supersticiosa; por ela não são ameaçadas nem a providência nem a potência divina, e mostraremos que a astrologia é em parte um saber verdadeiro, em parte suposição, como a medicina.

Isso só pode alimentar a ambiguidade, que encontramos nos meios científicos franceses na primeira metade do século XVII, com o padre Mersenne, que em 1623 inclui a astrologia judiciária em seu quadro das ciências, e com Descartes, que, com sua proverbial prudência, não permite que a data de seu nascimento seja indicada sob o seu retrato, a fim de evitar que façam seu horóscopo: temor ou menosprezo? Com ele, é sempre difícil dizer. O que é certo é que sua fantasiosa teoria dos turbilhões será usada em 1671 por um de seus discípulos, Claude Gadrois, para justificar a astrologia.[8]

Com Pierre Gassendi (1592-1655), em compensação, temos um autêntico adversário de qualquer prática astrológica, cuja sorte é decidida por ele em *Syntagma philosophicum*.[9] Seu ponto de vista é estritamente científico: os astros não podem em hipótese alguma ser causas, nem mesmo sinais, dos acontecimentos terrenos. Do contrário, haveria nestes últimos uma regularidade meticulosa e uma generalidade que a experiência contradiz todos os dias: num mesmo momento, faz calor aqui e frio acolá, e os homens nascidos

8 Gadrois, *Discours sur les influences des astres selon les principes de M. Descartes*.
9 Gassendi, *Syntagma philosophicum*, t.I, 2A, seção II.

no mesmo instante têm destinos diferentes. Retomando todos os argumentos clássicos, e em particular os de Pico della Mirandola, ele rejeita toda a astrologia, da genetliologia à medicina astrológica. Excelente conhecedor da história das ciências, descreve as grandes etapas do pensamento astronômico e sugere que tenham existido dois Ptolomeu, de tal modo os aspectos astronômicos e astrológicos deste último lhe parecem incompatíveis. A influência dos astros se reduz a duas coisas: luz e calor; quanto ao conhecimento do futuro, ele pertence somente a Deus, e se a astrologia exerce tanto fascínio, é porque "sempre os homens foram ávidos de conhecer o futuro, e jamais faltaram impostores para se vangloriar de o conhecer". Todo acontecimento humano tem causas, mas elas estão em nós, e não nos astros.

Não surpreende que o vigário-geral do grão-esmoler da França, Claude Auvry, tenha procurado Gassendi em 1654 para pedir que compusesse uma obra destinada a tranquilizar o público, angustiado com as predições apocalípticas que se seguiram ao grande eclipse solar de 12 de agosto. O cônego de Digne compõe na época um curto tratado anônimo, para não suscitar enfadonhas polêmicas com os astrólogos. Ele junta os argumentos científicos (o eclipse é um fenômeno natural do mesmo tipo daquele que produz o dia e a noite) à explicação psicológica (o pânico é provocado pelo sumiço momentâneo da luz) e a uma crítica vigorosa da "credulidade que faz que os homens tenham uma maravilhosa inclinação a acreditar cegamente [...] em todas as charlatanices dos astrólogos, adivinhos e prognosticadores".[10] Pierre Gassendi é a *bête noire* destes últimos, em particular do célebre Jean-Baptiste Morin, que atribui a ele as mais sombrias intenções e faz seu horóscopo para saber quando a terra ficará livre desse odioso cético: de acordo com os astros, Gassendi deveria ter morrido no fim de julho ou no início de agosto de 1650.[11] Mas o céu está decididamente contra os astrólogos: ele morre apenas em 1655.

Gassendi, embora seja abertamente um bom cristão, tem numerosos vínculos com os eruditos libertinos da época. Partidários fervorosos da ciência mecanicista, estes últimos excluem a mais ínfima influência dos astros, afora o calor e a luz. Têm horror a tudo que lhes pareça oculto. No outro extremo do leque religioso, os jansenistas de Port-Royal unem-se aos libertinos numa condenação inapelável dos aspectos ilógicos e não científicos da astrologia.

10 Apud Rochot, Les sentiments de Gassendi sur l'éclipse de 1654, *Dix-Septième Siècle*, n.27.
11 Morin, *Astrologia Gallica*, p.747.

Esses casos, porém, são extremos. A maior parte da elite intelectual do século XVII adota uma atitude prudente e ambígua. A nova ciência impõe exigências inéditas, sem dúvida, mas, apesar de tudo, o prestígio multissecular da astrologia alimenta esperanças secretas de acesso ao conhecimento do futuro. E nem os grandes escapam, até o fim do século. Robert Boyle (1627-1691) tenta conciliar astrologia e física corpuscular, segundo uma óptica muito moderna: os astros emitem partículas que, transmitidas pela atmosfera, afetam quimicamente os seres humanos. Christopher Wren escreve em 1650 que "existe uma astrologia autêntica a ser descoberta pelo filósofo curioso, que seria de uma utilidade admirável para a física, conquanto a astrologia comumente praticada só possa ser considerada despropositada e ridícula".[12]

O maior cientista da época, Isaac Newton (1642-1727), flerta longamente com a astrologia. Conhecemos o caráter desconcertante do personagem, cujas facetas vão do sábio moderno em seu rigor matemático ao teólogo espiritualista. Aliás, a ideia de gravidade universal condiz muito bem, *a priori*, com os pressupostos da astrologia, e um dos amigos de Newton, William Whiston (1667-1752), utiliza-a, combinada com as ideias de Halley sobre os planetas, para predizer o fim do mundo em 13 de outubro de 1736. Diante do pânico e da indignação dos *tories* e da Igreja anglicana, Newton e seus amigos, como Clarke, distanciam-se da astrologia. Por outro lado, um aluno de Newton, David Gregory (1661-1708), retoma o pensamento do mestre para condenar toda a astrologia, responsável, segundo ele, por muitos males sociopolíticos:

> Mal se pode crer a que ponto essas predições inventadas pelos astrólogos e atribuídas às estrelas foram danosas aos nossos infelizes reis, Carlos I e II. [...] Consequentemente, vedamos à astrologia instalar-se em nossa astronomia, pois não é confortada por nenhum fundamento sólido, mas repousa sobre opiniões inteiramente ridículas de certas pessoas, opiniões que são forjadas para sustentar tentativas revoltosas.[13]

Assim, ao contrário do que escreveu Henri Wotton, a ciência galileana não "derrubou totalmente a astrologia".[14] Ela forneceu argumentos para os dois campos e deixou muitos espíritos indecisos. Para a maioria, a nova

12 Wren, *Parentalia*, p.203.
13 Apud Curry, *Prophecy and Power*, p.144, segundo um manuscrito de 1686 de David Gregory.
14 Smith (ed.), *The Life and Letters of Sir Henry Wotton*, t.1, p.486.

ciência dá a possibilidade de se criar "uma astrologia sóbria e regrada", segundo as palavras de Thomas Browne em 1646.[15] William Gilbert, de um lado, caçoa dos astrólogos que atribuem aos astros certa influência sobre os metais e, de outro, faz horóscopos. Nem um erudito libertino como Ismael Boulliau (1605-1694) consegue se decidir. É verdade que o sujeito é cheio de contradições: padre católico, libertino, copernicano, astrônomo, ele proclama que a astrologia não passa de "pura asneira e falcatrua", viaja com um baú cheio de horóscopos e encarrega-se sem nenhuma habilidade de fazer o da princesa de Orange.

## A ASTROLOGIA NA CORTE FRANCESA

A astrologia presta ainda muitos serviços no século XVII para morrer bruscamente. Nas cortes reais, é um meio muito utilizado para se guiar nas intrigas e conluios, e evitar as armadilhas do poder. Em situação precária, à mercê das calúnias dos rivais e da boa vontade de um soberano absoluto, os cortesãos estão prontos a recorrer a tudo para conhecer seu futuro. O próprio confessor do rei Henrique IV, o renomadíssimo jesuíta Pierre Coton, teria utilizado em 1606, segundo Sully, os serviços de uma possuída, Adrienne Dufresne, a quem ele teria entregado uma longa lista de perguntas a Satanás, para se pôr a par de todos os segredos da corte e do resultado das grandes questões políticas.

O sombrio caso dos venenos, descoberto em 1679-1680, revela a dimensão do papel que adivinhas e astrólogos desempenham entre os cortesãos. No caso em questão, trata-se essencialmente de mulheres, da mais alta aristocracia. Desde os anos 1660, a consulta das adivinhas dos subúrbios é moda entre as grandes damas. A condessa de Soissons, por exemplo, recebe em seus salões Catherine Deshayes, apelidada de a Voisin, que, segundo Primi Visconti, "pretextando adivinhação e magia, fizera de sua casa um lugar perverso". Com a Vigouroux, a Bosse, a Filastre e outras, elas fazem horóscopos e beberagens mágicas mais ou menos nefastas. Suas atividades são detalhadas nos autos do processo. As adivinhas, assediadas pelas clientes, leem "no copo" e consultam os mapas astrais. Mas não se contentam em predizer o futuro: elas usam as práticas mágicas para controlá-lo. Nessa engrenagem é que foi pega em 1667 Madame de Montespan, que queria tomar o lugar de

15 Browne, *Pseudodoxia epidemica*, IV, 13.

Louise de La Vallière no coração do rei. Ela não foi a única: o marechal de Luxemburgo, a duquesa de Bouillon, a viscondessa de Polignac, a duquesa de Vivonne, a condessa de Soissons, para citar apenas os grandes nomes, envolvem-se em casos em que a astrologia é somente um de muitos elementos, junto com o diabo e a magia negra. Se Luís XIV manda destruir todos os autos que comprometam Madame de Montespan, outros pagam com a própria vida a participação nessas atividades condenáveis, como a astróloga Françoise Filastre.

É ainda nos anos 1670 que a corte disputa as consultas de Primi Visconti, cujas *Mémoires* são uma fonte preciosa de informações sobre a paixão pela adivinhação que anima os cortesãos. A rainha Maria Teresa, qualificada de "muito curiosa de predições", dá o tom, desde que o astucioso Visconti lhe prediz sem nenhuma dificuldade, empregando todos os elementos a sua disposição, uma gravidez. "Num instante, a alta-roda parisiense morria para me ver, passei a profeta", escreve ele. Contou "até 223 coches vindo para consultar" todos os dias, o que confirma o imenso apetite de predição assinalado por todos os observadores da sociedade da época.

Um dos mais perspicazes, La Bruyère, escreve em *Os caracteres*:

> Toleram-se na república os quiromantes e os adivinhos, os que fazem o horóscopo e levantam figuras, os que conhecem o passado pelo movimento da peneira, os que mostram num espelho ou numa bacia de água a clara verdade; e essas pessoas são de fato de algum uso: predizem aos homens que farão fortuna, às moças que desposarão seus amantes, consolam os filhos cujos pais nunca morrem, e encantam a inquietude das jovens senhoras que têm velhos maridos; enfim, elas enganam a vilaníssimo preço os que buscam ser enganados.[16]

Os autores cômicos não deixaram de explorar o filão, e o número de peças escritas sobre o assunto é mais um indício de sua atualidade, do *Jodelet astrologue*, de Antoine Lemetel d'Ouville, a *La devineresse* [A adivinha], de Thomas Corneille, em 1680. Se esta última, inspirada no caso dos venenos, foi sugerida pelo tenente da polícia La Reynie para desmistificar a astrologia, ou se foi ideia dos Comediantes do Rei, o fato é que ela corresponde a uma moda. Thomas Corneille volta várias vezes ao tema. Em *L'inconnu* [O desconhecido], ele destaca a importância do fenômeno entre as mulheres: "As mulheres têm esse fraco, segurá-las é um apuro,/ Correm onde quer que

16 Bruyère, *Les caractères ou les mœurs du siècle*, XIV, art.69.

se diga o futuro".[17] Em *Le feint astrologue* [O falso astrólogo], ele detalha os métodos dos charlatães do futuro, que impressionam pelo ritual: "Ele contempla o céu nas noites mais escuras,/ Folheia um grande livro, e faz mil figuras".[18] Eles recorrem a uma combinação de obscuridade, audácia e exploração do acaso:

> O acaso faz muitas vezes profetizar muito bem:
> Deveis apenas empregar muita fineza
> Para nada afirmar com certeza;
> Do presente, do passado, discorrer raramente;
> Do futuro falar sempre obscuramente.[19]

O sucesso dos adivinhos e astrólogos na corte vai muito além desses procedimentos de parque de diversões, como mostra o caso de Primi Visconti, que nunca tentou fazer os outros acreditarem em dons ocultos e, ao contrário, se acreditarmos em suas memórias, sempre se esforçou para explicar suas predições por uma análise dos dados sociais, políticos ou militares do momento. É desse modo que ele expõe em Turenne as razões muito positivas que o conduziram a prever a vitória de Turckheim em 1675: "Fi-lo saber que eu raciocinava sempre por conjecturas. Mostrei-lhe também diversos memorandos sobre os negócios e a guerra presente. Confiei-lhe de quais assuntos eu tinha conhecimento".[20] Em outra parte, ele explica como interpreta os sonhos, com a ajuda da psicologia, da intuição e de algumas informações adequadas.

É por essa franqueza que ele consegue atrair para o seu lado Luís XIV, muito desconfiado desse assunto, fazendo-o entrar no jogo como seu cúmplice:

> Levantando-se da mesa, ele [o rei] perguntou-me se eu realmente entendia alguma coisa do assunto; respondi-lhe que não e que o que fazia era apenas

---

17 Corneille, *L'inconnu*, III, 2. [No original: "Les femmes ont ce faible, on ne peut les ternir./ Elles courent partout où se dit l'avenir".]

18 Id., *Le feint astrologue*, II, 2. [No original: "Il contemple le ciel aux nuits les plus obscures,/ Il feuillette un grand livre, et fai mille figures".]

19 Ibid, II, 5. [No original: "Le hasard fait souvent prophétiser fort bien: Vous devez seulement mettre beaucoup d'étude/ À ne rien affirmer avecque certitude;/ Du présent, du passé, discourir rarement;/ Toujours de l'avenir parler obscurément".]

20 Visconti, *Mémoires sur la cour de Louis XIV*, p.63.

diversão; ouvindo isso, ele sorriu e, quando se juntou às damas, pôs-se da opinião delas, afirmando que eu era um sábio e louvou-me como um cavalheiro.[21]

A prática da astrologia na corte continua até o início do século XVIII, com as reuniões suspeitas do duque de Luxemburgo, para as quais ele convida Philippe de Chartres, sobrinho e genro do rei. E, sobretudo, o conde de Boulainvilliers dedica-se com paixão à astrologia e faz numerosos horóscopos de grandes personagens, entre os quais o do próprio rei, atividade perigosa, que Saint-Simon relata tomando o cuidado de condená-la veementemente. O duque, aliás, evitava frequentar Boulainvilliers para não comprometer sua reputação. Seu testemunho, confirmado pelo do duque de Luynes,[22] mostra que um círculo não desprezível gravitava em torno do conde astrólogo, tentando se aproveitar eventualmente de suas predições:

> Ele [Boulainvilliers] era curioso a não mais poder, e também tinha um espírito tão livre que nada era capaz de deter sua curiosidade. Dedicou-se então à astrologia, e tinha reputação de ter se saído muito bem. Era extremamente discreto sobre essa matéria; apenas seus amigos íntimos é que lhe podiam falar sobre o assunto e a quem quisesse responder. O duque de Noailles era ávido desse gênero de curiosidade, e dava tanto por isso que podia encontrar pessoas que se arrogavam ter de saciá-la. Boulainvilliers, cuja família e negócios eram muito desarranjados, demorava-se com muita frequência em suas terras de Saint-Saire, na direção do mar no país de Caux, que não era distante de Forges. Ali ia ver pessoas de seu conhecimento e, creio, caçar as novidades, das quais seus cálculos o faziam curioso. Foi ver Madame de Saint-Simon, e revirou-a tanto para saber novidades do rei que ela não custou a entender que ele acreditava ter novidades mais seguras do que aquelas que se diziam. [...] Era então 15 ou 16 de agosto. Boulainvilliers não lhe dissimulou que não acreditava que o rei ainda durasse muito tempo, e, depois de ainda se deixar pressionar, disse-lhe que acreditava que ele morreria no dia de São Luís, mas que ainda não pudera verificar seus cálculos com exatidão para responder; que, não obstante, estava seguro de que o rei estava no extremo naquele dia e que, se passasse por ele, morreria certamente em 3 de setembro próximo. [...] Predissera, muito tempo antes da morte do rei da Espanha, que nem Monsenhor nem nenhum de seus

21 Ibid., p.48.

22 "Era um homem extraordinário. Ocupou-se a vida toda da astrologia judiciária, loucura contrária à religião, sempre perigosa, e muito mais ainda quando se acertam algumas vezes" (duque de Luynes, *Mémoires*, t.XIII, p.202).

> três filhos reinaria na França. Previu vários anos antes a morte de seu filho e a dele, e o acontecimento se verificou; mas enganou-se grosseiramente sobre muitos outros, tais como o rei de hoje, que ele acreditou que deveria morrer em breve, e, diversas vezes, o cardeal e a marechala de Noailles, o senhor duque de Gramont e o senhor Le Blanc, que deveriam ter sido mortos numa sedição em Paris, o senhor duque de Orléans, que deveria morrer após dois anos de prisão e sem dela ter saído. Não citarei mais os falsos e os verdadeiros; isso é bastante para mostrar a falsidade, a futilidade, o vazio dessa pretensa ciência, que seduz tantas pessoas de espírito, e da qual o próprio Boulainvilliers, por mais apaixonado que fosse, tinha a boa-fé de confessar que não era fundada sobre nenhum princípio.[23]

A opinião de Saint-Simon é a de um espírito jansenista racional, escrevendo no século das Luzes. Ela é partilhada nessa época pela maior parte da elite, mas a astrologia ainda não desapareceu completamente dos meios cortesãos. O próprio Regente é "curioso dessa charlatanice que seduziu toda a Antiguidade", escreve Voltaire.[24]

Curiosamente, o galimatias barroco de Nostradamus ainda é muito apreciado na clássica sociedade de corte sob Luís XIV. Sem dúvida, sua estranheza constitui um encanto misterioso para espíritos educados na prosa refinada de Malherbe e seus êmulos. Ninguém teme imitá-lo, até na família real, como atesta uma carta de Blanc de Mazaugues de 6 de janeiro de 1673: "Apareceu estes dias passados certa profecia à imitação daquelas de Nostradamus tocante aos amores dessa corte. Os autores são o senhor príncipe e o senhor duque, ou ao menos alguns dos seus".[25] Madame de Sévigné escreve de Rochers em 11 de março de 1676 que, entre as novidades que lhe enviaram de Paris, há "uma estranha profecia de Nostradamus, e um combate de pássaros no ar, dos quais após um longo combate restam 22 mil no local. Eis quantos pássaros-bisnaus presos; temos o espírito, neste país, de não acreditar em nada".[26]

Se necessário, os bajuladores não hesitam em sacar alguns versos do velho mestre provençal para adaptá-los a Luís XIV e predizer-lhe sucesso e felicidade em suas guerras, mesmo que tenham de mudar a interpretação

---

23 Saint-Simon, *Mémoires*, t.V, p.222-3. O conde de Boulainvilliers escreveu em particular uma *Astrologie mondiale: histoire de l'apogée du Soleil, ou pratique des règles d'astrologie pour juger des événements généraux*, da qual apareceu uma edição em 1949.

24 Voltaire, *Le siècle de Louis XIV*, cap.26.

25 Apud Madame de Sévigné, *Correspondance*, t.II, p.1209, n.6.

26 Ibid., p.251-2.

ao sabor das vicissitudes da diplomacia. Em 1672, no início da guerra da Holanda, o cavaleiro Jacques de Jant dedica dois opúsculos ao rei: *Predições tiradas das Centúrias de Nostradamus* [...] *contra as Províncias Unidas*, e *Profecia de Nostradamus sobre* [...] *a felicidade do reinado de Luís XIV*. Ele glosa o seguinte sexteto:

> Pequeno recanto, Província amotinada,
> Por fortes castelos se verão dominada
> Ainda um golpe do Agente militar
> Em breve serão fortemente sitiados
> Mas serão por um grande aliviados
> Que no Beaucaire terá feito entrada.[27]

Numa primeira versão, o "grande" era o eleitor de Brandemburgo, mas como este último entra em guerra contra Luís XIV, o que ameaçava ser um mau presságio para o rei, a interpretação é mudada em 1673: o "grande" será Luís XIV, que saberá se mostrar indulgente com os holandeses.

## O PODER REAL E A ASTROLOGIA NA FRANÇA

Sabemos o que pensa o interessado, mas parece que o Rei Sol, cujo espírito prosaico e o bom senso contentam-se com uma sólida fé nos artigos de base da religião, tenha sido bastante impermeável a qualquer divagação preditiva, astrológica ou outra. Segundo a Princesa Palatina, ele teria dito aos senhores de Créqui e La Rochefoucauld: "A astrologia é falsa; fizeram meu horóscopo na Itália, e mandam avisar-me que, depois de viver muito tempo, vou amar uma velha puta até o último dia da minha vida. Há alguma aparência nisso?". E madame, que detestava a Maintenon, comenta: "Ele ria-se às gargalhadas e, no entanto, a coisa se realizou".[28] Mas o rei não deixa de se informar sobre eventuais profecias a seu respeito. Saint-Simon relata a respeito do ano 1699 o estranho caso do ferrador de Salon-de-Provence, que afirma ter visto aparições da falecida rainha ordenando-lhe que fosse a Versalhes para fazer uma revelação secreta ao rei sobre seu futuro e o da

---

27 No original: "Petit coing, Province mutinée,/ Par forts chasteaux se verront dominée/ Encore un coup par l'Agent militaire /En bref seront fortement assiégez/ Mais ils seront d'un très grand soulagez/ Qui aura fait entrée dans Beaucaire". (N. T.)

28 Carta de 5 de outubro de 1717.

monarquia. Luís XIV tem duas conversas privadas de uma hora cada com ele. Apesar de toda a pressão, ministros e cortesãos não conseguem arrancar a mínima informação do ferrador. Saint-Simon é cético: ele faz o paralelo com Nostradamus, e sugere que se trata de um golpe armado por Madame de Maintenon com a ajuda de uma de suas antigas amigas de Marselha.[29] A história é confirmada pelo abade Proyart, que relata que o ferrador era chamado de "o profeta".[30]

A atitude de Luís XIV nessa circunstância reflete as hesitações do poder real na França no século XVII em relação à adivinhação em geral e à astrologia em particular. No reinado de Luís XIII, o cardeal de Richelieu, preocupado em interditar todas as práticas potencialmente perigosas para o poder real e ao mesmo tempo utilizar a serviço deste último todos os meios de propaganda e controle, debruça-se sobre a questão. Ele ordena ao general dos oratorianos, Charles de Condren, que lhe faça um relatório sobre as atividades astrológicas e especifique qual a doutrina oficial da Igreja a esse respeito.

O papa Urbano VIII havia acabado de publicar, em 1631, uma bula que retomava a distinção clássica entre a astrologia natural, lícita, útil para a agricultura, a navegação e a medicina, e a astrologia judiciária, ilícita. Ele proibia em particular os horóscopos dos grandes personagens políticos e religiosos. Esse ponto de vista acabava de encontrar uma aplicação na França, onde um médico de Luís XIII, Semelles, foi condenado à prisão perpétua porque havia predito a morte do rei para o outono de 1631.

O padre Condren põe mãos à obra e compõe em 1642 um *Discours sur la astrologie* que ficou inacabado. A obra é pouco apropriada para esclarecer o cardeal, pois o oratoriano confessa seu embaraço: iniciado na astrologia aos vinte anos, constata que muitos bons católicos consultam seus horóscopos e praticam a astrologia judiciária. De fato, ele retoma a distinção entre os dois tipos de astrologia e condena aquela que coloca o espírito humano sob a dependência da fatalidade astral, que é a negação do livre-arbítrio.

É difícil discernir a posição pessoal de Richelieu. Parece, pelas palavras de Fénelon em *Dialogue des morts* e de Bayle em seu *Dictionnaire*, que ele recorreu à astrologia como um meio suplementar de "apoiar sua autoridade" (Fénelon). Os astrólogos são, junto com os espiões, a *Gazette* e os panfletistas de aluguel, armas do arsenal governamental. Armas que devem ser usadas com discernimento, sem dúvida, mas os astrólogos sob Luís XIII ainda são importantes na corte. A mãe do rei, Maria de Medici, fez um uso

29 Saint-Simon, op. cit., t.I, p.623-6.
30 Abade Proyart, *Vie du dauphin, père de Louis XV*, t.II, p.112-21.

descomedido deles. O cardeal manda fazer seu horóscopo pessoal, e no nascimento de Luís XIV, em 1638, é feito o do futuro rei, como era costume. Nesse caso, podemos apenas sublinhar a inconsequência do gesto. Fazer o horóscopo dos grandes, em particular dos soberanos, é rigorosamente vedado pelo papa, pela Igreja e pelo poder político. Ora, a leitura do horóscopo dos filhos reais é uma prática oficial, um rito quase indispensável, o que naturalmente supõe o caráter artificial e a nulidade dessas versões astrais encomendadas. Que astrólogo financiado pelo poder se arriscaria a predizer a morte iminente do recém-nascido ou um reinado catastrófico? O horóscopo de encomenda é um horóscopo otimista, e de certa forma uma maneira de conjurar a sorte, prometendo matematicamente um futuro feliz a um filho da realeza.

Em 1638, a encomenda é feita a Campanella, que recebe pensão de Richelieu, a Jean-Baptiste Morin, o astrólogo mais famoso da época, ao jurista Grotius, ao jesuíta Pierre Labbé, isto é, a personagens extremamente variados. Os adivinhos rivalizam nos prognósticos favoráveis, e Racine, quando se torna o historiógrafo real, registra o horóscopo de Campanella, glorificação antecipada do Rei Sol:

> A constelação do Delfim, composta de nove estrelas, as nove musas, como querem os astrólogos; circundada pela Águia, grande gênio; por Pégaso, poderoso na cavalaria; por Sagitário, infantaria; por Aquário, potência marítima; pelo Cisne, poetas, historiadores, oradores, que o cantarão. O Delfim toca o equador, justiça. Nascido domingo, dia do Sol. Como o Sol com seu calor e sua luz, ele fará a alegria da França e dos amigos da França.[31]

A astrologia aqui é integrada à propaganda real, e nesse nível não é muito mais do que um exercício do espírito. Os esforços da monarquia absoluta seguem nesta direção a partir de então: vigiar as predições, proibir as que podem ser nefastas para o regime e desviar a astrologia mais ou menos folclorizada para a categoria de ornamento suplementar do absolutismo. Durante a Fronda, Mazarin persegue os astrólogos desfavoráveis ao governo, astrólogos que na mesma época têm um papel tão importante na guerra civil inglesa, que resulta na decapitação de Carlos I. O perigo não é pequeno, pois as predições fervilham dos dois lados; a Gran Mademoiselle, por exemplo, consulta o astrólogo de Vilène antes de iniciar movimentos de tropa.

---

31 Racine, *Œuvres complètes*, t.II, p.325.

Mazarin é provavelmente cético a esse respeito, se dermos crédito à anedota que conta a réplica irônica que ele dá quando, em seu leito de morte, é informado do aparecimento de um cometa, sinal celeste enviado ao mundo para assinalar seu falecimento: "O cometa muito me honra". O que ele não pode tolerar é que os movimentos celestes ameacem a ordem pública, e é por isso que ele intervém quando o eclipse do Sol de 12 de agosto de 1654 provoca pânico. Em consequência da difusão de um pequeno tratado atribuído ao paduano Andreas Argolin, que apresentava o eclipse como o anúncio do julgamento final, explodem revoltas. O cardeal, por intermédio do vigário-geral do grão-esmoler da França e de monsenhor De Mare, manda redigir refutações. Falamos da de Gassendi. A de Pierre Petit, *L'éclipse du Soleil du 12 août 1654*, vai na mesma direção. A do médico e astrólogo Lazare Meyssonnier (1611-1673) é mais ambígua. Autor do *Almanach du bon ermite*, ele afirma no *Jugement astrologique du grand éclipse* que, se este último não pode anunciar o fim do mundo, em compensação pode ter efeitos nefastos sobre o curso dos assuntos humanos, e sugere, para anular essas más influências, que se queimem velas de sua fabricação, à venda na residência do autor a preços módicos.

Mais "séria" é a refutação apresentada por Jean-Baptiste Morin (1583-1659) na obra de sua vida, o gigantesco *Astrologia Gallica*, publicado dois anos após a sua morte, pela primeira e última vez, em 1661: "Este livro é o mais importante e o mais divino de toda a astrologia", adverte modestamente no Livro XXII desse indigesto trabalho em latim. Nascido em Frankfurt, Morin, que é médico, alquimista e astrólogo, é fiel a Ptolomeu. Sua astrologia é construída inteiramente sobre o geocentrismo, como proclama orgulhoso mais de um século depois de Copérnico: "Demonstramos que a Terra não se desloca seguindo uma grande órbita, mas é o centro fixo do mundo".[32]

É com a mesma segurança que Jean-Baptiste Morin defende a honra da astrologia, tanto contra os charlatães como contra os autores árabes que acrescentaram coisas "falsas, fraudulentas e diabólicas" a Ptolomeu, e contra os ataques caluniosos de certos religiosos. O superior dos jesuítas em Roma, Alexandre de Angeli, fizera de fato cinco objeções a essa ciência na *Praefatio apologetica*: faltam princípios de base à astrologia; ela nunca responde realmente às objeções que lhe fazem; erra com muita frequência; muitos astrólogos são ignorantes que trabalham apenas por dinheiro; os adversários da astrologia sempre incluíram os homens mais instruídos.

32 Morin, op. cit., p.191.

As respostas de Morin visam mostrar que não se deve misturar a astrologia científica com a astrologia vulgar dos almanaques. Ela não possui princípios? Isso não é verdade, graças à genial *Astrologia Gallica*. Ela não dá respostas claras às objeções? A partir de agora ela dará, pelo próprio Morin, que recorda sua carreira desde o tempo em que era médico de um bispo, iniciou-se na astrologia por volta dos quarenta anos e estudou essa ciência durante dez anos: ele agora se considera capaz de responder a todas as perguntas. Quanto aos erros, não há erros em todas as ciências? Existem charlatães? Isso não prova nada contra os verdadeiros astrólogos. Enfim, há entre eles verdadeiros sábios, como o próprio Morin.

Voltando ao eclipse de 1654, Morin declara que somente "um louco das Pequenas Casas" poderia anunciar o fim do mundo, ou um mal-intencionado visando desacreditar a astrologia, e acusa Gassendi. No entanto, por mais que Jean-Baptiste Morin se esforce para afastar qualquer suspeita sobre a astrologia, e evitar a reprovação da Igreja, reafirmando que não existe fatalidade e os astros apenas inclinam, sem provocar, o poder continua desconfiado. Sob Luís XIV, como vimos, ainda é praticada a ciência dos astros, porém mais discretamente e em particular, como fazia Vallot, médico do rei.

O caso dos venenos intensifica a repressão. O édito de julho de 1682 distingue dois tipos de ofensa: a prática da magia com o intuito de provocar morte, punida com a pena capital, e a exploração da credulidade pública por "todas as pessoas metendo-se a adivinhar e dizendo-se adivinhos ou adivinhas", que, "com o pretexto de horóscopos e adivinhações", pretendem predizer o futuro; essas pessoas serão banidas. O governo parece considerar agora que toda astrologia é atividade supersticiosa, e deve ser reprimida em razão de suas potenciais consequências sociais e políticas. Essa evolução já é prefigurada pela decisão de Colbert, em 1666, de excluir a astrologia da lista das disciplinas subsidiadas da Academia de Ciências. A astrologia, relegada – apesar dos esforços de Morin – à categoria das superstições populares, deve sofrer os ataques das autoridades eclesiásticas.

## A ASTROLOGIA NA GUERRA CIVIL INGLESA

As relações entre poder político e astrologia são mais complexas na Inglaterra, no século XVII, onde a guerra civil e o Interregno fazem um grande parêntese de irracionalidade. Como na França, não se perde oportunidade de tirar o horóscopo dos soberanos, e alguns explicam retrospectivamente a história dos reinados pelas influências astrais. Cardano já havia mostrado que o rompimento entre Henrique VIII e Roma devia-se à conjunção de Marte, Mercúrio e Júpiter em Capricórnio em 1533; para William Camden, a atração de Isabel pelo conde de Leicester explicava-se pelas influências astrais.[33] Para John Gadbury, o destino infeliz de Carlos I estava escrito nas estrelas.[34] William Lilly, por sua vez, explica toda a história inglesa do século XVI pelos fenômenos astrológicos.[35]

Se essas profecias retrospectivas são toleradas, com as predições reais sobre a vida dos soberanos não se brinca, mesmo depois da Restauração, quando a astrologia é levada menos a sério. John Heydon (1629-1667) provou isso duas vezes, encarcerado durante o Interregno por ter prognosticado a morte de Cromwell e depois sob Carlos II, em 1663 e 1667, por ter repetido a predição a propósito do rei. No mesmo ano 1667, uma das numerosas acusações contra o duque de Buckingham é ter procurado fazer a natividade de Carlos II.

No entanto, este último, aparentemente mais crédulo que seu modelo Luís XIV, consulta o astrólogo Ashmole sobre suas futuras relações com o Parlamento, e sobre o melhor momento para fazer seu discurso de 1673. Consultas discretas, reveladas por notas em código do referido Ashmole, mas que mostram que, como na França, o governo ainda não renunciou totalmente ao uso dos astros para entrever o futuro. Simultaneamente, Robert Howard, secretário do Tesouro, consulta o mesmo Ashmole sobre a questão das relações com o Parlamento e sobre um assunto mais pessoal: consciente de sua incapacidade e das críticas a sua administração, ele pergunta ao astrólogo se o Parlamento vai "fazer a substituição dos grandes homens que parecem não ter dirigido as coisas e os conselhos tão corretamente e tão bem como era desejável".[36]

É durante a guerra civil e o Interregno que a astrologia mostra do que é capaz na Inglaterra. Em 1641, a lei de 1603, que coloca as publicações astrológicas sob o estrito controle do governo, é abolida. Imediatamente, há uma verdadeira explosão de predições em tratados curtos, folhetos, panfletos e, sobretudo, nos almanaques. O caráter dramático da situação excita a imaginação e estimula o desejo de saber o que vai acontecer. As autoridades não dão conta do recado: é em vão que em 1643 o Parlamento nomeia o

33 Camden, *The History of the Most Renowned and Victorious Princess Elizabeth*, p.419.
34 Gadbury, *The Nativity of Late King Charles*, 1659.
35 Lilly, *England's Prophetical Merline*.
36 Ashmole, *His Autobiographical and Historical Notes, his Correspondence, and other Contemporary Sources Relating to his Life and Work*, p.189-90.

astrólogo John Booker (1602-1667) controlador oficial dos livros de "matemática, almanaques e prognosticações". As tiragens dos almanaques são enormes: o *Merlinus Anglicus*, de William Lilly, vende 13.500 exemplares em 1646, 17.000 em 1647, 18.500 em 1648 e talvez 30.000 em 1649. No fim do Interregno, estima-se que a literatura astrológica chega a 400.000 exemplares, ou seja, quase um para cada três famílias.[37]

Inevitavelmente, os prognósticos diferem conforme o astrólogo. Uns são a favor do Parlamento, outros do rei. Como fazer a distinção entre as predições orientadas, que são apenas um ramo da propaganda, e as predições neutras? Isso é quase impossível. Também se constata que muito rapidamente cada partido arranja "seus" próprios astrólogos, que sistematicamente preveem vitórias para o seu lado. Espera-se desses astrólogos que eles tenham um efeito salutar sobre o moral das tropas e um efeito de desmoralização sobre o adversário. Seu papel é semelhante ao dos áugures nos exércitos antigos, e nunca na época moderna as predições foram tão capitais como nesse episódio. A manipulação sendo patente ou não, o impacto psicológico é inegável.

É do lado do Parlamento que os astrólogos são mais numerosos e mais famosos, apesar de certa hostilidade das seitas puritanas mais extremistas. Os quakers e os adeptos da Quinta Monarquia consideram em geral que essa atividade é um sacrilégio, e preferem recorrer à profecia. Os batistas não se decidem, e uma reunião de seus ministros em 1655 declara: "Desejamos que os irmãos sejam muito prudentes na maneira como se metem nessa prática, porque, quando é levada ao extremo, dá ouvidos ao que é mau e a más obras firmemente condenadas pela Escritura".[38] Mas a maioria dos líderes não hesita em consultar William Lilly e John Booker, como o major Rainsborough, o tenente-coronel Read, o ajudante-geral Allen e muitos outros. Gerrard Winstanley, líder dos *diggers*, queria que a astrologia fosse ensinada em sua utopia; John Spittlehouse, um dos líderes da Quinta Monarquia, transformou-a na princesa das ciências; o *leveller* Richard Overton escreve em abril de 1648 a William Lilly para lhe perguntar "se, unindo-se aos representantes dos soldados para a salvação do bem comum, a liberdade do país e a eliminação da opressão, meus esforços serão frutuosos ou não". Pergunta ainda mais notável por Overton ser um racionalista, o que mostra que para muitos a astrologia é uma verdadeira ciência. De sua parte, outro *leveller*, Laurence Clarkson, começa a estudar a astrologia em 1650.

37 Curry, op. cit., p.21.

38 Roberts, *The History and Antiquities of the Borough of Lyme Regis and Charmouth*, p.279.

Entre os astrólogos favoráveis ao Parlamento, os principais são: John Booker, autor de almanaques violentamente antirrealista, que prediz o massacre dos padres e o advento de um milênio apocalíptico; Nicholas Culpepper (1616-1654), que também é um inimigo implacável do rei, ferido em combate; e sobretudo William Lilly (1602-1681), figura central da astrologia popular na Inglaterra no século XVII. Temperamento moderado, totalmente contrário aos excessos de *levellers*, *diggers*, *ranters* e outros membros da Quinta Monarquia, ele apoia a causa do Parlamento com predições pouco científicas, de caráter tanto mágico como religioso. Sua abordagem do futuro é bastante eclética, afirmando que "quanto mais se é santo, mais se está próximo de Deus, mais se fazem bons julgamentos". Suas predições são resultado da astrologia, da profecia, da adivinhação, do raciocínio lógico e das merlinices, como atesta o título de seu célebre almanaque, *Merlinus Anglicus*, e como ele tem a sorte de acertar menos raramente que os outros, sua popularidade é imensa, a ponto de o próprio Carlos I, encarcerado no castelo de Carisbrook, mandar que o consultem para saber como sair da prisão.

Em 1644, em *Uma profecia do rei branco*, Lilly prevê as derrotas do rei e sua morte violenta, e anuncia um resultado desfavorável ao clero. Ele prediz a derrota dos realistas em Naseby, em 1645. Em 1646, tenta minar o moral dos cavaleiros, falando de um eclipse invisível do Sol. Sua influência é tão apreciada que em 1648 ele é chamado para encorajar os soldados do Parlamento que sitiam Colchester. Ele prediz a queda iminente da cidade, o que se mostra correto, enquanto do lado dos sitiados o astrólogo John Humphrey anuncia em vão a chegada de reforços. Carlos I dizia que, se tivessem conseguido comprar Lilly, ele teria equivalido a seis regimentos, o que mostra o completo ceticismo em relação ao conteúdo de suas predições: o astrólogo é um instrumento de propaganda, cujos prognósticos estão a serviço da causa que o remunera.

No início do protetorado de Cromwell, Lilly teve alguns problemas com a fração mais avançada das seitas, e faz campanha a favor do novo regime em seu almanaque, recomendando a compra das terras confiscadas dos realistas, o que lhe trará sérios aborrecimentos na Restauração. Em 1652, ele se refugia no condado de Surrey, dedica-se a seu almanaque e dá consultas, nas quais se amontoam pessoas de todas as condições sociais. Ele intervém também na política estrangeira, favorecendo uma aliança com a Suécia, o que lhe vale uma medalha de ouro enviada por Carlos X. Sua influência sobre o moral das tropas é inegável. Durante a campanha de Cromwell na Escócia, um soldado se dirige às tropas, sacudindo seu almanaque e gritando: "Ei! Vejam o que diz Lilly: ele nos promete a vitória este mês. Vamos lá, pessoal!".[39]

Do lado dos realistas, o principal astrólogo é George Wharton (1617-1681), que luta palmo a palmo contra Lilly. Em 1645, retrucando às predições deste último, anuncia ao rei, que marcha sobre Londres partindo de Oxford, em 7 de maio, que a vitória o espera. Contudo, acrescenta prudentes ressalvas ao prognóstico:

> É evidente para todo juiz imparcial e sincero que (se bem que Sua Majestade não deva esperar escapar de todo desastre parcial que atinja seu exército, seja por excesso de presunção, ignorância ou negligência de alguém em particular, o que é frequente e inevitável no melhor dos exércitos) as posições dos astros sendo consideradas e comparadas entre elas [...] tornam Sua Majestade e seu exército vitoriosos e felizes em todos os intentos: está segura [Londres] que teus infortúnios se aproximam; eles serão muitos, grandes e dolorosos, e inevitáveis, a menos que peças perdão em tempo a Deus por ter provocado a presente rebelião e submeta-te à mercê de teu príncipe.[40]

Em 1647, Wharton, irritado com a popularidade do *Merlinus Anglicus*, declara raivosamente num *Merlini Anglici errata:* "Isso não passa de um simples espantalho fabricado para impedir os amigos de Sua Majestade de lhe permanecer fiéis".[41] Preso em 1649, Wharton será solto por intervenção de seus colegas Elias Ashmole e até de William Lilly: existe certa solidariedade entre astrólogos, apesar das escolhas políticas diferentes.

Assim, o realista Elias Ashmole (1617-1692) é amigo de Lilly, apesar de suas opiniões extremamente antidemocráticas e elitistas, que o fazem desprezar os astrólogos populares: "A astrologia é uma ciência profunda", escreve; "a profundeza dessa arte a torna obscura, e não pode ser compreendida pelo primeiro vulgar plumitivo que aparecer. Nunca houve tamanha multidão de amadores a nos importunar".[42] Sob a Restauração, ele fará uma bela carreira nos meios cortesãos, e é consultado pelo próprio rei. John Gadbury é outro astrólogo realista, partidário de uma astrologia científica, que tentará realizar uma grande reforma da arte sob a Restauração, sendo até um dos fundadores da Royal Society.

---

39 *Mr. William Lilly's History of his Life and Times from the Year 1602 to 1681*, p.189.

40 Apud Rusche, Merlini Anglici: astrology and propaganda from 1641 to 1651, *English Historical Review*, t.80, n.315, p.324.

41 Ibid., p.328.

42 Ashmole, *Theatrum chemicum britannicum*, p.453.

No total, o Interregno é a última era de ouro dos astrólogos: adulados, usados, pensionados, eles fazem parte das autoridades culturais, uma espécie de sacerdócio dos assuntos futuros. De 1647 a 1658, cerca de quarenta deles formam a Sociedade dos Astrólogos de Londres; esse cenáculo da predição reúne-se várias vezes por ano para banquetes e discursos, de todas as tendências, deixando as querelas políticas no vestiário. Espantosa e simpática a fraternidade desses profissionais das estrelas, reunidos por seu interesse comum pelo conhecimento do futuro.[43]

## PERSISTÊNCIA DO PROFETISMO MILENARISTA. O CASO DE JURIEU

A guerra civil e o protetorado também são dois períodos favoráveis ao florescimento das profecias apocalípticas e milenaristas, intimamente misturadas às esperanças suscitadas pelas reviravoltas políticas. Entre as múltiplas correntes que se desenvolvem no interior das seitas, assinalamos a atitude de Milton, cuja visão da história e do futuro insere-se num esquema milenarista que começa com o reinado do Anticristo, por volta do ano mil, continua com a perseguição das testemunhas do Evangelho, isto é, os heréticos da Idade Média, e termina graças à Revolução Inglesa, que vai restaurar a verdadeira religião e derrubar os bispos, contra os quais o poeta compõe cinco violentos panfletos entre maio de 1641 e maio de 1642. A luta do Parlamento adquire em Milton uma verdadeira dimensão cósmica, na qual distinguimos a influência de Joseph Mede, teólogo, matemático, botânico e astrônomo que nos anos 1620-1630 tentou construir uma verdadeira ciência profética. Além dele, devemos mencionar Thomas Brightman, um simples *clergyman* de Bedfordshire, e J. H. Alsted, professor em Herborn, que repensaram ambos a história recente à luz do Apocalipse. Para Alsted e Mede, mortos em 1638, a Guerra dos Trinta Anos marcava o início do fim do papado anticrístico.[44]

Essas opiniões não estão totalmente ausentes da Igreja anglicana, na qual o arcebispo de Armagh, James Ussher, desenvolve uma filosofia da história muito semelhante à de Milton: o Anticristo, que apareceu na época de

---

43 Ver uma descrição dessas reuniões em Curry, op. cit., p.40-4. Os astrólogos do Interregno também reutilizam as obras de seus antecessores. Assim, em 1650 Lilly publica *An Astrological Discourse*, escrito quarenta anos antes por sir Christopher Heydon, e concluía no fim de sua descrição do céu: "Que isso significa uma nova democracia ou a fundação de uma aristocracia da Igreja e um Commonwealth, quando o sol (o rei) se obscurecer, não tomo para mim decidir".

44 Trevor-Roper, Milton in politics. In: ______, *Catholics, Anglicans and Puritans*, p.231-82.

Gregório Magno e Maomé, começou realmente seu reinado com a monarquia pontifícia inaugurada por Gregório VII, no século XI; a verdadeira doutrina, preservada por Berengário de Tours, os albigenses, Wycliffe e Huss, volta ao primeiro plano com Lutero, que inicia o grande combate cujo desfecho será o fim do papado.[45] Mais tarde, nesse mesmo século, o bispo William Lloyd (1627-1717) ganha reputação de profeta, anunciando a extinção do catolicismo e do papado e a vinda do milênio.[46]

A corrente profética se prolonga na França na segunda metade do século XVII, no contexto das perseguições de Luís XIV. A revogação do Édito de Nantes e a guerra dos camisardos em Cevenas desencadeiam acessos de profetismo extático ou, segundo a expressão de Emmanuel Le Roy Ladurie, "histeria convulsionária e profética".[47] Nesse movimento, os adolescentes desempenham um papel fundamental, a exemplo de uma pastora de dezesseis anos, Isabelle Vincent, imediatamente presa, e de um jovem camponês, Gabriel Astier. A mensagem deles é o anúncio da vinda do messias, que será o príncipe de Orange: um anjo o trará pelos cabelos e ele tomará a frente de um exército de 100 mil homens.

O processo da inspiração profética, descrito pelas testemunhas e pelos protagonistas, começa pela queda do profeta, que cai no chão e convulsiona; então o espírito entra nele e acontecem as cenas de histeria: o profeta, sacudido por espasmos e arrepios, fala línguas desconhecidas, recita a Bíblia, berra como um animal, profere palavras insensatas, torna-se insensível à dor. As descrições detalhadas dos sintomas permitiram que a historiografia moderna caracterizasse essas manifestações, reunidas por Emmanuel Le Roy Ladurie. Encontramos casos de "histeria ática", alguns espécimes de "fracos de espírito congênitos, idiotas, [...] imbecis ou pseudoimbecis", neuroses diversas e, no caso dos jovens, recalque sexual. Estamos, na verdade, numa sociedade de extrema austeridade, e é notável que as manifestações histéricas das jovens profetisas cessem quando se casam. Quando esses exaltados caem nas mãos dos padres, são castrados e massacrados. O marechal de Villars, espírito racional e equilibrado, fica desnorteado diante da conduta desses alucinados: "Estou lidando com loucos", constata.

Alguns casos são passageiros, como o de Jean Cavalier, convulsionário aos doze anos, que fará parte dos correspondentes de Voltaire e será até

45 Id., James Ussher, archbishop of Armagh. In: ______, *Catholics, Anglicans and Puritans*, p.120-65.

46 Tindal Hart, *William Lloyd (1627-1677), Bishop, Politician, Author and Prophet*.

47 Le Roy Ladurie, *Paysans de Languedoc*, p.333.

governador de Jersey. Outros são irrecuperáveis, como o cardador Esprit Séguier, estuprador de meninas e fanático do Apocalipse, verdadeiro louco furioso que arranca a própria mão com os dentes durante a sua execução. Já Abraham Mazel, lavrador, tem sonhos com bovinos, que ele interpreta a sua moda: os bois pretos que ele vê em sonho são os padres católicos, que precisam ser castrados.

No total, uma centena de profetas predizem a destruição do império da Besta, da Babilônia e da Grande Prostituta. Abraham Mazel anuncia que os pastores vão retornar em breve, em tão grande número quanto os piolhos da cabeça; outros predizem que em 1705, após vagas de sangue, a França inteira se converterá ao protestantismo e o próprio rei vai pedir perdão aos huguenotes.[48] Após a guerra dos camisardos, esses profetas se tornarão um estorvo para a comunidade, e os que fugirão para Londres serão uma fonte de problemas numa Inglaterra em que o espírito profético estará sob suspeita, como veremos.[49]

A forma mais elaborada do pensamento profético protestante é encontrada em Pierre Jurieu (1637-1713). Esse pastor, refugiado na Holanda, situa-se na linhagem dos milenaristas medievais, como mostra inequivocamente seu livro *L'accomplissement des prophéties ou La délivrance prochaine de l'Église* [A realização das profecias ou A libertação iminente da Igreja], publicado em 1686.[50] Nutrido de Daniel e do Apocalipse, ele repete o esquema clássico: banho de sangue e perseguição dos justos, reatualizados pela revogação do Édito de Nantes e seguidos da queda de Roma-Babilônia. Para os detalhes, Jurieu vasculha os detalhes mais delirantes do Apocalipse, utiliza as predições de James Ussher, as de Joaquim de Flora e de seu próprio ancestral, o jurista Du Moulin, mistura tudo, soma, subtrai e multiplica, até chegar à profecia definitiva: 1689 será o ano da "grande esperança", seguido do fim do papado entre 1710 e 1720, e inaugurará "um reinado de mil anos de paz e santidade sobre a terra". Reino milagroso sob todos os pontos de vista, pois conciliará a comunidade dos bens e a propriedade privada. Evidentemente Jurieu terá de corrigir a profecia quando 1689 tiver passado, assim como passaram 1666, 1260, 1000 e todos os outros prazos apocalípticos. Mas os erros nunca desanimaram os profetas.

---

48 Bost, Les prophètes du Languedoc en 1701 et 1702, *Revue Historique*, v.136, n.1.
49 Ascoli, L'affaire des prophètes français à Londres, *Revue du XVIIIe Siècle*.
50 Há uma edição mais recente, com uma boa apresentação, de J. Delumeau (Paris, 1993).

A influência das profecias de Jurieu é considerável no Languedoc. Os exemplares se espalham "mais do que os almanaques", escreve Emmanuel Le Roy Ladurie:

> A polícia apreende exemplares nos lugarejos mais afastados das Cevenas. A credulidade popular é receptiva por antecipação: tecelões de Béziers são embeiçados por Nostradamus. Ao redor de Nîmes, na lareira e no moinho, huguenotes homens e mulheres remoem Jurieu e o capítulo XI do Apocalipse. Desde o Natal de 1686, numa assembleia clandestina à qual assistem muitos cardadores, o predicante Serein prega o capítulo XVI do mesmo livro: *castigo da Babilônia e da Besta*. Em 1689, outro predicante, Roman, inquirido, após a sua captura, por Broglie, que o pega pelo cabelo, responde gritando-lhe na cara: "Companheiro da Besta!". O vocabulário do Apocalipse ganha força de lei.[51]

Jurieu cria êmulos. Entre eles, o mestre de escola François Vivent e o advogado Claude Brousson, dois exilados que retornam à França, apesar do risco, para assistir à "grande esperança" de 1689. E, por sua vez, profetizam. Claude Brousson, antirracionalista, geocentrista, jura apenas pelo Apocalipse. Na crise econômica que atinge o reino no fim do século, ele vê os sinais anunciadores do castigo; Deus pune a França pela revogação do Édito de Nantes; Cristo retornará em breve, e os católicos se converterão.

## O APOCALIPSE SEGUNDO BOSSUET

As profecias de Jurieu suscitam vivas reações no mundo católico, pois têm como fundamento autoridades comuns às duas confissões, o Apocalipse em particular. Como era de se esperar, é o defensor oficioso da ortodoxia na França, Bossuet, que tenta restabelecer o verdadeiro sentido do texto, corrompido pelos protestantes. Em 1688-1689, ele compõe nada menos do que quatro tratados sobre o assunto: a questão é abordada em *Histoire des variations des églises protestantes*, depois em *Préface sur l'Apocalypse*, *L'Apocalipse ou Révélation de saint Jean, apôtre*, e *Avertissement aux protestants sur leur prétendu accomplissement des prophéties* [Advertência aos protestantes sobre sua pretensa realização das profecias], repetição direta do tratado de Jurieu.

51 Le Roy Ladurie, op. cit., p.331.

Nessas obras de circunstância aparece toda a concepção da profecia religiosa em Bossuet e na hierarquia católica do século XVII. Um primeiro ponto é claro: as profecias do Antigo Testamento foram anúncios do futuro que se realizaram integralmente e, portanto, fazem parte das provas intangíveis da verdade do cristianismo. Os protestantes, aliás, não contestam esse valor apologético das profecias bíblicas, e concordam de bom grado com estas afirmações de Pascal:

> A maior prova de Jesus Cristo são as profecias. É também a que Deus mais proveu; pois o acontecimento que as satisfez é um milagre que persiste desde o nascimento da Igreja até o fim. Assim, Deus suscitou profetas durante mil e seiscentos anos; e depois, durante quatrocentos anos, ele dispersou todas essas profecias, com todos os judeus que as levavam a todos os lugares do mundo. Eis qual foi a preparação para o nascimento de Jesus Cristo, em cujo Evangelho todo o mundo devendo crer, foi preciso não só que houvesse profecias para fazê-lo crer, mas que essas profecias fossem para todo o mundo, para que fosse abraçado por todo o mundo.[52]

Da mesma forma, Bossuet escreveu em 1701 na *Défense de la tradition et des saints pères*: "Longe de enfraquecer a força das profecias, devemos considerá-las, ao contrário, a parte mais essencial e mais sólida da prova dos cristãos".[53]

Para Bossuet, "os profetas têm três funções principais: eles instruem o povo, e emendam seus maus hábitos; eles lhe predizem o futuro; eles o consolam e fortalecem com promessas: eis as três coisas que se veem em todas as profecias".[54] O problema está, como sempre, na interpretação, pois as profecias possuem vários sentidos, e não podemos prejulgar a forma como elas se realizarão no futuro, que é incognoscível. Somente depois de realizadas é que podemos compreender as profecias, o que mesmo assim é bastante penoso: "O futuro se torna quase sempre muito diferente daquilo que pensávamos; e as coisas que Deus dele revelou acontecem de maneiras que jamais teríamos previsto. Pois que não se pergunte nada sobre esse futuro".[55]

A partir daí, Bossuet aplica esses princípios ao Apocalipse, cujo valor profético, inegável, não deve ser reportado ao fim dos tempos, mas encontra

52 Pascal, *Pensées*, p.1238.
53 Bossuet, Défense de la tradition et des saints pères. In: _____, *Œuvres complètes*, t.VIII, p.53.
54 Id., L'Apocalypse. In: _____, *Œuvres complètes*, t.VI, p.503.
55 Id., Préface sur l'Apocalypse. In: _____, *Œuvres complètes*, t.VI, p.490.

sua realização nos acontecimentos históricos dos primeiros séculos. A Águia de Meaux admite que comentadores perfeitamente canônicos deram sentidos totalmente diferentes a esse texto obscuro; para ele, essas divergências são normais, desde que as profecias não se refiram ao dogma: elas podem servir e edificar várias vezes. Mas, dessas interpretações, a dos protestantes, que identifica a Besta com o papa, e Babilônia com a Igreja, é errada. É para provar isso que ele se lança numa longa exegese mostrando como as profecias do Apocalipse se realizaram na história. Não o seguiremos nos meandros desse volumoso tratado, mas devemos notar seu embaraço diante da famosa profecia dos mil anos, que originou tantos conflitos. Sua preferência é pela interpretação simbólica, significando "todo o tempo que transcorrerá até o fim dos séculos, [...] a isso deve-se acrescentar a perfeição do número mil, muito apropriado para nos fazer entender todo esse longo tempo que Deus empregará para formar todo o corpo de seus eleitos até o último dia".[56] Outros sentidos, porém, não são excluídos:

> Alguns intérpretes modernos, até mesmo católicos, põem antes do fim dos séculos a libertação de Satanás, e os mil anos cumpridos: a isso não quero opor-me, contanto que se veja essa espécie de realização, e a libertação de Satanás que lhe é atribuída, como uma espécie de representação da grande e final libertação da qual acabamos de tratar.[57]

Em compensação, não se admite ver os mártires se não como os mártires dos primeiros séculos e cogitar um reinado de Cristo na terra. Bossuet também desconsidera a concepção de Grotius, que fazia os mil anos começar em 313, com a conversão de Constantino, e terminar no início do século XIV, com a ascensão dos otomanos e das heresias de Wycliffe e Huss.

Bossuet admite na *Histoire des variations* que os textos proféticos, por causa de sua obscuridade, prestam-se às interpretações mais extravagantes; também reconhece "que entre os protestantes as pessoas hábeis zombam, assim como nós, desses devaneios. Contudo, deixam que corram, porque acreditam que são necessários para divertir o povo crédulo". Ele se revolta em particular contra os que se aproveitam das "trevas sagradas" e da "santa obscuridade" dessas profecias para as "profanar" e fazer dizer tudo que eles

---

56 Id., L'Apocalypse. In: _____, *Œuvres complètes*, t.VI, p.594.
57 Ibid., p.594.

querem: "A profanação das profecias é tanto mais criminosa quanto mais respeitada deveria ser a sua santa obscuridade".[58]

Em *Avertissement aux protestants*, ele se escandaliza, como cartesiano involuntário que é, vendo que os repetidos fracassos das profecias luteranas não abalam a confiança dos fiéis. O trecho é digno de Bayle ou Fontenelle:

> Que os homens se aventurem a decidir o futuro, seja porque querem enganar os outros, seja porque eles próprios são enganados por sua imaginação incendiada, não há nada de muito prodigioso; que um povo obstinado acredite neles é uma fraqueza bastante comum; mas que depois que suas predições são desmentidas pelos efeitos ainda se possa gabar suas profecias, é um prodígio de desvario que não se pode compreender. Mas de que a fraqueza humana não é capaz?[59]

Evidentemente Bossuet aplica essa observação cheia de bom senso apenas às profecias protestantes; lista as de Lutero que nunca se realizaram, em seguida ataca diretamente as de Du Moulin e Jurieu, cujos cálculos absurdos que levam a 1689 e ao fim do Anticristo entre 1700 e 1715 ele não encontra nenhuma dificuldade para ridicularizar.

## A BUSCA DO FUTURO: CONSULTAS ASTROLÓGICAS, ALMANAQUES, PRESSÁGIOS

Bossuet participa a sua maneira da ascensão do espírito crítico que marca esses anos de crise da consciência europeia, entre 1680 e 1715. Participação involuntária e, no entanto, real, porque ele não parece ver que seus ataques contra as profecias protestantes contribuem simplesmente para destruir a profecia. Observamos essa ambiguidade, inúmeras vezes assinalada, na grande luta das Igrejas oficiais contra as superstições populares, e em particular contra todos os tipos de predição.

A tarefa é imensa, porque todas as categorias sociais continuam ávidas no século XVII de conhecer o futuro. O povo recorre mais do que nunca às leitoras da sorte, que são um dos temas preferidos dos artistas da primeira metade do século XVII. Inúmeros pintores e gravadores representaram a cena: Georges de La Tour, Caravaggio, Mathurin Régnier, Simon Vouet,

---

58 Id., Avertissement aux protestants sur leur prétendu accomplissement des prophéties. In: _____, *Œuvres complètes*, t.VI, p.614.

59 Ibid, p.661.

Valentin de Boulogne, Jacob van Velsen, Sébastien Vouillement, Pierre Brébiette e muitos outros. Sobre a tela, na maioria das vezes é uma boêmia ou "egípcia" que interpreta as linhas da mão ou utiliza uma moeda colocada na palma. A cena é uma oportunidade para ressaltar a futilidade e a credulidade dos consulentes, que são sempre rapazes ou moças ricamente trajados; os comparsas da quiromante aproveitam a distração para esvaziar seus bolsos.

Para consultas mais profundas, recorre-se ao astrólogo, sem muita preocupação com a qualidade dos praticantes. Nem o país nem a religião parecem fazer diferença. Na Inglaterra, as notas autobiográficas de Richard Napier, John Booker, William Lilly dão informações precisas sobre as consultas astrológicas, e a impressão global que se tem é a de um verdadeiro "fenômeno de sociedade". Mais de duzentos astrólogos consultores são conhecidos em Londres no século XVII, e centenas de outros, anônimos, trabalham nas províncias. Alguns, como Nicholas Culpepper, atendem até quarenta clientes por manhã, entre 1640 e 1654.[60] John Booker respondeu a 16.500 perguntas entre 1648 e 1665; Simon Forman, um antigo mestre de escola, dá mais de mil consultas por ano entre 1597 e 1601; com William Lilly, a média anual chega a 2 mil entre 1644 e 1666. Multiplicados por várias dezenas de astrólogos, esses números são impressionantes,[61] e justificam a observação de Daniel Defoe, segundo o qual, antes da grande peste de 1665, "as pessoas se dedicavam às profecias e às conjurações astrológicas como nunca antes ou depois".[62]

As perguntas são extremamente variadas, e nem todas se referem ao futuro. Muitas são sobre objetos perdidos, pessoas desaparecidas ou criadas fujonas. Mas o futuro ainda é o grande tema de preocupação, quer se trate de sorte individual, quer de acontecimentos coletivos. Muitos homens de negócios e comerciantes tentam saber como serão as flutuações do mercado, a rentabilidade dos investimentos, o resultado de suas transações; os litigantes perguntam qual será o resultado do processo, e se é preferível processar ou apelar; as famílias de condenados se preocupam em saber se o parente será executado. Uma pergunta que se repete com frequência é a data da morte do cônjuge ou dos pais, em casos de problema com herança, usufruto de bens ou seguro de vida, já praticado na Inglaterra naquela época. Para esse tipo de pergunta, Lilly recomenda a seus êmulos dar respostas cautelosas e

---

60 Poynter, Nicolas Culpepper and his Books, *Journal of the History of Medicine*, XVII, p.156.
61 Thomas, *Religion and the Decline of Magic*, p.364.
62 Defoe, *A Journal of the Plague Year*, p.29.

vagas.[63] Muitas mulheres querem saber se estão grávidas, qual será o sexo da criança, se o parto correrá bem. O prognóstico não é tão fácil quanto poderíamos imaginar, mesmo para um astrólogo experiente, como ilustra a anedota encontrada nas notas de Richard Napier: em 1635, lady Ersfield, com uma barriga enorme, pergunta se está grávida; seguro de si, ele escreve: "grávida, e bem parece"; algumas semanas depois, correção: "grávida não; problemas de ventre, corpo inchado".[64]

Muitos jovens querem saber quem será seu futuro cônjuge e, mais ainda, para que carreira devem se orientar. O astrólogo parece ser o mais indicado para o papel de orientador vocacional, já que os astros supostamente determinam as aptidões de cada um. E há ainda as perguntas sobre os acontecimentos políticos e suas repercussões sobre o destino de cada um: quem vai ganhar a guerra? É melhor se engajar do lado do rei ou do Parlamento? Os salões dos astrólogos dizem muito do oportunismo ou da sinceridade das opiniões políticas, e até religiosas. É preferível seguir uma carreira civil ou militar? Meu filho será morto na guerra? É seguro comprar terras confiscadas? Tal cidade sitiada vai ceder? Acontece de William Lilly dar conselhos estratégicos e táticos, mas não vemos muito bem como eles se conciliam com a predeterminação astral. Em todo caso, Bulstrode Whitelocke tira partido disso e atribui a vitória de Naseby em 1645 à vidência do astrólogo,[65] que prevê também os resultados das eleições. Enfim, há perguntas fúteis e levianas, sobre o resultado das brigas de galo e as corridas de cavalos, ou ainda a de uma dama da nobreza cujo marido partiu numa expedição naval e pergunta a Forman se em sua ausência ela deve realmente defender sua virtude.

Os clientes de Lilly são tão variados quanto as suas perguntas. Estatísticas com 683 desses clientes mostram que se trata de uma astrologia "popular", já que contamos 254 criadas, 104 marinheiros, 128 artesãos e comerciantes, 32 militares, 32 "profissionais" (?), e até 4 pobres, contra 124 membros da *gentry* e da alta nobreza.[66] O número de homens e mulheres é mais ou menos equivalente.

O preço de uma consulta depende da posição social do consulente, da pergunta e do renome do astrólogo. Os personagens importantes estão prontos a recompensar generosamente as opiniões autorizadas, como sir Robert Holborne, que dá 100 libras a Nicolas Fiske por seu horóscopo, enquanto

63 Lilly, *Christian Astrology*, p.132.
64 Referido por Thomas, op. cit., p.376.
65 Whitelocke, *Memorials of the English Affairs*, p.144.
66 Thomas, op. cit., p.379.

uma consulta comum rende em média 2 *shillings* e 6 *pence*. Em geral, o pequeno astrólogo de província vive no limite da pobreza, ao passo que os grandes nomes conseguem uma situação sólida, mas que nunca se compara às fortunas dos negociantes. Estima-se que em 1662, com a renda de almanaques, consultas, pensões pelos cargos oficiais, honorários pagos pelos alunos, William Lilly ganhou cerca de 500 libras. O ritmo bastante rápido das consultas permite ganhos substanciais: na casa de Ashmole, os clientes entram um a cada sete a quinze minutos:[67] o astrólogo bem treinado não precisa de muito mais tempo do que isso para anotar a hora exata da pergunta, fazer o horóscopo e tirar as conclusões.

As fontes francesas são menos ricas a esse respeito, mas as informações disponíveis nos permitem pensar que as práticas são mais ou menos idênticas às da Inglaterra. Paris, com quatrocentos consultórios de astrólogos por volta de 1660, ou seja, um para cada mil habitantes aproximadamente, investiga as estrelas no mínimo tanto quanto Londres.[68] Somos muito mais bem informados sobre as predições escritas anonimamente, graças ao almanaque, cujas múltiplas condenações revelam a sua imensa popularidade. Em 1613, Antoine de Laval exclama:

> Nós que fingimos ser cristãos acolhemos ainda entre nós a judiciária e os charlatães que fazem disso profissão: ou mesmo com aprovação e privilégio imprimem-se, publicam-se, apregoam-se, vendem-se, compram-se, acolhem-se quase como Evangelhos as Centúrias, os almanaques, as loucuras, tolas e blasfemas.[69]

De fato, desde as suas origens, o almanaque está ligado às predições astrológicas, o que preocupa os governantes da monarquia absoluta, porque se encontram ali tanto a astrologia judiciária, que se intromete na alta política, nas guerras, nos cercos, nas sedições, nas alianças, como a astrologia natural, que prevê o tempo e as colheitas. A Igreja e o poder político intervêm, separadamente, mas no mesmo sentido, para fazer a seleção. Richelieu, constatando que os autores de almanaques, "em vez de permanecer nos limites do dever, empregavam várias coisas inúteis e sem fundamentos

---

67 Ashmole, op. cit., ed. Josten, p.469.

68 Notemos, no entanto, que atualmente a média subiu para um astrólogo para cada quatrocentos habitantes na região parisiense, o que diz muito sobre a angústia e o irracional na sociedade contemporânea.

69 Laval, Examen des almanachs, prédictions... In: ______, *Desseins de professions nobles et publiques*.

seguros, que só podiam servir para confundir os espíritos fracos, que não têm nenhuma crença", diz na declaração de 20 de janeiro de 1628: "vedado incluir outra coisa que não sejam lunações, eclipses, e disposições diversas e temperamento do ar". De sua parte, Nicolas Turlot, em 1635, no *Vray thrésor de la doctrine chrestienne*, livro de catecismo para uso das paróquias, pergunta:

> Quereis, pois, condenar os fazedores de almanaques que contam e predizem muitas maravilhas em suas efemérides? Quando predizem ventos, chuvas, serenidade e variedade do tempo, eles são de certo modo toleráveis. [...] Mas quanto às predições das coisas que se devem determinar pelo franco arbítrio do homem [...] não se lhes deve dar ouvidos. [...] E não acredito que eles próprios lhes deem fé, mas apenas querem dar aos homens assunto para palrar. E é assim que os censores de livros aprovam, ou permitem os almanaques com suas predições.[70]

Sob o efeito conjunto dos ataques dos poderes políticos e religiosos, os almanaques se tornam mais prudentes na segunda metade do século XVII, praticando a autocensura e tratando a predição como uma diversão. As predições burlescas, imitando as *Prognosticações* de Rabelais, multiplicam-se, chegando a ser uma cópia pura e simples.[71] A apresentação das predições toma o cuidado de lembrar que se trata de um divertimento, e que em hipótese alguma os astros podem determinar a conduta humana e contrariar o livre-arbítrio.[72]

Por outro lado, eles se refugiam cada vez mais nas predições naturais, sobretudo nas meteorológicas, e são muito vagos, é o mínimo que podemos dizer, lendo estes prognósticos: "O começo do verão será reconhecido pelos calores excessivos. Deus queira que o outono seja melhor"; "Quanto às doenças, os que as contraírem estarão em perigo de vida".[73] Além disso,

70 Turlot, *Le vray thrésor de la doctrine chrestienne*, p.55.

71 Por exemplo, o *Almanach pour l'an de grâce mil six cens soixante six exactement calculé et supputé par le sieur de Chevry*, de 1666.

72 "A sabedoria pode curar-se da constelação e de sua malignidade, quando há inclinação para tal; assim, não é difícil para o homem resistir por seu livre-arbítrio à influência dos astros em sua natividade. O liberal arbítrio é nossa própria vontade, desse modo podemos curar-nos das coisas contrárias tanto pela graça de Deus, que está acima de tudo, como segundo a razão; de sorte que não se pode determinar nada de forma segura, e quem diz o contrário é digno de ser castigado, e sua doutrina é vã, como Negromancia, Edromancia etc., que não têm nem fundamento nem valor e por isso são condenadas pela Santa Igreja" (*Le miroir d'astrologie*, apud Bollême, *Les almanachs populaires aux XVIIe et XVIIIe siècles*, p.18).

73 Apud Bollême, op. cit., p.51.

esclarecem que de todo modo Deus é que decidirá, o que anula qualquer interesse que as predições possam ter.

Nota-se também o contraste entre o título extremamente ambicioso de um almanaque de 1680 e sua conclusão, que reduz a zero todo o conteúdo. Na capa, o comprador pode ler:

> Amplas predições do círculo solar para onze anos a começar do presente ano 1679 e a terminar em 1689 muito úteis a todas as pessoas, tanto para conhecer os anos estéreis e férteis; e como se venderão os cereais, vinhos e sidras; e também quando abaixarão ou diminuirão os preços; quanto para evitar as grandes profecias que antecederão o fim do mundo, tudo tirado dos antigos filósofos pelo sieur Roussel Vendosmois em Rouen, na residência de Jean-Baptiste Besongne, em frente à ruela Saint-Jean.

O programa não poderia ser mais sedutor. Mas depois de páginas e páginas de suputações e elucubrações sobre o futuro, o autor conclui que tudo isso não tem nenhum valor:

> Concluindo minhas predições, eu poria tudo sob a misericórdia de Deus, que como Mestre e Criador de todas as coisas mudará quando lhe aprouver as más profecias em boas, dando paz pela guerra, saúde pela peste, liberalidade pela fome e outras bênçãos provenientes de sua bondade mui infinita, e é o que espero. Amém.[74]

O almanaque torna-se no século XVII, portanto, um exercício formal, com títulos redundantes e autores presumidos, reais ou imaginários, com nomes de prestígio, como Nostradamus, Mathieu Laensberg, Lichtenberger, para um conteúdo extremamente frustrante. Aliás, a parte das perguntas astrológicas, que culmina na metade do século XVII, demonstra uma nítida tendência a regredir a partir dos anos 1660-1670, como apontam as

---

74 Ibid, p.53. Os títulos são sempre o mais explícitos possível, como o deste almanaque de 1673: *Almanach journalier et chronologique pour l'an de grâce 1613 composé par François Le Beau, Lyonnais, spéculateur des éphémérides, mathématicien et docteur en médecine de la faculté de Montpellier [...] pour connaître abondance, stérilité, la paix, les séditions, les tremblements de terre, les inondations, les maladies, la famine, les complexions des hommes, la manière d'administrer la médecine selon le cours des astres* [Almanaque cotidiano e cronológico para o ano da graça 1613 composto por François Le Beau, lionês, especulador de efemérides, matemático e doutor em Medicina da Faculdade de Montpellier [...] para saber da abundância, da esterilidade, da paz, das sedições, dos terremotos, das inundações, das doenças, da fome, da compleição dos homens, da maneira de administrar a medicina, segundo o curso dos astros].

pesquisas realizadas por Jean-Luc Marais com 185 almanaques: se 54% dos almanaques continham a palavra astrologia no título entre 1631 e 1650, essa razão cai para 35% entre 1671 e 1690, e a inclusão da astrologia judiciária cai mais ainda, de 63% entre 1631 e 1670 para 20% entre 1671 e 1690.[75]

Isso é, sem dúvida alguma, o resultado da campanha maciça e paciente da Igreja contra as predições astrológicas e das interdições governamentais contra a astrologia judiciária. Campanha que continua sem trégua no início do século XVIII: em 1704, o censor real proíbe o *Almanach du bon laboureur* [Almanaque do bom lavrador] ou *Almanach journalier* [Almanaque cotidiano], que "só serve para alimentar a superstição no espírito dos povos";[76] em 1709, o Concílio de Narbona excomunga "os adivinhos, os feiticeiros, os leitores de horóscopos, os que acreditam nos áugures e nos astrólogos judiciários"; em 1710, Bordelon, autor do tratado *De l'astrologie judiciaire*, de 1698, escreve que essas predições são "imaginações que os astrólogos aventuram para divertir e intrigar as pessoas boas";[77] em 1720, o padre Costadeau reitera:

> As efemérides ou almanaques devem ser considerados livros perniciosos, e sua leitura devia ser proibida, por ser capaz de fazer cair no erro e na superstição, o povo simples principalmente, que vê como verdades infalíveis todas essas predições prodigiosas.[78]

Apesar de um retrocesso relativo, o almanaque continua bastante presente, e essa situação não é exclusiva da França, nem mesmo da Europa. Nas colônias inglesas da América, a astrologia também é muito popular e, no fervilhar de seitas que começa no século XVII, ela representa o papel principal em várias, como na do alemão Johannes Kelpius, perto da Filadélfia, em 1694. Aliás, os autores de almanaques americanos queixam-se de que os leitores pedem predições demais: em 1698, na Pensilvânia, Daniel Leeds declara que não dá precisões porque elas são mal interpretadas.[79]

---

75 Marais, Littérature et culture populaires aux XVIIe et XVIIIe siècles. Réponses et questions, *Annales de Bretagne et des Pays de l'Ouest*, t.87, n.1, p.96, n.160.

76 Le Brun, Censure préventive et littérature religieuse en France au début du XVIIIe siècle, *Revue d'Histoire de l'Église de France*, t.69, n.167, p.201-26.

77 Bordelon, *L'histoire des imaginations extravagantes de Monsieur Oufle*, p.218.

78 Costadau, *Traité historique et critique des principaux signes qui servent à manifester les pensées ou le commerce des esprits*, t.VII, p.81.

79 Butler, Magic, Astrology, and the Early American Religious Heritage, *American Historical Review*, t.84, n.2, p.317-46.

Outra forma de controlar o futuro é levar em conta os presságios, os períodos favoráveis e desfavoráveis, os dias fastos e nefastos. Também nesse caso, o papel do cristianismo é ambíguo, de um lado condenando essas crenças como resquícios de superstições pagãs e de outro lado criando seus próprios dias favoráveis e desfavoráveis: o domingo, o Advento, a Quaresma, a Sexta-Feira Santa são períodos marcados por proibições de todos os tipos, e juntam-se às práticas pagãs antigas. A abstinência sexual é recomendada e, em certa medida, praticada durante o Advento e, sobretudo, na Quaresma; o respeito aos domingos atinge, sobretudo nos meios puritanos, proporções grotescas, especialmente em meados do século XVII com o movimento do "sabatismo", que proíbe a mínima atividade nesse dia. Da mesma forma, certos dias e certos períodos são desfavoráveis ao matrimônio. Instituindo também os "tempos fortes" no ano litúrgico, a Igreja estabelece um calendário duradouro de atividades lícitas e ilícitas, quebrando a continuidade temporal. No mínimo, fornece a moldura para o futuro. E, no espírito dos fiéis, não há quase distinção entre os tempos fortes da astrologia e os dias tradicionalmente considerados fastos ou nefastos. É testemunha a infinidade de provérbios com caráter de predição, que misturam festas religiosas e meteorologia, tão comuns no mundo agrícola: São Medardo, São Barnabé, os santos do gelo, Natal, Páscoa, Trindade, Lua Sangrenta e outros são ocasiões às quais se vinculam predições sem nenhuma relação com a fé.

Esse amálgama está longe de ser único, e não interessa apenas o "comum povo". Um intelectual como Jean Bodin dá uma importância supersticiosa aos múltiplos de sete, que anunciam crises na vida humana: a velhice começa aos 56 anos, e para a maioria termina sete anos depois: "O número sessenta e três, que é sete multiplicado por nove, atrás dele de ordinário traz o fim dos velhos". Os que ultrapassam essa barreira, vivem até os setenta anos, "que carrega quase todos os velhos", ou até 77 anos: "Há um número infinito que se vê morrer nessa idade".[80] Classificamos na mesma ordem de ideias a crença em certos dias fatídicos para um indivíduo ou família, como 3 de setembro para Cromwell, data de suas vitórias em Dunbar e Worcester, e de sua morte. Lorde Burghley, por sua vez, aconselha seu filho a nunca empreender nada nas segundas-feiras negras do ano: a primeira segunda-feira de abril (aniversário da morte de Abel), a segunda segunda-feira de agosto (dia da destruição de Sodoma e Gomorra), a última segunda-feira de dezembro (aniversário de Judas Iscariotes).

---

80 Bodin, *De la République*, IV, 2.

O futuro é balizado assim por uma infinidade de pontos negros, nos quais se deve evitar correr o menor risco. Os almanaques fornecem listas intermináveis, que diferem de obra para obra, tanto que, para respeitar todos, seria melhor ficar na cama de 1º de janeiro a 31 de dezembro. O aspecto repetitivo desses dias nefastos reduz consideravelmente seu impacto. Acontece o mesmo com fenômenos excepcionais com caráter de presságio, que podem desencadear verdadeiros pânicos. Falamos do cometa de 1654 na França. Dois anos antes, o eclipse solar de 29 de março de 1652 causou comoção na Inglaterra. É preciso dizer que os espíritos haviam sido preparados vários meses antes por uma avalanche de livros catastrofistas que culminou em março, anunciando uma repentina mortandade, uma loucura coletiva, terrores generalizados num planeta coberto de trevas; os grandes astrólogos profissionais haviam prognosticado reviravoltas político-religiosas: a queda do presbiterianismo e uma grande reforma da lei, de acordo com William Lilly; o advento da democracia e da Quinta Monarquia, de acordo com Culpepper; a queda de Roma, de acordo com outros. A ansiedade chega ao paroxismo no dia 28, quando o prefeito de Londres e todos os conselheiros ouvem um sermão sobre o eclipse, enquanto muitos fogem da cidade com parte de seus bens, e outros compram elixires que supostamente podem protegê-los. Chegado o dia, assiste-se a cenas dignas dos tempos bárbaros, como em Dalkeith, onde alguns "se jogam no chão, de costas, com os olhos virados para o céu, rogando a Cristo que os deixasse ver de novo o sol e os salvasse".[81]

## NECESSIDADE SOCIOCULTURAL DA ASTROLOGIA

Ora, naturalmente, não aconteceu nada. Confusão de adivinhos e astrólogos? Nem por sombra, apesar da observação otimista e muito subjetiva de John Greene, que escreve em seu diário que "a reputação dos astrólogos sofreu muito com isso".[82] Na verdade, esse erro de prognóstico, depois de milhares de outros, não poderia abalar a confiança dos praticantes e de seus fiéis. Não faltam explicações aos astrólogos. Primeiro, *Errare humanum est*, todo mundo pode errar e não existe ciência infalível; um erro de cálculo pode ter estragado tudo; além do mais, Deus pode ter intervindo: nada é

---

81 Apud Thomas, op. cit., p.355.
82 Symonds, The diary of John Greene (1635-1657), *English Historical Review*, v.44, n.173, p.112.

impossível para ele e, se assim desejar, afasta as influências astrais com um milagre. É o que se declara nos almanaques, como vimos, e os grandes astrólogos não têm nenhum escrúpulo em usar essa desculpa: em 1659, William Lilly prognostica que em maio Richard Cromwell vai mostrar ao mundo inteiro que é capaz de governar; ao invés disso, ele abdica: manifestamente houve intervenção divina, o que me exime de responsabilidade, escreve Lilly em substância, da parte do qual podemos desconfiar certa má-fé, quando acrescenta que, mesmo que tivesse previsto esse resultado, ele não o teria revelado, por causa das consequências políticas.[83]

Todos os astrólogos recorreram, em algum momento, a esse subterfúgio. Alguns têm ainda outras explicações: quando Timothy Gadbury prediz em 1660 o retorno de Carlos II, quando a notícia já está em todas as bocas, sua versão é a seguinte: eu sabia há muito tempo, mas não queria dizer para que os inimigos do rei não pudessem se opor e, além do mais, fui censurado.[84]

Devemos acrescentar que, desde Ptolomeu, os astrólogos sempre afirmaram que a influência dos astros era importante, mas não determinante: os astros inclinam, mas não obrigam; portanto, não surpreende que muitos horóscopos se revelem falsos, se o indivíduo envolvido consegue dominar seu destino. Além do mais, influências contraditórias podem se anular: o horóscopo individual pode ser neutralizado pelo horóscopo do grupo social ou nacional no qual ele está inserido. Enfim, o recurso a generalidades, a frases obscuras, no condicional, faz passar qualquer coisa.

Contudo, mais do que as desculpas mais ou menos válidas, a astrologia, apesar dos repetidos erros de predição, deve seu sucesso duradouro, até os anos 1660-1680, à indispensável função sociocultural que ela cumpre. Em qualquer época que seja, o homem, para viver, para guiar suas ações, para manter a coesão social, precisa controlar seu passado e seu futuro, ou melhor, precisa ter um esquema coerente de evolução que permita que ele guie seus passos, faça as escolhas constantes e necessárias da existência. Esse esquema é elaborado pela cultura ambiente, que explica tanto as origens como os fins. As crenças religiosas, o estado das ciências e das técnicas, a reflexão filosófica, a organização socioeconômica contribuem para determinar as grandes linhas do futuro provável, seus prazos próximos e distantes. Esse conhecimento mínimo do futuro insere-se no conjunto dos meios de ação do homem sobre o meio, e é o complemento necessário das ferramentas técnico-científicas.

83 Lilly, *Merlini Anglici Ephemeris*.
84 Gadbury, *A Health to the King*.

Ora, no século XVII, a astrologia é levada a ocupar o vazio deixado pelo recuo da profecia religiosa, por efeito das reformas protestante e católica. Além do mais, a nova exigência científica ainda é apenas um ideal: as explicações ocultas e sobrenaturais são cada vez mais descartadas, mas nenhuma ciência sólida toma o seu lugar; a biologia, a medicina, a geologia e, mais ainda, as ciências humanas ainda estão na infância, e são incapazes de explicar os acontecimentos naturais e sociais tão desconcertantes da época. A astrologia é a única disciplina globalmente capaz de cumprir essa função. Foi o que vislumbramos nos almanaques e nas consultas dos astrólogos: estes últimos, pelas perguntas que lhes eram feitas, faziam o papel de médico, economista, meteorologista, cientista político, corretor, orientador vocacional, agrônomo, sociólogo e talvez, sobretudo, de psicólogo: fazer um horóscopo é acima de tudo uma questão de psicologia. O cliente vem principalmente para desabafar e se tranquilizar. O astrólogo completa o confessor: ambos têm o papel de confortar, na medida em que mostram ao indivíduo que seu destino não se deve ao acaso, que Deus e os astros velam por ele no céu, que, se ele cometeu erros, o primeiro os perdoa e os segundos os explicam, e que, por fim, seu futuro está previsto, mas ele é livre para aceitá-lo ou mudá-lo; em resumo, ele não está sozinho, tem um papel a representar, é importante, é uma pessoa. O aspecto manifestamente complementar do astrólogo e do confessor nos leva a nos perguntar em que medida isso justifica o papel aparentemente mais importante do primeiro no mundo protestante, como compensação pela ausência da confissão auricular.

Isso também ajuda a explicar por que, para os fiéis comuns, não existe oposição entre religião e astrologia, embora a hostilidade do clero católico contra os astrólogos seja muito mais intensa do que a dos pastores e ministros protestantes. Na verdade, no caso do primeiro, o astrólogo é um concorrente direto.

Não é apenas no nível do destino individual que existe rivalidade. Ela explode em plena luz do dia no caso das catástrofes naturais, terreno privilegiado de confronto entre os grandes sistemas de explicação do mundo. A peste de 1665 e o incêndio de 1666 em Londres ilustram perfeitamente essa situação. Da grande peste que matou mais de 68 mil pessoas em 1665, Daniel Defoe deixou um quadro famoso, o *Diário do ano da peste*, que é sobretudo uma generalização, um estudo das reações e atitudes de uma população atingida por esse tipo de flagelo. Os londrinos desamparados correm para os dois recursos disponíveis: os astrólogos e a religião, que Defoe contrapõe injustamente. Se nota "o zelo extraordinário nos exercícios religiosos", e "com que coragem o povo seguia para o serviço de Deus", ele constata com desgosto que os consultórios dos astrólogos são igualmente frequentados:

> Uma desgraça traz sempre outra: esses terrores e essas apreensões das pessoas levam-nas a incontáveis fraquezas, loucuras e maldades, como correr para os leitores da sorte, adivinhos e astrólogos para conhecer sua sorte ou, como se diz coloquialmente, deitar as sortes, calcular a natividade e assim por diante. [...] Sinais e inscrições multiplicam-se sobre as portas: aqui mora um leitor da sorte; aqui mora um astrólogo; aqui se pode calcular a natividade e assim por diante; e via-se a cabeça de bronze do irmão Bacon, que servia habitualmente de emblema para essas pessoas, em quase cada rua, ou então o símbolo da mãe Shipton, ou a cabeça de Merlin, e assim por diante.
>
> Com que histórias obscuras, absurdas e ridículas esses oráculos do diabo satisfaziam o povo, pergunto-me; o que é certo, porém, é que incontáveis clientes amontoavam-se todos os dias diante da porta deles. [...] Eles lhes falavam sempre de tal ou tal influência das estrelas, das conjunções de tais e tais planetas, que traziam necessariamente doença e fraqueza, e consequentemente a peste. [...]
>
> Os pastores, devemos fazer-lhes essa justiça, e a maioria dos pregadores, que eram sérios e instruídos, vociferavam contra todas essas práticas perniciosas e expunham sua loucura e maldade, que as pessoas mais razoáveis e judiciosas desprezavam e detestavam; mas era impossível controlar as classes médias e os pobres trabalhadores, cujo medo vencia todos os outros sentimentos.[85]

A obra é de 1722, meio século depois do acontecido, e é obra crítica de um intelectual do século das Luzes; mas os fatos são confirmados por numerosos testemunhos. Embora nos países católicos, como durante a peste de Marselha em 1720, as pessoas frequentem mais as igrejas, as procissões, os confessionários, os astrólogos são consultados por toda parte. É que, diante da explicação do clero de que a epidemia é um castigo divino, uma manifestação da "ira de Deus", que encontramos até no fim do século XIX, os astrólogos são os únicos capazes de fornecer uma explicação minimamente "científica".

Muito importante nesse sentido é a obra publicada por John Goad em 1686, intitulada *Astro-Meteorologica, or Aphorisms and Discourses of the Bodies Coelestial*. Trata-se de uma ambiciosa tentativa de explicação global dos

---

85 Defoe, *A Journal of the Plague Year*, p.26-8.

acidentes naturais e humanos que atingem as grandes aglomerações, desembocando num método de previsão e, portanto, de prevenção que permite limitar seus efeitos. A ideia central de Goad é que é possível fazer o horóscopo de uma cidade, por um estudo atento de seus arquivos, anotando cada acidente e ligando-os à situação astrológica daquele momento. Desses quadros estatísticos podemos tirar leis.

A ideia já fora avançada para explicar um dos flagelos mais comuns nas cidades antigas: o fogo. Em 1664, Francis Bernard registrou todos os incêndios desde o da ponte de Londres em 1212, considerando que eram equivalentes aos acessos de febre do corpo humano. A cidade é um organismo vivo, que tem suas doenças (pestes) e suas febres (incêndios), cujo retorno podemos predizer astrologicamente. Depois da peste de 1665 e do incêndio de 2 de setembro de 1666, vários astrólogos se gabam de ter predito essas catástrofes: Gadbury reivindica com quatro confrades o prognóstico da peste; John Ward, vigário de Stratford-sur-Avon, relata em seu diário que o incêndio havia sido previsto pela maioria dos astrólogos, mas o censor, Roger, o Estranho, havia vedado a publicação desses prognósticos.[86] As próprias autoridades contribuem para espalhar essas patacoadas: em outubro de 1666, um comitê do Parlamento interroga William Lilly a respeito das gravuras que ornamentavam a edição de 1651 de seu *Monarchy or no Monarchy in England*; cadáveres em mortalhas, uma cidade em chamas e dois gêmeos, sinal que simbolizava Londres, sobre uma fogueira. Lilly teria previsto a epidemia e o incêndio quinze anos antes? Infelizmente, sim, responde o astrólogo com um ar de culpa e modéstia, mas não quis revelá-lo, por receio de que me acusassem de tê-los desencadeado!

Esse tipo de caso apenas alimenta a reputação dos astrólogos. Devemos acrescentar as coincidências felizes, como a de Richard Edlin (1631-1677), que em 1664 escreve em seu *Prae-Nuncius Sydereus*:

> Penso que temos boas razões para temer a aproximação de uma peste, e temibilíssima, antes do fim do ano 1665. [...] Conflagrações e uma grande destruição pelo fogo durante os efeitos dessa conjunção, que durarão até o fim do ano 1666 [...]. Várias vezes sugeri, e tenho boas razões para temer, e uma vez mais advirto-vos de uma grande peste para o ano 1665, e rogai a Deus que a afaste.[87]

86 Ward, *Diary*, p.94.
87 Edlin, *Prae-Nuncius Sydereus*, p.42, 72, 118.

Assim, apesar do advento da nova ciência resultante da revolução galileana dos anos 1620-1630, a astrologia mantém seu prestígio até os anos 1660-1680, ocupando o vazio deixado pelo recuo da profecia religiosa e das explicações ocultas. Sua aparência cada vez mais científica alimenta a ilusão e permite que tenha um papel social e psicológico fundamental, apesar dos ataques e ressalvas das autoridades políticas e religiosas.

A astrologia continua indispensável, enquanto nenhum outro meio de previsão mais confiável for capaz de substituí-la. E, durante muito tempo ainda, a ciência não terá condições de fazer esse papel. A partir de 1660 na Inglaterra, de 1680 na França, a ascensão do espírito crítico, do racionalismo precursor do Iluminismo, é que destruirá as crenças astrológicas das elites e as relegará ao nível popular. Mas a elite intelectual ainda necessita prever o futuro, e é por isso que assistimos entre suas fileiras à ascensão da utopia e da economia política. A crise da consciência europeia é também a passagem da influência astral para a predição ideológica.

# QUARTA PARTE

# A ERA DAS UTOPIAS

Das radiosas cidades clássicas ao otimismo
das utopias socialistas (séculos XVII-XIX)

"Ainda restam alguns meios de adivinhação,
[...] notável exemplo da furiosa curiosidade da nossa natureza,
divertindo-se em se preocupar com as coisas futuras,
como se não tivesse bastante que fazer digerindo as presentes."

Montaigne, *Ensaios*, I, XI

"O futuro, terra prometida dos que
não conseguem ver claro no presente."

Émile Souvestre, *Le monde tel qu'il sera*

# – 11 –

# A MARGINALIZAÇÃO DA ADIVINHAÇÃO TRADICIONAL (FIM DO SÉCULO XVII-SÉCULO XVIII)

O ano 1660 assiste à restauração da monarquia na Inglaterra, com o retorno de Carlos II. Mas essa data é muito mais do que um marco político: ela marca uma virada cultural e religiosa, comparável à que a França conhecerá em 1815. Após mais de dez anos de guerra civil e dez anos de ditadura puritana, o reino da Inglaterra aspira ao equilíbrio, à moderação, à paz. O Interregno foi a época dos excessos de todos os tipos, da explosão do irracional, do triunfo da intolerância sectária, do confronto das crenças. A cacofonia que resulta disso é o agente mais favorável do ceticismo, do relativismo, do racionalismo e do espírito crítico. Após os excessos dos dogmatismos, a via média da razão, do decoro e do equilíbrio triunfa numa aristocracia hostil a todos os extremos.

## ASTROLOGIA, VÍTIMA DA RESTAURAÇÃO E DA RAZÃO NA INGLATERRA (1660-1700)

A astrologia é uma das primeiras vítimas dessa mudança de clima. Parceira fundamental nas lutas civis, largamente comprometida por seus mais ilustres representantes, com as forças parlamentares, cromwellianas e puritanas, torna-se imediatamente objeto de ataques da parte dos novos mestres. Sua grande popularidade durante o Commonwealth agora a torna suspeita. Identificada com o espírito entusiasta, sectário, democrático, ela mostrou que podia ser perigosa, incitando a multidão à revolta, especulando sobre a duração dos reinados e a vida dos reis. Assim, uma legislação extremamente restritiva foi imediatamente instituída, visando a todos os tipos de predição e adivinhação. Os novos livros são rigorosamente censurados, o monopólio dos almanaques é devolvido à Companhia dos Livreiros e às universidades, e uma censura muito severa proíbe qualquer predição envolvendo a ordem pública, o rei, o governo, a Igreja. Em 1662, o *Livro dos prodígios*, que recenseava 45 sinais de revolução ou Apocalipse, é destruído e os tipógrafos são presos.

William Lilly, que havia apoiado o Parlamento, teve evidentemente grandes aborrecimentos. Preso e interrogado, sua fortuna sofre um eclipse que ele próprio confessa ter sido incapaz de predizer, e por isso ele o atribui à vontade divina. Atribuem-se a ele, injustamente, predições que teriam beneficiado o complô republicano de 1665. As vendas de seu almanaque despencam de 30 mil para 8 mil exemplares entre 1650 e 1664. Em 1663, John Heydon é preso por ter calculado a natividade do rei, e de novo em 1667 por ter respondido a duas perguntas para saber "se os fanáticos serão tolerados na Inglaterra" e se a Inglaterra será neutra num próximo tratado de paz. O documento oficial declara: "Se bem que as respostas tenham sido dadas de acordo com as regras da arte, ele é mandado para a Torre por causa delas".[1] O que indica que, para as autoridades, não é o problema da verdade que importa, mas o da ordem pública.

É exatamente o que sobressai na publicação das predições de John Partridge desfavoráveis aos católicos e a Jaime II, em 1689. O editor acrescenta uma nota esclarecendo que não acredita na astrologia, mas aprecia sua utilidade política.[2] Em 1674, o almanaque de Lilly é censurado novamente, e John Gadbury é preso em 1679 e depois em 1690 por suspeita de ser favorável aos católicos. A vigilância redobra no contexto da agitação política dos anos 1680. Em 1682, John Holwell prediz a ruína da Europa católica, e em 1684 John Merrifield devolve a predição contra a Europa protestante. Em seu *Annus mirabilis*, de 1688, John Partridge prediz a queda de Jaime II e do

1 Apud Curry, *Prophecy and Power*, p.48.

2 Partridge, *Annus mirabilis, or Strange and Wonderful Prrdictions gathered out of Mr John Partridge's Almanach*.

catolicismo. Consequentemente, é coberto de honras sob o reinado de Guilherme de Orange.

Mas o papel político dos astrólogos torna-se insignificante por efeito do crescimento do ceticismo. Desde 1660, os críticos racionalistas se multiplicaram. Em 1674, John Flamsteed (1646-1719) critica a astrologia por seu caráter anticientífico e ao mesmo tempo anticristão, além de seu aspecto socialmente perigoso:

> Por quantas consequências nefastas suas predições são responsáveis, e como elas são utilizadas em todas as comoções populares contra a soberania legal e estabelecida, a história de todas as insurreições, e nossa própria triste experiência nas guerras recentes o mostrarão em abundância, e a mesma experiência nos dirá como eles se enganaram em seus julgamentos.[3]

As críticas à astrologia em nome da razão começaram muito antes do fim do século XVII, mas o movimento ganhou amplidão muito lentamente. Nas universidades de Oxford e Cambridge, os oponentes da astrologia ainda são raras exceções no século XVI, como John Chamber, que dá uma série de cursos nos anos 1570 sobre esse tema.[4] A tendência se inverte no século XVII, e a partir de 1603 a astrologia judiciária é considerada um embuste em Cambridge. Vários astrólogos dão testemunho, desde antes de 1660, do menosprezo com que são tratados, e afligem-se com a pouca audiência, o que contradiz as constatações que fizemos até aqui. Na verdade, tudo depende das circunstâncias e do meio. William Lilly, do qual vimos a próspera situação, e cujo consultório nunca esvaziava, queixa-se que "os cidadãos de Londres fazem pouco-caso da astrologia", do "opróbrio do qual a astrologia está coberta na Inglaterra". Ele cita casos em que, para ridicularizá-lo, consulentes lhe entregam urina de cavalo, em vez da urina humana que ele utiliza para fazer horóscopos a distância, com a intenção de enganá-lo.[5]

Após 1660, os testemunhos se acumulam e mostram que a astrologia é considerada cada vez mais uma relíquia das eras obscuras, uma crença supersticiosa de velhas senhoras: as pessoas têm medo de cair em ridículo, indo consultar um astrólogo. Em 1679, John Middleton lamenta que sua ciência seja "muito desprezada" – até mesmo pelo povo, especifica Gadbury. William Hunt se queixa em 1696 dos "poucos estudantes e amantes dessa

---

3 Apud Curry, op. cit., p.141.

4 Chamber, *Astronomiae encomium*.

5 Thomas, *Religion and the Decline of Magic*, p.422.

arte", que se torna objeto de brincadeiras. Mesmo os tribunais eclesiásticos não levam mais a sério as predições.

A astrologia vira tema da literatura satírica, com Samuel Butler, Daniel Defoe, Jonathan Swift, Tom Brown. O ápice é atingido em 1707-1709, com uma brincadeira de Jonathan Swift que faz a Europa inteira rir. Voltaire ainda se divertia com ela em 1752.[6] Em 1707, Swift publica anonimamente um almanaque, *Predições para o ano 1708*, em que faz o astrólogo Isaac Bickerstaff anunciar, no mais sério jargão astrológico, a morte iminente, em 29 de março, às onze horas da noite, do célebre astrólogo John Partridge, assim como a do cardeal de Noailles. No dia 30 de março, ele publica uma confirmação anônima do acontecimento: *Realização da primeira das predições do sr. Bickerstaff, ou Relação da morte do sr. Partridge, fazedor de almanaque, no dia 29 deste mês*, relato pormenorizado, com uma confissão de Partridge. Este último protesta veementemente em seu almanaque de 1708, invocando o mundo como testemunha de que não morreu. Resposta anônima de Swift em *Defesa de Isaac Bickerstaff contra o que lhe objeta o sr. Partridge em seu almanaque para o presente ano 1709*. Partridge morreu, insiste Swift, e enumera as provas: "nenhum homem vivo poderia escrever tais absurdos"; almanaques continuam a ser publicados com o nome de astrólogos falecidos; além disso, o único outro protesto contra Bickerstaff é o do cardeal de Noailles, francês e papista: pode-se esperar alguma verdade de um tal personagem? Traduzidos em toda a Europa, os curtos textos de Swift são obras-primas da literatura satírica.

Desde então, a astrologia perde definitivamente o prestígio na elite intelectual. Os falsos almanaques, retomando a técnica de Rabelais, afundam a astrologia no ridículo, ressaltando a banalidade e a obscuridade que fazem das predições textos que servem para tudo. Em 1664, o *Poor Robin* anunciava para o mês de fevereiro: "Devemos contar com tempestades ou chuva neste mês ou no próximo, ou no seguinte, ou então teremos uma primavera muito seca". "Suas observações e pretensões são tais que podem convir a qualquer época e a qualquer país do mundo", escreve Swift: basta ler os jornais para constatar que todos os anos ocorre mais ou menos o mesmo tipo de acontecimento.

Soma-se à ironia, enfim, o peso da evolução científica. Após uma longa hesitação, a ciência moderna pouco a pouco se dota de métodos, e a coexistência com a astrologia torna-se cada vez mais improvável. Em 15 de julho de 1662 é fundada oficialmente a Royal Society of London, destinada a tornar-se

---

6 Voltaire, carta a Frederico II, 5 de setembro de 1752.

em breve um prestigioso centro de pesquisa oficial. Alguns astrólogos, anglicanos, realistas e *tories*, aparecem entre os pais fundadores. Mas o tom logo é dado: a astrologia não fará parte do areópago. Em 1667, a posição da Royal Society é assim resumida por um de seus membros, Thomas Sprat, futuro bispo de Rochester:

> [a astrologia] é, na verdade, a desgraça da razão e da honra da humanidade, que qualquer fantasista presume interpretar todas as ordens secretas dos céus, expor o tempo, as estações, o destino dos impérios, ignorando completamente o funcionamento da natureza que está sob seus pés. Não há nada mais injurioso para o público e para a paz privada. Isso nos desvia da obediência, da verdadeira imagem do Deus soberano, e faz-nos depender de imagens vãs de sua potência, fabricadas por nossa imaginação. [...] Isso produz medos, dúvidas, irresoluções, terrores. Observa-se habitualmente que tais presságios e tempos proféticos anunciam grandes destruições e revoluções nos assuntos humanos, e isso é muito natural, embora esses presságios e prodígios em si mesmos não signifiquem nada.[7]

## PROFECIA E ADIVINHAÇÃO, VÍTIMAS DA PRÓPRIA EXPLORAÇÃO

A astrologia não é a única a pagar pelo espírito crítico. A profecia religiosa, as "velhas profecias", os textos de Merlin e as outras fontes de adivinhação também são vítimas dele. O que é ao mesmo tempo sinal e motivo de seu descrédito é, paradoxalmente, seu abuso a partir da Restauração na Inglaterra. O uso excessivo desses textos com propósitos políticos evidentes revela a incredulidade dos que os utilizam como puros instrumentos, e arruína a confiança que ainda se tinha neles, a partir do momento em que servem para dizer asneiras. Para justificar a restauração de Carlos II, os realistas a apresentam como um milagre divino anunciado por antigas profecias. Recorre-se a Nostradamus a propósito de cada acontecimento importante, como a Revolução de 1688, ou de fatos menores, como saber se Carlos II terá um filho.[8] Mãe Shipton, Robert Nixon, Tomás Becket, a profecia medieval de Bridlington e Merlin estão de volta, e serão utilizados

---

7 Sprat, *The History of the Royal Society of London*, p.364.

8 *A Strange and Wonderful Prophecy for the Year 1688*; *A Collection of many Wonderful Prophecies plainly foretelling the Late Great Revolution* (1691); *Good and Joyful News for England: On the Prophecy of the Renowned Michael Nostradamus that Charles II shall have a Son of his own Body* (1681).

durante todo o século XVIII. Em 1755 aparece *A vida e as profecias de Merlin, suas predições sobre os direitos de Richmond Park com alguns outros acontecimentos iminentes ainda não ocorridos*. O mito do herói adormecido, que vai despertar para tomar as rédeas da situação, ainda é bastante viva no século XVII. Em 1652, uma coleção de profecias anuncia o retorno de Eduardo VI, cuja carreira póstuma será bem mais importante que seu reinado efetivo, curto e miserável, de 1547 a 1553. O soberano morto aos quinze anos, que encarnava as esperanças dos calvinistas ingleses, tornou-se uma figura emblemática a partir do reinado de Maria Tudor. Os puritanos, mesclando sua lembrança com textos obscuros de Beda e Merlin, anunciam periodicamente seu retorno. Outras vezes, apela-se para Artur, Eduardo I, Eduardo II, Ricardo II, Gustavo Adolfo.

Os períodos de guerra se prestam particularmente bem ao jogo profético. Mas dessa vez, a partir de 1660, a *realpolitik* triunfa e as predições são apenas um ramo da propaganda e da intoxicação. As guerras anglo-holandesas dos anos 1660 oferecem numerosos exemplos. O próprio William Lilly aconselha que se use uma velha profecia atribuída a Tomás Becket, acrescentando-lhe um comentário apropriado para provar que ela anunciava a vitória sobre os holandeses e até a reconquista da França por Carlos II: "Estou certo de que isso daria muita coragem aos súditos de Sua Majestade", escreve, pois "os ingleses são de todos os povos os mais inclinados às profecias".

Durante as negociações do Tratado de Nimegue, em 1678-1679, trava-se uma silenciosa guerra de propaganda, baseada em profecias. Sir William Temple, o negociador inglês, conta em suas memórias que recebeu um falso texto de Nostradamus que declarava que o príncipe de Orange ia reinar na Inglaterra: "Se essa quadra", diz ele, "não tivesse sido interpretada e aplicada de maneira muito engenhosa, eu não a mencionaria aqui, porque tenho bem pouca consideração por essas espécies de predições, que de ordinário são feitas apenas para divertir o mundo".[9]

Durante o encontro, circula também outra profecia, a do lírio e do leão:

> O lírio invadirá a terra do leão, contudo ele carrega animais selvagens entre seus braços; a Águia baterá asas, e o Filho do Homem virá do sul em seu auxílio. A guerra grassará por toda a terra; mas depois de quatro anos a aurora da paz despontará, e o Filho do Homem encontrará a salvação por aqueles mesmos dos quais se esperava sua ruína.

9 Temple, *The Works of Sir William Temple*, t.II, p.472.

Essa profecia já era conhecida do cardeal De Bérulle: ele tinha uma versão dela em seus arquivos, datada de 1628. Atribuída a Tomás Becket, serve para dizer tudo que se quer. Para Bérulle, ela anunciava a restauração do catolicismo na Inglaterra. Em Nimegue, circulam duas versões, uma atribuída ao astrólogo alemão do século XVI, Grünpeck, outra encontrada em Roma entre 1510 e 1514. William Temple escreve a seu respeito:

> Ainda não a mencionaria eu, se o sr. Colbert não ma houvesse mostrado assim que cheguei a Nimegue. Recordei-me então que a vira em 1668 entre as mãos de milorde Arlington, que me disse que era antiguíssima, e fora encontrada numa abadia qualquer da Alemanha.

Esse tipo de texto, portanto, ainda circula nas chancelarias e embaixadas; estima-se provavelmente que ainda pode prestar alguns serviços, mas William Temple não é bobo. Ele julga necessário explicá-la claramente, o que indica que a trapaça talvez não fosse evidente para todo mundo:

> De todas as profecias que correm no mundo, umas devem seu nascimento à invenção de pessoas astutas e sutis, outras aos sonhos de entusiastas; e o sentido que encerram, ao menos quando há sentido, é envolvido em expressões misteriosas que podem receber diversas interpretações. Há outras profecias que vêm do ócio de grandes espíritos, que, por falta de ocupação, tratam de se distrair escrevendo coisas à ventura, para divertir o mundo sobre nada; há outras, enfim, que se fazem passar por velhas quando sucedem os acontecimentos ou quando são tão verossímeis que as pessoas por menos esclarecidas que sejam podem facilmente conjecturá-los.[10]

O ceticismo também toma o espírito profético moderno. Durante a guerra civil e o Interregno, exaltados ainda são frequentemente assinalados profetizando reviravoltas sociorreligiosas e políticas, como o pastor John Brayne, de Winchester, em 1649:

> A monarquia vai cair, primeiro na Inglaterra, depois na França, depois na Espanha, e em seguida em toda a cristandade; e quando Cristo tiver eliminado esse poder, ele próprio começará a reinar, e primeiro na Inglaterra, onde a plebe,

10 Ibid., p.340.

que agora é desprezada, será a primeira a receber a revelação da verdade, e ela a passará às outras nações.[11]

No entanto, desde essa época, espíritos racionais acusam os agitadores políticos extremistas de utilizar a forma profética como uma simples cobertura para encobrir suas intenções sediciosas: "Aquele que se opõe a suas opiniões é um Anticristo, a Prostituta da Babilônia, a Besta do Apocalipse, e, portanto, deve ser abatido, seja qual for sua natureza", escreve um católico.[12] Outros, mais indulgentes, reduzem esses surtos proféticos a crises de loucura. Para Isaac Casaubon, em 1655, o êxtase religioso é apenas epilepsia;[13] Bacon, Hobbes e Sprat, sem ser tão categóricos, pendem para essa explicação.

Após a Restauração, esses fenômenos extáticos se tornam suspeitos. Aliás, o número deles diminui e, como os astrólogos, tornam-se objeto de brincadeiras: em 1694, quando um reitor de Buckinghamshire, John Mason, que se toma por Elias, retira-se com um pequeno grupo de fiéis para aguardar o milênio, ele provoca mais riso do que medo,[14] e a sociedade dos filadelfos, que a partir de 1697 também anuncia a iminência do milênio, quase não chama a atenção. A primeira reação diante de um inspirado que declara ter recebido uma comunicação profética diretamente de Deus é incredulidade, desconfiança ou sarcasmo. Hobbes escreve:

> Se um homem afirma que Deus lhe falou de forma sobrenatural e direta, e eu duvido, não percebo bem por que argumento ele pode me obrigar a acreditar. [...] Pois dizer que Deus lhe falou pela Sagrada Escritura não é dizer que Deus lhe falou diretamente, mas pela mediação dos profetas, ou dos apóstolos, ou da Igreja, do mesmo modo que ele fala a todos os cristãos. Dizer que ele lhe falou em um sonho significa simplesmente que ele sonhou que Deus lhe falava, o que não trará a convicção quando se sabe que a maioria dos sonhos é natural e vem de pensamentos interiores. [...] Dizer que teve uma visão ou ouviu uma voz significa que ele sonhou entre o sono e a vigília. [...] Dizer que fala por inspiração sobrenatural significa que ele tem um desejo ardente de falar ou uma altíssima opinião de si mesmo, para a qual não pode avançar razão natural suficiente. De modo que, mesmo que Deus possa falar com um homem por sonhos, visões,

11 Brayne, *A Vision which one Mr Brayne had in September 1647.*
12 Apud Thomas, op. cit., p.178.
13 Casaubon, *A Treatise Concerning Enthusiasm*, p.95.
14 Hill, *Puritanism and Revolution*, cap.XII.

vozes e inspirações, ele não pode obrigar ninguém a acreditar naquele que diz ser inspirado, que, sendo um homem, pode ser um mentiroso.[15]

Esse estado de espírito se torna predominante a partir dos anos 1660. É por isso que a chegada dos camisardos de Cevenas é pouco apreciada. Em 1707, três são presos e amarrados ao pelourinho em Londres porque anunciaram que o fim do mundo estava próximo. Samuel Pepys representa a nova mentalidade que conquista a boa sociedade inglesa, uma mistura de tolerância, bom-senso e curiosidade recreativa a respeito das predições. Ele se espanta com as profecias sobre 1666, mas não as leva a sério, e lê o livro de Potter como se fosse um romance. Da mesma forma, deixa que lhe digam a sorte sem dar a menor importância às predições:

> Caminhava até Greenwich, e no caminho encontrei ciganas que queriam me dizer a sorte. Deixei que uma delas o fizesse, e ela me disse banalidades, como fazem todas, e advertiu-se contra um John e um Thomas, para pôr-me medo. E disse-me que hoje alguém viria pedir-me dinheiro emprestado, mas que eu não devia emprestá-lo. Dei-lhe 9 *pence* e parti.[16]

Pepys frequenta as celebridades astrológicas da época, Lilly, Ashmole, Booker, mas não adere a suas convicções. Em outubro 1660, participa de uma festinha na casa de Lilly e conta que, voltando na carruagem de Booker, este último lhe conta:

> um grande número de tolices sobre o que se pode fazer a partir das natividades, censurando o sr. Lilly por escrever para agradar aos amigos e afinar-se pelo diapasão da época (como ele fez, em tempos anteriores, para sua grande desonra) e sem respeitar as regras da arte, segundo as quais ele não teria feito os erros que fez.[17]

Em 14 junho de 1667, Pepys comenta:

> No jantar, falamos de Tom-of-the-Wood, um indivíduo que vive como um ermitão perto de Woolwich, e que, segundo contam, predisse o incêndio da

---

15 Hobbes, *Leviathan*, 1651, cap.XXXII.
16 Pepys, *Diary*, 22 de agosto de 1663.
17 Ibid., 28 de outubro de 1660.

cidade e agora diz que se aproxima uma desolação ainda maior. Depois lemos as profecias de Lilly para este mês, em seu almanaque, o que nos fez rir muito.[18]

Essa também é a reação provocada cada vez mais pelas merlinices, "as profecias de bêbado de Merlin", como as chama William Perkins, essas "histórias de mulherzinha", segundo um manual de 1648. No século XVIII, um "merlin" é o equivalente a um palhaço na boa sociedade inglesa. Os progressos da consciência histórica a partir dos anos 1680 tiveram um papel importante na decadência do mago. Eruditos, "antiquários" e historiadores de gabarito questionam desde o século XVI as narrativas de Godofredo de Monmouth, a lenda de Brutus e Artur. O ceticismo de Polidoro Virgílio ganha terreno pouco a pouco e torna-se amplamente majoritário a partir do fim do século XVII.

## O CRESCIMENTO DO CETICISMO NA FRANÇA (1680-1720)

Acontece a mesma evolução no continente, na França em particular, com um ligeiro descompasso cronológico, que se deve em parte à ausência de um rompimento brusco equivalente ao que ocorreu em 1660 na Inglaterra. O aumento do espírito crítico é um fenômeno cultural resultante de um lento amadurecimento da elite intelectual, e manifesta-se de maneira mais prudente por causa do contexto político e religioso. Enquanto do outro lado do Canal da Mancha o ceticismo crítico é disseminado nos círculos governamentais, na alta nobreza anglicana, realista e *tory*, na França o espírito crítico, mais radical, contesta ao mesmo tempo as crenças religiosas e o absolutismo; sua manifestação é suspeita, portanto, e ele é constrangido a recorrer a mais subterfúgios e cautela, diante de uma Igreja monolítica, ligada ao Estado e a um poder monárquico severo.

Tomemos o caso de Fontenelle. Incansável defensor do cartesianismo e do espírito crítico, detrator de oráculos, fábulas religiosas e mitos, precursor do espírito filosófico, aprende a lição com os aborrecimentos que teve com *Origine des fables* e *Histoire des oracles*, em 1686 e 1687. Instala-se solidamente nas cidadelas do pensamento oficial: membro da Academia Francesa em 1691, da Academia de Ciências em 1697, da Academia de Inscrições e Belas-Letras em 1701, ele faz um trabalho de sapa, que é completado nos salões na moda.

18 Ibid., 14 de junho de 1667.

As predições são um de seus alvos preferidos, porque representam um dos aspectos mais irracionais do espírito humano. Todas as formas de predição são visadas, e as linhas de ataque são sempre diferentes. O método não é franco, mas é sempre mordaz e eficiente: ironia, cinismo, sarcasmo, parábolas, falsa inocência, tudo vale para desacreditar a crença insana na possibilidade de conhecer o futuro. Em 1680, o famoso cometa é ocasião para compor uma comédia, intitulada simplesmente *La comète*, em que Fontenelle põe em cena um criado atrevido, Mathurin, que escreve os prognósticos de um almanaque lançando dados: "Recorri a três dados. Quando tive certos lances, pus 'bruma', em outros 'geada branca', em outros 'ventos úmidos com trovoada', e assim de resto. Ris? Verás que meus três dados terão adivinhado certo".[19] Os fazedores de almanaques são impostores, essa é a lição da peça.

*Nouveaux dialogues des morts*, de 1683, vai mais longe. Esse tipo de obra, de formato muito artificial, utilizado na Antiguidade por Luciano, volta à moda no fim do século XVII, e Fénelon o usa com sucesso. Dois ilustres personagens históricos, mortos há muito tempo, discutem certos problemas que agitaram a vida deles; como agora eles têm mais liberdade para se manifestar, o autor pode fazê-los falar com mais audácia. No Diálogo VI, "Sobre a inquietude que se tem com respeito ao futuro", a rainha Joana de Nápoles conversa com seu astrólogo, Anselmo, que finalmente lhe diz a verdade: "Eu vos enganei com essa astrologia que estimais tanto". Mas não adianta; por mais morta que esteja, a rainha quer saber seu futuro, e está convencida de que a astrologia pode revelá-lo; essa sede de conhecer o futuro é insaciável: "O grande engodo dos homens é sempre o futuro, e nós, astrólogos, sabemos disso melhor do que ninguém".

Em 1686, Fontenelle escolhe uma terceira linha de ataque, e um alvo novo, com a *Histoire des oracles*. Dessa vez, são as profecias religiosas que são visadas, o que é mais delicado. Por isso a crítica visa aos oráculos pagãos, mas por intermédio deles é toda a profecia, bíblica e cristã, que é posta em questão. Os oráculos, escreve ele, não são obra dos demônios, como diziam os Pais da Igreja, que reconheciam ao mesmo tempo seu poder de predição. Eles são simplesmente o resultado dos embustes das antigas religiões, que utilizavam a credulidade popular para esconder a própria ignorância sob o véu do mistério. É por isso que são feitos muitas vezes em grutas e cavernas:

---

19 Fontenelle, *La comète*, I, 1.

> Parece, além disso, que as cavernas inspiram por si mesmas não sei que horror que não é inútil à superstição. [...] A comodidade dos sacerdotes e a majestade dos oráculos também exigiam cavernas; por isso não vedes um número tão grande de templos proféticos em planícies.

Talvez as mensagens não fossem premeditadas, "porque as tolices do povo são tais muitas vezes que não puderam ser previstas".[20] Os sacerdotes dão respostas ambíguas, que depois podem ser interpretadas em sentido favorável. Fontenelle não se refere diretamente às profecias cristãs, mas a comparação que faz entre o oráculo de Delfos e o episódio de Josué choca certos fiéis, que tentam censurar a obra.

Com os oráculos das veneráveis sibilas, há uma aproximação aos oráculos cristãos, em virtude da reputação de anunciadores de Cristo que tinham desde a época dos Pais. Ora, os eruditos não hesitam mais em questioná-los e demonstrar que são pura invenção: David Blondel e Isaac Casaubon os jogam ao mar desde os anos 1660; para Vossius, são invenções de judeus; para Johannes Marckius, de Groninguen, são trapaças que remontam aos Pais; para o holandês Anton van Dale, são "patifarias", que nunca anunciaram Cristo ou o que quer que seja. A partir do fim do século XVII, os oráculos sibilinos são desmistificados e, em 1694, servem de base para um jogo de salão nos Países Baixos. A profecia descamba no gênero literário do entretenimento, como as predições dos almanaques.

A situação da astrologia se degrada paralelamente, e a passagem do cometa de 1680 é ocasião para um grande debate, do qual os astrólogos não se recuperarão mais, e que respinga em todas as formas de adivinhação. A bem dizer, a polêmica começou a sério nos anos 1660, e a astrologia se viu às voltas com ataques de homens tão diversos quanto Molière, La Fontaine, Bossuet, Fénelon. Sem se unir, e por motivos diferentes, bispos, teólogos, céticos e racionalistas contestavam a validade das predições a partir das influências astrais.

Um primeiro cometa, o de 1664, já havia provocado a fúria inabitual de La Fontaine contra os "charlatães, fazedores de horóscopos", em *O astrólogo que caiu num poço*. Irritado com esses impostores que se aproveitam da credulidade humana, o fabulista admite: "Eu me exalto um pouco". O caso dos venenos lhe dá outra ocasião para fustigar a adivinhação, em *As adivinhas*:

20 Id., *Histoire des oracles*, chap.XII.

> À casa da adivinha se corria
> Para se anunciar o que se queria.
> Seu feito consistia em destreza:
> Uns termos da arte, muita esperteza,
> O acaso às vezes, tudo isso contribuía,
> Tudo isso muitas vezes espantava. [...]
> Mulheres, meninas, criados, grandes senhores, tudo
> Como outrora ia perguntar seu futuro:
> O casebre se tornou o antro da Sibila.[21]

Em *O horóscopo*, La Fontaine adota um estilo mais sério e a longa lição da fábula é um pequeno tratado científico e filosófico que retoma os principais argumentos contra a astrologia: é ridículo pensar que nosso destino está ligado aos astros; como, de tão grandes distâncias, e movendo-se com tamanha velocidade, esses corpos celestes podem determinar as ações de cada um de nós? Por que homens que nasceram no mesmo instante têm destinos diferentes? Como é que nenhum astrólogo, tão hábil em predizer o destino individual, não foi capaz de prever a guerra da Holanda e seu resultado? Enfim: "Cega e mentirosa como é essa arte,/ Ela pode acertar o alvo uma vez em mil;/ São os efeitos do acaso".[22]

Molière une seu sarcasmo ao de La Fontaine, em *Amphitryon*, de 1668, e em *Os amantes magníficos*, de 1670, em que Sóstrato pergunta: "Que relação, que comércio, que correspondência pode haver entre nós e os globos distantes da nossa terra a uma distância tão tremenda? E de onde essa bela ciência, enfim, pode ter vindo aos homens? Qual Deus a revelou?".[23]

Molière e La Fontaine se inspiram em Gassendi, através do *Abrégé de la philosophie de Gassendi*, de Bernier. Também é o caso provavelmente de Montfaucon de Villars, que critica a astrologia num romance satírico, *Le comte de Gabalis*, de 1670. Depois, em 1679, vêm *La devineresse ou Les faux enchantements* [A adivinha ou Os falsos encantamentos], de Thomas Corneille e Donneau de Visé. Em todos esses ataques, os homens de letras, mesmo pouco favoráveis à

---

21 No original: "Chez la devineuse on courait/ Pour se faire annoncer ce que l'on désirait./ Son fait consistait en adresse:/ Quelques termes de l'art, beaucoup de hardiesse,/ Du hasard quelquefois, tout cela concourait,/ Tout cela bien souvent faisait crier miracle. [...]/ Femmes, filles, valets, gros messieurs, tout enfin,/ Allait comme autrefois demander son destin:/ Le galetas devint l'antre de la Sibylle". (N. T.)

22 No original: "Tout aveugle et menteur qu'est cet art,/ Il peut frapper au but une fois entre mille;/ Ce sont les effets du hasard". (N. T.)

23 Molière, *Os amantes magníficos*, III, 1.

Igreja, não correm nenhum risco: eles têm licença para criticar um adversário contra o qual bispos e teólogos estão engajados nessa época. Apenas no século XVIII é que as autoridades eclesiásticas verão – tarde demais – que a luta contra a superstição e a trapaça pode ser uma faca de dois gumes.

## BOSSUET E FÉNELON CONTRA A ASTROLOGIA

Por enquanto, elas não parecem muito preocupadas com a identidade de seus companheiros de armas, e travam abertamente o combate contra "uma arte que vende apenas conjecturas ou mentiras", escreve o padre Senault em 1661. Bossuet aborda várias vezes o assunto em seus sermões, lamentando a credulidade dos fiéis, condenando em 1664 "esses fazedores de prognósticos que ameaçam quem lhes aprouver, e anos fatais fazem-nos a seu bel-prazer", rebaixando as predições a verdadeiros sacrilégios em 1669: "Não consulto os astros nem suas fabulosas influências. Cristãos, divertir-se com esses desvarios criminosos, e esperar a boa ventura de outra fonte que não seja a divina providência! Longe de nós essas predições!". Para ele, o cerne do problema é que as predições astrológicas invadem o terreno de Deus. "O futuro cabe a Deus", como dirá Victor Hugo, e querer erguer o véu é cometer um ato sacrílego. Ele destaca esse ponto em *La politique tirée de l'Écriture sainte* [A política tirada da Sagrada Escritura], em que encontramos o essencial de sua visão sobre a adivinhação.[24]

Partindo de numerosos exemplos bíblicos, Bossuet adverte o príncipe contra as "consultas curiosas e supersticiosas":

> Tais são as consultas dos adivinhos e dos astrólogos: coisa que a ambição e a fraqueza dos grandes muitas vezes os fazem procurar. [...] Os astrólogos estão entre essas maldições de Deus. [...] Não há nada mais fraco nem mais tímido do que aqueles que se fiam nos prognósticos: enganados em ilusórios presságios, perdem o coração e ficam sem defesa.

A astrologia não passa de um resquício supersticioso das crenças pagãs:

> Os gentios ignorantes adoravam os planetas e os astros; atribuíam-lhes impérios, virtudes e influências divinas, pelos quais dominavam o mundo, e ditavam os acontecimentos; assinalavam-lhes tempos e lugares, onde exerciam

---

24 Bossuet, *La politique tirée de l'Écriture sainte*, art. III, prop. I.

sua dominação. A astrologia judiciária é um resquício dessa doutrina, tanto mais ímpia quanto fabulosa. Não temais, pois, nem os eclipses, nem os cometas, nem os planetas, nem as constelações que os homens compuseram a sua vontade, nem essas conjunções consideradas fatais, nem as linhas formadas nas mãos ou na face, e as imagens denominadas talismãs, impregnadas das virtudes celestes. Não temais nem as figuras, nem os horóscopos, nem os presságios que deles são tirados. Todas essas coisas, em que se alegam por qualquer razão somente palavras pomposas, no fundo são devaneios que os afrontadores vendem caro aos ignorantes.

Mas eis a condenação fundamental: "Os que se vangloriam de predizer os acontecimentos incertos fazem-se semelhantes a Deus. [...] Ai deles, ai deles ainda uma vez! Eles querem saber o futuro, isto é, penetrar o íntimo de Deus". Eles podem? Aqui, Bossuet se distancia da crítica racionalista e permanece fiel aos Pais: sim, os astrólogos e os adivinhos podem ter razão às vezes, pois Deus, "quando lhe apraz, permite que se descubra a verdade por meios ilícitos". Ao contrário de La Fontaine, que atribui os bons êxitos da astrologia ao acaso, Bossuet, em seu desejo de fazer tudo depender da potência divina, torna esta última responsável pelos prognósticos corretos da astrologia, por meio de um raciocínio cuja lógica é difícil de entender, a não ser que Deus seja visto como um espírito maquiavélico:

> Não vos admireis, pois, de ver suceder algumas vezes o que predisseram os astrólogos. Pois, sem recorrer ao acaso, porque o que é acaso para os homens é desígnio para Deus; imaginai que, por um terrível julgamento, Deus mesmo entregue à sedução os que a procuram. Ele abandona o mundo, isto é, os que amam o mundo, a espíritos sedutores, dos quais são joguete os homens ambiciosos e inutilmente curiosos. Esses espíritos enganadores e maliciosos divertem e frustram com mil ilusões as almas curiosas e, por isso, crédulas. Um de seus segredos é a astrologia, e os outros gêneros de adivinhação, que às vezes têm êxito, conforme Deus julgue conveniente abandonar ou ao erro, ou a justos suplícios, uma curiosidade insensata.

Se entendemos bem, Deus, ao invés de tornar o futuro impenetrável, fazendo os astrólogos errarem sempre – coisa que ele poderia perfeitamente fazer –, permite que algumas vezes eles descubram a verdade para que os homens sejam estimulados a recorrer a seus serviços – coisa que ele proíbe – e caiam na armadilha. Os caminhos do Senhor, segundo Bossuet, decididamente são muito misteriosos.

Fénelon é menos finório. Nos *Dialogues des morts*, que também foram compostos para a instrução de um príncipe, ele discute o problema de um ponto de vista puramente racional e civil. Ele põe em cena Maria de Medici, que utilizou a astrologia com frequência, e Richelieu, a quem ela acusa de ter tido uma atitude dúbia: "Quando se quer bancar o grande homem, finge-se desprezar a astrologia: mas, ainda que em público banque o livre-pensador, é curioso e crédulo em segredo". O cardeal, embora admita que recorreu algumas vezes aos astrólogos, explica sua conduta por razões de política, por necessidade de propaganda, mas Fénelon o faz falar sem ilusões sobre o verdadeiro valor dessa arte:

> Os astrólogos nunca dizem tudo, e suas predições nunca levam a tomar as medidas corretas. [...] É uma peste em todas as cortes. Os bens que promete servem apenas para embriagar os homens, e embalá-los com vãs esperanças: os males com que ameaça não podem ser evitados pela predição, e tornam uma pessoa infeliz. Mais vale ignorar o futuro, portanto, mesmo que se pudesse conhecê-lo pela astrologia. Aliás, as predições vêm depois do ocorrido, e delas pouco se examina a data. É seguro que essa arte não tem nada que não seja falso e ridículo.

Para explicar os poucos casos de acerto das predições astrológicas, Fénelon é da mesma opinião de La Fontaine: trata-se de puro acaso, simples coincidência. Ele acrescenta o argumento religioso apenas nas *Aventuras de Telêmaco*: a influência dos astros anularia nosso livre-arbítrio, e não devemos tentar penetrar o mistério do futuro, que é um segredo divino.

## O COMETA DE 1680, ANÚNCIO DA RUÍNA DA ASTROLOGIA

Ironicamente, poderíamos dizer que o golpe de misericórdia da astrologia é dado por um cometa, o de 1680, que desencadeia uma avalanche de tratados contra o papel dos astros. Assim, na única vez em que um cometa teve uma influência real foi para assinalar a ruína dos que lhe atribuíam influência!

O acontecimento agita a opinião pública europeia, que, pela primeira vez, não tem preocupações mais importantes: Luís XIV faz uma pausa em suas guerras desde 1678. Tanto em Paris como em Londres, há uma comoção, as pessoas observam o misterioso corpo celeste e discutem seu significado. Como vimos, Bussy-Rabutin e Madame de Sévigné não se iludem:

"Ele faz falar os tolos daqui como de lá", escreve o primeiro à segunda. Na Inglaterra, alguns hesitam, como John Edwards, que, mesmo sendo contra a astrologia, afirma em sua *Cometomantia* que o astro de 1680 teve "uma influência universal, e muitas nações sofrerão a revolução e as ocorrências que ela produzirá".[25] John Tillotson, futuro arcebispo de Canterbury, escreve a um correspondente: "O cometa apareceu muito claramente aqui, durante várias noites. [...] Só Deus sabe o que ele anuncia: o marquês de Dorchester e Madame de Coventry morreram pouco depois". Como estamos em pleno complô papista, as partes interessadas tentam utilizar o cometa para seus próprios fins, como Ezerel Tonge, em *The Northern Star*. O memorialista John Evelyn, adversário de Lilly, fica impressionado e chega a comentar, em 12 de dezembro de 1681:

> Tivemos recentemente vários cometas, que, embora em minha opinião provenham de causas naturais e não tenham nenhum efeito por si mesmos, não devem ser desprezados. Eles podem ser advertências de Deus, e comumente são presságios de sua ira.

Na França, lê-se no *Journal des Savants* de 1º de janeiro de 1681: "Todo mundo fala do cometa, que é, sem dúvida, a novidade mais considerável do início deste ano. Os astrônomos observam seu curso, e o povo o faz pressagiar mil desgraças". O órgão da comunidade científica aproveita para ressaltar que felizmente essa época já passou: "A antiga filosofia acreditou nisso. Mas depois que se soube que os cometas eram corpos celestes, desenganamo-nos desse erro, que não é mais do que um erro popular".

O *Journal des Savants* talvez seja um pouco otimista demais. Senão como explicar a explosão de obras escandalizadas com o cometa, obras que não são destinadas a um público popular? Além dos escritos já mencionados de Fontenelle, Huygens acha útil fazer um discurso na Academia para mostrar que se trata de um simples corpo celeste submetido às leis naturais; Cassini escreve um *Abrégé des observations et réflexion sur la comète*, em 1681, e, sobretudo, Pierre Bayle investe furiosamente contra o pobre astro numa *Lettre à M. L. A. D. C., docteur de Sorbonne. Où il est prouvé par plusieurs raisons tirées de la philosophie et de la théologie que les comètes ne sont point le présage d'aucun malheur* [Carta a M. L. A. D. C., doutor da Sorbonne. Em que é provado por várias razões tiradas da filosofia e da teologia que os cometas não são presságio de

25 Edwards, *Cometomantia*, p.164.

nenhuma desgraça] (1682), em *Pensées diverses écrites à un docteur de Sorbonne à l'occasion de la comète qui parut au mois de décembre 1680* [Pensamentos diversos escritos a um doutor da Sorbonne por ocasião do cometa que apareceu no mês de dezembro de 1680] (1683), em *Addition aux pensées diverses sur les comètes* (1694), e em *Continuation des pensées diverses* (1705).

Essas obras são dirigidas a um "doutor da Sorbonne", não a um simples carregador parisiense, portanto supõem que os cometas ainda impressionam os intelectuais. Na verdade, o cometa é apenas um pretexto para um ataque geral que vai além da astrologia e atinge todo o sobrenatural. É por isso, aliás, que os *Pensées diverses*, perseguidos pelo tenente-geral da polícia La Reynie, tiveram tanta dificuldade para serem publicados.

Bayle não enfrenta nenhuma dificuldade para decidir a sorte do cometa pela ironia, e ao mesmo tempo ridicularizar a astrologia, "do mundo a coisa mais ridícula", fingindo de forma muito erudita que está fazendo o horóscopo do referido cometa. A reputação de presságio deve-se apenas a um amontoado de fábulas herdadas dos pagãos e aceitas pela credulidade humana. Depois o tom sobe e Bayle ataca diretamente a argumentação que encontramos em Bossuet: se os cometas são realmente presságios, é porque Deus justificou a idolatria (para punir melhor os idólatras?) e, ainda por cima, fez isso recorrendo a um milagre, porque de que outro modo explicar que um astro que passa a centenas de milhares de quilômetros tenha um valor premonitório? Passamos imperceptivelmente para a crítica do milagre, ao qual o espírito humano recorre sempre que não encontra explicação natural. E dela para a crítica da religião cristã é apenas um passo, e Bayle o dá: os cristãos herdaram as superstições pagãs, e a Igreja ainda as agravou. O diabo, diz ele, "aproveitou a ocasião para fazer o que há de melhor no mundo, saber religião, um monte de extravagâncias, bizarrices, parvoíces e crimes enormes; o que é pior, ele precipitou os homens, por essa vertente, na mais ridícula e mais abominável idolatria que se possa conceber".[26]

Pierre Bayle também revela como a situação dos teólogos é frágil, e como é estreita sua margem de manobra: condenar a astrologia leva naturalmente a questionar todos os métodos de predição, inclusive as profecias religiosas. Na verdade, não são os métodos que são falhos, é a própria crença na possibilidade de conhecer o futuro. A crise da predição vai além da crise da astrologia.

26 Bayle, *Pensées diverses à l'occasion de la comète*, §68.

Quanto ao cometa de 1680, ele será visto de novo em 1758, como "predisse" Halley: a ciência astronômica se revela mais eficaz em seus anúncios do que a astrologia. Apesar disso, o século XVIII não está completamente convencido; em 1738, o *Miroir de l'astrologie* ainda titubeia sobre o valor preditivo dos movimentos astrais, e pergunta: "Se ler na natureza, prever, consiste em se intrometer nos assuntos de Deus, temos o direito de prever?". Em 1742, Maupertuis ainda julga necessário escrever uma *Lettre sur la comète* para mostrar seu caráter natural e inofensivo. Do lado do poder real, a batalha parece ganha, e Luís XV, como bom filho do Iluminismo, teria declarado:

> Seria necessário, para julgar da verdade ou da falsidade de tais predições, reunir umas cinquenta; veríamos que são quase sempre as mesmas frases, que ora falham sua aplicação, ora se reportam ao objeto. Mas que não se falasse das primeiras, e que se fale muito das outras.[27]

Os astrólogos, cuja arte é bombardeada desde os anos 1660, compreendem que sua única esperança de sobrevivência reside numa reforma profunda da disciplina, a fim de torná-la inatacável no plano científico. As exigências da ciência moderna impõem-se a toda a elite europeia, e os principais astrólogos, que se consideram cientistas, não recuam diante da tarefa. Patrick Curry mostrou bem como se operou sob a Restauração na Inglaterra o racha entre uma astrologia popular impregnada de magia, representada por William Lilly, e uma astrologia com pretensões científicas, representada por Gadbury e Partridge.[28] Os críticos de Henri Moore – o platônico de Cambridge que queria reservar o acesso ao futuro para a profecia bíblica –, do físico Robert Boyle e de autores cômicos como John Wilson, John Phillips, Samuel Butler, William Congreve – que ridicularizam os astrólogos –, agravam o rompimento. O próprio John Dryden publica em 1668 *An Evening's Love, or the Mock Astrologer*, em que contrapõe um astrólogo científico e um charlatão.

Os principais artesãos da reforma astrológica dividem-se em duas correntes. A primeira, composta de conservadores, membros da High Church, realistas convictos, inspira-se em Bacon. Seus representantes mais notáveis são Childrey, Goad e Gadbury. Joshua Childrey (1625-1670), formado em Oxford, testifica a revolução galileana: "Se a astronomia foi corrigida, a astrologia (que julga sobretudo pela aparência) nunca o foi". Ele começa a refazer

27 Apud Hutin, *Histoire de l'astrologie*, p.149.
28 Curry, op. cit.

todos os cálculos numa óptica heliocêntrica, e causa espanto a enormidade desse trabalho consciencioso e inútil, que ele publica em 1652 com o título de *Indago astrologia*. Ele critica seus colegas, que introduzem perspectivas apocalípticas na astrologia. Em *Syzygiasticon instauratum*, de 1653, ele planeja um amplo recenseamento dos acontecimentos importantes da história em correlação com os movimentos astronômicos, para extrair leis deles.

John Goad (1616-1689) segue nessa direção e faz um "esforço hercúleo", diz Patrick Curry, para construir uma astrometeorologia científica. Seu método se baseia num sistema de probabilidades: se dois acontecimentos, por exemplo, chuva e Lua Nova, ocorrem simultaneamente em mais de 50% dos casos, estabelece-se uma ligação. Ele pesquisa essas ocorrências nos trinta anos anteriores, as quais formam a base de sua *Astro-meteorologica* de 1686. O problema é explicar por que chove num lugar e não nas regiões vizinhas. A Royal Society se interessa por seus trabalhos, mas não está convencida.

John Gadbury (1628-1704) aplica um método similar à elaboração das natividades e reúne um enorme material estatístico, pedindo aos leitores de seu almanaque que lhe enviem todos os detalhes sobre o momento do nascimento e os principais incidentes da vida de crianças nascidas nos dias 4 e 5 de setembro de 1664. Todavia, ele reconhece um certo fracasso no fim de sua vida. Sua obra será continuada por George Parker (1654-1743).

A segunda corrente de reforma, em vez de utilizar a nova ciência de Bacon e Galileu, preconiza um retorno às fontes, isto é, a Ptolomeu. Encontramos nessa corrente sobretudo *whigs* e *dissenters*, nos anos 1690-1710. Entre eles, o infeliz John Partridge (1644-1715), alvo de chacota na Europa, depois que Swift o fez morrer antes do tempo. Para ele, a astrologia é vítima de acréscimos árabes, medievais e modernos, que devem ser suprimidos.

John Whalley (1653-1724), autor de almanaques, inspira-se no astrólogo italiano Placido Titi (1603-1668), um beneditino que apela diretamente para Ptolomeu e Aristóteles e sustenta o caráter estritamente natural e científico da astrologia: cada planeta tem uma natureza diferente, como mostra sua cor original, e transmite sua influência através do espaço.

Além dessas duas correntes reformistas principais, devemos assinalar um caso isolado, Samuel Jeake (1652-1699), discípulo de Jean-Baptiste Morin. Geocentrista, anticopernicano, ele defende uma astrologia matemática. As relações são execráveis entre esses diferentes reformadores, e os anátemas, recíprocos. O único elemento comum é o desejo de fazer da astrologia um assunto para a elite intelectual e científica, rejeitando com desprezo os praticantes populares que mais ou menos empregam magia.

No entanto, os patéticos esforços e os volumosos in-folio latinos desses reformadores fazem rir, porque esses dinossauros da astrologia são uma espécie em extinção. Obviamente, a astrologia não estava morta – e ainda hoje vai até muito bem –, mas é sua variante popular, justamente aquela que eles desprezavam, que segue em frente, imperturbável, insensível aos erros, aos fracassos, aos sarcasmos, ao desprezo, às proibições e às condenações. O motivo é que, nesse nível, não estamos mais no domínio da razão, mas no da fé. A partir do século XVIII, a astrologia, cujas bases científicas caem aos pedaços, é uma verdadeira fé religiosa, e é isso que faz sua força, tornando-o impermeável a qualquer argumentação.

## A ADIVINHAÇÃO RELEGADA AO NÍVEL POPULAR

A popularidade do almanaque não se contradiz durante todo o século XVIII, e o papel de diversão apenas aumenta o interesse por ele. Os "almanaques burlescos" e outras "facécias" vendem tão bem quanto as predições sérias, e nem a elite social desdenha de se distrair com sua leitura: o marquês de Paulmy manda encadernar com suas armas o *Almanach burlesque. Toute science vient de Dieu. Honor est gloria*, e na edição de 1741 ele escreve: "Obra singular, deve-se guardar e olhar de tempos em tempos para rir".[29] Além do mais, os almanaques são influenciados pela moda crescente da história, o que é muito revelador da evolução dos métodos de predição, como veremos. Por exemplo, Antoine Souci, que se intitula "astrólogo e historiador", publica o *Almanach historique, nommé le Messager boiteux, contenant des observations astrologiques sur chaque mois* [Almanaque histórico, denominado o Mensageiro manco, contendo observações astrológicas sobre cada mês], muito popular.

A Inglaterra também tem suas paródias de almanaque, das quais a mais célebre continua sendo *Poor Robin*, com seus 10 mil exemplares anuais durante todo o século. No total, a literatura astrológica popular chega ao número extraordinário de 476 mil exemplares em 1760 nesse reino, representando talvez 2 milhões de leitores numa população global de cerca de 7 milhões de habitantes.[30] Mesmo que o aumento seja menor que o crescimento demográfico – pouco mais de 500 mil almanaques anuais no fim do século –, o sucesso dessa literatura ainda é impressionante. O mais popular é de longe o *Moore's vox stellarum*, o almanaque de Francis Moore, astrólogo

29 Apud Bollême, *Les almanachs populaires aux XVIIe et XVIIIe siècles*, p.19.
30 Curry, op. cit., p.100.

e médico londrino, morto em 1714, cuja publicação continua até o século XIX: 25 mil exemplares em 1738, 107 mil em 1768, 353 mil em 1800, 560 mil em 1839, o que suscita a observação enfastiada de Charles Knight contra "o maravilhoso hieróglifo que devia expor o destino das nações. [...] Não havia uma casa no sul da Inglaterra onde não se encontrasse essa impostura a 2 *shillings*. Nenhum camponês teria cortado seu feno, se o almanaque predissesse chuva".[31]

Os adivinhos e astrólogos de aldeia prosperam. Alguns alcançam renome regional, como Timothy Crowther (1694-1760) e seu filho Samuel, em Yorkshire, John Worsdale em Lincoln. Eles tiram as natividades, fazem horóscopos, predizem, dão conselhos, encontram objetos perdidos. O adivinho de aldeia tem ainda belos dias pela frente, como atestam inúmeros textos do fim do século XIX, época em que se tornam objeto de estudo para os folcloristas. Em 1867, Harland e Wilkinson escrevem que "não há praticamente nenhuma cidade de alguma importância em Lancashire ou em um ou dois condados adjacentes que não tenha seu leitor da sorte ou seu pretenso astrólogo, afirmando predizer os acontecimentos futuros a consulentes numerosos e crédulos".[32]

Os leitores de almanaques também são apaixonados por profecias de todas as espécies, religiosas, bíblicas, extáticas, e há um grande ecletismo entre os discípulos de Joanna Southcott, Richard Brothers, Swedenborg ou Mesmer, esses estranhos profetas dos novos tempos. Os próprios almanaques, na segunda metade do século, começam a abordar questões de ocultismo e profecias.

Todas essas observações são válidas também para a França, onde os espíritos esclarecidos se lamuriam, no fim do Antigo Regime, diante do sucesso persistente do almanaque. Em 1787, o abade Grégoire escreve:

> Anualmente, tiram-se 40 mil exemplares do Almanaque de Bâle [...]. Saboianos espalham por toda a França esse repertório absurdo que perpetua até o fim do século XVIII os preconceitos do século XVII. Por oito tostões, cada camponês se mune dessa coleção quiromântica, astrológica, ditada pelo mau gosto e pelo delírio.

31 Knight, *Passages of a Working Life during half a Century*, t.I, p.151.
32 Harland; Wilkinson, *Lancashire Folklore*, p.121-2.

Os correspondentes de Grégoire confirmam: "Os camponeses são ávidos ao excesso, com respeito a uma prognosticação do tempo, que sempre se encontra ali. É impossível desacreditar a astrologia judiciária entre eles".[33]

No entanto, se acreditarmos em Nicolas Le Camus de Mézières, em 1783 somente a camada inferior do povo ainda acompanha essa literatura: "Embora ainda se vejam alguns almanaques repletos de semelhantes misérias, apenas o mais baixo povo dá alguma fé a eles".[34] Otimismo excessivo. No caso da astrologia judiciária, por exemplo, a prática do horóscopo prossegue amplamente, mesmo que a qualidade tenha tendência a diminuir, e sua ambição a se limitar a indicações genéricas. Assim, o astrólogo William Stukeley (1687-1765) considera que Deus deu aos homens "uma espécie de livro de toda a série de acontecimentos gerais que devem suceder a cada um [...] uma vez que condiga com a livre vontade de ação". Trata-se, portanto, de uma astrologia em perfeita harmonia com a religião, limitando-se a indicar as grandes tendências. É o que encontramos também em Henri Andrews (1744-1820), um dos principais colaboradores do *Vox stellarum*, o almanaque de Moore. Encarregado da rubrica das predições, Andrews recorre a uma mistura de astrologia e profecia bíblica, que está em absoluta consonância com o ar dos tempos e caracteriza o espírito da primeira revista astrológica periódica, *The Astrologer's Magazine*, que circula de 1791 a 1794. Patrick Curry descreve essa publicação da seguinte forma: "Essa extravagante mistura de interpretação horoscópica, filosofia oculta, fisiognomonia, mesmerismo e Nostradamus constituía um condensado muito familiar ao leitor moderno de certas revistas atuais de grande tiragem".[35] Para o autor, *The Astrologer's Magazine*, que é dirigido a leitores semi-intelectuais, é uma das manifestações do desejo de independência das classes médias. Seu significado cultural é carregado de sentidos, na medida em que ela ilustra a aculturação inicial dessas novas camadas urbanas, o ecletismo de seus gostos e o desejo de se distanciar das tradições.

Igualmente característico é, no nível da forma, o recuo dos manuais científicos de astrologia em proveito dessas revistas para o grande público: de 1700 a 1790, contam-se na Inglaterra, ao todo, seis novos títulos na categoria da astrologia judiciária; numa pesquisa realizada em 1891, que recenseou os autores de livros de astrologia dos séculos XVII-XIX, encontramos

33 Marais, Littérature et culture populaires aux XVIIe et XVIIIe siècles. Réponses et questions, *Annales de Bretagne et des Pays de l'Ouest*, t.87, n.1, p.76.

34 Le Camus de Mézières, *L'esprit des almanachs*, 1783, p.VI.

35 Curry, op. cit., p.130.

apenas três nomes do século XIII em cerca de quarenta: Penseyre, Mensforth e Worsdale.[36] Esses autores, embora se mantenham ao par das novidades astronômicas, estão longe de alcançar o nível conceitual e teórico de seus predecessores, em particular em matemática.

O rompimento entre a elite intelectual e a astrologia está consumado. Poderíamos fazer uma antologia das expressões de escárnio com que os *gentlemen* e os intelectuais achacam essa atividade antes cortejada pelos reis. Em 1703, John Ray, em sua obra sobre os provérbios, suprime sistematicamente "todas as observações e augúrios supersticiosos e sem fundamento"; em 1704, John Harris chama a astrologia de "ridícula loucura"; em 1714, William Taswell escreve que "pessoas fracas e ignorantes podem dar atenção a essas coisas, mas os homens esclarecidos as desprezam"; em 1722 e 1727, Daniel Defoe ataca adivinhos e astrólogos; em 1728, Ephraim Chambers, em sua famosa *Cyclopaedia*, chama os astrólogos de "vãos"; em 1740, o muito influente e muito aristocrático *Gentleman's Magazine* ataca "essa absurda quimera que é a astrologia judiciária", e revolta-se contra "a impiedade dessa prática, e o absurdo que é pretender que os decretos da providência e os mistérios dos acontecimentos futuros possam ser revelados aos seres mais iletrados e mais dissolutos"; em 1775, o *Dictionary* do doutor Samuel Johnson dá a seguinte definição da astrologia: "Prática de predizer as coisas pelo conhecimento das estrelas; arte completamente desacreditada hoje como irracional e falsa".

Do lado eclesiástico, o clero continua a luta sem trégua contra os astrólogos e adivinhos de aldeia. Nas visitas episcopais, os bispos são informados da existência desses adivinhos e dos que os consultam. Contudo, os tratados de teologia moral e os guias para confessores adotam um tom mais indulgente, que demonstra mais um sentimento de condescendência do que de irritação. Entre os moralistas esclarecidos, o desprezo pela astrologia é tal que eles a consideram apenas um divertimento inocente e sem consequências, ou, quando muito, um pecado venial da mesma ordem da gula. Entre os tratados mais célebres, o *Dictionnaire des cas de conscience*, do subpenitenciário da igreja Notre-Dame de Paris, Jean Pontas, publicado em 1715, classifica como pecado venial o fato de tentar conhecer o futuro por cartas, dados, peneira, abertura aleatória da Bíblia, consulta de leitoras da sorte e deitadoras de cartas; essas práticas perigosas e suspeitas tornam-se pecados mortais somente "quando se lhes dá fé com obstinação". Da mesma forma, toda

36 A Bibliography on Astrology, *Notes and Queries*, 7. series, Nov. 1891.

adivinhação é "em geral má e ilícita", mas é apenas pecado venial quando se recorre a elas por ignorância. A astrologia natural é lícita, mas "em todas as coisas que respeitam à liberdade do homem, não se pode sem pecado grave tomar por regra a influência dos astros", porque isso vai contra o livre-arbítrio e anula castigos e recompensas. A adivinhação por evocação do demônio, em contrapartida, é totalmente proibida, e Pontas reconhece mais uma vez que o diabo é capaz de ver o futuro, "conhecendo pela vivacidade de seu espírito coisas que excedem a capacidade natural dos homens".

Meio século depois, Santo Afonso de Ligório (1696-1787) prossegue no sentido de uma relativização do delito de adivinhação. Em *Instrução prática para os confessores*, ele demonstra uma tolerância bastante ampla: predizer as inclinações, o temperamento de uma pessoa de acordo com os astros é permitido algumas vezes, mas é sempre vão é inútil; acreditar que os sonhos anunciam o futuro é um pecado, "a menos que se esteja moralmente seguro, ou que se tenha uma grande probabilidade de que esses sonhos nos vêm de Deus". Em *As verdades da fé*, ele aborda o problema fundamental, o da possibilidade de um conhecimento do futuro. Para ele, somente Deus conhece o futuro e pode prevê-lo: "Prever com certeza efeitos totalmente contingentes, isso pertence somente a Deus, do qual apenas a vontade é a causa desses efeitos". As profecias do Antigo Testamento ilustram esse poder de predição, e são provas da verdade do cristianismo, ao contrário do que pensava Grotius, para o qual elas eram apenas elementos úteis, porém não necessários. O espírito de profecia foi transmitido aos santos, cujas predições se realizaram; "Maomé e Lutero também se vangloriaram de possuir o dom da profecia, mas jamais nenhuma de suas predições se verificaram". Quanto aos oráculos e à adivinhação dos pagãos, não há nenhuma necessidade de vê-los como ações diabólicas, apenas como fraudes e embustes, e os livros sibilinos são simples apócrifos cristãos. Se os bispos ainda se preocupam com superstições astrológicas, os teólogos e os moralistas quase não as levam mais a sério.

A mesma decadência é constatada na América,[37] onde as Igrejas reagiram com vigor contra a astrologia na primeira metade do século XVIII. Curiosamente, lá os almanaques tomam partido contra os adivinhos, e alguns se queixam de que as leis não são aplicadas de forma suficientemente rigorosa contra eles. Em 1727, Nathaniel Bowen escreve no almanaque de Boston: "Se as leis da província fossem realmente aplicadas nesses magos negros, eu

37 Butler, Magic, Astrology, and the Early American Religious Heritage, *American Historical Review*, v.84, n.2, p.317-46.

me arriscaria a predizer qual seria o destino deles". Sanções são aplicadas contra os *clergymen* que praticam a astrologia judiciária, como Joseph Morgan, punido em 1728 pelo sínodo presbiteriano da Filadélfia.

Em meados do século, assiste-se nas treze colônias a um ataque geral contra a astrologia. Jacob Taylor, ex-redator de almanaque, trata a astronomia de "imunda superstição pagã" e declara que, dos 27 astrólogos que conheceu na Pensilvânia, quatro "eram capazes de escrever inglês e soletrar os nomes comuns". Em 1751, Nathaniel Ames nota a mudança de mentalidade, atribuída por ele ao mimetismo servil do povo. Quando a astrologia "era acariciada pelos príncipes e pelos grandes filósofos", escreve ele, todo mundo a defendia; agora, "a mesa virou; eles são contra ela, e a multidão vai atrás". A situação nos futuros Estados Unidos é resumida da seguinte maneira por Herbert Leventhal:

> A astrologia na América do século XVIII era nitidamente um tema em declínio. Ela não tinha o prestígio ou a importância que tivera na Europa do Renascimento. Seu veículo principal era o almanaque de base, a literatura dos semiletrados. Nenhum tratado científico sobre ela foi escrito nas colônias, e os que a mencionam de passagem datam do início do século.[38]

## PERSISTÊNCIA DAS PROFECIAS FALSIFICADAS

A astrologia como ciência acadêmica morreu. Outra porta para o futuro acaba de se fechar. Somente os almanaques e os adivinhos de aldeia ainda olham pelo buraco da fechadura e transmitem fragmentos de predições sobre o tempo e as colheitas ao povo, que finge acreditar, sem saber bem que grau de confiança se pode demonstrar por eles.

Da mesma forma, métodos fósseis de predição ainda são utilizados, mas num clima obscuro, suspeito de manipulação, o que prejudica muito sua credibilidade. Um bom exemplo é dado pelo pânico profético de 1734 nas Províncias Unidas, um tipo de acontecimento que poderíamos supor coisa do passado desde o século XVI, e que mostra como é fino às vezes o verniz das Luzes. Wilhem Frijhoff fez um estudo preciso que desvenda o mecanismo dessas profecias tardias.[39]

---

38 Leventhal, *In the Shadow of the Enlightenment*, p.64.

39 Dupont-Bouchat; Frijhoff; Muchembled, *Prophètes et sorciers dans les Pays-Bas, XVIe-XVIIIe siècle*.

No início de 1734, circula uma profecia no litoral das Províncias Unidas, uma região onde as comunidades rivais coexistem: os católicos vão massacrar os protestantes no dia de São João. A agitação é considerável, e os padres católicos se preocupam, temem reações preventivas da parte do povo. O dia fatídico passa, todos tentam explicar a profecia e, de modo geral, concordam em responsabilizar a superstição popular, a credulidade do "populacho". O redator Justus van Effen apela para a união dos homens esclarecidos de todas as confissões contra a "superstição profética". Para ele, assim como para a elite intelectual e social, o povo é um instrumento passivo, que apenas segue as instruções dos grupos de interesse, como os jesuítas, os jansenistas ou o príncipe de Orange. Sua análise se assemelha à dos dirigentes católicos. Em julho de 1734, um carmelita escreve ao núncio a propósito dessa questão: "Comparo essas profecias às de Nostradamus na França e às que são feitas a favor do Pretendente no caso da Inglaterra"; ele as chama de "parvoíces".[40] Num discurso em defesa de uma católica, mestre Petraeus é ainda mais explícito, falando do:

> rumor dessas pretensas profecias [...] inventadas por homens supersticiosos. [...] Os homens ouvem e leem essas coisas com avidez, de ordinário, e contam-nas de bom grado uns aos outros, como se fossem notícias. Seria até difícil encontrar uma única velha megera diante de sua roda de fiar que as ignore. Os homens inteligentes nunca acreditam nessas futilidades, bobagens e quimeras.[41]

O processo é, na verdade, um pouco mais complexo, como mostrou os historiadores modernos, que encontraram a origem dos boatos proféticos de 1734. Na base, três predições datadas da segunda metade do século XVII:

– a *Profecia de Brugman*, publicada em 1666, invenção do padre católico Nicolas Boschman, que a atribui ao franciscano medieval João Brugman e dá a data de 22 de novembro de 1462. Para compor essa falsificação, Boschman se serve dos libelos que circulam em 1666 nas Províncias Unidas, no clima de guerra contra a Inglaterra, e a transforma numa promessa de libertação para os católicos;

– uma profecia inventada com o mesmo espírito entre 1673 e 1679 pelo premonstratense Jan van Craywinckel, que também a atribui a um padre medieval, João de Liliëndaal, de 104 anos, o que aumenta seu prestígio.

---

40 Ibid., p.326.
41 Ibid., p.340.

Misturando as predições *post eventum* e dosando sutilmente o claro e o impreciso, ele anuncia uma restauração violenta do catolicismo;

– um livrinho profético publicado em 1680, as *Doze línguas profetizantes*, obra de um padre, Dirck Mensinck, que, após a decepção consecutiva à guerra da Holanda, da qual se esperava a restauração do catolicismo, relata esse acontecimento no futuro por meio da profecia.

A profecia de 1734, portanto, não é originalmente, como pensam os intelectuais da época, um fenômeno popular: é uma invenção do clero, com um intuito pastoral, apologético, a fim de conservar a esperança de uma comunidade minoritária e mais ou menos perseguida. Se o foco é o ano 1734, é porque naquele ano o dia de *Corpus Christi* coincide com o dia de São João, acontecimento muito raro, que ocorre pela primeira vez desde 1666 e não se repetirá antes de 1800. Uma quadrinha muito conhecida previa o fim do mundo para o ano em que essa coincidência ocorresse junto com outras duas: a Sexta-Feira Santa e o dia de São Jorge (23 de abril), a Páscoa e o dia de São Marcos (25 de abril):

> Quando Jorge Deus crucificar
> Quando Marcos o ressuscitar
> E quando João o passear,
> O fim do mundo acontecerá.[42]

Para Wilhem Frijhoff, as classes médias ainda se interessam por esse tipo de profecia:

> No século XVIII, a questão ainda não parece resolvida: as classes "populares" (as que não participam da gestão do país) discutem amplamente as profecias, mas os burgueses diretamente interessados pelos problemas mencionados também o fazem. Apenas a estreita camada dirigente e os meios clericais parecem ter realmente se dissociado delas.[43]

É verdade que o século XVIII teve um certo número de profecias de tipo antigo, apocalípticas e catastrofistas, que não ficaram confinadas nos meios populares. O tema do Grande Monarca, do Imperador dos últimos dias, não desapareceu. Variantes continuam a aparecer, sobretudo na França e na

42 No original: "Quand Georges Dieu crucifiera/ Quand Marc le ressuscitera/ Et quand Jean le promènera,/ La fin du monde arrivera". (N. T.)

43 Ibid., p.360.

Itália, em pleno século das "Luzes".[44] Na Itália, a "Predição de recreação", atribuída a um monge anônimo, anuncia a vinda de um superpapa, que restaurará a ordem universal:

> Uma terrível ave de rapina surgirá de súbito para sangrar o boi e saciar-se com as entranhas do grande Dragão iníquo. Ela reconduzirá os reis a seus tronos. Na mesma época, um justo surgirá do país dos gálatas, será recebido em Roma, onde será eleito papa. Durante seu pontificado, a ordem e a harmonia retornarão ao mundo.[45]

O jargão de base zoológica indica uma influência merlinesca e, até hoje, dá lugar a muitas interpretações. Ainda na Itália, mensagens proféticas ligadas ao Santo Sudário de Turim reaparecem depois de 1730; antedatadas, predizem com muita precisão numerosos acontecimentos políticos passados.[46]

Na França, uma religiosa vidente, Jeanne Le Royer (1732-1798), ainda explora a veia do Anticristo, num esquema tradicional: cataclismos, em particular terremotos, serão seguidos da vinda do enviado de Satanás, quando a Igreja tiver abandonado "a língua das catacumbas", isto é, provavelmente o latim – decididamente os profetas não conseguem chamar as coisas pelo nome –, e isso acontecerá no século XX ou XXI. Até a Sibila, que acreditávamos morta, volta a ser assunto; pouco depois de 1730 circula em Roma a profecia da "Nova Sibila", mensagem adaptada às exigências da fé iluminista: uma "grande dama" será coroada, depois catástrofes transtornarão a vida do planeta, e finalmente um mundo novo surgirá, onde "todos os bens da terra serão postos a serviço de toda a humanidade", e o clero se tornará realmente cristão.

## PROFECIA E INQUIETUDE DO SÉCULO

Nada disso excederia o estágio da anedota e do *fait divers*, se não constatássemos ao mesmo tempo o surgimento de uma corrente profética mais constante, indicando a inquietude do século.[47] Apesar dos temas correntes

44 Muraise, *Histoire et légende du Grand Monarque*. O autor relaciona para esse tema 44 profecias francesas, 12 italianas, 7 alemãs, 8 espanholas, 3 portuguesas, 2 anglo-irlandesas no período do século VII ao XX. Mais da metade é obra de clérigos.

45 Apud Baschera, *Le profezie*, p.103.

46 Id., *La Santa Sindone e i suoi segreti*.

47 Cf. sobre esse tema Deprun, *La philosophie de l'inquiétude en France au XVIIIe siècle*.

sobre o progresso e a felicidade, a sociedade do século XVIII, sobretudo suas elites pensantes, sente-se pouco à vontade. Os elementos de estabilidade se desmantelam, as certezas ancestrais são contestadas – tendo em vista um futuro melhor, dizem alguns, mas sabe-se lá. E se, ao contrário, tudo isso levasse à catástrofe? Se o homem, libertando-se, bancasse para sempre o aprendiz de feiticeiro? Se a razão exagerasse sua força? A Igreja, aliás, não deixa de jogar com essa inquietude, em particular a fração mais pessimista, a dos jansenistas. A repetição das catástrofes não é sinal de que alguma coisa está fora do eixo, que Deus não aprova a direção que a humanidade tomou, e que está se preparando um apocalipse?

Os velhos reflexos não desapareceram, e um advogado jansenista, Le Paige (1712-1802), coleciona relatos de cataclismos enviados por negociantes e diplomatas de toda a Europa. A crônica é rica: maremoto no vale do Ganges em 1737, destruição de Lima e Callao por um terremoto em 1746, sismo na França em 1750, passagem de meteoros em 1754, terremoto em Lisboa em 1755, que faz 100 mil mortos e cujas repercussões são sentidas até no Marrocos (8 mil mortos em Meknés, 3 mil em Fez), enchente no Danúbio em 1756, incêndio de Fère-Champenoise em 1776, terremoto da Sicília em 1783. A série não tem nada de excepcional para nós, que estamos acostumados com as catástrofes semanais alardeadas pela mídia. No século XVIII, o crescimento da imprensa e a aceleração das comunicações possibilitam tomar consciência pela primeira vez das desgraças em escala mundial, e a impressão que se tem disso é a de uma multiplicação, o que leva Le Paige a abrir sua coletânea de catástrofes com o discurso de um convulsionário sobre "os sinais e os flagelos da justiça de Deus". Mesmo os espíritos racionais ficam impressionados. Em 1755, as pessoas acreditam ver espadas flamejantes no céu da Alemanha, da Suíça e da França; um comerciante francês escreve a seu correspondente em Lisboa: "Na Alemanha, todos estão consternados e contritos, anda-se tremendo e teme-se que a cólera do Senhor rebente, como rebentou na Espanha, em Portugal e em outros países. Ore sem descanso, jejue para que ele condescenda em poupar a nação francesa".[48]

As catástrofes do século são usadas pelos jansenistas como anúncios de desastres apocalípticos: é o que explica em dois volumes publicados em 1756 e 1757 o filósofo Laurent-Étienne Rondet (1717-1785). Sua obra, intitulada *Supplément aux réflexions sur le désastre de Lisbonne, avec un journal des phénomènes depuis le 1er novembre 1155 et des remarques sur la plaie des sauterelles annoncées*

48 Plongeron, *Théologie et politique au siècle des Lumières (1770-1820)*, p.26.

*par Saint Jean* [Suplemento às reflexões sobre o desastre de Lisboa, com um diário dos fenômenos desde 1º de novembro de 1755 e observações sobre o flagelo dos gafanhotos anunciado por São João], é a versão erudita das profecias populares dos convulsionários de Saint-Médard. Um deles, Miguel Pinel, publica em 1749 um *Horescope du temps*, profetizando acontecimentos clássicos: o retorno de Elias, a conversão dos judeus, o declínio da Igreja.

## OS CONTRASTES DAS LUZES: RACIONALISMO E ILUMINISMO

O século XVIII é cheio de contrastes. Racional e antimístico com suas elites intelectuais, refratárias à profecia clássica, ele também passa, sobretudo a partir de 1760, por um renascimento espetacular do ocultismo, que agora é chamado de iluminismo e dá espaço aos fenômenos extáticos e a um tipo de profecia que associaríamos à parapsicologia e ao esoterismo.

Voltaire é o representante típico da primeira corrente, amplamente majoritária. A profecia é para ele um exercício de charlatães que durante séculos se aproveitou da credulidade popular, o que ele expressa em uma daquelas frases das quais só ele tem o segredo: "O primeiro profeta foi o primeiro malandro que encontrou um imbecil; assim, a profecia é da Antiguidade a mais alta". *O túmulo do fanatismo*, de onde é tirada essa sentença, contém o essencial de seu pensamento sobre o assunto, com o pretexto de reproduzir o de milorde Bolingbroke.[49] Depois de recordar que todos os povos primitivos possuíam profetas, moda que os hebreus emprestaram deles, ele mostra que essa impostura continua até a sua época, e que ela se apoia no fanatismo, para "unir-se ao mais horrível entusiasmo pelas repugnantes mentiras", como ilustra o episódio dos camisardos.

As profecias são invenções grosseiras:

> Existiram desde sempre tais impostores, e não somente miseráveis que faziam predições, mas outros miseráveis que presumiam profecias feitas por antigos personagens. O mundo foi cheio de sibilas e Nostradamus. O *Alcorão* conta 224 mil profetas.

É para os profetas do Antigo Testamento que Voltaire reserva o seu mais duro sarcasmo. Ele não tem nenhuma dificuldade em ridicularizar seus

49 Voltaire, Des prophètes. In: ______, *Examen important de Milord Bolingbroke ou Le tombeau du fanatisme*, chap.IX.

costumes bizarros, temperados com obscenidades picantes.[50] Além do mais, eles faziam profecias contraditórias:

> tratavam-se reciprocamente de loucos, visionários, mentirosos, malandros, e apenas nisso diziam a verdade. [...] "Os profetas de Jerusalém são extravagantes, homens sem fé", diz Sofonias, profeta de Jerusalém. São todos como o nosso boticário Moore, que põe em nossas gazetas: "Tomem minhas pílulas, cuidado com as falsificações".

Enfim, como se pode venerar esses textos incompreensíveis?

> Raramente se leem as profecias; é difícil manter a leitura desses longos e enormes galimatias. Os homens do mundo, que leram *Gulliver* e *Atlantis*, não conhecem nem Oseias nem Ezequiel. Quando se mostram a pessoas sensatas essas passagens execráveis, mergulhadas no mistifório das profecias, elas ficam pasmas. Não conseguem conceber que um Isaías ande nu no meio de Jerusalém, que um Ezequiel corte sua barba em três, que um Jonas fique três dias no ventre de uma baleia etc. Se lessem essas extravagâncias e impurezas num desses livros denominados profanos, abandonariam o livro com horror. Esse livro é a Bíblia: elas ficam confusas; hesitam, condenam essas abominações, e não ousam condenar o livro que as contém. Apenas com o tempo é que ousam fazer uso de seu senso comum; finalmente, acabam detestando o que malandros e imbecis as fizeram adorar.

O ataque é vigoroso, e ainda mais sacrílego porque, como vimos, as profecias do Antigo Testamento eram vistas pelos teólogos como *provas* da verdade do cristianismo e da divindade de Cristo. Temos aqui a forma extrema da negação de toda profecia, posição que será retomada pelos materialistas dos séculos XIX e XX, e demonstra o orgulho do homem livre das superstições – mas que ao mesmo tempo se priva de um guia. Descobrindo que esse guia era cego, ele o abandona; não será fácil encontrar um substituto.

No entanto, profetas substitutivos aparecem na segunda metade do século. O sucesso que esses iluminados fazem na alta sociedade provavelmente não se deve apenas a uma moda ou à simples curiosidade. Ele corresponde a uma necessidade de predição, de conhecimento do futuro, devida à ruína da profecia religiosa, da adivinhação tradicional e da astrologia, ruína

50 Não, nós não as citaremos. Cf. referência anterior.

que a razão ainda era incapaz de substituir. Não é impressionante que os focos do despotismo esclarecido, as cortes de Viena e Berlim, é que se interessem por esses novos inspirados? Frequentemente são os que se decepcionam com Jeremias e Isaías que aplaudem Mesmer e Cagliostro. Como escreve Paul Valéry, "vê-se, em resumo, espalhar-se, e quase popularizar-se, no século XVIII, todas as variedades normais ou degenerescentes engendradas pelo desejo de saber mais do que se pode saber. Os adeptos se multiplicam, o iniciado fervilha, o charlatão abunda".[51]

É no prefácio da biografia de um dos mais curiosos visionários do século, Swedenborg, que estão escritas essas linhas. Emmanuel Swedenborg (1688-1772), filho de um bispo luterano sueco, ilustra a confusão e as contradições da época diante do futuro. Esse homem devoto é um engenheiro de talento, autor de várias invenções. Atraído pelos fenômenos psíquicos anormais, e provavelmente com um início de esquizofrenia, ele caía em estados hipnóticos frequentes, durante os quais mergulhava em visões que misturavam elementos bíblicos a especulações inspiradas em Boehme e Pico della Mirandola, e desembocavam numa síntese profética original que lhe valeu a condenação de herético em 1769 pela Igreja Luterana sueca.

Swedenborg é uma curiosidade que gente de toda a Europa vem ver. Dizendo conversar com os espíritos, ele elabora uma teoria do profetismo que se apoia na existência de um influxo vindo do mundo espiritual na forma de sonhos, visões e palavras. Nos últimos dez anos de sua vida, dedica-se às especulações apocalípticas, mas desde 1747 tem visões que lhe anunciam o julgamento final, seguindo um esquema clássico: a Igreja Católica, corrompida, será substituída pela Igreja Luterana, da qual ele será o profeta, mas tudo isso ocorrerá no mundo dos espíritos, e não se verá nada na terra. Em 13 de fevereiro de 1748, anuncia esse fim do mundo para 1757, e efetivamente apenas ele vê sua realização em várias visões, registradas em *De ultimo judicio*. Neste ele retoma as imagens tradicionais: Babilônia, a Igreja Católica, é substituída pela Nova Jerusalém, que desce progressivamente à terra. Aumentando o delírio, ele declara na *Vera christiania religio* que no dia em que terminou essa obra, em 19 de junho de 1770, Jesus reuniu seus doze apóstolos e enviou-os ao mundo espiritual para pregar a doutrina de Swedenborg.

Como todo espírito "anormal", Swedenborg tem uma lógica própria, baseada na velha doutrina das correspondências; esta permite que ele veja no mundo espiritual o que vai acontecer no mundo natural:

---

51 Prefácio do livro de Lamm, *Swedenborg*, p.ix.

> Todas as coisas que existem no interior da natureza, desde a mais ínfima até a mais grandiosa, são correspondências. Não existe nada natural que não tenha sua correspondência espiritual. Cada coisa é verdadeira em sua ordem, mas só é compreendida na ordem superior. Todo o mundo natural corresponde ao espiritual, e aquele subsiste apenas segundo este, como o efeito segundo sua causa, e nós somos o efeito dessa causa.

A fama de Swedenborg é indicativa de uma sociedade desorientada pela perda de seus guias espirituais tradicionais, mas está longe de ser um caso único. Do mesmo modo que pululavam cultos de mistérios no início da era cristã, dando aos iniciados reconforto e segurança moral, vemos multiplicar-se na segunda metade do século XVIII círculos esotéricos com ritos misteriosos, nos quais se busca um caminho de acesso a um mundo espiritual onde supostamente reside a verdade suprema, que se esquiva cada vez mais de um mundo material e natural opaco. Os rosa-cruzes ressurgem na Alemanha por volta de 1760, cercando-se de segredos e ritos; a franco-maçonaria, em pleno desenvolvimento, acredita ser necessário blindar-se com misteriosos rituais. Iluminados surgem por toda parte: Johann Kaspar Lavater, pastor de origem suíça, difunde visões proféticas milenaristas, e príncipes, sábios e filósofos não se privam de lhe escrever; em 1775-1778, publica seus *Physiognomische Fragmente*. Johann Heinrich Jung-Stilling, médico, amigo de Goethe e Herder, ensina Economia Política em Heidelberg em 1784, em Marburgo em 1787, e profetiza: declínio do catolicismo, conversão dos judeus, revoluções.

Com Johann Paul Philipp Rosenfeld, couteiro desonesto, descemos ao nível dos profetas populares que juntam a vigarice à loucura. Hirsuto, empregando o perfeito conhecimento que tem da Bíblia, ele atravessa o estado de Brandemburgo nos anos 1760, proclamando que é o verdadeiro messias: ele tem o Livro da Vida, cujos sete selos devem ser quebrados por sete virgens, que ele transforma em suas esposas. Internado num hospício em 1768, e liberado em 1771, ele se estabelece em Berlim e retoma sua missão profética. Embora seja um verdadeiro alienado mental e um maníaco sexual, consegue reunir uma pequena comunidade que, mesmo após sua morte na prisão, em 1788, exige até 1797 que ele seja posto em liberdade para que possa salvar o mundo. Nos anos 1780, outro messias-profeta atua em Berlim e é preso em 1784: Philipp Jakob Bekker. Cada região da Alemanha tem seu profeta, e as predições circulam cada vez mais, como a chamada *Jasper*, em Viena, que anuncia o quinhão habitual de catástrofes, cujo centro seria o Oriente Médio.

Assim, o século das Luzes termina em plena confusão dos espíritos, já que o espírito crítico varreu as profecias, a astrologia e os métodos empíricos de adivinhação, mas não conseguiu substitui-los por métodos racionalmente confiáveis. A necessidade de prever continua, e é satisfeita com sucedâneos de predições tirados de elucubrações paranormais ou simples trapaças. Henri Brunschwig, que estudou essa crise moral e mental, marcada pela ascensão do Iluminismo, no contexto prussiano, menciona o caso de Paul Erdmann, que lê o futuro nos planetas e nas cartas, e cuja antessala em Berlim está sempre cheia de pessoas de qualidade, e cita as palavras de Wekhrelin: "A arte dos profetas é simples: é apenas a arte de jogar dados. De qualquer maneira que caia o dado, ele sempre diz alguma coisa. Conheceis um único galimatias, um sonho, qualquer que seja, que careça de atrativo a ponto de não se deixar interpretar?".

Os próprios filósofos da *Aufklärung* ficam desorientados:

> A loucura toma as elites e os filósofos quase renunciam à luta; conseguem compreender seus contemporâneos com facilidade. Desculpam-nos, ao mesmo tempo que os acusam: "Somos filósofos demais, nesta época de *Aufklärung* universal", conclui Wieland, "para acreditar na aparição de espíritos. E somos, com toda a nossa *Aufklärung*, muito pouco filósofos para não acreditar nela. Balançando entre essa fé e esse ceticismo, argumentaremos e caçoaremos na maioria dos casos, como se não acreditássemos nessas coisas; e assim que contarem alguma nova história de assombração, escutaremos com tanta concentração, e sentiremos um medo tão decido dos espíritos, como se acreditássemos neles.[52]

Situação característica de uma crise de civilização: as pessoas precisam de valores, mas não creem mais nos antigos; ora, não se decretam valores, eles se impõem depois de provar seu mérito. O espírito racional matou a profecia e a adivinhação, e enquanto não os substituir, será assombrado pelo remorso e pela tentação de recorrer a esses fantasmas.

De fato, o indivíduo e a sociedade não saberiam viver sem prever, e os novos caminhos da predição, caminhos puramente humanos e naturais que surgem a partir do século XVII, ainda são muito frágeis e incertos para ocupar o vazio deixado pela ruína das profecias. Os antigos métodos de predição tinham a seu favor o fato de possuir um caráter infalível; eles erravam sempre, é claro, mas, examinadas à luz do sobrenatural, essas predições podiam

---

52 Brunschwig, *Société et romantisme en Prusse au XVIIIe siècle*, p.290.

ser interpretadas de maneira que, num nível ou noutro, elas se realizavam. Da mesma forma, a astrologia podia afirmar que o completo domínio da mecânica dos astros e dos cálculos matemáticos conduziria à infalibilidade. Esses métodos tradicionais tendo sido marginalizados pela razão, será necessário habituar-se a viver no relativo: a probabilidade vai substituir a certeza, o que não vai facilitar a condição humana.

# – 12 –

# OS NOVOS CAMINHOS DA PREDIÇÃO NO SÉCULO XVIII: UTOPIA, HISTÓRIA, CIÊNCIAS HUMANAS

A diferença fundamental entre os métodos tradicionais e os métodos novos de predição reside na origem deles. Enquanto aos primeiros se inspiram em informações externas, comunicadas por Deus, pelo diabo, por um espírito qualquer, pela posição dos astros, os segundos são fruto exclusivo do raciocínio humano. Diferença formal, diríamos, já que de todo modo as profecias clássicas também vêm do cérebro humano, mas no segundo caso a origem estritamente humana é perfeitamente consciente, exclusiva e reivindicada.

## A CRISE DA HISTÓRIA PREDITIVA NO SÉCULO XVII

O homem que prediz ou prevê unicamente a partir de seu raciocínio prevê um futuro já determinado, fatal, ou, ao contrário, um futuro aberto, resultado da ação livre dos seres humanos? O profeta e o astrólogo revelavam um futuro predeterminado, ainda que para o astrólogo a fatalidade astral pudesse ser corrigida pelo livre-arbítrio: o destino estava traçado. Para o homem moderno, que se recusa a ler o futuro no céu, espiritual ou astral, a primeira questão é de ordem filosófica: liberdade ou determinismo? No primeiro caso, ele poderá apenas conjecturar, e suas previsões terão sempre um aspecto de aposta; no segundo caso, ele poderá tentar encontrar leis de uma evolução traçada com antecedência, arriscando-se a cair na explicação sobrenatural, quando se trata de saber quem determinou esse traçado.

O século XVIII tem consciência do problema, e não consegue se decidir, primeira desvantagem da nova política de predição. Ele oscila constantemente entre o fatalismo cego de Boulainvilliers, que o faz condenar os "fúteis projetos da política", e a revolta de Montesquieu, que considera que "aqueles que disseram que uma fatalidade cega produziu todos os efeitos que vemos no mundo disseram um grande absurdo: pois há maior absurdo do que uma fatalidade cega que tenha produzido seres inteligentes?".

Outra questão prévia que deve ser resolvida: prever somente tem sentido e utilidade se há evolução. O que há para predizer, se nada muda? Mais uma vez, as opiniões se dividem. Muitos continuam fiéis ao determinismo tradicional no que concerne à humanidade: o homem pertence à ordem da natureza, e a natureza é permanência, imutabilidade. A única história é a da salvação, e é no centro dessa história escatológica que se situavam as profecias religiosas tradicionais. Já a história puramente humana não muda; é apenas a repetição infinita dos mesmos acontecimentos. É em substância o que pensa Voltaire e o que resume Jean Ehrard:

> O devir das coisas humanas não é geralmente concebido nem como uma decadência inexorável nem como um aperfeiçoamento progressivo, mas como uma série de oscilações em torno de uma Natureza intemporal. No melhor dos casos, gostaríamos de ter esperança no futuro, mas num futuro imóvel, confiar no poder criador do tempo, sem renunciar à segurança do eterno: suma batota que resume e engloba todas as outras.[1]

Essas reflexões prévias conduzem necessariamente os filósofos do século XVIII a se debruçar sobre a história. Quem deseja compreender o futuro deve primeiro compreender o passado, olhar para trás antes de se projetar para a frente: "Aquele que controla o passado controla o futuro", diz o famoso slogan do *Big Brother* em *1984*. É efetivamente do estudo histórico que vão surgir novos métodos de predição.

Os debates sobre o valor preditivo da história são muito acalorados a partir do fim século XVIII. Nessa época, a concepção providencialista ainda

---

1 Ehrard, *L'idée de nature en France à l'aube des Lumières*, p.389.

leva a melhor: Deus é o *Deus ex machina* que manipula os povos e as nações conforme a sua vontade. A expressão mais acabada dessa visão é o *Discours sur l'histoire universelle*, de Bossuet, de 1681. Reis e impérios não passam de instrumentos passivos, pelos quais Deus desenvolve seu plano, pune, recompensa, encoraja. Tudo é previsto e desejado, não há espaço para o acaso nesse afresco grandioso, porém frio como um mecanismo. Essa concepção determinista é aberta *a priori* à predição; mas para isso ainda é preciso conhecer os desígnios de Deus, que são impenetráveis por definição, o que nos faz cair na profecia clássica: apenas alguns privilegiados podem predizer, aos quais Deus, sempre com um intuito preciso, revelou um fragmento de seu plano. Portanto, na verdade, a história providencialista, a mais fatalista que existe, é também a mais imprevisível, em nome do caráter secreto do plano divino.

Aliás, os autores que defendem essa concepção têm prazer em mostrar como Deus se diverte confundindo os cálculos humanos, surpreendendo suas previsões e alcançando seus objetivos por meios indiretos e inesperados. Sem querer, esses sérios teólogos transformam Deus num grande farsante, que torna as predições impossíveis. Um acontecimento tão inesperado como a Restauração na Inglaterra, por exemplo, é interpretado como obra da providência, que frustra todas as expectativas dos políticos. Infelizmente, cada teólogo tem uma ideia pessoal do plano divino: na Inglaterra, John Foxe, apoiando-se no fracasso dos complôs papistas e da Armada, transforma isso em sinal evidente do caráter providencial do povo inglês, chamado a dominar a Europa, interpretação categoricamente rejeitada por Bossuet. A história providencialista não se presta à predição, porque Deus decide tudo, e guarda segredo. Aliás, ela recua muito rapidamente, mesmo na Inglaterra, onde o grande historiador Clarendon, embora pague um tributo formal ao papel divino, relata todas as reviravoltas do século XVII de uma perspectiva muito humana. Na mesma época, o marquês de Halifax se ergue contra "esse erro comum que é fazer de cada acontecimento uma aplicação do julgamento divino"; em Oxford, alguns começam a contestar a existência da providência, e em 1682, um ano depois da obra de Bossuet, John Oldham escreve:

> Há quem negue toda providência
> E acredite que o acaso dirige o mundo;
> Fazem de Deus um espectador ocioso,
> Um preguiçoso monarca a balançar-se no trono.[2]

2 Hill, Newton and his Society, *The Texas Quarterly*, 1967, p.38. [No orig.: "Il y en a qui désavouent toute providence/ Et croient que le hasard dirige le monde;/ Ils font de Dieu un spectateur oisif,/ Un paresseux monarque se balançant sur son trône".]

A história só pode ser preditiva se for decidida na terra. Esse último ponto une a maioria dos historiadores a partir do início do século XVIII. Mas ainda é preciso determinar se a história tem um sentido, e que sentido é esse, para poder predizer a sequência dos acontecimentos. Tarefa árdua. Os historiadores antigos já haviam se interrogado sobre essa questão, como vimos. Os modernos vão retomá-la do ponto em que a deixaram Políbio e Tácito, após o grande parêntese dos cronistas medievais. No século XVI, Jean Bodin (1530-1596) conduz uma verdadeira empreitada de racionalização da história, exposta em seu *Méthode pour une connaissance aisée de l'histoire* (1566). A multiplicidade dos fatos históricos dá a impressão de um caos, escreve ele, mas por trás dessa aparência existe uma ordem e uma unidade, que compete ao historiador encontrar, e isso lhe permitirá predizer. Infelizmente, embora parta de princípios racionais, Bodin se perde na direção de sua pesquisa, empregando os números como chave de interpretação histórica. Especulando sobre as datas e as eras dos grandes homens, acaba privilegiando o 496, transformando-o em duração básica de um período histórico: 496 anos de Augusto a Rômulo Augusto, de Constantino a Carlos Magno, de Siágrio a Hugo Capeto. O valor preditivo de sua história é nulo, portanto.

No século XVII, a história fica de escanteio: a época privilegia a constância; os reis criam um serviço de historiografia oficial cuja única tarefa é glorificar suas ações; a Igreja opta pela história providencialista, e a verdadeira pesquisa histórica situa-se no nível dos eruditos, beneditinos em particular, que realizam uma tarefa imensa, mas cujo papel não é elaborar uma filosofia da história.

Paradoxalmente, os piedosos mauristas, trazendo à luz os detalhes concretos e muitas vezes pouco reluzentes dos acontecimentos diplomáticos e políticos passados, preparam o terreno para os filósofos anticlericais, que no período seguinte se servirão dessa massa de fatos postos à disposição e tirarão conclusões que Mabillon e seus confrades não esperavam.

Num primeiro momento, de 1680 a 1720, a história sofre uma crise profunda, que lhe tira tanto a credibilidade quanto o valor preditivo. É atacada de todos os lados. Os cartesianos, liderados por Malebranche, não veem nela mais do que uma trama de incertezas e incidentes sem importância; o que interessam são os conceitos, as ideias claras e eternas que constituem o objeto da metafísica, e não essas flutuações efêmeras das sociedades humanas. Os eruditos libertinos desconfiam das narrativas dos antigos historiadores, entremeadas de fatos maravilhosos e discursos inventados; cada um ajeita a história a seu gosto pessoal e os historiadores são uns charlatães. Começam troçando de Rômulo e Remo, da loba, da vestal Rhea Sylvia, até chegar aos mitos bíblicos. Os próprios jansenistas desconfiam, embora produzam bons historiadores: para que servem esses conhecimentos inúteis? Quando conhecemos os métodos de trabalho de certos historiadores, como Vertot, que se recusa a examinar os novos documentos que lhe enviam porque seu trabalho está terminado, ou o padre Daniel, que passa uma hora na Biblioteca Real e dá-se por satisfeito, evidentemente ficamos pouco seguros do conteúdo das obras, cuja forma é mais cuidada do que o fundo. *Méthode pour étudier l'histoire*, publicado em 1713 por Lenglet Dufresnoy, ainda é bem pouco seguido.

Para outros, enfim, a história é uma arena onde se fazem acertos de contas ideológicas, em especial entre católicos e protestantes, como, por exemplo, Gilbert Burnet e o padre Maimbourg. Em resumo, todas essas circunstâncias se combinam para dar uma imagem caótica da história, e as reflexões dos filósofos na primeira metade do século XVIII são muito vacilantes. A história tem um sentido? Há um progresso discernível? Para Fontenelle, trata-se sobretudo de um eterno recomeço, pois o homem continua sendo o homem, com suas fraquezas e contrassensos, e "alguém que tivesse espírito, considerando simplesmente a natureza humana, adivinharia toda a história", passada e futura. Aqui, não se trata de determinismo físico, mas moral: serão sempre as mesmas abominações, indefinidamente repetidas, ainda que se possa discernir um ligeiro progresso desde a Antiguidade.

## AS HESITAÇÕES DOS FILÓSOFOS DIANTE DO FUTURO

Progresso? Nada é menos seguro. Trata-se antes de um eterno combate entre o erro e a verdade, cujo desfecho não tem absolutamente nada de certo: "Se percorrermos a história do mundo", escreve Voltaire, "veremos as fraquezas punidas, mas os grandes crimes felizes, e o universo é um amplo palco de banditismo abandonado à sorte". Os filósofos, no entanto, não podem se resignar com o reinado do acaso. Talvez haja progresso, mas "com que lentidão, com que dificuldade o gênero humano se civiliza e a sociedade se aperfeiçoa!", continua o mesmo Voltaire. E, de toda forma, esses progressos não são indefinidos: existe um grau de perfeição que não pode ser ultrapassado, ao menos sobre isso Voltaire e Rousseau estão de acordo.

Trata-se de um retorno à condição de natureza original, ou um aprimoramento permitido pela sociabilidade? Para Morelly, esses dois pontos se encontram: o homem partiu da inocência e da felicidade da situação de comunidade original; a propriedade privada acarretou vícios morais, mas permitiu um aperfeiçoamento progressivo do ser humano, que um dia atingirá "um ponto fixo de integridade ao qual os seres sobem por grau", situação final em que a criatura mostrará "toda a bondade ou integridade moral da qual é capaz". Esse ponto coincide com o ponto inicial, já que será o retorno à vida comunitária. Aqui, a história desemboca na utopia comunista desenvolvida por vários eclesiásticos do século das Luzes.

Rousseau não vai tão longe. Lamentando a perda do estado de natureza, comunitária, constata que a vida em sociedade possibilita o desenvolvimento da vida espiritual e moral, e que o homem, que não é naturalmente social, foi feito para vir a sê-lo, evoluindo na direção de um equilíbrio que permitirá em particular a democracia. As modalidades dessa evolução são incertas, e ainda se prestam a todo tipo de interpretação. Os utopistas, que não confiam na natureza para conduzir o mundo a sua perfeição, preconizam uma ação voluntária para realizar a sociedade ideal. Os otimistas, ao contrário, confiam na evolução natural e no princípio de continuidade, postos na natureza por Deus: para o naturalista e filósofo Johann Georg Sulzer, de Zurique, o mundo avança na direção da perfeição, "ele sai das mãos do Criador dotado de todo o necessário para o devir [perfeito] segundo sua posição ou posição que ocupa na escala universal".[3] Outros se sentem tentados a reintroduzir a descontinuidade no processo, recorrendo ao milagre, que não hesitam em profetizar: Ramsay, em 1748, prediz uma conflagração universal, que precederá a era paradisíaca; Bonnet, em 1769, anuncia a vinda da "reparação" universal, em que todos os seres vivos subirão um grau na escala da inteligência. Voltamos ao pensamento profético e milenarista.

Todos esses balbucios têm em comum o fato de se enraizarem no estudo histórico. Evidentemente, seu caráter vacilante ainda não permite que se fale de filosofias da história. No entanto, a ideia de extrapolar, partindo do estudo do passado para construir uma teoria preditiva – ideia que tem riscos, como mostrará Paul Valéry, mas também é cheia de potencialidades – agora pode se desenvolver. Ela é ao mesmo tempo uma versão secularizada da história providencialista e uma aplicação dos progressos científicos nas sociedades humanas, em que a noção de evolução se estabelece pouco a pouco. Em 1725-1730, o napolitano Vico, em *Scienza nuova*, acredita ter discernido um progresso irreversível através da história, que vai das "épocas distantes, [...] naturalmente obscuras, grosseiras e pobres", a uma "época de luz, cultura e grandeza".[4]

---

3 Apud Ehrard, op. cit., p.409.
4 Vico, *La science nouvelle*, §123.

Essa ideia geral desabrocha na segunda metade do século e leva a sistemas que recortam a história em períodos significativos, passados e futuros, conforme o modelo – secularizado – de Joaquim de Flora. O modelo em três tempos terá um destino singular. Turgot dá um primeiro exemplo, que será desenvolvido por Auguste Comte, em 1760, em seu *Plan du second discours sur les progrès de l'esprit humain*.[5] Condorcet, em 1793, aprimora o esquema em dez etapas em *Esboço de um quadro histórico dos progressos do espírito humano*. Obra capital para o nosso propósito. De fato, Condorcet declara sem ambiguidade que prediz amparado na história: "Por que se veria como empresa quimérica a que consiste em traçar, com alguma verossimilhança, o quadro dos destinos futuros da espécie humana, de acordo com os resultados de sua história?". Contestando que avance hipóteses, afirma dar certezas, desvendando "leis gerais, necessárias e constantes". Sua visão decididamente otimista contrasta com a de seus predecessores. A décima época da história da humanidade será a da igualdade entre as nações e os indivíduos. O desenvolvimento da razão, da ciência, da indústria, permitirá o nascimento de um novo homem, sem preconceitos, e dotado de uma nova moral: "Virá, pois, o momento em que o sol iluminará sobre a terra somente homens livres, que não reconhecerão outro mestre além de sua razão".

Condorcet também destoa de Voltaire e Rousseau por não estabelecer um limite para esse processo. Além da décima etapa, o progresso do espírito humano será constante e sem entraves. O homem nunca chegará a saber tudo, mas nunca deixará de progredir. Paradoxalmente, Condorcet extrai essa visão otimista do espetáculo da história e de seus horrores. Nesses dez períodos que ele distingue, há recuos, é claro, como a Idade Média, mas globalmente o balanço é positivo. Otimista inveterado, Condorcet não é um utopista, porque confia na história e, portanto, não preconiza uma interrupção voluntarista da evolução.

Menos elaborado que o *Esboço* de Condorcet, *Ideia de uma história universal de um ponto de vista cosmopolítico*, de Kant, publicado em 1784, também tenta desvendar o mistério do sentido da história sob o caos dos fatos brutos. A história é orientada para um objetivo, isto é, a "comunidade civil universal", "que administrará o direito internacional de maneira que o menor Estado poderá esperar a garantia de sua segurança de uma força unida e de um acordo da vontade". Esse futuro será também o da plena realização das potencialidades humanas e da liberdade, por efeito dos egoísmos

---

5 Texto editado por Cazes em *Écrits économiques de Turgot*.

antagonistas, "que conduzem os homens a abandonar a guerra de todos contra todos e a organizar-se em sociedades civis". Um futuro de governos liberais e associações planetárias, mas Kant deixa para outros o cuidado de descobrir seu motor interno.

## HEGEL, AVATAR DO MILENARISMO?

É o que pretende fazer Georg Wilhelm Friedrich Hegel (1770-1831), cuja síntese é talvez até hoje o mais impressionante monumento da filosofia da história, mas cujo valor preditivo se revela limitado. Hegel, aliás, adverte no prefácio de *A filosofia do direito*: é tão impossível ir além de sua época e predizer o futuro quanto saltar por cima da estátua gigante do colosso de Rodes.

No entanto, sua visão grandiosa da história nos leva a esperar projeções sobre o futuro. Temos conhecimento de seus grandes temas, expostos em *Fenomenologia do espírito* (1807) e *Lições sobre a filosofia da história* (publicadas de 1838 a 1845), mas dispersos também em outras obras, como *A filosofia do direito* (1821). A história da humanidade é guiada de dentro por uma grande força, o Espírito, ou consciência humana coletiva, que avança na direção de sua própria realização, sua própria tomada de consciência, através de acontecimentos aparentemente caóticos e da sucessão de civilizações. Estas últimas correspondem a uma etapa da realização do Espírito, que é uma realidade objetiva, mas não consciente, "contida", de forma fragmentária, nas consciências individuais. Essa grande caminhada do Espírito na direção de uma consciência cada vez mais clara de si mesmo não é retilínea, mas ocorre por meio de um processo dialético de oposições e contradições resolutas numa síntese sempre superior. Essa trajetória desconcertante explica-se pelas "astúcias da razão", mas a essência é a mesma: através das civilizações grega, romana, germânica ou cristã, o Espírito avança na direção de seu objetivo. História extremamente orientada, dirigida ao seu fim.

No caminho nascem as diferentes formas de organização que correspondem ao estado de cada civilização, e desaparecem as estruturas ultrapassadas pela marcha do Espírito, as que não vão no "sentido da história". O pensamento de Hegel é de um extremo relativismo: cada época tem suas leis, suas técnicas, sua moral, sua religião, e o cristianismo não foge à regra. O único absoluto é o Espírito.

Esse processo tem um fim, que é o momento em que "a substância espiritual toma posse de sua realidade", em que o Espírito se torna consciente de si mesmo. Essa última etapa corresponde à sociedade liberal avançada, em que reina a racionalidade, a liberdade, a igualdade, dentro do Estado. E esse momento chegou com a Revolução Francesa e Napoleão: simbolicamente, Hegel faz a história terminar em Iena, em 1806. Esse término do processo, essa realização total do Espírito, acontecimento capital da história do mundo, poderia passar despercebido, se Hegel não o tivesse revelado, e o filósofo tem consciência de ser o profeta desse fim da história.

O problema é justamente que tudo tenha acabado. O que sobra para predizer? Hegel não se aventurou no terreno do futuro, embora nos faça entrever que o futuro talvez esteja na América. Tudo termina no triunfo do Estado moderno, e a continuação corre o risco de ser terrivelmente tediosa. Na visão hegeliana, as pequenas peripécias por que o mundo passou desde 1806 não seriam mais do que anedotas relacionadas à implantação da democracia liberal autêntica. Nada disso é realmente História. Foi isso que tentaram demonstrar todos os filósofos do "fim da história" que se miraram em Hegel no século XX: Alexandre Kojève e Francis Fukuyama.[6] Para Alexandre Kojève, os grandes episódios dos séculos XIX-XX são apenas uma atualização ou, como ele diz, um "alinhamento das províncias" a um estado de coisas essencialmente acabado em 1806: "Depois dessa data, o que aconteceu? Nada, alinhamento das províncias. A Revolução Chinesa é apenas a introdução do código napoleônico na China".[7]

O último estágio da história, o que surge em 1806, é o do Estado liberal homogêneo, construído sobre o reconhecimento universal do homem como homem. Esse estágio da democracia liberal autêntica repousa sobre o reconhecimento mútuo dos cidadãos, inseparável do liberalismo econômico, que assegura a universalidade da educação, tornada necessária pelo desenvolvimento tecnológico. Desse modo são satisfeitas as três necessidades fundamentais do homem: o desejo, a razão e o reconhecimento. Essa situação é "totalmente satisfatória", escreve Kojève, e não há nada além dela para desejar. O motor da evolução é de certo modo desligado. Apenas resta fazer os ajustes necessários. É a retomada desse tema que faz o sucesso do livro de Francis Fukuyama, do qual voltaremos a falar.

A teoria hegeliana é decepcionante para o nosso propósito. O tempo dos profetas terminou, porque não há mais nada para profetizar; "tudo está acabado", para usarmos a expressão evangélica, depois da revelação hegeliana. Mas isso não seria outra "astúcia da razão", que teria escapado ao Mestre? Dizer que não há mais nada para prever não é uma forma de previsão? É, em

---

6 Fukuyama, *The End of History and the Last Man*; Kojève, *Introduction à la lecture de Hegel*.

7 Kojève, entrevista em *La Quinzaine Littéraire*, juin. 1968, p.83.

todo caso, um posicionamento diante do futuro que deve ser colocado ao lado daqueles examinados até aqui: o hegelianismo não é um sucedâneo do milenarismo? O reino indefinido do Estado liberal não é a adaptação do reino dos santos à era democrática? Hegel não é uma versão secularizada de Müntzer? As semelhanças são perturbadoras e, em ambos os casos, levam a uma interrupção do processo histórico em consequência de uma revolta violenta, da implantação de um regime ideal de duração indefinida. Assim, a filosofia da história mais elaborada da época contemporânea redunda na reimplantação do esquema mais primitivo do pensamento religioso, para predizer o advento de uma era de ouro que interrompe o processo infernal da evolução, detém o tempo, inimigo fundamental da condição humana, marca indelével de nossa fraqueza. O velho sonho da permanência, da estabilidade recuperada: esse é o resultado de uma filosofia inteiramente baseada na evolução. Marx dará a versão materialista dessa filosofia.

Se o pensamento de Hegel lembra o milenarismo, seu compatriota e antecessor Fichte nos faz pensar, do ponto de vista da filosofia da história, em Joaquim de Flora. Ele também vê a história "como o desdobrar de uma evolução estabelecida num plano universal, determinando cinco épocas do mundo":[8] 1) época da dominação do instinto sobre a razão, isto é, o estado de inocência; 2) época do limite interior imposto pelo instinto racional, exigindo uma fé cega, em nome de princípios arbitrários: trata-se do estado inicial do pecado; 3) época da indiferença em relação a toda verdade, isto é, o estado de pecado consumado; 4) época da ciência do espírito, ou estado inicial da justificação; 5) época da arte racional, ou estado da justificação e da santificação consumadas.

Essa periodização, assentada em 1805 nos *Traços característicos do tempo presente*, tem um valor preditivo inegável, já que Fichte calcula que em sua época a humanidade se encontra no estágio central do processo. Pouco depois, nos *Discursos à nação alemã*, de 1807, esse profetismo na escala da humanidade transforma-se em profetismo nacional e recupera a velha ideia de povo eleito, em favor da nação germânica. O alemão salvará o mundo:

> O patriota alemão, sobretudo, quer que esse fim seja alcançado entre os alemães e estenda-se depois a todo o resto da humanidade. O alemão pode ter essa vontade, pois foi sob a sua proteção que nasceu a ciência, e ela se depositou em sua língua. [...] Somente o alemão pode ser patriota; somente ele pode, pelos

8 Philonenko, *Histoire de la philosophie*, t.II, p.939.

> fins de sua nação, abraçar toda a humanidade. [...] Se o alemão não salvar a cultura da humanidade, nenhuma outra nação europeia poderá salvá-la.[9]

Fichte é duplamente profeta. Profeta na forma, se não no fundo. Ele anuncia o messianismo nacionalista do século XIX, e até mesmo o nacional-socialismo do século XX; em contrapartida, erra totalmente quanto ao conteúdo de sua profecia: o alemão não salvará o mundo, aliás, nem o francês, o inglês, o americano ou o russo. Fichte é o precursor de um certo tipo de profecia, que vai buscar sua fonte na história nacional.

Ao lado dessas vastas sínteses históricas, pensadores mais modestos também utilizam a história para fazer predições, e às vezes podem ter intuições notáveis, com as quais superam em vidência seus geniais contemporâneos. O abade Galiani, por exemplo, escreve em 18 de maio de 1776 a Madame de Épinay:

> É chegado o tempo da queda total da Europa e da transmigração para a América. Tudo cai de podre aqui: religião, leis, artes, ciências, e tudo será reerguido novo na América. Isso não é conversa fiada nem ideias tiradas das querelas inglesas: eu o disse, anunciei e preguei há mais de vinte anos, e sempre vi minhas profecias se realizarem. Portanto, não compre sua casa em Chaussée-d'Antin, compre-a na Filadélfia. Desgraça minha, já que não existem abadias na América.

A razão que Galiani dá para essa predição é tirada de uma observação cujo valor é discutível, mas pode se valer da experiência: "O gênio gira contra o movimento diurno, e vai do levante ao poente há 5 mil anos sem aberração".[10]

## A UTOPIA, DO MILENARISMO AO CIENTISMO

As filosofias da história originárias do Iluminismo expressam em geral a versão otimista do futuro: a história é guiada por uma força interior, cuja natureza permanece indefinida, e que inevitavelmente conduz a humanidade a um estágio mais evoluído, correspondente ao desabrochar de suas potencialidades, através de peripécias cujo aspecto caótico é enganador.

9 Apud Philonenko, op. cit., p.944.
10 Carta de 25 de julho de 1776. Apud Cazes, *Histoire des futurs*, p.252.

Globalmente, existe progresso, e esse progresso é inelutável, é por isso, aliás, que é possível predizer com segurança.

Mas o século XVIII, como todas as épocas, também tem sua vertente pessimista. Muitos continuam céticos quanto às chances de progresso, e consideram que não se pode confiar apenas na evolução para melhorar a condição humana. O destino do mundo precisa de um belo empurrão para permanecer na direção certa; uma intervenção voluntarista é necessária para manter o rumo. E, para evitar os desvios, não é melhor descrever exatamente o objetivo visado? Entramos aqui na mentalidade dos utopistas, dos quais notamos o longo eclipse durante a era dos profetas, a Idade Média. Se eles ressurgem em massa a partir do século XVI, e sobretudo do XVII, é amplamente em razão da fraqueza dos profetas.

A importância que a utopia adquire obriga-nos mais uma vez a especificar suas relações com a profecia e a predição. A frase de Lamartine: "As utopias não passam muitas vezes de verdades prematuras", é evidentemente brutal. Primeiro porque as utopias mudam de caráter conforme a época; sua relação com o presente e o futuro varia consideravelmente. Único ponto em comum: elas revelam uma insatisfação com o presente, e têm em mira um estado de coisas supostamente ideal, que se apresenta como a antítese da situação atual. A utopia não pode ser puro sonho; ela comporta sempre um grau de esperança, e por isso não é inteiramente pessimista.

Essa é a razão, aliás, por que filósofos, sociólogos e historiadores se preocupam com o fim da utopia na sociedade contemporânea. Nós nos interessamos muito pelas utopias do passado, mas não produzimos novas utopias; elas se tornaram objeto de estudo: "O interesse dos acadêmicos ocidentais pelos movimentos milenaristas e pelas utopias é significativo; poderíamos dizer até que esse interesse constitui um dos traços característicos da cultura ocidental contemporânea", escreve Mircea Eliade.[11] E se estudamos as utopias de antigamente com tanto interesse, ao invés de produzir as nossas, não é porque perdemos todas as nossas ilusões? "Nossa época, quase sem ilusões, não sabe mais acreditar nos sonhos dos utopistas. Mesmo as sociedades sonhadas por nossa imaginação apenas reproduzem os males a que estamos acostumados na vida cotidiana", constata Bertrand Russell. Tudo que somos capazes de produzir são contrautopias, que levam os males de nossas sociedades a suas consequências extremas. Citamos mais uma vez F. L. Pollack:

11 Eliade, Paradis et utopie. Géographie mythique et eschatologie. In: Portmann, A. (Hgb), *Vom Sinn der Utopie*, p.211.

> Pela primeira vez em 3 mil anos de civilização ocidental considerada globalmente [...] não existe na prática nenhuma imagem construtiva e geralmente aceita do futuro. [...] Nosso século perdeu a capacidade de se corrigir e renovar a tempo as imagens do futuro.[12]

Esse desencantamento ainda não atingiu o século XVIII, que transborda de utopias porque ainda acredita que por um esforço comum da humanidade os amanhãs radiosos são possíveis. Seja na forma de projetos, reformas, sociedades ideais, essas utopias têm sempre um aspecto preditivo, porque contribuem para moldar o imaginário coletivo, entrando assim nas reivindicações sociais. É por isso também que a utopia é uma predição que tende à autorrealização. Segundo Bronislaw Baczko:

> A literatura utópica, que frequentemente não tem em vista nenhum objeto social preciso e parece perder-se em sonhos, pode parecer uma simples fuga da realidade, é uma atividade exercida e, como tal, faz parte da realidade e transforma-a. Seu desenvolvimento e intensificação põem em movimento forças latentes e criam novas necessidades.[13]

Quantos projetos revolucionários nasceram desses "sonhos" utópicos, cuja dimensão preditiva foi tão bem pressentida por Tocqueville?

> Acima da sociedade real, cuja constituição ainda era tradicional, confusa e irregular, na qual as leis permaneciam diversas e contraditórias, as posições bem marcadas, as condições fixas e os encargos desiguais, construía-se pouco a pouco uma sociedade imaginária, em que tudo parecia simples e coordenado, uniforme, justo e conforme à razão.[14]

A utopia, como as predições e as profecias, reflete estritamente o contexto cultural em que é elaborada. Se a abadia de Thelema é uma piscadela, um sonho que não se leva a sério, e contenta-se em derrubar os valores de um mundo monástico que parece ultrapassado, a maioria das utopias do Renascimento se apresenta na forma de cidades, mundos fechados e reservados a uma elite; devemos ver isso como uma forma de reação das antigas classes sociais predominantes contra o crescimento ameaçador dos concorrentes,

---

12 Pollack, *The Image of Future*, t.I, p.43.
13 Baczko, Lumières et utopie. Problèmes de recherches, *Annales ESC*, p.384.
14 Tocqueville, L'Ancien Régime et la Révolution. In: _____, *Œuvres complètes*, t.II, p.199.

o mundo da toga, a burguesia comerciante e capitalista. Nas cidades ideais, de Leonardo da Vinci a Alberti, passando pela *eudemonia* de Kaspar Stiblin, os flagelos clássicos do fim da Idade Média – peste, fome, incêndios – são prevenidos graças à ciência e à técnica, e a estabilidade social é assegurada por uma estrita separação das classes em bairros isolados. O modelo é Platão, que serve de inspiração para a criação de leis justas e harmoniosas.[15] Às vezes, tenta-se passar à ação, como o atomista inglês Nicolas Hill, que em 1600 aconselha sir Robert Basset a fundar uma sociedade utopista na ilha de Lundy, ao largo da Cornualha inglesa.[16]

O século XVII é particularmente rico em utopias: contamos mais de trinta entre *A Cidade do Sol*, de Campanella (1602), e *Telêmaco*, de Fénelon (1699). Todas testemunham um desejo de fuga diante do mundo sufocante do classicismo e do absolutismo de Estado, mas os meios diferem conforme a época e o país.

Uma corrente inteira situa-se na linhagem do milenarismo medieval, orientada pela igualdade absoluta, pelo comunismo e por uma religião sincretista pouco dogmática, na qual a moral, muito estrita, é mais importante do que as crenças, que se resumem a umas poucas noções. Trata-se muitas vezes de uma inversão do mundo real, de caráter fortemente revolucionário. A relação com o milenarismo é evidente em Tommaso Campanella, que em muitos aspectos lembra Joaquim de Flora: religioso, calabrês, anunciando um mundo ideal que ele tenta concretizar no sul da Itália, num movimento subversivo que o faz passar a maior parte do resto de sua vida na prisão. Sua Cidade do Sol é um mundo integralmente comunista, onde a propriedade privada e todos os males relacionados ao egoísmo não existem, e onde tudo é feito em comum, de acordo com regras muito estritas. A ciência tem um papel muito importante: máquinas facilitam a vida dos cidadãos, e a qualidade da espécie humana é melhorada pelo respeito a normas médicas e astrológicas durante a cópula. A religião parece ser natural, sem dogmas. A Cidade do Sol tem vocação universal, e Campanella faz votos de um novo Carlos Magno, um soberano que reúna toda a cristandade sob a sua lei: essa é a ideia do Grande Monarca ressurgente, e Campanella, depois de considerar o rei da Espanha, vê muito bem nesse papel o rei da França. O nascimento de Luís XIV em 1638 inspira-lhe uma écloga de forma profética a favor do futuro soberano: "Pedro consertará ele próprio seus abusos.

15 Colloque de l'Université Libre de Bruxelles, *Les utopies de la Renaissance*.
16 Trevor-Roper, Nicolas Hill, the English Atomist. In: ______, *Catholics, Anglicans and Puritans*, p.1-39.

O francês, sobrevoando o mundo inteiro, vai submetê-lo à autoridade de Pedro e sua carruagem será conduzida pelas rédeas de Pedro". Aqui, predição e utopia unem-se de forma explícita e, mais tarde, a propaganda do Rei Sol explorará certas características que Campanella atribuía ao Grande Soberano da Cidade do Sol.

Esse papel de soberano universal também foi imaginado por Guillaume Postel em *De orbis concordia*, de 1580, em favor de Fernando, rei dos romanos, e com o objetivo de celebrar a união dos mundos cristão e muçulmano e assegurar a paz mundial. Em 1621, é a vez de Robert Burton explorar a ideia em *Anatomia da melancolia*, mas para ele o Grande Monarca deve ser o ditador indispensável para reformar os costumes e impor as reformas necessárias à realização do Estado perfeito, cuja descrição se assemelha muito à *Utopia* de Thomas More.

O Grande Monarca se prolonga com o tema milenarista nas utopias que surgiram com a Revolução Inglesa dos anos 1640-1660. Revolução social, revolução política e revolução religiosa entram em ação e estimulam a inspiração profética em todas as suas formas: astrológica, religiosa e utópica. O nascimento de um mundo novo parece mais próximo na Inglaterra, e grupos extremistas, como os *levellers* e os *diggers*, dedicam-se simultaneamente a descrevê-lo e concretizá-lo. Utopia, profecia e ação estão intimamente misturadas. Em 1656, o *Commonwealth of Oceana*, de James Harrington, é ao mesmo tempo um projeto de constituição e uma utopia, que o autor tentará aplicar por todos os meios: por panfletagem, pela criação do Rota Club em 1659, um tipo de clube revolucionário como o que se verá na França no fim do século XVIII, onde se discutem projetos legislativos. O Estado de Oceana é uma república, governada por um protetor todo-poderoso, lorde Archon, que zela pelo respeito aos direitos do homem e à liberdade religiosa. Complexa demais para ser aplicada tal e qual, a Constituição de Oceana inspirará a Constituição Americana e a do ano VIII na França.

Se *Oceana* prefigura os regimes democráticos com poder executivo forte, *Nova Solyma*, de Samuel Gott (1648), *Macaria*, de Hartlib, e *Noland*, de 1666, anunciam os regimes burgueses censatários. Nessas utopias moderadas, a burguesia tem um papel fundamental, sob uma monarquia constitucional que garante o papel principal aos ricos.

Ao lado das utopias político-religiosas, o outro eixo fundamental do século XVII é a utopia científica, marcada pelo impacto da revolução galileana e pelo nascimento da ciência moderna. Utopias com aparência de ficção científica anunciam um mundo em que a tecnologia liberará o homem da maioria de suas obrigações materiais.

Por volta de 1620 aparecem três textos que ilustram essa visão: *A Cidade do Sol*, de Campanella, *Christianopolis*, de Johann Valentin Andreae, e *Nova Atlântida*, de Francis Bacon. Nos dois primeiros, os aspectos espetaculares levam a melhor, com a presença de máquinas extraordinárias. Em *Christianopolis*, existe também a preocupação de desenvolver as faculdades intelectuais e morais do homem, analisar o mundo natural por meio de experiências e preservar apenas as invenções benéficas ao gênero humano.

Essa preocupação é ainda mais evidente em *Nova Atlântida*, obra do chanceler da Inglaterra, publicada em 1622. Francis Bacon, apóstolo fervoroso da nova ciência, descreve um mundo em que seriam aplicadas suas ideias sobre o desenvolvimento de uma ciência experimental. Trata-se de uma prefiguração da tecnocracia: o poder é exercido por cientistas reunidos na Casa de Salomão; eles acumulam observações e experiências, analisam, extraem leis, criam máquinas que, de um lado, aliviam as tarefas dos homens, mas, de outro, escravizam-nos e alteram as relações sociais em benefício da ciência. Os tecnocratas são os verdadeiros donos da situação, guardando suas descobertas em segredo e revelando-as somente em parte ao príncipe e ao Senado. As invenções consideradas nefastas são escondidas:

> Fazemos consultas para decidir quais, entre as invenções e experiências que fizemos, serão tornadas públicas e quais não o serão; e todos somos obrigados por juramento a guardar silêncio, de modo que as coisas que, em nossa opinião, devem ser mantidas sigilosas permanecem em segredo.[17]

No plano puramente técnico, Bacon prevê em Atlântida aviões e submarinos, aparelhos que produzem energia a partir da fermentação, microscópios, "vidros que nos permitem ver objetos pequenos, minúsculos até, distinta e perfeitamente, como, por exemplo, a forma e a cor de pequenos insetos ou vermes, ou ainda os grânulos e os defeitos de uma pedra preciosa, que de outro modo seriam invisíveis".[18]

Ele imagina a criação de imagens virtuais ("realizamos prodigiosos truques de mágica, enganadoras aparições de fantasmas, imposturas e ilusões"), manipulações genéticas em animais:

> Nós os fazemos maiores e mais gordos que os outros representantes da espécie, ou então menores, interrompendo seu crescimento. Nós os fazemos mais

17 Bacon, *La Nouvelle Atlantide*, p.131.
18 Ibid., p.126.

fecundos do que de ordinário ou, ao contrário, estéreis. Também modificamos de muitas maneiras sua cor, forma e comportamento. Descobrimos meios de fazer cruzamentos e acasalamentos entre espécies diferentes, o que resultou em numerosas espécies novas.[19]

Ele prevê até um aprimoramento dos sistemas de predição. Bacon faz, na conclusão de sua obra, uma lista heteróclita de projetos que podem parecer como os da pesquisa científica tal como ele a imagina. Essa lista é uma verdadeira antecipação de um tipo de super-humanidade futura, pela importância que dá ao aprimoramento da espécie:

prolongar a vida; recuperar, até certo grau, a juventude; retardar o envelhecimento; curar doenças consideradas incuráveis; diminuir a dor; aumentar a força e a atividade; aumentar a capacidade de suportar a tortura ou a dor; mudar o temperamento, a corpulência e a magreza; mudar a estatura; mudar a fisionomia; aumentar e elevar o cerebral; metamorfosear um corpo em outro; inventar novas espécies; transplantar uma espécie em outra; tornar os espíritos alegres e lhes dar boa disposição; poder da imaginação sobre o corpo, ou sobre o corpo de outro; ilusão dos sentidos; prazeres maiores para os sentidos....[20]

Bacon cogita, aliás, uma humanidade unida, finalmente, que superou as diferenças religiosas e nacionais, o que nos permite constatar mais uma vez a eterna ilusão dos utopistas: enquanto as previsões técnicas acabam sempre por se realizar, muitas vezes antes do que se predizia, as previsões morais e políticas continuam em estado de sonho. Quatro séculos depois de Bacon, realizamos manipulações genéticas, mas a ideia nacional e a intolerância estão longe de desaparecer.

É mais do que provável que a Nova Atlântida tenha sido concebida como uma legítima antecipação. Para Bacon, trata-se da popularização e da concretização das ideias manifestadas desde 1605 em *Do progresso e da formação dos saberes*, em que se cogita a criação de uma espécie de centro internacional de pesquisa científica. Entre seus leitores atentos, desde o século XVII, o matemático e arquiteto Christopher Wren, que fez comentários abundantes em seu exemplar de *Nova Atlântida*, acredita que as inovações técnicas imaginadas ali são absolutamente confiáveis, e mais tarde alguns teriam o prazer de

19 Ibid., p.122-3.
20 Ibid., p.1333-4. Cf. também a excelente introdução dedicada a *La Nouvelle Atlantide*, de Le Dœuff, na edição citada anteriormente.

reconhecer a vidência de numerosos aspectos do pensamento de Bacon. Voltaire, que dedica um capítulo das *Cartas filosóficas* a ele, escreve: "De todas as experiências físicas que foram feitas depois dele, não há quase nenhuma que não esteja indicada em seu livro".[21] Durante a Revolução Francesa, Lakanal encomenda uma boa tradução, e em 1809 Bacon entra na relação de autores exigidos no exame final do ensino médio. Mais perto da França, em 1987, François Mitterrand aclama a Academia de Ciências como a concretização da Casa de Salomão.

No entanto, a *Nova Atlântida* é cheia de ameaças, que as contrautopias do século XX particularizarão, invertendo o otimismo de Bacon para mostrar o resultado lógico de tal sistema: Orwell já se encontra em germe em Bacon, e a Casa de Salomão é a prefiguração do *Big Brother*. O chanceler não se dá conta de que seu sonho pode se tornar um pesadelo. Na Nova Atlântida, tudo é tão fácil: as pessoas se deslocam pelo ar e debaixo da água, as revoluções agronômica e genética garantem abundância, o trabalho pesado é feito por máquinas; numa época em que as restrições da vida material são o principal obstáculo ao pleno gozo da existência, a revolução tecnológica parece inevitavelmente trazer a felicidade. E os cidadãos da Nova Atlântida são felizes, ou acreditam ser felizes – mas, afinal, qual é a diferença? –, eles têm pão e circo.

A utopia cientista tem outros defensores, mais superficiais talvez, que apostam no lado espetacular das invenções futuras. Entusiasmados com as viagens de descobrimento, já imaginam aventuras interplanetárias, como o bispo inglês Wilkins, que em 1638 escreve em *A descoberta de um mundo na Lua*:

> Ainda não temos um Drake, nem um Cristóvão Colombo, nem um Dédalo para inventar uma nave aérea; todavia, não duvido que o tempo, pai de verdades sempre novas, e que nos revelou tantas coisas ignoradas por nossos ancestrais, torne manifesto para nossa posteridade o que hoje desejamos sem poder conhecer.[22]

No mesmo ano, outro bispo, Godwin, também imagina viagens espaciais em *Aventuras de Domingo Gonzales*, e três anos depois, em 1641, Cyrano de Bergerac publica *Os Estados e impérios da Lua*, transposição do mundo real para um cenário de máquinas extraordinárias.

---

21 Voltaire, Sur le chancelier Bacon, décima segunda carta. In: ______, *Lettres philosophiques*.
22 Apud Servier, *Histoire de l'utopie*, p.148.

## UTOPIA, PROJETO SOCIOPOLÍTICO

A utopia francesa do fim do século XVII transforma-se insensivelmente em reforma institucional, alimentada pela reflexão sobre os defeitos de uma monarquia absoluta cujos fundamentos começam a ser questionados. Em 1677 aparece uma utopia anônima, hoje atribuída a Vairasse, *História dos sevarambos, povo que habita uma parte do Terceiro Continente, comumente denominado Terra Austral*. O governo desse país é monárquico, mas trata-se de uma monarquia moderada por um controle aristocrático. O soberano nominal é o Sol, porém o verdadeiro governante, o vice-rei, é escolhido por um Grande Conselho, que faz um sorteio entre quatro candidatos pré-selecionados. O vice-rei é auxiliado por vários conselhos, e o conjunto lembra muito a experiência da polissinodia, que se tentou implantar no início da Regência. Em cada nível, os governadores, intendentes, magistrados, são auxiliados por conselhos. "Se por acaso acontecer de o vice-rei ser mau, ímpio e tirânico, e querer violar as leis fundamentais, nesse caso faz-se todo o possível para fazê-lo ouvir a razão", e, em caso de fracasso, o conselho, considerando que o vice-rei enlouqueceu, nomeará um "tutor", pois a revolta é terminantemente proibida, e a lei suprema é a razão.[23] A educação tem uma importância particular: um sistema de escolas públicas garante o ensino obrigatório a partir dos sete anos. Enfim, a organização social assegura a igualdade, e essa é a chance para o autor condenar explicitamente o sistema em vigor:

> Temos entre nós pessoas que regurgitam de bens e riquezas, e outras a quem falta tudo. Temos as que passam a vida na volúpia e na mandriice, e outras que suam para ganhar uma vida miserável. Temos as que são elevadas em dignidade e as que não são nem dignas nem capazes de exercer os encargos que têm. E temos enfim as que possuem muito mérito, mas que, carecendo dos bens da fortuna, apodrecem miseravelmente na lama e são condenadas à eterna baixeza.
>
> Mas entre os sevarambos ninguém é pobre, não faltam a ninguém as coisas necessárias e úteis à vida, e todos participam dos prazeres e dos divertimentos públicos, sem que para desfrutar disso tudo tenham de atormentar o corpo e a alma num trabalho duro e pesado. Um exercício moderado de oito horas por dia proporciona todas essas vantagens a cada um, a sua família e a todos os seus filhos, ainda que tenha mil. Ninguém se preocupa em pagar a talha, nem os impostos, nem juntar dinheiro para enriquecer os filhos, para dar o dote das

---

23 Utilizamos o texto da edição de 1716, impresso em Amsterdã, ainda sem nome de autor, t.I, p.314-5.

> filhas, nem para comprar heranças. Estão livres de todas essas preocupações, e são ricos desde o berço. E se nem todos são alçados às dignidades públicas, ao menos têm a satisfação de ver nessas funções aqueles que mérito e a estima dos concidadãos a elas alçaram. São todos nobres e todos plebeus, e ninguém pode censurar ao outro a inferioridade de seu nascimento, nem vangloriar-se do esplendor do seu. Ninguém tem o desprazer de ver os outros vivendo no ócio, enquanto trabalha para lhes alimentar o orgulho e a vaidade; enfim, se considerarmos a felicidade desse povo, descobriremos que é tão perfeita como pode ser neste mundo, e todas as outras nações são muito infelizes à custa dessa.[24]

Razão, felicidade, educação, equilíbrio dos poderes: a *História dos sevarambos* tem valor profético, ao menos no nível dos temas discutidos, que encontramos primeiro na *História da ilha de Calejava*, de Claude Gilbert, e 22 anos depois nas *Aventuras de Telêmaco*. Mas se os sevarambos foram esquecidos há muito tempo, a qualidade literária e a fama de Fénelon garantem um sucesso duradouro a sua descrição de Salento. As ideias gerais, no entanto, são similares: virtude, modéstia, razão, governo sensato, paternalista e controlado, mas com uma ideia de evolução: esse Estado ideal aprimora-se, aperfeiçoa-se, graças a leis boas. É isso provavelmente que o torna ideal e original: ele incorpora a ideia de progresso interno, ao contrário das utopias clássicas, que são mundos imutáveis, em que tudo é definitivamente perfeito: "A utopia torna-se desse modo mais realista e científica, e integra a sua narrativa o princípio de uma evolução interna".[25]

Com Fénelon, entramos na utopia do século XVIII, que marca o apogeu do gênero. Quantitativamente, em primeiro lugar, porque até agora recenseamos duas vezes mais títulos do que no século anterior: entre 64 e 70, no caso da bibliografia mais completa.[26] E essas obras também têm leitores: de dez a trinta edições anuais e ao menos mil em todo o século das Luzes,[27] com dois picos entre 1720 e 1730 e entre 1750 e 1760. A moda continua até as vésperas da revolução, quando um dos sucessos de livraria é a publicação, de 1787 a 1789, de *Voyages imaginaires, romanesques, merveilleux, allégoriques, amusants, comiques et critiques; suivis des songes, des visions et des romans cabalistiques*, da editora Garnier, de Paris, em 39 volumes. Assim como antes eram publicadas coleções de profecias, agora se fazem coleções de utopias, e o

---

24 *Histoire des sévarambes*, t.I, p.319-20.
25 Jean, *Voyages en utopie*, p.55.
26 Messac, *Esquisse d'une chronobibliographie des utopies*; Krauss, *Reise nach Utopia*.
27 Krauss, op. cit., p.15.

título da coleção ressalta tanto continuidade como a evolução dos dois gêneros literários: às viagens imaginárias misturam-se sonhos, visões e romances cabalísticos.

Se a utopia é a marca de uma insatisfação com o presente, o século XVIII é uma época de crise profunda. Que os intelectuais tenham sentido tamanha necessidade de imaginar mundos melhores indica uma grave insatisfação, o que concorda com a impressão que se tem da análise das obras históricas. O século das Luzes é também o da inquietação: Jean Deprun fez a demonstração.[28] A crise de consciência europeia passou por isso, crise de crescimento do espírito, depois da qual nada pode ser como antes. Mais sensíveis ao caráter irracional da organização política e social e dos dogmas religiosos, os utopistas se tornam legisladores. Suas obras viram projetos de constituição, cujo caminho foi indicado por Fénelon, e a fronteira com a predição se torna ainda mais confusa.

Os utopistas mais radicais são eclesiásticos, regulares e seculares. Esse fato é importante. Educados na sede do absoluto, a fé desses padres foi abalada pelo aumento do espírito crítico. A imensa maioria une-se por trás de uma hierarquia extremamente aristocrática e agarra-se aos dogmas, fechando os olhos e rangendo os dentes. Mas alguns conseguem escapar do jugo teológico e levam a lógica da libertação ao extremo. Mably, Maury, Sieyès, Roux, Prades, Condillac, Morelly, Galiani, Saint-Pedro, Raynal, Morellet, Prévost, Saury, Baudeau, Roubaud, Coyer, Deschamps, Meslier, Laurens e uma legião de padres filosóficos, comunistas, livres-pensadores, muitas vezes ateus, são sob muitos aspectos os precursores da teologia da libertação, e para eles o comunismo assume o lugar que é legitimamente seu na história das ideias: uma heresia messiânica e milenarista, uma variante secularizada e materialista dos movimentos proféticos cristãos.

Como o abade Morelly, autor de um *Essai sur l'esprit humain*, de 1743, *Basiliade ou Le naufrage des îles flottantes*, de 1753, e *Code de la nature*, de 1755. Reforma social e utopia são inseparáveis em sua obra, que influenciará Babeuf e Fourier, e na qual ele anuncia o necessário progresso de um Estado todo-poderoso que implantará as estruturas indispensáveis para corrigir as más inclinações do espírito humano. E, para isso, é revelador que Morelly não encontre nada melhor do que proibir que se pense. Somente a pesquisa científica será livre; para o resto, "haverá uma espécie de código público de todas as ciências, no qual não se acrescentará nada à Metafísica e à Moral

28 Deprun, *La philosophie de l'inquiétude en France au XVIIIe siècle*.

além dos limites estabelecidos pelas leis: acrescentar-se-ão apenas as descobertas físicas, matemáticas ou mecânicas confirmadas pela experiência e pelo raciocínio".[29]

Ou ainda como dom Deschamps, beneditino de Saint-Maur, encarregado da abadia de Saint-Julien de Tours de 1745 a 1762, falecido em 1774 como procurador do priorado de Montreuil-Bellay, protegido do marquês de Voyer d'Argenson e autor de um tratado profético-utópico que ele não se atreve a publicar, *Le vrai systhème*.[30] Sua visão situa-se entre a de Joaquim de Flora e a de Auguste Comte e repousa, como nestes últimos, sobre a lei dos três estados, que supostamente expressa o desenvolvimento interno da humanidade e, portanto, permite predizer as grandes linhas do futuro. Eras do Pai, do Filho e do Espírito em Joaquim; estados teológico, metafísico e positivo em Comte; estado selvagem, estado das leis, estado dos costumes em Deschamps. O estado selvagem é a etapa primitiva, em que os agrupamentos humanos são mecânicos e baseados no instinto; o estado das leis é aquele em que a organização das sociedades repousa sobre a desigualdade e a opressão, o que nos obriga a recorrer a leis humanas cujo prestígio é dado por uma lei divina ilusória e pela ideia de Deus, utilizada como fundamento da moral; nós nos encontramos nesse último estado, mas o sistema está abalado e, depois de sua destruição, a humanidade atingirá o estado dos costumes, que garante igualdade absoluta, dentro de um comunismo integral, em que a ideia de Deus se tornará uma noção metafísica, a da Verdade, o "Todo".

Os eclesiásticos não se contentam com a utopia preditiva. Eles a concretizam com a sociedade comunista das reduções jesuíticas do Paraguai. Desde o princípio, estas últimas se apresentam como a realização das profecias milenaristas, como as que levaram os guaranis a procurar a "Terra Amada" em 1515, os tupinambás a seguir para a terra do "Grande Ancestral" em 1539-1549. A primeira redução jesuítica surge em 1607, e cerca de trinta outras se juntam a ela nos séculos XVII e XVIII; a organização em cidades geométricas, onde se pratica o comunismo integral, com lojas públicas para o sustento dos mais fracos, é ao mesmo tempo uma herança do sistema inca e uma materialização dos sonhos do Renascimento europeu. A supressão das reduções em 1768 é uma das múltiplas ilustrações do fracasso das políticas voluntaristas de realização das utopias.

---

29 Apud Servier, op. cit., p.200.
30 D'Hondt (dir.), *Dom Deschamps et sa métaphysique*.

## UTOPIA E FUTURO

O acontecimento recorda, como se fosse necessário, a diferença entre utopia e profecia: esta se realiza, supostamente, mesmo sem o concurso consciente dos homens, enquanto aquela só pode esperar sua concretização na forma de uma ação política. A utopia somente tem valor preditivo quando se torna ideologia, mas nesse caso ela cai na arena das lutas políticas e o equilíbrio de forças é, cedo ou tarde, quase sempre desfavorável, e ela é inelutavelmente sufocada. De certo modo, a utopia só pode ser predição se permanecer como sonho; como a imagem de Narciso, ela se destrói assim que tentamos verificar sua materialidade. É por isso que o futuro da predição também não está na utopia, e em breve será necessário fechar também essa porta.

O século XVIII não chegou a esse ponto. Ele ainda confia na utopia; os fracassos virão no século XIX, de Icária aos falanstérios, mas os sinais precursores são visíveis: fracasso das reduções jesuíticas, fracasso dos paraísos puritanos da América do Norte, morte em germe da *Changement du monde entier* [Mudança do mundo inteiro], como dizia o título de uma brochura anônima de 1787 que pretendia reconstruir a França com 15 mil aldeias e 330 mil fazendas e servirá de inspiração para a utopia de Babeuf e Buonarroti, ela própria soterrada por todos os seus projetos comunistas, antes mesmo de ter tido tempo de se manifestar.

Outra razão para o fracasso das utopias é seu caráter unanimista, exclusivista e totalitário. A utopia é um mundo perfeito, e a perfeição em ato não tolera discussões, concessões, transações com a imperfeição. Sua aplicação deve ser integral e intolerante. Por isso a facção mais exigente do pensamento cristão, os jansenistas, nunca se entregou ao exercício utopista, com uma única exceção: a *Relato da viagem da ilha de Eutrópia*, de 1711. O jansenismo aceita apenas o absoluto, e este último está fora do alcance da condição humana corrompida. O absoluto existe somente no além: de que adianta sonhar com mundos perfeitos que por essência são irrealizáveis?

A futilidade da utopia é apontada também pelo espírito mais irreverente do século, Jonathan Swift, cujas *Viagens de Gulliver*, de 1726, são a primeira contrautopia da história da literatura. Presente, passado e futuro, quando passam pela prova da razão e da moral, revelam-se tão desesperadores uns como os outros. Examinemos o presente, já que o papel de toda utopia é criticá-lo; o julgamento de Swift, dado pelo rei de Brobdingnag, é um dos mais ferinos que jamais se fizeram sobre a espécie humana: "As pessoas da sua raça formam, em seu conjunto, a mais odiosa canalha que a natureza jamais permitiu rastejar sobre a face da terra". Era melhor antes, no estado de natureza? A julgar pelo estado do povo dos yahoos, feios e degenerados, afundados de novo em seus vícios naturais, não devemos depositar grandes esperanças num retorno à "era de ouro". Quanto ao futuro, a situação da ilha de Lapúcia nos dá uma ideia do que pode ser um mundo dominado pelo progresso da ciência e da técnica, que parece entusiasmar algumas pessoas: o governo, absorvido pelos problemas matemáticos, é uma tecnocracia repressiva, em que a Academia de Planejamento elabora projetos de desenvolvimento irrealistas que, por trás das estatísticas enganadoras, levam apenas à ruína da agricultura e da indústria, e à miséria de uma população privada de qualquer direito. Que essa descrição nos lembre casos familiares no século XX só mostra que Jonathan Swift, o mais pessimista dos utopistas, tinha uma clarividência profética.

Swift, contudo, é uma exceção para sua época. A grande maioria dos utopistas quer continuar a acreditar num futuro melhor. Mas eles hesitam quanto à direção que devem tomar: seguir sempre em frente, confiando na ciência, ou fazer meia-volta e retornar a um passado idealizado, mais próximo da natureza e da era de ouro? Muitos não conseguem se decidir e fazem uma dura síntese de ambas. Os fisiocratas, por exemplo, aflitos com a decomposição social e moral, as desordens financeiras, a extensão das terras incultas, os problemas crescentes do mundo artesanal e trabalhador, pregam o retorno à terra, a uma economia agrícola e patriarcal. Mercier de La Rivière, Dupont de Nemours entram de costas no futuro, com os olhos fixos no passado, no qual se realizou a ordem natural. Jean Servier escreve:

> Para realizar essa ordem natural, a humanidade deve voltar para trás. Os fisiocratas preconizam a negação do futuro, porque este é determinado por um certo passado cheio de queda moral e perversão industrial. [...] A seita apresenta sua doutrina como uma perspectiva de futuro, uma promessa de renovação: isso, porém, é apenas a expressão nostálgica de um apego ao passado; não uma filosofia política, mas uma "pastoral" à moda da época.[31]

Restif de La Bretonne situa-se mais ou menos na mesma corrente, se julgarmos pela descrição da aldeia utopista de Oudun, que aparece no apêndice de *Le paysan perverti*, de 1776: cem famílias, dirigidas por um cura eleito, praticam uma economia comunitária e levam uma vida simples, frugal e feliz.

---

31 Servier, op. cit., p.194-5.

Em *Les vingt épouses des vingt associés*, descobrimos o equivalente do mundo artesanal, e tudo isso servirá de inspiração para os falanstérios. Ao mesmo tempo, porém, Restif de La Bretonne, em *Découverte australe*, parece confiar no progresso científico para melhorar o destino da humanidade. É verdade que ele mistura tanta fantasia de ficção científica erótica que é difícil julgar a seriedade do discurso. Mas devemos ressaltar, como uma divertida curiosidade, um livrinho seu intitulado *Daqui a cem anos*, publicado em 1790, que é o quadro de uma França onde reinam a liberdade, a igualdade e a fraternidade.

Também é a inquietude diante do futuro que caracteriza certo número de utopias inglesas. Inquietude diante das reviravoltas econômicas e sociais causadas pelas primícias da Revolução Industrial: proliferação de fábricas, minas, êxodo rural, desenvolvimento do proletariado – onde isso vai parar? *Voyage au centre de la Terre*, obra anônima de 1755, prefere imaginar uma sociedade totalmente protegida da ideia de progresso, enquanto Robert Wallace, em seu *Various Prospects*, de 1791, cogita duas maneiras de acompanhar as reviravoltas socioeconômicas: enquadrar o corpo social num conjunto de leis justas à maneira de Platão ou Thomas More, ou por um movimento de revolução geral, ou a partir de pequenas comunidades, que serviriam de modelo.

É na categoria das utopias que devemos classificar *Mémoire sur la réformation de la police de France* [Dissertação sobre a reforma da polícia da França], do oficial da *maréchaussée* Guillaute, em 1749.[32] Esse projeto, resultante da inquietação diante do aumento da insegurança, imagina a implantação de um Estado policial, cujos traços têm em grande parte um valor premonitório: toda a população é fichada, e todos têm documentos de identidade cuja apresentação pode ser exigida a qualquer momento; charretes e carroças têm uma placa de matrícula e são registradas; o itinerário de qualquer deslocamento deve ser assinalado com antecedência e rigorosamente seguido; os operários possuem uma caderneta e são proibidos de qualquer movimento de resistência; um registro civil rigoroso é mantido em dia; a França é dividida em seções, todas submetidas a uma patrulha de *gendarmes*. Imagem do Estado totalitário e burocrático que o século XX materializará, mas concebido aqui como um ideal, que finalmente garantiria a segurança, à custa da liberdade. Diante dos dilemas segurança-liberdade e igualdade-liberdade, os utopistas do século XVIII escolhem sempre o primeiro termo. Até certo ponto, eles estão certos e anunciam a evolução dos séculos XIX e XX. Seus herdeiros, os contrautopistas do século XX, é que se preocuparão com a

32 Guillaute, *Mémoire sur la réformation de la police en France soumis au roi en 1749*.

redução excessiva da liberdade e darão o grito de alarme. Cada época tem suas prioridades, e estas fazem o pêndulo oscilar: para os utopistas do século XVIII, é mais urgente garantir a segurança física e material, a igualdade social e um nível de vida decente para todos. A liberdade é um luxo que está fora do alcance da condição humana em seu estado presente. Os utopistas não veem e não desejam o futuro no sentido de um aumento da liberdade.

Porque todos são profundamente marcados por séculos de herança cristã, que estabelecem a organização humana em função da decadência original. Isso vai do molinismo, que continua a acreditar que o homem recebeu meios suficientes para lutar contra o mal, até o jansenismo, para o qual a queda é irremediável. Mas, para todos, a inclinação para o mal é o dado básico, que todo legislador deve levar em consideração. Também é necessário aumentar as barreiras, as restrições, as limitações, a vigilância, as regras. E é por isso também que o único verdadeiro progresso é o progresso moral. Nas utopias do século XVIII, as máquinas, o avanço tecnológico, quando não estão ausentes, aparecem sobretudo como acessórios, curiosidades que não mudam fundamentalmente a existência, como os caças-bombardeiros imaginados pelo marquês de Argenson em 1733.[33]

O progresso moral, de sua parte, é muito mais fundamental e problemático, e manifesta-se frequentemente como um retrocesso, uma busca do estado anterior ao pecado original, um primitivismo nostálgico, dos trogloditas de Montesquieu ao bom selvagem de Rousseau, passando pelos taitianos de Diderot no *Suplemento à viagem de Bougainville* (1772). A religião cristã quase sempre paga o pato nesse retorno às fontes. Em 1682, Fontenelle escreveu *République des philosophes ou Histoire des ajaoiens*, que será publicada apenas em 1768 e descreve um país sem Deus, sem religião, onde os habitantes se comportam mais do que bem, porque não existe "nem seita nem partido" entre eles. A moral é assegurada pela razão, sem precisar se fundamentar em princípios sobrenaturais inventados para manter os homens "num temor constante de um pretenso futuro".

---

33 "Esta é ainda uma ideia que tratarão de loucura. Estou convencido de que uma das primeiras descobertas a serem feitas e talvez reservadas para o nosso século é descobrir a arte de voar. Dessa maneira, os homens viajarão rápida e comodamente, e até se transportarão mercadorias em grandes naves voadoras. Haverá exércitos aéreos. Nossas fortificações atuais se tornarão inúteis. A guarda dos tesouros, a honra das mulheres e das moças ficarão expostas, até que se estabeleçam *maréchaussées* no ar, e cortem-se as asas dos desavergonhados e dos bandidos. Entretanto, os artilheiros aprenderão a atirar em voo. Será necessário no reino um novo cargo de secretário de Estado das forças aéreas. A física deve nos conduzir a essa descoberta" (Le Voyer, marquês de Argenson, *Mémoires et journal*, t.V, p.390).

## *ANO 2440*: SONHO OU PESADELO?

Menos radical, porém mais representativo das aspirações do fim do século, e apresentando-se como uma verdadeira predição, é a grande utopia moralizante de Louis-Sébastien Mercier, publicada em Londres, em 1772, e imediatamente proibida pela censura real: *L'an 2440*. O título indica a mudança de perspectiva: não se trata mais de uma viagem no espaço rumo a uma terra desconhecida, mas de uma viagem no tempo, daí a denominação de ucronia usada para essa narrativa. A ficção inicial é a do sono: o narrador acorda em Paris sete séculos depois e descreve o que vê. A data precisa acentua o aspecto preditivo, e evita ao mesmo tempo os riscos de uma eventual verificação pela distância considerável no tempo.

O imenso sucesso da obra revela sua profunda harmonia com as aspirações da época: 24 reedições entre 1772 e 1789; *L'an 2440* é o maior sucesso da literatura proibida dos últimos vinte anos do Antigo Regime, muito antes de Voltaire, de Rousseau e das obras pornográficas.[34] Imitado, ilegalmente copiado, traduzido em inglês, alemão, holandês, o livro de Mercier acerta em cheio: reata com a predição direta, cujas técnicas estão em plena crise, e anuncia uma evolução à altura da expectativa do público: o verdadeiro caminho do progresso.

Esse caminho é acima de tudo moral. De fato, uma das primeiras surpresas é a constatação da debilidade dos progressos técnicos realizados em sete séculos. A ciência, no entanto, é festejada, mas, a julgar pelo quadro material da vida, ela não revolucionou as condições de existência. Sem dúvida, a vida é mais fácil, numa Paris mais limpa, onde o tráfego é regrado, mas não é isso o essencial.

É, em primeiro lugar, o regime político e a organização social. Uma revolução, tempos atrás, finalmente pôs fim ao absolutismo; a Bastilha foi derrubada e substituída pelo Templo da Clemência. O novo sistema é bastante vago. Não é "nem monárquico, nem democrático, nem aristocrático", o que é bastante surpreendente. O bonachão Luís XXXIV é a antítese de seu longínquo ancestral Luís XIV, que finalmente é julgado pelo que vale pela opinião pública do século XXV: tirano, déspota responsável pela ruína da França no fim do século XVII, com suas guerras e seus gastos suntuosos, ele entrou para a galeria dos personagens odiosos, enquanto Henrique IV é elogiado.

---

34 Darnton, *Édition et sédition*, p.188-99.

O rei de 2440 tem um poder nebuloso, que consiste em zelar pela execução das leis, ao passo que os "estados" têm força legislativa, um senado comanda o governo e a "vontade geral" se manifesta nas eleições. Mercier não evita as cenas lacrimosas, já na moda naquela época: o delfim, que só conhece sua verdadeira identidade aos vinte anos, vive como um simples camponês; ele se casa por amor com uma filha do povo, e no início do reinado apanha democraticamente de um simples carregador para aprender a humildade e a igualdade. Todos os anos, ele jejua três dias por solidariedade aos pobres, aparentemente esquecendo que não existem pobres em seus estados, graças a sua boa administração.

Essa é apenas uma das múltiplas contradições que pululam no livro de Mercier, e das quais os leitores do século XVIII não têm rancor. Uma outra diz respeito à organização social. Nessa França estritamente igualitária, existe uma nobreza hereditária. É verdade que ela não possui mais nenhum privilégio e leva uma vida simples, como todo mundo, o que é ocasião para Mercier criticar os abusos da nobreza de sua época.

A simplicidade virtuosa é a palavra de ordem dessa sociedade. As pessoas vestem roupas modestas, bebem água, andam a pé, cultivam seu jardim, fazem muito pouco comércio, têm conversas francas e sem segundas intenções: "Que século infeliz aquele em que se raciocina!". Esse é um mundo moralizador e pudico à Rousseau.

Aliás, eles não têm muita escolha: censores, vigias, espiões perseguem os eventuais arruaceiros, denunciam os maus cidadãos, preservam o conformismo e o respeito aos valores cívicos, e podem até ler os corações; o ambiente é tão sufocante quanto o da Inglaterra de *1984*, sob vigilância permanente dos *telescreens* do *Big Brother*. A semelhança não para aí: o passado é remodelado; todos os livros de história foram queimados, e seu conteúdo foi condensado num livrinho in-doze, grosso o suficiente para resumir a trama de crueldades e opressões dos tiranos que compõe o passado. Há, além do mais, um cheiro de *Fahrenheit 451* no ar: toda a literatura mundial passou por um imenso auto de fé, do qual sobreviveram apenas algumas dezenas de obras, da mais lacrimosa virtude, que cabem em quatro armários.

Curiosamente, essa civilização cultua os livros, mas o "bom" livro, o que favorece a moral cívica. Todo cidadão é escritor: ele registra seus bons pensamentos num livrinho que é lido em seu funeral e torna-se "a alma do defunto". Provavelmente todas essas almas recitam a mesma lição, porque o ensino, gratuito e obrigatório, repousa sobre a moral cívica, inculcada nas escolas primárias e secundárias com a álgebra, as ciências físicas e o francês. Na universidade, apenas as ciências práticas são ensinadas; o latim é totalmente abandonado, e somente quatro línguas vivas são usadas: francês, inglês, alemão, italiano.

A religião sofreu evidentemente um emagrecimento draconiano. Sem teologia, cujos livros foram enterrados; um Ser supremo, adorado todas as manhãs num templo de telhado de vidro; sacerdotes cujo único encargo é cuidar das viúvas e dos órfãos; "santos", ou melhor, heróis cívicos, que realizaram obras úteis à pátria. Nessa religião cívica, há tanto do vigário saboiano rousseauniano quanto das prefigurações do catecismo positivista de Auguste Comte. Se alguém se sente tentado pelo ateísmo, é rapidamente curado por "um curso intensivo de física experimental", que o faz reconhecer, depois de muito choro, a existência de Deus nas maravilhas da natureza.

O cidadão, aparentemente livre, circula a passos cadenciados numa capital limpa, onde as carroças param para deixar passar os pedestres, onde os principais monumentos são os templos da justiça e da clemência, o hospital de inoculação, uma espécie de centro de saúde que possibilitou a eliminação das doenças contagiosas; não é mais preciso temer os mendigos e os ladrões, que desapareceram e, de todo modo, não tinham mais onde se esconder numa cidade em que o menor canto é iluminado à noite por uma luz intensa e o olho do poder está por toda a parte. Os que se sentem tentados a manifestar ideias subversivas são primeiro reeducados, seus textos são destruídos, e, se forem irrecuperáveis, são trancados para o resto da vida nas prisões do Estado.

*L'an 2440* é a ditadura da virtude. Contém em embrião os excessos do Terror, as pantomimas robespierristas do Ser Supremo, a obra simplificadora e racionalizante da revolução, os métodos normativos do totalitarismo, o reducionismo da cultura de massa, o culto do civismo democrático e todos os perigos que serão denunciados pelas contrautopias do século XX. Isso quer dizer que seu aspecto preditivo está longe de ser insignificante. A utopia pode ser mais clarividente que a profecia. Além do mais, o que é interessante aqui é que todos esses desvios são vistos por Mercier, e seguramente por seus leitores, como traços positivos, cuja realização é desejável. Sua concretização é que mostrará o perigo. Conservando o mesmo conteúdo, a utopia do século XVIII se tornará a contrautopia do século XX; o que era predição positiva se tornará predição negativa, porque nesse ínterim houve experimentação, e o sonho tornado realidade revelou-se um pesadelo, porque entre *2440* e *1984* houve Hitler, Stalin e outros. O que é preocupante é que, de Mercier a Orwell, embora o tom tenha mudado, a antecipação continuou a mesma. Ora, a primeira se realizou de certa forma...

Mercier, aliás, tem muito orgulho disso, e escreve a respeito de seu livro após 1789: "Nunca predição, atrevo-me a dizer, foi mais próxima do acontecimento, e ao mesmo tempo mais detalhada sobre a espantosa série de invulgares metamorfoses. Sou, pois, o verdadeiro profeta da revolução".[35]

Reivindicação no mínimo injustificada. Sua utopia, escreve Robert Darnton, "longe de afirmar a pretensão profética de Mercier, demonstra ao contrário a que ponto era impossível para um autor audacioso pensar o impensável em 1771, já que o conceito de revolução, no sentido moderno da palavra, nasceu com a própria Revolução Francesa; no fim do Antigo Regime, o imaginário continua restringido pelos limites do sistema cultural monárquico".[36]

Mercier, no entanto, não é o único a afirmar que predisse ou profetizou a revolução. O problema é que, como sempre, todas as reivindicações foram feitas *depois* do acontecimento, cuja importância evidentemente incendiou as imaginações. Como um profeta ou um vidente digno desse nome não veria a chegada de tamanha onda?

## A REVOLUÇÃO PROFETIZADA: VONTADE DE DEMONIZAR OU DIVINIZAR

Em primeiro lugar, quis-se ver o anúncio da revolução em textos antigos reinterpretados, como "a grande predição do antigo arcebispo são Cesário de Arles", do século VI, "descoberta" no século XIX, e de São Remígio, da mesma época, utilizadas a favor da tese da sobrevivência de Luís XVII. Curiosamente, quase não se deu atenção ao anúncio de Pedro de Ailly, do qual falamos, embora seja mais claro e mais preciso, situando a vinda do Anticristo em 1789. É verdade que o Anticristo está um pouco fora de moda nessa época. Em compensação, o *Mirabilis liber*, de 1522, é investigado, acredita-se descobrir nele anúncios da captura do rei, e o precioso manuscrito é exposto na Biblioteca Nacional e depois traduzido e publicado por Edouard Bricon em 1831.[37]

Nostradamus também é requisitado e, por uma leitura suficientemente orientada, prediz todos os grandes acontecimentos revolucionários. Ele não havia evocado "uma grande e maravilhosa conjunção em torno dos anos do Nosso Senhor mil setecentos e oitenta e nove"? Vidência prodigiosa! As

35 Apud Darnton, op. cit., p.198.

36 Ibid., loc. cit.

37 Britnell; Stubbs, The Mirabilis Liber: Its Compilation and Influence, *Journal of the Warburg and Courtauld Institutes*, n.49, p.126-50.

edições das *Centúrias* multiplicam-se sob o Império, assim como os livros de comentários: cinco em 1811-1812, oito em 1813.[38] Sem muita dificuldade, são encontradas em seu incompreensível galimatias alusões à Constituição Civil do clero, à fuga do rei, a sua execução.

Também é lembrado que ao longo do século XVIII muitas profecias anunciaram a revolução. Em 1751, um monge da Ordem de Cluny, o padre Calixto, tem uma visão enquanto celebra a missa: três flores de lis da coroa caem no sangue (o rei, a rainha, Madame Elisabeth?), uma quarta na lama (a duquesa de Lamballe?), uma quinta desaparece (a duquesa de Angoulême?), os maus "se devoram" (girondinos contra montanheses?), uma espada sai do mar e volta a afundar pingando sangue (Napoleão?). Em 1775, o padre Beauregard, na igreja Notre-Dame de Paris, também tem visões premonitórias em pleno sermão.

Os religiosos não são os únicos a ver a chegada do acontecimento. Adivinhos e iluminados não ficam atrás, com Cagliostro em primeiro lugar, que, entre outras atividades, organiza reuniões em que se fazem profecias e são frequentadas por figuras importantes, como em Estrasburgo, no castelo dos Rohan, como testemunha o couteiro do duque, Joseph Diss:

> Em suas primeiras sessões no castelo, Cagliostro limitava-se ao papel de vidente e profeta, mas quanto mais estendia seu círculo de partidários, mais misteriosas se tornavam suas representações. A audiência compunha-se principalmente de notáveis da região, acadêmicos, escritores, altos funcionários civis e militares.[39]

Segundo o mesmo testemunho, Cagliostro teria predito a revolução em Saverne: "Assisti à célebre sessão pública em Saverne, na qual ele predisse a revolução de 1789, salvo no que concerne à data, com todos os seus horrores, a morte violenta da família real, a instituição da república e sua derrubada por um César...". Mais uma vez, é lamentável que essas memórias tenham sido redigidas após os acontecimentos, como também as de um advogado da Cúria Romana, Luca Antonio Benedetti, que escreveu que, numa assembleia de 15 de setembro de 1789, Cagliostro predisse as Jornadas de Outubro: "Pouco tempo se passará antes que Luís XVI seja assaltado pelo povo

---

38 Os títulos se repetem indefinidamente até os dias de hoje: *Prédictions universelles de Nostradamus* (1811); *Nouvelles et curieuses prophéties de Nostradamus pour 1813 à 1819* (1814)...

39 Diss, Mémoires d'un garde-chasse du prince-cardinal Louis de Roban, *Revue Catholique d'Alsace*, 1892.

em seu palácio de Versalhes. Um duque conduzirá a multidão. A monarquia francesa será derrubada. A Bastilha será arrasada. A liberdade tomará o lugar da tirania".[40] Qualquer patriota teria esse tipo de conversa, e prever em 15 de setembro a destruição da Bastilha, que começou em 15 de julho, não é nenhuma façanha. No entanto, esse texto chegou a ser usado para assegurar que o desenrolar das Jornadas de Outubro correspondia a um plano preestabelecido, elaborado pelos franco-maçons, responsáveis pela queda da realeza.

Mais extraordinária que a de Cagliostro, manchada por circunstâncias suspeitas, é a predição de um astrólogo inglês, Ebenezer Sibly (1751-1799), que em 1787 tira a seguinte conclusão da entrada do Sol em Capricórnio no dia 19 de março de 1789:

> Em última análise, é muito provável, em razão da disposição dos significantes dessa posição, que um acontecimento muito importante venha a ocorrer na vida política francesa, pelo qual o rei será provavelmente destronado e sua vida correrá perigo, e provocará numerosas e ilustres vítimas no pessoal da Igreja e do Estado, preparando uma revolução ou mudança nos negócios dessa nação, que de pronto aturdirá e surpreenderá os países vizinhos.[41]

A autenticidade indubitável desse texto torna-o, pelo que sabemos, a mais notável coincidência nas previsões da revolução, dois anos *antes* do acontecimento.

Inevitavelmente, *durante* e *depois*, descobre-se que a revolução foi profetizada por uma infinidade de textos. É assim que aparece na Inglaterra, em 1793, uma brochura de cerca de cem páginas intitulada *Prophetic Conjectures on the French Revolution*, que é uma coleção de dez profecias, quase todas britânicas, que anunciam a revolução e o papel providencial da França na queda do papado: as do arcebispo Brown (1552), John Knox (1572), T. Goodwin (1639), C. Love (1651), arcebispo Ussher (1655), H. More (1662), Jurieu (1687), R. Fleming (1701), J. Willison (1742) e doutor Gill (1748). Nos comentários, atribui-se à revolução um papel quase messiânico, semelhante

40 A encenação revela o condicionamento dos espectadores ao qual Cagliostro recorria: "A sala estava cheia de pessoas distintas e até de figuras de alta posição. No fundo da sala, sobre um altar, viam-se fileiras de caveiras, macacos empalhados, cobras vivas encerradas em tubos de vidro, corujas que rolavam olhos fosforescentes, pergaminhos, crisóis, balões de vidro, amuletos, pilhas de pólvora e outras bruxarias" (apud Carnac, *Prophéties et prophètes de tous les temps*, p.295).

41 Sibly, *A New and Complete Illustration of the Celestial Science of Astrology*, t.III, p.1050.

ao que se deu ao Imperador dos últimos dias. A coletânea faz certo sucesso; é publicada em 1794 nos Estados Unidos, e compilações equivalentes aparecem na França, onde Pierre Pontard, bispo constitucional da Dordonha, inspira-se nele para escrever seu *Journal prophétique* de janeiro de 1792 a outubro de 1793.[42]

Quando não se recorre a textos antigos reinterpretados, inventa-se. O procedimento é o de sempre. Assim, em 1817 aparece no *Journal de Paris* o texto da *Prophétie de Cazotte*, contada por La Harpe.[43] Jacques Cazotte (1719-1792), polemista, defensor do Antigo Regime, tem uma concepção muito teleológica e maniqueísta da história, vista como o grande confronto entre o bem e o mal. Segundo o texto de La Harpe, ele teria predito a revolução durante um banquete, em 1788, com detalhes incríveis sobre a morte dos participantes do banquete, os suicídios de Chamfort e Vicq-d'Azyr, a execução de Malesherbes, Condorcet, Bailly e muitos outros. Em suas *Mémoires*, de 1853, Madame de Oberkirch confirma que a profecia de Cazotte era conhecida às vésperas da revolução.

Essa é apenas uma das incontáveis falsas profecias inventadas na Restauração para inserir a revolução na concretização de um plano diabólico de tipo apocalíptico. Mostrar que o acontecimento foi previsto contribui para demonizá-lo. As "memórias" e "lembranças" dos emigrados que sobreviveram à tempestade são particularmente propensas a esse tipo de exercício. Contam a história de um eclesiástico-profeta que prediz, desde antes de sua construção, que o castelo de Versalhes não abrigaria a família real muito mais do que um século;[44] de um astrólogo que declara a Luís XV em 1757: "O reinado de vosso sucessor será interrompido por grandes catástrofes que nada poderá evitar";[45] de uma religiosa-profetisa que em 1771 anuncia a Luísa de França, filha de Luís XV, o destino infeliz de seus sobrinhos;[46] e de todos os incidentes banais que retroativamente ganham dimensão de presságio: trovoadas, coroa de Luís XVI pequena demais, cabeça de uma estátua deste último que se desprende, cartas de astrólogos anônimos e uma infinidade de outros, a ponto de acreditarmos que estamos de volta aos tempos

42 Desroches, Micromillénarismes et communautarisme utopique en Amérique du Nord du XVIIe au XIXe siècle, *Archives de Sociologie des Religions*, t.IV, p.57-92.

43 Texto reeditado mais recentemente com o título de *Prophétie de Cazotte rapportée par La Harpe* (1981).

44 Lamothe-Langon (ed.), *Soirées de S. M. Charles X*, t.I, p.136.

45 Debay, *Histoire des sciences occultes depuis l'Antiquité jusqu'à nos jours*, p.114.

46 *Almanach prophétique, pittoresque et utile*, 1845.

de Suetônio.[47] Os almanaques da Restauração são cheios de anedotas sobre presságios e predições que anunciaram o fim do Antigo Regime, línguas de fogo, cometas e incidentes diversos.[48]

Aliás, imaginar profecias não é suficiente, inventam-se profetas até, como o famoso Bonaventure Guyon, que aparentemente saiu da imaginação do jornalista Christian Pitois, redator do *Moniteur du Soir*, de 1850 a 1852, e bibliotecário do Ministério da Instrução Pública. Seu personagem acaba ganhando tamanha consistência que é incluído em várias histórias da profecia.[49] Ele seria um ex-beneditino estabelecido em Paris, na Rue de l'Estrapade, que dava consultas como "professor de matemática celeste". Entre seus clientes figurariam Robespierre e Bonaparte, do qual evidentemente ele teria predito o destino exato. Muito antes da revolução, em 1774, teria anunciado também esta última, o julgamento e a morte do rei, e por isso foi trancafiado na Bastilha.

Outro profeta fictício: o conde de Saint-Germain. Embora suas maravilhosas predições tenham começado por volta de 1750, infelizmente foram reveladas apenas em 1836, nos *Souvenirs* da condessa de Adhémar.[50] Ao contrário de Bonaventure Guyon, o personagem existiu de fato, mas suas façanhas são pura lenda. Mágico, ao mesmo tempo que profeta, utiliza para suas predições um espelho, água, álcool e fórmulas secretas. Isso permitiu que anunciasse a Luís XV que seu filho não reinaria e seu neto seria vítima de uma revolução e cortariam sua cabeça. O conde de Saint-Germain desaparece por volta de 1760, depois reaparece rejuvenescido em 1775, quando de novo prediz a revolução a Maria Antonieta. Morto em 1784, foi visto depois dessa data em vários lugares por testemunhas "dignas de fé".

Há ainda Suzette Labrousse, uma perigordina nascida em 1747 que entrou para a vida conventual em 1766 e desde então não cansa de profetizar a revolução.[51] Em 1779, o cartuxo dom Gerle encontra-se com ela e toma

---

47 Lamothe-Langon (ed.), *Mémoires de Louis XVIII*.

48 Encontramos alguns em Mozzani, *Magie et superstition de la fin de l'Ancien Régime à la Restauration*.

49 Christian Pitois foi o único a falar dele, em *L'homme rouge des Tuileries* (1863), e *Histoire de la magie, du monde surnaturel et de la fatalité à travers les temps et les peuples* (1870). Encontramos um resumo em Mozzani, op. cit., p.85-9.

50 Condessa de Adhémar, *Souvenirs sur Marie-Antoinette, archiduchesse d'Autriche, reine de France, et sur la cour de Versailles*. O conde de Saint-Germain, que não deve ser confundido com seu sério e ilustre homônimo, o secretário de Estado da Guerra sob Luís XV, é um personagem misterioso. Cf. a seu respeito a obra de Wilkin, *Le comte de Saint-Germain*.

51 *Recueil des ouvrages de la célèbre Mlle Labrouste [...] actuellement prisonnière au château Saint-Ange à Rome* (1797); *Prophétie de Mlle Suzette de La Brousse, concernant la Révolution française, suivie d'une prédiction qui annonce la fin du monde* (1790).

conhecimento de suas predições. Em 1790, chega a propor à Assembleia Constituinte que a mandem vir para anunciar o destino da monarquia constitucional. Ao contrário dos anteriores, Suzette não é hostil à revolução, na qual vê um retorno ao cristianismo primitivo. Consequentemente, torna-se a profetisa predileta do clero constitucional, que a envia a Roma para tentar convencer o papa da legitimidade da Constituição Civil. O único resultado é o seu encarceramento nas prisões pontifícias de 1792 a 1799.[52]

Em 1790 são publicadas também as profecias de um beneditino, "descobertas" em 1750, que anunciavam os acontecimentos de 1789. Para resumir, se dermos crédito a esses documentos, o mundo inteiro sabia da chegada da revolução e de suas principais peripécias. O único interesse desses textos é, na verdade, o fato de esclarecerem certo aspecto dos métodos de propaganda dos contrarrevolucionários e dos pró-revolucionários durante e depois da revolução. De ambos os lados, o recurso à profecia é uma maneira de inserir o episódio num plano, diabólico para uns e divino para outros. É dar à revolução uma dimensão escatológica, transformá-la num acontecimento sobre-humano, muito além das contingências econômicas, sociais e políticas, integrada a uma visão providencialista da história, com o intuito de torná-la inatacável ou indefensável. Vemos o mesmo fenômeno no estrangeiro: na Inglaterra e nos Estados Unidos, por exemplo, recenseamos 38 casos de profecias que anunciavam a revolução como o sinal da queda iminente do papado. É o que declara John Willison em 1793, em *A Prophecy of the French Revolution and the Downfall of Antichrist*; para B. Farnham, em 1800, o ano 1789 marca o fim dos 1.260 dias do Apocalipse; para G. H. Bell, a expulsão do papa de seus Estados em 1798 corresponde à queda da primeira Besta do Apocalipse; para J. Galloway, os três anos e meio do livro de Daniel vão de 1792 a 1796, isto é, da expulsão do clero à tolerância religiosa.

Segundo La Harpe, quando Cazotte profetizou a revolução, teriam retrucado: "Não precisa ser um grande feiticeiro para saber disso". Embora apócrifa, a réplica não é menos significativa da dessacralização dos métodos de predição ocorrida no século XVIII. De fato, não é necessário recorrer às falsas predições mencionadas anteriormente para constatar que a fração mais esclarecida da opinião pública sentia a chegada do acontecimento, fosse ela contra ou a favor. Rousseau não foi o único a advertir a monarquia. Em 1770, a Assembleia do Clero da França declara que, se a monarquia não remediar as causas da turbulência, ela "vai provocar as mais estranhas revoluções e sem

52 Moreau, *Une mystique révolutionnaire*.

dúvida precipitá-la em todos os horrores da anarquia".[53] Advertência reiterada em 1772: "Vereis a perversidade, auxiliada pela miséria, entregar-se a todos os excessos"; em 1780: "Sire, um temível flagelo ameaça com as mais horríveis calamidades a vasta extensão de vossos estados".[54]

## RUMO À EXPLORAÇÃO DO FUTURO: PROBABILIDADES, SEGUROS E RENDAS VITALÍCIAS

Ainda que emanem do clero, essas predições não são profecias extáticas, mas previsões que se baseiam na observação econômica e social e ilustram o progresso do papel das ciências humanas na apreensão do futuro. Suas origens são múltiplas. Uma das mais determinantes é o aumento do poder do Estado moderno, sobretudo a partir do século XVII. Esses Estados, que têm exigências cada vez mais invasivas e cujas funções se multiplicam, precisam prever para melhor controlar o rumo das coisas, e para prever eles precisam medir, contar, calcular a população, os recursos, os impostos. Graças à revolução quantitativa da ciência moderna, nasce a aritmética política.[55]

A nova mentalidade é descrita por William Letwin a propósito da criação da Royal Society:

> Subitamente, persuadimo-nos de que coisas que desde sempre foram consideradas conjecturais podiam ser contadas ou pesadas, ou reduzidas de alguma forma ao estado de números. Em associação com essa ideia revolucionária, surgiu um piedoso sofisma: medir e compreender eram uma coisa só. Os sábios dos tempos da Restauração acreditavam que vestir um problema com um laudel matemático equivalia a resolvê-lo.[56]

Desde o princípio, a revolução do número foi utilizada para cálculos prospectivos, referentes em especial à população mundial, fazendo aparecer o fantasma da superpopulação: em 1677 é publicado um tratado de Matthew Hale que calcula que de toda forma o mundo está fadado a acabar, porque, apesar das calamidades, a população não para de crescer e um dia atingirá

---

53 *Procès-verbaux des Assemblées générales du clergé de France*, t.VIII, p.568.

54 *Procès-verbal de l'Assemblée du clergé de France de 1180, au couvent des Grands-Augustins*, p.335.

55 O termo parece se dever a William Petty (1623-1687), que o inventa por volta de 1672-1676.

56 Letwin, *The Origins of Scientific Economies*, p.99.

inevitavelmente o limite do suportável.[57] Na mesma época, William Petty escreve:

> Se a população dobrar em 360 anos, os 320 milhões calculados pelos especialistas que hoje povoam a superfície da Terra crescerão nos próximos 2 mil anos de modo que haverá uma pessoa para 2 acres de terreno na parte habitável da Terra. E então, segundo a predição das Escrituras, haverá guerras e grandes massacres.[58]

Alguns anos depois, Gregory King faz projeções sobre o crescimento da população inglesa, considerando 8.280.000 de habitantes no ano 2000, 10.115.000 em 2200, 22.000.000 em 3500, e conclui: "Então, como o reino possui apenas 39 milhões de acres, não haverá nem mais 2 acres por cabeça, o que tornará impossível qualquer crescimento posterior".[59]

As primeiras tentativas da prospectiva demográfica não são mais confiáveis do que as previsões astrológicas e outras profecias. A diferença é que nesse caso o método pode ser aperfeiçoado. Aliás, ele não deixa de ter certa relação com o pensamento teológico nessa época, e contém segundas intenções apologéticas. Em 1741, o alemão Johann Peter Süssmilch se fundamenta na economia política para mostrar que a providência previu a autorregulação da demografia:

> Os homens nascem e morrem, mas sempre numa dada proporção. Nascem meninos e meninas, mas sem que jamais seja perturbada a ordem instituída de uma vez por todas pela providência. À primeira vista, poderíamos crer que a morte atinge indistintamente os homens, em qualquer idade, mas, se analisarmos com atenção, percebemos que isso ocorre sempre em determinada proporção.[60]

O debate em torno do despovoamento ou do crescimento demográfico excessivo tem implicações teológicas fundamentais: a humanidade evolui na direção de um fim iminente por superpopulação, ou de um retorno a uma era de ouro em que reina uma perfeita harmonia entre os recursos e o número

---

57 Hale, *The Primitive Origination of Mankind, Considered and Examined According to the Light of Nature*.

58 Apud J. Dupâquier; M. Dupâquier, *Histoire de la démographie*, p.141.

59 Ibid., p.150.

60 Süssmilch, *Die Göttliche Ordnung in der Veränderungen des menschlichen Geschlechts*, ed. fr., p.292.

de bocas para alimentar? Deus controla esse processo? Muitos dos primeiros aritméticos políticos são pastores ou padres, como o abade Jean-Joseph Expilly na França, e eles não perdem a oportunidade de fazer a ligação entre sua fé e seus estudos. No século XVIII, toda uma linhagem de pastores ingleses acredita que pode anunciar, a partir de dados estatísticos, que a população europeia está diminuindo e vai continuar a diminuir, atribuindo esse fenômeno ao aumento da imoralidade: William Whiston, Robert Wallace, William Brakenridge, Richard Price.[61]

Entre os fatores que possibilitaram o desenvolvimento da prospectiva demográfica, além dos progressos do capitalismo, das práticas comerciais e das trocas entre especialistas, devemos incluir o surgimento dos seguros e do cálculo de probabilidades. Essas duas disciplinas, que tentam antecipar o futuro, devem reduzir a importância do acaso ao estrito mínimo e, portanto, estão destinadas a empregar os métodos mais confiáveis de predição.

O surgimento da teoria das probabilidades levanta um problema situado nas raias da matemática, da teologia e do jogo. No século XVI, a casuística leva à questão da licitude dos jogos de azar, tradicionalmente condenados pela Igreja como recurso ilegítimo ao julgamento de Deus, segundo a doutrina tomista das "sortes divisórias". Como demonstrou Ernest Coumet, a casuística jesuítica legitima esses jogos, mostrando que as sortes divisórias representam um tipo particular de sorte, cuja natureza não tem nada a ver com o sobrenatural:

> Os jogos de azar constituem uma espécie daquilo que será chamado mais tarde de "contratos aleatórios"; eles repousam sobre convenções voluntárias segundo as quais a posse do bem depende do resultado incerto da fortuna, e que, para serem legítimas, devem corresponder a certas condições de equidade.[62]

Na primeira metade do século XVII, os matemáticos se debruçam sobre o problema: os jogos de azar são realmente comandados pelo acaso? A pergunta é lançada pelo jansenista Pascal numa carta a Fermat em 29 de julho de 1654. Mais tarde, Huygens e Bernoulli intervêm: o primeiro escreve um tratado sobre os jogos de azar, traduzido para o inglês em 1692 por John Arbuthnot.[63] Depois um padre, pároco de Montmort, publicou em 1708

---

61 Glass, The Population Controversy in Eighteenth Century England, *Population Studies*, p.69-91.

62 Coumet, La théorie du hasard est-elle née par hasard?, *Annales ESC*, p.579.

63 Arbuthnot, *Of the Laws of Chance, or a Method of Calculation of the Hazards of Game.*

*Essay d'analyse sur les jeux de hasard*, seguido do importante tratado de um protestante francês refugiado em Londres, Abraham de Moivre: *Doctrine of Chances, or a Method of Calculating the Probability of Events in Play* (1718). Um pastor, o reverendo Thomas Bayes, elaborou o teorema de base das probabilidades, que recebeu seu nome. Em 1763, um amigo seu, o sr. Price, resume diante da Royal Society a ideia geral desse teorema: "Seu propósito era definir um método que nos permitisse avaliar a probabilidade de um acontecimento em determinadas condições, na hipótese de sabermos apenas que nessas mesmas condições ele se deu tantas vezes e não se deu tantas vezes".[64] Em seguida, pesquisadores profissionais se assenhoram do problema e o refinam cada vez mais, em especial graças à teoria analítica das probabilidades de Laplace, em 1812. Um problema originalmente teológico se transformou assim em problema puramente científico.

Nesse ínterim, foram encontradas aplicações para ele nas estatísticas sobre a população, na vida humana, nos seguros marítimos e na vida em geral. As pesquisas realizadas em todos esses campos provêm do mesmo estado de espírito que acompanha a ascensão do capitalismo: trata-se de controlar as incertezas do futuro, eliminar ou reduzir os riscos inerentes ao empreendimento individual. O antigo sistema econômico, baseado nas corporações, apresentava limitações, mas garantia segurança; inversamente, o capitalismo libera, permite lucros enormes, mas comporta riscos consideráveis, ligados às incertezas do futuro. Daí a ideia de descobrir as leis que governam a economia e a demografia para controlar o futuro, e até tirar proveito dele. O futuro, cheio de virtualidades, pode trazer enriquecimento: isso é patente para as companhias de seguros de vida. De fato, no espírito dos pesquisadores dos séculos XVII e XVIII, trata-se sobretudo de "desfuturizar" e "desprobabilizar" o futuro, tornando-o presente e, portanto, certo. Isso é nítido para Pascal, por exemplo.[65]

A prática das rendas vitalícias, criada na Idade Média como um meio de certas grandes cidades comerciais reembolsar suas dívidas, foi a primeira a estimular a pesquisa sobre a duração média da vida humana, com a elaboração de tábuas de mortalidade.

O sistema é aperfeiçoado no século XVII com o napolitano Lorenzo Tonti, inventor das "tontinas": o Estado lança um empréstimo a fundo perdido cujos juros são divididos entre os cotistas sobreviventes até o falecimento do último. A última quadra de credores tem certeza de que receberá

64 Apud Jacquard, *Les probabilités*, p.46.
65 Guitton, *Pascal et Leibniz*.

excelentes rendimentos, e é isso que torna o sistema atraente. Cidades dos Países Baixos recorreram às tontinas, da mesma forma que a monarquia francesa em 1689 e 1696. Para convencer os potenciais emprestadores, elaboram-se tábuas de mortalidade (ou de vida) para mostrar quantas pessoas restarão para dividir os juros ao fim de um certo número de anos. Isso é afirmar que a vida e a morte obedecem a leis estatísticas, que começam a ser estudadas.

Cardano já havia se debruçado sobre a questão em 1570. Em 1662, John Graunt publica *Natural and Political Observations [...] upon the Bills of Mortality*. Mais tarde, Huygens (1669), Jan de Witt (1671), Edmund Halley (1693) refinam os cálculos. Entre 1746 e 1760, Deparcieux redige uma ampla síntese, *Essai sur les probabilités de la vie humaine*. No fim do século, Condorcet desenvolve suas pesquisas de matemática política e social, por exemplo, em seu *Essai sur l'application de l'analyse aux probabilités des décisions rendues à la pluralité des voix* [Ensaio sobre a aplicação da análise às probabilidades das decisões tomadas por pluralidade de vozes], de 1785. A ampliação para a prática dos seguros de vida é mais lenta, por causa do problema moral que no fim do século XVIII ainda faz B. M. Emerigon dizer em seu *Traité des assurances*: "A vida humana não é um objeto de comércio, e é odioso que a morte dê matéria a especulações mercantis". Os seguros de vida são proibidos diversas vezes no século XVII na Itália, na Holanda, na França, mas crescem no século seguinte.

Os seguros marítimos e contra catástrofes naturais não suscitam a mesma hesitação. Existem sistemas variados de seguros marítimos desde a Idade Média na Itália, e no século XIV aparece o contrato de tipo moderno. O crescimento do comércio no século XVIII aprimora a prática: em 1720 são criadas duas companhias de seguros marítimos por ações, a London Assurance e o Royal Exchange, ao mesmo tempo que os corretores se reúnem no café Lloyds. Os seguros contra incêndio crescem depois do grande incêndio de Londres, em 1666. Uma das companhias mais importantes, a Sun, possuía 17 mil contratos em 1720.[66]

## DIVERSIFICAÇÃO DOS ACESSOS AO FUTURO

Desse rápido panorama, concluímos que ao longo do século XVIII estabelece-se uma nova maneira de ver o futuro. Pouco a pouco, ganha cada vez

66 Blackstock, *The Historical Literature of Sea and Fire Insurance in Great Britain, 1541-1810*.

mais crédito a ideia de que o futuro, assim como a natureza, está sujeito a leis, e que o conhecimento dessas leis permitiria saber sem risco de erro de que será feito o amanhã. A expressão mais acabada dessa convicção está contida no *Essai sur le calcul des probabilités*, de Laplace, que resume o novo estado de espírito da elite científica no fim do Iluminismo:

> Uma inteligência que, para um dado momento, conheceria todas as forças que animam a natureza e a situação respectiva dos seres que a compõem, se, além do mais, fosse suficientemente vasta para submeter esses dados à análise, abarcaria na mesma fórmula o movimento dos maiores corpos do universo e os do mais leve átomo; nada seria incerto para ela, e o futuro, do mesmo modo que o passado, seria presente aos seus olhos.

Nessa forma extrema, trata-se nem mais nem menos de uma abolição do tempo: o passado e o futuro reduzidos ao presente. O fato de que isso possa ser cogitado no fim do século XVIII mostra que se atingiu naquele momento uma etapa capital na forma como o homem vê o futuro.

A questão vital é ainda o domínio sobre o futuro, indispensável para guiar as decisões e as escolhas que formam a trama do presente. Mas os meios evoluem. Evidentemente, todos os métodos são empregados e os astrólogos do século XVII são consultados com frequência sobre questões de seguro. Adivinhação, sortes, oráculos, astrologia, profecia religiosa por revelação ou interpretação dos textos bíblicos, vidência e os diferentes tipos de iluminismo, utopia preditiva, são vizinhos dos cálculos de probabilidades, dos primórdios da prospectiva sociológica e das previsões científicas. Swedenborg é tão filho do seu século quanto Laplace. Mas a novidade reside na diferenciação sociológica desses métodos. Assiste-se no século XVIII a um estilhaçamento sociocultural.

É em torno do critério de eficácia que se dá o rompimento, o qual podemos resumir esquematicamente da seguinte maneira. Os métodos tradicionais de predição (adivinhação, profecia, astrologia) são progressivamente abandonados pelas elites culturais, cuja exigência de veracidade, racionalidade e eficácia aumenta, mas são preservados pela cultura popular, que está em vias de se tornar cultura de massa, e cujas preocupações essenciais são a estabilidade, a segurança e a continuidade.

Na cultura popular, de fato, a predição conta mais do que a realização. O papel da predição é essencialmente tranquilizar, mantendo a ficção da constância, introduzindo antecipadamente os acontecimentos futuros numa continuidade que revela um destino coletivo e individual. O mundo é tutelado, não está entregue ao acaso; uma vontade o dirige e já previu os detalhes do futuro. Os presságios são a prova da existência de um plano, e algumas pessoas, dotadas de dons particulares, podem captar fragmentos dele, lendo as estrelas, as bolas de cristal, a borra do café, as linhas da mão, ou por comunicação direta de Deus e dos santos. Assim é mantida a solidariedade universal, entre este mundo e o do espírito, entre o presente, o passado e o futuro; tudo está ligado e tudo age sobre tudo. Concepção mágica, globalmente qualificada a partir de então como supersticiosa, na qual tudo é ao mesmo tempo determinado e possível.

Nessa concepção, pouco importa que os métodos divinatórios e mágicos sejam ineficazes, pois estamos num sistema não racional, que não exige prova, portanto, um sistema que não pede verificação. Trata-se de crença, não de razão. Além do mais, a cultura popular situa-se exclusivamente no presente; ela traz tudo para o presente, que é um perpétuo recomeço. As predições, como as lembranças, fazem parte das estruturas mentais do presente. A predição é totalmente dissociada de sua realização, e a única coisa que interessa é o seu conteúdo. Ela faz parte do indispensável imaginário, com os romances e os contos, e mais tarde o cinema.

O que muda é a atitude das elites. Os progressos decisivos realizados pelas ciências, pela economia, pela política, manifestam-se num desejo ainda maior de domínio sobre um meio espaçotemporal cada vez mais dessacralizado e desencantado. Para esses homens que realizam cada vez mais a autonomia da criação em relação a um criador, que para alguns é hipotético, o futuro se torna um problema em si. O espírito cartesiano seleciona, classifica, separa. Para ele, o tempo se desenrola, tem uma direção irreversível, e o futuro é o mundo desconhecido que devemos explorar. A grande solidariedade universal, que rege a cultura popular, é quebrada.

O futuro é um objeto de estudo, que necessita de técnicas particulares. O objetivo, como em todas as outras ciências, é descobrir a verdade e, como em todas as disciplinas, o método que conduz à verdade é o método experimental. Adivinhação, astrologia e profecia deram provas suficientes de sua impotência e incapacidade de predizer. É preciso, portanto, buscar outros métodos.

Abordagem puramente especulativa: a dos filósofos e historiadores, que utilizam o passado para tentar penetrar o mistério do futuro, constroem filosofias da história que devem possibilitar a previsão das grandes linhas do futuro.

Abordagem voluntarista: a dos utopistas, que se nutrem das insatisfações e dos desejos do presente para construir um futuro virtual, com a esperança de influir na direção da história. Essa segunda abordagem, combinada com a primeira, conduzirá em breve às ideologias.

Abordagem política e econômica: a dos aritméticos políticos e dos capitalistas, que, por uma avaliação estatística e probabilística do futuro, permite dosar os riscos e as esperanças, visando explorar o futuro, tirar proveito dele em termos de poder e dinheiro, com seguros, empreendimentos comerciais e políticos.

Assim, a abordagem do futuro se estilhaça. Apenas a cultura popular ainda considera que o conhecimento direto é possível, por adivinhação, presságios, profecia, astrologia. Nas elites, a abordagem agora é indireta: embora o futuro seja determinado, somente suas grandes linhas podem ser adivinhadas, graças ao estudo do passado e ao saber científico para extrair dele as leis da evolução das sociedades humanas. Todas essas atitudes coexistem. Por isso, a problemática de Keith Thomas alguns anos antes talvez não seja mais adequada. Em vez de um "declínio da magia" que teria precedido o surgimento da mentalidade científica, conviria falar de uma diversificação; a atitude mágica continua bem viva, mas limita-se à cultura popular. O acesso ao futuro depende agora do pertencimento sociocultural. A elite abandonou definitivamente os métodos tradicionais por serem ineficazes, e explora novos caminhos, com um objetivo cada vez mais prático: compreender as leis do desenvolvimento histórico a fim de utilizá-las e tirar proveito delas. Três forças ascendentes pretendem controlar o futuro em seu benefício: os socialistas utopistas, o Estado e os capitalistas.

# - 13 -

# O INÍCIO DA ERA DAS MASSAS (I). FLORESCIMENTO DA PREDIÇÃO POPULAR NO SÉCULO XIX

A Revolução Francesa inaugura a era das massas. Massas de artesãos e companheiros do 14 de Julho, do Campo de Marte, do 10 de Agosto, massas armadas da conscrição, em breve massas de proletários em marcha para o socialismo, massas das classes médias a caminho da igualdade, massas de peregrinos nos locais de aparição, massas das nações entrechocando-se no tabuleiro de xadrez europeu. Para pôr em movimento esses milhões de homens e mulheres, aparecem ideais novos, prometendo um futuro radioso: nação, pátria, liberdade, democracia, socialismo, fraternidade neocristã. O século XIX, do fundo dos pardieiros trabalhadores e dos gabinetes empoeirados do pequeno funcionalismo, é um século aberto para o futuro, como se a revolução tivesse cortado as amarras com um passado arcaico, que não voltará mais. Uma imensa aspiração de mudança sucede ao imobilismo do Antigo Regime. A história se acelera; para alguns, ela está começando.

## UM SÉCULO PROFÉTICO

Nessa época, a predição é chamada a representar um papel fundamental. Cada grupo em luta tem seus profetas, que fazem reluzir um futuro sereno, digno de motivar a ação presente. Esse futuro é inevitável e, no entanto, é preciso lutar para construí-lo, contradição que está na base de qualquer predição em ato. Trata-se de estar no "sentido da história", pois esta definitivamente tem um sentido, exceto para os raros e últimos profetas da evolução cíclica, como Nietzsche. Esse futuro prometido pelos visionários da nova era é terrestre, mesmo para os apóstolos de um cristianismo regenerado. Ainda existem, evidentemente, profetas do fim do mundo e do além, mas a imensa maioria das predições é agora secularizada. Quer se trate das utopias socializantes ou científicas, dos sonhos de fraternidade universal ou de dominação nacional, o horizonte está na terra.

Ao mesmo tempo, de forma mais complementar do que contraditória, o século XIX é o século do individualismo. O liberalismo põe o indivíduo no centro de suas preocupações. O objetivo é o sucesso pessoal, que muito frequentemente depende do enriquecimento, mas também pode ser visto pela plena realização cultural, sentimental, artística, num século de democratização da cultura. Também nesse setor, não faltam profetas, profetas do destino individual cuja importância cresce, porque a partir da revolução todos podem teoricamente aspirar a uma situação melhor. Os entraves impostos pelo Antigo Regime à condição social de cada indivíduo, que de certo modo o prendiam a sua condição de nascimento, evaporaram. A ascensão social torna-se legalmente possível, com o fim dos privilégios exclusivos. Todos podem sonhar com um destino melhor, o que abre imensas perspectivas para as cartomantes, videntes, leitoras da sorte, deitadoras de cartas e sonâmbulas do gênero. Às predições sobre a vida sentimental somam-se as da carreira profissional e da fortuna, no sentido financeiro da palavra. Nesse terreno, o crescimento das classes médias é um fenômeno sociológico de suma importância, que fornecerá uma clientela nova e considerável aos consultórios de astrólogos e videntes extralúcidos, conferindo a estes últimos um status social e um respeito que lhes faziam falta no mundo do Antigo Regime, quando eram perseguidos pela ira da Igreja. De marginal exótico – o boêmio ou a egípcia – à reputação de charlatão, o vidente se torna representante de uma profissão legítima, reconhecida e integrada no setor terciário.

Porque o crescimento das classes médias e o processo de democratização, longe de fazer a credulidade recuar, reforçam o crédito de métodos de predição que se dão um matiz científico. O nível muito superficial da cultura das classes médias facilita a confiança que elas depositam nesses personagens, que ostentam uma fachada racional em harmonia com as exigências modernas. Conhecimentos científicos profundos se afastam da vidência; conhecimentos superficiais se aproximam dela. Os membros das classes médias, que facilmente se deixam iludir e bajular por um verniz pseudocientífico, são vítimas privilegiadas de astrólogos e videntes. E a confiança que eles têm nesses personagens repercute no status destes últimos, agora integrados na sociedade moderna. Porque não são nem proletários nem pequenos camponeses que formam a massa de sua clientela, mas funcionários públicos, comerciantes, empregados de todos os níveis.

A situação política, econômica, social e cultural do século XIX é eminentemente favorável ao florescimento de todos os tipos de predição. O declínio das grandes religiões deixa um vazio em que se lançam os novos profetas. As massas precisam acreditar num futuro melhor, próximo ou longínquo, mas inevitável, pelo qual valha a pena suportar as dificuldades presentes. Se esse futuro não está no além, então está na terra; as promessas dos utopistas, dos economistas, dos teóricos políticos fornecem sucedâneos de religião.

Ao mesmo tempo, os fiéis das religiões tradicionais, reduzidos a se defender, são levados a cobrir o lance, desenterrando as antigas profecias e descobrindo novas que fortalecem os ideais ortodoxos. A multiplicação das aparições marianas, todas acompanhadas de uma mensagem profética, cercadas de um segredo e de um mistério cuidadosamente preservados, deve ser situada nesse contexto. Diante das profecias laicas e otimistas dos cientistas e dos socialistas, as profecias cristãs do século XIX continuam catastrofistas e ameaçadoras: "Convertam-se, senão...". Esse tipo de profecia condicional, que não passa de uma arma pastoral usada há séculos pelas Igrejas, ganha um novo vigor no clima de luta antirreligiosa do século XIX. E como a época é fértil em catástrofes, culminando na guerra de 1914, os profetas da desgraça têm apenas o embaraço da escolha para justificar seus prognósticos.

Outro fator favorável: a desagregação dos laços sociais e familiares tradicionais, que deixa o indivíduo sozinho, desamparado, numa incerteza constante que o leva a se agarrar a predições sobre seu destino, como guias numa selva hostil. A paróquia, a família ampliada, a corporação, a confraria, tudo que prendia e dava segurança e consolo, tudo isso se decompõe. Por isso, de um lado, as pessoas recorrem à astrologia para se tranquilizar sobre sua sorte individual e, de outro, entram nas novas estruturas que prometem salvação coletiva: sindicatos e partidos políticos.

O século XIX vivencia a irrupção da instabilidade, da mudança constante, em todos os campos. Politicamente, é o século das revoluções. Na

França, por exemplo, três séculos de monarquia absoluta são substituídos pelo caos dos anos 1789-1799, por quatro anos de Consulado, dez anos imperiais, quinze anos de Restauração, dezoito anos de orleanismo, três anos de República, dezoito anos de Império e uma Terceira República abalada por crises, tudo isso entremeado de convulsões revolucionárias. A Alemanha, os Países Baixos, a Itália, os Bálcãs não são mais pacíficos do que a França. Economicamente, vive-se no ritmo – mal compreendido – das crises, das depressões, das retomadas, das falências e dos enriquecimentos espetaculares, dos reveses da sorte, do curso caprichoso das bolsas de valores, que constroem e desconstroem a situação dos mais poderosos. À penúria constante, que caracterizava o Antigo Regime, sucede a incerteza entre o luxo e a miséria. Tudo isso favorece a procura de meios de predição, com a esperança de encontrar uma segurança reconfortante. Se o mundo é flutuante, que ao menos se saiba para onde ele vai. Economistas, sociólogos, teóricos políticos logo se darão ares de profetas.

Devemos acrescentar ainda um fator: os sobressaltos que agitam o século XIX geram esperanças e frustrações; cada reviravolta política ou econômica produz vencedores que anunciam uma nova era, e derrotados que profetizam um futuro retorno ao passado. Revolucionários e reacionários são todos profetas; a predição fortalece os primeiros e consola os segundos. Restaurar o mundo, regenerá-lo, é isso que anunciam visionários e videntes de todos os credos. Já às vésperas da revolução, em 1788, a baronesa de Oberkirch escrevia:

> É certo que jamais os rosa-cruzes, os adeptos, os profetas e tudo que se relaciona a essas coisas foram tão numerosos, tão ouvidos. As conversas giram quase exclusivamente em torno dessas matérias; elas ocupam todas as cabeças; impressionam todas as imaginações [...]. Olhando ao nosso redor, vemos apenas feiticeiros, adeptos, necromantes e profetas. Cada um tem o seu, e conta com ele.[1]

O movimento cresce durante e depois da revolução, reforçado pelo retorno dos emigrados que ao longo de suas tribulações conviveram com o magnetismo, o sonambulismo, o Iluminismo. Joseph de Maistre vive na expectativa de uma ampla reviravolta regeneradora, crença compartilhada pela duquesa de Bourbon, enquanto Madame de Krüdener prediz o fim do

1 Apud Edelman, *Voyantes, guérisseuses et visionnaires en France, 1185-1914*, p.61.

mundo, a vinda da Nova Jerusalém, e vê o czar Alexandre I como o enviado de Deus encarregado de derrubar o Anticristo, Napoleão I.

Para satisfazer esse imenso apetite pela predição, métodos é que não faltam. O irracional ressurge com o ocultismo e o profetismo extático inspirado. O magnetismo e o sonambulismo desenvolvem-se na primeira metade do século, enquanto o espiritismo de Allan Kardec aparece por volta de 1850. A astrologia recupera o vigor, com todos os métodos populares clássicos, cartomantes, leitoras da sorte e videntes. Surgem novos profetas, e eles seduzem as elites intelectuais: profetas da ciência, da economia, do socialismo. Os espetaculares progressos técnicos da Revolução Industrial, o estudo das leis de mercado da economia capitalista, a evolução histórica permitem que eles predigam um futuro em que a máquina resolverá todos os problemas, e a vida será confortável, numa sociedade mais justa, ou até igualitária. Uns predizem o futuro individual, outros o futuro coletivo, e todos são otimistas. O século XIX imagina, além das bacias carboníferas, além das periferias operárias, além dos campos em crise, um futuro radioso, justo e ensolarado para todos, graças à ciência ou graças à fé. Esse é, sem dúvida, o século mais profético de todos.

Antes de examinar, no próximo capítulo, as grandes esperanças coletivas do século, imaginadas pela elite pensante, devemos nos debruçar sobre a predição popular e individual. Seu crescimento desde a revolução é espetacular, aproveitando a efervescência dos espíritos e a liberdade de expressão nas grandes cidades. Numa época tão turbulenta, em que ninguém está a salvo de uma reviravolta política, de uma detenção, de uma execução sumária, todos procuram se tranquilizar com relação ao seu destino, desde os *sans-culotte* de base até o convencional e o general vencedor. E a deusa Razão, apesar dos sarcasmos de seus servos, é impotente diante da cartomante.

## CRESCIMENTO DA PREDIÇÃO POPULAR E VIGILÂNCIA POLICIAL

A cartomante, além do baralho de 32 cartas, começa a utilizar o tarô; a quiromante lê a borra de café e a clara do ovo; lê as linhas da mão. Há manuais básicos para orientar a arte do principiante, como *Le flambeau de la raison ou L'art de tirer les cartes à la manière des Égyptiens*. Alguns fazem uma bela carreira, desde que consigam provar sua habilidade. É o caso de um certo Alliette, nascido em 1738, que publicou em 1757, com o pseudônimo de Etteilla, anagrama de seu nome, um tratado de cartomancia. Especializado no tarô, ele afirma sua origem egípcia e declara querer recuperar sua pureza original, com o nome de cartomancia, e dá cursos sobre ele.[2] O sucesso de Alliette é inegável, como observa Millet de Saint-Pierre:

> O espírito público é dado então às inovações; estas assumem seu lugar ao lado dos para-raios, dos aeróstatos e do magnetismo animal. Do mesmo modo que Cagliostro obtinha crédito nas mais altas classes, Etteilla alcançava sucesso na classe mais esclarecida, e, portanto, menos fácil de ludibriar, dos amantes do progresso, parecendo chamar para si os homens estudiosos e invocando as luzes da ciência.[3]

A revolução faz prosperar os negócios, ainda mais que a tarifa não é barata: 6 libras para explicar um sonho, 24 libras para deitar as cartas, 50 libras pelo horóscopo. Além das consultas diretas, ele faz horóscopos por correspondência: "Leitor, Etteilla oferece fazer-te o horóscopo, tal como o fez para vários grandes. Ele não precisa ver-te, bastam-lhe as letras iniciais do teu nome, com o ano e o dia do teu nascimento".[4] Tal impostura da parte de alguém que se diz "iniciado nos mais altos mistérios dos caldeus, egípcios, árabes, assírios e outros, e, além do mais, descendendo diretamente dos magos consumados nas altas e sublimes ciências", não o impede de abrir uma escola de magia em Paris, em julho de 1790, e dar aulas a um membro da Assembleia Nacional. Naturalmente, ele afirma ter predito o desencadear da revolução.

Ao lado dos charlatães, as loucas, como Catherine Théot, internada no hospital da Salpêtrière de 1779 a 1782, que se julga a Virgem Maria e dá origem, de seu apartamento na Rue de la Contrescarpe, a uma verdadeira seita iluminada sob a revolução, frequentada por dom Gerle, a duquesa de Bourbon e a marquesa de Chastenois. Dom Gerle, que interpreta os oráculos da "Mãe de Deus", anuncia em 1794 a queda iminente do governo revolucionário, o que lhe vale a prisão com mais alguns, classificados por Vadier como um "bando de imbecis". Aliás, a Convenção não leva o caso a sério. Também é em tom de sarcasmo que o jornal *Le Père Duchesne* aborda os prognósticos no *Calendrier du Père Duchesne ou Le prophète sac à diable, almanach pour 1791*, que anuncia as "Predições legítimas e notáveis do pai Duchesne, bravo bugre que nunca enganou ninguém". Para janeiro de 1791, a predição é a seguinte:

---

2 Ele explica seu método em *Cours théorique et pratique du livre de Thot pour entendre avec justesse l'art, la science et la sagesse de rendre les oracles*, de 1790.

3 Millet de Saint-Pierre, *Recherche sur le dernier sorcier et la dernière école de magie*, p.17.

4 Etteilla, *Le zodiaque mystérieux, ou Les oracles d'Etteilla*, p.191.

> Ah, pelos malditos mil milhões de chaminés sujas! Meus óculos me enganariam? Pois sim, diabos! Pela maldita bugre, infelizmente vejo claro demais. Ah, triplos trovões! Pobres bugres dos parisienses, pobres parvos, estais de novo bem arranjados. Ah, triste nome de um almofadinha, que organização calamitosa! Quereis, malditos imbecis, saber por quê? Vossas eleições se fizeram ao revés do bom senso.[5]

Apesar de tudo, o governo revolucionário, como todos os seus predecessores, desconfia dos videntes, já que predições mal-intencionadas são sempre capazes de provocar distúrbios. Por isso, o decreto de 9 de julho de 1791 proíbe toda atividade de adivinhação. A medida é reiterada pelo Artigo 479 do Código Penal de 1810, que estipula que "serão punidas com multa de 10 a 15 francos as pessoas que fizerem profissão de adivinhar e prognosticar ou explicar os sonhos", e o artigo seguinte prevê, conforme o caso, pena de prisão. O regulamento policial de 30 de novembro de 1853 ainda relembra essas medidas e, em 1882, o chefe de polícia anuncia sua intenção de "livrar Paris de todas as adivinhas e sonâmbulas que praticam na cidade". A legislação endurece de novo no fim do século, já que em 11 de julho de 1895 o Artigo 479 do Código Penal é alterado, especificando dessa vez que "doravante é vedado exercer essa profissão, fazer anúncios nos jornais ou distribuir prospectos na via pública".

Assim, os governos republicanos não são mais favoráveis à adivinhação do que as monarquias e os impérios. A influência do positivismo, do cientismo e da medicina moderna tem um papel fundamental na segunda metade do século, recuperando a dimensão de vigarice dessa atividade que justifica sua interdição. A lei nem sempre é letra morta, sobretudo nos casos patentes de trapaça. Assim, em março de 1850, Rosalie Montgruel, que se autointitula a "Sibila moderna", é acusada com o marido, que a magnetiza, de falsas predições que teriam enlouquecido uma tal sra. Lemoine. O auto de acusação incide sobre três pontos:

> ter exercido sem autorização a arte de curar, ter feito profissão de prognosticar e adivinhar sonhos, ter obtido da sra. Lemoine uma quantia de 30 francos, utilizando-se de manobras fraudulentas para convencer da existência de um poder imaginário e suscitar a esperança ou o temor de um acontecimento quimérico.[6]

5 Mozzani, *Magie et superstition de la fin de l'Ancien Régime à la Restauration*, p.95.
6 Favre, *Mémoire pour M. et Mme Montgruel appelant contre le procureur général*, p.4.

Os esposos recebem uma punição rigorosa, de treze meses de prisão e 500 francos de multa. Em 1895, em consequência da lei de julho, sendo efetuados controles policiais, um certo número de cartomantes e sonâmbulos preferem suspender as consultas, como a sra. Auffinger, que declara no jornal *La Chaîne Magnétique* de junho de 1896 que:

> lamenta informar a sua numerosa clientela que, em consequência da interdição departamental que proíbe, em virtude da Lei de 1810, a todas as sonâmbulas e cartomantes de predizer o futuro em todo o Departamento do Sena, suas consultas estão suspensas até que a petição apresentada à Câmara dos Deputados pelos interessados leve à revisão dessa decisão e ao livre exercício dessa profissão.[7]

No entanto, essas crises são passageiras, pois a demanda é gigantesca e os videntes proliferam, muitos com cartaz. E poderia ser diferente, se até os dirigentes recorrem a seus serviços? Sob a revolução, Danton, Marat, Robespierre, Saint-Just, Desmoulins, Barère, Tallien consultam, por exemplo, a famosa srta. Lenormand. Assim, apesar da Lei de 1791, os consultórios estão sempre cheios até 1799, como testemunha o cônego Lecanu:

> Não era possível exercer em público a arte da cartomancia, da quiromancia ou da necromancia, nem consultar ostensivamente as pessoas especialistas nesse tipo de ciência, por receio de ver-se denunciado como conspirador ou, ao menos, suspeito para os terríveis comitês de salvação pública; porém, na intimidade, as coisas seguiam na mesma. As cidadãs sabiam fazer a cartomancia para si mesmas e para os amigos; quebraram-se muitos ovos cuja clara serviu de alimento apenas para a curiosidade: como era o meio menos comprometedor de consultar o futuro, foi usado com frequência, mesmo por fogosos convencionais.[8]

## AS PREDIÇÕES SOB O IMPÉRIO

A situação não evolui sob o Consulado e o Império. Lemos num relatório policial de 3 de setembro de 1804: "A polícia persegue em vão os deitadores

---

7 Apud Edelman, op. cit., p.56.

8 Lecanu, *Dictionnaire des prophéties et des miracles*, p.431. A propósito de Robespierre e suas relações com Catherine Théot, conhecida como "Mãe de Deus", cf. Lenôtre, *Le mysticisme révolutionnaire*.

de cartas, pois todos os dias estabelecem-se novos".[9] Particularmente numerosos no centro da capital, nos bairros do Pont-Neuf e do *faubourg* Saint-Germain, eles atraem a clientela com prospectos que circulam por baixo do pano, como este, apreendido em 1802 perto do Pont-Neuf:

> No oráculo de Calcas
> Consolador do gênero humano,
> Do tempo passado lembro a imagem,
> Fixo do presente a rápida passagem;
> E do sombrio futuro aclaro o destino [...]
>
> O cidadão Irineu avisa ao público que continua a deitar as cartas e, pelo estudo que fez na arte da necromancia, retraça o passado, descreve o presente e anuncia o futuro: ele responde a todas as perguntas que lhe fazem.[10]

Tratados permitem instruir-se na arte das predições, como o *Oracle parfait, ou Nouvelle manière de tirer les cartes, au moyen de laquelle chacun peut tirer son horoscope*, publicado em 1802.

A polícia vigia de perto os adivinhos. Os arquivos da chefatura contêm inúmeros documentos de perquirição: na residência da "mulher Lacoste, deitadora de cartas, Rue Mazarine" (30 de julho de 1802), "a denominada Lionesa, deitadora de cartas, Rue de Bucy" (11 de agosto de 1802), "a denominada Gilbert, deitadora de cartas, Rue Batave" (18 de agosto de 1802), e assim por diante.[11] Os motivos apresentados são sempre vigarice e atentado à paz do lar, em nome da moral e da razão. Assim, o denominado Lelièvre, Rue Eloy, é "acusado de enganar o público pela ciência de tirar cartas e outras artes divinatórias" (novembro de 1801); o denominado Simonet e sua esposa "tentam laçar a credulidade do povo, fazendo-se passar por astrólogos e, nessa qualidade, mandando distribuir cartões que se tem o cuidado de entregar apenas às mulheres e nos quais eles se gabam de predizer o futuro" (setembro de 1804); a denominada Virginie, Rue Saint-Denis, é "acusada de enganar a credulidade do povo" (outubro de 1804); o denominado Lemoine "tira as cartas e perturba as famílias com suas predições"; um outro, denominado Bisuchet, "tirador da sorte, perturba as famílias".[12]

---

9 A.N., série F7 6442, dossiê 9279.
10 Arquivos da Chefatura de Polícia, AA 218, peça 177.
11 Ibid., peças 175, 179, 180.
12 Ibid., AA 119, peça 2076; A.N., série F7 6442, dossiê 9279; AA 218, peça 197; boletins de 16 de abril e 18 de julho de 1806.

Os serviços de Fouché recorrem a numerosos informantes, que apontam as atividades das leitoras da sorte, sobretudo quando elas invadem o campo político e suas predições envolvem grandes personagens. Assim, um correspondente anônimo assinala em 14 de janeiro de 1808 as atividades suspeitas da sra. Lebrun, que prestou serviços à rainha e exerce sua profissão ilícita sob o pretexto de vender batom:

> É uma mulher que pega os trouxas onde puder, dizendo a sorte aos crédulos, e gaba-se de a ter dito várias vezes a S.M. a Imperatriz, assim como a vários chefes superiores do governo. Acrescenta a isso algumas palavras difamatórias contra S.M. a Imperatriz, que diz conhecer há vinte e cinco anos. Vende secretamente cartas e uma obra em três volumes do sr. Etteilla. Irei vê-la algumas vezes em sua residência para ter melhor conhecimento do que faz e do que sabe, pois confia em mim, predisse-me lindas coisas para o futuro.
>
> Também me falaram de outra mulher com o mesmo gênero de conduta que se chama srta. Lenormand, residente à Rue de Tournon, na parte baixa.[13]

O alcaguete continua a vigilância e escreve, em 12 de fevereiro, que a sra. Lebrun fez o horóscopo do marechal Berthier. Pior, em 30 de maio, "essa mulher se diz muito instruída para predizer o futuro de todas as coisas e afirma que a Rússia governará a França em poucos anos. Afirma que S.M. o Imperador não pode retornar tão cedo a Paris, por causa da mudança do governo da Espanha".[14] A sra. Lebrun será presa e afastada de Paris por um tempo. Na maioria das vezes, a sanção é um encarceramento de três meses para a arraia-miúda, incluída na categoria dos vagabundos e mendicantes. Em 27 de outubro de 1804, há nas penitenciárias de Bicêtre e Saint-Denis "96 gatunos, astrólogos, vagabundos", segundo um relatório de Fouché.

A caça aos adivinhos acontece também na província, como atestam numerosos artigos de *Bulletins quotidiens adressés par Fouché à l'Empereur*:[15] "mulher Rivière, de Hautes-Alpes: necromancia, profecias, perturba as famílias" (junho de 1807); "na cadeia de Gand: Pochet: predições contra Sua Majestade" (julho de 1806); "Sarre: procura-se um vagabundo, cognominado velho Antoine, que se diz profeta (e fala contra o papa)" (setembro de 1805); "Duchillon: padre, na Vendeia, contrário à Concordata: profecias" (junho de 1807), e assim por diante.

---

13 A.N., F7 6442, dossiê 9279.

14 Ibid.

15 D'Hauterive, *La police secrète du Premier Empire*.

O uso político das velhas profecias é objeto de vigilância igualmente estrita. O inesgotável Nostradamus é adaptado mais uma vez aos acontecimentos contemporâneos: em 1811 e 1812 são publicados cinco livros sobre as *Centúrias*, e oito em 1813. Evidentemente, cada um encontra neles o que quer. Assim, partidários e adversários do Império servem-se, sem nenhum pudor, de certas quadras que parecem particularmente convenientes, como estas:

> Um imperador nascerá perto da Itália,
> Que, ao Império, será vendido bem caro;
> Mas deve ver a que gente se alia,
> Que o dirão menos príncipe que carrasco.
>
> De simples soldado chegará ao Império,
> De túnica curta chegará com o tempo;
> Valente nas armas, na Igreja em perigo,
> Tratar os padres como a água faz a esponja.[16]

Os boletins de Fouché também cuidam desse gênero de literatura. Em 1807 é apreendido um panfleto profético, em hebreu e francês, que vê Napoleão como o messias judeu, o salvador de Israel. As autoridades ficam perplexas: o texto é favorável ou hostil ao imperador? Devem deixá-lo circular? O panfleto é proibido, enquanto se espera o resultado de uma investigação sobre a intenção do autor:

> O autor parece relatar, em sete artigos, a profissão de fé de um israelita. No sexto, ele cita uma profecia de Isaías nestes termos: "'O corso é meu bem-amado', diz o Eterno. 'Ele cumprirá todos os meus desejos, devolvendo a Jerusalém todo o seu esplendor, com o templo que ali fundará'". Essa profecia (diz o autor numa nota) só pode se aplicar a Napoleão Bonaparte, o corso do Ocidente. "Assim, jovens israelitas dos países do Ocidente que estais em estado de portar armas, despertai: abri os olhos e vede. Sim, Bonaparte, da ilha da Córsega, o bem-amado de Deus, o imperador e rei é o ungido do Senhor que salvará Israel.[17]

---

16 Centúria I, quadra 60; centúria VIII, quadra 57. Outras passagens parecem predizer a queda da Inglaterra, como a quadra 37 da centúria VIII. [No orig.: "Un empereur naîtra près d'Italie,/ Qui, à l'Empire, sera vendu bien cher;/ Mais il doit voir à quels gens il s'allie,/ Qui le diront moins prince que boucher.// De soldat simple parviendra à l'Empire,/ De robe courte parviendra à la longue;/ Vaillant aux armes, en l'Église au plus pire,/ Traiter les prêtres comme l'eau fait l'éponge".]

17 D'Hauterive, op. cit., boletim de 3 de fevereiro de 1807.

Outra velha profecia intriga o racionalista Fouché, que escreve em 8 de janeiro de 1806: "Marselha. Ocupam-se muito com uma profecia feita no século XVII por Bartolomeu Keleuser, cura alemão, e descoberta por Jaubert: texto latino dessa profecia, que anuncia a revolução e a salvação que deve ser trazida por um enviado de Deus".[18] Em 10 de junho de 1808, um certo Martin é preso por ter apregoado as profecias do *Liber mirabilis*.[19] O conteúdo dos almanaques é cuidadosamente esmiuçado. Em 4 de janeiro de 1808, Fouché assinala que foi apreendido *L'astrologue parisien ou Le nouveau Mathieu Laensberg*, almanaque composto sob os auspícios de um misterioso cônego do século XVII, de Liège, que teria predito a morte de um grande rei europeu naquele ano.[20]

A consulta de astrólogos e leitoras da sorte sob o Império não se limita ao povinho. Grande parte do novo pessoal dirigente, saído das categorias mais humildes da sociedade, recorre a seus serviços, a começar pela corte, e em primeiro lugar a imperatriz Josefina. Esta última consulta, entre outros, a srta. Lenormand, a sra. Lebrun e Catherine Huart. Esta, presa em 1º de junho de 1809, revela em seu interrogatório que tem entre seus clientes o marechal Lannes e sua mulher, Madame de La Rochefoucauld, dama de honra da imperatriz, Hautier, capitão no Palácio dos Inválidos, Le Brun, coronel dos hussardos, Jolimet, sobrinho do ministro da Marinha, e vários outros membros da corte. Também declara:

> Faz sete ou oito anos que a imperatriz Josefina vai a minha casa, acompanhada da sra. Tallien. Seu marido era então primeiro-cônsul, e eu lhe anunciei que ele se ergueria ao mais alto grau de poder; que ele subiria ao trono e teria sob sua dominação grande parte da terra; que ele teria muitos inimigos que tentariam prejudicá-lo, mas não conseguiriam vencê-lo, e que ele não morreria pela mão dos homens. Ainda disse à imperatriz que ela teria muitas fadigas; que seria obrigada a acompanhar o marido em suas viagens, e teria muitos aborrecimentos.[21]

Quanto ao imperador, apesar do ceticismo de fachada, ele também frequenta vários adivinhos, mas é impossível saber sua verdadeira opinião a

---

18 Ibid., 8 de janeiro de 1806.
19 Ibid., 10 e 14 de junho de 1808.
20 Ibid., 4 de janeiro de 1808.
21 Peuchet, *Mémoires tirés des archives de la police de Paris pour servir à l'histoire de la morale et de la police depuis Louis XIV jusqu'à nos jours*, t.II, p.286.

respeito deles, a tal ponto a lenda se mistura com a história. Seu destino excepcional, que incendeia as imaginações, presta-se evidentemente a todos os tipos de predições espetaculares *post eventum*, anunciando as grandes etapas de sua carreira. Um tal destino só poderia ter sido previsto, ou então seria perder toda a esperança na adivinhação! Atribui-se a ele uma multidão de profetas anunciadores, astrólogos e videntes, que teriam predito sua carreira. A maioria dessas histórias é inventada após 1815, à medida que a lenda napoleônica é elaborada, e hoje é impossível separar o mito da realidade nessas anedotas, a primeira sendo seguramente muito mais importante do que a segunda.

Que ele tenha consultado a srta. Lenormand é absolutamente verossímil. Em compensação, as anedotas sobre a interpretação de seus sonhos premonitórios por Moreau estão ligadas à fábula.[22] Do mesmo modo que as histórias sobre o astrólogo Bonaventure Guyon, que aparecem pela primeira vez sob a pena do "historiador" Christian Pitois, jornalista do *Moniteur du Soir* em 1850-1852. Em *L'homme rouge des Tuileries* (1863) e *Histoire de la magie, du monde surnaturel et de la fatalité à travers les temps et les peuples* (1870), Pitois conta como esse ex-beneditino, que se apresenta em seus prospectos como "professor de matemática celeste, dá consultas infalíveis sobre tudo que possa interessar ao futuro ditoso ou desditoso dos cidadãos e cidadãs de Paris" e faz carreira como profeta, anunciando as vitórias revolucionárias e predizendo a sorte de Filipe de Orléans, Charlotte Corday, Robespierre e, sobretudo, Bonaparte, que o consulta em 1795. Ele lhe anuncia o sucesso do golpe de Estado de 18 de Brumário e, para recompensá-lo, o primeiro-cônsul o instala nas Tulherias, fazendo-o passar por orientalista do Instituto Egípcio, e assim pode consultá-lo à vontade. Por cálculos feitos a partir das datas mais importantes da vida de Bonaparte, ele lhe prediz todos os grandes acontecimentos de sua carreira. Morto em 1805, Bonaventure Guyon é enterrado sigilosamente; todos os seus papéis são destruídos, não resta nenhum traço seu... exceto um documento milagrosamente descoberto por Christian Pitois numa venda em 1839, e do qual o criativo autor se serve para reconstruir toda essa ficção.

Citamos na mesma ordem de ideias o *Livre des prophéties*, de Philippe-Dieudonné-Noël Olivarius, cirurgião e astrólogo do século XVI, descoberto em junho de 1793 pelo secretário-geral da Comuna de Paris, François de Metz, durante o inventário dos livros apreendidos nas bibliotecas públicas e

22 Lamothe-Langon, *Les après-dîners de S.A.S. Cambacérès, second consul*, t.III, p.348-60.

religiosas. Esse livro desapareceu misteriosamente, mas por felicidade François de Metz – e perguntamo-nos por quê – copiou uma das profecias, que descrevia com prodigiosa precisão toda a carreira de Napoleão. Como por acaso, ela se encontra em *L'écho des feuilletons* [O eco dos folhetins], de 1841, em plena fase de elaboração da lenda napoleônica, pouco depois do retorno das cinzas e da transferência para o Palácio dos Inválidos.[23]

É nessa época que é inventada a maioria das anedotas proféticas a respeito do imperador, fabricadas e apregoadas por memórias, confidências, saraus secretos e outros almanaques proféticos.[24] Se acreditarmos nelas, Napoleão teria sido constantemente informado sobre seu futuro por uma enxurrada de misteriosos adivinhos e profetisas. Sem dúvida, o imperador não é totalmente insensível à predição, mas apenas muito superficialmente, como relata Madame de Rémusat, "Napoleão tinha alguma disposição para aceitar o maravilhoso, os pressentimentos, e mesmo certas comunicações entre os seres; porém, isso era mais esforço de uma imaginação vaga do que uma aptidão particular para a fé em determinado símbolo".[25] Ele não desdenha de alimentar certas crenças favoráveis a ele, como a de sua boa estrela, e toma cuidado para não dar pretexto a maus presságios a suas tropas e ao povo. Seus adversários também recorrem ocasionalmente aos serviços das videntes, como a baronesa de Krüdener, russa, consultada pelo czar Alexandre, que se instalou no *faubourg* Saint-Honoré durante a ocupação de Paris pelos aliados em 1814. Na Inglaterra também se faz o horóscopo de Bonaparte: é tirado em 1805 por John Worsdale (1766-1828), um escrevente de Lincoln e um dos últimos representantes da astrologia ptolemaica clássica. Numa obra posterior, *Astronomie et philosophie élémentaire* (1819), ele escreve que a posição dos planetas no momento da declaração de independência dos Estados Unidos "anuncia muito claramente que esse império dará leis a todas as nações e instaurará a liberdade em todos os pontos do globo", conclusão compartilhada, sem recorrer aos astros, por muitos pensadores da época.

---

23 Mozzani, op. cit., p.199-202.

24 Citemos o *Almanach prophétique* de 1841; *Napoléon, sa famille... ou Soirées secrètes du Luxembourg, des Tuileries, de Saint-Cloud, de la Malmaison, de Fontainebleau* etc., de Lamothe-Langon (1840); *Mémoires et souvenirs d'une femme de qualité sous le Consulat et sous l'Empire*, também de Lamothe-Langon (1830).

25 Madame de Rémusat, *Les confidences d'une impératrice*, p.164.

## 1815-1848: O REINADO E O PAPEL DE PSICÓLOGAS DAS CARTOMANTES

A Restauração e a Monarquia de Julho (1815-1848) são a era de ouro da vidência na França. A monarquia censatária relaxa a vigilância contra os praticantes, cuja propaganda é ostentada nos jornais. Essa tolerância das autoridades se deve a dois fatores contraditórios: o espírito cético e voltairiano de parte dos dirigentes, que os leva a desdenhar dessas superstições, consideradas um escape inofensivo para as frustrações populares; e, inversamente, o renascimento de um espiritualismo desenfreado, sem controle, que surgiu em parte do mesmerismo, um gosto pelo oculto que fermentou nos meios dos emigrados e avariou alguns cérebros a ponto de convertê-los em adeptos da quiromancia, da necromancia, do magnetismo e das bolas de cristal, que aparecem por volta de 1850. O próprio Luís XVIII tem sua cartomante, Modène, e muitos dos membros da alta sociedade, burgueses e nobres, recorrem a essas práticas. O choque da revolução e do Império traumatizou, desestabilizou e fragilizou os espíritos; deixou marcas, arrependimentos, esperanças, angústias, que as mais hábeis cartomantes sabem explorar e acalmar: "em uma palavra, entendi a minha época, e se sou Sibila, sou Sibila cristã e católica", declara uma das mais famosas, a sra. Lacombe.[26]

Essas mulheres são perfeitamente conscientes de seu papel social. Elas são psicólogas, ou melhor, psicanalistas *avant la lettre*. Confidentes, conselheiras, assistentes sociais, elas ajudam a tranquilizar, acalmar, consolar. O que se procura nelas é tanto o reconforto maternal quanto o conhecimento do futuro. A sra. Lacombe, que oficia na Rue des Bouchers, número 1, diz ser "amiga, mãe, conselheira, confidente", e enfatiza a importância do calor humano nas consultas. A srta. Lelièvre, que pôs por escrito a teoria de sua arte em 1847, analisa de forma notável a função terapêutica da adivinhação:

> ponto de mira de todos os que sofrem; ele [o consultório] é, para o fraco, que acha o presente pesado demais, a estrela da esperança. Em geral, gostamos de dirigir nossos olhares para o futuro, porque esperamos poder penetrar sua obscuridade, e fixar, em nosso favor, o que ele poderia oferecer de afortunado. Quando temos esperança, trocamos os males reais e suas dores pungentes por ilusões, o passado pelo futuro; não existiria felicidade se não houvesse ilusões.[27]

---

26 Lacombe, *La pythonisse du XIXe siècle*, p.12.

27 Lelièvre, *Justification des sciences divinatoires, précédée du récit des circonstances de sa vie qui ont décidé de sa vocation pour l'étude de ces sciences et leur application*, p.6.

Perspicaz, a cartomante ouve mais do que fala: "Somos como os médicos e os confessores: devemos ouvir tudo, ver tudo e nos calar", constata a sra. Lelièvre.[28] A maioria dos consulentes são mulheres, cuja condição, nas classes médias e burguesas, é propícia à neurose: mantidas numa situação inferior, confinadas em sua intimidade, sem direitos nem meios de expressão, submissas e obrigadas a uma prudência forçada, sexualmente inibidas por uma educação puritana, elas não têm outro socorro a não ser a religião e a adivinhação. A cartomante, que conhece bem esses problemas, e adquiriu experiência da alma humana ouvindo suas clientes, não encontra nenhuma dificuldade para aconselhá-las, apresentando suas sugestões como "predições". Ouçamos de novo a srta. Lelièvre:

> A religião, na maioria das vezes, é impotente para acalmar o espírito exaltado; elas precisam do extraordinário, do maravilhoso, do inesperado; são verdadeiras enfermas que recorrem ao médico da imaginação. Digo à mãe de família o que deve fazer para recuperar o amor de seus filhos; à esposa infeliz, os meios que deve empregar para reconduzir o marido aos seus deveres; e vós!, moças, amantes ternas e sensíveis!, digo-vos se aquele a quem destes vosso coração é digno de tão belo sacrifício. Minhas palavras são ouvidas com confiança e respeito. O que predigo acontece, pois meus conselhos foram ouvidos. Quantas moças inocentes não salvei que iam ser seduzidas por seus falaciosos adoradores! Quantos infelizes não impedi de se destruir, devolvendo-lhes uma esperança que haviam perdido![29]

A cliente é o agente de realização de seu futuro, a sua revelia, aplicando as sugestões da cartomante.

Esta última, aliás, também é produto de uma sociedade dominada pelo homem. Em nenhum momento da história, talvez, a tutela masculina foi tão forte como no século XIX, quando o Código Civil se somou às prescrições religiosas tradicionais para fazer da mulher a eterna menor à disposição do mestre. A profissão de vidente é, para ela, uma das únicas possibilidades de se afirmar. A imensa maioria dos adivinhos são adivinhas, e a maioria delas é solteira, isto é, independente. É provável que isso se deva em parte a qualidades próprias de sensibilidade e imaginação. Mas a principal explicação é sociológica. A vidência é a primeira grande profissão feminina. Como observa a srta. Lelièvre, os homens preferem consultar uma mulher, a quem

28 Ibid., p.298.
29 Ibid., p.18.

atribuem "um conhecimento mais perfeito do futuro e uma comunicação mais íntima com os espíritos".

Com a cartomante, a predição é uma questão de psicologia, e esta última se adquire pela experiência, mas também por manuais, que ensinam a ligar temperamento, fisionomia e dificuldades da vida. Esses livros se multiplicam na primeira metade do século XIX, a partir de *L'art de prévoir l'avenir par une méthode nouvelle fondée sur la physiognomonie*, de 1815.[30] As predições são das mais fantasiosas, como esta, que supostamente se faz a um temperamento sanguíneo que quer saber se ganhará na loteria: "Supondo chances iguais, descobrireis, depois de jogar alguns anos, que perdestes a sexta parte de todo o dinheiro que empregastes a jogar. É possível que vos arruineis, mas será com o tempo". Do mesmo modo, a época se inclina para a grafologia e a quirognomonia para estabelecer as relações entre a escrita, o formato da mão e as predisposições do sujeito.

Seja qual for o método utilizado, a predição é um verdadeiro fenômeno de sociedade na primeira metade do século XIX. S. Blocquel, autor de *L'avenir dévoilé* [O futuro desvendado], de 1844, constata: "A cartomancia, nos dias de hoje, tornou-se uma ciência, que ocupa, diverte e satisfaz frequentemente a ávida curiosidade da mulher opulenta, da modesta vendedora ou da humilde companheira do artesão. Essa ciência foi objeto de um grande número de publicações".[31] Opinião confirmada por outras. O abade Guillois, que deplora o fenômeno, escreve em 1836:

> A cartomancia é de todas as espécies de adivinhação a que mais se pratica nos dias de hoje, e cujas extravagâncias são as mais geralmente difundidas em todas as classes da sociedade. O povo, mas também homens de espírito, damas de alta linhagem, visitam em segredo as deitadoras de cartas. Não há cidade na França onde não haja uma intrigante que não enriqueça tirando as cartas.[32]

---

30 Alguns títulos: *Les sympathies ou L'art de juger, par les traits du visage, des convenances en amour et en amitié* (1817); *L'art de connaître les hommes par la physionomie*, de Lavater (1821); *Du caractère d'une demoiselle selon sa physionomie* (1822); *Le nouveau Lavater* (1826); *L'art de connaître les hommes sur leurs attitudes* (1826); *La physiognomonie* (1830); *Nouveau manuel du physionomiste et du phrénologiste* (1838).

31 Blocquel (com o pseudônimo de Aymans), *L'avenir dévoilé, ou L'astrologie, l'horoscope et les divinations anciennes expliquées par les devins du Moyen Âge*, p.51. Entre essas publicações, destacamos *L'art de tirer les cartes* (1815); *Le nouvel Etteilla* (1815); *L'art de dire la bonne aventure dans la main ou la chiromancie des Bohémiens*, de Gabrielle de Paban (1818); *L'oracle des dames* (1824); *La manière de tirer les cartes* (1827); *Le passé, le présent, l'avenir* (1831); *Le gand Etteilla* (1838); *L'avenir dévoilé, traité complet de l'art de la divination* (1838); *Le livre du destin* (1840); *La chiromancie* (1843); *La cartomancie ou l'art de tirer les cartes* (1843); *Le livre de l'avenir* (1843) etc.

32 Guillois, *Essai sur la superstition*, p.35.

J. Garinet já observava em 1828 a respeito de Paris:

> No momento em que escrevo, pelotiqueiros por permissão dizem a sorte em plena rua; a polícia conhece por eles todos os segredos do populacho. A superstição tem seus antros, Rue Planche-Mibray, na Chaussée-d'Antin, perto dos Inválidos, e esquina da Rue de Tournon.[33]

Na capital, os adivinhos estão em todos os locais públicos mais frequentados. O velho Gomard instala sua banca no Pont-Neuf; um outro atrai os curiosos em frente ao Palácio de Justiça; o *faubourg* Saint-Germain concentra os consultórios grã-finos. Os prospectos são distribuídos abertamente e exaltam os sucessos da adivinha e a seriedade de sua formação; assim, a "sra. Morel, amiga íntima e discípula da sra. Lenormand, informa sua numerosa clientela que continua a dar consultas de meio-dia a quatro horas, Rue des Vieux-Augustins, n. 24".

A polícia desistiu provisoriamente de punir, considerando que as predições são bobagens inofensivas. É claro que as que dizem respeito à política ainda são assinaladas ao Ministério da Justiça, mas este último quase nunca dá prosseguimento ao caso. Dois exemplos, um dos quais sob a Restauração. Em 1829, um agente do Ministério do Interior escreve a um colega do Ministério da Justiça: "Creio dever assinalar a vossa atenção um almanaque intitulado *Astrologue omnibus, almanach populaire*. Sob o nome de predições para 1830, é feita para cada mês uma profecia de distúrbios e combates que devem levar ao triunfo da revolução". Resposta:

> Penso que não há motivo para encaminhar uma ação penal contra o *Astrologue omnibus*, que o Senhor Ministro do Interior assinalou à atenção do Senhor Ministro da Justiça. [...] Quanto às predições de Mathieu Laensberg, elas parecem marcadas por uma inocência demasiadamente perfeita para que possam levar a processo. Contudo, encontra-se no mês de junho esta frase: "Os grandes colocarão água em seu vinho e o povo beberá um passável"; e esta outra no mês de julho: "Haverá grande rebuliço: meterão parte da Europa sob ferro e fogo, porque não tem nem carta nem constituição". Mas por sua própria tolice semelhantes frases parecem escapar à repressão, e, aliás, a última nem mesmo pode ser aplicada à França.[34]

---

33 Garinet, *La sorcellerie en France*, p.216.

34 A.N., BB 18, 1417.

Segundo exemplo, sob a Monarquia de Julho. O procurador-geral de Montpellier escreve ao ministro da Justiça:

> Tenho a honra de transmitir a Vossa Excelência um auto de infração do comissário de polícia, constatando a apreensão de três exemplares de uma publicação legitimista encontrada nesta cidade, após perquirição realizada por ordem da autoridade administrativa. Anexo a esta remessa um dos exemplares apreendidos. Será fácil reconhecer, percorrendo-a, que essa publicação, intitulada *Le livre de toutes les prophéties*, é hostil ao governo do rei e que várias passagens, notadamente aquelas em que se manifesta esperança de retorno da dinastia derrubada, poderiam motivar ações penais.

Resposta: "Examinei a brochura em questão. Penso que, embora seja escrita com má intenção, não poderia ser processada com sucesso".[35]

Os almanaques, ainda muito populares, também são vigiados, mas suas predições, genéricas, banais e naturalmente caricaturais, não se prestam a condenação. *Le nouvel astrologue parisien ou le Mathieu Laensberg réformé* prevê que em 1820 "serão publicados vários livros que se terá a bondade de chamar de história"; o *Almanach prophétique, pittoresque et utile*, criado em 1841, declara que "os casamentos serão felizes neste ano, se os cônjuges conseguirem amar-se perfeitamente e sempre"; o de 1851 lista os presságios que anunciam a revolução... de 1848. Cometas e eclipses recuperam a função de mensageiros de catástrofes, confirmadas pelos cálculos delirantes da aritmomancia. O *Almanach prophétique* de 1842 prevê um ano cataclísmico por esse sistema:

> 842 parece ser um ano terrível, em que tudo que existe hoje será arrasado, destruído, para reviver, após muitos anos ou séculos, uma vida nova. [...] A maioria dos cálculos feitos desde a Revolução Francesa resulta no ano 1842. Relatamos alguns desses cálculos que abalarão, talvez, o ceticismo dos mais incrédulos.

As profecias do almanaque não são levadas a sério, e são motivo de piadas e canções:

> A ouvir-me que se prepare,
> Boa gente aqui presente,

35 Ibid., 11 311.

Boto no chinelo, novo profeta,
Laensberg e Nostradamus.
Predigo chuva e bom tempo,
Ouvi, assistentes,
Isso vos interessa;
Para saber se no futuro
Deveis ter sucesso.[36]

De modo geral, é de bom tom caçoar dos adivinhos e de suas predições. Comédias, melodramas, *vaudevilles* ridicularizam as cartomantes ou revelam a impostura, como as peças de Desprez e Alboize, em 1832, de Cordier e Clairville, em 1848, em que uma vidente, deitada numa mansarda suja, declara:

> Rio quando penso na estupidez do gênero humano! Dizer que existem asnos suficientemente jumentos para acreditar que leio o futuro no rei de espadas ou no rei de ouros! Mas, bando de imbecis, se eu lesse o futuro nessas cabeças coroadas, em vez de estar entre dois lençóis, eu não estaria entre duas águas?[37]

Há incontáveis anedotas sobre erros grosseiros de predição, como a da srta. Lenormand, anunciando a um rapaz disfarçado de moça que em breve ele encontraria um esposo e daria à luz sem perigo. Circulam panfletos céticos. Os que recorrem às videntes, sobretudo se pertencem às classes abastadas e cultivadas, têm consciência do ridículo da atitude, e em geral fazem a consulta às escondidas, sob disfarce, ou em horas insólitas.

## SENHORITA LENORMAND, A SIBILA DA RUE DE TOURNON (1772-1843)

A mais bela carreira de vidente da época é a da srta. Lenormand (1772-1843), que representa o papel de Sibila parisiense durante meio século, sob a Revolução, o Império, a Restauração e a Monarquia de Julho, tornando-se um modelo admirado e imitado, consultado pelos grandes. A vida dessa

36 *Almanach chantant pour 1848*. [No original: "À m'entendre qu'on s'apprête/ Bonnes gens ici venus,/ J'enfonce, nouveau prophète,/ Laensberg et Nostradamus./ J'prédis la pluie et l'beau temps/ Écoutez assistants/ Ça vous intéresse;/ Pour savoir si dans o futuro/ Vous devez réussir".]

37 Cordier e Clairville, *La tireuse de cartes*.

celebridade ilustra todos os aspectos dos procedimentos e dificuldades da profissão, bem como a ambiguidade de sua posição social. Suas performances precisas em matéria de previsão, contudo, são difíceis de avaliar, porque vêm essencialmente de suas memórias, obra de autopropaganda e publicidade, em que ela se vangloria *a posteriori* de ter previsto o essencial dos acontecimentos políticos da época. Em 1814, ela publica *Souvenirs prophétiques d'une sibylle* e, em 1817, *Les oracles sibyllins ou La suite des Souvenirs prophétiques*, que conta sua carreira e seus desentendimentos com os poderes. Escritora prolífera, é autora de várias outras obras, e muitos contemporâneos escreveram a respeito dela.[38]

De toda essa literatura duvidosa, retiramos os elementos seguintes. Marie-Anne Adélaïde Lenormand, nascida em Alençon em 1772, de pais comerciantes, chega a Paris por volta de 1790 e arruma emprego numa loja de roupa-branca. Após vários pequenos empregos, ela se associa a uma tal dona Gilberte e a um aprendiz de padeiro, Flammermont, como leitora da sorte. Psicóloga habilidosa e perspicaz, logo adquire certa notoriedade, grosseiramente exagerada em seus *Souvenirs*: ela inclui em sua lista de clientes Mirabeau, o conde da Provença, a princesa de Lamballe, Hoche, o futuro marechal Lefebvre, Fouché, Hébert, Robespierre, Marat, Saint-Just, Danton, Desmoulins, Barère, Madame Tallien, e até Maria Antonieta, que ela teria ido ver no cárcere, disfarçada. Se acreditarmos nela, todas as celebridades políticas, dos *enragés* aos mais ferozes contrarrevolucionários, teriam passado por sua casa, todos recebendo o oráculo preciso de seu destino. A realidade parece bem mais modesta. Segundo Cellier du Fayel, que conheceu bem a cartomante e publica em 1845 *La vérité sur Mlle Lenormand*, nessa época ela é mantida sobretudo por Flammermont e, longe de fazer Robespierre tremer, como se gaba de fazer, ela vive miseravelmente à custa de uma humilde clientela.[39]

Detida em 7 de maio de 1794 como "leitora da sorte", e por perturbar a paz pública, ela passa uma temporada na prisão da Petite Force. Consciente de como é grotesco para uma "vidente" não ter previsto sua própria detenção, ela se justifica e se enaltece em seus *Souvenirs*:

38 Marie-Anne Lenormand publicou, entre outros, *L'anniversaire de la mort de l'impératrice Joséphine* (1815); *Manifestes des dieux sur les affaires de la France* (1832); *Mémoires historiques et secrets de l'impératrice Joséphine* (1820); *La Sibylle au tombeau de Louis XVI* (1816); *Le petit homme rouge au château des Tuileries* (1831); entre as obras a respeito dela, assinalamos Girault, *Mlle Lenormand, sa biographie, seule autorisée par sa famille* (1843); Cellier du Fayel, *La vérité sur Mlle Lenormand, mémoires* (1845).

39 Cellier du Fayel, op. cit., p.17.

> Não me deixei deter como uma tola, nem sem o prever, nem sem o adivinhar; não tive por que me envergonhar dos motivos que determinaram minhas diversas detenções. A primeira data de 1794, predisse a Robespierre e consortes que seus crimes teriam fim. Nessa época tão infeliz, prestei grandes e eminentes serviços, eu era o ponto de convergência da minha prisão; era na escada da cela que ocupara a desafortunada princesa de Lamballe que eu fazia meus oráculos e consolava minhas infelizes companheiras de infortúnio.

Solta em julho de 1794, ela retoma suas atividades como "escritora pública", e a chance de sua vida é a visita de Josefina de Beauharnais, a quem, diz ela, "profetizei que um dia representaria o mais belo papel na França". Profecia pouco comprometedora e passível de muitas interpretações, mas que a supersticiosa Josefina jamais esquecerá, fazendo seu marido corso embarcar em sua gratidão a partir de 1796. Se dermos crédito a Marie-Anne Lenormand, que escreve em 1814, ela teria predito mundos e fundos a este último, e foi no decorrer desses anos que sua reputação deu um salto decisivo. Em 1798-1799, ela se instala na Rue de Tournon, número 5, que durante trinta anos será o centro dos oráculos proféticos na França.

Ali impera a cartomante, que continua a oficiar como "autora-livreira". Muito ocupada, faz os clientes esperarem numa antessala entulhada de um bricabraque de quadros, gravuras, bustos esculpidos, apropriado para introduzi-los no mundo do desconhecido. A consulta é feita no quarto de dormir, em meio à douta desordem que dá continuidade ao condicionamento: obras esotéricas, símbolos e tábuas cabalísticas, gravuras, retratos, jogos de tarô, espelho mágico que pertenceu supostamente a Luc Gauric, um dos astrólogos de Catarina de Medici. Vidente e cliente sentam-se frente a frente, um de cada lado da mesa coberta com um tapete verde. Reina o ecletismo nos métodos empregados: cartas, borra de café, clara de ovo, chumbo derretido, linhas da mão, gotas de água despejadas sobre um espelho de Veneza ou num vaso de pórfiro, adivinhação pelo nome, jogo de 33 figurinhas gregas jogadas dentro de um triângulo. A tarifa varia conforme a profundidade da operação, mas exclui a clientela popular: 30 francos pelo jogo completo, 6 francos pelo jogo parcial, 400 francos por um horóscopo, feito a partir do dia e do mês de nascimento, da flor, da cor e do animal preferidos, assim como do animal abominado. Uma sessão de "jogo completo" custa mais ou menos o equivalente a três meses de salário de um trabalhador.

Para completar as predições e manter-se ao par das notícias do futuro, o cliente é convidado a assinar a revista que a srta. Lenormand lança em 1798, *Le mot à l'oreille ou le Don Quichotte des dames* [Palavra ao pé do ouvido ou o

Dom Quixote das damas], revista camaleônica que muda de cor conforme o regime político: republicana moderada em 1798, e francamente bonapartista depois, reserva amplo espaço para fofocas e boatos, faz predições extremamente vagas e dá notícias do exército da Itália. As boas graças do casal Bonaparte atraem uma clientela cada vez mais ilustre, aumentando a fama da srta. Lenormand: Garat, Barras, Talleyrand, Madame de Staël, Davi, Talma, Metternich, e em breve o czar Alexandre e a duquesa de Berry.

Mas isso não a salva das amolações policiais, muito pelo contrário. Com uma tal clientela, ela sabe muito. Demais, talvez. Estritamente vigiada, ela é detida várias vezes, em 1803, 1805 e 1809, suspeita de saber de complôs.[40] Aliás, é provável, como declara o abade Migne, que ela seja informante da polícia imperial, coisa da qual ela não se vangloria em suas memórias. Os relatórios de Fouché a respeito dela indicam a distância entre o papel que ela imagina desempenhar e a verdadeira opinião das autoridades a seu respeito: "Uma tal senhorita Lenormand, [...] residente à Rue de Tournon, fazendo ofício de escritora pública para encobrir suas manobras, exerce sobretudo a profissão de cartomante. Imbecis de primeira classe vão consultá-la de carruagem. Afluem sobretudo mulheres. Ouvi queixas de vigarice contra essa intrigante que comprovam sua habilidade" (outubro de 1804); "Há uma multidão na residência da Lenormand, a famosa cartomante, na Rue de Tournon. O sr. de Metternich foi lá na sexta-feira, às três horas. Disseram-lhe coisas relativas a sua situação, a seu caráter e a seus negócios para pasmá-lo" (março de 1808); "Prenderam a mulher Lenormand, que fazia profissão de adivinha. Quase toda a corte a consultava sobre a situação atual. Ela tirava o horóscopo dos mais altos personagens e ganhava nessa profissão mais de 20 mil francos por ano" (dezembro de 1809).[41]

Após a queda de Napoleão, a vidente, com extrema lucidez, torna-se realista. Continua suas atividades, de forma mais livre do que sob o Império, e até amplia o registro, trazendo para seus oráculos a caução dos deuses Tot, Baal, Apolo e Mercúrio, frequentados em sessões extáticas. Em 1818, farejando um bom negócio, vai ao congresso de Aix-la-Chapelle, onde se encontram todos os diplomatas europeus, ricos e ávidos de horóscopos e predições sobre o futuro da Europa. Mas é presa por fraude na fronteira e, em 1821, volta para a prisão por causa de suas *Mémoires historiques sur Joséphine*. Pouco depois retoma suas consultas na Rue de Tournon, e os sarcasmos da

40 A.N., F7 6444, dossier 9376.
41 Ibid.

imprensa séria, o *Journal des Débats*, o *Journal de Paris*, não abalam seu sucesso, muito pelo contrário.

É a Revolução de 1830 que marca o início de seu rápido declínio. Embora tenha afirmado que havia previsto a mudança de dinastia, suas predições anunciando o retorno iminente dos Bourbons a prejudicam. Velha, cada vez mais abandonada, é objeto de ataques virulentos. Na *Gazette de France* de 31 de julho de 1831, Colnet conclui da seguinte maneira o relato imaginário de uma consulta: "Antes de se levantar, ela faz novas predições. Há para a França, há para a Polônia, há para a Bélgica. A propósito, quem será rei dos belgas? Gostaria de perguntar à srta. Lenormand, mas isso seria talvez uma indiscrição, o correio de Bruxelas ainda não chegou".

A srta. Lenormand abandona progressivamente suas atividades e, apesar de ter predito que viveria 108 anos, morre no dia 25 de junho de 1843, aos 71 anos. O *Journal des Débats* dedica várias páginas a ela, chegando a se comover com seu papel de consoladora dos humildes, mas não lhe perdoa o fato de ter sido a Sibila da família Bonaparte:

> Pois bem, essa mulher que acaba de falecer, ela levava ao mais alto grau a arte da adivinhação à primeira vista. Com uma olhadela, sabia quem vinha para consultá-la. Reconhecia os livres-pensadores pela segurança, pelo ar protetor, e com estes ela era implacável. Com um gesto indiferente e com voz monótona, como se dissesse bom-dia ao carregador de água, predizia-lhes tanto de desgraças, tanto de catástrofes, tanto de misérias; fazia-os tão bem homens arruinados, perdidos, prejudicados, degolados até, que nossos livres-pensadores saíam de lá com a palidez e o pavor estampados na face. Com os ingênuos, ela era indulgente e humana; semeava a vida deles de flores e diamantes, eram apenas harmonia, ternura, sucesso, semblantes risonhos. [...] Nessa profissão de predizer o futuro, de adular a paixão, de prometer a esperança, nossa feiticeira ganhou uma imensa fortuna. E essa fortuna ela fez sem esforço, sem desgosto, da forma mais picante, paga para ouvir revelações, para adivinhar segredos, para assistir a dramas que se pagariam a peso de ouro. [...]
>
> De resto, nenhum espírito, nenhuma eloquência, nada de inspirado, nada do coração, nada da alma; nem uma palavra da história moderna; apenas o mais banal, o mais tolo, o mais raso; a habilidade de uma porteira, a boa graça de uma vendedora de produtos de toalete, a cobiça de um meirinho. [...] Eis a mulher que foi consultada, com todo o tipo de terror e respeito, pelas mais intrépidas coragens e pelas inteligências mais avançadas destes tempos, a começar pela imperatriz Josefina!, pelo primeiro-cônsul Bonaparte!

O funeral da "feiticeira", em 27 de junho de 1843, é acompanhado até o cemitério Père-Lachaise por uma multidão imponente, na qual se encontra grande número de nomes da aristocracia e da alta burguesia, gratos à srta. Lenormand por tê-los feito sonhar por alguns instantes.

## SEGUNDA METADE DO SÉCULO: AS PREDIÇÕES POR MAGNETISMO

Em meados do século XIX, a predição popular se enriquece com setores mais sofisticados e mais "científicos", com o magnetismo e o espiritismo. O crescimento da ciência moderna, que gera o otimismo cientista, seduz a parte educada da população e contribui para relegar ainda mais a borra de café, a clara de ovo e o tarô à categoria de improviso folclórico. Os videntes querem ser de sua época e, como os astrólogos do século XVII, querem dar uma cor e uma base científicas a sua arte. Em vez de brigar com a ciência, como faz a hierarquia católica, procuram utilizar seus recursos.

A grande novidade é o sonambulismo magnético, que o público tem dificuldade de distinguir das outras formas de vidência até os anos 1850. Nicole Edelman, que traçou sua história, ressalta o fato de que "a sonâmbula quer ser filha da razão, símbolo do progresso da ciência pelo magnetismo. Ela anuncia uma nova era de saúde e felicidade".[42] Em 1852 aparece no *Bottin* o termo "sonâmbulo extralúcido". E as praticantes já proliferam. No mesmo ano, lemos no *Mémorial bordelais*: "Desde que o magnetismo entrou na moda, em cada esquina há sonâmbulos que, mediante retribuição, desvendam o futuro e encontram todos os objetos perdidos". No fim do século, Laurent de Perry acredita poder afirmar que "Bordeaux é talvez uma das cidades da França onde a profissão de sonâmbulo tornou-se a mais lucrativa", e avança o número de umas cinquenta "muito conhecidas", e de umas mil em Paris.[43] Na mesma época, o jornal *Le Vieux Papier* conta o dobro na capital e, em 1919, o *Paris-Midi* chega a "35 mil sonâmbulas", ou seja, especifica, "uma cartomante para cada 25 parisienses", o que mostra a imprecisão tanto das estatísticas quanto da classificação. Os prospectos das videntes alimentam a confusão. Uma delas, em 1910, diz-se "clarividente letárgica", "sujeito extralúcido, diplomada", praticante de "sessões letárgicas", mais "33 métodos desconhecidos", com uma ondulação luminosa inventada por ela, "tudo

42 Edelman, op. cit., p.41.
43 Perry, *Les somnambules extra-lucides, leur influence au point de vue du développement des maladies nerveuses et mentales, aperçu médico-légal*, p.65-6.

apoiado racionalmente nos tarôs boêmios", o que, evidentemente, só pode dar "predições infalíveis".[44]

Na verdade, o essencial do trabalho dessas videntes é feito em estado de sonambulismo. Adormecidas pelo magnetizador, elas respondem às perguntas e afirmam curar, levar a objetos perdidos e roubados, fazer ganhar na loteria e na bolsa de valores. Para os que se levam realmente a sério, os objetivos são muito mais ambiciosos, tomando o lugar da grande profecia religiosa de antigamente. Assim, Henri Delage (1825-1882), neto de Chaptal – o que ilustra o vínculo com a ciência –, visa nada menos do que reacender a luz do cristianismo "nas chamas das ciências ocultas", como ele escreve em *Le sang du Christ*, em 1849. Para ele, o sonâmbulo é um profeta, herdeiro das pítias e das sibilas. Reacionário e antimaterialista, opõe sua visão de um mundo regenerado à dos socialistas.

Sem ter as mesmas pretensões, o sonambulismo é uma moda de salão, que seduz vivamente os meios literários românticos atrasados, com Balzac, Dumas, Hugo, Gautier, Sand, Nodier. Alexandre Dumas gosta muito de praticar seus talentos de magnetizador sobre as damas nessas *soirées*, embora consiga pouca coisa do conhecimento do futuro. Ao lado desses amadores, os melhores profissionais ainda são as mulheres, srta. Amouroux, sra. La Fontaine, sra. Bernard, sra. Perrot, sra. Desailloud, sra. Drieux, srta. Couédon. Esta última conquista um renome extraordinário nos últimos anos do século. Em seu apartamento na Rue de Paradis, número 40, ela recebe até quinhentas pessoas por dia em 1896, segundo Gaston Méry, o que é muito, apesar de tudo. E, no entanto, ela comete erros monumentais, predizendo a demissão de Félix Faure e a fuga de Dreyfus!

No início do século XX, os sonâmbulos se enfeitam com pseudônimos orientais que reforçam a atração esotérica das consultas. Anne-Victorine Savigny torna-se Madame de Tebas (1844-1916) e pratica sobretudo a cartomancia e a quiromancia. Ela leva a vidência ao cúmulo de prever no jornal *Le Matin* de 30 de novembro de 1911 a iminência de uma guerra, que os estados-maiores e os diplomatas vinham preparando havia pelo menos dez anos. Ela também escreve almanaques e dá conselhos para ser feliz. Valentine Dencausse, conhecida como Madame Fraya (1871-1914), lê o futuro nas linhas da mão, como as sras. Aldina, Andrea, Alvina, Ancina, Aicha, Ackita, Alina...

A predição se enriquece mais uma vez em 1857 com o lançamento de um livro que marca o nascimento do espiritismo: *O livro dos espíritos, contendo*

44 *Le Vieux Papier*, n.60, 1º maio 1910.

*os princípios da doutrina espírita sobre a natureza dos espíritos, suas manifestações e relações com os homens, as leis morais, a vida presente, a vida futura e o futuro da humanidade, psicografado e publicado por ordem dos espíritos superiores*. Esse livro é obra de Hippolyte Léon Denizard Rivail (1804-1869), um lionês que prefere ser chamado pelo nome que tinha numa vida anterior, quando era bretão, Allan Kardec. Com ele, o personagem fundamental é o médium, que se comunica com o mundo dos espíritos e pode, entre outras performances, predizer o futuro.

Na maioria das vezes, essas elucubrações são diversão de salão, jogos de sociedade ou, no pior dos casos, vigarice por exploração da credulidade pública, vendendo aos espíritos ingênuos predições imaginárias sobre seu futuro. Mas, em períodos de tensão social e internacional, mesmo esses métodos se tornam objeto de manipulações partidárias, como foram antes os oráculos e a astrologia, o que é para nos deixar preocupados com o progresso do amadurecimento intelectual da humanidade. Os anos 1890 dão um exemplo. Anos de inquietude na sociedade francesa, atormentada pelos conflitos anticlericais, pela ascensão do socialismo, pelo confronto entre o cientismo e as Igrejas, pelo sentimento de decadência e pelo antissemitismo exacerbado pelo caso Dreyfus, que começa em 1894. Na direita reacionária e clerical, anuncia-se a vingança divina iminente contra uma França franco-maçom, republicana, radical e ateia, que renega sua fé e seu rei. Alguns identificam essa vingança no incêndio do Bazar da Caridade, em 4 de maio de 1897, que faz 120 vítimas inocentes, das quais 110 mulheres. Outros anunciam futuras catástrofes e, para isso, servem-se tanto de pseudoaparições da Virgem, como a de Tilly-sur-Seulles, condenada pela Igreja, quanto dos talentos sonambúlicos, como os de Henriette Couédon, que começa a predizer chuvas de fogo, fome, guerras, catástrofes de todos os tipos, em crises proféticas visionárias. Ela declara: "O Anjo disse que era o mensageiro de Deus enviado para anunciar aos homens os males que os ameaçam e predizer à França o retorno da realeza".[45] Esse rei será jovem e bonito, um louro alto, de olhos azuis. Ela prediz também que os judeus serão expulsos da França e fundarão um reino na Palestina.

Tudo isso interessa muito a Drumont, embora seja cético em relação aos fenômenos de vidência. Muitos vacilam, pois não é frequente que os sonâmbulos se aventurem nas zonas reservadas à profecia religiosa. G. Méry publica em 1900 um livro sobre *La voyante de la Rue de Paradis* [A vidente da

45 Méry, *La voyante de la rue de Paradis*, p.16.

Rue de Paradis]; a imprensa lhe dedica artigos, médicos a examinam, os curiosos a assediam. Émile Zola estuda no *Figaro* esse fenômeno, indicador de uma "crise de fé" que, por aparições e predições, leva os cristãos a acreditar na necessidade de uma regeneração da França católica. Para os meios magnetistas e espíritas, trata-se de manipulação. J. Bouvery escreve em 1896 no *Moniteur Spirite et Magnétique*: "Pouco a pouco, houve treinamento ou autossugestão, a srta. Couédon acreditou ou fizeram que acreditasse que era uma nova Bernadete... Um jornal muito conhecido viu nisso uma boa peça para pregar na 'República dos franco-maçons' e o resto podemos adivinhar".[46]

## RENASCIMENTO DA PROFECIA DE CARÁTER RELIGIOSO. FUNÇÃO SOCIOCULTURAL

O caso de Henriette Couédon é a transição para a profecia inspirada, de tipo mais clássico, e da qual o século XIX regurgita, apesar de seu espírito científico. Na verdade, esse século desequilibrado é favorável à eclosão de uma infinidade de profecias em torno dos grandes desafios sociais, econômicos, nacionais, religiosos, profecias de realização de esperanças ou profecias de vingança da parte das vítimas, dos frustrados e dos abandonados da evolução.

A aceleração da história e o convulsionamento das crenças tradicionais dão novo vigor às profecias sobre o fim do mundo, de origens variadas. Vejamos alguns exemplos. Em 1792, Johanna Southcott, uma "mágica" de Devon, prediz o fim do mundo "quando estourar a guerra oriental"; no início do século XIX, a visionária e religiosa alemã Anna-Catharina Emmerich (1774-1824) situa por volta de meados do século XX uma grande investida de Lúcifer e vários demônios, causando catástrofes que seus atuais exegetas não têm nenhuma dificuldade em apontar entre as guerras e revoluções das décadas recentes;[47] por volta de 1850, uma religiosa francesa, irmã Boquillon, prevê acontecimentos terríveis para o fim do século XX; em 1873, o abade De La Tour de Noé dá precisões numéricas em *La fin du monde en 1921, ou Proximité de la fin des temps*, obra construída sobre cálculos assombrosos, tirados do Antigo Testamento e do Apocalipse, de acordo com os quais o

46 *Le Moniteur Spirite et Magnétique*, avril 1896, p.46.
47 Auclair, *Prophéties d'Anna-Catharina Emmerich pour notre temps*.

acontecimento se dará em 13 de julho de 1921, às sete horas e três minutos. *La fin du monde* teve dez reedições.[48]

Os sonhos milenaristas ainda motivam predições, que nada consegue desanimar. Nos Estados Unidos, o fazendeiro William Miller, recém-convertido e membro da Igreja Batista, estuda as profecias passadas e interpreta a Revolução Francesa como o sinal da consumação dos tempos. Prevê o retorno de Cristo entre 21 de março de 1843 e 21 de março de 1844, provocando uma extraordinária efervescência entre seus fiéis, que liquidam seus negócios, param de trabalhar, pedem demissão. Passada a data fatídica, a decepção é grande, e Miller fixa outro prazo: 22 de outubro de 1844. Esse novo fracasso não o desanima. Ele o explica pelo fato de que o fim do mundo é uma coisa séria, e que Cristo ainda tem alguns detalhes para resolver, a fim de que tudo saia perfeito no grande dia: "Lá em cima, como aqui embaixo, existem imperfeições. O julgamento final é uma coisa importante demais para que se possa descuidar do mínimo erro de preparação, então ainda teremos de esperar". E, durante essa espera, Miller estrutura seus fiéis numa sólida comunidade, os adventistas do Sétimo Dia, que continuam esperando, mas dessa vez sem fixar uma data, o inevitável retorno de Cristo.[49]

Casos semelhantes formam legiões nos Estados Unidos, onde as pequenas comunidades puritanas, fechadas em si mesmas, favorecem a eclosão de vocações proféticas. Em 1830, Joseph Smith (1805-1844) publica *O livro de Mórmon*, que ele apresenta como a tradução de uma obra sagrada egípcia que ele teria descoberto graças a visões, e que anuncia o estabelecimento futuro do reino de Cristo na terra. Charles Taze Russell (1852-1916), ex-presbiteriano, prevê o retorno invisível de Cristo para 1874, a destruição dos "gentios" para 1914 e 1918. Seu sucessor, Rutherford, batiza seus fiéis em 1931 com o nome de testemunhas de Jeová e prediz a vitória iminente de Deus sobre o diabo, seguida de mil anos de reinado divino, durante os quais as testemunhas educarão a humanidade. E o diabo, após outra revolta, será destruído com seus fiéis.

Trata-se, nesse caso, de profecias milenaristas de tipo clássico, que se apoiam exclusivamente em textos religiosos. Na Europa, o milenarismo do

48 É impossível recensear todas as datas que foram avançadas para o fim do mundo. Encontramos a história dele no livro de Clebert, *Histoire de la fin du monde de l'an 1000 à l'an 2000*.

49 Na Conferência Geral de 1958, os adventistas do Sétimo Dia proclamam: "Cremos que nos dias de crise que estão diante de nós a prosperidade e o progresso da Igreja Adventista do Sétimo Dia dependem da fidelidade dos dirigentes e dos membros às instruções dadas pelos escritos do Espírito de profecia, que expõem com clareza o plano da salvação, desde a época em que o Éden foi perdido até que este seja restaurado na terra nova".

século XIX é mais eclético e tende a ser secularizado em parte, confortando a crença religiosa pela fé no progresso material e científico. Graças a Deus e à máquina, uma era de bem-aventurança está se preparando. Essa visão otimista das coisas tem raízes nos pensadores do século XVIII, arautos da ideia de progresso, como o abade de Saint-Pierre (1658-1743), que proclamava que "a razão humana vai sempre se aperfeiçoando", o filósofo David Hume, os economistas Turgot e Adam Smith; Kant e Condorcet acreditavam poder afirmar a progressão indefinida da razão humana, e o segundo chegou a uma visão quase paradisíaca do futuro humano, com um mundo sem erros, sem doenças, e quase sem morte, habitado por criaturas puramente racionais: "Um dia, o sol iluminará sobre a terra apenas homens que reconhecem como mestre apenas a sua razão".[50]

O milenarismo científico-religioso está na base do pensamento das obras de John Edwards, que, desde 1699, previa uma humanidade futura regenerada, que falaria uma língua universal, em que os excessos naturais, os climáticos em particular, teriam sido eliminados, e que gozaria de uma saúde perfeita e de uma juventude prolongada.[51] Em 1725, Thomas Sherlock (1678-1761), bispo anglicano, evoca perspectivas semelhantes, mas, a nosso ver, o principal interesse de seu livro, *The Use and Intent of Prophecy in the Several Ages of the World*, é uma análise da função social da profecia no mundo oriundo da queda original: ela serve, diz ele, para dar ânimo à humanidade e alimentar a esperança; desde o pecado de Adão "fez-se ouvir a palavra da profecia, não para opor-se à religião natural, mas para ampará-la e aperfeiçoá-la e para dar novas esperanças ao homem".[52]

Encontramos as mesmas ideias científico-teológicas de progresso em Edmund Law, outro bispo anglicano,[53] e em William Worthington, que escreve em 1773: "O estado dos novos céus e da nova terra será a restauração do estado paradisíaco; porém melhor, em nível superior, mais puro, mais espiritualizado".[54] A síntese ciência-religião, garantia de um futuro radioso para o homem, é representada pelo grande químico unitarista Joseph Priestley (1733-1804), que se estabeleceu nos Estados Unidos em 1794, após ter vivido na Inglaterra e na França. Em 1788, baseando-se nos trabalhos

50 Condorcet, *Esquisse d'un tableau historique des progrès de l'esprit humain*, p.338.
51 Edwards, *A Complete History... from the Beginning of the World to the Consummation of all Things*.
52 Sherlock, *The Use and Intent of Prophecy*, trad. fr., t.I, p.100.
53 Law, *Considerations on the Theory of Religion*.
54 Apud Delumeau, *Mille ans de bonheur*, p.323.

de Bacon e nas promessas proféticas, imagina uma era de felicidade sobre a terra, graças à técnica guiada pela ação divina:

> Sendo o conhecimento, como observa lorde Bacon, um poder, a força do homem aumentará. A natureza, isto é, sua matéria e ao mesmo tempo suas leis, obedecerá a nós. Os homens transformarão sua situação neste mundo de maneira a gozar de mais abundância, satisfação e conforto. Provavelmente prolongarão a duração de sua existência. Tornar-se-ão mais felizes dia a dia, cada um por si, mas também todos mais capazes de comunicar a felicidade aos outros e, tenho convicção, mais dispostos a fazê-lo. Assim, qualquer que tenha sido o começo deste mundo, o fim será glorioso e paradisíaco, além de tudo que hoje nossa imaginação possa conceber.[55]

A Revolução Francesa, que estoura no ano seguinte, confirma a certeza de Priestley de que a história está se acelerando de forma decisiva na direção certa, o que lhe inspira um sermão sobre *L'état présent de l'Europe comparé avec les anciennes prophéties* em 1794, e em 1799 ele prediz o retorno dos judeus à Palestina, o fim do papado, a união das religiões, o estabelecimento do reino de Deus na terra.

Essa corrente se prolonga durante todo o século XIX, por exemplo, com Frédéric de Rougemont (1808-1876), teólogo protestante suíço que em 1874 prediz a síntese fé-ciência, para o maior benefício dos homens:

> Com Jesus Cristo e os apóstolos começa a história do mundo moderno, cuja missão no domínio da inteligência é operar a síntese da revelação e da ciência, da razão e da fé, do semitismo oriental e do jafetismo ocidental. A próxima era será a da síntese definitiva da revelação e da filosofia, ou melhor, da penetração da filosofia pela revelação.[56]

Em 1841, o abade Alphonse-Louis Constant, excluído da Igreja Católica, dedicando-se a especulações ocultistas heréticas que lhe valem duas temporadas na prisão, tem uma visão que lhe mostra o "mundo novo", reinterpretação do dogma e do papel de Maria num delírio místico e humanitário. Em 1899, o abade Néon, num *Sermon pour la fête de la Toussaint en l'an 2000*

---

55 Priestley, *Lectures on History and General Policy*, p.538.
56 Rougement, *Les deux cités*, t.I, p.358. Delumeau, em *Mille ans de bonheur*, cita numerosos textos milenaristas que ilustram essa concepção, por exemplo, o do jesuíta chileno Manuel Lacunza (1731-1801), p.395.

[Sermão para o Dia de Todos os Santos no ano 2000], prediz o advento de um catolicismo cósmico, que põe fim à querela ciência-religião, ao passo que seu colega, o abade Calippe, em 1902, em *Journal d'un prêtre d'après-demain* [Diário de um padre de depois de amanhã], prevê uma Igreja em simbiose com o mundo laico, especialmente com os padres operários.

Todos esses movimentos proféticos estão à margem do mundo religioso, fora das grandes Igrejas oficiais, a Igreja Católica em particular. Desde a grande arrumação desta última no século XVII, no contexto da reforma tridentina, as vozes proféticas silenciaram em benefício das estruturas administrativas estáveis, preocupadas em gerir um presente imutável. Presa numa concepção estática da história, a Igreja Católica não tinha mais lugar para a função profética. Como o futuro deve ser semelhante ao presente, não havia mais nada que predizer até o fim do mundo, único acontecimento inevitável do futuro, mas cuja data não pode ser conhecida. Os contínuos excessos e fracassos das profecias inspiradas haviam causado danos demais à Igreja institucional, que, portanto, adotou uma atitude de extrema desconfiança e repressão em relação a qualquer manifestação profética.

No entanto, essa atitude, que continua fundamentalmente válida no século XIX, tende a amolecer a partir dos anos 1840, sob pressão do povo dos fiéis e como necessária concessão ao espírito do tempo. De fato, a recrudescência das práticas de vidência, cartomancia, quiromancia, magnetismo, sonambulismo, milenarismos de todos os credos, e o surgimento dos novos profetas da ciência, da utopia, do socialismo, revelam uma necessidade profunda da sociedade moderna de se tranquilizar sobre seu futuro, um elã pelo futuro acentuado pela aceleração da história. Recusando-se a fazer a mínima concessão ao espírito profético, a Igreja corre o risco de decepcionar seus fiéis, de se distanciar das aspirações do século, de se marginalizar ainda mais, e de ver uma parte dos fiéis alinhar-se às sereias da predição herética ou cientista. Porque o discurso sobre o além não é mais suficiente. Cada vez mais, o cristão da base, inquieto, quer predições sobre o futuro deste mundo, e se a Igreja se cala, ele vai buscá-las em outro lugar.

É nesse contexto que devemos situar a onda de aparições milagrosas da Virgem, desde a da Rue du Bac em 1830 até a de Fátima em 1917. Cada aparição é acompanhada de uma mensagem profética, sempre mantida em sigilo, da qual se permite que escapem apenas uns vagos rumores catastrofistas. A cada aparição, as autoridades religiosas demonstram uma firme reserva, até começar a alimentar uma irresolução indulgente e ambígua que permite salvaguardar a atitude "racional" e assim não dar muito motivo para sarcasmos dos cientistas, satisfazendo ao mesmo tempo a necessidade de maravilhoso do povo. Além do mais, o semissigilo em torno das revelações tem a enorme vantagem de manter os fiéis em suspenso, agitando com meias-palavras as predições de cataclismos que pairam sobre a cabeça dos homens caso não se convertam à fé verdadeira.

As aparições e seu conteúdo profético possibilitam a reconciliação da religião popular com a religião clerical, divorciadas desde o século XVII. É o que mostra muito claramente a tese de Thomas Kselman, *Milagre e profecia: a religião popular e a Igreja na França no século XIX*.[57] Para ele, o reconhecimento dos milagres proféticos pela Igreja, mesmo reticente, é um meio de o clero recuperar a simpatia popular, após o choque revolucionário. É também uma barreira suplementar contra o crescimento do ateísmo, no qual se enxertam correntes políticas reacionárias, como ilustram as profecias sobre o retorno dos Bourbons. Aliás, o Concílio do Vaticano, em 1870, concede a consagração teológica e doutrinal ao renascimento das profecias, enfatizando seu valor apologético essencial. Ao mesmo tempo, reafirma o monopólio da Igreja sobre a atividade profética. A constituição *Dei Filius* lembra que a profecia, enquanto anúncio de um acontecimento futuro contingente, requer a ciência divina, a única capaz de conhecer o futuro. Essa é a posição defendida no início do século XX pelo *Dictionnaire de théologie catholique*.[58]

A maioria das aparições ocorre entre 1830 e 1871, primeiro na Rue du Bac, em Paris, de 1830 a 1836, para Catherine Labouré, depois em Roma, em 1842, para Afonso Ratisbona, em 1846 nos Alpes, em La Salette, em 1858 nos Pireneus, em Lourdes, em 1871 no Maine, em Pontmain, apenas para nos citar os principais. Mais tarde, a aparição será em Fátima, em 1917. A Virgem tem muito interesse pela França. Ela anuncia a Catherine Labouré a queda da monarquia, tribulações para o clero e acontecimentos sangrentos, o que, no contexto de julho de 1830, não é surpreendente. Em Pontmain, no dia 17 de junho de 1871, ela promete atender em breve ao rogo do país, alguns dias antes do armistício. Em La Salette, as coisas são ainda mais obscuras. Do caso, retomado e estudado por Mary Alethaire Foster,[59] destacam-se os seguintes elementos.

Em 19 de setembro de 1846, a Virgem aparece num pasto de alta montanha para dois jovens pastores, de catorze e onze anos, Mélanie Mathieu

57 Tese de doutorado, mimeografada, Universidade de Michigan, 1978. Título original: *Miracle and Prophecy: Popular Religion and the Church in XIX*$^{th}$ *Century France*.

58 Michel critica em particular o livro de Kuerren, *Recherche historique et critique sur la composition et la collection des livres du Vieux Testament*, de 1863.

59 Foster, Piété et empirisme. L'enquête épiscopale sur La Salette. In: Association Française d'Histoire Religieuse Contemporaine, *Christianisme et science*, p.55-75.

e Maximin Giraud. Ela faz um longo discurso profético, parte em francês, parte no dialeto local, em que anuncia que seu filho Jesus, cansado de ver os camponeses blasfemarem e não respeitarem o descanso dominical, faria pesar sobre eles a sua mão vingadora (colheitas ruins, fome, mortandade, massacres de crianças):

> Se as batatas se estragam, a culpa é apenas vossa. Eu vos fiz ver no ano passado; não quisestes fazer caso. Foi o contrário; quando encontrastes batatas estragadas, blasfemastes, metendo o nome do meu filho no meio.
>
> Elas vão continuar; este ano para o Natal não haverá mais nenhuma.
>
> Se tiverdes trigo, não o semeeis; tudo que semeardes os bichos comerão; aquele que medrar cairá como pó, quando o baterdes.
>
> Virá uma grande fome.
>
> Antes que venha a fome, as crianças com menos de sete anos serão acometidas de um tremor e morrerão entre as mãos das pessoas que as amparam; as outras farão penitência pela fome.
>
> As nozes se tornarão amargas, as uvas apodrecerão.
>
> Se eles se converterem, as pedras e as rochas se transformarão em montes de trigo; e as batatas serão semeadas pela terra.[60]

A Virgem também teria comunicado um segredo a cada uma das crianças. Em dezembro, as autoridades eclesiásticas, no caso o bispo de Grenoble, monsenhor De Bruillard, de 81 anos, nomeiam duas comissões encarregadas de examinar os fatos, as crianças e a mensagem, e apresentar um relatório. Em uma das comissões encontra-se o cônego Rousselot, professor de Teologia no seminário. Seu relatório, usado para decidir a autenticidade da aparição, denota a hesitação clerical. A propósito das profecias, ele examina as objeções: o termo "Virgem", extremamente prosaico; a não realização das profecias; o fato de ela culpar as blasfêmias e a inobservância dos domingos, com castigos desproporcionais a tais pecadilhos. A tudo isso ele dá propostas de resposta: a "Virgem" quer ser compreendida, daí a sua linguagem pouco acadêmica; a realização das predições talvez seja para mais adiante; as blasfêmias e o desrespeito do domingo simbolizam o crescimento da indiferença religiosa, como afirmava a pastoral dessa época. O cônego conclui a favor da autenticidade.

No outono de 1847, uma comissão de dezesseis membros segue essas conclusões, apesar da oposição de vários membros. O relatório é publicado

60 Texto traduzido para o francês pelo cônego Rousselot, e citado por Foster, op. cit., p.58.

e enviado ao papa no verão de 1848, e em setembro de 1851 a autenticidade é oficialmente reconhecida. Peregrinações espontâneas já haviam começado a se organizar. Entre os opositores, o cura de Ars, que não se intimida com o maravilhoso, e dois curas que afirmam em 1852 que a "Virgem" não era outra senão Constance de Lamerlière, uma ex-religiosa de temperamento instável. As duas crianças são resguardadas das perguntas indiscretas numa instituição religiosa, o que não impede que o segredo de Mélanie se espalhe em boatos apocalípticos: Deus está cansado dos pecados dos homens; em 1864 ele soltará Lúcifer e seus demônios sobre o mundo; haverá catástrofes, mortos ressuscitarão; em 1865 a França, a Itália, a Inglaterra e a Espanha serão arrasadas por guerras terríveis, prelúdio de um conflito generalizado, e dez reis medirão forças na última das guerras.

As aparições recomeçam em 1917 em Fátima, em Portugal. Lugar e momento propícios: país neutro; ano crucial da guerra, quando o desânimo e o espírito de insubordinação ameaçam os dois lados. O esquema é o habitual: uma mensagem em parte sigilosa, mas cuja atmosfera apocalíptica é cuidadosamente alimentada, é transmitida a crianças. Na verdade, a mensagem é tripla: a primeira parte é uma visão do inferno; a segunda prediz acontecimentos relativos à guerra, que se revelarão falsos; e a terceira, sigilosa, é entregue ao papa, que não deve lê-la antes de 1960. A partir daí, o boato entra em ação. João XXIII, papa em 1960, teria olhado e trancado de novo a caixa de Pandora; Paulo VI teria falado a respeito dela com norte-americanos e soviéticos; irmã Lúcia, a última sobrevivente das três crianças de Fátima, teria feito revelações, que foram publicadas em 1963, em que se fala de trombas de fogo, armas terríveis, milhões de mortos.[61] Segredos um tanto pueris para o homem do fim do século XX, calejado pelas atrocidades da época e por perspectivas bastante reais que ele pode muito bem imaginar sozinho, a partir de uma atualidade que não deixa nada a desejar ao Apocalipse.

## EXPLOSÃO E FUNÇÃO DA PREDIÇÃO POPULAR

A extraordinária riqueza da profecia popular no século XX também é ilustrada por uma coleção extremamente heteróclita de predições que mostra a fragmentação do espírito racional nessa época. Como se o impulso da ciência moderna, mal assimilada, tivesse desenvolvido o campo das

61 Publicação em *Neue Europa*, 1963.

superstições. Ao pseudorreligioso soma-se o pseudocientífico, agente inesgotável de predições diversas. Alguns, apoiando-se num estudo das dimensões dos túmulos egípcios, reinterpretam o mistério da Grande Pirâmide a sua maneira, como o inglês Menzies em 1865, que a vê como a petrificação de um gigantesco calendário da história humana. Outros utilizam dons excepcionais, que têm a ver sobretudo com a análise prospectivista da atualidade, como o jornalista norte-americano David Croly, de origem irlandesa, que fica famoso a partir dos anos 1860 por suas predições econômicas e políticas no jornal *The World*. Em suas crônicas, assinadas por "Sir Oráculo", ele prevê com grande exatidão, por exemplo, a crise bancária norte-americana de 1873. Em 1888, em *Glimpses of the Future* ("Vislumbres do futuro"), ele anuncia a Primeira Guerra Mundial, o papel da Rússia e a rivalidade desta com a China, a independência das colônias, o desenvolvimento do cinema, da aviação, da impressão fotoelétrica.

Entre os métodos tradicionais, assinalamos as "descobertas" de antigas profecias que permaneciam ocultas. A da abadia de Prémol, perto de Grenoble, em 1850, prevê a história da França até o ano 2000, com enorme precisão até meados do século XIX. Esse texto de espírito milenarista anuncia, após guerras terríveis, uma era de paz sob o governo de um enviado de Deus. De mesmo cunho, a profecia de Orval foi "descoberta" no ano seguinte numa abadia da Renânia pelo abade Lacombe, que a data de 1792. Ela também é de uma precisão prodigiosa até 1851. Na continuação encontram-se a vinda do Grande Monarca e uma espécie de Apocalipse.

As aspirações nacionais também são amparadas por profecias, como a do monge Severino, que circula na Polônia no início do século XIX. Supostamente datada do século XIII, ela anuncia que o Estado polonês renascerá três vezes. Na Rússia, não faltam os videntes. Entre eles, Rasputin, que prevê sua própria morte e a do czar. Nos Estados Unidos, seitas em proliferação são um terreno fértil para a profecia; assinalamos a de Edmund Creffield, que ficou famosa por sua realização casual: em 1903 ele prediz a destruição de São Francisco por um terremoto.

A coincidência também pode ter resultados surpreendentes nos autores de ficção científica, gênero que entra na moda e do qual falaremos no próximo capítulo. Em 1898, o norte-americano Morgan Robertson conta em um de seus livros, *O naufrágio do Titan*, a história de um navio idêntico ao Titanic, que afundou em circunstâncias muito semelhantes catorze anos depois.

A guerra de 1914-1918 é propícia evidentemente às predições de todos os tipos. Como um acontecimento de tão grandes proporções poderia escapar à vigilância de todas essas sentinelas do futuro? É claro, todas as profecias catastrofistas falam de guerras monstruosas e sem precedentes, e é cômodo aplicá-las retroativamente à Primeira Guerra Mundial. Mas se queremos coisas mais precisas, devemos investigar e interpretar criativamente os velhos textos. É o que farão, dos dois lados, jornalistas e políticos com o intuito de fazer propaganda. Em setembro 1914, *Le Figaro* desenterra a profecia do irmão Johannes, datada do século XVI, que permite identificar Guilherme II com o Anticristo:

> O verdadeiro Anticristo será um dos monarcas de seu tempo, um filho de Lutero, ele invocará Deus e se dará por enviado dele. Uma guerra lhe dará oportunidade de tirar a máscara. Não será aquela que travará contra um monarca francês, mas uma outra, que se reconhecerá por esse caráter de em duas semanas tornar-se universal.

Em 1916, Joanny Bricaud reúne em um livro, *La guerre e les prophéties célèbres*, todos os textos que supostamente estão relacionados com os acontecimentos da guerra mundial.

De sua parte, a astrologia prossegue sua carreira, agora confinada nas classes médias e populares, tentando dar-se ares esotéricos. Desde a segunda metade do século XVIII, a astrologia no sentido de predição do destino humano perdeu toda a credibilidade nas elites cultivadas. A *Encyclopédie* recorda a diferença entre astrologia natural e astrologia judiciária. A primeira é "um ramo da física ou filosofia natural", e o "sr. Boyle estava certo quando fez a apologia dessa astrologia em sua *Histoire de l'air*". Em contrapartida, a segunda é assimilada às superstições. Em 1771, a *Encyclopaedia Britannica* é de um laconismo desdenhoso: a astrologia é "uma ciência conjectural, que ensina os efeitos e as influências das estrelas para predizer os acontecimentos futuros pela situação e pelos aspectos diferentes dos corpos celestes. Essa ciência tornou-se há muito tempo um justo objeto de desprezo e ridículo".

A era da astrologia "científica" chegou definitivamente ao fim. Na Inglaterra, os astrólogos da moda são Robert Cross Smith (1795-1832), que prefere ser chamado de Rafael, e Robert James Morrison (1795-1874), ou Zadkiel. Seus almanaques têm tiragens modestas, de 10 mil exemplares cada um. O mais clássico *Moore's* atinge seu apogeu em 1839, com 500 mil exemplares, e rapidamente volta a cair. Com Alan Leo (1860-1917), a astrologia entra na era comercial e torna-se brincadeira na imprensa popular de grande tiragem. Brincadeira para os citadinos, enquanto no campo os métodos de predição tradicionais estão a caminho de se folclorizar. Anatole Le Braz, que reuniu em *La légende de la mort* as narrativas tradicionais da Bretanha, conta que, quando nasce uma criança à noite, as velhas vão para a soleira para ler o seu futuro nas estrelas, como na época merovíngia.

A esfera da predição se estilhaçou. A fratura cultural é flagrante. Profecia inspirada e extática, astrologia, cartomancia, quiromancia, sonambulismo, magnetismo caíram no domínio da predição popular, ainda que certos membros das elites sociais se interessem discretamente por essas coisas ou de forma falsamente desapegada. Encalhados na vala comum das superstições ou relegados à categoria das falsas ciências, esses métodos, que todavia ainda seduzem multidões e fazem a prosperidade de muitos praticantes, entram para o domínio do imaginário coletivo das sociedades contemporâneas. E são cultivados pelas mídias de massa, incluídas nessa parte indispensável do irracional e do sonho que guarnecem o espírito coletivo das multidões urbanizadas, com a loteria, o jogo, a publicidade, o esporte de espetáculo e os extraterrestres. Seu papel não é mais predizer, mas alimentar sonhos, esperanças e temores. Acreditamos neles sem acreditar realmente; é isso que faz a força dessas predições, que nos dão a desculpa de um destino inevitável que, no entanto, pode ser frustrado pela ação voluntária. Os praticantes da predição popular tornam-se psicólogos, e tomam o lugar dos padres nos debates sobre o indivíduo e sua consciência. No nível coletivo, a predição tranquiliza, mostrando que todos participamos do destino do grupo, do qual ninguém escapa; ela alimenta um neofatalismo capaz de consolar os fracassos da vida.

A verdadeira predição, de sua parte, segue novos caminhos. Uma nova elite intelectual, panegirista da ciência, empreende a desmistificação das predições populares e ao mesmo tempo a elaboração de novos métodos. A anedota de monsenhor Lanyi é reveladora nesse sentido. Esse bispo de Nagyvarad (atualmente Oradea, na Romênia) tem um sonho designado como premonitório na noite de 27 para 28 de junho de 1914: ele vê o assassinato do arquiduque Francisco Ferdinando e de sua mulher, em Sarajevo, que aconteceu algumas horas depois. Estudando o episódio, o físico Erwin Schrödinger (1887-1961) mostrará pela probabilidade que, dadas a ligação do arcebispo com o arquiduque, a tensão na Bósnia na época, as ameaças de atentado já feitas e o programa da visita, o arcebispo tinha todas as chances de ter aquele sonho. A probabilidade em favor da premonição: 1914 é decididamente o início de uma era nova.

Mas esta já havia sido amplamente anunciada pelos novos profetas do século XIX: utopistas, cientistas, socialistas, sociólogos, autores de ficção científica.

# – 14 –

# O INÍCIO DA ERA DAS MASSAS (II). OS NOVOS PROFETAS DO SÉCULO XIX

Se o século XIX merece amplamente o título de século da predição, não é somente em razão do crescimento e da diversificação das predições populares. É também porque as elites se deixam levar pelo movimento e, atônitas com a aceleração da história, acreditam divisar as direções fundamentais da evolução, o que lhes permite anunciar o futuro coletivo da humanidade. Os métodos de predição são secularizados e repousam sobre um trabalho intelectual. A análise socioeconômica substitui a revelação espiritual, às vezes para chegar ao mesmo resultado: a lei dos três estados de Auguste Comte é surpreendentemente parecida com as três eras de Joaquim de Flora.

Os resultados têm a autoridade e as fraquezas da argumentação intelectual: obra da razão, estão sujeitos, apesar de tudo, a suas críticas. No entanto, esses novos profetas têm tanta convicção quanto seus predecessores inspirados. Duas grandes ideias são quase unânimes: a ciência será a rainha da sociedade futura, e esta vai entrar na era das massas. Cientistas, economistas, filósofos, poetas, romancistas vão introduzir nesses dois temas uma infinidade de nuances correspondentes à fé e aos preconceitos de cada um. A maioria é otimista, sobretudo entre os cientistas e os autores de ficção científica. Os homens de letras são mais reservados, e observamos no fim do século um nítido aumento do pessimismo, muito antes do estouro da Primeira Guerra Mundial, em particular no movimento das contrautopias.

## OS PROFETAS DO NEOCATOLICISMO: RUMO À HUMANIDADE CRISTÃ

A crença no progresso chega ao apogeu no decorrer dos dois primeiros terços do século. Progresso econômico, científico, espiritual. Essa crença inspira otimismo até mesmo nos neocatólicos, confrontados com o declínio da religião tradicional. Adotando uma visão ampla da história, eles introduzem a noção de evolução na religião e fazem a síntese entre fé e ciência na direção de um mundo melhor. Para esses liberais românticos, Deus quer o progresso: "É um erro grave, portanto, supor que a religião está interessada em permanecer imutável", escreve Benjamin Constant em 1829; "ela o é, ao contrário, no sentido de que a faculdade progressiva, que é uma lei da natureza do homem, seja aplicada a ela".[1]

Essa posição só pode gerar conflitos com a Igreja oficial, traumatizada pela Revolução e recolhida a seus valores "eternos". As autoridades religiosas dos anos 1800-1850 estão petrificadas no imobilismo. Os novos profetas estão à margem da Igreja, portanto, e são quase sempre condenados por ela. Para esta última, existe somente uma coisa para predizer e esperar: o fim do mundo e o além. A Igreja perde no século XIX a classe operária, o mundo científico e a função profética, no sentido de anúncio do futuro.

Os novos profetas excedem a noção de Igreja. Analisando as reviravoltas da época, eles tentam estabelecer as leis da existência social e, portanto, previsões. Acreditam no progresso inevitável e infinito, como Guizot, e opõem-se à ideia de um fim da história. Enquanto as utopias científicas e sociológicas já cogitam para breve "uma organização social definitiva", Benjamin Constant critica essa ideia da revista *Le Producteur* na *Revue Encyclopédique* de 1826.

Como será o futuro? Os neocatólicos não dão respostas precisas. Alguns preferem deixar o futuro aberto. Progresso, sem dúvida, mas na direção de um estado que não podemos conhecer e que foi determinado por Deus. É isso que pensa Jean-Jacques Ampère: "Acreditemos, pois, no futuro e

1 Constant, Du développement progressif des idées religieuses. In: ______, *Mélanges de littérature et de politique*, p.105.

procuremos suas vias. Avancemos por diferentes caminhos rumo ao objetivo ao qual o Deus da humanidade conduz".[2] Jouffroy, por sua vez, estima que o mundo está no caminho de uma nova fé, depois que destruiu o antigo dogma pela revolução. A nova geração é chamada "a descobrir a nova doutrina a que todas as inteligências aspiram sem saber".[3] Quanto a Pierre Leroux, fundador do jornal *Le Globe* em 1824, ele anuncia: "O paraíso deve vir à terra. Esse Evangelho [de São João] diz positivamente: o reino de Cristo está prometido na terra".[4]

A dimensão profética é mais nítida em Pierre-Simon Ballanche (1776-1847), que fala da marcha irresistível do gênero humano, a exemplo da marcha dos israelitas no deserto. O progresso, inevitável, acontecerá sob a direção conjunta da hierarquia eclesiástica e dos profetas do neocatolicismo. O presente é um período de espera, após o choque revolucionário: "Uma nova era começa. Um novo século nasce. Todos os espíritos estão atentos. Um enorme sentimento de inquietude perturba os povos [...]. Todas as crenças foram abaladas; o mundo cambaleia; e, todavia, o reinado dos prodígios não acabou".[5] Fazendo-se apóstolo de uma escatologia humanitária, Ballanche anuncia em *La vision d'Hébal* que a humanidade vai regenerar sua própria natureza, aprimorá-la, e o mal será eliminado. Místico, ele cristianiza o progresso a partir do dogma da remissão: "O ponto de partida da perfectibilidade é o dogma da decadência e da reabilitação".

Seu amigo Chateaubriand também se pretende um visionário. Para ele, o progresso da humanidade está intimamente ligado ao cristianismo, que vai entrar em sua terceira fase: "Acredito que a era política do cristianismo acabou, que sua era filosófica está começando". Mas o cristianismo ainda inspirará o campo político para assegurar um futuro humano regenerado. Sua visão do futuro, porém, torna-se mais preocupada ao chegar ao fim de sua vida. Após a revolução de julho de 1830, o cristianismo tem a impressão de que o mundo, desnorteado, não consegue mais encontrar suas bases. Esse declínio ameaça ainda durar muito, até retomar a marcha para adiante: "Esse mundo decrescente somente recuperará forças quando tiver atingido o último grau, então começará a subir de novo para uma nova vida", escreve em *L'avenir du monde*, mas quando será isso? "A sociedade inteira está mudando. Que século verá o fim do movimento: pergunte a Deus". Não será num futuro

2 Ampère, discurso de 1834 no Collège de France.
3 *Le Globe*, 24 mai 1825.
4 Leroux, *Malthus et les économistes, ou y aura-t-il toujours des pauvres?*, p.260.
5 *Revue de Paris*, mai 1829.

próximo, confidencia a seu amigo Nicolas Martin, em 19 de maio de 1836: "O futuro do mundo está no cristianismo, e é no cristianismo que renascerá, após um ou dois séculos, a velha sociedade que hoje se decompõe". Talvez seja preciso esperar até mais: "Se deve existir um futuro, um futuro livre e poderoso, esse futuro está ainda bem distante, muito além de todo horizonte visível", escreve em *Essai sur la littérature anglaise*.

Mas a última mensagem de Chateaubriand sobre o futuro, e certamente a mais válida, está no fim de *Mémoires d'outre-tombe*. O tom dessa vez é nitidamente pessimista. Le Malouin anuncia a era das massas e o declínio do indivíduo, a primazia futura do grupo social, nacional e mundial, esmagando a pessoa:

> Afirmam que nessa civilização vindoura a espécie crescerá; eu mesmo o avancei: todavia, não é de se temer que o indivíduo diminua? Poderemos ser laboriosas abelhas ocupadas em comum com o nosso mel. No mundo material, os homens se associam para o trabalho, uma multidão chega mais rápido e por diferentes caminhos ao que procura; massas de indivíduos erguerão as Pirâmides; estudando cada um de sua parte, esses indivíduos chegarão a descobertas nas ciências, explorarão todos os cantos da criação física. Mas no mundo moral sucede o mesmo? Ainda que mil cérebros se aliem, jamais comporão a obra-prima que sai da cabeça de um Homero. [...] A loucura do momento é alcançar a unidade dos povos e fazer que um único homem da espécie inteira seja; mas conquistando faculdades gerais, toda uma série de sentimentos privados não perecerá?[6]

Vamos concretizar a humanidade, a sociedade universal. Ela engolirá o indivíduo, reduzido ao estado de formiga, em nome dos ideais coletivos. Chateaubriand pressente o que descreverão as contrautopias do fim do século. Será inventada uma linguagem comum, empobrecida:

> E que linguagem será essa? Da fusão das sociedades resultará um idioma universal, haverá um dialeto de transação que servirá para o uso cotidiano, enquanto cada nação falará sua própria língua, ou as línguas diversas serão entendidas por todos? Sob que regra semelhante, sob que lei única existiria essa sociedade? Como encontrar espaço numa terra que terá crescido pelo poder de ubiquidade e encolhido pelas proporções de um globo inteiro esquadrinhado? Restará perguntar à ciência um meio de mudar de planeta.[7]

6 Chateaubriand, *Mémoires d'outre-tombe*, Livro 44, cap.5.
7 Ibid.

Chateaubriand também entrevê um dos dramas da época contemporânea: a discrepância crescente entre as capacidades do intelecto, decuplicadas pela máquina, e a redução concomitante dos valores morais, acelerada pela ruína religiosa. E a predição é inapelável: "A sociedade perecerá".

> Se o senso moral se desenvolvesse em razão do desenvolvimento da inteligência, haveria um contrapeso e a humanidade cresceria sem perigo, mas acontece o contrário: a percepção do bem e do mal turva-se à medida que a inteligência se esclarece; a consciência encolhe à medida que as ideias se alargam. Sim, a sociedade perecerá: a liberdade, que poderia salvar o mundo, não marchará, pois não se apoia na religião; a ordem, que poderia manter a regularidade, não se estabelecerá com solidez, porque a anarquia das ideias a combate.[8]

O Chateaubriand da velhice, lúcido e pessimista, é um dos primeiros a assinalar esses perigos do futuro, dos quais vemos as aplicações cotidianas. Seu contemporâneo e compatriota, Félicité de Lamennais (1782-1854), também reflete sobre a era das massas, porém de forma otimista. Se Chateaubriand prevê uma unificação em escala mundial, é para congratular-se:

> O que os separava cambaleia e cai; até as distâncias desaparecem. Entrevemos no longínquo das eras a época feliz em que o mundo formará uma mesma cidade, regida pela mesma lei, a lei da justiça, da igualdade e da fraternidade, religião futura de toda a raça humana, que saldará em Cristo seu último e supremo legislador.[9]

Para Lamennais, o futuro do mundo se assenta sobre duas bases indissociáveis: o progresso do espírito humano e o novo cristianismo. Ele constata progresso por toda parte e, para ele, todos os progressos realizados resumem-se no progresso social, que conduz inelutavelmente ao "ser coletivo":

> O caráter mais marcado [...] que distingue exclusivamente o homem é o progresso, um progresso contínuo, infinito; e todo progresso se resume num progresso social, e nenhum progresso é possível senão na sociedade, pelo estímulo mútuo dos espíritos, pela diversidade das funções no trabalho comum, pela sucessão constante dos esforços, pela transmissão de seus resultados, que cria para cada geração um ponto de partida mais avançado. O homem sozinho,

8 Ibid., cap.4.

9 Lamennais, Le livre du peuple [1838]. In: ______, *Œuvres complètes*, t.VII, p.205.

portanto, é apenas um fragmento de ser: o ser verdadeiro é o ser coletivo, a Humanidade.[10]

Em outubro de 1830, Lamennais cria seu jornal, cujo título frisa o espírito profético: *L'Avenir* [O futuro]. Ele anuncia no jornal, em 6 de janeiro de 1831, um despertar do povo que, "levado por não sei que força desconhecida que desperta dentro dele, arremessa-se no futuro com uma espécie de profética esperança". As sombrias perspectivas apocalípticas que o ocuparam até então são varridas, e a situação da época inspira-lhe um otimismo messiânico: "Descubro nela, ao contrário, uma fé imensa no futuro da sociedade, uma esperança inabalável de alguma coisa grande que se prepara para ela no recôndito dos decretos divinos".[11]

Profeta da humanidade, como mais tarde Jaurès, Lamennais anuncia, diferentemente deste último, uma humanidade cristã, mas que rompeu com os grilhões do passado: Roma e o trono. A missão de Roma terminou, e o cristianismo vai se expandir na dimensão do povo, como a Sinagoga se expandiu na dimensão da Igreja na época de Cristo. Situando-se numa perspectiva autenticamente profética, Lamennais vê Roma como a Jerusalém moderna, que mata seus profetas, como ele. Repudiando a ideia de queda e de sobrenatural, deposita suas esperanças no povo e, com ele, podemos falar de democratização profética. O cristianismo também deve romper com os regimes monárquicos, que, aliás, estão fadados a desaparecer: "O futuro da religião está assegurado; ela não perecerá; seus fundamentos são inabaláveis. Separem-na do que desmorona. Por que misturar o que não poderia se aliar?", escreve em *De la religion considérée dans ses rapports avec l'ordre politique et civil.*

No entanto, o futuro ainda conserva uma grande parte de mistério, que inspira a Lamennais delírios mesclados de uma vaga inquietude. Em 1841 ele fala do "futuro misterioso cujos horizontes se dilatam, sem fim, sem descanso, no seio da imensidão e da eternidade". Paul Bénichou, que estudou o pensamento desses românticos neocatólicos em *Le temps des prophètes*, considera que "essa preeminência do futuro sobre o passado talvez seja o caráter distintivo mais seguro do neocatolicismo".[12] Este último é de certa forma uma tentativa de salvar o cristianismo, fazendo-o abarcar as aspirações laicas contemporâneas numa vasta síntese, que o coloca numa situação ambígua em relação à Igreja oficial:

10 Id., De la société première et de ses lois. In: ______, *Œuvres complètes*, t.X, p.16.
11 Id., carta de 8 de outubro de 1834.
12 Bénichou, *Le temps des prophètes*, p.137.

A ideia de inserir o curso da história no plano da Providência, e mais especialmente seu curso presente, é um dos artigos de fé fundamentais do neocatolicismo, seu mais sólido terreno de aproximação e entendimento com o humanitarismo laico, e seu principal tema de conflito com a Igreja oficial.[13]

De fato, esta prefere, em matéria de profetismo contemporâneo, o pensamento apocalíptico de Joseph de Maistre, que anuncia uma iminente e sangrenta regeneração, uma humilhação da ciência ateia, seguida de uma ressurreição do Espírito e de uma restauração dos valores antigos, acontecimento no qual a França é chamada a desempenhar um papel importante. Diante do desmoronamento dos valores tradicionais, Joseph de Maistre se apresenta como profeta da reação:

> Devemos estar prontos para um acontecimento imenso na ordem divina, para o qual marchamos a uma velocidade que deve admirar a todos os observadores. Não há mais religião sobre a terra: o gênero humano não pode permanecer nesse estado. Oráculos temíveis anunciam, aliás, que *são chegados os tempos*. Vários teólogos, mesmo os católicos, acreditaram que fatos de primeira ordem e pouco distantes eram anunciados na revelação de São João. [...] Os sábios europeus são neste momento espécies de conjurados ou iniciados, ou como queiram chamá-los, que fizeram da ciência uma espécie de monopólio, e não querem absolutamente que se saiba *mais* ou *diferente* deles. Mas essa ciência será incessantemente maldita por uma posteridade *iluminada*, que acusará justamente os adeptos de hoje de não terem sabido tirar das verdades dadas a eles por Deus as consequências mais preciosas para o homem; então, toda a ciência mudará de face: o espírito, tanto tempo destronado e esquecido, recuperará seu lugar. [...] Em uma palavra, todas as ideias mudarão: vinde, Senhor, vinde! Por que censuraríeis os homens que se arremessam nesse futuro majestoso e ufanam-se de adivinhá-lo?[14]

---

13 Ibid., p.154. Bénichou escreve ainda que o neocatolicismo "refaz, segundo vias pouco familiares à tradição católica, o esquema da história humana, orientando-a para um futuro que possa incluir os valores laicos contemporâneos: liberdade, progresso, emancipação dos desfavorecidos, regeneração final da espécie" (ibid., p.71).

14 De Maistre, Les soirées de Saint-Pétersbourg [1821]. In: ______, *Œuvres complètes*, p.230-9.

## OS PROFETAS DA UTOPIA CIENTÍFICA: RUMO À HUMANIDADE COOPERATIVA

Diante dos profetas do cristianismo regenerado por uma síntese com ou contra o mundo moderno, erguem-se os profetas da ciência. Eles são, sem dúvida, a corrente mais poderosa nos anos 1800-1870. Levados pela onda de descobertas e invenções da primeira Revolução Industrial, eles vão de vento em popa. Nada parece poder deter a marcha triunfante do progresso técnico; a ciência parece ser o futuro do mundo, usando a sucessão de religiões para assegurar o bem-estar da humanidade, não mais num hipotético além, mas no mundo material reabilitado.

Muitos dos profetas cientistas da primeira geração, aliás, mantiveram um espírito religioso, e as predições que fazem ainda contêm uma marca forte da fé que marcou sua juventude, como Ernest Renan, ex-seminarista que se tornou panegirista da ciência. Esses pensadores são, na realidade, místicos científico-religiosos, e a diferença em relação aos neocatólicos é sobretudo de ênfase: em vez de fazê-la incidir sobre o cristianismo, eles a põem na ciência, mas de forma quase religiosa.

A maioria, na verdade, é neojoaquimista, propondo uma versão secularizada das eras da humanidade. A versão mais delirante é talvez a de Charles Fourier (1760-1825), que mistura numa síntese exuberante religião, ficção científica, utopia, psicologia. Fourier apresenta-se como profeta, e afirma a capacidade e a vocação do homem para conhecer o futuro. Critica as filosofias que decretaram "a incompetência do espírito humano para determinar nosso destino futuro".

> Ah!, se o cálculo dos acontecimentos futuros está fora do alcance do homem, de onde vem essa mania comum a todos os povos de querer sondar os destinos, em nome dos quais o homem mais gélido sente um estremecimento de impaciência? De tal modo é impossível desarraigar do coração humano a paixão de conhecer o futuro! [...] Enfim, os mortais vão compartilhar com Deus a presciência dos acontecimentos futuros.[15]

Deus, portanto, é onipresente na visão de Fourier. Ele criou o mundo e o homem, e destinou este último à felicidade, colocando-o no jardim do Éden. Em seguida houve queda e decadência, num processo de oito etapas que fez

15 Fourier, *Théorie des quatre mouvements*, t.I, p.99.

a criatura passar do Éden à selvageria, depois ao patriarcado, à barbárie, à civilização, ao "garantismo", ao "sociantismo", à harmonia. A partir daí, os estágios 9 a 24 serão fases de felicidade inimaginável, que Fourier se abstém de descrever, porque "muitos civilizados seriam mortos pela violência de seu êxtase". De fato, nós estamos no estágio 5, o da civilização, do qual é importante sairmos para conhecer a felicidade das fases seguintes. Atingindo o pico da curva, a humanidade fará o caminho inverso, retornando, na fase 32, ao Éden. O caminho todo representa 80 mil anos, duração total concedida por Deus à humanidade.

Deus determinou o mecanismo, mas o funcionamento repousa sobre leis científicas. De fato, a evolução da humanidade é regida pela "atração passional", processo correspondente à atração universal, pelo qual a harmonia será alcançada graças ao equilíbrio das paixões. Estas últimas, longe de ser nefastas, são positivas e servem ao bem comum. Longe de adaptar as paixões à sociedade, deve-se adaptar a sociedade às paixões; estamos em plena era romântica. Na sociedade futura, os homens serão agrupados de acordo com sua paixão dominante, com uma sábia dose de contradições, que se equilibrarão. Nesses grupos, as forças produtivas alcançarão um desenvolvimento extraordinário, graças ao trabalho coletivo, o que assegurará um nível inimaginável de consumo privado, capaz de saciar a sede de riqueza e bem-estar que Deus pôs em nós, e que prova que somos destinados à sociedade de consumo.

Esse futuro é inevitável e, no entanto, como a maioria dos profetas, Fourier prega uma ação voluntarista para alcançá-lo, que não recua diante do emprego da coação. Porque de liberal ele não tem nada. O indivíduo não conta; apenas o futuro coletivo tem importância; o futuro pertence às massas. A descrição do futuro estado harmônico deriva tanto da utopia como da ficção científica mais extravagante. Os homens, dotados de um sexto sentido, habitarão um planeta enfim aprumado 7,5º em seu eixo, o que assegurará uma primavera permanente, e a coroa boreal levará calor e luz às regiões árticas, aradas para cultivo; o mar terá gosto de limonada, graças ao ácido cítrico boreal fluido. Os homens, que medirão 2,25 metros e viverão 144 anos, serão 3 bilhões. Como os talentos de cada um serão desenvolvidos ao máximo, "haverá normalmente no globo 37 milhões de poetas iguais a Homero, 37 milhões de geômetras iguais a Newton, 37 milhões de atores iguais a Molière, e assim com todos os talentos imagináveis".[16] O mundo

16 Ibid., p.84.

será dividido em 120 impérios do tamanho da França, onde os cidadãos viverão juntos, num palácio, uma espécie de supermercado de luxo, cujas alas, ordenadas em estrela ao redor do centro, compreenderão vastas galerias comerciais. O delírio atinge seu apogeu em *Esquisse de la note E sur la cosmogonie appliquée, sur les créatures scissionnaires et contremoulées* [Esboço da nota E sobre a cosmogonia aplicada, as criaturas cissionárias e contramoldadas], em que transportes em alta velocidade são realizados com a ajuda de réplicas animais, como o antileão, o antitubarão, a antibaleia.

Na futura harmonia social, cientistas, artistas, clero gozarão de grandes honras, e não haverá mais necessidade de autoridade espiritual, porque tudo terá sido previsto pelo grande Fourier em seus escritos. De fato, ele se apresenta como o "poscursor" de Jesus, que teria anunciado sua vinda na frase: "Ainda vos falo em parábolas, mas aquele que virá depois de mim falará em espírito e verdade". Sem dúvida, há mais do que uma leve esquizofrenia nesse utopista que, antissemita, anticapitalista, lança um apelo aos banqueiros e às potências financeiras para ajudá-lo materialmente a realizar seus projetos: todos os generosos doadores podem encontrá-lo em sua casa todos os dias ao meio-dia. Seu pensamento é uma variante suplementar da trilogia plenitude original-decadência-regeneração, terminando num Apocalipse final que ele formula num jargão místico-científico: "Morte espiritual do globo; fim da mutação e rotação do eixo; transvasamento do polo do globo no equador; fixação hemisférica no Sol; morte natural; queda e dissolução láctea".

Além dessas excentricidades, contudo, Fourier deixa uma mensagem de esperança, a de estarmos na aurora de uma era de felicidade:

> Estamos na primeira fase, na era de incoerência ascendente que precede a ascensão aos Destinos; assim, somos excessivamente infelizes há cinco ou seis mil anos, cuja história foi transmitida por nossas crônicas. Não se passaram nem sete mil anos desde a criação dos homens, e desde esse tempo fomos de tormento em tormento. Somente se poderá julgar a imensidão de nossos sofrimentos quando se conhecer o excesso de felicidade que está reservado a nós. [...] Nações desafortunadas, chegais à grande metamorfose que parecia anunciar-se por uma comoção universal. É realmente hoje que o presente é prenhe do futuro e o excesso dos sofrimentos deve trazer a crise da salvação. Vendo a continuidade e a enormidade dos abalos políticos, dir-se-ia que a natureza se esforça para sacudir um fardo que a oprime.[17]

17 Ibid., p.101.

Mensagem repetida pelos discípulos de Fourier, em particular por Victor Considérant, diretor da revista *La Phalange*.

Algumas experiências de realização da sociedade futura foram feitas depois da morte de Fourier, os "falanstérios", que idealmente devem agrupar 1.620 pessoas, representando os 810 tipos passionais: em Condé-sur-Vesgres em 1834, em Cister em 1841, em Dallas em 1854 por Victor Considérant, depois no Brasil e na Argélia. Todas essas tentativas fracassam rapidamente, e os verdadeiros herdeiros do visionário da harmonia universal serão os surrealistas, que admiram sua imaginação irracional.[18]

Mais comedidos em suas utopias são os outros profetas da ciência dessa época. Um dos mais relevantes é Saint-Simon (1760-1825). Nascido e morto nos mesmos anos que Fourier, ele usou, como ele, a gravidade universal para justificar o caráter inevitável de sua "física social". As sociedades humanas são submetidas a leis semelhantes às da gravidade. Descobrir essas leis é ser capaz de predizer de forma infalível. E Saint-Simon acredita ter trazido à luz as engrenagens da mecânica social. A sociedade evolui em ritmo binário, alternando os "estados orgânicos" com os "estados críticos", ou períodos de crise, como a época em que ele viveu. Nesse ritmo já dialético, o mundo realiza um progresso contínuo, que o faz passar do estado feudal e teológico para o estado legal e metafísico, sob o Antigo Regime, e encontra-se agora no limiar do estado industrial e científico, no qual haverá apenas uma classe única, a dos trabalhadores da indústria.

Essa sociedade será uma verdadeira tecnocracia, dirigida por três grupos que se equilibrarão. Os chefes das grandes empresas, em primeiro lugar: "Na sociedade que virá, os condes e os barões da indústria, organizados hierarquicamente de acordo com seus méritos, serão os juízes naturais dos interesses materiais dessa sociedade, como os senhores na Idade Média eram os juízes naturais da sociedade militar". O poder espiritual, por sua vez, ficará nas mãos do "Conselho de Newton", formado por 21 cientistas eleitos pela humanidade e representando Deus. Por último, os artistas cantarão os benefícios da civilização e embelezarão as descobertas científicas; eles proclamarão o futuro.

Mas essa tecnocracia também será uma teocracia, da qual Saint-Simon é o iniciador, o novo Sócrates, "destinado por essa grande Ordem das coisas a fazer esse trabalho". O novo cristianismo será a religião mundial:

---

18 Encontramos uma boa análise do fourierismo na tese de Beecher, *Fourier*.

> O cristianismo será a religião universal e única; os asiáticos e os africanos se converterão; os membros do clero europeu se tornarão bons cristãos, abandonarão as diferentes heresias que hoje professam. A verdadeira doutrina do cristianismo, isto é, a doutrina mais geral que se possa deduzir do princípio fundamental da moral divina, será produzida e imediatamente cessarão as diferenças nas opiniões religiosas.[19]

O novo cristianismo não terá mais nada a ver com Roma, que esgotou seu papel. A nova religião, que de cristã só terá o nome, será na verdade o saint-simonismo, a religião da produção, da produtividade e do consumo, pois a vida eterna está na Terra, e "o único meio de obtê-la consiste em trabalhar nesta vida para o progresso do bem-estar da espécie humana", em particular da classe mais pobre. Saint-Simon é um arauto tanto do socialismo como da tecnocracia, e seus discípulos ilustrarão esse duplo aspecto com suas obras. Os revolucionários do jornal *Le Producteur*, assim como os banqueiros Péreire, apelam para ele, enquanto Enfantin, com seus projetos de perfuração dos canais de Suez e Panamá, acredita favorecer tanto o desenvolvimento econômico como a união dos povos.

Resta um último ponto: as ideias de Saint-Simon são projetos ou predições? Essa pergunta poderia ser feita a respeito da maioria dos novos profetas, que, ao contrário dos antigos, são ao mesmo tempo homens de ação, que se ocupam da realização de seus projetos. Em última instância, trata-se de um desperdício de energia, porque, se são predições, elas devem se realizar infalivelmente. A ambiguidade do raciocínio aparece em declarações como esta:

> O único meio de dar cabo dessa crise [...] é trabalhar de comum acordo para constituir o sistema industrial e científico, isto é, aquele que estabelecerá um novo poder temporal posto nas mãos dos chefes do trabalho de cultura, fabricação e comércio, e um novo poder espiritual entregue aos cientistas positivos.[20]

Por que "trabalhar" para o advento daquilo que não pode deixar de acontecer? Saint-Simon sugere uma resposta em *La réorganisation de la société européenne*:

19 Saint-Simon, *Le nouveau christianisme*, p.146.
20 Id., *Œuvres complètes*, t.III, p.142.

> Virá o tempo, sem dúvida, em que todos os povos da Europa sentirão que é preciso regrar os pontos de interesse geral, antes de descer aos interesses nacionais; então, os males começarão a ser menores, as turbulências a amainar, as guerras a se extinguir; é para lá que tendemos continuamente, é para lá que o curso do espírito humano nos carrega! Mas o que é mais digno da prudência do homem, arrastar-se ou correr para lá?[21]

É o que outros chamarão de ir no sentido da história.[22]

## OS PROFETAS CIENTÍFICO-RELIGIOSOS OU A UTOPIA EM MARCHA

Outros entusiastas da ciência e da técnica não hesitam em antecipar o inevitável futuro. O arquiteto da salina de Arc-et-Senans, Claude-Nicolas Ledoux (1736-1806), publica em 1804 um projeto para aumentar a produtividade operária, fazendo o trabalhador concentrar-se em sua tarefa mediante vigilância contínua: "O operário não deve poder subtrair-se à vigilância, graças a um pilar quadrado ou redondo", preocupação constante do patronato moderno. Em 1788, Antoine de La Salle, grande admirador de Bacon, publicara em *La balance naturelle* uma visão do progresso infinito da humanidade pela ciência. Essa ideia lhe veio numa iluminação súbita, como para Pierre-Hyacinthe Azaïs, que em 1840 profetiza o triunfo da ciência:

> Uma nova era começa sobre o globo. A partir de agora, fora da ciência real, não existe mais elo social, não existe mais legislação, não existe mais moral prática, não existem mais ideias comuns a todos os homens. A partir de agora, a ciência, porém a ciência real, filosófica, a ciência do Sistema Universal, guiará sozinha todas as instituições, todos os pensamentos humanos, porque, sozinha, dará uma sanção inabalável à Razão e à Verdade.[23]

---

21 Ibid., t.I, p.247.

22 Cazes disse isso em *Histoire des futures*, atribuindo a Saint-Simon o seguinte raciocínio: "1. O que acredito desejável acabará por acontecer. 2. Se me impaciento, não é porque quero impor a todo custo um esquema arbitrário a uma realidade recalcitrante. 3. Na verdade, inquieta-me ver que a ordem antiga arraiga-se e, assim fazendo, provoca todos os tipos de danos ('a crise') que se fará desaparecer facilitando sem alarde a chegada do inelutável" (ibid., p.222).

23 Azaïs, *Constitution de l'univers*, p.xv.

O amálgama ciência-religião, numa síntese delirante em certos aspectos, é encontrado no polonês Hoëné Wronski (1778-1853), que anuncia o inevitável progresso humano, guiado pelo "absoluto", uma união de Evangelho com ciência. François-Guillaume Coëssin, nascido em 1780, decompõe a história em etapas, marcando o desenvolvimento dos conhecimentos e da técnica. Depois de passar pela etapa familiar primitiva e pela etapa militar, a humanidade está na etapa comercial e passará por um progresso irreversível até um estado estacionário.

A tentativa mais séria de recorte da história assentada na evolução científica e com um aspecto profético é a de Auguste Comte. Seu evolucionismo social é herdeiro direto do de Condorcet, sobretudo no que diz respeito à noção de "motor da história". Para Condorcet, a sociedade avança por meio de "revoluções", que acontecem quando uma nova atitude do espírito, desenvolvida imperceptivelmente, entra em conflito com as estruturas políticas existentes. Nesse processo, o conhecimento científico tem um papel importante, permitindo uma melhoria das condições materiais e das capacidades de ação. Para Auguste Comte, o elemento motriz, que acarreta as mudanças culturais, é o elemento científico e industrial, cujo aspecto dinâmico determina a organização social, que por sua vez determina o sistema político. Ocorre uma mutação quando se torna flagrante a contradição entre o elemento científico-industrial e o sistema sociopolítico. A partir disso, Auguste Comte discerne três etapas na história: o estado teológico, caracterizado por uma combinação de poder espiritual e poder feudal, um período – que vai até o século XV – em que o homem explica os fenômenos por causas sobrenaturais; o estado metafísico, em que ele os explica por abstrações personificadas; e, por último, o estado positivo – no qual o mundo ocidental acaba de entrar – em que ele explica os fenômenos pela ciência, que substitui o poder espiritual, ao mesmo tempo que a capacidade industrial substitui o poder feudal. A organização social e o sistema político vão adequar-se infalivelmente a essa evolução científico-industrial. Haverá uma quarta etapa? Auguste Comte a sugere em *Sistema de política positiva*, de 1851. Seria uma sociedade não produtiva, consagrada às atividades estéticas.[24]

Temos aqui uma visão determinista da evolução; a vontade humana, mesmo a dos grandes homens, é incapaz de desviar o curso dessa evolução; ela é apenas o agente inconsciente das forças de desenvolvimento interno, e, dessa óptica, o comtisme é uma filosofia preditiva.

---

24 Comte desenvolve essas ideias desde *Sommaire appréciation de l'ensemble du passé moderne* (1820) até *Curso de filosofia positiva* (1842).

As coisas não são tão claras em Étienne Cabet (1788-1856), cujo livro *Viagem a Icária* tem aspectos nitidamente voluntaristas.[25] No entanto, Cabet dá claramente a entender que sua cidade coletivista, racionalmente e cientificamente organizada, é o futuro da humanidade:

> E digam-me se não é a providência ou o destino que parece ter decidido que a igualdade ou a democracia se desenvolveria e cresceria como o grão que deve produzir o mais excelente fruto, como o feto que deve tornar-se um Hércules? Pois bem veem, adversários da comunidade, que os tempos da igualdade e da democracia chegaram! [...] Sim, a comunidade é o último aprimoramento social e político, e o alvo para que tende a Humanidade; todos os outros melhoramentos conduzem necessariamente a ele; por si mesmas todas elas são insuficientes e, por conseguinte, essencialmente transitórias e preparatórias.[26]

E que mundo é esse, realização de todos os melhoramentos científicos, que nos é prometido?

> Às 5 horas, todo mundo está de pé; por volta das 6 horas, todos os nossos carros populares e todas as ruas estão repletas de homens que vão para as suas oficinas; às 9 horas, são as mulheres de um lado e as crianças de outro; das 9 às 13 horas, a população está nas oficinas ou nas escolas; às 13h30, toda a massa de operários deixa as oficinas para se reunir a suas famílias e vizinhos nos restaurantes populares; das 14 às 15 horas, todo mundo almoça; das 15 às 21 horas, toda a população ocupa os jardins, os terraços, as ruas, os parques, as assembleias populares, as cortes, os teatros e todos os outros lugares públicos; às 22 horas, todos estão deitados e, durante a noite, das 22 às 5 horas, as ruas ficam desertas.

Não existe a menor liberdade individual nessa cidade, onde a imprensa, os espetáculos, o ensino são estritamente vigiados para evitar qualquer contaminação vinda de fora. É um comitê de especialistas que decide a alimentação, o vestuário, os móveis, a medicina. A produção é organizada em grandes

25 Servier pôde escrever que "*Viagem a Icária*, de Cabet, não é, no pensamento do autor, uma antecipação, isto é, uma descrição do estado a que deve chegar a humanidade. [...] *Icária* pode ser edificada num momento qualquer do tempo, num ponto qualquer do espaço – de um espaço virgem –, desde que homens livres aceitem construí-la e em seguida sacrificar sua liberdade à nova cidade" (Servier, *Histoire de l'utopie*, p.262-3).

26 Cabet, *Voyage en Icarie*, t.I, p.528.

unidades onde se pratica a divisão do trabalho. Cada icariano, condicionado desde a mais tenra idade, já que as crianças são tiradas dos pais aos 5 anos e criadas em comum, interioriza os valores dessa sociedade coletivista, e a pressão social do grupo é a melhor maneira de reconduzir os desgarrados a uma atitude conformista, para o bem do conjunto.

Todos os ingredientes da contrautopia, desde *Admirável mundo novo* até *1984*, estão reunidos. É espantoso que em 1842 tal universo tenha parecido não só inevitável, mas desejável. Isso diz muito sobre a condição operária sob Luís Filipe, e permite avaliar a inversão cultural que vai ocorrer no espaço de meio século. Assegurar o bem-estar material do indivíduo e a saúde moral da coletividade parece ser a única ambição por ora.

Esses visionários do coletivismo da primeira metade do século XIX são impacientes. Não satisfeitos de afirmar o caráter inevitável de suas visões, querem fazer a experiência imediata, pulando etapas, o que contradiz sua própria teoria do progresso: como garantir o funcionamento de uma sociedade num mundo que não está maduro para esse tipo de organização? Essa incoerência não detém os utopistas, que multiplicam as tentativas. O futuro, aqui, é um motor primordial.

É nos Estados Unidos, país novo, vasto, em parte virgem, que se tenta a maioria dessas experiências. Em 1847, Cabet estabelece em Nauvoo, no Illinois, uma Icária que vegetará até 1898. Não longe de lá, em Indiana, Robert Owen instalou em 1825 a comunidade futurista New Harmony. Esse operário que se tornou patrão, e transformou sua fábrica de New Lanark, na Escócia, numa comunidade operária, imagina uma sociedade coletivista em que casamento, religião e a propriedade privada são abolidos. O fracasso de New Harmony não abala seu otimismo, e em 1855, em *Gazette millénaire*, ele prediz um futuro paradisíaco:

> A Terra será disposta de tal modo que formará em toda a sua extensão uma única Cidade, composta de comunas distintas, dotadas de todo o necessário para o seu funcionamento; e todas serão comunas paradisíacas, ligadas a todas as outras comunas do globo, até que pouco a pouco toda a Terra não forme mais do que essa grande Cidade única, que poderá ser chamada de a Nova Jerusalém ou o paraíso terrestre unificado. [...] A Cidade, que conterá todos os habitantes da Terra, será habitada por uma raça perfeitamente desenvolvida e regenerada de seres humanos, governados somente pelas leis de Deus, falando a mesma linguagem, isto é, a linguagem da única verdade, não tendo senão um único interesse e um único sentimento, o de aumentar mutuamente sua felicidade; todos serão repletos desde o nascimento do espírito de caridade universal e

amor recíproco, e porão dia a dia essas qualidades divinas em prática ao longo de toda a sua vida.[27]

Nesse paraíso, as pessoas circularão de avião e em grandes ilhas a vapor.

Ao todo, recenseamos cerca de trinta paraísos terrestres fundados nos Estados Unidos no século XIX, comunidades utópicas de espírito milenarista, seja religioso, seja secular.[28] Mas o fenômeno é mundial: das ilhas Fiji à África do Sul e da Índia ao Japão constroem-se pequenas comunidades do futuro. De 1890 a 1894, Giovanni Rossi cria a "Cecília" no Brasil, uma comunidade libertária e anarquista que não resiste quatro anos. Curiosamente, o movimento atinge até a África Negra, onde de 1819 a 1845 o marabu peul Cheiku Ahmadu cria o Estado utópico de Dina, com todas as características de seus homólogos europeus: uma capital de estruturas geométricas, horários estritamente regulados, uma organização coletivista.[29] Na Argélia, a União Agrícola da África, em Saint-Denis-du-Sig, apela para o fourierismo.

Na Europa, citamos a comunidade modelo de Ménilmontant, criada em 1832 por Prosper Enfantin, discípulo de Saint-Simon, e dissolvida em pouco tempo por ofensa à moral e crime de associação; o familistério, fundado em Guise pela fourierista Godin, que, graças à sua eficiência econômica, durará até 1968; a Sociedade das Famílias Cristãs, de David Lazzaretti, visionário italiano e admirador do Apocalipse e de são Francisco de Paula que em 1878 tenta tomar uma cidade para fundar o reino de Deus. É morto pela polícia.[30]

## PROFETAS OTIMISTAS, DA CIÊNCIA À ARTE

Crentes ou não, esses visionários e profetas têm em comum a fé no futuro, o otimismo, seja ele motivado pelo progresso científico, seja pelas promessas religiosas. Os testemunhos são incontáveis, a começar pelo de Victor Hugo, o visionário romântico por excelência, que exclama em 1830:

> Oh, o futuro é magnífico!
> Jovens franceses, jovens amigos,

---

27 Owen, Gazette millénaire [1855]. In: ______, *Textes choisis*, p.185.

28 Holloway, *Heavens on Earth*; Desroche, Micromillénarismes et communautarisme utopique en Amérique du Nord du XVIIe au XIXe siècle, *Archives de Sociologie des Religions*, t.IV.

29 Gallais, *Hommes du Sahel*, p.121-6.

30 Séguy, David Lazzaretti et la secte apocalyptique des Giurisdavidici, *Archives de Sociologie des Religions*, t.V, p.71-87.

Um século puro e pacífico
Abre-se aos passos vossos mais firmes.[31]

Em 1859, ele ainda não havia perdido a confiança no futuro da humanidade, que ele vê dirigir-se:

Ao futuro divino e puro, à virtude,
À ciência que vemos resplandecer,
À morte dos flagelos, ao esquecimento generoso,
À abundância, à serenidade, ao riso, ao homem feliz![32]

Em 1864, numa carta a Nadar, ele anuncia que a ciência assegurará a "liberdade do gênero humano"; entusiasmado com as invenções, preconiza o princípio do helicóptero, que ele considera um instrumento de paz, uma colossal revolução científica:

> O que é o aeróscafo dirigido? É a supressão imediata, absoluta, instantânea, universal, em toda a parte ao mesmo tempo, para sempre, das fronteiras. [...] É o esvaecimento dos exércitos, dos conflitos, das guerras, das explorações, das escravidões, dos ódios. É a colossal revolução pacífica. É bruscamente, subitamente, e como por um raio do alvorecer, o abrir da velha gaiola dos séculos, é a imensa libertação do gênero humano.[33]

Como se vê, os mais eminentes, quando falam do futuro, podem cometer erros monumentais.

Todavia, o otimismo de Victor Hugo se alia ao dos profetas de todos os credos. Otimismo apocalíptico e milenarista do jesuíta chileno Manuel Lacunza (1731-1801), que prediz uma Terra "inteiramente renovada física e moralmente", das nações "instruídas, pacificadas e batizadas", conservando "por muitos séculos uma fé pura, de costumes inocentes".[34] Otimismo

---

31 Hugo, À la jeune France. In: ______, *Œuvres complètes*, t.V, p.395. [No original: "Oh! l'avenir est magnifique!/ Jeunes français, jeunes amis,/ Un siècle pur et pacifique/ S'ouvre à vos pas mieux affermis!".]

32 Id., La légende des siècles. In: ______, *Œuvres complètes*, t.X, p.654. [No original: "À l'avenir divin et pur, à la vertu,/ À la science qu'on voit luire,/ À la mort des fléaux, à l'oubli généreux,/ À l'abondance, au calme, au rire, à l'homme heureux".]

33 Id., carta a Nadar de 5 de janeiro de 1864. In: ______, *Œuvres complètes*, t.XII, p.1241-50.

34 Lacunza, apud Delumeau, *Mille ans de bonheur*, p.395.

puramente científico da *Larousse* no fim do século, em que se pode ler, no verbete "Progresso":

> O progresso científico e industrial é tão irresistível como o movimento que arrasta os cometas em sua órbita e tão luminoso como a luz do Sol. [...] A ideia de que a humanidade se torna melhor e mais feliz a cada dia é particularmente estimada em nosso século. A fé na lei do progresso é a verdadeira fé da nossa era. Trata-se de uma crença que encontrou poucos incrédulos.

Otimismo laico e radical de Paul Bert, que escreve em 1900: "A era de ouro não ficou para trás. [...] Não posso, sem uma espécie de inebriamento, voltar-me para o futuro e contemplar com esperança o que outros verão em realidade, o que nós preparamos".[35] Otimismo religioso de Schlegel, que espera de Deus "esse estado social em que, como prometeu a infalível palavra, haverá somente um rebanho e um pastor".[36] Otimismo humanitário de George Sand, em seu romance *Spiridion*, de 1838. Otimismo sincretista de Frédéric de Rougemont, para quem "a próxima era será a síntese definitiva da revelação e da filosofia, ou melhor, da penetração da filosofia pela revelação".[37] Otimismo sionista de Theodor Herzl, que em 1896 prediz:

> os judeus que o desejarão terão seu Estado. O mundo será libertado pela nossa liberdade, enriquecido com as nossas riquezas, e engrandecido com a nossa grandeza. E tudo que tentaremos lá, visando a nossa prosperidade, agirá poderosamente e favoravelmente para o bem de todos os homens.[38]

Otimismo democrático de Auguste Siguier, que acredita que o mundo está próximo do aparecimento do "homem povo", quer será o "alfa do verdadeiro, do belo, o grande dispensador eleito da providência, porque sob a sua mão tudo deve transmudar em democratização, termo final de todos os esforços das criaturas capazes de sentir uma causa primeira".[39] Otimismo da razão e da justiça com Herder: "Segundo as leis de sua natureza interna, a razão e a equidade devem com o tempo, necessariamente, ocupar mais espaço entre os homens e fazer progredir uma humanidade ideal mais duradoura".[40] Oti-

35 Bert, *Le cléricalisme*, p.122.
36 Schlegel, *La philosophie de la vie*, lição XV, t.II, p.383.
37 Rougement, *Les deux cités*, Paris, 1874, t.I, p.358.
38 Herzl, *L'État juif*, p.139.
39 Siguier, *Christ et peuple*, p.390.
40 Herder, *Idées pour la philosophie de l'histoire de l'humanité*, p.211.

mismo da promessa evangélica, com Cieszkowski: "Chegamos ao termo da época inaugurada por Cristo. Após a longa travessia do oceano da segunda época, tocamos a terra prometida da terceira".[41] Otimismo puramente humanista de Anatole France, que em 1903 faz um de seus personagens dizer: "Observadores sutis acreditam perceber que seguimos na direção de grandes mudanças. Pode ser. Todavia, de agora em diante os progressos da civilização humana serão harmoniosos e pacíficos".[42] Cegueira dramática dizer essas palavras dez anos antes da Primeira Guerra Mundial!

Anatole France também cedeu à tentação da utopia otimista, esboçando uma visão do mundo em 2270, um mundo onde a propriedade privada, a pobreza, a guerra desapareceram, onde a técnica facilita a vida, e onde a federação europeia se tornou realidade há 220 anos. É verdade que cinco anos depois, em *A ilha dos pinguins*, o tom é bem mais desiludido, e volta ao tema desesperador do eterno retorno. Anatole France ficou impressionado com a propensão a profetizar dos cientistas do fim do século: "Notei nos homens mais sábios e mais experientes que conheci, Renan, Berthelot, uma tendência acentuada a lançar, ao sabor da conversação, utopias racionais e profecias científicas".[43]

Todo mundo fala do futuro, e quase todo mundo o encara com otimismo. É o caso de uma infinidade de narrativas que beiram a utopia e a ficção científica, e revelam uma confiança sem limites no progresso científico. É Georges Pellerin que descreve, em 1878, *Le monde dans deux mille ans* [O mundo em dois mil anos], um mundo onde a longevidade humana chega a um século, onde "os dois campos se deram as mãos e a guerra foi abolida, por unanimidade das nações":

> Depois as partes beligerantes constituíram-se imediatamente em congresso internacional e decidiram que os desacordos entre as nações seriam julgados nesse tribunal. O congresso internacional é composto de delegados de todas as nações, sob o comando de um presidente eleito pelo voto dos delegados.[44]

É Neulif que em 1888, em *L'utopie contemporaine*, anuncia um mundo maravilhoso, ao mesmo tempo salubre, eficiente e benévolo, onde as pessoas circulam em tubos pneumáticos e os agentes de polícia ajudam os que

---

41 Cieszkowski, introdução de *Notre Père*, apud Delumeau, op. cit., p.345.
42 France, Sur la pierre blanche. In: ______, *Œuvres complètes*, t.X, p.169.
43 Ibid., ed. 1928, p.112.
44 Pellerin, *Le monde dans deux mille ans*, p.402.

se encontram em dificuldade; mundo cheio de incoerências, quanto ao mais, onde a criminalidade parece muito elevada, embora se afirme que "o exército do vício e do crime foi dissolvido pelo espírito de caridade".[45] É Edward Bellamy que, no mesmo ano, descreve Boston no ano 2000, uma época bem-aventurada, em que, graças à organização racional da economia, que evita todo desperdício, reinam a abundância, a igualdade e a moralidade. Pelo processo de concentração das empresas, chegou-se a uma situação em que uma autoridade central dirige a produção e assegura, mediante cartões de crédito, o mesmo poder de compra para todos. Esse futuro é apresentado como o resultado de uma evolução necessária: "O papel da sociedade consistiu simplesmente em cooperar com essa evolução, logo que se determinou com certeza a tendência".[46] É Gabriel de Tardé que, em *Fragment d'histoire future*, baseando-se nos discursos científicos de Berthelot sobre o esfriamento do Sol, descreve uma civilização inteiramente subterrânea. É ainda Albert Quantin que, em 1913, imagina o mundo de 2001, verdadeiro paraíso terrestre, onde as pessoas são "jovens, vigorosas e belas, sem entraves e sem vícios. Ao redor delas, o mesmo espetáculo. A felicidade de cada um desabrochava sem egoísmo; nenhuma dor de outrem vinha entristecê-la". Quantin é categórico: "A evolução se efetuará no sentido do progresso e da felicidade, pois o retrocesso conduziria à morte. A vida seguirá desabrochando".[47]

Poetas e artistas contribuem para a construção da visão do mundo futuro, no qual atribuem um papel importante a si mesmos. Béranger considera que os poetas têm uma missão profética: "Impregnado das necessidades atuais, o poeta deve refugiar-se no futuro, para indicar a meta às gerações que estão em marcha. O papel de profeta é muito bonito".[48] E ele mesmo representa esse papel, anunciando o fim do mal e de Satanás; para ele, a "velha Sibila", isto é, a literatura, será substituída pela nova musa, a ciência social.

A função profética da arte é explorada desde 1828 no jornal *Le Gymnase*, no qual Hippolyte Carnot e Hippolyte Auger publicam a primeira tradução francesa do poema de Schiller, "Les artistes", que mostra o poder divinatório da arte, precedendo o conhecimento racional no anúncio do futuro. É porque o futuro é misterioso que os artistas são os mais bem colocados para entrevê-lo, graças a seus dons de visionários. "O termo posterior do destino humano nos é tão desconhecido quanto o ponto inicial. Estamos entre dois

---

45 Neulif, *L'utopie contemporaine*.
46 Bellamy, *Looking backward*, p.39.
47 Quantin, *En plein vol*, p.7.
48 Béranger, *Dernières chansons*, p.10.

mistérios", escreve Pierre Leroux na *Revue Encyclopédique* de 1832. Com Hippolyte Carnot, Jean Reynaud, Paul-Matthieu Laurent, Édouard Charton, ele se coloca na continuidade do espírito crítico do século XVIII, e acredita que, para descrever a futura democracia humanitária, devemos apelar para a arte, "que sempre foi profeta, e ainda o é, mesmo em sua dor; por que ela não aliaria a profecia do futuro ao sentimento da natureza e da história?".

Edgar Quinet compartilha essa opinião. Dando mostra de uma grande prudência, não se atreve a descrever o futuro, e não sabe nem mesmo se este será religioso ou não. O que importa, escreve, é o movimento na direção do futuro, mais do que o próprio futuro. Acusando filosofias como a de Hegel de querer encerrar a história, considera que a democracia será, sem dúvida, apenas uma passagem para "a ordem nova, da qual o mundo está em trabalho de parto, e que ninguém hoje pode definir ou prever".[49] Os únicos capazes de nos dar uma ideia dele são os poetas, os artistas, os filósofos, os cientistas: "Que são esses homens de uma ordem nova, aos quais foi dado ler no conselho eterno do Deus dos mundos? Damos-lhes aqui seu verdadeiro nome: são os profetas do mundo moderno".[50]

Igualmente reticente em predizer é Herbert Spencer, que escreve:

> Sempre e por toda parte o pensamento sociológico é mais ou menos travado pela dificuldade de jamais perder de vista que nos é tão impossível pressentir os estados sociais para os quais ruma a nossa raça quanto é para um pirata normando e seus companheiros conceber o nosso estado social atual.[51]

Contudo, um estudo cuidadoso do passado pode nos esclarecer sobre os mecanismos da evolução social. Para ele, o elemento motriz é o fator sociocultural; a mentalidade coletiva avança ao capricho das condições de vida, o que permite esboçar um esquema preditivo. Depois de passar pelo regime "combativo", o mundo está no regime "industrial", no qual predomina a preocupação com a "manutenção da sociedade", e avança para um regime em que a principal preocupação será a procura pela "satisfação", dando primazia à cultura estética:

> Se fosse o lugar, poderíamos acrescentar algumas páginas relativas a um tipo social futuro, tão diferente do tipo industrial quanto é este último do tipo

49 Quinet, De l'origine des dieux. In: ______, *Œuvres complètes*, t.VIII, p.271.
50 Id., L'ultramontanisme. In: ______, *Œuvres complètes*, t.II, p.274.
51 Spencer, *La science sociale*, p.157.

combativo, que dispõe de um sistema de manutenção mais completamente desenvolvido do que tudo que se conhece no presente, e que não utilizará os produtos da indústria nem para o sustento de uma organização de combate nem para o crescimento material: ele os consagrará ao exercício das mais elevadas atividades. [...] Limito-me a dar como indício a multiplicação das instituições e meios vinculados à cultura intelectual e estética, assim como a atividades aparentadas, cujo objetivo não é sustentar a vida, mas procurar como fim imediato a satisfação, e não posso dizer mais aqui.[52]

Mesmo um utopista preferencialmente pessimista e adepto do retroprogresso como William Morris tem esperanças na arte. Compartilhando o essencial das ideias socialistas, ele vê, ao contrário destes últimos, a emancipação dos trabalhadores numa espécie de retorno à Idade Média, uma Idade Média em que o povo reencontra a alegria por intermédio da criação artística. Em *Notícias de lugar nenhum*, de 1890, ele descreve um mundo em que cada um escolhe uma profissão e se expressa nele a seu ritmo, uma sociedade harmoniosa, unida na busca do belo, segundo os critérios neogóticos e pré-rafaelitas que Morris estudou com Ruskin em Oxford. Nessa Inglaterra do século XXII, onde todo mundo voltou a viver no campo, o narrador pode se extasiar:

Hoje, que dificuldade há em aceitar a religião da humanidade, quando os homens e as mulheres que constituem a humanidade são livres, felizes, ao menos cheios de energia, e quase sempre belos de corpo e rodeados de belas coisas, que eles próprios fizeram, e de uma natureza embelezada e não estragada pelo contato com os homens? Eis o que, nessa idade do mundo, foi-nos reservado.[53]

## OS PROFETAS DA FELICIDADE: ECONOMISTAS LIBERAIS E SOCIALISTAS

A ciência e a arte não são as únicas a predizer um novo alvorecer, um futuro radioso. Outros profetas da felicidade aparecem, anunciando prosperidade e harmonia. Economistas liberais e pensadores socialistas, lendo o futuro nas leis socioeconômicas, tiram delas visões contraditórias, mas sempre otimistas, com exceção de Malthus.

---

52 Id., The Principles of Sociology [1876]. In: _____, *On Social Evolution*, p.165.
53 Morris, *Nouvelles de nulle part*, p.215.

Desde o início do século, Jean-Baptiste Say imagina uma economia de mercado funcionando sem crise; ele descreve suas características em 1800, em *Ólbios ou Ensaio sobre os meios de reformar os costumes de uma nação*, obra que está no cruzamento da utopia e do tratado de economia política. O mundo que ele imagina deriva da aplicação das leis econômicas, que resultam numa sociedade em que todo mundo trabalha, onde os ganhos rápidos e imerecidos são eliminados, onde os lares são estáveis. A prosperidade faz surgir novas necessidades, que estimulam a atividade e aumentam ainda mais a prosperidade. Ao mesmo tempo, o imperialismo e a guerra desaparecem, porque as nações se dão conta de que a paz é mais rentável. Assim, a felicidade é a "infalível recompensa" da aplicação das leis econômicas. O racionalista Godwin (1766-1834), contemporâneo de Say, também acredita num progresso sem limites, graças à técnica e à supressão do luxo inútil. A população, cada vez maior, viverá na prosperidade e na justiça; a propriedade e a pobreza desaparecerão, e reinará uma ordem natural, sem administração ou governo.

Menos simplista, mas ainda otimista, é o pensamento de John Stuart Mill em *Princípios de economia política*, de 1848. Nós nos encontramos, diz ele, num "estado progressivo", em que as forças econômicas estão em expansão. Mas em breve elas vão decair; os lucros da indústria vão diminuir em razão dos custos crescentes; a massa dos capitais produtivos vai parar de crescer; a produção vai estagnar, o que obrigará a população a deter seu crescimento; entraremos então no "estado estacionário", que é o estado ideal. Porque, no estado progressivo, a moral se degrada por causa da corrida ao lucro; a pressão demográfica se torna excessiva, o que acarreta promiscuidade, gregarismo, impossibilidade de se isolar; por fim, o crescimento provoca uma degradação do meio. Cento e vinte anos antes do Clube de Roma, Stuart Mill prevê e faz votos pelo "crescimento zero".

Seu compatriota Thomas Malthus é bem menos otimista. Pastor num vilarejo rural, tem todo o vagar para ver o que é a miséria popular, e tira lições disso em 1798, no *Ensaio sobre o princípio da população e como ele afeta o desenvolvimento futuro da sociedade*. Partindo do princípio de que os recursos alimentares crescem em progressão aritmética, enquanto a população aumenta em progressão geométrica, ele prevê uma catástrofe, se a natalidade não for reduzida draconianamente. O que ele propõe, assim, é que se faça abstinência sexual:

> Essa desigualdade natural entre o poder multiplicador da população e o poder de produção da terra, e essa importante lei da natureza que mantém

> constantemente seus efeitos em equilíbrio, é o grande obstáculo, a meu ver insuperável, no caminho da perfectibilidade da sociedade. [...] Não vejo nenhum meio pelo qual o homem possa escapar do peso dessa lei que se impõe a toda natureza viva. Nenhuma utopia igualitária, nenhum código agrário, mesmo levados ao extremo, poderiam afastar seu jugo, ainda que por um século. E essa lei parece se impor de forma decisiva à eventualidade de uma sociedade cujos membros vivam todos na abastança, na felicidade e no ócio correspondente, sem sentir a menor angústia para garantir sua subsistência e a de suas famílias.[54]

Malthus estava errado? É de bom tom ironizar seus métodos e predições, constatando que as revoluções agrícolas e genéticas permitiram rendimentos tão fantásticos que hoje a terra pode alimentar, mais ou menos bem, seis bilhões de pessoas. Mas em que estado se encontra a metade delas! Como já dizia Stuart Mill, é realmente uma coisa boa destruir a terra "apenas para alimentar uma população maior, mas que não seria nem melhor nem mais feliz"? E, de toda forma, Malthus não deu sua última palavra: a corrida entre a população e o sustento continua; este último tomou uma efêmera dianteira. Por quanto tempo?

Os pensadores socialistas são todos mais ou menos profetas. Era o caso da primeira geração, a dos utopistas. Mas o socialismo científico não escapa à regra. Como poderia? Pelo próprio fato de se pretender científico, ele repousa sobre uma análise do processo histórico que permite extrair leis dele e chegar a conclusões infalíveis sobre o futuro. Se quer ser crível, deve poder predizer e apresentar à classe operária o quadro dos amanhãs luminosos, após a luta final. "Que objetivo deve se propor o escritor político?", escreve Proudhon em 1843. "Descobrir, pela análise do progresso realizado, o progresso que resta realizar."[55]

É para isso que ele trabalha. Para ele, o movimento da história não é nem retilíneo nem circular, mas pendular: "A humanidade, em sua marcha oscilatória, gira incessantemente sobre si mesma: seus progressos não passam de revivificação de suas tradições; os sistemas, tão opostos na aparência, apresentam ainda o mesmo fundo visto de lados diferentes".[56] A mudança fundamental acontece quando todos os membros de uma mesma classe tomam consciência de sua necessidade. Então eles varrem, pela revolução, os obstáculos à nova ordem de coisas: "Nenhuma reforma é possível sem um

---

54 Malthus, *Essai sur le principe de la population*.
55 Proudhon, *Correspondance*, p.384.
56 Apud Servier, op. cit., p.279.

empurrão, somos obrigados a empregar a ação revolucionária como meio de reforma social. A revolução é uma pressão dos homens sobre a história num momento oportuno".[57] Voltamos ao problema das relações ambíguas entre evolução inevitável e ação voluntarista: o socialismo é inevitável, mas precisa de um "empurrão". É necessário um trabalho de formação, de mobilização das massas para forçar o destino, que nem por isso é menos previsível e vai no sentido do progresso, de uma organização descentralizada em oficinas de produção independentes, acabando com a concentração proletária nas cidades industriais exploradas por um Estado burguês. A evolução é uma marcha para o bem: "Os laboriosos humanos, mais belos e mais livres como jamais foram os gregos, sem nobres e sem escravos, sem magistrados e sem sacerdotes, formam todos juntos, sobre a terra cultivada, uma só família de heróis, sábios e artistas".[58]

A atitude de Marx é igualmente profética, apesar de suas reservas a falar do futuro, para não se parecer com os utopistas, e porque "antecipar de maneira doutrinária e inevitavelmente fantasiosa o programa de ação de uma revolução vindoura só desvia das lutas presentes".[59] Sua análise da história tem um espantoso valor preditivo, porque desvenda o motor que faz avançar o conjunto, a luta de classes, sustentada por sua vez pela evolução das forças produtivas. Ressuscitando a dialética hegeliana, ele nos apresenta uma grandiosa visão da máquina histórica avançando inexoravelmente para a revolução proletária e para o comunismo. Marx tem medo de que suas predições se adiantem a ele, e apressa-se para terminar *O capital* antes que estoure a iminente revolução, o que de fato seria frustrante; ele escreve em 8 de dezembro de 1857 a Engels: "Estou trabalhando como um louco para juntar meus estudos econômicos a fim de tirar deles ao menos as grandes linhas, antes que venha o dilúvio".

Essa revolução anunciada por ele é inevitável, em virtude das contradições internas do capitalismo. No entanto, também nesse caso é preciso dar um empurrão para acelerar o processo. Como seus predecessores, os milenaristas medievais, Marx tenta conciliar uma visão determinista da história e um certo voluntarismo pela "prática social", a *praxis*. Por um lado, os homens são pegos no movimento inexorável da máquina dialética, sobre a qual eles não têm domínio: "Na produção social de sua existência, os homens entram em relações determinadas, necessárias, independentes de sua vontade"; por

57 Ibid., p.280.
58 Proudhon, La philosophie du progrès. In: ______, *Œuvres complètes*, p.96.
59 Marx, carta a Nieuwenhuis, 22 de fevereiro de 1881.

outro lado, tendo consciência desse movimento, eles podem se tornar agentes ativos de sua história. Desde que trabalhem no sentido certo, pois do contrário serão esmagados pela máquina.

Ao contrário dos milenaristas, Marx estendeu-se muito pouco sobre o que será a sociedade futura. "Não se trata de pôr de pé tal ou tal sistema utópico, trata-se de tomar parte do movimento revolucionário histórico da sociedade que está acontecendo diante de nossos olhos", escreve no *Anti-Dühring*. Resumindo numa carta de 5 de março de 1852 a Weydemeyer o essencial de sua contribuição, ele a condensa em três pontos:

> O que eu trouxe de novo foi: 1) demonstrar que a existência das classes está ligada apenas a determinadas fases históricas do desenvolvimento da produção; 2) que a luta de classes leva necessariamente à ditadura do proletariado; 3) que essa ditadura representa apenas uma transição para a supressão de todas as classes e para uma sociedade sem classes.

Sociedade sem classes, em que "os homens serão libertados da propensão que os leva a cobiçar a riqueza, propensão que dominou toda a sua vida histórica, tornando-os alienados". Nessa humanidade regenerada, o Estado acabará perdendo seu caráter político: "Quando, no curso do desenvolvimento, os antagonismos de classes tiverem desaparecido, e toda produção estiver concentrada nas mãos dos indivíduos associados, o poder público perderá seu caráter político".[60]

Algumas passagens do terceiro livro do *Capital* são um pouco mais líricas sobre esse futuro, mas são de autoria de Engels, que é menos reticente a predizer, e nem sempre de maneira feliz. Para ele, é evidente que a revolução proletária vai estourar na Inglaterra: "Em nenhuma parte a profecia é tão fácil como na Inglaterra, onde tudo na sociedade se desenvolve com tanta nitidez e precisão. A revolução deve acontecer; já é tarde demais para uma solução pacífica do problema".[61] Os novos profetas científicos não parecem muito melhores do que os antigos.

Uma estranha particularidade da predição marxista é que ela anuncia o fim da história. Com isso, ela se junta tanto aos milenarismos como às utopias, mas coloca-se numa situação delicada, que Engels só consegue explicar por um "salto" da história. Após a "luta final", a grande máquina

---

60 Id., Manifeste du parti communiste [1848]. In: ______, *Œuvres*, t.I, p.183.

61 Engels, *La situation des classes laborieuses en Angleterre*, t.II, p.278.

do materialismo histórico emperra; não há mais conflitos, logo não há mais progressão. O tempo é abolido, e entramos no eterno presente do milenarismo utópico.

## O MILENARISMO MARXISTA

Os discípulos e continuadores de Marx acentuaram consideravelmente o aspecto profético da doutrina do mestre, do mesmo modo que os pensadores cristãos exageraram as noções de inferno e paraíso que em Cristo são muito vagas. Em 1892, Karl Kautsky escreve em *O Estado do futuro*: "Quando as classes laboriosas tiverem se tornado dominantes no Estado, e o Estado deixar de ser uma empresa capitalista, somente então será possível transformá-lo em coletividade socialista"; ele não será mais do que o organizador da produção. Kautsky prevê também o mecanismo que deve acabar com o capitalismo: o subconsumo dos trabalhadores não sendo compensado pelo sobreconsumo dos exploradores, o capitalismo vai ampliar sua conquista dos mercados; quando esta chegar ao fim, haverá superprodução crônica, que em pouco tempo será insuportável para a massa da população, e então explodirá a revolução.

Lenin também não resiste a predizer. Para ele, é salutar sonhar com a sociedade futura; é o meio de sustentar a ação revolucionária, motivando o proletário:

> Se o homem fosse completamente privado da faculdade de sonhar também, se não pudesse de vez em quando ir à frente do presente e contemplar em imaginação o quadro inteiramente acabado da obra que se esboça em suas mãos, eu não saberia decididamente imaginar que móbil faria o homem empreender e levar a cabo vastos e fatigantes trabalhos.[62]

E quando sonha, Lenin recupera os acentos dos milenaristas de outrora. O proletariado se torna o povo eleito, os resgatados, aos quais é prometido um futuro de felicidade por um tempo indeterminado. Ele esboça os contornos desse paraíso comunista, que sucederá à ditadura do proletariado, em *O Estado e a revolução*:

---

62 Lenin, Que faire? In: ______, *Œuvres complètes*, t.I, p.291.

> É somente na sociedade comunista, quando a resistência dos capitalistas é definitivamente quebrada, quando desaparecem os capitalistas e não há mais classes, [...] somente então o Estado cessa de existir e torna-se possível falar de liberdade. Somente então o Estado começará a extinguir-se pela simples razão de que, livres da escravidão capitalista, dos horrores, das selvagerias, dos absurdos, das infâmias sem número da exploração capitalista, os homens se habituarão gradualmente a respeitar as regras elementares da vida em sociedade, a respeitá-las sem violência, sem constrangimento, sem submissão, sem esse aparelho especial de coerção que tem nome: Estado.

Sonha-se nos meios socialistas franceses também. É claro que eles desconfiam de evocações muito precisas do futuro, e negam querer cair nas ilusões dos utopistas. Repetem, seguindo Marx, que "a classe operária não tem utopias prontas para serem introduzidas por decretos do povo",[63] e perguntam-se: "De que adianta formular receitas hoje para as marmitas do futuro?".[64] Jules Guesde é particularmente hostil às antecipações futuristas: o revolucionário deve concentrar-se na análise científica do presente. Jean Jaurès é igualmente reticente. De que adianta descrever a sociedade comunista futura, situada num amanhã muito distante, que a geração presente jamais verá, pois "nós temos para viver apenas uma vida de homem"? Além disso, esse futuro não é fixo: "Após a abolição da propriedade capitalista, todas as formas da natureza e da humanidade ainda evoluirão em transformações sem fim".[65] E Jaurès, embora sugira que os sindicatos terão um papel fundamental na sociedade futura, cala-se completamente a respeito da natureza das relações humanas no mundo transformado pelo comunismo.

Mas essa atitude prudente e sensata contrasta com as efusões futuristas, costumeiras nos socialistas franceses, que têm a reputação de bancar os visionários. Assim, em 1903, em *Les prophètes*, Adolphe Buisson apresenta Jean Allemane fazendo um discurso:

> Subitamente, seu rosto mudou, suas palavras transpiraram uma fé serena e simples, e impressionou-me o entusiasmo que ali reinava. [...] Então, é a igualdade perfeita, a felicidade. Todas as engrenagens do mundo capitalista são destruídas: o exército, a magistratura, o clero. Não há mais proprietários! Não há

63 Marx, *Manifeste sur la guerre en France*, 12 juin. 1871.
64 Id., prefácio da segunda edição do *Capital*.
65 Jaurès, Querelle anarchiste, *La Petite République*, 21 juil. 1895.

mais rentistas! Não há mais papel fiduciário! Não há mais dinheiro, essa invenção execrável que acende a cobiça dos homens.[66]

A literatura socializante francesa é rica em descrições da sociedade futura.[67] Os romances de espírito socialista mostram, como é natural, uma grande imaginação, desde *La cité future*, de Alain Le Drimeur em 1890, até *Si... Étude sociale d'après-demain*, de Auguste Chirac em 1893, passando pelas traduções de *Daqui a cem anos: revendo o futuro*, de Bellamy. Primeiro líricas, essas narrativas se tornam mais reflexivas à medida que se aproxima o ano 1900, com um esforço para datar o advento do socialismo, situado em geral no decorrer do século XX: nossos netos o verão, afirma Eugène Fournier; será em 19..., escreve Georges Dazet; "depois de amanhã", exagera Chirac; no ano 2000, segundo Bellamy; em 2001, para Le Drimeur. Anatole France é o único a esperar o século XXIII. A maioria deles ainda vê a máquina como um instrumento libertador, ainda que comece a vir à tona uma inquietude difusa.

O Estado tem um papel fundamental, num sistema extremamente coercitivo. Assim, Deslinières imagina uma organização do trabalho num sistema inteiramente planejado pelos dez departamentos do Ministério da Indústria; as empresas não possuem nenhuma autonomia na escolha de fornecedores e clientes, e o trabalho é obrigatório para todos, com exceção dos inválidos, dos idosos, das mulheres casadas ou responsáveis por crianças. Essa tecnocracia coletivista, que tem pouca coisa em comum com os paraísos socialistas dos discursos políticos, Deslinières propõe que seja experimentada no Marrocos, depois que os árabes forem expulsos de lá.[68]

Tarbouriech, em outra *Cité future*, apresenta muito mais nuances e distingue três níveis de produção em sua previsão: estatal para a grande indústria, cooperativa para a média e privada para a pequena e para os ofícios da arte. Outros, como Beauclair e Luc Froment, contentam-se em citar a abundância, a fusão das classes, o reinado do amor e da máquina libertadora. No conjunto, a visão do futuro é muito nebulosa, e os pontos de discordância numerosos, como em relação à questão do malthusianismo e da educação. "O socialismo emerge a partir daí", conclui Madeleine Rebérioux, "como uma concepção diversificada do futuro da humanidade."

---

66 Apud Rebérioux, La littérature socialisante et la représentation du futur en France au tournant du siècle. In: Mandrou, *Histoire sociale, sensibilités collectives et mentalités*, p.407-21.
67 Ibid.
68 Deslinières, *La France nord-africaine*.

Outro exemplo da variedade dos prognósticos: os que se referem ao local de onde partirá a revolução. A Inglaterra para Engels, a França para Jules Guesde, os Estados Unidos para Bellamy, a Rússia para Bakunin, segundo o qual:

> [...] em Moscou é que será rompida a escravidão de todos os povos eslavos reunidos sob o cetro russo, e com ele ao mesmo tempo e para sempre toda escravidão europeia será enterrada em sua queda sob seus próprios escombros; alta e bela em Moscou erguer-se-á a constelação da revolução acima de um mar de sangue e fogo, e tornar-se-á a estrela que guiará à felicidade toda a humanidade libertada.[69]

Após a Revolução de 1917, naturalmente o sonho socialista se fixa na URSS, e em 1932 Paul Vaillant-Couturier profetiza o futuro radioso dessa Jerusalém nova e ateia, de onde o paraíso terrestre se estenderá a todo o planeta:

> É no ritmo socialista que se constrói a cidade socialista. Quando estiver terminada, será o modelo da nova cidade, sonhada há muito tempo por milhões de homens [...] e, no imenso território da URSS, centenas de cidades socialistas crescerão com o II Plano Quinquenal! Lá viverão homens novos [...], homens que se sentirão cada um o elemento caloroso de uma coletividade mundial.[70]

Alguns doutrinários marxistas se aventuram a precisar o conteúdo da cidade nova e recuperam nesse quadro todas as antigas ideias de humanidade regenerada numa sociedade perfeitamente harmoniosa:

> É difícil, sem dúvida, imaginar completamente o que será essa nova sociedade, mas há coisas que podemos afirmar. Na sociedade nova, na sociedade comunista, não haverá mais polícia. Não haverá mais prisões. Naturalmente, não haverá mais igrejas. Não haverá mais exército. Não haverá mais prostituições de nenhum tipo, não haverá mais crimes. Poderá haver doentes, eles serão cuidados. Toda ideia de coação desaparecerá. Os homens terão o sentimento de que estão desimpedidos, livres de tudo que fazia outrora sua servidão. Eles serão homens absolutamente novos.[71]

---

69 Bakunin, carta publicada em *De la guerre à la Commune*.
70 Vaillant-Couturier, *Les bâtisseurs de la Russie nouvelle*.
71 *Cours de marxisme*, de J. Baby, R. Maublanc, G. Politzer e H. Wallon, apud Servier, op. cit., p.308.

Essa visão originária do marxismo mais dogmático vai ao encontro daquela de seus inimigos anarquistas, tal como se pode lê-la desde 1898 em *Campos, fábricas e oficinas*, de Kropotkin. Numa aldeia comunitária, ao mesmo tempo rural e industrial, pratica-se a alternância de tarefas, em absoluta igualdade e em absoluta harmonia. Ali o novo homem se realiza plenamente. Os profetas do socialismo não têm nada a invejar dos profetas do milenarismo cristão. Difere apenas o agente da realização do paraíso sobre a terra: a revolução proletária toma o lugar do Grande Monarca ou do segundo advento de Cristo.

## OS PROFETAS DA FICÇÃO CIENTÍFICA ANUNCIAM O FIM DAS GUERRAS

Esses profetas são motivados pelo espírito de revolta contra a injustiça das relações sociais da época e, em sua visão do futuro, fixam a atenção nas relações humanas. Outros são marcados sobretudo pela ascensão de um novo parceiro na história do mundo, um parceiro que corre o risco de passar em breve para o primeiro plano e causar uma reviravolta na vida dos homens: a máquina. Porque, de todos os progressos que constatamos quando examinamos o passado do mundo, o progresso tecnológico é o mais tangível, o mais irrefutável. Todos os outros são discutíveis: progressos morais, sociais, religiosos, ao passo que a superioridade da estrada de ferro sobre a carroça e do canhão de 75 milímetros sobre a besta é um fato incontestável. E esse progresso técnico se acelera vertiginosamente. Portanto, ele também tem seus profetas, que na segunda metade do século XIX, na pessoa dos autores de ficção científica, têm um público de fiéis cada vez mais numeroso. Se o que prometem esses visionários da técnica é tranquilizador numa primeira fase, isso logo se revelará ilusório.

Um dos campos privilegiados da predição de ficção científica é a guerra. Como serão travadas as guerras do futuro? Elas simplesmente não o serão, respondem numerosos autores, convencidos de que a criação de armas com um poder destruidor aterrorizador será um meio de assegurar a paz. A ilusão é antiga. Em 1767, o abade Maury cogitava fazer a paz mundial repousar numa espécie de equilíbrio do terror:

> Acredito que é desejável que se inventem novos meios de destruição mais terríveis do que aqueles que se conhecem, e uma máquina infernal mais destruidora do que o canhão. Essa descoberta seria, é bem verdade, uma grande

> calamidade para o século presente, mas certamente seria a felicidade das gerações futuras. É assim que somos feitos, não somos esclarecidos senão pela desgraça, e somente a adversidade nos ensina lições úteis.[72]

E Restif de La Bretonne, em 1781, acredita que essa arma terrível poderia ser o "homem voador";[73] Victor Hugo, como vimos, segue seu exemplo em 1864 com o aeróscafo dirigido. Alfred Nobel, por sua vez, acrescenta a essa predição o peso de sua ciência e de sua dinamite: "No dia em que dois corpos de exército forem capazes de se destruir mutuamente em um segundo, todas as nações civilizadas recuarão de horror e dispensarão seus exércitos", escreve peremptoriamente.[74]

Muitos autores de ficção científica compartilham essa opinião, inclusive os mais eminentes. Júlio Verne não escreveu: "A guerra é possível com as invenções modernas, com esses obuses asfixiantes que se lançam à distância de cem quilômetros, com essas faíscas elétricas de vinte léguas de comprimento que podem aniquilar com um único tiro um corpo inteiro de exército, com esses projéteis que são carregados com micróbios da peste, da cólera, da febre amarela, e que destruiriam toda uma nação em algumas horas"?[75] É bem verdade que prudentemente ele atribui essa sensata observação a um homem de 2889.

É também no século XXIX, em 2865, que Berthoud relega ao museu militar "todos os instrumentos de guerra dos séculos passados, tornados inúteis por sua terrível perfeição e mortal infalibilidade".[76] Charles Richet também enumera as armas que garantirão a paz:

> fuzis de tiro rápido, canhões monstruosos, obuses aprimorados, pólvora sem ruído e sem fumaça, de modo que uma grande batalha (como jamais haverá, esperemos) pode provocar a morte de trezentos mil homens em algumas horas. Compreendemos que as nações, por mais inconsequentes que às vezes sejam, quando as anima um vão orgulho, recuem diante dessa terrível perspectiva.[77]

No entanto, há opiniões discordantes, às quais quase não se presta atenção, tamanha é a obrigatoriedade do otimismo. Entre esses profetas da

---

72 Abade Maury, *Sur les avantages de la paix*.
73 Restif de La Bretonne, *La découverte australe par un homme volant*.
74 Apud *Times Literary Supplement*, Jan. 1984.
75 Verne, La journée d'un journaliste américain en 2889. In: ______, *Hier et demain*.
76 Berthoud, *L'homme depuis 5000 ans*, p.523.
77 Cazes, op. cit., p.97.

desgraça, Albert Robida (1848-1926). Cronista em vários jornais parisienses, desenhista em *La Caricature*, autor de romances e novelas, ele aborda com frequência o tema da antecipação, concentrando toda a sua atenção no século seguinte, o nosso, em *Le XXe siècle* (1883), *La guerre au XXe siècle* (1887), *Le XXe siècle, la vie électrique* (1890). No meio desse inevitável bricabraque de invenções estrambóticas, o autor deixou momentos de vidência resplandecente. Ele prediz o voto e o acesso das mulheres a todos os empregos, trens lançados a mais de 400 léguas por hora dentro de tubos para viajantes, televisões (telefonoscópios) transmitindo notícias continuamente, rios e ar completamente poluídos, moradores de cidades esgotados que em filas intermináveis vão procurar sossego nas regiões rurais, transformadas em parques nacionais, como o Parque Nacional da Armórica, onde ele representa a chegada dos "parisienses irritados" em uma de suas caricaturas: "Nesse parque nacional, onde se perpetua o imenso sossego da vida provinciana de antigamente, todos os irritados, todos os esgotados, todos os intelectuais estafados, vêm procurar o descanso reparador, sem telefonoscópio, sem telefone". A previsão, escrita em 1883, e mirando o fim do século XX, não é tão ruim. Como podemos adivinhar, Robida não inveja a nossa sorte:

> Vejam vocês, eu não invejo os que viverão em 1965. Eles cairão nas engrenagens da sociedade mecanizada, a ponto de eu me perguntar onde encontrarão as alegrias que nos eram oferecidas antigamente, as de flanar nas ruas, à beira da água, as do silêncio, da calma, da solidão.

Quanto à guerra, ele a vê de forma muito mais realista do que os estrategos militares da época: em suas caricaturas em *La guerre au XXe siècle*, máquinas blindadas sobre trilhos, tanques, submarinos, máquinas voadoras se enfrentam a tiros de artilharia pesada, torpedos, obuses químicos e bacteriológicos. Só falta a bomba atômica. Num desenho, a deusa Civilização derrama do seu chifre da abundância uma chuva de granadas. E, dez anos depois, hordas de turistas visitam os campos de batalha.

Num estudo notável, I. F. Clarke analisou as vozes proféticas da guerra[78] na França, na Inglaterra e na Alemanha entre 1871 e 1914. Suas conclusões são reveladoras. Em primeiro lugar, revelam o interesse pelo assunto, já que mais de trezentas obras imaginam uma guerra futura durante esse período, que vive na lembrança da guerra de 1870 e na expectativa de uma guerra

78 Clarke, *Voices prophesying War*.

de revanche. Essas narrativas evoluem ao sabor da conjuntura diplomática, polarizando-se num conflito com a Alemanha em consequência da Entente Cordiale de 1904. Mas eles não brilham pela vidência. Nem militares nem civis previram o que seria a guerra de 1914-1918, guerra de usura, longa, marcada por uma hecatombe sem precedentes e por consequências socioeconômicas, políticas e culturais que, sem dúvida, superavam a imaginação:

> A carnificina das trincheiras, a utilização de gases asfixiantes, os enormes estragos causados pelos submarinos, a própria amplidão de uma guerra mundial industrializada foram misericordiosamente omitidos dos olhares dos almirantes, generais, políticos e romancistas populares que participaram do vasto empreendimento de predizer o que ia acontecer.[79]

Duas exceções, duas vozes proféticas às quais quase não se dá atenção. A de Friedrich Engels, em primeiro lugar, que numa carta de 1888 redime de certa forma o enorme erro de predição que cometeu a respeito da revolução iminente na Inglaterra. De fato, ele escreve a Liebknecht:

> O que nos conviria melhor e tem muitas chances de se realizar é uma guerra de posição com resultados variáveis do lado francês; uma guerra ofensiva com a tomada das fortificações polonesas na fronteira russa, e a revolução de São Petersburgo, que de repente fariam os senhores beligerantes verem as coisas de outro modo. Eis o que é certo: não haverá decisões rápidas nem campanhas triunfais, nem na direção de Berlim nem na direção de Paris.[80]

Análise muito lúcida e muito mais correta do que a dos estados-maiores, que dos dois lados preveem uma guerra rápida e vitoriosa. Em 1897, o banqueiro polonês Jan Bloch, em *La guerre de l'avenir*, confirma o diagnóstico de Engels: uma guerra de usura, impossível de ganhar em virtude da potência da artilharia, uma guerra de trincheiras que acaba causando turbulências sociais e talvez uma revolução.[81]

É verdade que estamos longe da ficção científica. Engels raciocina em função de seu objetivo revolucionário, e conta com a exasperação dos povos depois de vários anos de massacres e privações inúteis para favorecer o levante: "Um único resultado é absolutamente certo: todo mundo estará

79 Ibid., p.69.
80 Apud Cazes, op. cit., p.72.
81 Bloch, *La guerre de l'avenir dans ses relations techniques, économiques et militaires.*

esgotado, e teremos as condições para a vitória final da classe operária". Quanto a Bloch, ele passou mais de dez anos estudando as características da guerra de 1870, e suas conclusões não devem nada à imaginação.

Aliás, essas predições podem ter certa influência no curso dos acontecimentos. Bernard Cazes assinala que as conclusões de Bloch teriam levado o czar a tomar a iniciativa de organizar uma conferência de paz em Haia, em 1899.[82] Mas ele parece ter se esquecido da lição em julho de 1914. Daí a ideia, que não é totalmente nova, mas ainda pode dar resultado, de utilizar a ficção científica para pressionar as decisões políticas. É o que faz em 1871 o coronel inglês George Chesnais, preocupado com os progressos da potência alemã. Num relato intitulado *La Bataille de Dorking*, situado ficticiamente em 1921, ele conta como a frota inglesa foi destruída e o Reino Unido invadido por forças alemãs superiormente equipadas. O livro faz grande estardalhaço e leva o primeiro-ministro Gladstone a aumentar o orçamento militar. Nesse caso, não se trata mais de predição, mas de manobra política. Inversamente, um livro anônimo de 1763, *The Reign of George VI, 1900-1925*, anuncia, por uma extraordinária coincidência, uma "guerra da Europa" em 1917-1920, mas ele a descreve como uma guerra do século XVIII.

## HESITAÇÕES E DÚVIDAS DA FICÇÃO CIENTÍFICA: H. G. WELLS

A ficção científica dos anos 1850-1914 caracteriza-se pela falta de coerência em seus aspectos preditivos. Clarividente em alguns pontos sem importância, peca por falta ou excesso na maioria de seus prognósticos. O exercício é novo, na verdade, e os autores ainda não dominam a lógica interna dos progressos que imaginam. Privilegiando certos aspectos que são hipertrofiados por extrapolação, eles negligenciam outros e, sobretudo, não levam suficientemente em conta as interações entre os diferentes domínios, o que produz distorções em sua visão do futuro. O aspecto mais característico dessa primeira era da ficção científica é a polarização sobre os progressos tecnológicos, que a faz predizer máquinas extraordinárias, muitas vezes com precisão, sem avaliar as repercussões no campo sociopolítico. É por isso que os autores são geralmente otimistas, enquanto a geração seguinte, já anunciada por H. G. Wells, inclina-se sobretudo para a organização global do mundo de amanhã.

---

82 Cazes, op. cit., p.73, n.1.

Nas obras da primeira geração, erros flagrantes são cometidos por vício, tanto por políticos quanto por cientistas e homens de letras. O futuro presidente dos Estados Unidos, Van Buren, afirma em 1829 que o futuro é das barcas e não das estradas de ferro, monstros mecânicos perigosos demais para a segurança pública: "O Todo-Poderoso certamente jamais quis que os seres humanos viajassem a uma velocidade tão perigosa (25 km/h)"; no mesmo ano, o *Journal des Savants* anuncia que a fotografia não tem futuro, a pintura sendo muito superior; o astrônomo norte-americano Newcomb, no início do século XIX, estabelece a prova matemática de que é impossível fazer um objeto mais pesado do que o ar voar; Georges Clemenceau, em 1882, faz troça do automóvel, "fadado ao esquecimento rápido" (é verdade que era uma invenção alemã, da Daimler e da Benz, o que já era um bom motivo para detestá-la); o barão Haussmann escreve que a iluminação elétrica não tem nenhuma chance de substituir a iluminação a gás; Jules Méline, em 1905, profetiza um belo futuro para a agricultura, que não tem nada a temer nem da superprodução nem da mecanização, e em breve verá um movimento de retorno à terra, de "êxodo urbano", que "levará energia e braços para a terra".[83]

Em 1900, o jornalista norte-americano John Watkins apresenta em *Ladies Home Journal* um panorama da vida no século XX. Sua visão é otimista, porque é voltada exclusivamente para as melhorias materiais, do aquecimento central aos bondes, trens elétricos e metrôs, da venda e entrega em domicílio à democratização do automóvel. Em contrapartida, ele não enxerga o papel futuro do petróleo, ou do transporte aéreo de massa, e prediz um prolongamento da duração média da vida apenas até os cinquenta anos.[84]

Quinze anos depois, no mesmo jornal, seu compatriota Charles Steinmetz refina a predição, adotando uma atitude mais racional. Dada a diminuição constante do custo da eletricidade, sua aplicação deve se generalizar: aquecimento elétrico, climatização, ganhos de produtividade nas fábricas, fator de redução da duração do trabalho, transportes elétricos que reduzirão a poluição, comunicações instantâneas, tudo isso resultando numa redução do custo de vida e numa melhoria do conforto. A atitude dedutiva é notável, mas perde a vidência à medida que aumenta o número de fatores em jogo. Assim, na questão dos custos, ele subestima a concorrência do gás e do petróleo e constrói um esquema que diverge rapidamente do que vai realmente acontecer.

83 Exemplos tirados de Rougement, *L'avenir est notre affaire*.
84 Shane; Sojka, John Elfred Jr.: Forgotten Genius of Forecasting, *The Futurist*, Oct. 1982.

De forma mais heteróclita, em *Le XXe siècle*, Robida mescla antecipações muito judiciosas, como as agências de viagem, a abolição da pena de morte, a televisão e o aparelho de surdez, a poluição generalizada que causa novas doenças, com excessos flagrantes, como trens que se deslocam a 1.600 quilômetros por hora, regulação do clima, unificação dos idiomas e dos povos europeus. Questão de sincronização, talvez, pois o mundo que ele descreve situa-se nos anos 1960.

Em geopolítica, um exemplo flagrante de vidência seletiva é dado pelo livro de Charles Richet, *Dans cent ans* [Em cem anos], publicado em 1892. "As duas nações civilizadas mais poderosas serão os Estados Unidos, de um lado, e, de outro lado, a Rússia", escreve. Devemos lhe perdoar o fato de não ter previsto a ruína da URSS em 1989; mais difícil de desculpar, porém, é a predição de um império franco-árabe, unindo intimamente o Magrebe e a França.

No campo vital dos recursos naturais, encontramos as mesmas contradições: enquanto Júlio Verne prediz uma era de abundância e, segundo Marcelin Berthelot, a química possibilitará o fim da fome no mundo, o colega inglês deste último, William Crookes, anuncia em 1905 que em menos de trinta anos haverá uma gravíssima escassez de trigo – a menos que se descubra antes uma forma de fabricar adubo azotado, o que efetivamente acontece quatro anos depois. Em 1901, o *Almanach Hachette* descreve "como serão as refeições no século XX" e prevê uma alimentação puramente sintética e química: comida desidratada, fabricada a partir de hidrogênio, azoto, oxigênio e ácido carbônico tirados da atmosfera. A agricultura vai desaparecer, portanto, e a terra se cobrirá de parques, flores e florestas. Simples erro de século?

No campo da previsão, os mais eminentes podem revelar uma espantosa falta de vidência, sobretudo se trocamos a tecnologia pelo sociocultural. Por exemplo, enquanto o suíço Alphonse de Candolle previa em 1873 que a língua inglesa se tornaria uma língua quase universal, especialmente no campo científico, baseando-se no ritmo de crescimento demográfico dos países anglófonos e francófonos, e Watkins escrevia em 1900 que "o inglês será mais amplamente falado do que qualquer outra língua", H. G. Wells, em *Anticipations*, de 1902, mostrava-se cético em relação às chances de sua própria língua, na qual não via "nenhuma das qualidades contagiantes do francês".

Os cientistas puros também revelam capacidades preditivas muito desiguais. Em 1870, Mendeleiev, num trabalho de classificação dos elementos de acordo com sua massa atômica, prevê a descoberta de novos corpos, cujas propriedades ele descreve com antecedência, adiantando em alguns anos a descoberta do gálio, do escândio e do germânio. Em compensação, em 1909, Henry Adams acredita ter descoberto a lei matemática que lhe permite prever os desenvolvimentos futuros da humanidade. Para ele, a história se acelera a uma velocidade vertiginosa, cada período durando um número de anos igual à raiz quadrada da duração do período precedente. Numa nova versão do recorte joaquimista ou comtista da história, ele situa antes dele os 90 mil anos da era religiosa, os 300 anos (raiz de 90.000) da era mecânica, os 17 anos (raiz de 300) da era elétrica, e depois dele os 4 anos (raiz de 17) da era das matemáticas puras, depois da qual, como Stuart Mill, ele prevê uma longa estagnação.[85]

Bem menos caricatural é a antecipação de Émile Souvestre em 1846, em *Le monde tel qu'il sera*. Esse mundo do ano 3000 é completamente mecanizado, contudo o mais notável é o planejamento integral da reprodução da espécie pelo uso da genética, que permite que se obtenham exatamente os tipos humanos dos quais se necessita, numa sociedade em que a divisão de tarefas é levada ao extremo.

No fim do século XIX e início do XX, aparece a preocupação na ficção científica: e se a máquina, à qual até aqui só se cantaram louvores, for uma ameaça para o homem? Se Júlio Verne, cujas narrativas são bem conhecidas demais para serem lembradas, não tem essas angústias,[86] o inglês Edward Forster imagina em 1909, em *The Machine stops*, um mundo inteiramente artificial, situado debaixo da terra, onde todos, vivendo em células hexagonais, gozam de um máximo de conforto com um mínimo de esforço. A máquina provê a todas as necessidades; é o novo deus: "A máquina é todo-poderosa, eterna. Bendita seja a máquina". E quando ela para, a humanidade morre. Alguns autores imaginam um retorno a uma civilização não industrial, em consequência de uma catástrofe, como W. H. Hudson em *A Crystal Age*, de 1887. William Morris também descreve uma sociedade desindustrializada no século XXII em *Daqui a cem anos*, de 1890. Outros se perguntam se o custo humano da mecanização é justificado, como o alemão Kellerman em 1911, em *Der Tunnel*.

Essas questões estão no cerne da obra do mais profundo autor de ficção científica da virada do século, Herbert George Wells (1866-1946). A teoria da antecipação moderna, em *Anticipations, ou De l'influence du progrès mécanique e scientifique sur la vie e la pensée humaines* (1901), confere a ele uma importância particular. Para ele, a predição é possível, desde que se empregue um

85 Bell, *Les contradictions culturelles du capitalisme*, p.162.

86 Um curioso relato póstumo, *L'éternel Adam*, publicada em 1910, sugere simplesmente que a civilização hipertecnológica poderia desaparecer, numa concepção que é a do eterno retorno.

método científico que se baseie na observação da história e das tendências do presente, completado pelo método indutivo: "A profecia moderna deveria seguir exatamente o método científico".[87]

> Acho que seria extremamente estimulante e proveitoso para a nossa vida intelectual orientar firmemente para o futuro os estudos históricos, econômicos e sociais e, nas discussões morais e religiosas, preocupar-se mais com o futuro, referir-se incessantemente a ele, deliberadamente e corajosamente.[88]

O método é essencialmente sociológico, já que supostamente os comportamentos dos grupos obedecem a leis, e estas podem apenas ligeiramente perturbar os grandes homens. Por uma hábil dose de extrapolações a partir das tendências atuais e de um estudo dos fatores econômicos e sociais, podemos imaginar as grandes linhas do futuro. O futuro das estradas de ferro é exemplar: esse meio de transporte de grande capacidade tem vantagens evidentes, mas o custo e a falta de flexibilidade levam à previsão de seu declínio diante do automóvel, que circularia numa malha reservada (autoestradas); apenas os trens de grande velocidade seriam preservados, em grandes eixos, como o que liga a Suíça a Londres a 500 quilômetros por hora em *A Modern Utopia* (1905).

A predição pode adquirir duas formas: romance de ficção científica e obra séria de reflexão. Para Wells, o primeiro é mais delicado e mais aleatório, porque as exigências da narrativa obrigam o autor a fornecer mais precisões, embora ele prefira deixar a opção em aberto e contentar-se com considerações mais gerais. As personagens evoluem num mundo concreto; mas quanto mais precisão damos, mais chances temos de errar. Todavia, Bernard Cazes divertiu-se maldosamente comparando as predições dos romances de Wells que se realizaram e os erros de suas obras sérias, mostrando desse modo que às vezes o imaginário tem uma capacidade profética superior à reflexão racional: nos romances, Wells fala do transporte aéreo de massa (1899), da eficácia dos tanques de guerra (1903) e das bombas atômicas (1914), mas em suas obras sérias nega a possibilidade de se construir essas máquinas.[89]

Wells vê esse mundo futuro com preocupação. O otimismo de Júlio Verne foi substituído por um pessimismo que lembra os autores das

---

87 Wells, *Anticipations*, p.6.
88 Id., La découverte de l'avenir. In: ______, *La découverte de l'avenir et le grand État*, p.68-9.
89 Cazes, op. cit., p.69.

contrautopias. O que é preocupante é que o mal não vem da máquina, mas do uso que o homem faz dela para criar sociedades-formigueiros, desprovidas de sentimentos, materialmente notáveis, mas a serviço de um pequeno grupo de mestres que concentram saber e poder. Em *A máquina do tempo*, de 1895, a sociedade dos trabalhadores subterrâneos, os morlocks, mantêm na superfície os elóis para comê-los. Em 1899, em *When the Sleeper Wakes*, deparamos, no século XXII, com uma sociedade inteiramente proletarizada e, sobretudo, imbecilizada pelo consumo e pelos prazeres comercializados, o que permite que um truste, a Companhia do Trabalho, reine soberano. Em 1905, em *A Modern Utopia*, Wells apresenta um mundo asséptico, onde todas as tarefas são realizadas por máquinas, onde não existem mais doenças infecciosas e contagiosas, graças a métodos draconianos de higiene, onde não existem mais seres anormais, antissociais, loucos ou bêbados: a eugenia permite uma rigorosa seleção; os loucos e os alcoólatras são encerrados em ilhas. A organização é elitista, nas mãos da ordem dos samurais, recrutados por concurso.

Encontramos de novo a elite em 1923, em *Men Like Gods*, numa sociedade racional e pacífica, mas num universo 30 mil anos à frente do nosso, que os homens não compreendem. Em 1933, em *A história do futuro*, reaparece, situado em 2180, o tema de *When the Sleeper Wakes*. Também se lê neste último o anúncio da Segunda Guerra Mundial, que estourará em 1940 a propósito do corredor de Dantzig.

## ERNEST RENAN, PROFETA DA DECADÊNCIA E DO SUPER-HOMEM

Pode parecer incongruente comparar H. G. Wells e Ernest Renan, cujas carreiras e preocupações não têm aparentemente nada em comum. No entanto, eles possuem a mesma intuição visionária, a de uma sociedade futura dividida em dois: a massa imbecilizada e a elite dominadora, que concentra saber e poder.

Ernest Renan sempre bancou o profeta. Profeta da ciência, em primeiro lugar. Em 1848, em *O futuro da ciência*, ele adere à euforia cientista e anuncia a verdadeira sociedade científica, nova religião de uma humanidade em marcha para a racionalidade. Quarenta e dois anos depois, quando se prepara para finalmente publicar o texto, Renan o introduz com um prefácio em que corrige sua predição:

> Quando tento fazer o balanço do que, desses sonhos de meio século atrás, permaneceu quimera e do que se realizou, tenho, confesso-o, um sentimento de alegria moral bastante palpável. Em suma, eu estava certo. O progresso, salvo poucas decepções, cumpriu-se conforme as linhas que imaginei. Eu não via com bastante clareza nessa época a dilaceração que o homem deixou no reino animal. Não fazia uma ideia suficientemente clara da desigualdade das raças.[90]

É porque o Renan de 1890, assim como o Wells de 1895, vê no futuro o triunfo de uma elite destinada a dominar o mundo por seu saber e por seu monopólio tecnológico. Visão audaciosa, que aparece desde 1876 em seus *Dialogues philosophiques*:

> Um dia a verdade será a força. "Saber é poder" é a mais bela palavra que se tenha dito. O ignorante verá os efeitos e crerá; a teoria se verificará por suas aplicações. Uma teoria da qual sairão máquinas terríveis, domando e subjugando tudo, provará sua verdade de forma incontestável. As forças da humanidade se concentrariam assim num pequeno número de mãos, e seriam propriedade de uma liga capaz de dispor até mesmo da existência do planeta e por essa ameaça aterrorizar o mundo inteiro. De fato, no dia em que alguns privilegiados da razão tiverem o meio de destruir o planeta, sua soberania estará criada; esses privilegiados reinariam pelo terror absoluto, uma vez que teriam em suas mãos a existência de todos; pode-se quase dizer que seriam deuses e, então, o estado teológico sonhado pelo poeta para a humanidade primitiva seria uma realidade.[91]

Esses mestres do futuro, esses deuses, poderão ser produto de uma seleção racial; e o povo alemão é o mais apto a proceder a essa seleção:

> Uma larga aplicação das descobertas da fisiologia e do princípio de seleção poderia conduzir à criação de uma raça superior, tendo seu direito de governar não só por sua ciência, mas pela própria superioridade de seu sangue, de seu cérebro e de seus nervos. Seriam uma espécie de deuses ou *devas*, seres com dez vezes mais valor do que temos, que poderiam ser viáveis em meios artificiais. [...] Parece que, se tal solução se apresentar em um grau qualquer no planeta Terra, será pela Alemanha que se apresentará. [...] O governo do mundo pela razão, se deve realizar-se, parece mais apropriado ao gênio da Alemanha, que demonstra pouca preocupação com a igualdade e até mesmo com a dignidade

---

90 Renan, prefácio de *L'avenir de la science* [1890]. In: ______, *Histoire et parole*, p.811.
91 Id., Dialogues philosophiques. In: ______, *Histoire et parole*, p.667.

dos indivíduos, e tem como objetivo, acima de tudo, o aumento das forças intelectuais da espécie.[92]

Quanto à massa, ela será reduzida à servidão, pois não é capaz de grande coisa. Entregue a prazeres grosseiros, conscientemente imbecilizada pelas mídias, que lhe oferecerão apenas o consumo como ideal, ela servirá. Esse é o resultado a que chegará a democracia:

> Converter à razão um após o outro, um a um, os dois bilhões de seres humanos que povoam a terra! Quem pensaria nisso? A imensa maioria dos cérebros humanos é refratária às verdades minimamente elevadas. As mulheres não somente não são feitas para tais exercícios, como tais exercícios as desviam de sua verdadeira vocação, que é a de ser belas ou bondosas, ou ambos ao mesmo tempo. Não é nossa culpa se é assim. O objetivo da natureza, deve-se crer, não é que todos os homens vejam o verdadeiro, mas que o verdadeiro seja visto por alguns, e que a tradição se mantenha. [...] O ideal da sociedade americana é talvez mais distante do que nenhum outro do ideal de uma sociedade regida pela ciência. O princípio de que a sociedade existe apenas para o bem-estar e a liberdade dos indivíduos que a compõem não parece conforme com os planos da natureza, planos em que somente a espécie é levada em consideração, e o indivíduo parece sacrificado. É de se temer que a última palavra da democracia assim entendida (apresso-me a dizer que é possível entendê-la de outro modo) seja um estado social em que uma massa degenerada não teria outra preocupação a não ser experimentar os prazeres ignóbeis do homem vulgar.[93]

A democracia é condenada não só pela evolução natural, mas também pelo progresso científico, que leva à elaboração da arma absoluta, a que será o instrumento de dominação dos mestres:

> Chega-se a semelhantes ideias de todos os lados. Pela aplicação cada vez mais ampla da ciência ao armamento, uma dominação universal se tornará possível, e essa dominação estará garantida na mão daqueles que disporão desse armamento. O aprimoramento das armas, de fato, conduz ao inverso da democracia; tende a fortalecer não a multidão, mas o poder, uma vez que as armas científicas podem servir aos governos, não aos povos.[94]

---

92 Ibid., p.668-70.
93 Ibid., p.663-4.
94 Ibid., p.665.

Em sua fase derradeira, a humanidade será como um grande ser, "uma árvore imensa, cujos rebentos seriam os indivíduos", e cuja cabeça, formada pela raça superior, seria a única a ter consciência de si mesma. Esse grande Ser será Deus. Renan, o seminarista renegado, tem até o fim uma profunda nostalgia de Deus e, tendo perdido a fé, diviniza a humanidade.

Renan é arrastado para essas sombrias predições – mas "quem sabe se a realidade não é triste?", pergunta, convencido da inevitável decadência da cultura ocidental e da ruína dos valores morais em consequência do declínio da religião:

> O que é grave é que não avistamos para o futuro, a menos que haja um retorno à credulidade, um meio de dar à humanidade um catecismo que seja aceitável daqui por diante. Portanto, é possível que a ruína das crenças idealistas esteja fadada a seguir a ruína das crenças sobrenaturais, e um aviltamento da moral da humanidade date do dia em que ela viu a realidade das coisas. Por meio de quimeras, conseguiu-se do bom gorila um esforço moral surpreendente; suprimidas as quimeras, parte da energia factícia despertada por elas desaparecerá.[95]

Nesse naufrágio inevitável dos valores morais que marcará o século XX, a que podemos nos agarrar? À nação? Renan concede cerca de meio século a essa ideia, fadada a desaparecer nos Estados livres, apenas tempo suficiente, num último estremecimento, para causar devastações (pensamos em 1914-1918), e depois será o fim, por volta de 1940:

> O princípio das nações trará rivalidades piores ainda do que o princípio das dinastias. [...] O patriotismo entendido à maneira de hoje é uma moda que durará cinquenta anos. Em um século, quando ele tiver ensanguentado a Europa, as pessoas não o compreenderão melhor do que compreendemos o espírito puramente dinástico dos séculos XVII e XVIII. [...] A França, que foi a primeira a marchar na via do espírito nacionalista, será, segundo a lei comum, a primeira a reagir contra o movimento que ela provocou. Em cinquenta anos, o princípio nacional estará em baixa. A terrível dureza dos procedimentos pelos quais os antigos Estados monárquicos obtinham os sacrifícios do indivíduo será impossível nos Estados livres; não se disciplina a si mesmo.[96]

---

95 Id., prefácio de *L'avenir de la science* [1890]. In: ______, *Histoire et parole*, p.813.
96 Ibid., p.812-3.

Já que em breve a nação estará ultrapassada, o futuro da civilização europeia reside na colaboração franco-alemã. Renan escreve a um amigo alemão em 16 de abril de 1879:

> A colaboração da França e da Alemanha, minha mais antiga ilusão de juventude, torna a ser a convicção da minha idade madura, e minha esperança é que, se chegarmos à velhice, se sobrevivermos a essa geração de homens de ferro, desdenhosos de tudo que não seja a força, aos quais confiastes vossos destinados, veremos o que sonhamos outrora, a reconciliação das duas metades do espírito humano.

Essas linhas, que hoje podem parecer proféticas, também pareceram assim entre 1940 e 1944, quando Renan foi aproveitado – não sem razão, devemos confessar, haja vista o que precede – pela propaganda hitleriana e racista.

Para pôr fim à desastrosa hostilidade franco-alemã, Renan cogita a formação de uma federação europeia. Esse é um dos aspectos mais modernos de seu pensamento: "Veremos o fim da guerra quando, ao princípio das nacionalidades, unirmos o princípio que o corrige, o da federação europeia, superior a todas as nacionalidades".

A etapa das federações é a próxima, portanto. Obviamente, falta precisão aos projetos de Renan. Ele vê a Europa realizar-se sobre a base da igualdade entre os Estados-membros e do livre consentimento de cada um. Haverá organismos políticos comuns e um exército comum. Ele cogita um grau de integração bastante elevado, chegando a falar em 1870 dos Estados Unidos da Europa:

> A força capaz de manter contra o mais poderoso dos Estados uma decisão que se julga útil à salvação da família europeia reside, pois, unicamente no poder de intervenção, mediação, coalizão dos diversos Estados. Esperemos que esse poder, tomando formas cada vez mais concretas e regulares, traga no futuro um verdadeiro congresso, periódico, senão permanente, e seja o coração dos Estados Unidos da Europa ligados entre si por um pacto federal.[97]

Outro valor cujo declínio é profetizado por Renan: o socialismo. Ou, mais especificamente, este último se imporá, mas sob uma forma muito

97 Apud Minois, E. Renan entre la patrie, l'Europe et l'humanité. In: Uriac (dir.), *Actes des journées d'étude E. Renan*, p.178.

diferente daquela que era imaginada pelos pensadores do século XIX, do mesmo modo que o catolicismo acabou impregnando toda a sociedade invertendo seu papel: de força destruidora no início, ele se tornou uma força conservadora. O socialismo está fadado à mesma evolução:

> O socialismo que triunfará será bem diferente das utopias de 1848. Um olho perspicaz, no ano 300 da nossa era, poderia ter visto que o cristianismo não acabaria; mas deveria ter visto que tampouco o mundo acabaria, a sociedade humana adaptaria o cristianismo às suas necessidades e de uma crença destrutiva por excelência faria um lenitivo, uma máquina essencialmente conservadora.[98]

A decadência é inevitável; os povos são levados a ela por uma espécie de lei que os incita a procurar unicamente "o maior bem-estar possível, sem preocupação com o destino ideal da humanidade".[99] A procura do bem-estar e da igualdade, que está na raiz tanto da democracia como do socialismo, é o grande motor da decadência. Quanto à elite, isto é, os "idealistas", ela continua sua busca da consciência superior, que resultará na dominação do super-homem, dos "deuses". Todavia, essa predição não deve ser revelada ao povo:

> Para nós, idealistas, uma única doutrina é verdadeira, a doutrina transcendente, segundo a qual o objetivo da humanidade é a constituição de uma consciência superior ou, como se dizia antigamente, "a maior glória de Deus"; mas essa doutrina não poderia servir de base para uma política aplicável. Tal objetivo deve, ao contrário, ser cuidadosamente dissimulado. Os homens se revoltariam, se soubessem que são assim explorados.[100]

Seja qual for o valor de suas predições, Ernest Renan ilustra perfeitamente os caracteres proféticos do século XIX. A entrada na era das massas, da democracia e do socialismo produz um rompimento cultural sem precedentes, que se manifesta tanto na antecipação como nos outros campos. De um lado, a predição popular, baseada no sobrenatural, no oculto, no esotérico e no empírico, desde a cartomancia até as aparições marianas, passando pelo espiritismo e pela astrologia. De outro, a nova profecia, baseada no intelecto e na razão, desde a sociologia até a economia política, passando pela

98 Renan, op. cit., p.812.
99 Id., La monarchie constitutionnelle en France, *Revue des Deux Mondes*.
100 Id., prefácio de *L'avenir de la science* [1890]. In: ______, *Histoire et parole*, p.813.

ficção científica e pela história. A predição popular está interessada sobretudo no destino individual e, quanto ao futuro coletivo, contenta-se em repetir indefinidamente o esquema tradicional calamidades-regeneração. Os novos profetas, por sua vez, consideram apenas o destino coletivo, o futuro das classes e da humanidade. Seus métodos se pretendem puramente científicos e rejeitam qualquer revelação. Esses pensadores são, no século XIX, otimistas em sua grande maioria. A ideia de progresso é o tema comum das predições, sobretudo para os profetas da máquina: ciência e tecnologia estão nos preparando um mundo melhor. Socialistas e filósofos são quase tão otimistas quanto eles, ainda que prevejam sobressaltos.

No entanto, a dúvida insinua-se nesses profetas na segunda metade do século: e se a máquina estivesse nos preparando um futuro de sujeição, ao invés de nos libertar? E se o que chamamos de progresso se revelasse, no fim das contas, a marcha para a decadência? Escolhemos H. G. Wells e Ernest Renan para ilustrar esses dois pontos de vista. Eles são os arautos de uma corrente que vai se ampliar no século XX para dar a este último seu tom tão nitidamente pessimista. O homem de 1900 acreditava no alvorecer de um século radioso; o homem do ano 2000 não espera grande coisa do futuro. É porque entre essas duas datas os fatos e as predições conjugaram-se para assegurar o triunfo do pessimismo.

# QUINTA PARTE

# A ERA DAS PREDIÇÕES CIENTÍFICAS

Do pessimismo da ficção científica e da contrautopia à prudência das probabilidades e da prospectiva (século XX)

"Que não se possa ler o livro do destino [...]. Se tudo isso pudesse ser visto, o mais feliz mancebo, à visão da estrada por percorrer, dos perigos passados, dos trabalhos futuros, ia querer fechar o livro, sentar e morrer."

William Shakespeare, *Henrique IV*, 2ª parte, III, 1

"Se quiser uma imagem do futuro, imagine uma bota esmagando um rosto humano, por toda a eternidade."

George Orwell, *1984*

"Aprendi que para ser profeta bastava ser pessimista."

Elsa Triolet, *Proverbes d'Elsa*

# – 15 –

# O AUMENTO DO PESSIMISMO. PROFETAS DA DECADÊNCIA E DA CONTRAUTOPIA (SÉCULOS XIX-XX)

É por volta de meados do século XIX que se ouvem as primeiras vozes anunciando a decadência. Primeiro tímidas e perdidas no concerto de louvores ao progresso, rapidamente ganham amplidão e acabam abafando os clamores otimistas a partir dos anos 1910. De rosa, o futuro se torna negro.

Esse ensombramento das perspectivas deve-se à conjunção de vários fatores, científicos, políticos, estéticos, espirituais, econômicos. O darwinismo não é indiferente a isso, tornando plausível a ideia de evolução e seleção natural, de desaparecimento inevitável dos menos adaptados. Ainda que combatam essas ideias, os contrarrevolucionários, as vítimas das reviravoltas políticas e sociais, os saudosos do Antigo Regime, que se dão conta com o passar dos anos de que o mundo antigo morreu e não ressuscitará, veem o mundo presente a caminho da decadência. Os Chateaubriands, os Bonalds, os De Maistres fazem eco a Edmund Burke, declarando em 1790 que a era dos cavaleiros cedia lugar à era dos economistas. Depois do cavalheiro, o banqueiro, o quitandeiro e o tabelião; depois da honra, a carteira; depois da Igreja, a Bolsa; rumo a um mundo cinzento de proletários, pequenos burocratas, comerciantes e gordos burgueses.

Para alguns, essa queda suave na mediocridade intensificou-se com a decadência racial. As teorias racistas florescem na segunda metade do século. Para uns, a desigualdade racial é promessa de dominação futura pela raça superior. Para outros, as próprias raças superiores foram corrompidas pela mestiçagem. É o que quer demonstrar Arthur de Gobineau em seu *Essai sur l'inégalité des races humaines* (1853-1855).

A degeneração das raças corrompidas levará à mediocridade generalizada:

> mediocridade da força física, mediocridade da beleza, mediocridade das aptidões intelectuais, quase se pode dizer vazio. [...] As nações, não, os rebanhos humanos, prostrados numa morna sonolência, viverão entorpecidos em sua nulidade, como os búfalos ruminando nos charcos estagnantes dos pântanos pontinos.[1]

## DECADÊNCIA PELA DEMOCRACIA, DE TOCQUEVILLE A HALÉVY

Mesmo entre os partidários das novas ideias, há preocupações. A democracia, que parece levar a melhor, não traz um fastio incomensurável, fruto da uniformização e do nivelamento na mediocridade? Tocqueville, com um instinto notável, pressente o perigo. Outros constatam com repulsa o declínio dos valores espirituais e da fé: seguimos para um mundo governado unicamente pela atração do lucro, pela preocupação com o bem-estar material. Ao mesmo tempo, o gosto estético decai; artistas boêmios e poetas malditos cospem nesse futuro de pequeno-burgueses, para os quais não têm palavras suficientemente duras. Baudelaire, em 1857, escreve em *Fusées* [Foguetes] que "o mundo vai acabar", isto é, afundar na mesquinharia de um ideal de trapeiros: "Ó burguês, não te restará das tuas entranhas senão as vísceras". Um mundo mecanizado, sem ideal espiritual, vivendo ao ritmo das crises econômicas e das ameaças de guerra: cada vez mais é isso que se apresenta ao espírito dos visionários.

Daí as surpreendentes variações sobre o tema geral da decadência anunciada. Decadência das nações latinas, já bem adiantada, escreve Edgar Quinet nos anos 1840, e em breve a França vai segui-las no abismo, deixando a dominação para alemães e eslavos. K. Swart, que estudou o tema da decadência no século XIX,[2] observa que a ideia do declínio dos latinos em benefício dos eslavos continua até Gustave Le Bon, em 1894.

---

1 Gobineau, *Essai sur l'inégalité des races humaines*, p.1163-4.

2 Swart, *The Sense of Decadence in XIXth Century France*.

No mesmo ano, Maurice Spronck, numa contrautopia, *L'an 330 de la République*, descreve a situação que resultará de nossos "progressos": uma população saudável, com muito tempo livre graças às máquinas; paz, bem-estar e segurança. Resultado: tédio, vazio intelectual, drogas, suicídios, queda da natalidade. É o que o inglês Bulwer-Lytton já havia anunciado em 1871, em *The Coming Race*.

Nessa direção, o mais notável de nossos profetas é incontestavelmente Alexis de Tocqueville. Curiosamente, este último proclamou várias vezes a impossibilidade de se predizer o futuro da sociedade. Em 1850, escreveu:

> Sentimos que o mundo antigo acabou, mas qual será o novo? Os espíritos mais eminentes deste tempo não são mais capazes de o ler como também não foram os da Antiguidade em prever a abolição da escravidão, a sociedade cristã, a invasão dos bárbaros, todas essas grandes coisas que renovaram a face da Terra.[3]

Ele rejeita em particular as pretensões preditivas dos grandes sistemas de filosofia da história, "sistemas absolutos que fazem todos os acontecimentos da história dependerem de grandes causas primeiras, ligando-se umas às outras numa cadeia fatal, e suprimem, por assim dizer, os homens da história do gênero humano. Acho-os estreitos em sua pretensa grandeza, e falsos sob a sua aparência de verdade matemática".[4] Ele também acusa esses sistemas de favorecer "uma espécie de fatalismo, de predestinação", que desencoraja a ação.

Isso não o impede, felizmente, de nos dar sua visão pessoal acerca do possível futuro da democracia, o que nos vale, em 1835, há mais de 160 anos, uma das mais notáveis pinturas de antecipação da situação atual da democracia ocidental:

> Vejo uma multidão incontável de homens semelhantes e iguais que giram incansavelmente em torno de si mesmos para se propiciar pequenos e vulgares prazeres, com que se enchem a alma. Cada um, isolado à parte, é como alheio ao destino de todos os outros: seus filhos e seus amigos íntimos formam para ele toda a espécie humana; quanto ao restante de seus concidadãos, ele está ao lado deles, mas não os vê; toca-os e não os sente; existe apenas nele mesmo e para si mesmo, e, embora ainda lhe reste uma família, pode-se dizer ao menos que não tem mais pátria.

3 Tocqueville, carta a E. Stoffels, 28 de abril de 1850.
4 Id., *Souvenirs* [1850-1851], p.112.

> Eleva-se acima deles um poder imenso e tutelar, que se encarrega sozinho de garantir seu prazer e velar por sua sorte. Ele é absoluto, minucioso, regular, previdente e brando. Assemelhar-se-ia ao poder paterno se, como ele, tivesse por propósito preparar os homens para a idade viril; mas apenas tenta, ao contrário, prendê-los irrevogavelmente à infância; gosta que os cidadãos se divirtam, contanto que pensem somente em divertir-se. Trabalha de bom grado para sua felicidade; mas quer ser o único agente e o único árbitro dela; provê a sua segurança, prevê e garante suas necessidades, facilita seus prazeres, conduz seus principais negócios, dirige sua indústria, regula suas sucessões, divide suas heranças: não pode tirar-lhes completamente o incômodo de pensar e o trabalho de viver?[5]

Está tudo aí, e não há realmente com que se alegrar: a massa dos cidadãos médios, réplicas do mesmo modelo, atarefados sem meta, ocupados com pequenos prazeres multiplicados pela sociedade de consumo, mantidos na infância por um Estado onipresente, que se encarrega deles desde a gestação até a sepultura, desde os benefícios pré-natais até a aposentadoria, em troca de sua autonomia espiritual. A democracia leva à dominação de alguns sobre uma massa imbecilizada, satisfeita com um falso igualitarismo pela segurança de se beneficiar "do pão e do circo". A visão de Tocqueville não difere essencialmente da de Renan, e já anuncia o tema sobre o qual vão especular, com refinamentos tecnológicos, os autores de ficção científica e contrautopias. Essa democracia não anuncia *Admirável mundo novo* e *1984*?

Nos dois volumes de *A democracia na América* (1835-1840), Tocqueville analisa, a partir do exemplo norte-americano, os vícios quase inevitáveis que acabam pesando sobre esse tipo de regime, o qual privilegia o mito da igualdade e o engodo do bem-estar. Em primeiro lugar, a democracia causará inquietude, angústia até, diríamos hoje *stress*, porque multiplica as causas de insatisfação: a igualdade, sempre proclamada, nunca é realizada realmente; a multiplicidade de escolhas aumenta a instabilidade do espírito e as frustrações que necessariamente vêm com elas; a possibilidade teórica de gozar de todos os bens materiais contrasta com a impossibilidade prática de alcançar esse gozo. Daí a inquietude, o recrudescimento dos casos de depressão e suicídio.

Além disso, a democracia leva inevitavelmente à demagogia: há outro meio de ganhar votos? E a demagogia sabe tomar formas extremamente sutis para disfarçar o desejo de poder. De modo que:

5 Id., *De la démocratie en Amérique* [1835], t.II, p.265.

> a república, segundo alguns de nós, não é o reino da maioria como se acreditou até agora, é o reino dos que lutam pela maioria. Não é o povo que dirige nesse tipo de governo, mas os que sabem qual é o maior bem do povo. [...] Pensava-se até nós que o despotismo era odioso, fossem quais fossem suas formas. Hoje, porém, descobriu-se que havia no mundo tiranias legítimas e santas injustiças, desde que fossem exercidas em nome do povo.[6]

E se o povo acaba perdendo o interesse pela coisa pública, o primeiro ambicioso que aparecer pode se assenhorar do poder. Enfim, é de se temer que, nesse tipo de regime inteiramente ordenado para a busca do lucro e do consumo, a pesquisa científica abandone os setores fundamentais para se dedicar aos setores tecnológicos lucrativos.

Esse é o futuro que vislumbra um amigo lúcido da democracia. Se ele prevê uma decadência tão profunda, não se deve esperar mais indulgência da parte de espíritos partidários. Georges Sorel, por exemplo, vê a democracia como o meio encontrado pelos políticos para parar o motor da história, isto é, o grande conflito entre a burguesia e o proletariado; se ela triunfa, impondo o acordo, chegaremos em breve a um estado estacionário, por um processo semelhante à entropia, ou degradação da energia, que se traduzirá pela mediocridade generalizada. Essa perspectiva enfurece os espíritos violentos, como Drieu la Rochelle e Céline, que também profetizam a inevitável decadência, atribuindo-a a bodes expiatórios, como os judeus. Édouard Drumont predizia o triunfo destes na França e na Alemanha, e anunciava – o que não deixa de ser engraçado, conhecendo-se a continuação dos acontecimentos – que o povo russo viria libertar o povo alemão da tutela dos judeus: "Ele vingará enfim a raça ariana desde séculos explorada e pisada pelo semita".

Decadência ainda, mas de outra ordem, com o jornalista Prévost-Paradol, que em 1868, em *La France nouvelle*, anuncia o declínio político e vital do país, que conservará apenas o prestígio literário e intelectual. Estabelecendo como muitos um paralelo com a queda do Império Romano, ele lamenta a ausência de novos bárbaros para regenerar o Ocidente. Muito mais elaborado, mas também predizendo uma decadência seletiva, é o pensamento do economista e matemático Augustin Cournot.[7] Ele faz em cada sociedade uma distinção fundamental entre o *vital*, que cobre todos os aspectos destinados

6 Ibid., p.413.

7 O pensamento prospectivo de Cournot está contido sobretudo em duas obras: *Traité de l'enchaînement des idées fondamentales dans les sciences et dans l'histoire* (1861), e *Considérations sur la marche des idées et des événements dans les temps modernes* (1872).

ao crescimento e ao declínio, e o *racional*, domínio autônomo e artificial, que tem um desenvolvimento próprio e pode escapar do declínio, e compreende a ciência, a indústria, "a estrutura e o mecanismo do corpo social". Globalmente falando, o racional corresponde *à* civilização, animada por um movimento de progresso perpétuo, enquanto o vital corresponde *às* civilizações particulares, que nascem, crescem e morrem, com suas características políticas, religiosas, artísticas, na grande correnteza da civilização. Mas pouco a pouco vence o espírito racional, os aspectos vitais perdendo cada vez mais importância, a ponto de se poder imaginar para um futuro bastante próximo um estado final de estabilidade marcado por três características preocupantes. Em primeiro lugar, a uniformidade monótona e geradora de tédio, uma vez que tudo será notavelmente organizado, planejado, previsto, para indivíduos que perderam toda a originalidade, dissolvidos nas "massas submissas a uma espécie de mecanismo, muito semelhante ao que governa os grandes fenômenos do mundo físico". A história não será mais do que "uma gazeta oficial, servindo para registrar as regras, os levantamentos estatísticos, o advento de chefes de Estado e a nomeação de funcionários".[8]

Há aqui uma convergência notável de prognósticos entre Cournot, Tocqueville, Renan, utopistas e contrautopistas. No entanto, apesar de tudo, escreve Cournot, permanecerá a ameaça dos sobressaltos, por causa de "todas as seitas de milenaristas e utopistas" dispostas a ressuscitar a luta de classes, "o mais temível antagonismo no futuro para o sossego das sociedades"; poderá sempre aparecer "um chefe de seita, um inventor de uma nova regra conventual, capaz de impô-la a todo o mundo civilizado". Por último, o estado de estabilidade, que é muito relativo, portanto, será ameaçado pelo esgotamento dos recursos naturais.

A uniformização absoluta, no contexto de uma sociedade-formigueiro, é também o que prediz em 1891, numa das primeiras contrautopias, o romancista Jerome K. Jerome. Sua novela *The New Utopia* descreve um mundo onde os indivíduos, que não têm mais nome, mas números, são perfeitamente idênticos na aparência (os que possuem diferenças muito marcadas são operados) e no comportamento intelectual (os que são muito inteligentes também são operados). O *habitat*, o tipo de vida, os horários, tudo é coletivo; a criação artística, fonte de originalidade, é proibida.

Outra visão da decadência previsível, que hoje tem um aspecto ainda mais trágico porque evoca com espantosa vidência os males da nossa

8 Cournot, *Considérations*..., t.II, p.209.

sociedade atual: *Histoire de quatre ans, 1997-2001*, de Daniel Halévy, publicada em 1903 na revista *Cahiers de la Quinzaine*. Coincidência de datas e prognóstico: a sociedade do fim do século XX, escreve Halévy, enfrentará o grande problema do tempo livre. "A utilização do tempo livre tornou-se a mais urgente das questões sociais". Num mundo dominado pela busca do lucro, pela permissividade geral resultante de uma democracia demagógica, acabaram sendo toleradas certas práticas, em nome da liberdade individual, que corroem o tecido social e preparam sua decomposição total: as populações, reduzidas à ociosidade, perderam todo o estímulo, todo o vigor, toda a noção de valor, e abandonam-se a divertimentos passivos, drogas, erotismo, homossexualidade, práticas que são consideradas "normais". Os organismos, corrompidos e enfraquecidos por uma vida doentia, são vítimas de uma nova epidemia, que a medicina não consegue controlar. Apenas pequenos grupos que souberam manter a disciplina, a energia, o vigor moral e a salubridade, escaparão da podridão generalizada e poderão ser agentes de regeneração. "As espécies desparecem quando suprimem os perigos que as mantinham alertas [...], os europeus morrem em pleno triunfo."[9]

Com outras palavras e em outros contextos, também é a decadência por perversão moral que anunciam homens tão diferentes como Dostoievski e Nietzsche. Para o primeiro, "os homens perceberão que não existe felicidade na inação, que o pensamento que não trabalha apaga-se, [...] que é odioso viver saciado, e que a felicidade não está na felicidade, mas na procura da felicidade".[10] A civilização europeia ruma para a decadência, porque tirou de Deus o papel de organizador social e entregou-o à ciência; e esta, como aprendiz de feiticeiro, faz o equilíbrio social repousar sobre a plenitude, a facilidade, o bem-estar, que trazem "o fastio e o humor negro". O golpe de misericórdia será dado pela revolução proletária.

Apesar das aparências, o diagnóstico de Nietzsche é semelhante: decadência irremediável no século XX. Uma diferença de monta: Dostoievski atribui a decadência ao abandono dos valores cristãos, Nietzsche ao triunfo deles – triunfo da ideia igualitária, da mansidão, da piedade, do amor caridoso, fatores de degeneração da espécie, enquanto não vêm o abalo, as convulsões apocalípticas que marcarão o advento do super-homem, em meio a guerras como jamais se viram. O resultado da sociedade democrática de base cristã é "um rebanho sem pastor. Todos querem a mesma coisa, todos são idênticos; todos que pensam diferente vão para o hospício". Chegamos

9 Halévy, *Histoire de quatre ans, 1997-2001*, p.92.
10 Dostoievski, *Journal d'un écrivain*, p.377.

assim à raça degenerada dos últimos homens, libertados das superstições e das crenças, orgulhosos de si mesmo, e aos quais se dirige Zaratustra: "Vocês inflam o peito, mas, ai, ele está vazio!".

## A MORTE DAS CIVILIZAÇÕES: OSWALD SPENGLER

À medida que o século XX passa do campo da antecipação para o da história, o pessimismo se fortalece e se reporta ao século seguinte. Ritmado pelas catástrofes, o século XX pode produzir outra coisa a não ser predições sombrias? Primeira Guerra Mundial e primeiro genocídio, o dos armênios, grande depressão, totalitarismos estalinista e hitlerista, Segunda Guerra Mundial e segundo genocídio, o dos judeus, bomba atômica, explosão de atrocidades na China, nas múltiplas guerras de descolonização, Indochina, Argélia, Congo e outros, naufrágio do Terceiro Mundo, condenando bilhões de seres à sub-humanidade, terrorismo, câncer, aids, desemprego em massa que por seu peso acarreta o retrocesso do nível de vida de todos, explosão demográfica que apenas contribui para a multiplicação dos pobres, exploração e corrupção dentro dos Estados, ódios nacionalistas gerando massacres indiscriminados, destruição do meio ambiente, recrudescimento da delinquência, do uso de drogas e perda de qualquer referência moral: breve resumo de um balanço que supera as previsões mais pessimistas feitas no século XIX.

Nesse clima, quem ainda pode ser suficientemente louco para acreditar no futuro? A ideia de progresso levou um golpe mortal nesse século fatal, e os pensadores não esperaram os anos 1990 para enterrá-lo e predizer a debacle. Em 1909, Karl Kraus, embora ainda não tivesse visto nada das façanhas do século XX, escreveu:

> É minha religião acreditar que o manômetro chegou a 99. Por todas as pontas saem os gases do pus do cérebro mundial, a cultura não tem mais nenhuma possibilidade de respirar e, no fim, há uma humanidade morta, estendida ao lado de suas obras, que lhe custaram tanto espírito para ser inventadas que não lhe restou mais nenhum para utilizá-las. Fomos bastante complexos para construir a máquina, e somos muito primitivos para fazê-las nos servir. Praticamos comunicações mundiais em estradas cerebrais de faixa estreita.[11]

11 Kraus, Briefe des Verlags der Fackel. In: ______, *Werke*, t.I, p.11.

Dois anos antes, Horace Newte, em *The Master Beast*, descreveu a Inglaterra de 2020 sob uma ditadura socialista, com um povo afundando na preguiça, no alcoolismo, no tédio.

O choque da Primeira Guerra Mundial se traduz num recrudescimento das predições pessimistas, em particular quanto ao futuro da civilização ocidental. As hecatombes de 1914-1918 assemelham-se muito, de fato, a um início de suicídio ou naufrágio voluntário, o que fazia Paul Valéry dizer:

> Nós, outras civilizações, nós sabemos agora que somos mortais. [...] Vemos agora que o abismo da história é suficientemente profundo para todo mundo. Sentimos que uma civilização tem a mesma fragilidade de uma vida [...]. Há a ilusão perdida de uma cultura europeia e a demonstração da impotência do conhecimento para salvar o que quer que seja, há a ciência atingida mortalmente em suas ambições morais e como que desonrada pela crueldade de suas aplicações; há o idealismo dificilmente vencedor, profundamente ferido, responsável por seus sonhos.[12]

Sigmund Freud contestava a ideia de progresso e supunha a existência de um instinto de destruição, impelindo-nos a retornar ao estado pré-orgânico. Kafka, Adorno e os surrealistas desenvolviam a ideia do absurdo, Wittgenstein via os acontecimentos de sua época como "o começo do fim":

> Não é sem sentido, por exemplo, acreditar que a época científica e técnica é o começo do fim da humanidade; que a ideia do grande progresso é uma cegueira, como a do conhecimento finito da verdade; que no conhecimento científico não há nada de bom ou desejável e que a humanidade que aspira a esse conhecimento joga-se numa armadilha. Não é absolutamente claro que não seja esse o caso.[13]

Todos os aspectos do futuro aparecem em cores sombrias. A ficção científica não acredita mais que a paz seja possível graças à potência das novas armas. Há preocupação com o esgotamento iminente dos recursos, com os excessos da mecanização. Em *Lectures pour tous* [Leituras para todos], de 1927, o dr. Laumonier fala do "fim do mundo em sessenta anos"; em 1929, Alfred Poizat pergunta-se: "A Humanidade não estremecerá num dia

---

12 Valéry, Variété I. In: ______, *Œuvres*, p.988.
13 Wittgenstein, *Culture and Value*, p.107.

próximo, diante do mundo que criou e não poderá domar?".[14] Em 1931, o prêmio Nobel de Física, Jean Perrin, ao mesmo tempo que proclama sua fé no progresso tecnológico, manifesta dúvidas sobre a capacidade da sabedoria humana para controlar sua utilização:

> Nós acreditamos, nós *sabemos* que o prodigioso desenvolvimento da civilização moderna partiu da pesquisa e da descoberta científica. Nós acreditamos, nós *pressentimos* que esse desenvolvimento, que se acelera incessantemente, ainda é apenas um início, e que pesquisa e descoberta multiplicarão prodigiosamente a riqueza humana e mudarão cada vez mais profundamente as condições de nossa vida. Compete aos políticos, isto é, aos "organizadores", utilizar da melhor forma a cada instante essas novas condições: o que nem sempre será fácil, como se vê hoje pelas complicações que causa um pouco de "superprodução". Compete aos políticos em particular impedir que, por uma loucura que, infelizmente, ainda não se tornou impossível, o poder humano, desmesuradamente aumentado, transforme-se em causa de ruína, guerra e morte, e, depois de ter engendrado toda a civilização, cause, por uma contradição que seria um suicídio, a destruição de toda a civilização.[15]

Boa parte do pessimismo tem raízes na conscientização de uma defasagem cada vez maior entre a capacidade técnica e a capacidade moral. Em 1946, por exemplo, Xavier de Langlais imagina, em *L'île sous cloche* [A ilha sob a redoma], uma sociedade em que o progresso técnico garantiu a felicidade dos cidadãos, mas cujo funcionamento não tem mais sentido, girando em torno de jogos parlamentares estéreis, e cujos habitantes não possuem mais alma. Pitirim Sorokin (1889-1968), numa obra volumosa publicada em 1941, *Social and Cultural Dynamics*, tenta teorizar essa evolução. Para ele, as sociedades evoluem de maneira cíclica, entre três tipos de base: o tipo sensualista, que dá primazia às forças materiais, à experiência, à busca da felicidade e da plena realização terrena do maior número de indivíduos; o tipo espiritualista, concentrado na transcendência, no absoluto, na indiferença aos bens do mundo; e o tipo idealista, intermediário. O mundo ocidental está no fim de uma fase sensualista, que sempre se degenera nos últimos momentos e ainda promete mais anarquia moral e social; a família se desintegrará, os valores espirituais desaparecerão, os direitos humanos serão vilipendiados, a violência suplantará as negociações, a arte e a literatura não serão mais

14 Poizat, *Du classicisme au symbolisme*, p.128.
15 Perrin, preâmbulo do livro de Painlevé, *De la science à la défense nationale*, p.xix.

do que um negócio comercial. Até aqui, o quadro convém bastante bem à realidade da segunda metade do século XX. A continuação ainda está por vir. De fato, Sorokin prevê um retorno do pêndulo, com uma conscientização da inanidade dos valores sensualistas e um retorno robusto dos valores espiritualistas, que primeiro serão encarnados por algumas personalidades religiosas ou espirituais e depois se difundirão e provocarão um renascimento da civilização.

Certamente não é por acaso que a mais grandiosa síntese da decadência vindoura tenha sido concebida em 1918, por Oswald Spengler (1880-1936). É durante a guerra que ele redige sua volumosa obra sobre *A decadência do Ocidente*, cujo sucesso é imediato. Refutando os recortes tradicionais da história, Spengler aplica a lei biológica às civilizações: elas nascem, desenvolvem-se, atingem a maturidade, declinam e morrem, e o processo todo dura cerca de mil anos – "as civilizações são mortais". O estado de "civilização", aliás, anuncia a decadência e o fim; em sua juventude, deve-se falar de "cultura". A cultura europeia, que nasceu por volta do ano 1000 e transformou-se em civilização ocidental, entrou em sua fase de irremediável declínio, que Spengler não descreve, porque desconfia da predição. No entanto, dá indícios muito eloquentes.

Em sua última fase, a civilização verá a aceleração dos processos concomitantes de êxodo rural, urbanização e queda da natalidade. "Vejo chegar o tempo em que – depois de 2000 – serão construídas cidades para dez ou vinte milhões de almas"; isso esconderá por um tempo a crise demográfica, característica da "esterilidade do civilizado", que atingirá "primeiro a cidade mundial, depois a cidade provinciana e por último o campo, que retarda por um tempo o despovoamento das cidades pelo êxodo constante de seus melhores homens".[16] Nessa sociedade, o dinheiro é rei, e é flagrante o corte entre os dirigentes, preocupados com suas lutas, e a massa amorfa, desmoralizada, que perdeu o sentido dos valores. As ideologias morrem, caem de podres, sem que se tenha de refutá-las: "Rousseau aborrece há muito tempo, Marx não demorará a aborrecer seus partidários. Não será esta ou aquela teoria que será abandonada, mas a crença nas teorias em geral".[17] Aliás, para Spengler, "na realidade histórica, não existem ideais, existem apenas fatos. Não existe razão, justiça, compensação, objetivo final; existem apenas fatos".

A decadência da civilização é acompanhada também de um esgotamento da criatividade artística, sendo o retrocesso cultural a outra vertente

16 Spengler, *Le déclin de l'Occident, 1918-1922*, t.II, p.24, 97-8.
17 Ibid., p.418.

do progresso científico. Sob a massa crescente das informações, a cultura desintegra-se, "esmigalha-se"; o espírito humano é mantido "sob a fuzilaria ensurdecedora de frases, *slogans*, pontos de vista, cenas, sentimentos, dia após dia, ano após ano, de modo que cada eu torna-se uma simples função de uma monstruosa alguma coisa intelectual".

Está na hora, portanto, de abandonar ilusões e esperanças, e "o otimismo entusiasta com que o século XVIII acreditava poder remediar a insuficiência dos fatos pela aplicação de conceitos". A lição de Spengler é dura: parem de se iludir, de sonhar. "Apenas os sonhadores acreditam em saídas. O otimismo é uma covardia."[18]

Podemos imaginar uma renovação? Spengler não nos deixa entrevê-la com clareza. Sem dúvida, haverá o nascimento de outras culturas, mas o fenômeno é imprevisível. Ao contrário, Arnold Toynbee, outro profeta da decadência, anuncia uma ressurreição, dentro de uma visão cíclica das civilizações. Sua obra imensa, *Um estudo da história*, doze volumes lançados de 1934 a 1961, mostra as sociedades como vítimas de um envelhecimento análogo a um processo biológico, mas explica também que, graças às religiões eternas, elas se reformam periodicamente para alcançar um nível espiritual superior.

## DO OTIMISMO UTÓPICO AO PESSIMISMO DA FICÇÃO CIENTÍFICA

A decadência não é anunciada somente por historiadores e filósofos. A ficção científica também se torna pessimista. Imagina mundos inquietantes, que são o prolongamento direto das tendências técnicas e sociológicas do mundo contemporâneo. E, o que é muito revelador, toma o lugar da utopia. Esta última, globalmente otimista, praticamente desaparece no século XX, cedendo o lugar para a contrautopia de ficção científica.

O fim da utopia é o fim do sonho de esperança, e é um sintoma de uma doença da civilização. De fato, a utopia, com seus esquemas intemporais, exprime as frustrações de um grupo social ou de indivíduos que contestam a ordem existente, ou melhor, "ela aparece menos como uma tentativa de quebrar as estruturas da ordem existente do que de eliminar pela imaginação, pelo sonho, uma situação conflituosa", como escreve João Servier.[19] Em todo caso, ela é a revolta contra o presente e contra a busca de um refúgio num

18 Spengler, *Der Mensch und die Technik*, p.61.
19 Servier, *Histoire de l'utopie*, p.324.

além espacial ou temporal. Ao mesmo tempo, ela tenta exorcizar o futuro, dando-lhe um conteúdo que é considerado desejável.

A utopia é também um sonho de pureza, de retorno às origens, de ordem, de razão, isto é, de tudo que não existe no presente. A contrautopia realiza o procedimento contrário: ela é uma crítica do futuro em nome do presente. Que homem de 1932 gostaria de viver no *Admirável mundo novo* como Huxley o viu? Que homem de 1949 gostaria de estar em *1984* como Orwell o imaginou? De paraíso, a utopia torna-se inferno na contrautopia. Ora, ao mesmo tempo, seu aspecto preditivo torna-se fundamental. Enquanto a utopia é intemporal, salvo raras exceções, como *L'an 2440*, de Mercier, a contrautopia situa-se sempre no futuro, o que reforça seu aspecto profético e, portanto, pessimista. Não é mais o presente que é ruim, é o futuro.

O caráter preditivo da contrautopia de ficção científica é afirmado por muitos autores, a começar por Wells. Em 1925, Hugo Gernsback, na apresentação de seu romance *Ralph 124 C 41*, escrito catorze anos antes, lista todas as previsões que se realizaram. Os métodos utilizados só podem confirmar o fato: a maioria dos autores de ficção científica, a exemplo de Júlio Verne, cientista de formação, faz extrapolações a partir da tecnologia de sua época, e prolongam o movimento. É inevitável, portanto, que um certo número de invenções apareça como "predição". E isso vale mais ainda para a segunda metade do século XX, quando os autores não utilizam apenas os resultados das ciências "duras", mas também as pesquisas da Sociologia, da Psicologia, da Psicanálise, que permitem apresentar um mundo futuro mais coerente, mais verossímil e, consequentemente, mais inquietante.

A tecnologia não é um fim em si mesmo, como frequentemente era o caso nos primórdios otimistas da ficção científica. Ela se tornou um instrumento na organização política, social, econômica, moral, cultural. Há certo consenso anunciando um governo mundial autoritário, diante do qual o indivíduo, educado por uma propaganda sofisticada, permanentemente vigiada, quase não tem direitos; o homem controla a vida e a morte pela reprodução artificial e pela eutanásia; Deus desapareceu.

Os excessos futuros do maquinismo são evocados com frequência: a máquina que desumaniza, ou toma o poder, como em *R.U.R.*, do tcheco Karel Capek, em 1920, em que os robôs massacram os homens; a ameaça se torna mais específica com o computador, que assume o controle em *2001, uma odisseia no espaço*. A sociedade norte-americana, o "modelo americano", inspira a toda uma geração, sobretudo nos anos 1950 e 1960, contrautopias recheadas de megalópoles hediondas, desumanas, de luzes ofuscantes, onde não existe mais o senso da beleza e da arte, onde é proibida a cultura livresca e intelectual: é *Fahrenheit 451*, de Ray Bradbury, ou *Demain les chiens* [Amanhã os cães], de Clifford Simak. W. M. Miller acrescenta ainda a guerra nuclear: em *Um cântico para Leibowitz* (1960), ela destrói a civilização, que será reconstruída por um pequeno grupo de sobreviventes, como em *Les derniers e les premiers hommes* [Os últimos e os primeiros homens], de Olaf Stapledon.

Apenas a ficção científica soviética continua beatificamente otimista, o que é uma razão a mais para se preocupar. Na verdade, nesse caso, trata-se simplesmente da aplicação das ordens oficiais, que marcam todo o setor da cultura: o bom comunista é otimista, porque as classes trabalhadoras, dirigidas pelo partido e esclarecidas pelo genial pensamento marxista-leninista, vencerão todos os obstáculos, farão o mal desaparecer, graças a uma ciência que não se desencaminhou. Aliás, as catástrofes já haviam desaparecido das novelas oficiais. As regras da ficção científica soviética são estabelecidas por A. e B. Strougatsky: "Não haverá conflito entre o bem e o mal, mas entre o bem e o melhor. O conflito deverá pôr em cena dois ou vários heróis positivos, todos certos a sua maneira, que continuarão amigos, apesar da oposição entre eles".[20] A ficção científica, num mundo soviético de nível de vida extremamente baixo, mantém, por ordem do poder, o caráter de utopia otimista. Mas, de todo modo, ela podia imaginar coisa pior do que o presente?

Contraste patente: diante dela, o rico mundo ocidental dos Trinta Gloriosos sonha com a própria decadência; ele a prevê, quase poderíamos dizer que a programa – o Clube de Roma a coloca em curvas e gráficos, ilustrando o grito de alarme do Relatório Meadows de 1972: "Parem o crescimento!". O mundo ocidental duvida de si mesmo e de seu futuro e, nesse clima, a melancolia da ficção científica se acentua. Diante do acúmulo de perigos de todos os tipos, ela alarga o campo de reflexões para as questões fundamentais sobre a existência e objetivo último do universo. J.-H. Rosny e Olaf Stapledon imaginam o fim da humanidade em obras amargas e ao mesmo tempo resignadas, que descrevem os últimos momentos dessa espécie humana que morre sem nunca ter sabido por que nasceu: *La mort de la terre* e *Les derniers e les premiers hommes* têm uma atmosfera crepuscular que de certa forma lembra Spengler. Outros imaginam que uma espécie diferente sucede à humanidade; em geral são animais: moscas (*La guerre des mouches*, de J. Spitz), cães (*Demain les chiens*, de Clifford Simak), formigas, macacos. Destino simbólico do fracasso da nossa espécie.

---

20 Gattégno, *La science-fiction*.

Outros autores vislumbram uma saída mais gloriosa, embora marque o fim do homem atual, com os mutantes. Apoiando-se na teoria das mutações bruscas e da hereditariedade de caracteres adquiridos, eles imaginam o desencadeamento voluntário de uma mutação transmissível, hipótese que as manipulações genéticas tornam ainda mais verossímil. Aparece assim uma raça superior, dotada de poderes e sentidos suplementares, como em *À la poursuite de Slans*, de Van Vogt (1951), ou *Além do humano*, de T. Sturgeon (1953). Espantosa semelhança entre essa raça de super-homens, de semideuses, e a raça superior predita por Ernest Renan.

A eventualidade de um encontro entre os homens e criaturas ou mundos estranhos raramente reverte em favor dos primeiros. Os extraterrestres, mais fortes, mais inteligentes, mais avançados cientificamente, levam a melhor sobre a racinha corrompida que se achava a rainha e o centro do universo. Essa negação do antropocentrismo segue certa tendência do mundo científico moderno, nítida nos astrofísicos e físicos em particular. *As crônicas marcianas*, de Bradbury, são o exemplo. No entanto, os "românticos" mantêm no homem um elemento de superioridade que vem do sentimento: o coração, o amor, vence a inteligência mecânica, a racionalidade pura. Reviravolta inesperada em relação às utopias de antigamente, que gostavam de imaginar mundos ideais em que a razão era finalmente rainha.

A ficção científica também brinca com a noção de tempo e pluralidade de universos. A relatividade e os *quanta* estimularam muito a imaginação: mudar o curso das coisas atuais, alterando um detalhe do passado, descrever universos paralelos ao nosso, viajar no tempo, possibilidades que a ficção científica explora e muitas vezes são pretexto para desdobrar um futuro sombrio, feito de catástrofes nucleares, químicas, genéticas. Com a passagem da utopia para a ficção científica, os paraísos não estão mais à frente de nós, mas atrás. Sem dúvida, a ruína da utopia deve-se muito ao fato de que todas as tentativas de realização terminaram em desastres, que mostraram que os sonhos são apenas sonhos, e não predições. O século XX, desiludido, tem pesadelos premonitórios. Esse é um pouco o sentido da passagem da utopia para a ficção científica.

## ZAMIATINE E HUXLEY: CONDICIONAMENTO PARA A FELICIDADE

O pessimismo da ficção científica pode ser ilustrado por quatro autores representativos, em ordem cronológica: Zamiatin, Huxley, Bradbury, Orwell.

O engenheiro russo Evgueni Zamiatin (1884-1937) é o grande iniciador. Se seu romance *Nós*, escrito em Petrogrado em 1920, em pleno comunismo de guerra, inspira-se diretamente na experiência bolchevique, suas implicações ultrapassam largamente o contexto soviético e concernem a toda a humanidade. Traduzido para o inglês em 1924, o livro influenciará profundamente Huxley e Orwell. A ideia central, notamos mais uma vez, é a mesma de Ernest Renan: a aliança futura entre o poder político e a ciência prepara uma sociedade mundial em que um pequeno grupo terá poder absoluto sobre a massa conivente e desumanizada, da qual desaparecerá toda a individualidade. Essa ideia, que era ainda semiclandestina e inconfessável em Renan, torna-se uma corrente literária e adquire uma força de evocação considerável, apresentando-se em forma romanceada.

Estamos no século XXVI. A humanidade inteira está concentrada numa cidade única, gigantesca, isolada do campo por uma parede de vidro. À frente desse Estado mundial, um chefe, o Benfeitor, que é sempre reeleito, durante a Festa da Unanimidade, com 100% dos votos. Porque ninguém contesta a organização desse mundo, que assegura a felicidade de cada um, e todos estão dispostos a denunciar os eventuais desviados e colaborar com os guardiães, responsáveis pela vigilância. O que é interessante e novo é que a grande questão da felicidade é resolvida subtraindo-se de cada um – não se sabe como – qualquer ideia de liberdade e de consciência pessoal. Não há mais a escolha torturante entre o bem e o mal, a dolorosa hesitação entre este ou aquele bem, a luta interior entre o egoísmo e a altruísmo, os debates entre o dever e o sentimento: a conduta individual, como tudo naquela cidade, é regulada pela matemática, que oferece um modelo de verdade única e incontestável.

O individualismo subversivo do "eu" dissolve-se na ordem coletiva do "nós"; não existem mais nomes pessoais: cada um é um número; todo mundo veste um uniforme idêntico; os prédios, todos iguais, retilíneos, são de vidro, para que ninguém possa fugir do olhar dos outros; a cópula é realizada em momentos determinados; o uso do tempo é absolutamente idêntico para todos: "Todas as manhãs, com precisão de máquinas, na mesma hora e no mesmo minuto, nós nos levantamos como um único número. Na mesma hora, milhões de vezes, nós começamos e terminamos nosso trabalho com o mesmo conjunto".[21] Às 22 horas, estão todos deitados.

21 Zamiatin, *Nous autres*, p.30.

Assim, tudo é perfeitamente regulado e conhecido com antecedência; o futuro não esconde nenhuma má surpresa; predizer não tem nem mais sentido. A última fonte possível de surpresas é destruída quando os cientistas, depois de finalmente localizar o centro cerebral da imaginação, destroem-no por irradiação. Então a evolução atinge seu ponto final e ideal: mais nada acontece.

O romance de Zamiatin opera uma dupla revolução. De um lado, a sociedade descrita por ele como um verdadeiro contraponto é idêntica às que os utopistas apresentavam como modelo, da *Utopia* de More à *Icária* de Cabet. A completa racionalização do comportamento humano, antes um ideal perseguido, mas em estado de sonho distante, transforma-se em ameaça temida, quando as pessoas se dão conta de que ela é da ordem do verossímil e talvez seja para amanhã. O homem do século XX tem medo de ver se realizarem as esperanças de seus ancestrais, como o aprendiz de feiticeiro se assusta com as consequências de suas manipulações.

O outro paradoxo é que se possa conceber que a felicidade, atrás da qual a humanidade corre desde o princípio, consista na ausência total de liberdade e consciência individual, suprimindo a principal fonte de frustração, que é a escolha. Assim, a busca desenfreada de liberdade e individualismo pode ter sido apenas uma pista falsa, um enorme erro de trajeto: o futuro reside não no eu, mas na coletividade, não no "eu", mas no "nós". Da conscientização desse terrível erro de rota deriva boa parte do caráter angustiante da ficção científica moderna.

Impressão confirmada por *Admirável mundo novo* (*Brave New World*), de Aldous Huxley, em 1932. No ano 632 da era mecânica, que começa a partir do lançamento do Ford T, em 1908, a humanidade alcança finalmente a felicidade, e alcança-a por meios contrários aos que cogitamos hoje: ditadura absoluta e condicionamento integral do espírito humano, que não possui mais liberdade nem consciência individual, e vai infinitamente melhor. Ordem e estabilidade reinam enfim, e todos se sentem satisfeitos com sua sorte: pode-se desejar coisa melhor? O espetáculo das desordens e das misérias do nosso mundo atual merece ao menos que se faça a pergunta: *O admirável mundo novo* não é efetivamente um mundo melhor do que o nosso? A resposta talvez não seja tão evidente quanto parece.

Os habitantes do *Admirável mundo novo* são felizes, ao passo que muitos de nossos contemporâneos não podem dizer o mesmo. Produzidos sob medida por fecundação artificial, eles são perfeitamente programados para amar seu destino. Divididos em cinco classes – Alfas e Betas, grupos superiores dirigentes, Gamas, Deltas e Épsilons, grupos inferiores que cumprem as tarefas básicas –, eles não sentem nenhuma inveja ou ódio de classe uns pelos outros e, se por acaso, sentem certo mal-estar, por exemplo, um desejo de pensar, um gole do remédio milagroso, o *soma*, restabelece imediatamente a euforia. Não existem doentes ou doenças congênitas, não existe desemprego, miséria e guerra; o condicionamento é integral; cada um consome de acordo com os programas, de forma que seja assegurada a estabilidade absoluta do conjunto e a felicidade coletiva: "Felicidade automática, obtida pela supressão de todo obstáculo entre o desejo e sua realização. Nem mundo, nem valores, nem Deus; juventude artificial, instintos condicionados, ciência reduzida a um conjunto de receitas: a felicidade é obrigatória".[22] O poder, totalitário, é exercido pelo todo-poderoso Comitê Executivo. Os "cidadãos" não têm nenhum direito político, mas para que isso lhes serviria? O objetivo da organização política não é assegurar a felicidade da coletividade? Ora, essa felicidade está assegurada, porque cada um é condicionado para ser feliz.

É fácil ironizar ou escandalizar-se com tal eventualidade. Olhando o mundo tal como ele é, fazendo o balanço do caos, das misérias, dos confrontos, das desgraças sem número que resultaram até aqui do culto da liberdade, perguntamo-nos se *O admirável mundo novo* é realmente uma contrautopia. Huxley, ao contrário, não atingiu o objetivo que se propunha? Sua narrativa não é um retorno inconsciente à utopia, ao sonho de um mundo melhor? Antes de nos indignarmos com a pergunta, devemos pensar no que poderiam responder bilhões de seres humanos atualmente reduzidos pela miséria à sub-humanidade. Para essas vítimas da liberdade, *O admirável mundo novo* talvez não seja uma contrautopia. A observação de uma personagem de *Nós*, de Zamiatin, merece reflexão:

> Sabe, a velha lenda do paraíso somos nós, é absolutamente real. Propuseram a escolha aos dois habitantes do paraíso: felicidade sem liberdade ou liberdade sem felicidade, sem outra solução. Os idiotas escolheram a liberdade e, naturalmente, suspiraram pelas correntes durante séculos. Nós acabamos de descobrir a forma de restituir a felicidade no mundo.

Explorada com mais ou menos sucesso por Vonnegut (*Player Piano*, 1952), Young (*La méritocratie en mai 2033*, 1958), Hartley (*Facial Justice*, 1960), Stangerup (*O homem que queria ser culpado*, 1973), a aliança do poder totalitário

22 Apud Delumeau, *Mille ans de bonheur*, p.415.

e da tecnologia toma outro aspecto com *Fahrenheit 451*, de Ray Bradbury. Aqui, o livro é o inimigo, porque o livro é fonte de inquietude. Sua eliminação é uma questão de salvação pública, necessária à realização da felicidade coletiva. O pessimismo de Bradbury apela para a ideia de eterno retorno: "Virá um dia em que livros poderão ser escritos de novo, até a próxima era sombria e tudo se repetirá".

## GEORGE ORWELL: "AQUELE QUE CONTROLA O PASSADO CONTROLA O FUTURO"

*1984*, publicado por George Orwell em 1949, difere consideravelmente das obras de Zamiatin e Huxley, na medida em que a ênfase incide muito mais no exercício do poder totalitário do que na felicidade coletiva. A sociedade dessa Inglaterra de 1984 não é feliz; o *Big Brother* não procura a felicidade dos indivíduos, mas unicamente a sua submissão, mantendo uma tensão constante, pela guerra permanente e por sessões de ódio durante as quais os espectadores se extravasam freneticamente contra o inimigo público, Goldstein.

O partido no poder, Ingsoc, visa apenas uma coisa: o exercício do poder por ele mesmo. O poder pelo ódio e pelo sofrimento. O rompimento com a utopia é inequívoco, e reivindicado por um dos altos dignatários do partido, O'Brien, que desvenda o futuro num terrível monólogo:

> Está vendo o tipo de mundo que vamos criar? É o exato oposto das estúpidas utopias hedonistas imaginadas pelos antigos reformadores. Um mundo de medo, maldade e tormento, um mundo em que se pisa e onde se é pisado, um mundo que se tornará não menos, mas cada vez mais impiedoso, à medida que se aprimora. O progresso no nosso mundo será progresso no sentido de mais dor. As velhas civilizações se diziam fundadas no amor e na justiça. A nossa é fundada no ódio. No nosso mundo, não haverá emoções, exceto temor, raiva, triunfo e desprezo por si mesmo. Todo o resto será destruído, tudo! Já esmagamos os modos de pensamento que sobreviveram à Revolução. Rompemos os laços entre pais e filhos, e entre os homens, e entre homens e mulheres. Ninguém mais confia em sua esposa, em seu filho, em seu amigo. Mas no futuro não haverá mais nem esposas nem amigos. Os filhos serão tirados das mães desde o nascimento, como se tiram os ovos de uma galinha. O instinto sexual será suprimido. A procriação será uma formalidade anual, como a renovação de um cartão de racionamento. Nós aboliremos o orgasmo. Nossos neurologistas já

> estão trabalhando nisso. Não haverá mais lealdade, salvo a lealdado ao partido. Não haverá mais amor, salvo o amor do *Big Brother*. Não haverá mais riso, salvo o riso de triunfo sobre um inimigo derrotado. Não haverá arte, literatura, ciência. Quando formos todo-poderosos, não precisaremos mais da ciência. Não haverá mais distinção entre a beleza e a feiura. Não haverá mais curiosidade, contemplação do processo vital. Não haverá mais prazeres concorrentes. Mas haverá sempre, sempre a intoxicação do poder, cada vez mais forte e mais sutil. Sempre, a todo momento, haverá o gozo da vitória, a sensação de pisar um inimigo sem defesa. Se quiser uma imagem do futuro, imagine uma bota esmagando um rosto humano, por toda a eternidade. [...]
>
> E lembre-se: esse rosto estará sempre lá para ser esmagado. Haverá sempre o herético, o inimigo da sociedade, para que possa ser vencido e humilhado, mais e mais vezes.[23]

Esse é o programa. Nada pode pará-lo. O infeliz Winston, que gostaria de protestar, não tem nem argumentos nem força para isso e, após a reeducação, entra na linha, dissolve-se nessa sociedade manipulada e desumanizada, em que cada um, sob a vigilância constante das teletelas, deve exibir no rosto um otimismo tranquilo, e adotar como seus os três *slogans* do partido: "A guerra é a paz, a liberdade é a escravidão, a ignorância é a força". A massa é conscientemente imbecilizada pela difusão de uma cultura de baixo nível, "jornais imundos contendo notícias de esporte, crimes, astrologia, romances baratos, filmes pornográficos, canções sentimentais".[24] Assim, "o nível da educação popular decai. O que pensam ou não pensam as massas não têm nenhuma importância. Podemos lhes conceder liberdade intelectual, porque já não possuem intelecto".[25] Observações terríveis, que visam os apóstolos atuais da permissividade generalizada e da liberdade total: de que adianta a liberdade de pensar, sem a faculdade de pensar?

O Ministério da Verdade do país de Oceania, onde reinam o *Big Brother* e seu partido, o Ingsoc, cuida ativamente da redução dessa faculdade, mutilando o vocabulário. Uma comissão se ocupa da destruição das palavras; prepara uma décima primeira edição do dicionário, a mais curta de todas, que vai fazer desaparecer centenas de adjetivos e verbos. As nuances serão expressas com o acréscimo de "mais", "duplomais", "não" e "sobre" a um termo genérico. A finalidade dessa nova linguagem, o *Newspeak*, é reduzir o campo do

23 Orwell, *1984*, p.279-80.
24 Ibid., p.46.
25 Ibid., p.219.

pensamento. Tudo isso são pontos sobre os quais Orwell discerniu perfeitamente as evoluções contemporâneas.

Assim, "o cuidado com a casa e os filhos, os pequenos aborrecimentos com os vizinhos, os filmes, o futebol, a cerveja e, acima de tudo, o jogo ocupam o horizonte de suas mentes. [...] Tudo que se pedia deles era um patriotismo primário, para o qual se apelava quando era necessário fazê-los aceitar um prolongamento do horário de trabalho ou uma diminuição da ração".[26] Todos se tornaram cidadãos ideais, animados por um "entusiasmo imbecil". A dominação do partido tornou-se absoluta por uma manipulação constante, não apenas das notícias presentes, mas também da história, pois "aquele que controla o passado controla o futuro; aquele que controla o presente controla o passado". Um departamento especial do Ministério da Verdade é encarregado de continuamente destruir qualquer vestígio escrito do passado que esteja em desacordo com a política presente do partido: "Dia a dia, e quase minuto a minuto, o passado era atualizado. Desse modo, havia provas documentais mostrando que todas as predições feitas pelo partido estavam certas".[27] Afinal de contas, declara O'Brien, o passado existe apenas nos arquivos e nas memórias: "Pois muito bem. Nós, o partido, nós controlamos todos os arquivos, e controlamos todas as memórias".[28] George Orwell coloca aqui o problema, fundamental para o nosso propósito, da interdependência passado-presente-futuro, três momentos indissociáveis que se misturam ainda por cima. Toda organização totalitária tem o dever de controlar os três, e o mais difícil de controlar é o futuro. A única forma de dirigi-lo é ter domínio total sobre o passado e o presente; o futuro será apenas a consequência automática, perfeitamente determinada. Na verdade, o objetivo é eliminar o futuro contingente; aqui, como em Zamiatin, podemos dizer que o futuro não existe mais. Essa é uma constante do sonho utópico: o tempo se torna igual, porque não há mais nada de imprevisto. Ao mesmo tempo, desaparece a predição. A perfeição da predição, seu ideal, é sua autodestruição, quando o futuro se torna perfeitamente transparente. Estamos no limite do paradoxo profético: o que justifica a existência da predição e lhe confere valor é justamente sua fraqueza, o fato de errar. Se ela não errasse mais, não teria mais razão de existir.

Esses futuros vistos pela contrautopia de ficção científica são ainda mais pessimistas pelo fato de que comportam uma parte de verossimilhança. Inspirando-se nas experiências do século XX, que eles prolongam e ampliam

26 Ibid., p.74-5.
27 Ibid., p.42.
28 Ibid., p.260.

enxertando-as nos progressos tecnológicos, nos estudos sociológicos e psicológicos, eles abrem perspectivas que seria perigoso desconsiderar. Como escreve Nikolai Berdiaev na apresentação de *O admirável mundo novo*: "As utopias são muito mais realizáveis do que se acreditava. Hoje, somos confrontados com uma questão nova, que se tornou premente: como podemos evitar a realização definitiva das utopias? As utopias são realizáveis. A vida caminha na direção das utopias". Quem diria? No entanto, se as utopias eram desejadas quando pareciam irrealizáveis, são temidas quando parecem a ponto de se concretizar. Não devemos esquecer, porém, que uma das funções essenciais da predição é permitir ao homem que tome providências para corrigir o curso das coisas e evitar que o pesadelo previsto se realize.

## PREVISÕES ECONÔMICAS E PESSIMISMO

É o que ilustra com abundância o campo da previsão econômica, tão importante no século XX. Setor privilegiado da interferência entre presente e futuro, a economia presta-se a todos os tipos de manipulações. Predizer uma alta da taxa de inflação é desencadear todos os mecanismos que vão provocá-la: compra por antecipação e para armazenamento, pressão das reivindicações salariais; predizer uma baixa ou uma alta dos índices da Bolsa é favorecer as vendas ou as compras que vão produzi-la. Os economistas vivem constantemente em antecipação; o mercado de futuros é o exemplo mais flagrante, já que compramos e vendemos produtos que ainda não existem; nós negociamos virtualidades. Aliás, é por isso, como mostrou Keynes, que a confiança no futuro é um fator determinante, que age sobre os empregos, a moeda, as taxas de juros.

A economia é o campo por excelência da previsão. Portanto, desde o século XIX ela procurou se dotar de instrumentos de orientação confiáveis, cujo papel é tanto psicológico quanto objetivo. Esse é o caso da teoria dos ciclos. Os trabalhos de Nikolai Kondratiev (1892 – anos 1930) revelaram-se particularmente fecundos a esse respeito, evidenciando fases de expansão seguidas de fases de depressão, de 25 a 30 anos cada uma, que até hoje foram mais ou menos respeitadas e vão além do aspecto puramente econômico: os fenômenos políticos, culturais, tecnológicos parecem seguir mais ou menos o mesmo ritmo, como também mostrou Joseph Schumpeter em *Business Cycles*, de 1939. No anos 1930, François Simiand chega mais ou menos às mesmas conclusões que Kondratiev e batiza de A e B as fases ascendente e descendente do ciclo.

As curvas resultantes são ambíguas, dando segurança e ao mesmo tempo preocupando. Dão segurança porque, como a astrologia antigamente, ajudam a explicar, portanto a tranquilizar, mostrando que a conjuntura não se deve a um acaso caótico; sabemos para onde vamos, e sabemos que depois da crise virá o crescimento. Saber que somos vítimas de uma lei natural é reconfortante. É animador, por exemplo, ler que a retomada deveria acontecer logo depois do ano 2000. Mas há também um aspecto preocupante, ligado ao caráter inevitável dessas curvas, que parece proibir qualquer progresso contínuo.

Alguns economistas também se fazem profetas da decadência, como Joseph Schumpeter que em *Capitalismo, socialismo e democracia*, de 1942, prevê o fim do capitalismo em razão de suas tendências à autodestruição. Essa previsão repousa sobre uma análise da evolução interna do sistema liberal, minado pelo fenômeno da concentração, que fragiliza a burguesia industrial e comerciante, enquanto a parte crescente ocupada pelos valores financeiros desmaterializa a noção de propriedade privada dos bens de produção e troca. Além do mais, o movimento geral de racionalização leva à contestação do capitalismo e à adaptação do gênero de vida de acordo com uma adequação de custos e benefícios que contribui para reduzir o tamanho das famílias e, consequentemente, o mercado de consumo. Para Schumpeter, esses fatores anunciam um declínio do capitalismo e a passagem generalizada e progressiva para o socialismo.

Ainda é impossível, meio século depois, confirmar ou invalidar categoricamente o pensamento de Schumpeter. Este último, aliás, evitou fazer uma predição estrita, especificando que no campo econômico é quase só possível propor modelos condicionais:

> A análise, seja econômica, seja referente a outras disciplinas, nunca fornece mais do que uma explicação relativa às tendências discerníveis num modelo observado. Ora, tais tendências nunca indicam o que sucederá ao modelo, apenas o que lhe sucederia caso elas continuem a agir como agiram durante o intervalo de tempo coberto por nossa observação e caso outros fatores não intervenham. Os termos "inevitabilidade" ou "necessidade" não podem significar mais do que isso. [...] Toda predição torna-se profecia extracientífica quando visa ir além do diagnóstico das tendências observáveis e a enunciação dos resultados que se produziriam caso essas tendências se desenvolvam em conformidade com a sua lógica.[29]

29 Apud Cazes, *Histoire des futures*, p.267-8.

O quadro da previsão econômica é bastante flexível, portanto, o que deveria permitir tomar providências a tempo de evitar as catástrofes. Ora, a história do século XX mostra, ao contrário, que a sociedade moderna, a despeito dos organismos de previsão e dos meios de ação sobre a atividade econômica, sempre foi incapaz de evitar acidentes que, no entanto, eram previstos. De um lado, em razão de uma espécie de cegueira voluntária, que gera uma recusa ouvir as Cassandras da economia; de outro lado, em razão da dificuldade de se implantar medidas preventivas, que provocam turbulências sociais consideráveis. É muito difícil aceitar sacrifícios reais e imediatos para evitar sacrifícios hipotéticos e futuros.

Não faltam exemplos de previsões alarmistas e pessimistas que se realizaram. Em 1917, Keynes adverte que o custo das reparações que se cogita fazer a Alemanha pagar será a causa de uma segunda guerra mundial:

> Se escolhemos deliberadamente o empobrecimento da Europa Central, ouso dizer, a revanche não demorará. Nada poderá retardar durante muito tempo a guerra civil final entre as forças da reação e as convulsões desesperadas da revolução, diante das quais os horrores da última guerra alemã se dissiparão num vazio que destruirá, seja qual for o vencedor, a civilização e os progressos da nossa geração.[30]

Há melhor exemplo da inutilidade das previsões do que a subitaneidade e a extensão da crise de 1929? Nenhuma autoridade profética viu a catástrofe chegar: profetas, astrólogos, cartomantes, bem como economistas, utopistas, autores de ficção científica e políticos, comportaram-se como cegos completos, e a palma da inconsciência foi para o presidente norte-americano Hoover, que em 1928 declarava que a América estava a um passo de ver o fim do desemprego e da miséria, de pôr fim às flutuações da conjuntura para iniciar um progresso indefinido de bem-estar:

> O desemprego, com seu corolário, a miséria, estão em boa parte em via de extinção. Uma das mais velhas e talvez mais nobres aspirações da humanidade era a eliminação da pobreza. Nós, na América, hoje, estamos mais perto da vitória final sobre a pobreza do que nenhum país jamais esteve na história. Ainda não atingimos esse objetivo, mas se nos derem a chance de prosseguir a política dos últimos oito anos, em breve estaremos, com a ajuda de Deus, diante do

---

30 Apud Baslé et al., *Histoire des pensées économiques*, t.I.

> dia em que a pobreza será banida deste país. [...] O ideal, no que diz respeito à conjuntura, é eliminar as flutuações entre a expansão e a recessão que trazem com elas, de um lado, o desemprego e a falência, de outro, a especulação e o desperdício.

Em dezembro do mesmo ano, Coolidge proclamava diante do Congresso: "Nenhum Congresso americano reuniu-se até aqui com perspectivas tão promissoras como no momento atual. No país, tudo é tranquilidade e satisfação". O país pode "olhar o presente com satisfação e antecipar o futuro com otimismo". Em setembro de 1929, a alguns dias do *crash*, quando já surgiam sinais preocupantes, o secretário de Estado do Tesouro declara peremptoriamente: "Não há com que se preocupar. A maré crescente da prosperidade vai continuar". As pessoas querem acreditar nisso, pois, como observa Walter Bagehot: "É quando as pessoas são mais felizes que são mais crédulas".[31]

Os sinais preocupantes, porém, são destacados pelos profetas de mau agouro, como Roger Babson, que em setembro de 1929 anuncia numa conferência de empresários:

> Repito o que já disse na mesma época no ano passado e no anterior: cedo ou tarde, haverá um *crash* que atingirá as ações mais importantes; há hoje mais gente para emprestar e especular do que em nenhuma outra época da nossa história. Cedo ou tarde, vai acontecer um *crash* e pode ser que seja colossal. Sábios são os acionistas que, neste momento, dão cabo do seu endividamento. Existem hoje cerca de 1.200 ações cotadas no New York Stock Exchange. Se subtraímos desse total as quarenta líderes, descobrimos que quase a metade das ações restantes baixaram no ano passado. Um estudo mais aprofundado do mercado mostra que o grupo das ações que baixaram tende a tornar-se cada vez mais numeroso e importante. Virá o dia em que o mercado começará a escorregar ladeira abaixo; haverá mais vendedores do que compradores e os lucros no papel começarão a desaparecer. Então haverá imediatamente um salve-se quem puder geral.

Se ninguém em 1929 quis ver a chegada de um acontecimento dessa dimensão, poderíamos imaginar que isso se deveu à insuficiência dos meios de previsão da época. Mas quarenta anos depois, num mundo econômico muito mais sofisticado, quando são dados gritos de alarme, de novo eles

---

31 Galbraith, *The Great Crash, 1929*.

provocam apenas indiferença ou hostilidade. Em 1969, quando o Relatório Vedel sobre as perspectivas da agricultura francesa previu que o número de propriedades rurais exploradas passaria de 3 milhões para 700 mil em vinte anos, ele causou escândalo e foi chamado por um dirigente sindical de "trote de universitários de porre". Ora, com alguns anos de atraso, a previsão tornou-se um fato.

Em 1971, quando o Clube de Roma, por intermédio do Relatório Meadows, pede uma interrupção do crescimento e prevê, em caso contrário, uma catástrofe demográfica e econômica mundial em meados do século XXI, ele é alvo de ataques violentos da parte dos meios políticos e sindicais. A advertência era clara:

> A explosão demográfica e a democratização do consumo acarretam um consumo acelerado dos recursos. Estes se esgotam rapidamente, gerando ao mesmo tempo uma poluição crescente. A produtividade da terra é limitada, de modo que a cota de alimentos diminui a partir de certo patamar. Chegará um momento, por volta de 2050 ou 2060, em que o sistema ambiental desmoronará e a população diminuirá brutalmente. O crescimento deve ser limitado, portanto, se quisermos evitar essa crise ambiental de dimensões mundiais.[32]

Não poderemos dizer que não fomos avisados, o que não impede os diversos governos de ver salvação apenas no aumento de consumo. Aliás, as predições catastrofistas de longo prazo multiplicaram-se nos anos 1970. Em 1972, Edward Goldsmith escreve: "Salvo inversão da tendência em curso, a ruína da nossa sociedade e a quebra definitiva dos sistemas que permitem o desenvolvimento da vida no nosso planeta são inevitáveis; presenciaremos isso talvez daqui até o fim do século; nossos filhos, com certeza".[33] Em 1978, por motivos diferentes, Pierre Chaunu junta sua voz à das Cassandras, avançando a data das desgraças:

> Nada pode impedir que a desgraça de nossas obsessões e nossas fobias coletivas, multiplicadas pelo novo eco de uma rede – sem nada comparável no passado – de comunicações, que a desgraça que preparamos se abata afinal sobre as nossas sociedades. [...] A questão que se coloca aos prospectivistas não é mais a da desgraça, mas unicamente, em função do que acontecerá agora, da extensão da desgraça dos anos 1990. Não insistirei nos números que apenas

32 Meadows et al., *Halte à la croissance*, p.233.
33 Goldsmith et al., *Changer ou disparaître*.

> os adeptos da política de avestruz recusam-se a conhecer. Há dois anos aproximadamente, como pude verificar, um primeiro limiar foi transposto e os meios cultivados começam a tomar consciência da extensão do problema de hoje, isto é, do desastre de amanhã. [...] Entre 1962 e 1964, quase quinze anos passados, comecei a perceber por sinais ainda tênues o que, agora, desenvolve-se em escala enorme e em nível planetário. [...] Com a distância do tempo, duas certezas impuseram-se: a lucidez das atitudes pessimistas. Não prevíramos de imediato a amplidão e a rapidez do desastre, mas, durante muito tempo praticamente sozinho, prevíramos um desastre. A exatidão das análises propostas tendo sido verificada, a validade de uma forma de prospectiva informada pela história é agora comprovada.[34]

As causas e o conteúdo desses desastres anunciados não nos deterão por enquanto. O que devemos ter em mente é que, depois dos filósofos, dos contrautopistas, dos autores de ficção científica, são os economistas, os sociólogos e os historiadores que afundam no pessimismo e veem um futuro negro. O clima presente de crise generalizada só pode desenvolver essa corrente, que marca toda a nova geração. Já em 1969, um adolescente escrevia na revista *2000*, no contexto de uma pesquisa: "Assistiremos a um espetáculo abominável de homens drogados, farrapos, ruínas humanas comporão o mundo. É isso que nos espera após o ano 2000, uma catástrofe. As pessoas morrem lentamente, destroem a si mesmas". Quase trinta anos depois, o mesmo prognóstico é feito por muitos.

Podemos, é claro, tentar nos tranquilizar enumerando os erros recentes de predição. Quem previu a queda do comunismo em 1989? As vozes mais autorizadas concordavam, ao contrário, em profetizar vida longa para ele. Em 1977, Henry Kissinger era categórico:

> Hoje, pela primeira vez na nossa história, vemo-nos diante da dura realidade de um desafio [comunista] que não acabará. Devemos aprender a conduzir a política externa como tantas nações tiveram de conduzi-la durante séculos sem escapatória e sem descanso. O contexto será duradouro.[35]

Em 1979, Jeanne Kirkpatrick confirma: "A história deste século não mostra nenhuma razão para crermos que regimes totalitários radicais

34 Chaunu, *La mémoire et le sacré*, p.32-3.
35 Kissinger, *American Foreign Policy*, p.302.

mudem por si mesmos",[36] e Jean-François Revel escreve em 1983 que são talvez as democracias que vão desaparecer.[37] Tudo que cogitavam os mais audaciosos era que a complexidade das exigências de uma sociedade tecnocrática acabaria minimizando o espírito comunista dos dirigentes.[38] Daí a imaginar um desmoronamento tão espetacular há um fosso, que nenhum profeta ousou atravessar.

Em outra escala, quem predisse Maio de 1968? Ninguém. Em compensação, todo mundo se dizia seguro, após a Segunda Guerra Mundial, de que os países do Terceiro Mundo seguiriam o exemplo norte-americano no caminho do desenvolvimento. Outra ilusão: em 1955, Harold Stassen, conselheiro de Eisenhower, escreve no *Ladies Home Journal* que, graças à energia nuclear, em breve viveremos num mundo:

> onde não haverá mais doença, onde a fome é desconhecida, onde os alimentos nunca se estragam e onde as colheitas não periclitam, onde o próprio termo "sujeira" saiu de moda, e onde as tarefas domésticas se resumem a apertar alguns botões, um mundo onde não existem mais altos-fornos, onde não amaldiçoamos mais a poluição.

## A HISTÓRIA DO FUTURO: UM IMPOSSÍVEL CENÁRIO

Há ainda hoje setores de predições otimistas? Sem dúvida, mas são extremamente minoritários. Para Jean Delumeau, a causa reside talvez na impaciência das gerações atuais. Na conclusão de seu livro sobre os milenarismos, ele reflete sobre a afirmação de Spengler: "O otimismo é uma covardia", e escreve:

> Nosso pessimismo atual é um sinal de imaturidade? Eu diria com mais sobriedade que ele revela nossa falta de paciência [...]. Desde os primórdios da Terra, foram necessários mais de quatro bilhões de anos para fazer um homem. Essa evolução não é um "progresso"? É unânime entre os cientistas, hoje, pensar que com o advento do homem o processo da evolução acelerou-se bruscamente, de modo que, comparativamente, a evolução biológica pode – erroneamente, é claro – parecer estacionada. Da aquisição do bipedismo à da

36 Kirkpatrick, Dictatorships and Double Standards, *Commentary*, v.68, n.5, p.34.
37 Revel, *How Democraties Perish*.
38 Kassof, The Future of Soviet Society. In: _____, *Prospects for Soviet Society*.

linguagem, da evolução da visão ao nascimento da criatividade artística, do aprendizado dos comportamentos ao surgimento do pensamento, não houve "progresso"? "O ser que sabe que um dia vai morrer", constata o evolucionista Dobzhansky, "nasceu de ancestrais que não sabiam disso." Essa tomada de consciência, por mais angustiante que seja, não constituiu um "progresso"?[39]

É claro que sim, se considerarmos a acepção usual do termo. Vamos nos voltar então para as predições de longuíssimo termo que a ciência atual nos apresenta. A teoria da evolução, combinada com as descobertas científicas do século XX, permitiu a elaboração de visões globais grandiosas, como a de Teilhard de Chardin. Para este último, o mundo é um gigantesco processo em evolução, através de uma complexificação e de uma interiorização crescentes, ao longo de bilhões de anos; a própria fase de hominização não terminou; o homem segue na direção de sua realização em um ser cujas características ainda não podem ser concebidas por nós; trata-se da "cristogênese", cuja consumação é o "homem-cristo", o "ponto ômega". Estamos muito longe da predição de curto prazo sobre o que será o século XXI. A visão é otimista no plano global, mas seu caráter bastardo de predição teológico-científica atraiu numerosas críticas da parte tanto dos teólogos como dos cientistas.

Estes últimos, ao mesmo tempo que rechaçam o papel de guias que alguns gostariam de lhes dar, não hesitam em apresentar modelos de evolução possível para os séculos vindouros. Num livro bastante recente, Joël de Rosnay anuncia para o século XXI, por exemplo, o "homem simbiótico", que vive em inteira simbiose com seu ambiente.[40] Muito mais ambiciosos, Peter Lorie e Sidd Murray-Clark exploram o terceiro milênio, século por século, numa história do futuro que tenta levar em consideração parâmetros científicos, sociológicos e psicológicos,[41] num procedimento que rompe com os esquemas habituais:

> A maioria das predições populares são simples prolongamentos das correntes científicas e tecnológicas existentes, no sentido de um futuro altamente mecanizado e científico. Imaginamos o mundo desenvolvendo-se conforme a nossa visão racional do presente. E, no entanto, é muito possível que alguma coisa completamente diferente nos aguarde nos séculos por vir.[42]

---

39 Delumeau, op. cit., p.420-6.
40 Rosnay, *L'homme symbiotique*.
41 Lorie; Murray-Clark, *History of the Future*.
42 Ibid., p.6.

Segundo os autores, a cronologia do terceiro milênio poderia ser a seguinte: os séculos XXI e XXII são os da "aceitação", ao longo dos quais as religiões organizadas desaparecem e o homem começa a descobrir um sentido para a sua existência, graças à razão; no século XXIII, um governo mundial consegue estabelecer a paz e surgem novas formas de vida; no século XXIV, o contato com outras galáxias torna-se possível, assim como viagens no tempo e novas ciências; no século XXV, outros planetas são colonizados, ciência e religião se reconciliam na filociência, e as mulheres se tornam predominantes na espécie; no século XXVI, retorno das guerras, dessa vez entre planetas; a máquina substitui completamente o trabalho humano, o que suscita o problema da ocupação do tempo; no século XXVII, retorno da feitiçaria e unificação do universo; no século XXVIII, a maioria dos homens troca a Terra por outros mundos, deixando para trás um pequeno grupo de meditadores, que finalmente podem viver em paz neste planeta no século XXIX, e no século XXX os terráqueos terão resolvido todas as questões essenciais, graças às novas ciências.

Esse esquema é pura visão do espírito, na qual encontramos numerosos temas que são muito caros à ficção científica, temperados com uma pitada exagerada de Nostradamus. Os autores não afirmam:

> Nostradamus foi muito claro [!] sobre a forma como a vida pode evoluir. Disse que o futuro podia tomar apenas duas direções, tornando-se clara a alternativa por volta do fim do século XX, época de grande transição. Um dos caminhos seria a aniquilação total por destruição nuclear. E suas quadras descrevem de maneira muito realista essa escolha, que não deixaria nada ou muito pouco para trás. O outro seria uma elevação da consciência. Uma consciência crescente de que a humanidade é a natureza, que ela é Deus, e isso traria uma mudança decisiva em relação à destruição inevitável da Terra.[43]

É necessária muita imaginação para encontrar tudo isso nas elucubrações de Nostradamus, e essa única referência é suficiente para desacreditar toda a iniciativa. A confissão final dos autores, aliás, é significativa: não se trata de predizer o que vai realmente acontecer, mas inventar um dos cenários possíveis, com o objetivo de romper com o pessimismo reinante:

> A intenção deste livro não era criar uma imagem válida do futuro real, mas apresentar uma imagem que concretizasse uma das possibilidades que se

43 Ibid., p.218.

> apresentarão. [...] Certamente isso será qualificado de utópico por alguns, porque, sempre que tentamos ser positivos a respeito do futuro, essa crítica invariavelmente reaparece. A raça humana sente-se muito mais à vontade com os valores negativos do que com a esperança e a alegria.[44]

Além do fato de que isso não prova que os pessimistas estejam errados, cenários como esse podem ser inventados aos milhões e, portanto, não têm nenhum valor preditivo. Contudo, reteremos algumas ideias interessantes, como a reconciliação da ciência e da fé graças à nova cosmologia,[45] e a descoberta de que a realidade é construída sobre a antimatéria.[46] Notemos também que, no século XXVII, os métodos de predição populares voltarão ao primeiro plano com uma nova eficácia:

> A divinologia será uma ciência de base da miraculogia, e terá especialistas em predição, astrologia, tarô, aquamancia e vidência. Trabalharão em estreita colaboração com os políticos para prever as correntes sociais e as prováveis mudanças nas situações políticas.[47]

## PREVISÕES DE LONGUÍSSIMO PRAZO DOS ASTROFÍSICOS: FUTURO ABERTO OU FECHADO?

Esses devaneios provam apenas uma coisa: a predição de longo prazo sobre a condição humana é impossível. Apenas a predição relativa ao universo material parece ter alguma chance de se realizar, desde que a ciência domine inteiramente as leis físicas. Segundo Stephen Hawking, em breve isso será fato: "Acredito que, apesar de tudo, há bases para um otimismo prudente que nos permitem ter esperança no fim iminente da busca das leis últimas da natureza".[48]

Isso resolverá a questão do conhecimento do destino futuro do universo? Nada é menos certo. Há, em primeiro lugar, a famosa questão da possível infinidade do número de universos, infinidade simultânea, segundo a hipótese de Everett, ou infinidade por sucessão no tempo, segundo Wheeler. Para o primeiro, haveria divisão do universo cada vez que há uma alternativa

44 Ibid.
45 Ibid., p.19.
46 Ibid., p.28.
47 Ibid., p.153.
48 Hawking, *Une brève histoire du temps*, p.200.

de ação ou decisão. E esses universos que se dividem infinitamente são totalmente desconexos uns dos outros; um observador num universo não tem como saber o que acontece nos universos vizinhos. Essa hipótese, introduzida em particular para resolver o problema posto pelo princípio de incerteza no nível das partículas elementares, arruinaria qualquer possibilidade de predição, ou melhor, justificaria todas as predições, já que cada uma se realizaria num universo diferente.

Essa incerteza já existe na mecânica quântica, impossibilitando qualquer predição nesse campo. Ainda segundo Stephen Hawking:

> Em geral, a mecânica quântica não prediz um estado único, bem definido por uma dada observação. Ela substitui tudo isso por um certo número de resultados possíveis e diferentes e dá, para cada um deles, a probabilidade de sua existência. [...] Poderíamos predizer o número aproximado de vezes em que o resultado poderia ser A ou B, mas não poderíamos predizer o resultado específico de uma medida individual. Portanto, a mecânica quântica introduz um elemento inevitável de imprecisão e acaso na ciência.[49]

Esse fato indignava Einstein, que afirmava que "Deus não joga dados", isto é, que as leis da física deveriam nos permitir seguir um rigoroso encadeamento de causas e consequências. O princípio de incerteza também arruína o postulado determinista de Laplace, segundo o qual o conhecimento exaustivo da situação física presente nos permitiria conhecer infalivelmente o futuro. Parece que devemos abrir mão dessa esperança:

> Com o advento da mecânica quântica, somos levados a reconhecer que os acontecimentos não podem ser preditos com completa exatidão e que há sempre um grau de incerteza. [...] Nosso desejo é formular um conjunto de leis que sejam capazes de predizer os acontecimentos apenas dentro dos limites do princípio de incerteza.[50]

Dito isso, as leis da física clássica continuam válidas no mundo macroscópico, o que permite que os astrofísicos nos apresentem suas predições sobre o futuro do universo. Infelizmente, ainda lhes falta um dado fundamental: o conhecimento da quantidade total de matéria, visível e invisível,

---

49 Ibid., p.82.
50 Ibid., p.210.

desse universo. Assim, por enquanto nossa curiosidade legítima deve se contentar com três hipóteses.

Primeiro caso: se a densidade de matéria for inferior a três átomos de hidrogênio por metro cúbico, a expansão do universo será infinita; o universo será "aberto". Essa hipótese parece a mais verossímil e, nesse caso, os cientistas se rendem à tentação do profetismo, como escreve Trinh Xuan Thuan:

> Nossa tentativa de predição do futuro do universo resultou num semifracasso. Acreditamos saber que sua expansão será eterna, mas não estamos muito seguros disso. Não conseguimos resistir ao desejo de ainda assim bancar o profeta. [...] Sem possibilidade de verificação experimental, ao menos em escala humana de tempo, predizer o futuro do universo pode parecer um exercício bastante fútil. Mas, na ciência, muitas vezes é inadequado recusar um caminho que se oferece.[51]

No caso do universo aberto, o futuro será o seguinte: em um trilhão de anos, todas as estrelas estarão extintas. O universo, que será composto apenas de detritos, planetas, asteroides, meteoritos, estrelas de nêutrons, anãs negras, e será entremeado de buracos negros, será escuro e frio; depois, as galáxias "evaporarão" em buracos negros hipergaláticos; o universo terá então 1027 anos (um octilhão). Em seguida, esses buracos negros se volatilizarão em radiação, iluminando o espaço uma última vez, e as dimensões deste último terão se tornado colossais (um quintilhão de anos-luz entre cada galáxia). Depois a matéria se transformará em esferas de ferro, num universo negro e frio, próximo do zero absoluto; estrelas de nêutrons e esferas de ferro desabarão em buracos negros, que evaporarão em luz. Estaremos então em 1010(76) anos, número inconcebível, escreve Trinh Xuan Thuan: "Alinhando um zero por segundo, eu precisaria chegar ao ano 1068 para terminar esse número".[52] É isso que chamamos de predição de longo prazo, que ao menos tem o mérito de relativizar nossos problemas comezinhos. Diante dessas perspectivas, nós nos sentimos atordoados, e só podemos nos calar e refletir.

Segundo caso: se a densidade de matéria é igual à densidade crítica de três átomos de hidrogênio por metro cúbico, o universo será "plano"; ele

---

51 Trinh Xuan Thuan, *La mélodie secrète*, p.255.
52 Ibid., p.263.

interromperá sua expansão depois de um tempo infinito (?) e seguirá o mesmo destino do primeiro caso.

Terceiro caso: se a densidade é inferior à densidade crítica, o universo alcançará sua extensão máxima em cerca de 109 anos, depois começará a se contrair, desabando sobre si mesmo, cada vez mais luminoso e quente, num processo inverso à expansão atual; ele acabará voltando ao seu estado de "sopa" original, massa de quarks, elétrons, nêutrons e antipartículas de densidade e calor quase infinitos. Então, com um novo Big Bang, tudo recomeçará num novo ciclo e, nesse caso, "os ciclos se sucederão, mas não se assemelharão. O universo acumulará cada vez mais energia ao longo dos ciclos, o que terá como efeito que cada ciclo sucessivo durará mais tempo e o tamanho máximo do universo se tornará cada vez maior".[53] Teríamos então uma versão do universo cíclico eterno.

As medições realizadas no momento atual pelas sondas e telescópios espaciais deveriam nos indicar em qual dos três modelos embarcamos. Perspectivas vertiginosas, além de qualquer palavra, desesperadoras ou entusiasmantes, conforme o temperamento de cada um, e que tornam irrisórias as predições de que falamos ao longo deste livro. No entanto, devemos voltar a elas para examinar se, no clima atual de hipercrítica, ainda podemos confiar nelas, e se sua própria existência ainda se justifica. Em uma palavra, a predição tem futuro?

53 Ibid., p.271.

# – 16 –

# A PREDIÇÃO TEM FUTURO? VIDENTES, PROFETAS DO FIM DA HISTÓRIA E PROSPECTIVISTAS

O pessimismo contemporâneo não interessa apenas ao conteúdo do futuro. Ele diz respeito também à capacidade de predizer do homem. A discussão sobre a razão, a hipercrítica e o ceticismo, somados à constatação dos repetidos erros de toda a sorte de previsões, conduzem a uma discussão global da possibilidade de predizer. A iminência do ano 2000, referência particularmente sugestiva, traduz-se mais em balanços – ficamos tentados a dizer falências – do que em perspectivas. O ano 2000 é vivido mais como um fim do que como um início. É impressionante o contraste com a profusão de antecipações que marcou a aproximação de 1900. Todas as esperanças pareciam permitidas, ainda que alguns já manifestassem seus temores. O século XX frustrou todas essas esperanças e termina, em quase todos os campos, muito aquém das expectativas de cem anos antes. Apenas a eletrônica, provavelmente, superou as previsões.

A evolução demográfica do mundo ocidental sem dúvida não é indiferente a esse fenômeno. Na onda do *baby boom* dos anos seguintes a 1945, o ano 2000 anuncia a aposentadoria, vista com preocupação da perspectiva dos magros rendimentos. Essa geração numerosa, que fez a cultura desde os anos 1970, sabe que verá apenas alguns anos do século XXI, que serão anos de velhice – o que não é motivo para júbilo. Essa geração, que encerra a vida ativa num clima difícil, abalado pelo desemprego e pelas dificuldades econômicas, está mais inclinada a refletir sobre a decadência do que a elaborar predições. Século XXI, século de velhos, século de todos os perigos: para que fazer predições? Sobretudo porque até agora elas se revelaram falsas, em particular as otimistas. Cultura e mentalidade coletiva são mais propensas à temporização.

## SUCESSO E FUNÇÃO SOCIAL DA ASTROLOGIA E DA PARAPSICOLOGIA

No entanto, um campo parece escapar ao ceticismo generalizado: o da predição popular tradicional, que prospera em meio a suas incoerências e erros constantes. É que o papel da predição concerne muito mais ao presente do que ao futuro. O que importa não é sua realização, mas sua função de terapia social. Todas as análises sociológicas o confirmam.

Apesar do avanço extraordinário das ciências exatas, todas as formas mais irracionais da mântica, da profecia, da predição, ressurgem e proliferam, atraindo a atenção de massas desorientadas. Não faltam números, esmagadores para o espírito racional. Na França, cerca de quarenta revistas mensais dedicam-se à astrologia, algumas das quais, como a *Quel Avenir Magazine*, com tiragens de mais de 100 mil exemplares; 700 códigos de Minitel, desde 36 15 Astro até 36 15 Soleil, estavam prontos a fornecer a qualquer momento o horóscopo de qualquer um. Consultórios de videntes e parapsicólogos se multiplicam. Há trinta anos, já se podia ler na revista *Time*:

> O futuro é um empreendimento comercial muito próspero. Os franceses, por exemplo, gastam mais de 1 bilhão de dólares por ano com consultas a videntes, curandeiros e profetas. Em Paris, há um charlatão para cada 120 habitantes, mas um médico para cada 514 pessoas e um padre para cada 4 mil![1]

Vinte e cinco métodos diferentes de predição são comumente praticados, da bola de cristal à cafeomancia, da geomancia à numerologia, da quiromancia à cartomancia. Nenhum fracasso, nenhuma prova da incoerência

1 *Time*, 15 jan. 1965.

e do absurdo desses métodos consegue fazer recuar a confiança de uma fração impressionante da população. Em 1966, a comparação entre 25 horóscopos impressos em 25 jornais diferentes revelou 25 predições diferentes.[2] Isso não impediu que 30% da população afirmasse que os horóscopos contêm uma parte de verdade (39% das mulheres e 21% dos homens).[3] A proporção cai com a idade: 38% entre 20-34 anos, 33% entre 35-49 anos, 24% entre 50-64 anos e 20% entre os maiores de 60 anos. A idade traz sabedoria ou diminui a necessidade de conhecer um futuro que corre o risco de ser cada vez menos feliz?

Outra característica reveladora: os adeptos dos horóscopos são sobretudo urbanos, perdidos na multidão anônima das grandes aglomerações; eles representam 40% dos citadinos nos centros de mais de 100 mil habitantes e 21% nas cidades de menos de 20 mil almas. São, acima de tudo, funcionários de escritório (46%) e comerciantes (36%). Entre executivos e profissionais liberais, 34% consultam seu horóscopo de tempos em tempos e dão crédito a eles, enquanto essa proporção é de apenas 29% entre os operários e 15% entre os agricultores. A credulidade, portanto, parece aumentar com o nível de estudos e o modo de vida urbano, o que é uma inversão completa em relação à sociedade tradicional. De fato, é o modo de vida que faz a diferença; as profissões mais expostas, com mais responsabilidades, gerando preocupação e estresse, aumentam a necessidade de segurança.

Outra tendência muito nítida: o ecletismo referente aos métodos de predição. Os limites entre profecia religiosa, astrologia, parapsicologia e ocultismo variado confundem-se no espírito dos consulentes. Apesar da luta encarniçada que a Igreja Católica travou durante séculos contra a astrologia, 37% dos católicos regularmente praticantes e 43% dos praticantes eventuais respondem afirmativamente à pergunta: "Você gostaria de fazer seu horóscopo pessoal, se lhe oferecessem a possibilidade?", enquanto são apenas 13% entre os não praticantes e 12% entre os ateus. Constatação esmagadora de fracasso para uma pastoral fadada à ambiguidade: a partir do momento em que é postulada a possibilidade de uma intervenção sobrenatural, é muito difícil que se admitam distinções. Apesar das exortações a uma fé esclarecida, a propensão a crer aparece como uma disposição favorável à credulidade em todos os aspectos do oculto e do sobrenatural. Cerca de trinta anos depois, nada mudou. Em 1993, uma pesquisa da Sofres indica que 50% dos

2 Maître, La consommation d'astrologie dans la société contemporaine, *Diogène*, n.53, p.92-109.

3 Pesquisa Ifop, 1963.

católicos regularmente praticantes acreditam na explicação do caráter pelos signos astrológicos, enquanto a média é de 46% para o conjunto dos franceses, e 29% acreditam nas predições dos horóscopos.[4] Em 1994, 17% dos jovens de 18 a 24 anos acreditam nas predições das videntes.[5]

A confusão dos gêneros também se encontra na literatura, com o surgimento da "ficção teológica". Em 1942, Nelson Bond, em *The Cunning of the Beast*, transforma a Gênese numa malsucedida experiência científica de um extraterrestre. Em 1953, em *Um caso de consciência*, James Blish conta a descoberta de um planeta, Lithia, cujos habitantes escaparam do pecado original; um jesuíta descobre que se trata de um ardil de Satanás. Em outras obras, extraterrestres tentam converter os homens à sua fé.[6]

Entre as diferentes formas de predição populares, a astrologia faz um sucesso notável no século XX. Seu renascimento data dos anos 1890, em meios semicientíficos. Em 1897, Fomalhaut elabora regras matemáticas e cosmográficas para fazer horóscopos. Desde o início do século XX, surge uma rubrica horoscópica nos jornais norte-americanos, e os jornais europeus os imitam no período entre guerras, em 1935, por exemplo, no *Paris-Soir*. A resistência a essa nova moda provém tanto das autoridades religiosas quanto dos quadros comunistas, que travam uma luta comum por razões contrárias. Na verdade, há nisso uma atitude análoga da parte de dois sistemas de pensamento totalitários, que consideram a astrologia uma superstição que afasta do credo fundamental, teológico ou revolucionário. Karl Marx, aliás, escrevia a propósito dos horóscopos que "a imprensa cotidiana e o telégrafo que espalha essas invenções em um segundo por todo o universo fabricam em um dia mais mitos – e o bovino burguês os aceita e espalha – do que se podiam produzir antigamente em um século".[7]

Mas a pressão é grande demais, e a partir de 1945 assiste-se a uma verdadeira invasão, com revistas especializadas, rádios, consultórios. Ocorre ao mesmo tempo um crescimento espetacular da parapsicologia e do esoterismo, dos quais um dos ramos refere-se à precognição, definida como a "faculdade constatada que um indivíduo pode ter de conhecer um lugar, mas sobretudo um acontecimento, antes de ele passar à existência real".[8] As primeiras experiências são realizadas em 1933 na Universidade de Duke, na

4 Les chrétiens et l'astrologie, *Panorama*.
5 Pesquisa CSA, agosto de 1994.
6 Renard, Religion, science-fiction et extraterrestres, *Archives de Sciences Sociales des Religions*, n.50, p.143-64.
7 Marx, carta a Kugelmann, 27 de julho de 1871.
8 Victor (dir.), *L'univers de la parapsychologie et de l'ésotérisme*, t.I, p.195.

Carolina do Norte, e os especialistas fazem questão de sublinhar o aspecto "científico" do fenômeno, que seria suscetível de estudo experimental que o aproxima da relatividade. Assim, Olivier Costa de Beauregard fala da precognição "como perfeitamente plausível no contexto da física relativista":

> De fato, nessa física o problema das relações entre psiquismo e matéria não pode mais ser posto no espaço em dado instante, como na física newtoniana, porque a distinção entre passado e futuro é substituída pela tricotomia: passado, futuro, outro lugar qualquer. Por isso, a teoria da relatividade vê necessariamente a matéria como desdobrada em ato no tempo, da mesma forma como é no espaço, e não há nenhuma razão para pensar que o subconsciente também não seja desdobrado em ato no tempo. Apenas a consciência é que estaria focalizada em seu instante presente.[9]

Quanto à premonição, estudada em 1922 por Richet em *Tratado de metapsíquica*, ela tem como alvo os acontecimentos imprevisíveis, previamente descritos com detalhes precisos. Esse fenômeno seria muito raro na forma espontânea, que poderia vir de um sujeito qualquer ou de sujeitos privilegiados, os médiuns. Citamos como exemplo o poema "Tournesol" ["Girassol"], de André Breton, que descreve em 1922 as circunstâncias em que conhecerá onze anos depois aquela que virá a ser a sua mulher.

Sem nos demorar na discussão do valor real dessas afirmações, que estão ligadas mais a um ato de fé no irracional do que a uma atitude científica, sublinhamos com Jacques Maître que o desenvolvimento do esoterismo e da parapsicologia é muitas vezes contemporâneo do progresso científico e do declínio da religião, como ocorreu no século XVIII nos meios esclarecidos. Constatamos que parte do mundo intelectual compensa a perda de confiança nas respostas religiosas para as questões vitais com empréstimos da ciência, cujo prestígio está em alta. Mas, enquanto a verdadeira ciência se recusa a se pronunciar sobre tais problemas, os homens em busca de certezas sobre o futuro, mal-informados por uma vulgarização pseudocientífica, caem incautamente num amálgama científico-religioso enganador. Jacques Maître escreve:

> Nossa hipótese principal é que os limites do conhecimento científico – teóricos, práticos ou pedagógicos – exigem uma ascese que é experimentada muitas

---

9 Ibid., p.218.

vezes como uma frustração em relação às necessidades sentidas pelos indivíduos ou pelos grupos; o recuo da esfera religiosa confessional agrava essa dificuldade, na medida em que grande parte da população vê-se reduzida a procurar em especulações de aparência secularizada a resposta para as questões vitais que a ciência deixa em aberto.[10]

A astrologia, a cartomancia, a parapsicologia têm uma outra dimensão também, que ajuda a explicar seu sucesso: elas constituem um refúgio para o indivíduo perdido nos fenômenos de massa, uma possibilidade de explorar sua própria personalidade, eximindo-se ao mesmo tempo de qualquer culpa. Nesse sentido, elas tomam o lugar do exame de consciência e da confissão de antigamente. Como o padre, o astrólogo é um confidente, ao qual revelamos nossos segredos, e que em troca desvenda nosso futuro pessoal. Existem profundas semelhanças entre o psicanalista e o astrólogo, e as videntes do século XIX já haviam compreendido esse papel de psicólogas e consoladoras que foram conduzidas a interpretar. Os consulentes dos astrólogos e dos videntes são doentes, aflitos, desequilibrados, que vêm procurar consolo e segurança, e atrair atenção para a sua pessoa. Os astrólogos sabem bem disso, e basta ler suas predições estereotipadas: afagar o *ego* é muito mais importante do que predizer o futuro. Jacques Maître atribui ao horóscopo cinco funções sociais que, na verdade, têm pouco a ver com a predição: "Exorcizar o acaso, explicar o destino, fornecer um mediador, popularizar a psicologia e a arte de viver e, por fim, dar um caráter prático à nebulosa de heterodoxia que designamos algumas vezes com a expressão 'religiosidade secular'".[11]

## PROLIFERAÇÃO DAS PROFECIAS RELIGIOSAS

Paralelamente, e de forma complementar, assistimos a um renascimento da profecia religiosa, que por sua vez fornece visões do futuro coletivo. Desde Fátima, em 1917, as aparições marianas, quase sempre acompanhadas de mensagens proféticas, multiplicam-se: contamos 179 entre 1928 e 1958.[12] Estão ligadas aos grandes traumas políticos e à definição de alguns cultos dogmáticos, como a Assunção em 1950 e a Imaculada Conceição em 1954.

10 Maître, op. cit., p.93.
11 Ibid., p.104.
12 Mayeur (dir.), *Histoire du christianisme des origines à nos jours*, t.XII.

Após a Segunda Guerra Mundial, a frequência das aparições atinge picos em 1947 (18), 1948 (21), 1949 (13), 1950 (13), 1954 (18). O desencadear da Guerra Fria também é propício às proclamações alarmistas.

Obviamente, a Igreja é muito reticente diante dessa orgia de irrupções do sobrenatural, concedendo apenas cinco autorizações de culto e distribuindo cerca de trinta condenações. Em 1947, o conselho de vigilância da diocese de Paris adverte "o clero e os fiéis contra todas as pretensas 'aparições', 'revelações', 'visões', 'profecias' ou supostos milagres que não são devidamente reconhecidos e aprovados pela Igreja". Em fevereiro de 1951, o cardeal Ottaviani escreve no *Osservatore Romano*: "Cristãos, não se animem tão cedo!". De sua parte, o Concílio do Vaticano II, no contrapé do Vaticano I, elimina toda menção à predição. Na constituição *Gaudium et Spes*, os bispos lembram que "o povo santo de Deus também participa da função profética de Cristo", mas o *Lumen Gentium* especifica que essa missão profética se resume a fazê-los "testemunhas, provendo-os do sentido da fé e da graça da palavra, a fim de que brilhe na vida cotidiana, familiar e social a força do Evangelho".[13]

Enfim, mais recentemente, o *Catecismo da Igreja Católica* adverte os fiéis contra qualquer "curiosidade malsã" acerca do futuro e proíbe categoricamente o recurso a todas as formas de adivinhação:

> Deus pode revelar o futuro a seus profetas ou outros santos. Contudo, a atitude cristã correta consiste em entregar-se com confiança nas mãos da providência no que toca ao futuro e abandonar toda curiosidade malsã a esse respeito. A imprevidência pode constituir uma falta de responsabilidade.
>
> Todas as formas de adivinhação devem ser rejeitadas: recurso a Satanás ou aos demônios, evocação dos mortos ou outras práticas que se supõem erroneamente "desvendar" o futuro. A consulta dos horóscopos, a astrologia, a quiromancia, a interpretação dos presságios e das sortes, os fenômenos de vidência, o recurso aos médiuns encerram uma vontade de poder sobre o tempo, sobre a história e, finalmente, sobre os homens, ao mesmo tempo que um desejo de angariar os poderes ocultos. Eles contradizem a honra e o respeito, misturado ao temor amoroso, que devemos somente a Deus.[14]

Isso já é o que podíamos ler nos catecismos do século XVII. A repetição da proibição com um intervalo de três séculos mostra bastante bem o

13 *Gaudium et Spes*, §35.
14 *Catéchisme de l'Église Catholique*, art. 2.115 e 2.116.

nível de audiência e eficácia da Igreja: as superstições do reinado de Luís XIV ainda continuam presentes. Elas voltam com força até, e vimos que os cristãos formam os numerosos batalhões de amantes da astrologia e da vidência. É verdade que a hierarquia não dá exemplo de coerência, como Pio XII, por exemplo, difundindo o culto de Fátima e o dogma da Imaculada Conceição e condenando as outras aparições, em nome de uma lógica que escapa ao fiel comum. Se as manifestações do sobrenatural são possíveis em Lourdes ou em Fátima, por que não em outros lugares, pensará?

Em todo caso, não faltam profecias que utilizam os velhos temas, os apocalipses, os cataclismos, o fim do mundo, e tornaram-se mais críveis por causa das catástrofes e ameaças do século. Em 1925, o norte-americano Albert Reidt prediz o fim do mundo em 6 de fevereiro à meia-noite, exceto para os 144 mil eleitos, que serão transportados para Júpiter. Em 1932, Benjamin Covic anuncia o retorno de Cristo nele próprio. E outro norte-americano, Edgar Cayce (1877-1945), fica famoso prevendo as batalhas da Segunda Guerra Mundial e catástrofes para o fim do século:

> Terríveis cataclismos devastarão o globo terrestre no fim do século XX, com a destruição, nos Estados Unidos, da Califórnia, da cidade de Nova York, de uma parte de Connecticut, da Carolina e da Geórgia. Na Europa, o Vesúvio e o Etna vão despertar no contexto de uma completa reviravolta de toda a região mediterrânea. As cidades de Paris, Lyon, Marselha e Roma, a maior parte da Itália e toda a Inglaterra desaparecerão.

Após 1945, a lógica da Guerra Fria coloca a terceira guerra mundial no centro das profecias. Em Kerizinen, na Baixa Bretanha, a Virgem aparece 58 vezes a Jeanne-Louise Ramonet entre 1945 e 1965 e anuncia a iminência do evento, assim como a chegada em breve dos russos. De 1961 a 1965, ela anuncia a quatro crianças de Garabandal que "o castigo deve vir, porque o mundo todo se recusa a mudar". A Iugoslávia também tem as suas aparições: em 1946, em Pasman, onde a Virgem prediz a chegada dos russos, depois a partir de 1981 em Mejdugorje, onde ela reserva dez segredos proféticos a um grupo de videntes. No início dos anos 1970, os norte-americanos Lindsay e Carlson, baseando-se numa interpretação muito pessoal de Isaías, Ezequiel, Daniel e Apocalipse, descrevem o desenrolar da terceira guerra mundial, com invasão russa, contra-ataque, uso de arma atômica, batalha final na planície de Armagedom, na Palestina.[15] Em 1963, Henri Allaines prevê o nascimento

15 Lindsay; Carlson, *L'agonie de notre vieille planète*.

do Anticristo em 1964 ou 1965. Ele será filho do demônio e de uma mulher que desconhecerá a sua natureza. Começará seu reinado em 1991 ou 1992, reinado que terminará em 1995 ou 1996 com a última guerra.[16]

O fim do século XX sendo também o fim de um milênio, era de se esperar que concentrasse as predições de fim do mundo. De fato, pudemos recensear 237 profecias que fazem do ano 2000 a data fatal.[17] A coincidência entre a mudança de milênio e a mudança de era zodiacal, situada pelos especialistas entre 1960 e 2040, é um fato único e excitante, que somente poderia dar asas a todo tipo de imaginação profética. O inevitável Nostradamus, é claro, é do ramo, do qual já se tirou mais de 1.500 interpretações diferentes. Na massa de suas quadras insanas, há uma (X, 72) que se presta maravilhosamente bem às circunstâncias:

> No ano mil novecentos e noventa e nove e sete meses
> Do céu virá um grande Rei de terror
> Ressuscitar o grande rei de Angoulmois
> Antes que Marte reine por sorte.[18]

Sem dúvida, os exegetas ainda não conseguiram explorar todo esse maná. Alguns veem nele o anúncio da restauração da monarquia em 1999 por sete milênios.[19]

## DO ESOTERISMO AOS DEVANEIOS *NEW AGE*

Entre as elucubrações esotéricas das quais é ávido nosso fim de século, as do Centro Esotérico de Siracusa são particularmente famosas. Em 1972, um jovem "sensitivo" entra regularmente em contato durante seus transes com uma "entidade" inteligente, que lhe transmite mensagens proféticas assinadas K. O Relatório K também prevê um fim de milênio muito agitado:

> O chefe da Igreja será atingido no pescoço e no peito e cairá com os olhos fitos no céu. Isso acontecerá nos últimos dez anos do século, quando o mundo

16 Allaines, *Actualité de l'Apocalypse confirmée par les prophéties*.
17 Carnac, *Prophéties et prophètes de tous les temps*, p.79.
18 No original: "L'an mil neuf cent nonante neuf sept mois/ Du ciel viendra un grand Roy d'effrayeur/ Ressusciter le grand roy d'Angoulmois/ Avant que Mars régner par bonheur". (N. T.)
19 Fontbrune, *Nostradamus*.

> grandemente ameaçado verá os chefes de Estado suceder-se rapidamente numa pavorosa crise geral, que atingirá as quatro direções do espaço. Crimes horríveis marcarão o fim do século. O Oriente ameaçará de morte e destruição o Ocidente. Os perseguidos do Oriente serão os perseguidores do Ocidente e incendiários, e o Oriente terá nesse tempo um único chefe. [...] Então, cada jovem será chamado ao dever, mas não obedecerá. E de novo o barulho dos fuzis encherá as rodas da bússola e o mundo cairia de novo na desordem. O medo reinará até o momento em que toda nação tiver dado provas de submissão. Então os responsáveis da nação serão mortos por fanáticos, mas estes últimos serão eliminados por sua vez pelos humildes. Esse será o inverno negro. [...] A morte ferirá mais uma vez. Depois virá finalmente a luz. A renovação dos séculos dos anos 2000 e os humildes reinarão na paz. O mundo então conhecerá outra vida sob a férula de um homem de justiça. [...]
>
> No primeiro século do terceiro milênio, o homem dará passos de gigante e não haverá mais fome nem guerra. As barreiras tombarão e as nações se unirão. Verdadeiros milagres confirmarão o bem-estar geral. A ordem e Deus habitarão cada alma humana. Isso durará três gerações. [...]
>
> O homem descobrirá o átomo dentro do átomo. A guerra estourará de novo. A arma destruidora tomará impulso ao longo de falsas transações. Deus será abandonado mais uma vez. Os céus serão feridos pelas destruições e a humanidade desaparecerá sete dias. Isso acontecerá nos primeiros quinze anos do segundo século dos anos 2000. Toda a extensão do mundo oferecerá desolação e cataclismos. Tudo será estéril.

Encontramos aqui o esquema clássico da alternância catástrofe-renovação, já várias vezes mencionado. Ele pode tomar até uma forma astronômica, com extrapolações tiradas das coincidências entre os ciclos de atividade solar e certos fenômenos políticos. As curvas mostram, por exemplo, que os republicanos nos Estados Unidos e os conservadores no Reino Unido vencem em fases de intensa atividade solar. Daí a prever os resultados eleitorais e a cotação da Bolsa em função do Sol é apenas um passo, que alguns dão com alegria. Outros permanecem mais classicamente fiéis à astrologia tradicional. A conjunção Saturno-Júpiter-Plutão na constelação de Capricórnio em 1982 e 1988 leva a predições extravagantes. Outros ainda recorrem à inspiração sobrenatural, como a "profetisa" Vassula, de religião ortodoxa, que desde 1985 recebe mensagens cotidianas de Deus cujo caráter profético repete todos os clichês habituais sobre a iminência da catástrofe, se não houver uma conversão rápida: "Agora resta pouco tempo; perdoe o seu semelhante enquanto você ainda tem tempo" (agosto de 1991). As mensagens de

Vassula não ocupam menos de oito volumes, e também estão disponíveis em videocassetes que vendem bastante bem. A profecia, assim como a astrologia, entrou na era do marketing. Bom negócio comercial, ela penetra, com o esoterismo e a "paranormalidade", nos programas de "grande público" das redes de televisão. A predição popular seguramente tem futuro pela frente.

A síntese dos diversos tipos de predição popular pode assumir até uma aparência de nova corrente religiosa, como o New Age, forma americanizada de certo milenarismo astrológico. Ele anuncia o advento iminente de um mundo renovado, em que cada um reconhecerá a presença de Deus dentro de si, como fragmento da consciência cósmica do espírito universal. O cristianismo, que coincide com a era de Peixes, chega ao seu fim. Todas as religiões vão se unir, e vai começar, com a entrada no signo do Aquário, uma era paradisíaca de 2.160 anos, que permitirá que os homens concentrem todas as suas aspirações positivas.

O movimento deriva diretamente do esoterismo, com Paul Le Cour (1871-1954), que em 1937 escreveu em *L'Ère du Verseau* [A era de Aquário]: "Quando soar a hora de Aquário, o que foi chamado de conversão dos judeus ao cristianismo, cogitado por certos profetas para o ano 2000, para eles consistirá em reconhecer o Messias esperado no Cristo regressado".[20] Muito sincretista, o New Age incorpora o retorno de Cristo a suas visões do futuro, numa estranha mistura de modernismo e milenarismo arcaico. Em 1948, por exemplo, Alice Bailey (1880-1949) anuncia:

> Quando, no transcorrer dos dois mil anos que virão, Cristo completar a obra iniciada há dois mil anos, a Voz afirmativa seguramente será ouvida de novo, e o divino reconhecimento de sua vinda será concedido. Ele espera neste momento a hora de descer. Essa descida ao nosso miserável mundo humano terá para ele apenas um encanto muito limitado. De seu plácido retiro na Montanha, onde esperou, velando e guiando a humanidade, preparando seus discípulos, seus iniciados e o novo grupo dos Servos do Mundo, ele deve sair e ocupar seu lugar preeminente na cena mundial. Deve tomar parte do grande drama que ali se desenrola. Dessa vez, representará seu papel não na sombra, como antes, mas diante dos olhos de todo o mundo. Em razão da exiguidade do nosso planeta, da importância do rádio, da televisão e da rapidez das comunicações, sua atividade será seguida por todos. Ele não vem como o Deus todo-poderoso, criado pela imaginação do homem ignorante, mas como o Cristo fundador do reino de

20 Le Cour, *L'ère du Verseau*, p.223.

Deus sobre a terra, para completar a obra iniciada por ele e de novo mostrar a divindade, em circunstâncias bem mais difíceis.[21]

O New Age, que, segundo Marilyn Ferguson, anuncia um "milênio de amor e luz",[22] congrega as decepções e as aspirações de uma geração inquieta e frustrada tanto pela evolução da humanidade como pelo fracasso e declínio das Igrejas. Unindo as esperanças dessa geração, ele situa sua realização global na próxima "era de Aquário", reação típica de todos os milenarismos, que gostariam de tomar pelo pensamento seus sonhos por realidade. Há algo de patético nesse otimismo forçado, ambíguo, que recita como uma ladainha a lista dos males da humanidade, como que para exorcizá-los. É o que faz, por exemplo, Bruno Totvanian, no editorial do primeiro número da revista *Troisième Millénaire*:

> Saltar no quê, rumo a quê? Muitos esperam que seja rumo a um mundo novo, em que o homem recuperará seu papel primordial, um mundo em que o mental terá de novo a primazia sobre a tecnologia, que voltará a ser uma simples ferramenta prática. Um mundo e uma humanidade que recuperarão o sentido do espiritual, mas um espiritual livre dos dogmas inventados por homens que, com esse artifício, impuseram-nos um segundo milênio sangrento, feito de conquistas, massacres, genocídios e servidão em nome de todos os tipos de deuses, esquecendo-se de Deus e de sua mensagem.[23]

Prolongamento muito "fin de siècle" dos movimentos *hippie* e *flower people* dos anos 1960, o New Age é a síntese de uma ficção científica pacifista que aspira a uma sociedade evoluída e indolente, do tipo "Nova Atlântida", e de uma corrente espiritualista neoplatônica que sonha com certa libertação do espírito, até agora dolorosamente cativo das imposições materiais. Na verdade, trata-se mais de um sonho do que de uma predição, sonho estereotipado de um mundo de cenário neoclássico, por onde passam personagens assexuados, sábios, envergando vestidões amplos, um mundo que funciona não se sabe bem como, onde tudo é ternura e verossimilmente tédio mortal. É mais ou menos esse tipo de visão que mostra o costureiro Paco Rabanne, celebridade do New Age que sem dúvida já previra as coleções *prêt-à-porter* para os habitantes da Nova Jerusalém:

21 Bailey, *Le retour du Christ*, p.47-9.
22 Ferguson, *Les enfants du Verseau*.
23 *Troisième millénaire*, n.1, p.3.

Os homens terão se elevado ao Quarto Plano vibratório. Isso não implica que seremos inteiramente "espirituais", mas significa que teremos alcançado um estágio da evolução que nos permitirá gerir melhor o necessário equilíbrio entre racionalidade e espiritualidade, entre matéria e espírito. A civilização de Aquário funcionará de acordo com um novo modo de pensamento. Nossas relações com os outros e com o mundo serão modificadas. [...] Quanto à organização e ao aspecto que oferecerá essa sociedade de Aquário, somente podemos ainda sonhar com ela. Em minhas meditações, vi monumentos de mármore branco, vi ruas pavimentadas de ouro – porque o ouro não terá mais valor comercial –, vi pessoas, homens e mulheres, vestidos com as mesmas túnicas simples e confortáveis. Imagens edênicas, parnasianas, que se encontram em todas as ciclologias e evocam em particular a Nova Jerusalém do Apocalipse de João.[24]

## ASTRÓLOGOS E VIDENTES EM SOCORRO DOS POLÍTICOS

A predição popular não faz sonhar apenas os excêntricos. No século XX também é utilizada pelos políticos, mesmo pelos mais realistas. A consulta a astrólogos e videntes é muito discreta nesse meio, mas prova que ainda existe certo espírito de Catarina de Medici nos atuais dirigentes. Joseph Stalin recorre aos serviços de um vidente georgiano para assuntos correntes e aos do polonês Wolf Messing para a alta política. Este último, hipnotizador, astrólogo e caracterólogo, cujas capacidades são reconhecidas pela Academia de Ciências da URSS, é consultado com regularidade. A escolha de Stalingrado como local de resistência para frear o avanço alemão não seria alheia a ele.

No outro campo também não faltam profetas. Hitler conhece em 1923 Houston Stewart Chamberlain, que lhe escreve: "Importantes tarefas o aguardam", e prediz o triunfo da raça superior. No círculo do Führer tem-se em alta conta as "profecias" de Nietzsche: "Ergue-se uma raça audaciosa e soberana", cujos membros se tornarão "os senhores da terra", dirigidos pelo super-homem. E o camaleão Nostradamus é adaptado sem nenhuma dificuldade para se tornar um profeta do nazismo. Os dirigentes do Terceiro Reich vivem numa atmosfera milenarista; Hitler não escreve em *Mein Kampf* que "o Estado [nacional-socialista] deve se comportar como protetor de um futuro milenar"?

---

24 Rabanne, *La fin des temps*, p.229.

Toda a carreira de Hitler é marcada pela presença de adivinhos, cujo papel exato é bastante difícil de avaliar, desde Karl Brandler-Pracht, vienense, redator do *Astrologische Rundschau* e conselheiro astrológico secreto até 1937, até um certo Kraft durante a guerra. Em 1923, a astróloga Elisabeth Ebertin faz o horóscopo de Hitler, publicado em 1924 em seu almanaque. Nessa época, o futuro chanceler havia acabado de tentar um golpe de Estado em Munique, o que lhe valeu alguns meses de prisão. Assim, as predições da astróloga são de uma audácia extraordinária:

> O senhor Adolf Hitler, homem político: homem de ação, nascido em 20 de abril de 1889; tem o Sol natal a 29º da constelação de Capricórnio. É suscetível a expor-se a grandes perigos pessoais, em consequência de iniciativas excessivamente imprudentes, que ele é capaz de tomar de improviso, e que sem dúvida suscitarão uma crise incontrolável. As posições astrais de seu horóscopo indicam que ele será levado muito a sério e está destinado a tornar-se – nas futuras batalhas políticas da nação alemã – seu Führer. Parece que esse homem tão fortemente influenciado pelo signo de Capricórnio deve perder a vida em sua empreitada, ao querer alcançar a hegemonia da Alemanha.[25]

O astrólogo mais famoso do Reich é Eric Hanussen, que desde os anos 1920 tem entre seus clientes Roehm, Goebbels, Himmler, Hess e o próprio Hitler. Seu destino está ligado ao do partido nazista, cujos sucessos eleitorais são preditos por ele. Após 1933, dirige o *Okultismus Paläst* de Berlim, onde redige, a pedido do chanceler, os temas astrológicos de Chamberlain, Churchill, Daladier, Stalin, Roosevelt, Mussolini e muitos outras personalidades com as quais o Reich poderia ter de lidar. Durante a guerra, a propaganda alemã, mas também a aliada, utiliza amplamente as predições astrológicas como arma psicológica. Esse aspecto, estudado por E. Howe,[26] mostra uma surpreendente estabilidade da credulidade coletiva através dos séculos, e os meios empregados são parecidos com aqueles que garantiram o sucesso de William Lilly na época de Cromwell.

Tradicionalmente, astrólogos e videntes fazem parte dos conselheiros ocultos da presidência norte-americana. Uma das personalidades mais importantes é Jane Dixon, astróloga, vidente e cristã, em contato, portanto, com todas as fontes de informação sobre o futuro. Franklin Roosevelt a consulta regularmente, e a façanha de sua vida teria sido a predição em 1952 da

25 Apud Carnac, op. cit., p.172.
26 Howe, *Astrology and Psychological Warfare during World War II*.

eleição e do assassinato de J. F. Kennedy. Especialista em visões de atentados, também teria "visto" com antecedência a morte de Gandhi, de Martin Luther King e de Robert Kennedy, e ainda teria predito que os russos seriam os primeiros a chegar à Lua, bem como – exige a tradição – uma guerra planetária em 1999.

Os grandes deste mundo evidentemente não se gabam de suas relações astrológicas e extralúcidas, aliás, nem do papel de seus conselheiros de comunicação. O homem público tem o dever de parecer dono de seu destino e ter como guia apenas a razão e o interesse nacional, afora qualquer consideração irracional e egoísta. Por isso, é impossível avaliar a importância real das predições para o espírito dos políticos. O segredo apenas encoraja os rumores, os boatos e os mexericos de todos os tipos, espalhados por jornais populares e obras sensacionalistas. Até onde vai a verdade a respeito, por exemplo, das predições de Madame Fraya, célebre quiromante do início do século que teria tido entre seus clientes Jean Jaurès, Aristides Briand, Louis Barthou, Albert Sarraut, Georges Clemenceau? São atribuídas a ela predições espantosas durante a Primeira Guerra Mundial: ela teria entregue seus prognósticos em 1914 ao ministro da Guerra, na presença de Millerand, Delcassé, Briand; em 1917, Raymond Poincaré a teria convocado ao Eliseu para saber mais sobre o desfecho de um conflito que se encontrava num impasse total. Em todo caso, supondo a exatidão desses fatos, ainda nos questionamos sobre a utilidade dessas predições: de que adianta predizer o que deve acontecer inelutavelmente? A única predição útil é a predição falsa, isto é, a que motiva decisões que evitam a sua realização. Predizer a guerra somente é útil se servir para evitar a guerra; predizer a derrota somente interessa se permitir a vitória; quanto a predizer a vitória, isso serve para quê? Assim, a ambiguidade da predição política é que ela só tem interesse se for falsa.

A credulidade não é apanágio dos políticos europeus. Desde o início dos anos 1990, o presidente de Moçambique, Joaquim Chissano, governa seguindo as ideias de seu guru indiano, Maharishi Mahesh Yogi, que prepara a concretização de um projeto de paraíso sobre a terra em 20 milhões de hectares, onde a pobreza e a fome serão eliminadas.

Os mais eminentes do século XX cederam à tentação. De Gaulle consulta Barbara Harris em Londres; astrólogos e videntes se interessaram por seu destino, como a baronesa Jourdrier de Soester (*Blanche Orion* nos meios profissionais), que em 1948 predisse seu retorno ao poder e uma morte tranquila, prognóstico confirmado em 1951 por Alec Dahn, de Lausanne. Exato, mas qual o interesse disso? De Nixon a Hassan II, e de Vincent Auriol a Antoine Pinay, sem contar um grande número de simples parlamentares, o mundo político, em todos os níveis, continua a recorrer aos serviços da predição popular. De darmos crédito aos boatos de corredor da Assembleia Nacional, astrologia e cartomancia ainda têm um belo futuro nos meios políticos. Tanto para os políticos como para os cidadãos comuns, importa menos o conhecimento do futuro do que certa segurança para o presente. O astrólogo equivale para eles ao psicólogo e ao conselheiro de comunicação. A imagem do futuro é ao economista, ao prospectivista, ao sociólogo que a pedimos. Mas eles são capazes de fornecê-la?

## "O FUTURO NÃO É MAIS O QUE ERA": VICISSITUDES DA PREDIÇÃO TECNOLÓGICA

O tom é dado por Jocelyn de Noblet no prefácio de *Rêves de futur* [Sonhos de futuro], tradução francesa de 1993 de uma obra do Massachusetts Institute of Technology (MIT).[27] Com um título sugestivo, "Le futur n'est plus ce qu'il était" ["O futuro não é mais o que era"], o autor expressa as dúvidas da sociedade ocidental sobre a sua própria capacidade de predizer o futuro:

> As sociedades ocidentais não parecem mais em condições de se projetar no futuro, perturbadas como são pelas múltiplas questões que se colocam a elas e permanecem sem respostas: novas tecnologias cujo domínio não parece desembocar em nenhum projeto coerente; uma degradação do meio ambiente que torna muito viva a noção de dano; um espaço urbano em que se torna cada vez mais difícil locomover-se livremente; um desemprego que nada parece desarraigar; um retorno das doenças contagiosas que nada levava a prever. Qual é a surpresa que, num contexto tão sombrio, o imaginário seja fascinado pelo espírito de catástrofe? Quando o sonho e o pesadelo devem conviver, constrói-se o futuro que se pode.[28]

O problema foi muito bem colocado. O homem do fim do século XX está diante de um mundo cuja complexidade e perigos que o ameaçam são tais que ele se sente incapaz de predizer um futuro qualquer. O diagnóstico vai ao encontro daquele que Louis de Broglie já fazia em 1941, em "L'avenir

---

27 MIT, *Imagining To-Morrow*; publicado em francês com o título de *Rêves de futur*, número especial da revista *Culture Technique*, n.28.

28 Ibid., p.12.

de la physique" ["O futuro da física"], no qual afirmava que mesmo nas ciências exatas a previsão é impossível:

> Mesmo na hipótese mais favorável às antecipações, aquela em que o amanhã sairia do hoje pela ação implacável de um determinismo rigoroso, a previsão dos fatos futuros em sua incontável multidão e sua imensa complexidade excederia infinitamente todos os esforços dos quais o espírito humano é capaz e seria possível somente a uma inteligência infinitamente superior à nossa.[29]

E, no entanto, estamos em domínios que pareciam ser capazes de fornecer as previsões mais confiáveis: ciência e técnica. Esse ceticismo é alimentado por uma reflexão sobre os repetidos erros da predição nesses setores. Em *Rêves de futur*, os técnicos do MIT examinam três questões: qual é a origem dos erros e exageros que caracterizam as antecipações? Quem acreditou nelas? Como elas afetaram o desenvolvimento tecnológico? Para J. J. Corn, "a antecipação é sempre um reflexo da experiência do momento e ao mesmo tempo das recordações do passado. Construção imaginária, ela nos ensina mais sobre a época em que foi formulada do que sobre o futuro em si".[30] Ele dá exemplos. Nos anos 1950 e 1960, o fascínio pela energia nuclear levou alguns a predizer que ela substituiria todas as outras fontes de energia, reduziria o custo da eletricidade a quase zero e promoveria a abundância, desconsiderando com isso não só o problema dos resíduos, mas também o fato de que isso estimularia a pesquisa no setor das energias concorrentes.

Exemplo contrário: o dos pensadores que previam que as invenções não mudariam realmente a vida e apenas facilitariam as tarefas tradicionais: a invenção da lâmpada incandescente por Edison em 1879 serviria apenas para realizar reuniões públicas ao ar livre ou à noite; o computador apenas permitiria acelerar os cálculos. Assim, todas as consequências anexas, mas às vezes essenciais, são desconsideradas.

Terceiro caso de figura: algumas invenções agem como "filtros tecnológicos", e prevê-se que essas máquinas milagrosas resolverão quase todos os problemas. Assim, o avião foi considerado por alguns um verdadeiro salvador, que ia suprimir as fronteiras, aproximar os povos e assegurar a fraternidade na terra. Não lhes ocorria que também pudesse servir para lançar bombas sobre mulheres e crianças: o próprio Victor Hugo era vítima dessa ilusão. A mesma coisa pode ser constatada a respeito da "fada eletricidade"

---

29 Broglie, L'avenir de la physique. In: ______ et al., *L'avenir de la science*, p.1-2.
30 MIT, op. cit., p.196.

e do computador. Uma das causas dessas visões utópicas é a ignorância do profano sobre os mecanismos da tecnologia. Essa tendência é cada vez mais nítida, pois as invenções crescem em complexidade e, em razão de seu aspecto misterioso, virtudes milagrosas são atribuídas a elas.

Nesse sentido, a vulgarização científica, que tem aspectos positivos inegáveis, também representa um perigo, porque suscita temores e esperanças exagerados, especialmente em relação ao campo da medicina, num público que não é capaz de dominar todos os dados técnicos. Revistas de vulgarização, como *Popular Science* e *Popular Mechanics* nos Estados Unidos, que acima de tudo têm imperativos comerciais, caem facilmente no sensacionalismo e contribuem para o aparecimento de utopias tecnológicas. São típicas as obras sobre o *Micromillenium*, que predizem uma era de felicidade graças à informática, espécie de milenarismo em imagem virtual. Depois da salvação dada pelo Grande Monarca, a felicidade vinda do Grande Computador.

Ora, a previsão tecnológica caracteriza-se sempre por resultados em dente de serra em relação às realizações concretas: anúncios prematuros ao lado de subestimações, avanços ao lado de retrocessos. As predições globais são incapazes de levar em consideração as interações múltiplas entre os diferentes campos, as variações de custos, a influência de fatores sociais, políticos ou culturais. Em 1937, um relatório norte-americano, responsável por recensear as invenções capazes de afetar as condições de vida e trabalho num futuro próximo, levava em conta somente as tecnologias existentes, desconsiderando completamente invenções iminentes fundamentais, como os antibióticos, o radar, os foguetes, a energia nuclear, a informática.

Em 1941, Pierre Devaux, em *Prophètes et inventeurs*, observava que só muito raramente Júlio Verne previra as soluções utilizadas nas máquinas do futuro. Assim, em *Robur, o conquistador*, sua máquina voadora é um enorme helicóptero de 74 hélices verticais. Não há nada de espantoso nisso, senão Júlio Verne não seria escritor de ficção científica, mas engenheiro ou inventor.

Pierre Devaux, entrando no jogo, imagina o mundo tecnológico de 1960. Vê trens aerodinâmicos leves circulando a 160 km/h, climatização, televisão, metrô subterrâneo ultrarrápido, bicicletas elétricas e "motoretas", material isotérmico, vitrines de vidro convexo invisíveis nas lojas, redução dos adubos químicos, exploração agrícola da Camargue, uma linha ferroviária de Londres à Cidade do Cabo por túnel sob o Canal da Mancha e outro sob o Estreito de Gibraltar, a barragem de Kamyshin no Volga, que desvia o rio e seca o Mar Cáspio, encouraçados gigantes, a perfuração do istmo da Nicarágua, caças a jato atingindo quase a velocidade do som. Quadro perfeitamente aceitável, embora um pouco otimista demais em certos setores.

Mais tarde, Pierre Devaux dobra a aposta. Previsão não mais para um prazo de vinte anos, mas para sessenta. O mundo tecnológico no ano 2000. Dessa vez, as distorções são consideráveis. O progresso é menos rápido e, sobretudo, toma rumos diferentes daqueles que estavam previstos. Pierre Devaux vê grandes aviões de transporte com capacidade para várias centenas de passageiros, mas ele os faz voar com hélices; Paris é abastecida de eletricidade por um cabo submarino de 700 mil volts vindo da Noruega; a linha ferroviária África-Europa recebe eletricidade das quedas do Zambeze; usinas de butano são instaladas em banquisas e utilizam as diferenças de temperatura entre a água e a atmosfera para produzir eletricidade; energia térmica é captada dos mares; os aviões a jato ultrapassam a velocidade do som; helicópteros particulares aterrissam no gramado e na cobertura das casas; carros a turbina circulam pelas cidades; pratica-se o cultivo sem terra, possibilitando o amadurecimento de plantas tropicais em quinze dias em estufas; as pessoas vivem duzentos anos graças aos hormônios; em compensação, não se vê um computador, e "cidades arrasadas pelas guerras foram reconstruídas sobre novos planos, mais urbanísticos; o campo penetra na cidade, mas o campo é fortemente urbanizado; as casas dos camponeses têm aspecto de cidades em série e foi necessária a intervenção do Estado para formar 'parques nacionais' pitorescos".[31]

Ainda mais tarde, Pierre Devaux vê surgir as manipulações genéticas, a criação de monstros, as guerras de espécies, a extinção progressiva das fronteiras do humano, as técnicas de desintegração da matéria, preparando a desintegração final.

Essas discrepâncias entre predição tecnológica e realização confirmam o julgamento de Thomas Kuhn: "É como se retivéssemos dos sinais que nos chegam do ambiente apenas os que ao mesmo tempo condizem com nossos conhecimentos, eram nossas convicções, justificam nossas ações, vão ao encontro de nossos sonhos e de nosso imaginário".

Ainda mais difícil de avaliar é a influência que as invenções poderão ter na organização social. No início do século, a transmissão sem fio era vista como um instrumento que permitiria fortalecer a célula familiar, já ameaçada. Mais tarde, o impacto da televisão sobre essa mesma célula provocará duros debates. Os sonhos futuristas estimularam algumas vezes o progresso socioeconômico: assim, visões de megalópoles povoadas de arranha-céus fizeram avançar a pesquisa urbanística; outras vezes o efeito é o contrário,

31 Devaux, Prophètes et inventeurs. In: Broglie et al., *L'avenir de la science*.

e faz acreditar em futuros radiosos graças unicamente ao aperfeiçoamento da técnica. Para Pierre Devaux, o progresso tecnológico somente acentuará o domínio das elites; a tecnocracia é inevitável: "Amanhã, assim como foi ontem, as descobertas serão obra das elites; a multidão não descobre, obedece". Para Daniel-Rops, um otimista, a médio prazo o progresso técnico significa o fim da miséria e do desemprego por meio de um sistema de compartilhamento do trabalho e renda mínima. Nos anos 1970, porém, assiste-se à separação entre o progresso tecnológico e o progresso social e moral. Mas se a predição sobre o primeiro é aleatória, a que se refere ao segundo é ainda mais radicalmente contestada.

## CETICISMO HISTÓRICO E PREDIÇÃO

Dessa vez, o ceticismo vem de certa reflexão sobre o passado. Desde os anos 1950, violentos ataques contra a confiabilidade do conhecimento histórico foram promovidos por correntes de pensamento e disciplinas próximas. Primeiro, a Etnologia e o estruturalismo, cujo pai, Lévi-Strauss, em *Raça e história*, em 1952, critica o que chama de etnocentrismo e evolucionismo dos historiadores. Acusa-os de ver o passado de um ponto de vista puramente europeu e transformá-lo numa linda e contínua caminhada rumo ao progresso, embora não se distinga nada parecido na história mundial, que é uma "marcha incerta e ramificada", imprevisível, cheia de fracassos e recuos. Por efeito dessas críticas, a história acaba duvidando de si mesma e resigna-se a contar o que se sabe hoje, tendo consciência ao mesmo tempo de que esse saber será questionado e superado amanhã. As leis históricas são "quando muito regularidades aproximativas no desenrolar dos acontecimentos"; são denunciados "os conceitos inadequados abusivamente aplicados às sociedades passadas; o peso da instituição histórica, tão enfiada em suas tradições; enfim, os artifícios do texto histórico em si, que alimenta a ilusão de reconstituir o passado".[32] O relativismo impõe-se com o fracasso das grandes teorias históricas e suas pretensões explicativas globais. Para Raymond Aron, "a pluralidade das interpretações é evidente, assim que se considera o trabalho do historiador. Pois há tantas interpretações quanto existem sistemas, isto é, em termos vagos, concepções psicológicas e lógicas originais. Mais ainda, podemos dizer que a teoria precede a história";[33] para

32 Bourdé; Martin, *Les écoles historiques*, p.339-40.
33 Aron, *Introduction à la philosophie de l'histoire*, p.111.

R. G. Collingwood, "o pensamento histórico é uma atividade da imaginação. Na história, nenhum conhecimento adquirido é definitivo. Um testemunho válido em dado momento deixa de sê-lo assim que se alteram os métodos e mudam as competências dos historiadores"; para C. Becker, "cada século reinterpreta o passado de maneira que sirva a suas próprias finalidades. O passado é uma espécie de tela sobre a qual cada geração projeta sua visão do futuro".

Podemos inverter esta última observação, dizendo que o futuro é uma tela sobre a qual cada geração projeta sua visão do passado e, como este está sempre mudando em função das preocupações presentes, a predição do futuro não passa de uma projeção do presente. Sem que haja necessidade de organizá-lo num departamento especial, fazemos inconscientemente o trabalho de revisão permanente do passado que o Ministério da Verdade do *Big Brother* fazia em *1984*. A imagem que temos do passado não passa de uma ilusão e, consequentemente, se invertermos a frase de Orwell, diremos que "aquele que não controla o passado não controla o futuro". Em meados dos anos 1970, Jean Chesneaux e Michel de Certeau dedicaram-se a uma crítica sistemática e justificada dos vícios da história universitária contemporânea, de suas pretensões tecnicistas, intelectualistas e profissionalistas, de seus códigos e usos implícitos, que fazem dela um discurso artificial.[34]

Se o valor da história é contestado em seu objeto próprio, isto é, o conhecimento do passado, todas as tentativas de construção de modelos explicativos são arruinadas. Ora, de Joaquim de Flora a Hegel e Marx, foram esses modelos que serviram de instrumento de predição, aplicando ao futuro as estruturas do passado. Se todos os decalques estão errados, é evidente que a previsão não tem nenhum valor. Em 1971, realizou-se em Veneza um colóquio internacional sobre esse tema, intitulado *L'historien entre l'ethnologue et le futurologue*.[35] Daniel Bell, na palestra "Prévision contre prophétie", mostrava a impossibilidade de se estabelecer um modelo para as previsões políticas. Tudo que podemos prever, dizia, são os eventuais problemas que ameaçam se apresentar e o leque de soluções possíveis: "Podemos definir situações ou problemas que uma sociedade será chamada a resolver, mas, como ela poderá fazer isso de diferentes maneiras, o curso real das coisas não é previsível por natureza".[36]

---

34 Chesneaux, *Du passé faisons table rase?*; Certeau, *L'écriture de l'histoire*.

35 Atas publicadas em 1972.

36 Bell, Prévision contre prophétie. In: Dumoulin; Moïsi (dir.), *L'historien entre l'ethnologue et le futurologue*, p.87.

A predição que se baseia na história é reduzida de certa forma ao princípio de incerteza, como a física fundamental: admitindo-se que as condições sejam tais, então pode acontecer tal ou tal coisa; mas nada nos permite afirmar que as condições serão um dia tais como as supomos. A "predição" resume-se a um catálogo de potencialidades.

Em 1977, Jean Delumeau dava um exemplo a propósito de um problema muito controverso: o futuro do cristianismo. Perguntando no título de sua obra se o cristianismo vai morrer, ele se dedica a um exercício de prospectiva a partir da análise histórica da evolução do cristianismo. E, prudentemente, prevê dois modelos possíveis, embora assinale sua preferência pelo segundo:

> Na visão humana, podemos cogitar dois tipos de futuro para o cristianismo. Uma primeira hipótese, a mais provável para os não crentes e para todos que se prendem a uma concepção demasiado quantitativa da história, é que ele está em declínio: não morto já, porém moribundo, inelutavelmente ferido em sua substância. [...] Trata-se apenas de uma aposta – incerta – sobre o futuro, uma profecia sem garantia científica. [...] Quanto ao futuro da mensagem evangélica, opto por uma prospectiva diferente daquela que apresentei na primeira hipótese, e creio divisar a nova carreira de um cristianismo minoritário, porém remoçado. Passado o tempo dos conformismos, das obrigações e das sanções fulminadas conjuntamente pela Igreja e pelo Estado, a religião cristã, nessa segunda visão de antecipação, voltará a ser o que jamais deveria ter deixado de ser: um agrupamento de homens de fé, livres e conscientes da importância e dos riscos de sua adesão a Cristo.[37]

A previsão, que vinte anos depois continua válida, provoca a fúria dos católicos tradicionais, que não toleram que se toque no edifício dogmático elaborado através dos séculos, e que se prediga o fim de todas as crenças anexas que foram decretadas eternas. Apenas o pensamento de que a fé possa ser reduzida a um denominador comum, vago o bastante que permita ao "herético" e aos "infiéis" juntar-se aos "verdadeiros" fiéis, aos eleitos, numa mesma comunidade, já desperta os velhos reflexos de excomunhão. O padre Bruckberger fala de "atentado contra o catolicismo"; Jean Guitton afasta-se do júri do Prêmio Católico de Literatura; Louis Salleron aplica-se a fazer críticas insultuosas na revista *La Pensée Catholique*.[38]

---

37 Delumeau, *Le christianisme va-t-il mourir?*, p.147-50.

38 *La Pensée Catholique*, n.169.

A violência desse debate, do qual não nos cabe tratar aqui, ilustra a dificuldade da previsão baseada na história, sobretudo quando esta diz respeito ao sagrado, que, para seus defensores, foge às leis históricas humanas. Como no século XVII Bossuet não permitia o estudo exegético da Bíblia porque a Palavra de Deus não se sujeita à filologia, os defensores da Igreja não permitem que se cogitem seu declínio e fim porque ela é *a priori* eterna. Esse tipo de bloqueio mostra que o valor preditivo da história não tropeça apenas em dificuldades de ordem racional.

Alguns historiadores até fazem da incapacidade de predizer uma prova da superioridade da história sobre outras disciplinas com pretensões preditivas. É o caso de Hugues Trevor-Roper, que louva os méritos da história empírica e não almeja construir um sistema explicativo. A história dogmática, escreve, não tem capacidade para predizer. Em nenhuma época soube-se prever as grandes mudanças da época seguinte. Para ele, esse é o erro da Sociologia, que elabora modelos dogmáticos e os utiliza para predizer:

> O problema com todas as tentativas de profecia da Sociologia é que elas se apoiam em hipóteses de continuidade que nem sempre têm fundamento. Quase todas as mudanças procedem da sociedade, mas procedem com frequência de grupos que são ignorados na época em que existem. De modo que, para o historiador, existe somente um método: o método empírico. Todo pensamento histórico que não é irremediavelmente acometido de obsolescência fundamenta-se na experiência. O sociólogo parte do dogma: elabora modelos, e o que prova a qualidade do modelo é que ele funciona.[39]

Daniel Bell também imputa o papel de profeta ao sociólogo, mas limita sua capacidade ao presente ou, quando muito, ao futuro imediato:

> O objetivo da futurologia não é prever o futuro – não creio que isso seja possível, e não existe algo como o futuro –, mas, quando muito, explicitar a estrutura presente da sociedade. Seu objetivo é saber quais mudanças sociais ocorrem e tentar explicar por que seguem na direção que tomaram. Assim, a futurologia é muito especificamente um exercício de sociologia.[40]

39 Trevor-Roper, Que serait la vie sans une connaissance de l'histoire?. In: Dumoulin; Moïsi (dir.), *L'historien entre l'ethnologue et le futurologue*, p.218.

40 Bell, p.75-6.

A história sendo reduzida assim a um puro conhecimento empírico e gratuito do passado, alguns não hesitam em predizer seu desaparecimento. Em *Les mémoires du futur (1960-3750)*, John Atkins escreve que após a quarta guerra mundial, que acontecerá em 2005-2006, a história, atividade inútil, sem interesse e potencialmente perigosa, deixará de ser escrita.

## OS PROFETAS DO FIM DA HISTÓRIA E DO ÚLTIMO HOMEM

Outro obstáculo importante vem opor-se ao valor preditivo da história: as afirmações a respeito do "fim da história". Não haverá mais nada a predizer simplesmente porque chegamos ao termo da evolução. Ponto final. Paradoxo: é a própria história que nos informaria que não há mais nada a esperar. A ideia não é nova. Já era o que proclamava Hegel há dois séculos. E é o que vem atualizar seu discípulo Francis Fukuyama em *O fim da história e o último homem*.[41] Segundo ele, o principal motor da história humana reside na necessidade de reconhecimento sentida por cada indivíduo, e que, para Hegel, localiza-se numa parte da alma, o timos. Todos têm necessidade de serem reconhecidos pelos outros como um ser humano com sua dignidade. É essa necessidade que estaria na base dos conflitos socioeconômicos, que são todos repetições num registro diferente do famoso conflito dialético senhor--escravo. Em nossa época, esses conflitos resultaram na implantação do sistema liberal democrático, que satisfaz plenamente o timos. Esse modelo, já estabelecido na Europa Ocidental e nos Estados Unidos, vai estender-se para todo o mundo e, consequentemente, sendo atingido o objetivo, esse será realmente o "fim da história".

Não faltam argumentos a Fukuyama para sustentar sua tese. Ele compõe um quadro impressionante dos países que recentemente se tornaram democracias liberais no mundo inteiro, um quadro que mostra uma aceleração do movimento nos últimos trinta anos, ainda que de vez em quando haja retrocessos provisórios: 3 democracias em 1790 (Estados Unidos, Suíça e França, embora nesse último caso o termo seja abusivo), 13 em 1900, 36 em 1960, 61 em 1990. Para o autor, essas estatísticas provam que a história tem um sentido: "A história não é um encadeamento cego de acontecimentos, mas um conjunto coerente em que as ideias humanas sobre a natureza de uma ordem política e social justa desenvolveram-se e concretizaram-se".[42]

41 Fukuyama, *The End of History and the Last Man*.
42 Ibid., p.51.

Além disso, a evolução científica e econômica conduz inelutavelmente, por toda parte, à uniformização no interior da sociedade de consumo. Estabelece-se um mercado mundial, fator de certa cultura mundial. Esse desenvolvimento econômico e essa globalização poderiam ter resultado no triunfo da burocracia autoritária; ora, não foi o que aconteceu: a sociedade de consumo conduz à democracia, que é o regime mais apto a satisfazer a proliferação dos grupos de interesse. Isso, para Fukuyama, prova também que a história avança na direção de um alvo que agora está à vista. Visão muito finalista.

Esse alvo é a democracia liberal, pois é impossível imaginar um sistema que garanta melhor do que ela a satisfação da necessidade de reconhecimento mútuo. Portanto, esse só pode ser o fim, nos dois sentidos do termo, da história:

> Se estamos agora num ponto em que não podemos imaginar um mundo substancialmente diferente do nosso, um ponto em que não há nenhuma forma aparente ou evidente de melhorar o futuro de modo fundamental em relação à ordem atual, então devemos considerar a possibilidade de que a história esteja chegando ao seu fim.[43]

Quatro fatores ainda estorvam o progresso para a democracia liberal: a persistência em certos lugares de uma consciência racial e étnica excessivamente desenvolvida; a persistência de correntes religiosas totalitárias, isto é, os diversos fundamentalismos, judeu e muçulmano em particular, aos quais devemos acrescentar o fundamentalismo católico e das seitas protestantes, que Fukuyama vê de maneira um tanto precipitada como coisa do passado; a resistência de estruturas sociais desigualitárias; a organização insuficiente da sociedade civil, que deixa o essencial do poder nas mãos de um Estado centralizado, quando a verdadeira sociedade liberal repousará sobre a autonomia das associações de base. Globalmente, portanto, é a afirmação das "identidades culturais" que retarda o movimento na direção da homogeneização dos gêneros de vida:

> De um lado, há o progresso da homogeneização da humanidade por meio da economia e da tecnologia moderna, e da progressão da ideia de um reconhecimento racional como única base legítima de governo em todo o mundo. De

43 Ibid.

> outro, há em toda parte resistência a essa homogeneização, e certa reafirmação, num nível infrapolítico, das identidades culturais que, no fim das contas, reforça as barreiras entre os povos e as nações.[44]

Esses combates de retaguarda, em nome da identidade cultural, acabarão se acalmando, mesmo que esse processo leve certo tempo. As guerras de tipo nacionalista só atingem agora as regiões mais atrasadas: Terceiro Mundo, ex-União Soviética, ex-Iugoslávia. O tempo fará seu trabalho: "O fato de que a neutralização política final do nacionalismo não acontecerá nesta geração nem na próxima não afeta a perspectiva de que no fim ela aconteça".[45]

Eis a predição do fim da história. O esquema é sedutor e comporta numerosos aspectos verossímeis. No entanto, dá margem a objeções. No nível puramente racional, é legítimo dizer que não haverá nada além da democracia liberal, unicamente porque hoje é impossível imaginar um regime melhor? O mesmo raciocínio faria dizer no século XVII que não haveria nada além do absolutismo, concebido como um regime perfeito, a partir do modelo divino. Por outro lado, essa não é a primeira vez que se afirma peremptoriamente que a história tem um sentido: além do fato de manter a ambiguidade entre fim e alvo, dentro de um espírito finalista, o que em si é discutível, o problema de saber qual é esse sentido está longe de ser resolvido. Basta constatar a multiplicação dos regimes democráticos para concluir que essa é a direção fundamental da evolução? Aliás, em sua encantadora simplicidade, o quadro dos "regimes democráticos" mereceria certas ressalvas, quando pomos lado a lado, em 1990, a França e a Alemanha do Leste, o México, o Paraguai, a Nicarágua, a Tailândia, a Namíbia e outros ainda, que visivelmente não têm a mesma interpretação do termo "democrático".

Para Fukuyama, o modelo da democracia ocidental à maneira americana está destinado a prevalecer, e isso porque não podemos imaginar nada melhor. Também podemos contestar esse ponto. E, ainda que a americanização do planeta fosse desejável, quem nos garante que a evolução conduz necessariamente ao melhor? Por que não seguiríamos na direção do pior? "Quem sabe se a verdade não é triste?", perguntava Renan.

Fukuyama rejeita logo de saída a concepção cíclica da história, pois, escreve, os ciclos precedentes teriam deixado vestígios. Tudo depende da natureza desses ciclos. A astrofísica, como vimos, não exclui uma visão

44 Ibid, p.244.
45 Ibid, p.275.

cíclica que não deixa nenhum traço das fases precedentes; mas entramos aqui em outra escala. De fato, as concepções de Spengler e Toynbee podem muito bem conciliar ciclos e continuidade. Além do mais, a visão linear comporta um aspecto desesperador, inteiramente em desacordo com o otimismo de Fukuyama: afirmar, como Hegel ou Marx, que os sofrimentos humanos contribuem para o advento do futuro radioso, e não são inúteis porque vão no sentido da história, não é nenhum consolo para as vítimas. A única forma de corrigir esses "erros" da evolução é adotar um ponto de vista religioso.

As outras objeções são feitas pelo próprio Fukuyama, e referem-se ao último estágio da história humana. Podemos nos fazer muitas indagações a esse respeito. O nível de reconhecimento mútuo na democracia liberal será suficiente para ser definitivo? A desigualdade de riqueza que subsiste não será fonte de novos combates? Mesmo supondo que cheguemos a um estágio igualitário, não corremos o risco de uma degeneração, como a anunciada por Nietzsche, sendo o "último homem", na verdade, apenas um sub-homem, que perdeu todo desejo de se afirmar e, portanto, toda a vontade, saciado, afundado na uniformidade, não sentindo nem mais a necessidade de se impor pela arte, pela literatura? Esse é o risco anunciado por Tocqueville, e batizado de isotimia por Fukuyama, um estado em que tudo se equivale, em que qualquer manifestação de diferença – fonte de desigualdade – é eliminada, e do qual já percebemos certos sinais hoje: "Se amanhã as paixões isotímicas tentarem eliminar as diferenças entre o feio e o bonito, afirmar que um aleijado não é somente igual espiritualmente, mas também fisicamente a uma pessoa com todos os seus membros",[46] então esse será o fim da civilização.

Por isso a sociedade democrática liberal deve dar espaço para certa expressão da megalotimia, ou desejo de se afirmar e dominar pela atividade econômica, que permite o enriquecimento; pela ciência, que permite adquirir prestígio; pela política, que satisfaz o desejo de poder; e pelo esporte, que é o substituto da guerra. A sociedade liberal democrática, embora proclame a igualdade, encoraja todas as atividades que patenteiam a desigualdade. Belo exemplo da contradição fundamental que está na origem da natureza humana.

Isso será suficiente? É pouco provável, ao contrário do que pensava Alexandre Kojève. O próprio Hegel dizia que seria necessária uma guerra por geração para manter a coesão social, evitar a degeneração do cidadão em

46 Ibid., p.314.

burguês. Os conflitos são uma necessidade e, se faltam motivos, guerreamos sem motivo. Para Fukuyama, os acontecimentos de Maio de 1968 são uma boa ilustração disso:

> É uma psicologia desse tipo que encontramos por trás do estouro dos eventos franceses de 1968. Os estudantes que tomaram temporariamente o controle de Paris e obrigaram o general De Gaulle a retirar-se não tinham nenhum motivo racional para se revoltar, porque eram em sua maioria crianças mimadas de uma das sociedades mais livres e mais prósperas do planeta. Mas foi justamente a ausência de luta e sacrifício em sua vida de pequeno-burgueses que os fez sair às ruas para desafiar a polícia. Alguns estavam impregnados de ideias completamente inaplicáveis como o maoismo, mas não possuíam uma visão realmente coerente de uma sociedade melhor.[47]

É evidente, portanto, que o "fim da história" anunciado por Fukuyama é uma falsa saída. Em última análise, o próprio autor parece duvidar fortemente da possibilidade desse fim. O timo nunca será satisfeito. Podemos ficar tranquilos: a história não acabou. Mas devemos nos preocupar ao mesmo tempo: se quando "a França se entedia" leva a um Maio de 1968, o que acontecerá quando o mundo se entediar?

> Se os homens do futuro se cansarem da paz e da prosperidade, e procurarem novos desafios e confrontos timóticos, as consequências podem ser bem mais assustadoras. Pois temos agora a arma atômica e outros meios de destruição em massa, que possibilitam matar instantaneamente e anonimamente milhões de homens.[48]

Os profetas de apocalipses ainda têm um belo futuro pela frente.

## NASCIMENTO DA PROSPECTIVA E DA FUTUROLOGIA

Está na hora de nos debruçarmos sobre os métodos mais recentes e mais sérios de previsão. A. C. Decouflé, em *O ano 2000*, compilou seis maneiras de falar do futuro. Quatro nos são familiares: a adivinhação tradicional, da qual recenseamos mais de 230 tipos; a profecia, que continua prosperando,

47 Ibid., p.330.
48 Ibid., p.336.

graças à sua regra de ouro, a obscuridade;[49] a ficção científica, que se limita ao campo do imaginário racional; a utopia, cujo papel ainda pode ser instigador, mas sofre um eclipse significativo no século XX em benefício da contrautopia.[50] Restam dois métodos recentes e irmãos inimigos: a futurologia e a prospectiva.

A prospectiva é uma das grandes novidades da segunda metade do século XX. Caracteriza-se por uma institucionalização e uma profissionalização da atividade da previsão, com o intuito de agir e preparar a opinião pública. Em sua concepção, portanto, ela retoma o papel que era desempenhado pelos oráculos oficiais no mundo greco-romano, utilizando meios modernos, estatísticas, probabilidades, elaboração de modelos, pesquisas e outros. Trata-se, na verdade, de um instrumento a serviço dos poderes políticos, econômicos, tecnocráticos. Mais do que nunca, governar é prever, num mundo instável, em que a tecnologia avança a uma velocidade cada vez maior. É preciso antecipar para ser eficaz. Também é preciso preparar os espíritos, e aqui encontramos a ideia de manipulação do futuro a serviço do presente, tão comum na Antiguidade. Nada como uma pesquisa prospectiva para justificar uma reforma desejada pelo poder.

O paralelo com a Antiguidade manifesta-se até no nome dos procedimentos, como o chamado método de Delfos, pelo qual os consultores fazem suas previsões em grupos independentes, sem comunicação entre si, e com a realização de uma síntese final. Esse procedimento, elaborado pela Rand Corporation no início dos anos 1950, lembra voluntariamente os oráculos da Pítia.

A ideia de prospectiva aparece em 1929 nos Estados Unidos, onde o presidente Hoover, que queria realizar reformas sociais, cria uma comissão, chefiada por Wesley Mitchell, que foi encarregada de estudar as tendências de evolução nesse campo. A aliança entre previsão e ação é ressaltada desde o início:

> Dada a teoria do determinismo sobre a qual repousa a ciência, a maneira mais sensata de preparar a ação baseia-se não na força da vontade humana unicamente, mas num conhecimento do que verossimilmente vai acontecer, seguido

---

49 Marty, *Le monde de demain vu par les prophètes d'aujourd'hui*, reúne as profecias populares dos séculos XIX-XX. Um dos pretextos da obscuridade é a pergunta de Paracelso: "Se tudo fosse exposto às claras, qual não seria o arrepio de horror que sacudiria o mundo como um caniço?".

50 Em 1971, numa carta de 14 de maio, Paulo VI recordava os aspectos positivos da utopia.

de um plano de ação que se empenhará para modificar esses acontecimentos prováveis.[51]

A segunda materialização data de 1933, quando Roosevelt encarrega W. F. Ogburn de escrever um relatório sobre *As tendências tecnológicas e a política governamental*, a fim de avaliar as consequências sociais prováveis do progresso tecnológico. O avanço decisivo deve-se ao setor militar nos anos cruciais 1944-1948, quando a reviravolta dos dados estratégicos, com a passagem da Segunda Guerra Mundial para a Guerra Fria, associada à revolução tecnológica nuclear, exige um exame sério dos cenários possíveis. É a esse contexto que se deve a criação da Rand (Research and Development) Corporation, em 1948, instalada em Santa Mônica, perto de Los Angeles. Esse laboratório de prospectiva trabalha com uma pluralidade de futuros possíveis e permite a elaboração de soluções para enfrentar as diferentes eventualidades.

A partir daí, as pesquisas prospectivistas estendem-se para o campo civil, primeiro pontualmente, por exemplo, com o relatório da Materials Policy Commission de 1952, que estuda o futuro da provisão de recursos naturais nos Estados Unidos, ou a "Agenda para o ano 2000", preparado em 1965 para refletir sobre as mudanças sociais previsíveis antes do fim do século. Desde 1975, a Câmara dos Representantes obriga todas as suas comissões a trabalhar com estudos de prospectiva. Esta última, portanto, torna-se uma verdadeira instituição, ligada ao poder. Mas as grandes empresas recorrem cada vez mais a estudos de caráter prospectivo, sobretudo depois da crise petrolífera de 1973, que põem em dúvida muitas certezas relativas ao prolongamento das tendências passadas. Podemos dizer até que o movimento se democratiza com a criação em 1966 da World Future Society (WFS), que reúne profissionais – que se manifestam no *WFS Bulletin* – e um "grande público" interessado – ao qual é dirigida a revista *The Futurist*. A sociedade tem aproximadamente 25 mil membros.

Na Europa, a prospectiva está ligada à implantação do planejamento econômico-social em vários Estados liberais após a guerra. O caso da França é o mais inequívoco. Quem diz planejamento diz controle do futuro, mediante um compromisso entre as tendências previsíveis e as realizações desejáveis. Estas são perfeitamente conhecidas; portanto, a eficácia depende

51 Bulmer, The Methodology of Early Social Indicator Research: W. F. Ogburn and Recent Social Trends, 1933, *Social Indicators Research*, n.13.

de uma visão clara daquelas. O equilíbrio entre o prever e o agir está no âmago do exercício de planejamento.

Foi Gaston Berger que inventou em 1957 o neologismo "prospectiva", concebido como simétrico à "retrospectiva". De fato, o termo previsão não convém a essa nova realidade, que não é simples conhecimento do futuro, mas resultado de uma ação coordenada, que leva em consideração tendências prováveis. Com a aceleração das mudanças técnicas e econômicas, torna-se indispensável dispor de um bom prisma sobre o futuro a médio prazo, o que Gaston Berger explica com uma comparação famosa:

> Numa estrada bem conhecida, o condutor de uma charrete que se desloca a passo, à noite, não precisa, para iluminar seu caminho, mais do que de uma reles lanterna. Em compensação, o automóvel que percorre em alta velocidade uma região desconhecida deve ser munido de faróis poderosos. Andar rápido sem ver nada seria uma loucura.[52]

Sobretudo, acrescentamos prolongando a comparação, porque a charrete, que representa a economia tradicional rural, não transporta mais do que palha, ao passo que o automóvel, que é a economia moderna, está carregado de tecnologias com um poder destruidor tão poderoso que o menor acidente causaria uma catástrofe.

Em 1957, Gaston Berger cria o Centre d'Études Prospectives, que, em 1960, funde-se com a associação Futuribles [Futuríveis], criada por Bertrand de Jouvenel, outro pioneiro da prospectiva. Mais um neologismo, diríamos, e de consonância particularmente esdrúxula. Mas não é lógico inventar palavras novas para designar o que ainda não existe? Este último, muito expressivo, visa mostrar que o futuro permanece aberto, e compõe-se de vários possíveis. A grande preocupação de Bertrand de Jouvenel é evitar que a prospectiva se torne monopólio do poder, isolada da sociedade, elaborada em sigilo como puro instrumento da tecnocracia. O perigo é real, como mostraram as utopias, as contrautopias, as obras de ficção científica e as antecipações elitistas à moda de Renan. Aliás, Bertrand de Jouvenel faz referência explícita à Casa de Salomão onde, em *Nova Atlântida*, de Francis Bacon, os cientistas discutem secretamente suas descobertas, dispondo desse modo de um poder totalitário sobre a sociedade. Para evitar esse estado de coisas e associar a opinião pública à tomada de decisão, o prospectivista sugere

---

52 Berger, *Étapes de la prospective*, p.20. (Coletânea de textos.)

a criação de um "fórum previsional" permanente, no qual os especialistas exporiam suas conclusões e os cidadãos poderiam informar-se dos resultados dos trabalhos.

O terceiro grande nome dos primórdios da prospectiva francesa é Jean Fourastié, cuja principal originalidade reside na vontade de levar em conta na elaboração das previsões as estruturas duráveis e os campos mais estáveis. Ao invés de procurar o futuro no prolongamento das curvas do passado mais recente, isto é, nas tendências mais frágeis, devemos nos basear nos campos em que a evolução é mais lenta e mais antiga, e que oferecem mais garantias de continuidade: "A regra de ouro do espírito prospectivo é situar o acontecimento não somente no passado recente, mas no longo prazo, isto é, ao menos no século, e até mesmo no milênio".[53] Isso leva Jean Fourastié a prever nos anos 1960 que o crescimento das curvas, que então era geral, pararia em breve e conduziria a um estado estacionário, previsão que ele foi um dos raros a formular na época. Sua visão de longo prazo, em contrapartida, é bem mais discutível e tem mais a ver com a utopia do que com a prospectiva.

## RESULTADOS E HESITAÇÕES DA PROSPECTIVA. O RETROPROGRESSO

A prospectiva tornou-se, portanto, uma atividade de profissionais, que utiliza métodos científicos continuamente aperfeiçoados e fundamenta-se na matemática. São as "matrizes de interações", criadas nos anos 1960 por Gordon e Helmer. Trata-se de uma tabela de dupla entrada que permite avaliar o resultado das interações entre acontecimentos possíveis e tendências prováveis. Mais do que predição, convém falar de um leque de potenciais cenários. O método das extrapolações, por sua vez, baseia-se na observação de uma série de fenômenos passados para aplicar em outro domínio as conclusões tiradas deles. O procedimento dos "modelos" é definido como:

> um substituto da realidade, que ele representa de uma maneira que se espera apropriada para o problema que se deve tratar. Compõe-se dos fatores referentes a uma situação dada e das relações que eles têm entre si. Fazemos perguntas a ele e contamos que as respostas recebidas forneçam uma luz sobre a parte do mundo real a que ele corresponde.[54]

53 Fourastié, Vues anglo-saxonnes sur l'avenir économique du monde, *Critique*, n.49, p.18.
54 Quade, *Analysis for Public Decisions*, p.139.

Há um "modelo linear geral", um "modelo de regressão", "modelos lineares estocásticos", "modelos econométricos", "modelos estocásticos multivariados" e outros ainda, todos baseados em métodos matemáticos muito complexos.[55] Devemos mencionar também o chamado método dos "cenários", que descreve previamente as condições em que se desenrolarão tal ou tal tipo de ação.

O cálculo das probabilidades apela para o aspecto puramente matemático do futuro. Albert Jacquard o define assim:

> O que recobre a palavra *probabilidade*? Ela corresponde ao nosso grau de confiança na realização de um acontecimento. [...] Em todo raciocínio probabilístico, consideramos um acontecimento cuja realização depende do resultado de uma prova que ainda não ocorreu ou cujo resultado ainda não é conhecido. [...] Uma prova é probabilizável se, dadas as opiniões ou informações que temos sobre as condições de seu desenvolvimento, temos condições de atribuir a cada um de seus resultados possíveis *ri* um número *pi* que traduz o nível de nossa confiança em sua realização.[56]

A confiabilidade do método depende, portanto, da qualidade da informação de que se dispõe, e repousa sobre a lei dos grandes números. Em nenhum caso ela afirma ser capaz de predizer com certeza um acontecimento:

> Como toda técnica matemática, o raciocínio probabilístico constitui apenas um meio de garantir o rigor, a coerência de nossas deduções. Em numerosas ocasiões, podemos apelar para ele e ele se revela de uma eficácia notável, embora devamos reconhecer seus limites; o raciocínio probabilístico não pode dar respostas às questões de ordem metafísica postas pela Realidade ou pelo Acaso.[57]

Essa cautela é conveniente no caso dos métodos modernos de prospectiva, que são considerados sobretudo como auxílio na tomada de decisão. O objetivo não é prever o que vai acontecer, mas evitar orientações nefastas por meio de ações apropriadas. A prospectiva pertence mais ao campo da prática do que ao campo do conhecimento.

---

55 Coutrot; Droesbeke, *Les méthodes de prévision*.
56 Jacquard, *Les probabilités*, p.11, 12, 15.
57 Ibid., p.123.

> Apesar do cuidado com que os dados foram examinados e o modelo escolhido, os erros de previsão são naturais e devemos ser comedidos diante dos resultados obtidos. [...] Mas os erros também se explicam pela existência de interações entre o previsor e seu ambiente: o automobilista, percebendo um obstáculo atravessado em seu caminho, reduz a velocidade e muda a trajetória para evitá-lo; o gerente de uma empresa, prevendo uma queda em sua parte do mercado, concentra seus esforços para mudar essa evolução. A previsão não é, de fato, um fim em si, mas um auxílio na tomada de decisão pelos prismas que fornece. Portanto, o erro de predição não deve nunca ser interpretado como uma má apreciação do futuro, mas às vezes como o resultado de ações complexas, realizadas pelos decididores para mudar o ambiente. Visto desse ângulo, o erro de previsão não é tão rico quanto a própria previsão e às vezes não há razão para nos alegrarmos com isso?[58]

Contudo, a prospectiva deu resultados interessantes até aqui, e seu grau de confiabilidade é bastante bom. É o que se destaca, por exemplo, de um estudo de 1985 que faz um balanço das realizações desde as avaliações prospectivistas de 1960.[59] Estas últimas haviam avaliado corretamente a evolução da mão de obra, da produtividade, da duração do trabalho, do crescimento econômico, da importância da energia nuclear, da revolução biológica, das tendências da urbanização. Os "erros" são sobretudo lacunas: o crescimento do Japão, da microinformática, do trabalho feminino e do desemprego foi largamente subavaliado. Que astrólogo, que cartomante, que utopista, que autor de ficção científica, que profeta inspirado pode apresentar um balanço tão lisonjeiro?

Os prospectivistas, aliás, trabalham para melhorar os métodos. Em 1978, J. Lesourne, que dirige o projeto Interfuturos da *Organização para a Cooperação e Desenvolvimento Econômico* (OCDE), publica um relatório com um título revelador: *Diante dos futuros: para o domínio do verossímil e a gestão do imprevisível*, e em 1985 escreve uma autocrítica que cita os principais erros e sugere melhoramentos.[60]

Mas a própria cautela dos prospectivistas pode ser considerada frustrante para um grande público que espera certezas sobre o futuro e se decepciona por ter de se contentar com o possível ou com banalidades. Tomemos,

---

58 Coutrot; Droesbeke, op. cit., p.115-6.

59 Dubois, Vingt ans après: les projections 1985 confrontées à la réalité, *Économie et Statistique*, n.177.

60 Lesourne, Interfuturs six ans après, *Le Figaro*.

por exemplo, o caso do livro de Hamish McRae, *O mundo em 2020*.[61] O que ele anuncia? 8,5 bilhões de habitantes, a grande maioria no Terceiro Mundo, enquanto os países desenvolvidos terão uma idade média elevada e uma população decrescente. O Terceiro Mundo terá dificuldades para se alimentar. O consumo contínuo de energia fóssil vai aquecer a atmosfera, o que será um grande motivo de preocupação. O equipamento doméstico será um pouco mais eletrônico do que hoje, mas sem mudanças revolucionárias. Os carros serão um pouco mais seguros, e os trens um pouco mais rápidos. As telecomunicações serão um pouco mais desenvolvidas e mais baratas. Em resumo, as tendências atuais se mantêm, e o mundo de amanhã é banal antes mesmo de existir. O resto é apenas uma série de interrogações: todos os aspectos sociais, políticos e culturais permanecem na mais completa incerteza. No fim das contas, este livro não traz nada que já não seja conhecido ou evidente, e lembra a *Pantagruélica prognosticação*: "Nesse ano os cegos verão muito pouco".

É possível ser mais arrojado, evitando ao mesmo tempo o charlatanismo astrológico, cartomante ou profético? Alguns acreditam que sim, e seu sucesso comercial mostra a que ponto eles atendem a uma expectativa do público: os 7 milhões de exemplares de *Choque do futuro*, de Alvin Toffler, em 1970, são um exemplo. Em 1983, em *Previsões e premissas*, o mesmo autor se explica na forma de uma entrevista.[62] Abordando o tema do futurismo, adota uma abordagem muito semelhante à dos prospectivistas franceses e declara que os membros da World Future Society, por exemplo, "não pretendem de modo algum fazer ofício de profeta. Eles passam boa parte de seu tempo dissecando o presente, sugerindo orientações aos tomadores de decisão, evidenciando os riscos e as consequências das decisões que, do contrário, passariam despercebidas, mas é raríssimo que 'profetizam'".[63]

Para Alvin Toffler, a humanidade chega hoje a sua terceira encruzilhada, sua terceira crise de crescimento, depois da passagem para a agricultura paleolítica e da primeira revolução industrial. Estamos passando para a "terceira onda", e temos pela frente uma infinidade de futuros possíveis, ainda mais difíceis de discernir na medida em que nosso mundo não tem sentido; embarcamos numa "farsa cósmica": "Devemos nos render à evidência: somos parte integrante de uma fantástica farsa cósmica, e isso não nos

61 McRae, *The World in 2020* (1994). Dez anos antes, MacRae já havia cogitado o mundo de 2025: *The 2025 Report* (1984).
62 Toffler, *Previews and Premises*.
63 Ibid., p.219.

impede absolutamente de nos gabar dela, de apreciar o cômico da situação, de rir dela e de nós mesmos".[64]

Nesse contexto, a previsão tem um pouco de aposta. É o que constatamos, por exemplo, na obra de Herman Kahn e Anthony Wiener, de *O ano 2000*, que em 1972 avança uma lista de cem "inovações técnicas muito prováveis nos últimos trinta anos do século XX".[65] Essa atitude, que Jean Servier situa na continuação direta da utopia,[66] é criticada também pelos prospectivistas à francesa. Estes últimos acusam a futurologia de tipo americano de praticar extrapolações ponderadas abstraindo do contexto, de predizer um futuro quase certo encobrindo na verdade um discurso ideológico.

Os dois métodos se confrontaram no famoso Relatório Meadows de 1972, *Limites do crescimento*, que prevê uma catástrofe mundial em meados do século XXI por causa do prolongamento das curvas de cinco dados fundamentais: demografia, produção industrial, produção alimentar, poluição, esgotamento dos recursos naturais. Os resultados, calculados por computador, são espetaculares e categóricos, e levam a uma conclusão lógica: devemos parar o crescimento para atingir uma economia estacionária, do tipo que previa John Stuart Mill. Os prospectivistas criticam o relatório por isolar esses cinco fatores, sem levar em conta elementos reguladores externos, como o aumento dos preços, e contestam certos determinismos excessivamente mecânicos nos cálculos. Da mesma forma é criticado o relatório encomendado pelo presidente Carter e publicado em 1980 com o título de *Global 2000*. Aqui também as previsões são extremamente pessimistas:

> Se as tendências atuais se mantiverem, o mundo do ano 2000 será mais superpovoado, mais poluído, menos estável de um ponto de vista ambiental e mais sujeito a reviravoltas do que o mundo em que vivemos hoje [...]. Salvo em caso de progressos tecnológicos revolucionários, a vida para a maioria dos habitantes do globo será mais precária do que é atualmente, a não ser que os países de todo o mundo ajam resolutamente para mudar as tendências atuais.[67]

Trata-se de predição? O caráter fortemente condicional do cenário permite a indagação. Mas o que é seguro é que a prospectiva também foi contaminada pelo clima pessimista do fim do século. Como não seria? Baseando-se

64 Ibid., p.262.
65 Kahn; Wiener, *L'an 2000, la bible des trente prochaines années*.
66 Servier, *Histoire de l'utopie*, p.375.
67 Apud Cazes, *Histoire des futurs*, p.390.

em fatos e números, ela reflete a evolução alarmante destes últimos. Bernard Cazes, num livro notável sobre a história do futuro, resume as preocupações prospectivistas a sete temas principais.[68] Ora, em todos esses domínios, a evolução é negativa atualmente: 1) ambiente natural: está se degradando rapidamente; 2) contexto geopolítico: tende à anarquia desde o fim dos blocos; 3) crescimento econômico mundial: está patinando; 4) comportamentos demográficos: a natalidade, embora em queda, ainda é muito alta, sobretudo no Terceiro Mundo; 5) emprego, trabalho: o número de desempregados não para de crescer, seja qual for a política praticada; 6) Estado protetor: continua a se desobrigar, ao mesmo tempo que aumenta os impostos; 7) mudança tecnológica: esse é o único ponto que continua positivo, mas alguns estudiosos, como Michael Moravick, preveem uma interrupção iminente do desenvolvimento dos conhecimentos científicos, que se manifestará numa suspensão do progresso tecnológico, por três motivos: para progredir, a pesquisa científica exige pessoal cada vez mais numeroso e qualificado, que em breve não conseguirá se renovar suficientemente rápido; ela necessita de capitais cada vez mais exorbitantes, que vão faltar; ela atingirá tal nível de complexidade que excederá as capacidades do cérebro humano.[69] E, de todo modo, digam o que disserem, o progresso tecnológico tem um impacto negativo no nível global do emprego. Negar essa evidência é uma moda muito difundida, mas criminosa.

Nessas condições, se os oito sinais estão no vermelho, como é possível fazer uma prospectiva otimista? Os profetas do chamado retroprogresso fazem ouvir a sua voz, como J. Gimpel que, inspirando-se em Spengler, publicou em 1985 uma obra com um título definitivo e desesperador, *Ultime rapport sur le déclin de l'Occident* [Derradeiro relatório sobre o declínio do Ocidente]. Ele prediz o fim do progresso técnico, combinado com a ruína do sistema bancário internacional, provocando um retorno à autarcia, desurbanização e guerras civis, balcanização da Europa, colonizada pelo islã, enquanto a China finalmente desperta – como se anuncia há muito tempo – e domina o terceiro milênio.

Eis como estamos às vésperas do ano 2000. A situação é original, inédita, sem precedente. Os homens nunca tiveram a sua disposição tantos meios de predizer, e nunca estiveram tão inseguros quanto ao futuro. Entramos no terceiro milênio sob o mais espesso nevoeiro. O horizonte nunca esteve tão encoberto.

---

68 Ibid., p.397.
69 Moravick, The Ultimate Scientific Plateau, *The Futurist*.

É verdade que as predições de antigamente eram ilusões, mas elas davam certezas, eram capazes de guiar a ação e conferir um sentido a ela. Nós não temos mais essas ilusões. Restam, é claro, os otimistas inveterados, que se dividem em dois grupos: os otimistas voluntaristas, de fachada, que querem acreditar e fazer acreditar que tudo vai melhorar, sobretudo se seguirmos seus conselhos, pois em geral são políticos, dirigentes, responsáveis por tal ou tal setor; e os otimistas irracionais, que se apoiam numa "convicção íntima", arraigada numa fé religiosa ou humanitária, ou ambas ao mesmo tempo, os otimistas de Deus e os otimistas do homem, que ainda têm confiança nesses dois seres que, no entanto, decepcionaram muito seus partidários ao longo dos séculos.

Hoje, os otimistas por encomenda enganam apenas uma minoria conivente; quanto aos otimistas por convicção, uma simples olhada no moribundo século XX é suficiente para lhes dar uma resposta. Nunca uma época terminou com tamanha falta de entusiasmo pelo futuro. Em geral, os anos 90 traziam grandes esperanças: renovação dos povos pela revolução às vésperas de 1800... acabando no despotismo napoleônico; bem-estar pela ciência e igualdade pelo socialismo às vésperas de 1900... levando à carnificina de 1914 e ao terror vermelho de 1917.

As profecias foram frequentemente anunciadoras de catástrofes e apocalipses, mas esses apocalipses eram prelúdio de felicidade, de um milênio venturoso ou de uma eternidade beatífica. Mesmo as predições de fim do mundo eram otimistas, porque anunciavam o paraíso.

A novidade reside na ausência de predições. Que fique claro: ausência de predições gerais de longo prazo, levadas a sério por um número significativo de pessoas. Porque sabemos bem fazer predições de curto prazo: os institutos econômicos são bastante confiáveis, a meteorologia tem excelente desempenho e as pesquisas de opinião dão com antecedência o nome do futuro presidente. As predições a respeito da sorte individual, ainda que não tenham o menor valor, são muito apreciadas, como confirma a prosperidade de astrólogos e videntes. Por outro lado, ainda existem profetas, e a imaginação deles se incendeia com a proximidade do ano 2000. Mas o sucesso desses profetas se assemelha ao dos atores: eles divertem a galeria com boas histórias.

Então emendemos a frase: a novidade reside na ausência de fé nas predições globais e de longo prazo. E devemos nos alegrar com isso. É esse fato que deve legitimar o verdadeiro otimismo, porque é sinal de maturidade social, mostra que a humanidade está se tornando adulta. O verdadeiro otimismo é comprazer-se numa atitude infantil, teimar em sonhos pueris que acabam sempre em amargas decepções, ou é constatar que nos tornamos adultos e racionais, que finalmente somos capazes de aceitar o confronto com um mundo duro, imprevisível, talvez até absurdo na hipótese da "farsa cósmica" de Alvin Toffler, e rir dele? Desde a Antiguidade, o homem prediz e profetiza, e a história de suas predições é a história de seus erros e decepções. Devemos ficar tristes com seu ceticismo crescente?

# CONCLUSÃO

"Nosso século perdeu a capacidade de se corrigir e renovar a tempo as imagens do futuro."

F. L. Pollack, *The Image of Future*

Uma história da predição deveria terminar... com uma predição? Ao invés de fazer mais uma predição sobre os séculos vindouros, que seria tão falsa quanto as outras, consideremos os ensinamentos da história.

Nossa divisão em cinco períodos – oráculos, profecias, astrologia, utopia, métodos científicos – não significa que houve sucessão cronológica rigorosa desses procedimentos de predição, mas, ao contrário, efeito de comparação e acumulação. Na verdade, os métodos antigos de predição ainda são utilizados, ao lado dos mais recentes, o que confirma que nesse campo não é o conteúdo que interessa, mas a atitude. Não é o futuro que está em jogo, mas o presente. Por isso, aliás, o método mais recente, a prospectiva, vai ao encontro do mais antigo, os oráculos. Tanto para os institutos prospectivistas como para os oficiais de Delfos, não se trata de fornecer a dirigentes de todas as ordens indicações de tendências, cenários possíveis para guiar a ação. Que esses cenários manifestem a vontade dos deuses ou a evolução provável das curvas socioeconômicas é secundário em si. O que importa é que, tanto num caso como no outro, nada seja inevitável, e que o futuro seja apresentado, afinal de contas, como o resultado de uma ação voluntária em função de certo ambiente. Entre os greco-romanos, a forma enigmática do oráculo faz a decisão depender da habilidade do consulente para decifrá-la; na prospectiva, a pluralidade dos modelos apresentados dá inteira liberdade à perspicácia dos tomadores de decisão. Em última instância, não é o que se prediz que importa, mas a reação daquele a quem se faz a predição, e não é a realização da predição que importa, mas a ação que ela provocará.

O caso da utopia também ilustra esse fato. A utopia é concebida como a visão de um Estado ideal, semiantecipado, semissonhado, em que o futuro seria eliminado, porque a organização perfeitamente racional suprimiria toda incerteza. Ora, enquanto continua distante e improvável, essa visão é objeto de desejo; mas tão logo sua realização pareça se aproximar, ela se torna contrautopia, objeto de temor. Não existe diferença fundamental entre as cidades radiosas de Platão, More e Campanella e os mundos hiperorganizados de Wells e Zamiatin. Se as primeiras são concebidas como paraísos, é porque se acredita que são irrealizáveis, e se as segundas são infernos, é porque são consideradas verossímeis num futuro mais ou menos próximo. A primeira característica de um paraíso é que ele não existe; tentar concretizá-lo é fazê-lo desaparecer. Os estudos de Jean Delumeau mostraram exatamente isto: as buscas do paraíso terreno apenas conseguiram fazer o mito evaporar,[1] e as tentativas milenaristas de restauração acabaram em tiranias sangrentas.[2] O inferno, ao contrário, é palpável; o homem o experimenta há muito tempo.[3]

Presenciamos assim uma curiosa relação dialética entre a utopia, a realização desta e a contrautopia; a primeira prediz um paraíso, que alguns tentam concretizar; concretizando-se, o sonho adquire aspectos de inferno, o que suscita novos profetas, que anunciam e advertem numa contrautopia contra o primeiro projeto, sonho que se tornou pesadelo. No fim do século XVIII, Mercier concebe em *O ano 2440* uma sociedade utópica perfeita, que Stalin não está longe de realizar, dando a George Orwell os traços fundamentais de seu inferno contrautópico em *1984*.

Esse esquema foi ilustrado de novo pelo cruel romance de J. G. Ballard, *La course au paradis*,[4] em que a utopia ecologista se transforma em inferno assim que tenta se realizar. Um grupo ambientalista invade uma ilha da Polinésia para protestar contra a retomada dos testes nucleares franceses ("predita" por Ballard em 1994) e, sob o comando de uma mulher, a doutora Barbara, organiza-se numa autarcia, misturando *hippies* fracos e executivos perversos, degenerando num despotismo feminista selvagem.

---

1 Delumeau, *Une histoire du paradis*.
2 Id., *Mille ans de bonheur*. Cf. também Thompson, *The End of Time*.
3 Minois, *Histoire des enfers*.
4 Ballard, *La course au paradis*.

A utopia, portanto, é um caso muito particular de predição, uma predição que somente pode durar como tal se não tentamos realizá-la, porque, do contrário, torna-se uma ideologia, em virtude de seu caráter radical e universal. Foi assim que as utopias de Fourier e Cabet se tornaram a ideologia comunista, ao passar pelas mãos de Marx. A terceira etapa é necessariamente o totalitarismo, porque a utopia não faz concessões; ela prevê um mundo perfeito, logo necessariamente intolerante em relação à imperfeição. A predição utópica se autodestrói em contato com o real; permanece profética somente se não se realizar jamais. O fim do século XX não tem mais utopias porque não tem mais ilusões. A ecologia talvez seja a última; façamos votos para que continue um sonho.

O destino do profetismo religioso é idêntico, como mostrou o caso do cristianismo e, antes dele, o do judaísmo. Essas religiões são originalmente religiões do futuro, fundadas numa promessa e em profecias. Mas, tornando-se instituições incumbidas de administrar o presente, não tardaram a combater o espírito profético, fator de tumultos, desordens, erros. A Igreja, a partir do século XI, visa monopolizar o espírito de predição. Ela define estritamente os critérios da profecia lícita e assimila a livre profecia à heresia. A apropriação do futuro por parte da Igreja traduz-se por sua extrema cautela diante dos casos de inspiração, pois os profetas inspirados anunciam em geral a sua suplantação, ou mesmo a sua queda. Embora se orgulhe de se fundar nos profetas do Antigo Testamento, que predisseram a suplantação da religião mosaica, a Igreja não quer ver o mesmo fenômeno repetir-se a sua custa, por profetas que anunciam uma religião universal sem dogmas. Portanto, ela tranca as portas que dão acesso ao futuro, e o Vaticano II traz de volta a condenação de todas as formas de predição. O espírito profético é conduzido assim à sua própria negação.

Esse bloqueio do acesso ao futuro pela via inspirada contribuiu muito para o desenvolvimento de uma via paralela, a da ciência, pela astrologia. Pois, repetimos, a astrologia sempre se considerou uma ciência exata, da qual se dá a aparência matemática, e essa pretensão iludiu excelentes espíritos, como Pedro de Ailly, que passou da profecia para a astrologia na época do Grande Cisma. A astrologia, que transmite segurança por seu aspecto rigoroso e racional, presta-se igualmente a todas as interpretações possíveis, e isso faz o seu sucesso nos séculos XVI e XVII, quando permite a defesa das mais contrárias causas. Vítima tanto do progresso da ciência como do espírito crítico, é relegada por sua vez à categoria de superstição popular no século XVIII, deixando o caminho livre para as ciências humanas e a utopia, e em breve para a ficção científica.

O século XIII não tem piedade pela predição inspirada: "O primeiro profeta foi o primeiro malandro que encontrou um imbecil", escreve Voltaire. Ele também não tolera a falsa ciência: "A astrologia é do mundo a coisa mais ridícula", declara Pierre Bayle. No entanto, deve pensar no futuro. Alguns utilizam a utopia para isso. Outros se voltam para a história, tirando de seu estudo lições, extrapolações e um recorte que lhes possibilita vislumbrar a continuação. O grandioso pensamento de Hegel é a obra-prima destes últimos.

O século XIX é o apogeu da predição, tanto pela diversidade dos métodos como pelo otimismo do conteúdo. A entrada na era das massas é acompanhada de uma proliferação de profecias contraditórias, trazendo as esperanças das diferentes classes. Os novos profetas do liberalismo anunciam um progresso econômico infinito, fonte infalível de enriquecimento; os socialistas preveem mundos igualitários; os neocatólicos predizem uma cristianização do mundo; os filósofos profetizam a era positiva, e todos concordam que o futuro está na ciência, cantada pelos primeiros autores de ficção científica. No plano individual, as classes médias fornecem os numerosos batalhões de consulentes de astrólogos, espíritas, cartomantes, enquanto o mundo rural segue o almanaque e recolhe as profecias das aparições marianas. Há para todos os gostos. A predição explodiu, e dessa vez seu papel de revelar os combates do presente é patente. Para cada um o seu futuro: a predição é incorporada às lutas sociais, políticas e econômicas.

Desde então, houve um refluxo. A parte que resiste melhor é a que tem menos valor preditivo: a predição popular, do astrólogo ao parapsicólogo. Mas, como dissemos, não estamos mais no campo da predição. Os consulentes não vêm procurar o conhecimento do futuro, mas um reconforto moral para enfrentar o presente. A predição popular consola e faz sonhar.

Quanto à "grande" predição, a que concerne ao futuro do mundo, da sociedade, da economia, ela é tragada no naufrágio generalizado das ideologias, das religiões estabelecidas e dos valores. Uns anunciam a decadência irremediável, como Spengler; outros predizem o *no futur*, o fim da história, adaptando Hegel; outros ainda veem a chegada de um despotismo tecnocrático apoiado numa ciência tão complexa que dá onipotência à pequena casta que a domina (são os "homens-deuses" previstos por Ernest Renan; ideia desenvolvida por Zamiatin, Huxley, Orwell); pequenos grupos continuam esperando o fim do mundo, que algum dia acabará acontecendo;[5] enfim, as pessoas sérias praticam a prospectiva econômica.

---

5 Alguns desses grupos, aliás, estão dispostos a provocá-lo, por suicídio coletivo, como revela um relatório alarmista do Institute for European Defence, The Prophets of Doom: the Security of Religions Cuits, *The Times* (Aug. 20, 1996).

De fato, todos são sobretudo conscientes de sua ignorância. O futuro nunca foi tão misterioso como neste fim de século XX. Todas as máquinas de predizer estão desreguladas, e nenhuma consegue dar conta da complexidade do mundo atual, onde tudo se sustenta, tudo se confunde, onde não se desenreda mais o espetáculo da realidade, o virtual do real. O todo dá a impressão de uma loucura coletiva, de uma esquizofrenia em escala mundial. Os valores morais e as ideologias desmoronam; não apenas o mundo está desencantado, como não há mais objetivo, não há mais sentido, barco ébrio, perdido sem bússola no oceano do espaço-tempo.

Como predizer o futuro de tal embarcação? E de que serviria, se não existe a vontade de alcançar ou evitar o que é previsto? Este livro tentou mostrar que não é o conteúdo da predição que importa, é o seu papel de guia para a ação; a predição existe para justificar ou mudar um comportamento. "Só fatalidade histórica porque acreditamos nela", dizia Alain. É no agora que se constrói o futuro, que não existe em nenhum outro lugar. Ora, para construir o futuro, é preciso primeiro construir uma imagem dele, mesmo que falsa. É essa imagem que nos falta, porque parece que o presente alcançou o futuro e fundiu-se nele. O imediato absorveu o futuro como absorve o passado, reconstruindo-o.

É toda a questão do tempo que se coloca. O passado reconstituído, posto em imagens, sons, cerimônias comemorativas, museus interativos, filmes, imagens de síntese e realidade virtual, está mais "presente" do que nunca pelos milagres da eletrônica. Do mesmo modo, o futuro é assimilado, ele está presente em uma civilização que não cansa de antecipar, que cultiva a todo custo o novo, o inédito, que está à frente dela mesma, que vive de empréstimos, de recursos que ainda não existem, que especula a prazo com cotações futuras. Essa sociedade, que quer viver ao mesmo tempo seu passado e seu futuro, com lareiras a lenha, vigas falsas de poliestireno, comida à moda antiga num mundo de *high-tech*, parece-se muito com aqueles mundos utópicos de onde o tempo foi suprimido. O presente fagocitou o passado e o futuro; a história, de tanto ser refeita, reescrita, reencenada e reatualizada, perdeu o sentido; o futuro, de tanto ser falsamente predito, desmentido pelos fatos e antecipado, perdeu toda a credibilidade. Por espírito de lucro, o presente explora ao mesmo tempo o passado e o futuro, e faz que percam o papel de referência. Sente-se plenamente essa fusão em lugares como o Louvre ou o Futuroscope.

A flecha do tempo perdeu a ponta e as penas e, na confusão, os profetas não sabem mais para onde olhar. Termos como retroprogresso e contrautopia mostram isso muito bem. O que é progresso? Na ficção científica atual, os super-heróis têm *lasers* futuristas, mas armaduras greco-romanas à moda antiga, e um senso moral que remonta à época da lei de talião; como em *Highlander*, viajam no tempo e lutam com espadas. Esses traços anedóticos revelam uma época que procura a saída, que não sabe mais predizer porque não sabe mais onde é o futuro.

# REFERÊNCIAS BIBLIOGRÁFICAS


A BIBLIOGRAPHY ON ASTROLOGY. *Notes and Queries*, 7 series, Nov. 1891.

A COLLECTION OF MANY WONDERFUL PROPHECIES plainly foretelling the Late Great Revolution. London: Rich Baldwin, 1691.

A STRANGE AND WONDERFUL PROPHECY FOR THE YEAR 1688. London: Hugh Burnet, 1688.

ADHÉMAR, condessa de. *Souvenirs sur Marie-Antoinette, archiduchesse d'Autriche, reine de France, et sur la cour de Versailles*. Paris: Mame, 1836.

AGOSTINHO, santo. *A cidade de Deus*.

______. *Confissões*.

______. *Contra Fausto*.

______. *Dois livros a Simpliciano sobre diversas questões*.

______. *Os trinta e três livros contra Fausto, o Maniqueu*.

______. *Sermão da montanha segundo são Mateus*.

ALBERTO MAGNO. *Speculum astronomiae*. Ed. P. Zambelli. Pisa: Domus Galilaeana, 1977.

ALBRIGHT, W. F. *From the Stone Age to Christianity*. Baltimore: Johns Hopkins, 1957.

ALEXANDER, H. G. *Religion in England (1558-1662)*. London: University of London, 1968.

ALEXANDER, P. J. Médiéval Apocalypses as Historical Sources. *American Historical Review*, Washington, t.73, n.4, p.997-1008, Apr. 1968.

ALEXANDRE II. *Epistolae et decreta*. Parisiis: Excudebat Migne, 1844-1864. Patrologie Latine, n.146, col.1386.

ALLAINES, H. *Actualité de l'Apocalypse confirmée par les prophéties*. Paris: La Colombe, 1963.

ALLEN, J. *Judicial Astrologers Totally Routed*. [S.l: s.n.], 1609.

ALLIETTE, *Cours théorique et pratique du livre de Thot pour entendre avec justesse l'art, la science et la sagesse de rendre les oracles*. [S.l.: s.n.], 1790.

ALMANACH CHANTANT POUR 1848. Paris: [s.n.], 1848.

ALMANACH POUR L'AN DE GRÂCE MIL SIX CENS SOIXANTE SIX exactement calculé et supputé par le sieur de Chevry. Troyes: [s.n.], 1666.

ALMANACH PROPHÉTIQUE, PITTORESQUE ET UTILE. Paris: [s.n.], 1845.
ALMANACH PROPHÉTIQUE. [S.l.: s.n.], 1841.
ALPHANDÉRY, P. De quelques faits de prophétisme dans des sectes latines antérieures au joachimisme. *Revue de l'Histoire des Religions*, Paris, t.LII, p.177-218, 1905.
______. Prophètes et ministère prophétique dans le Moyen Âge latin. *Revue d'Histoire et de Philosophie Religieuses*, Strasbourg, v.12, p.334-59, janv.-févr. 1932.
AMANDRY, A. *La mantique apollinienne à Delphes:* essai sur le fonctionnement de l'oracle. Paris: Boccard, 1950.
AMARGIER, P. Jean de Roquetaillade et Robert d'Uzès. *Mélanges de l'École Française de Rome – Moyen Âge*, Rome, t.102, n.2, 1990.
______. Robert d'Uzès revisité. *Cahiers de Fanjeaux*, Toulouse, n.27, 1992.
AMIANO MARCELINO. *Res Gestae*.
ARBUTHNOT, J. *Of the Laws of Chance, or a Method of Calculation of the Hazards of Game*. London: Benj. Motte, 1692.
ARNALDO DE VILANOVA. *De cymbalis ecclesiae*.
ARON, R. *Introduction à la philosophie de l'histoire*. [S.n.t.]
ARTEMIDORUS DALDIANUS. *Onirocriticon*. Ed. R. Hercher. Lipsiae: B. G. Teubneri, 1864.
ASCOLI, G. L'affaire des prophètes français à Londres, *Revue du XVIII Siècle*, Paris, 1916.
ASHMOLE, E. *His Autobiographical and Historical Notes, his Correspondence, and Other Contemporary Sources relating to his Life and Work*. Ed. C. H. Josten. Oxford: Clarendon, 1966.
ASHMOLE, E. *Theatrum chemicum britannicum*. London: [s.n.], 1652.
ATIYEH, G. N. *Al-Kindy:* The Philosopher of the Arabs. Rawalpindi: Islamic Research Institute, 1966.
AUCLAIR, R. *Prophéties d'Anna-Catharina Emmerich pour notre temps*. Paris: [s.n.], 1974.
AUMÜLLER, E. *Das Prodigium bei Tacitus*. Frankfurt, 1948. Dissertação.
AURELL, M. Eschatologie, spiritualité et politique dans la confédération catalano--aragonaise (1282-1412). *Cahiers de Fanjeaux*, Toulouse, n.27, 1992.
______. Prophétie et messianisme politique. La péninsule Ibérique au miroir du *Liber ostensor* de Jean de Roquetaillade. *Mélanges de l'École Française de Rome – Moyen Âge*, Rome, t.102, n.2, 1990.
AZAÏS, P.-H. *Constitution de l'univers*. Paris: Desessart, 1840.
BACON, F. *La Nouvelle Atlantide*. Paris: Flammarion, 1995.
______. *Novum organum*.
______. *Opus majus*. Ed. J. H. Bridges. London: Williams & Norgate, 1897-1900. t.1.
______. *O cuidado da velhice e a conservação da juventude*.
BACZKO, B. Lumières et utopie. Problèmes de recherches, *Annales ESC*, Paris, mars--avr. 1971.
BAILEY, A. *Le retour du Christ*. Paris: Dervy Livres, 1987.
BAKUNIN, M. *De la guerre à la Commune*. Éd. F. Rude. Paris: Anthropos, 1972.
BALLARD, J. G. *La course au paradi*. Paris: Fayard, 1995.
BARKUN, M. *Disaster and the Millenium*. New Haven: Yale University Press, 1974.
BARNAY, S. L'univers visionnaire de Jean de Roquetaillade. *Cahiers de Fanjeaux*, Toulouse, n.27, 1992.

BARONE, G. L'œuvre eschatologique de Pierre-Jean Olier et son influence. *Cahiers de Fanjeaux*, Toulouse, n.27, 1992.

BARTOLOMEU, O INGLÊS. *De genuinis rerum coelestium terrestrium et infemarum proprietatibus libri 18*. Liber 6.

BASCHERA, R. *La Santa Sindone e i suoi segreti*. Torino: MEB, 1978.

______. *Le profezie della monaca di Dresda*. Torino: MEB, 1971.

______. *Le profezie*. Milano: Armenia, 1972.

BASLE, M. et al. *Histoire des pensées économiques*. Paris: Sirey, 1988. t.I.

BATLLORI I MUNNÉ, M. La Sicile et la couronne d'Aragon dans les prophéties d'Arnaud de Villeneuve et de Jean de Roquetaillade. *Mélanges de l'École Française de Rome – Moyen Âge*, Rome, t.102, n.2, 1990.

BAYET, J. *Histoire politique et psychologique de la religion romaine*. Paris: Payot, 1957.

BAYLE, P. *Pensées diverses à l'occasion de la comète*. Rotterdam: R. Leers, 1683.

BEAUNE, C. *Perceforêt* et Merlin. Prophétie, littérature et rumeurs au début de la guerre de Cent Ans. *Cahiers de Fanjeaux*, Toulouse, n.27, 1992.

BEAUNE, C.; LEMAÎTRE, N. Prophétie et politique dans la France du Midi au XVe siècle. *Mélanges de l'École Française de Rome – Moyen Âge*, Rome, t.102, n.2, 1990.

BEDA. *A History of the Englisb Church and People*.

BEECHER, J. *Fourier*. Paris: Fayard, 1993.

BELL, D. Les contradictions culturelles du capitalisme. Paris: PUF, 1979.

______. Prévision contre prophétie. In: DUMOULIN, J.; MOÏSI, D. (Dir.). *L'historien entre l'ethnologue et le futurologue*. Actes du Séminaire International de Venise, 2-8 avr. 1971. Paris: Mouton, 1972.

BELLAMY, E. *Looking backward*. London: [s.n.], 1888.

BÉNICHOU, P. *Le temps des prophètes*: doctrines de l'âge romantique. Paris: Gallimard, 1977.

BENOÎT, P. L'évolution du langage apocalyptique dans le corpus paulinien. In: CONGRÈS DE TOULOUSE. *Apocalypses et théologie de l'espérance*. Paris: Éditions du Cerf, 1977.

BÉRANGER, P.-J. *Dernières chansons*. Paris: Perrotin, 1857.

BERGER, G. *Étapes de la prospective*. Paris: PUF, 1967.

BÉRIOU, N. Saint François, premier prophète de son ordre, dans les sermons du XIIIe siècle. *Mélanges de l'École Française de Rome – Moyen Âge*, t.102, n.2, 1990.

BERNARDINO DE SIENA. *Opera omnia*. Venetiis: Andrea Poletti, 1745. t.III.

BERT, P. *Le cléricalisme*. Paris: E. Cornely, 1900.

BERTHOUD, S. *L'homme depuis 5000 ans*. Paris: [s.n.], 1865.

BERTRAND D'ARGENTRÉ. *Histoire de Bretagne*. Paris: Du Puis, 1588.

BIRNBAUM, N. Luther et le millénarism. *Archives de Sociologie Religieuse*, V, janv.-juin 1958.

BLACKSTOCK, W.W. *The Historical Literature of Sea and Fire Insurance in Great Britain, 1541-1810*. Manchester: H. Rawson, 1910.

BLENKINSOPP, J. *Une histoire de la prophétie en Israël*. Paris: Éditions du Cerf, 1993.

BLOCH, I. *La guerre de l'avenir dans ses relations techniques, économiques et militaires*. Saint--Pétersbourg: [s.n.], 1897. 6v.

BLOCH, R. Le départ des étrusques de Rome et la dédicace du temple de Jupiter Capitolin. *Revue d'Histoire des Religions*, p.141-56, avril-juin 1961.

BLOCH, R. *Les prodiges dans l'Antiquité classique*. Paris: PUF, 1963.
BLOCQUEL, S. (sous le pseudonyme d'Aymans). *L'avenir dévoilé, ou L'astrologie, l'horoscope et les divinations anciennes expliquées par les devins du Moyen Âge*. Paris: Delarue, 1844.
BLOOMFIELD, M. W.; REEVES, M. E. The Penetration of Joachimism into Northern Europe. *Speculum*, Cambridge, v.29, p.772-93, 1954.
BOAS, G. *Essays on Primitivism and Related Ideas in the Middle Ages*. New York: Octagon Books, 1966.
BODIN, J. *De la République*.
BOÉCIO DA DÁCIA. De somnis. In: GUYOTJEANNIN, O. *Archives de l'Occident*. Paris: Fayard, 1992. t.1.
BOISMARD, M.-E. *L'Apocalypse*. In: ÉCOLE BIBLIQUE DE JÉRUSALEM (Dir.). *Bible de Jérusalem*. 4.ed. revue. Paris: Éditions du Cerf, 1972.
BOLL, F.; BOER, E. *Claudii Ptolemaei Opera:* Apotelesmatica. Lipsiae: B. G. Teubneri, 1954. t.III.
BOLLÊME, G. *Les Almanachs populaires aux XVIIe et XVIIIe siècles*. Paris: Mouton et Cie, 1969.
BORDELON. *L'histoire des imaginations extravagantes de Monsieur Oufle*. Amsterdam: E. Roger, P. Humbert, P. de Coup et les frères Chatelain, 1710.
BOSANQUET, E. F. *English Printed Almanachs and Prognostications:* A Bibliographical History to the Year 1600. London: Bibliographical Society at the Chiswick Press, 1917.
BOSSUET, J.-B. Avertissement aux protestants sur leur prétendu accomplissement des prophéties. In: ____. *Œuvres complètes*. Besançon: Outhenin-Chalandre, 1836. t.VI.
_____. Défense de la tradition et des saints pères. In: ____. *Œuvres complètes*. Besançon: Outhenin-Chalandre, 1836. t.VIII.
_____. *La politique tirée de l'Écriture sainte*.
_____. L'Apocalypse. In: ____. *Œuvres complètes*. Besançon: Outhenin-Chalandre, 1836. t.VI.
_____. Préface sur l'Apocalypse. In: ____. *Œuvres complètes*. Besançon: Outhenin--Chalandre, 1836. t.VI.
BOST, C. Les prophètes du Languedoc en 1701 et 1702. *Revue Historique*, Paris, v.136, n.1, 1921.
BOUCHÉ-LECLERCQ, A. *Histoire de la divination dans l'Antiquité*. Paris: E. Leroux, 1879-1882. 4v.
BOUDET, J.-P. La papauté d'Avignon et l'astrologie. *Cahiers de Fanjeaux*, Toulouse, n.27, 1992.
_____. *Lire dans le ciel*: la bibliothèque de Simon de Phares, astrologue du XVe siècle. Bruxelles: Centre d'Études des Manuscrits, 1995.
_____. Simon de Phares et les rapports entre astrologie et prophétie à la fin du Moyen Âge. *Mélanges de l'École Française de Rome – Moyen Âge*, Rome, t.102, n.2, 1990.
_____. Simon de Phares et les rapports entre astrologie et prophétie à la fin du Moyen Âge", *Mélanges de l'École Française de Rome – Moyen Âge*, Rome, t.102, n.2, 1990.
BOURDÉ, G.; MARTIN, H. *Les écoles historiques*. Paris: [s.n.], 1989.

BOURDÉ, G.; MARTIN, H. *Les écoles historiques*. Paris: Seuil, 1983.
BRAYNE, J. *A Vision which one Mr Brayne had in September 1647*. London: John Playford, 1649.
BRIDGE, W. *The works of the Rev. William Bridge*. London: Thomas Tegg, 1845. t.I.
BRIN D'AMOUR, P. *Nostradamus astrophile*: les astres et l'astrologie dans l'œuvre de Nostradamus, Ottawa/ Paris: Presses de l'Université d'Ottawa/ Klincksieck, 1993.
BRITNELL, J. Jean Lemaire de Belges and Prophecy. *Journal of the Warburg and Courtauld Institutes*, London, t.42, p.144-66, 1979.
_____; STUBBS, D. The *Mirabilis liber*: Its Compilation and Influence. *Journal of the Warburg and Courtauld Institutes*, London, t.49, p.126-50, 1986.
BROGLIE, L. de. L'avenir de la physique. In: _____ et al. *L'avenir de la science*. Paris: Plon, 1941.
BROWNE, T. *Pseudodoxia epidemica*. London: Dod, 1646.
BRUNSCHWIG, H. *Société et romantisme en Prusse au XVIIIe siècle*. Paris: Flammarion, 1973.
BULMER, P. The Methodology of Early Social Indicator Research: W. F. Ogbum and Recent Social Trends, *Social Indicators Research*, Dordrecht, n.13, 1933.
BURNETT, C. S. F. What is the *Experimentarius* of Bernardus Silvestris? *Archives d'Histoire Doctrinale et Littéraire du Moyen Âge*, Paris, t.XLIV, p.79-125, 1977.
BUTLER, J. Magic, Astrology, and the Early American Religious Heritage, *American Historical Review*, Washington, t.84, n.2, p.317-46, Apr. 1979.
CABET, E. *Voyage en Icarie*. Paris: Anthropos. 1970. t.I.
CALVINO, J. *Institutes*.
CAMDEN, C. Elizabethan Almanacs and Prognostications. *The Library*, 4. series, XII, 1932.
CAMDEN, W. *The History of the Most Renowned and Victorious Princess Elizabeth*. 3.ed. London: Harper, 1675.
CAMPBELL THOMPSON, R. *The Reports of the Magicians and Astrologers of Nineveh and Babylon*. Londres: Luzac, 1900. v.II.
CAPP, B. The Millenium and Eschatology in England. *Past and Present*, Oxford, n.57, p.156-62, Nov. 1972.
CARLETON, G. *The Madnesse of Astrologers*. London: W. Iaggard, 1624.
CARNAC, P. *Prophéties et prophètes de tous les temps*. Paris: Pygmalion, 1991.
CAROTI, S. La critica contro l'astrologia di Nicole Oresme e la sua influenza nel Medievo e nel Rinascimento. *Atti dell'Academia Nazionale dei Lincei, Memorie*, 8, v.23, fasc.6, p.545-684.
CARROLL, R. P. *When Prophecy failed:* Cognitive Dissonance in the Prophetic Tradition of the Old Testament. New York: Seabury Press, 1979.
CASAUBON, I. *A Treatise concerning Enthusiasm*. London: R. D., 1655.
CASSIODORO. *Institutes*.
CASSIRER, E. *Individuum und Kosmos in der Philosophie der Renaissance*. Leipzig: Teubner, 1927.
CATÃO. *De agricultura*.
CATÉCHISME DE L'ÉGLISE CATHOLIQUE. Paris: Mame/Plon, 1992.
CAUSSE, A. *Du groupe ethnique à la communauté religieuse*. Paris: F. Alcan, 1937.

CAZES, B. *Écrits économiques de Turgot*. Paris: Calmann-Lévy, 1970.
______. *Histoire des futurs:* les figures de l'avenir de saint Augustin au XXIe siècle. Paris: Seghers, 1986.
CAZOTTE, J. *Prophétie de Cazotte rapportée par La Harpe*. Paris: Gallimard, 1981.
CELLIER DU FAYEL, A.-H. *La vérité sur Mlle Lenormand, mémoires*. Paris: C.Tresse, 1845.
CELLINI, B. *Mémoires*. Éd. G. Maggiora. Paris: Club Français du Livre, 1953.
CELSO. *Discurso verdadeiro*.
CENSORINUS. *De die natali*.
CERTEAU, M. de. *L'écriture de l'histoire*. Paris: Gallimard, 1975.
CHAMBER, J. *A Treatise Against Judicial Astrology*. London: Iohn Harison, 1601.
______. *Astronomiae encomium*. Londini: I. Harisonus, 1601.
CHATEAUBRIAND, F.-R. de. *Mémoires d'outre-tombe*.
CHAUNU, P. *La mémoire et le sacré*. Paris: Calmann-Lévy, 1978.
CHESNEAUX, J. *Du passé faisons table rase?* Paris: Maspero, 1976.
CHRISTIE-MURRAY, D. *A History of Heresy*. Oxford: Oxford University Press, 1976.
CÍCERO. *Catilinárias*.
______. *De divinatione*.
______. *De fato*.
CIZEK, E. *Néron*. Paris: Fayard, 1982.
CLARK, S. B. P. (Ed.). *The Tractatus de Antichristo of John of Paris*: A Critical Edition, Translation and Commentary. Ithaca: Cornell University, 1981.
CLARKE, I. F. *Voices Prophesying War*. Oxford: Oxford University Press, 1966.
CLEBERT, J.-B. *Histoire de la fin du monde de l'an 1000 à l'an 2000*. Paris: Belfond, 1994.
CLEMENTE DE ALEXANDRIA. *Protréptico*.
______. *Stromata*.
CLOULAS, I. *Henri II*. Paris: Fayard, 1985.
______. *Laurent le Magnifique*. Paris: Fayard, 1982.
CÓDIGO TEODOSIANO.
COHN, N. *The Pursuit of the Millenium*. London: Secker & Warburg, 1957.
COLLOQUE DE L'UNIVERSITÉ LIBRE DE BRUXELLES. *Les utopies de la Renaissance*. Bruxelles, avril 1961. Bruxelles/ Paris: Presses Universitaires de Bruxelles/ Presses Universitaires de France, 1963.
COMTE, A. *Cours de philosophie positive*. Paris: Bachelier, 1842.
______. *Sommaire appréciation de l'ensemble du passé moderne* [1820]. Paris: Aubier-Montaigne, 1971.
CONDORCET. *Esquisse d'un tableau historique des progrès de l'esprit humain*. Stuttgart: Fromann, 1968.
CONFESSIONNAL. Nantes, 1612.
CONSTANT, B. Du développement progressif des idées religieuses. In: ______. *Mélanges de littérature et de politique*. Paris: Pichon et Didier, 1829.
CONTAMINE P. de. Conclusion. *Mélanges de l'École Française de Rome – Moyen Âge*, Rome, t.102, n.2, 1990.
CONTENAU, G. *La divination chez les assyriens et les babyloniens*. Paris: Payot, 1940.
COOPLAND, G. W. *Nicole Oresme and the Astrologers*: A Study of his *Livre de divinacions*. Cambridge: Harvard University Press, 1952.

COPPENS, J. *Le messianisme royal*. Paris: Éditions du Cerf, 1968.
CORDIER, J.; CLAIRVILLE. *La tireuse de cartes*. Paris: Beck, 1848.
CORNEILLE, T. *L'inconnu*.
______. *Le feint astrologue*.
COSTADAU, A. *Traité historique et critique des principaux signes qui servent à manifester les pensées ou le commerce des esprits*. Lyon: Frères Bruyset, 1720. t.VII.
COUMET, E. La théorie du hasard est-elle née par hasard? *Annales ESC*, Paris, mai--juin 1970.
COURNOT, A.-A. *Considérations sur la marche des idées et des événements dans les temps modernes*. Paris: Hachette, 1872.
______. *Traité de l'enchaînement des idées fondamentales dans les sciences et dans l'histoire*. Paris: L. Hachette et Cie, 1861.
COUTROT, B.; DROESBEKE, J.-J. *Les méthodes de prévision*. 2.ed. Paris: PUF, 1990.
CRAMER, F. H. *Astrology in Roman Law and Politics*. Philadelphia: American Philosophical Society, 1954.
CRISTINA DE PISANO. *Ditié de Jeanne d'Arc*. [S.l.: s.n.], 1429.
CROUZET, D. *Les guerriers de Dieu:* la violence au temps des troubles de religion (vers 1525-vers 1610). Seyssel: Champ Vallon, 1990. 2v.
CUMONT, F. La fin du monde selon les mages occidentaux. *Revue d'Histoire des Religions*, Paris, t.103, p.29-96, 1931.
______. *Les religions orientales dans le paganisme romain*. Paris: E. Leroux, 1929.
CURRY, P. *Prophecy and Power*: Astrology in Early Modern England. Oxford: Polity Press, 1989.
DANIEL, G.; EVANS, J. D. The Western Mediterranean. In: EDWARDS, I. E. S. et al. (Eds.). *The Cambridge Ancient History*. Cambridge: Cambridge, 1980. v.II, part 2B.
DANTE. *O Inferno*.
DARNTON, R. *Édition et sédition*: l'univers de la littérature clandestine au XVIIIe siècle. Paris: Gallimard, 1991.
DEBAY, A. *Histoire des sciences occultes depuis l'Antiquité jusqu'à nos jours*. Paris : E. Dentu, 1860.
DEFOE, D. *A Journal of the Plague Year*. New York: [s.n.], 1960.
______. *A Journal of the Plague Year*. Oxford: Oxford University Press, 1992.
DELARUELLE, E. L'Antéchrist chez saint Vincent Ferrier, saint Bernardin de Sienne et autour de Jeanne d'Arc. In: ______. *La piété populaire au Moyen Âge*. Turin: Bottega d'Erasmo, 1975.
DELCOURT, M. *L'oracle de Delphes*. Paris: Payot, 1955.
DELUMEAU, J. *La peur en Occident*. Paris: Fayard, 1978.
______. *Le christianisme va-t-il mourir?* Paris: Hachette, 1977.
______. *Mille ans de bonheur*. Paris: Fayard, 1995.
______. *Une histoire du paradis:* le jardin des délices. Paris: Fayard, 1992.
DENIFLE, H.; CHATELAIN, E. (Éd.). *Chartularium Universitatis Parisiensis*. Parisiis: Fratrum Delalain, 1889-1897. t.IV.
DEPRUN, J. *La philosophie de l'inquiétude en France au XVIIIe siècle*. Paris: Vrin, 1979.
DEROLEZ, R. L. M. *Les dieux et la religion des germains*. Paris: Payot, 1962.
DESLINIÈRES, *La France nord-africaine*. Paris: Progrès Civique, 1919.

DESROCHES, H. Micromillénarismes et communautarisme utopique en Amérique du Nord du XVIIe au XIXe siècle. *Archives de Sociologie des Religions*, Paris, t.IV, p.57-92, juill.-déc. 1957.
DESSI, R. M. Entre prédication et réception. Les thèmes eschatologiques dans les *Reportationes* des sermons de Michèle Carcano de Milan (Florence, 1461-1466). *Mélanges de l'École Française de Rome – Moyen Âge*, Rome, t.102, n.2, 1990.
DEVEREUX, G. Considérations psychanalytiques sur la divination, particulièrement chez les grecs. In: CAQUOT, A.; LEIBOVICI, M. (Eds.). *La divination*. Paris: PUF, 1968. t.II.
DHEILLY, J. *Les prophètes*. Paris: Fayard, 1960.
DION CÁSSIO. *História de Roma*.
DIONÍSIO DE HALICARNASSO, IV.
DISS, J. Mémoires d'un garde-chasse du prince-cardinal Louis de Roban. *Revue Catholique d'Alsace*: Rixheim, 1892.
DODDS, M. H. Political Prophecies in the Reign of Henry VIII. *Modern Language Review*, Cambridge, v.11, p.276-84, 1916.
DOSTOIEVSKI, F. *Journal d'un écrivain*. Paris: Gallimard, 1972. Bibliothèque de la Pléiade.
DU CARACTÈRE D'UNE DEMOISELLE SELON SA PHYSIONOMIE. Paris: Chassaignon, 1822.
DUBOIS, P. Vingt ans après: les projections 1985 confrontées à la réalité. *Économie et Statistique*, Paris, n.177, p.3-10, 1985.
DUHEM, P. *Le système du monde*: histoire des doctrines cosmologiques de Platon à Copernic. Paris: A. Hermann et Fils, 1913-1917. t.V et t.VIII.
DUMOULIN, J.; MOÏSI, D. (Dir.). *L'historien entre l'ethnologue et le futurologue*. Actes du Séminaire International de Venise, 2-8 avr. 1971. Paris: Mouton, 1972.
DUPÂQUIER, J.; DUPÂQUIER, M. *Histoire de la démographie*. Paris: Perrin, 1985.
DUPARC, P. (Éd.). *Procès en nullité de la condamnation de Jeanne d'Arc*. Paris: C. Klincksieck, 1977-1980. 5v.
DUPONT-BOUCHAT, M. S.; FRIJHOFF, W.; MUCHEMBLED, R. *Prophètes et sorciers dans les Pays Bas (VIe-XVIIIe siècle)*. Paris: Hachette, 1978.
EDELMAN, N. *Voyantes, guérisseuses et visionnaires en France, 1185-1914*. Paris: Albin Michel, 1995.
EDLIN, R. *Prae-Nuncius Sydereus*. London: J. G., 1664.
EDWARDS, J. *A Complete History... from the Beginning of the World to the Consumation of all Things*. London: [s.n.,] 1699.
______. *Cometomantia*: A Discourse of Cornets. London: Brab. Aylmer, 1684.
EHRARD, J. *L'idée de nature en France à l'aube des Lumières*. Paris: Flammarion. 1970.
ELIADE, M. *Le mythe de l'éternel retour*: archétypes et répétitions. Paris: Gallimard, 1949.
______. *Paradis et utopie*: géographie mythique et eschatologie. In: PORTMANN, A. (Hgb). *Vom Sinn der Utopie*. Zürich: Rhein, 1964.
ENGELS, F. *La situation des classes laborieuses en Angleterre* [1845]. t.II.
EPIFÂNIO. *De mensuris et ponderibus*. Parisiis: Excudebat Migne, 1844-1864. Patrologie Latine, col. 262.
ETTEILLA (Alliette). *Le zodiaque mystérieux, ou les Oracles d'Etteilla*. Paris: Gueffier Jeune, 1820.

EUSÉBIO DE CESAREIA. *Vida de Constantino.*
______. *Demonstrationis Evangelicae.*
______. *Discurso contra Hiérocles.*
______. *Praeparatio evangelica.*
EYT, P. Apocalyptique, utopie et espérance. In: CONGRÈS DE TOULOUSE. *Apocalypses et théologie de l'espérance.* Paris: Éditions du Cerf, 1977.
FAGES, H. *Histoire de saint Vincent Ferrier.* Louvain/ Paris: A. Uystpruyst/ A. Picard et Fils, 1901-1905.
FAVRE, J. *Mémoire pour M. et Mme Montgruel appelant contre le procureur général.* [S.l.: s.n.], 1850.
FAYDIT, P.-V. *Remarques sur Virgile et sur Homère.* Paris: J. et P. Cot, 1705.
FERGUSON, M. *Les enfants du Verseau:* pour un nouveau paradigme. Paris: Calmann--Lévy, 1981.
FESTINGER, L. *When Prophecy fails.* New York: Harper Torchbooks, 1964.
FÍRMICO MATERNO. *Mathesis.*
FLÁVIO JOSEFO. *A guerra dos judeus.*
FLINT, V. I. J. *The Rise of Magic in Early Medieval Europe.* Princeton: Princeton University Press, 1991.
FLORIMON DE RAEMOND. *L'Antichrist.* Lyon: J. Pillehotte, 1597.
FOCILLON, H. *L'an mil.* Paris: Armand Colin, 1952.
FONTAINE, J. Isidore de Séville et l'astrologie. *Revue des Études Latines,* Paris, t.31, p.271-300, 1953.
FONTBRUNE, J.-C. de. *Nostradamus:* historien et prophète. Monaco: Rocher, 1980.
FONTENELLE. *Histoire des oracles.*
______. *La comète.*
FONTENROSE, J. *The Delphic Oracle.* Berkeley: University of California Press, 1981.
FOSTER, M. A. Piété et empirisme. L'enquête épiscopale sur La Salette. In: ASSOCIATION FRANÇAISE D'HISTOIRE RELIGIEUSE CONTEMPORAINE. *Christianisme et science.* Paris: Vrin, 1989.
FOURASTIÉ, J. Vues anglo-saxonnes sur l'avenir économique du monde. *Critique,* Paris, n.49, juin 1951.
FOURIER, C. *Théorie des quatre mouvements.* Leipzig: Pelzin, 1808. t.1.
FRANCE, A. Sur la pierre blanche. In: ______. *Œuvres complètes.* Paris: Cercle du Bibliophile, 1969. t.X.
______. Sur la pierre blanche. In: ______. *Œuvres complètes.* Paris: Calmann-Lévy, 1928.
FRONTINO. *Strategemata.*
FUKUYAMA, F. *The End of History and the Last Man.* Harmondsworth: Penguin, 1992.
______. *The End of History and the Last Man.* New York: Free Press, 1992.
GADBURY, T. *A Health to the King.* [S.l.: s.n.], 1660.
GADROIS, C. *Discours sur les influences des astres selon les principes de M. Descartes.* Paris: J.-B. Coignard, 1671.
GALBRAITH, J. K. *The Great Crash, 1929.* London, Pelican Books, 1971.
GALLAIS, J. *Hommes du Sahel.* Paris: Flammarion, 1984.
GARINET, J. *La sorcellerie en France:* Histoire de la magie jusqu'au XIXe siècle. Paris: [s.n.], 1828.
GASSENDI, P. *Syntagma philosophicum.* t.I.

GASTER, M. The Letters of Toledo. *Folklore*, v.13, p.115-34, 1902.
GATTÉGNO, J. *La science-fiction*. Paris: PUF, 1971.
GAUDIUM ET SPES, déc. 1965.
GAULE, J. *The Mag-Astro-Mancer*. London: Joshua Kirton, 1652.
GENLIS, Condessa de. *Les sympathies ou L'art de juger, par les traits du visage, des convenances en amour et en amitié*. Paris: Saintin, 1817.
GERSON, J. Tractatus contra sectam fagellantium. In: ______. *Œuvres complètes*. Éd. P. Glorieux. Paris: Desclée, 1973. v.10.
GETTY, R. J. The Astrology of P. Nigidius Figulus. *Classical Quarterly*, Oxford, XXXV, p.17-22, 1941.
GIET, S. *L'Apocalypse et l'histoire*. Paris: 1957.
GIMPEL, J. *Ultime rapport sur le déclin de l'Occident*. Paris: O. Orban, 1985.
GIRAULT, F. *Mlle Lenormand, sa biographie, seule autorisée par sa famille*. Paris: Breteau et Pichery, 1843.
GLASS, D. V. The population controversy in Eighteenth Century England. *Population Studies*, p.69-91, July 1952.
GOBINEAU, A. de. *Essai sur l'inégalité des races humaines*. Paris: Gallimard, 1983. Bibliothèque de la Pléiade.
GOETZE, A. The Hittites and Syria (1300-1200 B.C.). In: EDWARDS, I. E. S. et al. (Eds.). *The Cambridge Ancient History*. Cambridge: Cambridge, 1980. v.II, part 2A.
GOLDSMITH, E. et al. *Changer ou disparaître*. Paris: Fayard, 1972.
GOOD AND JOYFUL NEWS FOR ENGLAND: On the Prophecy of the Renowned Michael Nostradamus that Charles II shall have a son of his own Body. London: Allen Banks, 1681.
GREGÓRIO DE NISSA. *Epistola contra fatum*.
______. *Tratado da formação do homem*.
GREGÓRIO DE TOURS. *História dos francos*.
GREGÓRIO, O GRANDE. *Diálogos*.
GRELOT, P. Histoire et eschatologie dans le livre de Daniel. In: CONGRÈS DE TOULOUSE. *Apocalypses et théologie de l'espérance*. Paris: Éditions du Cerf, 1977.
______. *Introduction à la Bible:* Nouveau Testament. Paris: Desclée, 1977. t.III, v.5.
GRESSMANN, H. *Der Ursprung der israelitisch-jüdischen Eschatologie*. Göttingen: Vandenhoeck und Ruprecht, 1905.
GUÉNÉE, B. *Entre l'Église et l'État:* quatre vies de prélats français à la fin du Moyen Âge (XIIIe-XVe siècle). Paris: Gallimard, 1987.
______. *Histoire et culture historique dans l'Occident médiéval*. Paris: Aubier Montaigne, 1980.
______. Les genres historiques au Moyen Âge. *Annales ESC*, Paris, p.997-1016, juill.-août 1973.
GUIBERTO DE NOGENT. *Gesta Dei per Francos*.
GUILHERME DE AUXERRE. *Summa aurea*. Liber II.
GUILHERME DE MALMESBURY. *Gesta Pontificum Anglorum*. Ed. N. E. S. A. Hamilton. London: Longman, 1870.
GUILHERME DE NEWBURGH. Historia rerum Anglicarum. In: HOWLETT, R. (Ed.). *Chronicles of the Reigns of Stephen, Henri II and Richard I*. London: Longman, 1884-1885.
GUILHERME DE SAINT-AMOUR. *Tractatus brevis de periculis novissimorum temporum*.

GUILLAUTE, *Mémoire sur la réformation de la police en France soumis au roi en 1749*. Éd. J. Senzec. Paris: Hermann, 1974.
GUILLOIS, A. *Essai sur la superstition*. Lille: [s.n.], 1836.
GUITTON, J. *Pascal et Leibniz:* étude sur deux types de penseurs. Paris: Aubier, 1951.
HALE, M. *The Primitive Origination of Mankind, Considered and Examined According to the Light of Nature*. London: William Godbid, 1677.
HALÉVY, D. *Histoire de quatre ans, 1997-2001*. Paris: Cahiers de la Quinzaine, 1903.
HAMBLIN, D. J. *Les étrusques*. Amsterdam: Time-Life International, 1976.
HARLAND, J.; WILKINSON, T. T. *Lancashire folklore*. London: George Routledge, 1867.
HARRINGTON, W. *Nouvelle introduction à la Bible*. Paris: Seuil, 1971.
HARVEY, J. *A Discoursive Problem Concerning Prophecies*. London: [s.n.], 1588.
HAUTERIVE, E. d'. *La police secrète du Premier Empire:* bulletins quotidiens adressés par Fouché à l'Empereur, publiés par Ernest d'Hauterive d'après les documents originaux déposés aux Archives Nationales. Paris: Perrin, 1908-1913. 4v.
HAWKING, S. *Une brève histoire du temps*. Paris: [s.n.], 1989.
HENRIQUE DE LANGENSTEIN. *Liber adversus Telesphori eremitae vaticinia*, col. 517.
______. Liber adversus Telesphori. In: PEZ, B. *Thesaurus anecdotorum novissimus*. Augustae Vindelicorum et Graecii: Veith, 1721. t.1, col. 519.
HEPHAESTIONIS THEBANI APOTELESMATICORUM LIBRI TRES. Ed. D. Pingree, Leipzig: B. G. Teubneri, 1973.
HERDER, G. *Idées pour la philosophie de l'histoire de l'humanité*. Paris: Montaigne, 1962.
HERMAS. *Visões*.
HERÓDOTO. *Histoires*. Paris: Gallimard, 1964. Bibliothèque de la Pléiade.
HERZL, T. *L'État juif*. Paris: Stock, 1981.
HESÍODO. *Os trabalhos e os dias*.
HILDEGARDA DE BINGEN. *Le livre des œuvres divines*. Présentation B. Gorceix. Paris: Albin Michel, 1982.
HILL, C. *Antichrist in Seventeenth Century England*. Oxford: Oxford University Press, 1971.
______. Newton and his Society. *The Texas Quarterly*, Austin, 1967.
______. *Puritanism and Revolution*. London: Secker and Warburg, 1958.
HIPÓLITO. *Commentaire sur Daniel*. Paris: Éditions du Cerf, 1947. Sources Chrétiennes, n.14.
HIPÓLITO. *Refutatio Haeresium*.
HISSETTE, R. Enquête sur les 219 articles condamnés à Paris le 7 mars 1277. *Philosophie Médiévale*, v.22, 1977.
HOBBES, T. *Leviathan*. London: A. Crooke, 1651.
HOLLOWAY, M. *Heavens on Earth:* Utopian Communities in America, 1680-1880. London: Turnstile Pr., 1951.
HOMERO. *Ilíada*.
______. *Odisseia*.
HONDT, J. d' (Dir.). *Dom Deschamps et sa métaphysique*: religion et contestation au XVIIIe siècle. Paris: PUF, 1974.
HORÁCIO. *Epodos*.
______. *Odes*.

HOUSMAN, A. E. (Ed.). *M. Manilii Astronomicon liber primus*. London: Richards, 1903.
HOWARD, H. *A Defensative Against the Poison of Supposed Prophecies*. London: Iohn Charlewood, 1620.
HOWE, E. *Astrology and Psychological Warfare During World War II*. London: [s.n.], 1967.
HUBAUX, J. *Les grands mythes de Rome*. Paris: PUF, 1945.
HUBERT, H. *Les celtes et la civilisation celtique*. Paris: La Renaissance du Livre, 1932.
HUGO DE SÃO VITOR. *De eruditione docta*. Paris: Excudebat Migne, 1844-1864. Patrologie Latine, t.176, col. 756.
HUGO, V. À la jeune France. In: ______. *Œuvres complètes*. Paris: Club Français du Livre, 1969. t.V.
______. La légende des siècles. In: ______. *Œuvres complètes*. Paris: Club Français du Livre, 1969. t.X.
______. Lettre à Nadar, 5 janvier 1864. In: ______. *Œuvres complètes*. Paris: Club Français du Livre, 1969. t.XII.
HUIZINGA, J. *Le déclin du Moyen Âge*. Paris: Payot, 1948.
HUMBOLDT, A. de. *Examen critique de l'histoire et de la géographie du nouveau continent*. Paris: Gide, 1836. t.I.
HUTIN, S. *Histoire de l'astrologie*. Bruxelles: [s.n.], 1970.
INSTITUTE FOR EUROPEAN DEFENCE. *The Prophets of Doom*: The Security of Religions Cuits. *The Times*, Aug. 20, 1996.
INTERFUTURS SIX ANS APRÈS. *Le Figaro*, Paris, 7 déc. 1985.
IONESCU, V. *Le message de Nostradamus sur l'ère prolétaire*. Paris: Dervy, 1976.
ISIDORO DE SEVILHA. *Etimologias*.
JACOPO DE VARAZZE. L'avent du Seigneur. In: ______. *La légende dorée*. Paris: Garnier-Flammarion, 1967.
JACQUARD, A. *Les probabilités*. Paris: PUF, 1974; 5.ed. Paris: PUF, 1992.
JANSSEN, J. *L'Allemagne et la Réforme*. Paris: [s.n.], 1889.
______. *La civilisation en Allemagne*. Paris: E. Plon, Nourrit et Cie, 1902. v.VI.
JAURÈS, J. Querelle anarchiste. *La Petite République*, Paris, 21 juillet 1895.
JEAN, G. *Voyages en utopie*. Paris: Gallimard, 1994.
JERÔNIMO, são. *De viris illustribus*.
JOÃO LEMAIRE DE BELGES. *Traité des schismes et conciles de l'Église*. Éd. Stecher. Louvain: [s.n.], 1882-1891.
JOURNAL D'UN BOURGEOIS DE PARIS SOUS FRANÇOIS Ier. Éd. P. Joutard. Paris: Union Générale d'Éditions, 1962.
JOURNAL D'UN BOURGEOIS DE PARIS, 1405-1449. Paris: Le Livre de Poche, 1990.
JURIE, Pierre. *L'accomplissement des prophéties ou La délivrance prochaine de l'Église*. Paris: Imprimerie Nationale, 1993.
JUSTINO. *Primeira apologia a favor dos cristãos*.
KAHN, H.; WIENER, A. J. L'an 2000, la bible des trente prochaines années. Paris: [s.n.], 1972.
KÄSEMANN, E. Les débuts de la théologie chrétienne. In: ______. *Essais exégétiques*. Neuchâtel: Delachaux et Niestlé, 1972.
KASSOF, A. The Future of Soviet Society. In: ______. Prospects for Soviet Society. New York: Frederick A. Praeger, 1968.

KILWARDBY, R. *De ortu scientiarum*. Ed. C. Judy. Londres/ Toronto: The British Academy/ The Pontifical Institute of Mediaeval Studies, 1976.
KIRKPATRICK, J. Dictatorships and Double Standards. *Commentary*, v.68, n.5, Nov. 1979.
KNIGHT, C. *Passages of a Working Life during half a Century*. London: Bradbury and Evans, 1864-1865. 2v.
KOJÈVE, A. Interview. *La Quinzaine Littéraire*, Paris, juin 1968.
______. *Introduction à la lecture de Hegel*. Paris: Gallimard, 1947.
KORN, D. Das Thema des Jüngsten Tages in der deutschen Literatur des 17. Jahrhunderts. Tübingen: M. Niemeyer, 1957.
KRAUS, K. Briefe des Verlags der Fackel. In: ______. *Werke*. t.I.
KRAUSS, W. *Reise nach Utopia*. Berlin: Rütten & Loening, 1964.
KROGER, H. *Die Prodigien bei Tacitus*. Münster, 1940. Dissertação.
KSELMAN, T. *Miracle and Prophecy:* Popular Religion and the Church in XIXth Century France. Ph.D., University of Michigan, 1978.
KUERREN, A. *Recherche historique et critique sur la composition et la collection des livres du Vieux Testament;* Leyde: [s.n.], 1863.
KURFESS, A. Die Sibylle in Augustins Gottesstaat. *Theologische Quartabschrift*, 117, p.532-42, 1936.
L'ART DE CONNAÎTRE LES HOMMES sur leurs attitudes. Paris: Saintin, 1826.
L'ART DE TIRER LES CARTES. [S.l.: s.n.], 1815.
L'AVENIR DÉVOILÉ, traité complet de l'art de la divination. Paris: [s.n.], 1838.
L'ORACLE DES DAMES. Paris: Friedel et Gasc, 1824.
LA BRUYÈRE. *Les caractères ou les mœurs du siècle*.
LA CARTOMANCIE ou L'art de tirer les cartes. [S.l.: s.n.], 1843.
LA CHIROMANCIE. [S.l.: s.n.], 1843.
LA MANIÈRE DE TIRER LES CARTES. [S.l.: s.n.], 1827.
LA PENSEE CATHOLIQUE. Paris, n.169, 1977.
LA PHYSIOGNOMONIE. [S.l.: s.n.], 1830.
LACOMBE. *La pythonisse du XIXe siècle*. Paris: Cosse & J. Dumaine, 1846.
LACTÂNCIO. *Institutions divines*. Paris: Éditions du Cerf, 1973. Sources Chrétiennes, n.377, Livre IV.
______. *Vitae Patrum*. Paris: Excudebat Migne, 1844-1864. Patrologie Latine, n.73, col. 452.
LAISTNER, M. L. W. The Western Church and Astrology during the Early Middle Ages. *Harvard Theological Review*, Cambridge, t.34, 1941.
LAMENNAIS, F. de. De la société première et de ses lois. In: ______. *Œuvres complètes*. Éd. L. Le Guillou, Genève: Slatkine, 1981. t.X.
______. Le livre du peuple [1838]. In: ______. *Œuvres complètes*. Éd. L. Le Guillou. Genève: Slatkine, 1981. t.VII.
LAMM, M. *Swedenborg*. Paris: Librairie Stock, 1936.
LAMOTHE-LANGON, E.-L. de (Ed.). *Mémoires de Louis XVIII*. Paris: Mame-Delaunay, 1832-1833.
______ (Ed.). *Soirées de S. M. Charles X*. Paris: Spachmann, 1836. t.I.
______. *Les après-dîners de S.A.S. Cambacérès, second consul*. Paris: A. Bertrand, 1837. t.III.
______. *Mémoires et souvenirs d'une femme de qualité sous le Consulat et sous l'Empire*. 2.ed. Paris: Mame et Delaunay-Vallée, 1830.

LAMOTHE-LANGON, E.-L. de. *Napoléon, sa famille... ou Soirées secrètes du Luxembourg, des Tuileries, de Saint-Cloud, de la Malmaison, de Fontainebleau*, etc. Paris: P.-H. Krabbe, 1840.
LAVAL, A. de. Examen des almanachs, prédictions... In: ______. *Desseins de professions nobles et publiques*. Paris: Veuve Albel L'Angelier, 1613.
LAVATER, J. C. *L'art de connaître les hommes par la physionomie*. Paris: Depélafol, 1821.
______. *Nouveau manuel du physionomiste et du phrénologiste*. Paris: Roret, 1838.
LAW, E. *Considerations on the Theory of Religion*. London: W. Thurlbourn & J. Beecroft, 1745.
LE BRUN, J. Censure préventive et littérature religieuse en France au début du XVIIIe siècle. *Révue d'Histoire de l'Église de France*, Paris, t.69, n.167, p.201-26, juill.-déc. 1975.
LE CAMUS DE MÉZIÈRES, N. *L'esprit des almanachs*. Paris: Veuve Duchesne, 1783.
LE COUR, P. *L'ère du Verseau*. Vincennes: Atlantis, 1937.
LE GLOBE, 24 mai 1825.
LE GOFF, J. *Les intellectuels au Moyen Âge*. Paris: Seuil, 1976.
LE GRAND ETTEILLA. [S.l.: s.n.], 1838.
LE LIVRE DE L'AVENIR. [S.l.: s.n.], 1843.
LE LIVRE DU DESTIN. [S.l.: s.n.], 1840.
LE MENN, G. Du nouveau sur les prophéties de Gwenc'hlan. *Mémoires de la Société d'Émulation des Côtes-du-Nord*, n.111, p.45-71, 1982.
______. Les quatre vers moyen-bretons du registre des baptêmes d'Edern. *Annales de Bretagne et des Pays de l'Ouest*, Rennes, t.77, 1970, p.615-7.
______. Une bibliothèque bleue en langue bretonne. *Annales de Bretagne et des Pays de l'Ouest*, Rennes, t.92, n.3, 1985.
LE MONITEUR SPIRITE ET MAGNÉTIQUE, avr. 1896.
LE NOUVEAU LAVATER. [S.l.: s.n.], 1826.
LE NOUVEL ETTEILLA. Andrinople/ Rouen: Lecrêne-Labbey, 1815.
LE PASSÉ, LE PRÉSENT, L'AVENIR. Paris: Casimir, 1831.
LE ROUX, F. La divination chez les celtes. In: CAQUOT, A.; LEIBOVICI, M. (Eds.). *La divination*. Paris: PUF, 1968. v.I.
______; GUYONVARC'H, C.-J. *Les druides*. 4.ed. Rennes: Ouest-France, 1986.
LE ROY LADURIE, E. *Montaillou, village occitan, de 1294 à 1324*. Paris: Gallimard, 1975.
______. *Paysans de Languedoc*. Paris: Flammarion, 1969.
LE VIEUX PAPIER, n.60, 1 mai 1910.
LE VOYER, R. L. *Mémoires et journal*. Paris: P. Jannet, 1857-1858. t.V.
LECANU, A.-F. *Dictionnaire des prophéties et des miracles*. Paris: J.-P. Migne, 1852.
LEFÈVRE-PORTALIS, G.; DOREZ, L. (Éds.). *Chronique d'Antonio Morosini*. Paris: H. Laurens, 1898-1902. t.III et t.IV.
LEJBOWICZ, M. Chronologie des écrits anti-astrologiques de Nicole Oresme. Étude sur un cas de scepticisme dans la deuxième moitié du XIVe siècle. In: COLLOQUE ORESME. *Autour de Nicole Oresme*. Paris, Université de Paris, 1990. p.119-76.
LELIÈVRE, A. *Justification des sciences divinatoires, précédée du récit des circonstances de sa vie qui ont décidé de sa vocation pour l'étude de ces sciences et leur application*. Paris: Garnier Frères, 1847.
LENIN, V. I. Que faire? In: ______. *Œuvres complètes*. t.I.

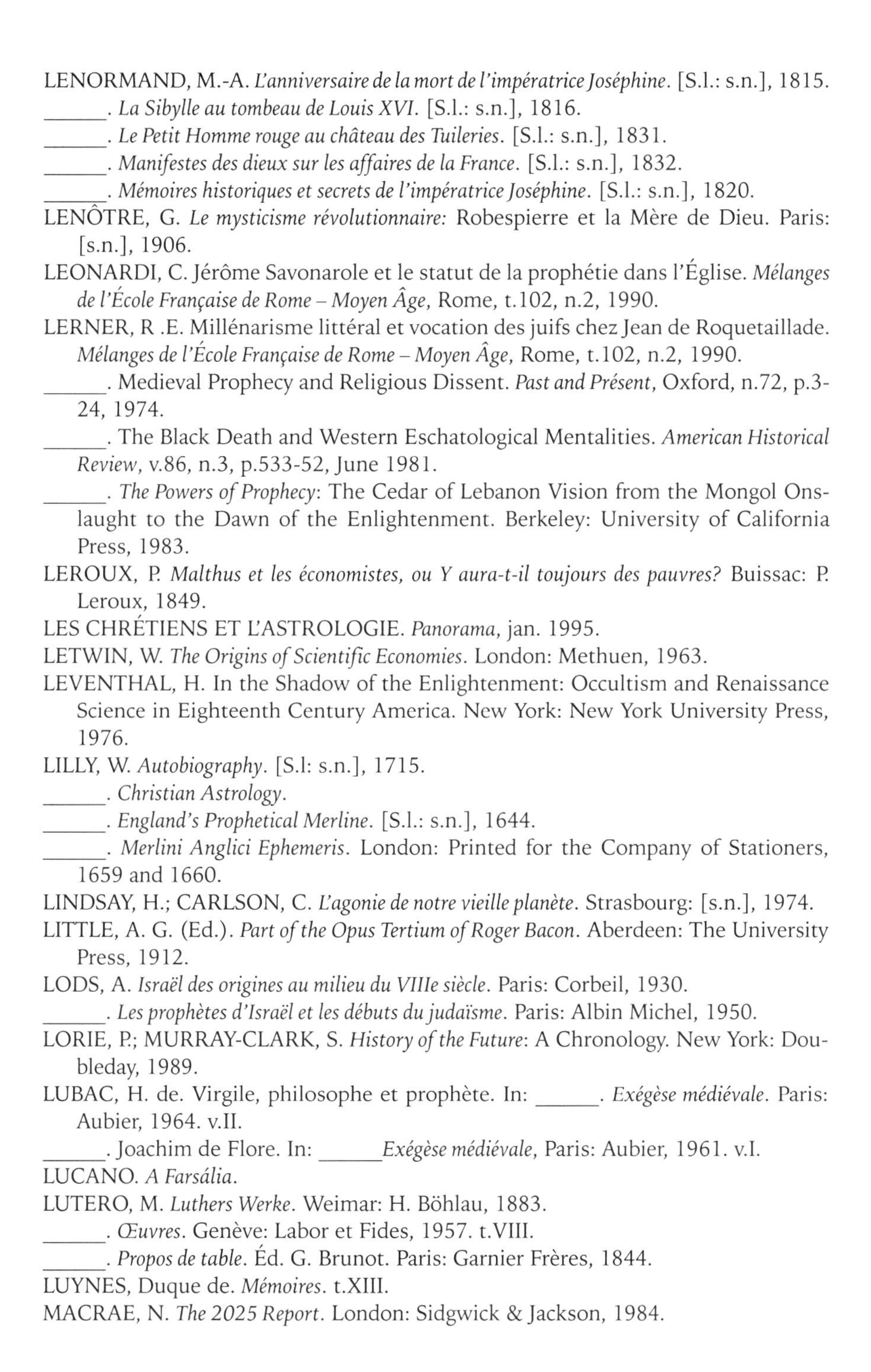

LENORMAND, M.-A. *L'anniversaire de la mort de l'impératrice Joséphine*. [S.l.: s.n.], 1815.
______. *La Sibylle au tombeau de Louis XVI*. [S.l.: s.n.], 1816.
______. *Le Petit Homme rouge au château des Tuileries*. [S.l.: s.n.], 1831.
______. *Manifestes des dieux sur les affaires de la France*. [S.l.: s.n.], 1832.
______. *Mémoires historiques et secrets de l'impératrice Joséphine*. [S.l.: s.n.], 1820.
LENÔTRE, G. *Le mysticisme révolutionnaire:* Robespierre et la Mère de Dieu. Paris: [s.n.], 1906.
LEONARDI, C. Jérôme Savonarole et le statut de la prophétie dans l'Église. *Mélanges de l'École Française de Rome – Moyen Âge*, Rome, t.102, n.2, 1990.
LERNER, R .E. Millénarisme littéral et vocation des juifs chez Jean de Roquetaillade. *Mélanges de l'École Française de Rome – Moyen Âge*, Rome, t.102, n.2, 1990.
______. Medieval Prophecy and Religious Dissent. *Past and Présent*, Oxford, n.72, p.3-24, 1974.
______. The Black Death and Western Eschatological Mentalities. *American Historical Review*, v.86, n.3, p.533-52, June 1981.
______. *The Powers of Prophecy*: The Cedar of Lebanon Vision from the Mongol Onslaught to the Dawn of the Enlightenment. Berkeley: University of California Press, 1983.
LEROUX, P. *Malthus et les économistes, ou Y aura-t-il toujours des pauvres?* Buissac: P. Leroux, 1849.
LES CHRÉTIENS ET L'ASTROLOGIE. *Panorama*, jan. 1995.
LETWIN, W. *The Origins of Scientific Economies*. London: Methuen, 1963.
LEVENTHAL, H. In the Shadow of the Enlightenment: Occultism and Renaissance Science in Eighteenth Century America. New York: New York University Press, 1976.
LILLY, W. *Autobiography*. [S.l: s.n.], 1715.
______. *Christian Astrology*.
______. *England's Prophetical Merline*. [S.l.: s.n.], 1644.
______. *Merlini Anglici Ephemeris*. London: Printed for the Company of Stationers, 1659 and 1660.
LINDSAY, H.; CARLSON, C. *L'agonie de notre vieille planète*. Strasbourg: [s.n.], 1974.
LITTLE, A. G. (Ed.). *Part of the Opus Tertium of Roger Bacon*. Aberdeen: The University Press, 1912.
LODS, A. *Israël des origines au milieu du VIIIe siècle*. Paris: Corbeil, 1930.
______. *Les prophètes d'Israël et les débuts du judaïsme*. Paris: Albin Michel, 1950.
LORIE, P.; MURRAY-CLARK, S. *History of the Future*: A Chronology. New York: Doubleday, 1989.
LUBAC, H. de. Virgile, philosophe et prophète. In: ______. *Exégèse médiévale*. Paris: Aubier, 1964. v.II.
______. Joachim de Flore. In: ______*Exégèse médiévale*, Paris: Aubier, 1961. v.I.
LUCANO. *A Farsália*.
LUTERO, M. *Luthers Werke*. Weimar: H. Böhlau, 1883.
______. *Œuvres*. Genève: Labor et Fides, 1957. t.VIII.
______. *Propos de table*. Éd. G. Brunot. Paris: Garnier Frères, 1844.
LUYNES, Duque de. *Mémoires*. t.XIII.
MACRAE, N. *The 2025 Report*. London: Sidgwick & Jackson, 1984.

MACRÓBIO. *Saturnais*.

MAIRE-VIGUEUR, J.-C. Cola di Rienzo et Jean de Roquetaillade ou la rencontre de l'imaginaire. *Mélanges de l'École Française de Rome – Moyen Âge*, Rome, t.102, n.2, 1990.

MAISTRE, J. de. Les soirées de Saint-Pétersbourg [1821]. In: ______. *Œuvres complètes*. Lyon: Librairie Générale Catholique et Classique, 1892.

MAÎTRE, J. La consommation d'astrologie dans la société contemporaine. *Diogène*, Paris, n.53, p.92-109, janv.-mars 1966.

MALAMAT, A. A Mari Prophecy and Nathan's Dynastie Oracle. In: EMERTON, J. A. *Prophecy:* Essays Presented to George Fohrer on his Sixty-Fifth Birthday. Berlin: W. de Gruyter, 1980.

MÂLE, É. *L'art religieux du XIIIe siècle en France*. Paris: Armand Colin, 1958. t.II.

MALTHUS, T. *Essai sur le principe de population* [1798].

MANDONNET, P. *Siger de Brabant et l'averroïsme latin au XIIIe siècle*. 2.ed. Louvain: Institut Supérieur de Philosophie,1908-1911. 2v.

MANDROU, R. *Histoire sociale, sensibilités collectives et mentalités. Mélanges Robert Mandrou*. Paris: PUF, 1985.

MANNHEIM, K. *Ideology and Utopia*. London: Rootledge & Kegan Paul, 1968.

MANTAGU, B. (Ed.). *The Works of Francis Bacon*. London: W. Pickering, 1825. t.III.

MARAIS, J.-L. Littérature et culture populaires aux XVIIe et XVIIIe siècles. Réponses et questions. *Annales de Bretagne et des Pays de l'Ouest*, Rennes, t.87, n.1, 1980.

MARBODO. *Liber decem capitulorum*. Parisiis: Excudebat Migne, 1844-1864. Patrologie Latine, n.171, col. 1704.

MARCO AURÉLIO. *Pensamentos para mim próprio*.

MARTEN, A. *A Second Sound, or Warning of the Trumpet unto Judgement*. London: Thomas Orwin, 1589.

MARTY, A. *Le monde de demain vu par les prophètes d'aujourd'hui*. Paris: Nouvelles Éditions Latines, 1962.

MARX, K. *Manifeste du parti communiste* [1848]. In: ______. *Œuvres*. Paris: Gallimard, 1959. Bibliothèque de la Pléiade, t.I.

______. *Manifeste sur la guetre en France*, 12 juin 1871.

______. Préface du *Capital*. 2.ed.

MASSACHUSETTS INSTITUTE OF TECHNOLOGY. *Imagining To-Morrow*: History, Technology and the American Future. Cambridge: MIT Press, 1986. Éd. franç.: *Rêves de futur*, n. spécial de *Culture Technique*, Neuilly-sur-Seine, n.28, 1993.

MAURY, Abade. *Sur les avantages de la paix*. Paris: Dehansy, 1767.

MAYEUR, J.-M. (Dir.). *Histoire du christianisme des origines à nos jours:* guerres mondiales et totalitarismes (1914-1958). Paris: Desclée, 1990. t.XII.

MCRAE, H. *The World in 2020. Power, Culture and Prosperity:* A Vision of the Future. London: Harper Collins, 1994.

MEADOWS, D. H. et al. *Halte à la croissance*. Paris: Club Français du Livre, 1972.

MÉRY, G. *La voyante de la rue de Paradis*. Paris: [s.n.], 1900.

MESSAC, R. *Esquisse d'une chronobibliographie des utopies*. Lausanne: Club Futopia, 1962.

MÉZIÈRES, P. de. *Le songe du vieil pèlerin*. Éd. G. W. Coopland. Cambridge: University Press, 1969.

MIGNE, J.-P. (Éd.). *Œuvres très complètes de sainte Thérèse, de saint Pierre d'Alcantara, de saint Jean de la Croix et du bienheureux Jean d'Avila*. Paris: Chez l'Éditeur, 1863. t.III.

MILLET DE SAINT-PIERRE, J.-B. *Recherche sur le dernier sorcier et la dernière école de magie*. Le Havre: [s.n.], 1859.

MILLET, H. Écoute et usage des prophéties par les prélats pendant le Grand Schisme d'Occident. *Mélanges de l'École Française de Rome – Moyen Âge*, Rome, t.102, n.2, 1990.

______; RIGAUX, D. Aux origines du succès des *Vaticinia de summis pontificibus*. *Cahiers de Fanjeaux*, Toulouse, n.27, 1992.

MINOIS, G. Bretagne insulaire et Bretagne armoricaine dans l'œuvre de Geoffroy de Monmouth. *Mémoires de la Société d'Histoire et d'Archéologie de Bretagne*, Rennes, LVIII, p.35-60, 1981.

______. *Du Guesclin*. Paris: Fayard, 1993.

______. Renan entre la patrie, l'Europe et l'humanité. In: URIAC, R. (Dir.). *Actes des journées d'étude E. Renan*. Saint-Brieuc: La Ville/ Lycée Ernest Renan, 1993.

______. *Histoire des enfers*. Paris: Fayard, 1991.

______. *L'Église et la guetre:* de la Bible à l'ère atomique. Paris: Fayard, 1994.

______. *L'Église et la science:* histoire d'un malentendu. Paris: Fayard, 1990. t.I.

MINÚCIO FÉLIX. *Octavius*.

MOFFITT WATTS, P. Prophecy and Discovery: On the Spiritual Origins of Christopher Colombus's "Enterprise of the Indies". *American Historical Review*, Washington, v.90, n.1, p.73-102, Feb. 1985.

MOLIÈRE. *Os amantes magníficos*.

MOLTMANN, J. *Théologie de l'espérance*. Paris: Éditions du Cerf, 1970.

MONLOUBOU, L. *Un prêtre devient prophète*: Ezéchiel. Paris: Éditions du Cerf, 1972.

MONTAIGNE. Das prognosticações. In: ______. *Ensaios*.

______. *Ensaios*.

MORAVICK, M. The Ultimate Scientific Plateau. *The Futurist*, Oct. 1985.

MOREAU, C. *Une mystique révolutionnaire*: Suzette Labrouste. Paris: Firmin-Didot, 1886.

MORIN, J.-B. *Astrologia Gallica*. Hagae-Comitis: Adriani Vlacq, 1661.

MORRIS, W. *Nouvelles de nulle part*. Paris: Société Nouvelle de Librairie et d'Édition, 1902.

MOZZANI, É. *Magie et superstition de la fin de l'Ancien Régime à la Restauration*. Paris: Robert Laffont, 1988.

MR. WILLIAM LILLY'S HISTORY of his Life and Times from the Year 1602 to 1681. London: J. Roberts, 1715.

MURAISE, E. *Histoire et légende du Grand Monarque*. Paris: Albin Michel, 1975.

MURRAY J. A. H. (Ed.). *The Complaynt of Scotlande vyth ane exortatione to the Thre Estaits to be vigilante in the deffens of their public veil, 1549:* with an appendix of contemporary English tracts. London: Trübner, 1872.

NEHER, A. *L'essence du prophétisme*. Paris: PUF, 1955.

NEUE EUROPA, Stuttgart, 1963.

NEUGEBAUER, O. *The Exact Sciences in Antiquity*. 2.ed. Providence: Brown University Press, 1957.

______; HOESEN, H. B. van. *Greek Horoscopes*. Philadelphie: American Philosophical Society, 1959.

NEULIF. *L'utopie contemporaine*. Paris: E. Dentu, 1888.

NICCOLI, O. *Profeti e popolo nell'Italia del Rinascimento*. Roma: Laterza, 1987.

NICOLAU DE CLAMANGES. *Opera omnia*. Lyon: [s.n.], 1613.
NICOLESCU, B. *La science, le sens et l'évolution*: essai sur Jakob Boehme. Paris: Félin, 1988. Rééd. sous le titre: *L'homme et le sens de l'univers*. Paris: P. Lebeau/ Félin, 1995.
NORTH, J. D. Some Norman horoscopes. In: BURNETT, C. S. F. *Adelard of Bath:* An English Scientist and Arabist of the Early Twelfth Century. London: University of London, 1987.
NOUVELLES ET CURIEUSES PROPHÉTIES DE NOSTRADAMUS pour 1813 à 1819. Lyon: [s.n.], 1814.
O'GRADY, S. Irish Prognostication from the Howling of Dogs. *Mélusine*, Paris, V, [s.d.].
ONOSANDROS. *De imperat. offic.*
ORÍGENES. *Contra Celso*.
______. *Homélies sur Ezéchiel*. Paris: Éditions du Cerf, 1986. Sources Chrétiennes, n.352.
ORÓSIO. *Priscilliani quae supersunt*. Ed. G. Schepps. Vindobonae: F. Tempsky, 1889.
ORWELL, G. *1984*. London: Penguin Books, [s.d.].
OWEN, R. Gazette millénaire [1855]. In: ______. *Textes choisis*. Paris: Éditions Sociales, 1963.
PABAN, Gabrielle de. *L'art de dire la bonne aventure dans la main ou la chiromancie des bohémiens*. Paris: Lerouge, 1818.
PARKER, H. W.; WORMWELL, D. E. *The Delphic Oracle*. Oxford: Blackwell, 1956.
PARTRIDGE, J. *Annus mirabilis, or Strange and Wonderful Prrdictions Gathered Out of Mr. John Partridge's Almanach*. London: Randal Taylor, 1689.
PASSELECQ, G.; POSWICK F. (Dir.). *La table pastorale de la Bible*. Paris: P. Lethielleux, 1974.
PAULO VI. *Octogesima adveniens*, 14 de maio de 1971.
PAULO. *Sentent*.
PELLERIN, G. *Le monde dans deux mille ans*. Paris: E. Dentu, 1878.
PEPYS, S. *Diary*.
PERRIN, J. Préambule. In: PAINLEVÉ, P. *De la science à la défense nationale*. Paris: Calmann-Lévy, 1931.
PERRY, L. de. *Les somnambules extra-lucides, leur influence au point de vue du développement des maladies nerveuses et mentales, aperçu médico-légal*. Paris: J.-B. Baillière et Fils, 1897.
PEUCHET, J. *Mémoires tirés des archives de la police de Paris pour servir à l'histoire de la morale et de la police depuis Louis XIV jusqu'à nos jours*. Paris: A. Levavasseur, 1838. t.II.
PFEIFFER, F. *Berthold von Regensburg:* Vollständige Ausgabe seiner Predigten. Wien: W. Braumüller, 1862.
PHELAN, J. L. *The Millenial Kingdom of the Franciscans in the New World*. Berkeley: University of California Press, 1970.
PHILONENKO, A. *Histoire de la philosophie*. Paris: Gallimard, 1973. Bibliothèque de la Pléiade, t.II.
PICO DELLA MIRANDOLA. *Disputationes adversus astrologiam divinatricem*. Ed. E. Garin. Firenze: Vallecchi, 1946-1952. 2v.
PIGANIOL, A. Sur le calendrier brontoscopique de Nigidius Figulus. *Studies in Roman Economic and Social History in Honour of Alban Chester Johnson*, Princeton, 1951.

PLATÃO. *Fedra*.
______. *Timeu*.
PLÍNIO. *História natural*.
PLONGERON, B. *Théologie et politique au siècle des Lumières (1770-1820)*. Genève: Droz, 1973.
PLOTINO. *Enéadas*.
PLUTARCO. *Les vies des hommes illustres*. Paris: Gallimard, 1951. Bibliothèque de la Pléiade. 2v.
______. *Sobre os santuários cujos oráculos acabaram*.
______. Vida de Aristides.
______. *Vida de Temístocles*.
______. Vie d'Alexandre. In: ______. *Les vies des hommes illustres*. Paris: Gallimard. Bibliothèque de la Pléiade, t.II.
______. Vie de Cimon. In: ______. *Les vies des hommes illustres*. Paris: Gallimard. Bibliothèque de la Pléiade, t.I.
______. Vie de Périclès. In: ______. *Les vies des hommes illustres*. Paris: Gallimard. Bibliothèque de la Pléiade.
POGNON, E. *L'an mille, textes traduits et annotés*. Paris: Gallimard, 1947.
POIZAT, A. *Du classicisme au symbolisme*. Paris: La Nouvelle Revue Critique, 1929.
POLLACK, F. L. *The Image of Future*. New York: Leyden, 1961. t.I.
PONTHIEUX, J. *Prédictions et almanachs du XVIe siècle*. Mémoire de maîtrise. Paris, 1973.
POYNTER, F. N. L. Nicolas Culpepper and his Books. *Journal of the History of Medicine*, XVII, 1962.
PRÉAUD, M. *Les astrologues à la fin du Moyen Âge*. Paris: Lattès, 1984.
PRÉDICTIONS UNIVERSELLES DE NOSTRADAMUS. Chartres: [s.n.], 1811.
PREVITÉ-ORTON, C. W. An Elizabethan Prophecy. *History*, London, II, p.207-18, 1918.
PRIESTLEY, J. *Lectures on History and General Policy*. Birmingham: Pearson & Rollason, 1788.
PRIMI VISCONTI. *Mémoires sur la cour de Louis XIV*. Paris: Perrin, 1988.
PRITCHARD, J. B. (Ed.). *Ancient Near Eastern Texts relating to the Old Testament*. Princeton: Princeton University Press, 1955.
PROCÈS-VERBAL DE L'ASSEMBLÉE DU CLERGÉ de France de 1180, au couvent des Grands-Augustins. Paris: [s.n.], 1782.
PROCÈS-VERBAUX DES ASSEMBLÉES GÉNÉRALES DU CLERGÉ de France. Paris: Guillaume Desprezt, 1767-1778. t.VIII.
PROPHÉTIE DE MLLE SUZETTE DE LA BROUSSE, concernant la Révolution française, suivie d'une prédiction qui annonce la fin du monde. [S.l.: s.n.], 1790.
PROPHÉTIE. *Dictionnaire de théologie catholique*. Paris: Letouzey et Ané, 1936. t.13.
PROUDHON, P.-J. *Correspondance*. Paris: Lacroix, 1875.
______. La philosophie du progrès. In: ______. *Œuvres complètes*. Paris: M. Rivière, 1946.
PROYART, L.-B. *Vie du dauphin, père de Louis XV*. Paris: Méquignon, 1819. t.II.
PTOLOMEU. *Tetrabiblos*.
QUADE, E. S. *Analysis for Public Decisions*. Amsterdam: [s.n.], 1982.
QUANTIN, A. *En plein vol*. Paris: A. Lemerre, 1913.

QUASTEN, J. *Initiation aux Pères de l'Église*. Paris: Éditions du Cerf, 1962. t.III.
QUINET, E. De l'origine des dieux. In: ______. *Œuvres complètes*. [S.n.t.] t.VIII.
______. L'ultramontanisme. In: ______. *Œuvres complètes*. [S.n.t.] t.II.
RABANNE, P. *La fin des temps*. Paris: [s.n.], 1993.
RABELAIS. Pantagrueline prognostication. In: ______. *Œuvres complètes*. Paris: Gallimard, 1955. Bibliothèque de la Pléiade.
RACINE. *Œuvres complètes*. Paris: Gallimard, 1966. Bibliothèque de la Pléiade, t.II.
RATZINGER, J. *La théologie de l'histoire de saint Bonaventure*. Paris: PUF, 1988.
REBÉRIOUX, M. La littérature socialisante et la représentation du futuro en France au tournant du siècle. In: MANDROU, R. *Histoire sociale, sensibilités collectives et mentalités. Mélanges Robert Mandrou*. Paris: PUF, 1985. p.407-21.
RECUEIL DES OUVRAGES DE LA CÉLÈBRE MLLE LABROUSTE [...] actuellement prisonnière au château Saint-Ange à Rome. Bordeaux: [s.n.], 1797.
RÉMUSAT, Madame de. *Les confidences d'une impératrice*. Paris: H. Gautier, 1893.
RENAN, E. Dialogues philosophiques. In: ______. *Histoire et parole*. Paris: Robert Laffont, 1984. Collec. Bouquins.
______. Préface à L'avenir de la science [1890]. In: ______. *Histoire et parole*. Paris: Robert Laffont, 1984. Collec. Bouquins.
______. La monarchie constitutionnelle en France. *Revue des Deux Mondes*, 1er nov. 1869.
RENARD, J.-B. Religion, science-fiction et extraterrestres. *Archives de Sciences Sociales des Religions*, Paris, n.50, juill.-sept. 1980, p.143-164.
RESTIF DE LA BRETONNE. *La découverte australe par un homme volant*. Paris: Vve Duchesne, 1781.
REVEL, J.-F. *How Democraties perish*. New York: Doubleday, 1983.
REVUE DE PARIS, mai 1829.
ROBERTO GROSSETESTE. *Hexaemeron*. Ed. R. C. Dales. Oxford: Oxford University Press, 1982.
ROBERTS, G. *The History and Antiquities of the Borough of Lyme Regis and Charmouth*. London/ Lyme Regis: S. Bagster and W. Pickering/ Landray and Bennet & Dunster 1834.
ROCHOT, B. Les sentiments de Gassendi sur l'éclipse de 1654. *Dix-Septième Siècle*, Paris, n.27, avr. 1955.
ROGÉRIO DE HOVEDEN. *Chronica Magistri Rogeri de Hovedene*. Ed. W. Stubbs. London: Longman, 1869. v.II.
ROLANDINO DE PÁDUA. *Rolandini Patavini Chronicon*. Ed. P. Jaffé. Hannoverae: Bibliopolii Avlici Hahniani, 1866. Monumenta Germaniae Historia: Scriptores, t.XVIIII.
ROMILLY, J. de. *Histoire et raison chez Thucydide*. 2.ed. Paris: Les Belles Lettres, 1967.
ROSNAY, J. de. *L'homme symbiotique*. Paris: Seuil, 1995.
ROUGEMENT, D. *L'avenir est notre affaire*. Paris: Stock, 1977.
ROUGEMENT, F. de. *Les deux cités:* la philosophie de l'histoire aux différents âges de l'humanité. Paris: Sandoz et Fischbacher, 1874. t.I.
ROWLEY, H. H. *Peake's Commentary on the Bible*. [S.n.t.]
______. *The Relevance of Apocalyptic*. New York: Association Press, 1964.
RUSCHE, H. Merlini Anglici: astrology and propaganda from 1641 to 1651. *English Historical Review*, t.80, n.315, 1965.

RUSCHE, H. Prophecies and Propaganda, 1641 to 1651. *English Historical Review*, London, t.84, p.752-70, Oct. 1969.

RUSCONI, R. À la recherche des traces authentiques de Joachim de Flore dans la France méridionale. *Cahiers de Fanjeaux*, Toulouse, n.27, 1992.

______. Les collections prophétiques en Italie à la fin du Moyen Âge et au début des temps modernes. *Mélanges de l'École Française de Rome – Moyen Âge*, Rome, t.102, n.2, 1990.

RUSSELL, D. S. The Method and Message of Jewish Apocalyptic. In: Congrès de Toulouse. *Apocalypses et théologie de l'espérance*. Paris: Éditions du Cerf, 1977.

RYMER, T. *The Whole Prophecies of Scotland, England, France, Ireland and Denmark*. [London?]: Robert VValdegraue, 1603.

SAINT-SIMON, C.-H. de. *Le nouveau christianisme* [1825]. Éd. H. Desroche. Paris: Seuil, 1969.

______. *Œuvres complètes*. Paris: Anthropos, 1966. t.III.

______. *Mémoires*. Paris: Gallimard, 1985. Bibliothèque de la Pléiade, t.I et t.V.

SANTI, F. La vision de la fin des temps chez Arnaud de Villeneuve. Contenu théologique et expérience mystique. *Cahiers de Fanjeaux*, Toulouse, n.27, 1992.

SARTON, G. *A History of Science:* Hellenistic Science and Culture in the Last Three Centuries B.C. Cambridge: Harvard University Press, 1959.

SAUSY, D. Iconographie de la prophétie: l'image d'Hildegarde de Bingen dans le *Liber divinorum operum*. *Mélanges de l'École Française de Rome – Moyen Âge*, Rome, t.102, n.2, 1990.

SCHLEGEL, F. *La philosophie de la vie*. Éd. Guénot. Paris: Parent-Desbarres, 1838. t.II.

SECRET, F. Aspects oubliés des courants prophétiques au début du XVIe siècle. *Revue de l'Histoire des Religions*, Paris, t.173, p.173-201, 1968.

______. Cornelius Gemma et la prophétie de la Sibylle tiburtine. *Revue d'Histoire Ecclésiastique*, Louvain, t.64, n.2, p.423-31, 1969.

SEGUIN, J.-P. *L'information en France avant le périodique*: 517 canards imprimés entre 1529 et 1631. Paris: G.-P. Maisonneuve et Larose, 1964.

______. Notes sur des feuilles d'information relatant des combats apparus dans le ciel (1575-1652). *Arts et Traditions Populaires*. Paris, t.VII, 1959.

SÉGUY, J. David Lazzaretti et la secte apocalyptique des Giurisdavidici. *Archives de Sociologie des Religions*, Paris, t.V, p.71-87, janv.-juin 1958.

SÊNECA. *Quaestiones naturales*.

SEPET, M. *Les prophètes du Christ*. Paris: Didier, 1877.

SERVIER, J. *Histoire de l'utopie*. Paris: Folio, 1991.

______. *Histoire de l'utopie*. Paris: Gallimard, 1967. Nouv. ed. 1991.

SÉVIGNÉ, Madame de. *Correspondance*. Paris: Gallimard, 1972. Bibliothèque de la Pléiade, t.I et t.II.

SHANE, H.; SOJKA, G. John Elfred Jr.: forgotten genius of forecasting. *The Futurist*, Oct. 1982.

SHERLOCK, T. *The Use and Intent of Prophecy*. London: J. Pemberton, 1726. Éd. franç.: *L'usage et les fins de la prophétie dans les divers âges du monde*. Paris: N. Tilliard, 1754. t.I.

SIBLY, E. *A New and Complete Illustration of the Celestial Science of Astrology*. London: [s.n.], 1784-1792. t.III.

SIGUIER, A. *Christ et peuple*. Paris: A. Dupont, 1835.

SKEATS, T. C. An Early Medieval Book of Fate: The Sortes XII Patriarcharum. *Medieval and Renaissance Studies*, London, III, 1954.
SMITH, L. P. (Ed.). *The Life and Letters of Sir Henry Wotton*. Oxford: Clarendon Press, 1907. t.1.
SMOLLER, L. A. *History, Prophecy and the Stars*. Princeton: Princeton University Press, 1994.
SONDAGE CSA, août 1994.
SONDAGE IFOP, 1963.
SOUTHERN, R. W. Aspects of the European Tradition of Historical Writing: 3. History as Prophecy. *Transactions of Royal Historical Association*, v.22, p.159-80, 1972.
SPENCER, H. *La science sociale* [1873]. Paris: F. Alcan, 1908.
______. The Principles of Sociology [1876]. In: ______. *On Social Evolution*. Chicago: Chicago University Press, [s.d.].
SPENGLER, O. *Der Mensch und die Technik*. München: C. H. Beck, 1931.
______. *Le déclin de l'Occident, 1918-1922*. Paris: Gallimard, 1948. t.II.
SPRAT, T. *The History of the Royal Society of London*. London: J. Martyn & J. Allestry, 1667.
SUETÔNIO. Júlio César. In: ______. *A vida dos doze Césares*.
______. Augusto. In: ______. *A vida dos doze Césares*.
______. Domiciano. In: ______. *A vida dos doze Césares*.
______. Galba. In: ______. *A vida dos doze Césares*.
______. Nero. In: ______. *A vida dos doze Césares*.
______. Otão. In: ______. *A vida dos doze Césares*.
______. Tibério. In: ______. *A vida dos doze Césares*.
______. Vitélio. In: ______. *A vida dos doze Césares*.
SÜSSMILCH, J. P. *Die Göttliche Ordnung in der Veränderungen des menschlichen Geschlechts*. Berlin: J. C. Spener, 1741. Éd. franç.: *L'ordre divin*. Paris: INED, 1979.
SWART, K. *The Sense of Decadence in XIXth Century France*. The Hague: M. Nijhoff, 1964.
SYMONDS, E. M. The diary of John Greene (1635-1657). *English Historical Review*, Washington, v.44, n.173, p.106-17, 1929.
TÁCITO. *Anais*.
______. *Germania*.
TARDÉ, G. L'action des faits futurs. *Revue de Métaphysique et de Morale*. Paris, p.119-37, 1901.
TATON, R. (Dir.). *Histoire générale des sciences*. Paris: PUF, 1966. t.II.
______. *The Political Prophecy in England*. New York: Columbia University Press, 1911.
TEMPLE, W. *The Works of Sir William Temple*. London: [s.n., s.d.]. t.II.
TEÓFILO DE ANTIOQUIA. *Três livros a Autólico*.
TERTULIANO. *Adversus Praxean*.
______. *Apologeticum*.
TESTER, J. *A History of Western Astrology*. Woodbridge: Boydell, 1987.
THE LIFE OF COLUMB CILLE. *Zeitschrift für celtische Philologie*, Tübingen, 1901. Band 3.
THIERS, J.-B. *Traité des superstitions*. 3.ed. Paris: J. de Nully, 1712. 2v.
THOMAS, K. *Religion and the Decline of Magic*. London: Penguin, 1991.
THOMPSON, D. *The End of Time:* Faith and Fear in the Shadow of the Millenium. London: Sinclair-Stevenson, 1996.

TIME, Jan. 15, 1965.
TIMES LITERARY SUPPLÉMENT, Jan. 27, 1984.
TINDAL HART, A. *William Lloyd (1627-1677), Bishop, Politician, Author and Prophet*. London: S. P. C. K., 1952.
TITO LÍVIO. *Ab Urbe Condita*.
TOBIN, M. Les visions et révélations de Marie Robine d'Avignon dans le contexte prophétique des années 1400. *Cahiers de Fanjeaux*, Toulouse, n.27, 1992.
______. Une collection de textes prophétiques du XVe siècle: le manuscrit 520 de la Bibliothèque Municipale de Tours. *Mélanges de l'École Française de Rome – Moyen Âge*, Rome, t.102, n.2, 1990.
TOCQUEVILLE, A de. *De la démocratie en Amérique* [1835]. Paris: Vrin, 1990. t.II.
______. L'Ancien Régime et la Révolution. In: ______. *Œuvres complètes*. Paris: Gallimard, 1952. t.II.
______. *Souvenirs* [1850-1851]. Paris: Folio, 1964.
TOFFLER, A. *Previews and Premises*. New York: W. Morrow, 1983.
TOLLEMER, A. *Un sire de Gouberville*. Rééd. Paris: Mouton, 1972.
TOMÁS DE AQUINO. A profecia. In: ______. *Suma teológica*.
______. *Suma contra os gentios*.
______. *Suma teológica*.
TORRELL, J.-P. La conception de la prophétie chez Jean de Roquetaillade. *Mélanges de l'École Française de Rome – Moyen Âge*, Rome, t.102, n.2, 1990.
______. La notion de prophétie et la méthode apologétique dans le *Contra Saracenos* de Pierre le Vénérable. *Studia Monastica*, v.17, fasc. 2, p.257-282, 1975.
______. La question disputée *De prophetia* de saint Albert le Grand. *Revue des Sciences Philosophiques et Théologiques*, v.65, n.2, p.197-232, avr. 1981.
TRADUCTION ŒCUMÉNIQUE DE LA BIBLE.
TREVOR-ROPER, H. James Ussher, archbishop of Armagh. In: ______. *Catholics, Anglicans and Puritans*. London: Fontana, 1989.
______. Milton in politics. In: ______. *Catholics, Anglicans and Puritans*. London: Fontana, 1989.
______. Nicolas Hill, the English Atomist. In: ______. *Catholics, Anglicans and Puritans*. London: Fontana, 1987.
______. Que serait la vie sans une connaissance de l'histoire? In: DUMOULIN, J.; MOÏSI, D. (Dir.). *L'historien entre l'ethnologue et le futurologue*. Actes du Séminaire International de Venise, 2-8 avr. 1971. Paris: Mouton, 1972.
______. *Renaissance Essays*. London: Fontana, 1986.
TRINH XUAN THUAN. *La mélodie secrète*. Paris: Fayard, 1988.
TROISIÈME MILLÉNAIRE. *Fontenoy*, n.1, mars-avr. 1982.
TUCÍDIDES. *História da Guerra do Peloponeso*.
TURLOT, N. *Le vray thrésor de la doctrine chrestienne*. Paris: [s.n.], 1635.
VAILLANT-COUTURIER, P. *Les bâtisseurs de la Russie nouvelle*. Paris: Bureau d'Éditions, 1932.
VAIRASSE, D. *Histoire des sévarambes*. Amsterdam: Roger, 1716. t.I.
VALÉRY, P. Variété I. In: ______. *Œuvres*. Paris: Gallimard, 1957. Bibliothèque de la Pléiade.
VASOLI, C. *Temi mistici e profetici alla fine del Rinascimento*. Manduria: Lacaita, 1968.

VAUCHEZ, A. Les théologiens face aux prophéties à l'époque des papes d'Avignon et du Grand Schisme. *Mélanges de l'École Française de Rome – Moyen Âge*, Rome, t.102, n.2, 1990.

VERMÈS, G. *Les manuscrits du désert de Juda*. Paris: Desclée, 1954.

VERNE, J. La journée d'un journaliste américain en 2889. In: *Hier et demain*. Paris: Le Livre de Poche, 1967.

VÉTIO VALENTE. *Vettii Valentis Anthologiarum Libri*. Ed. W. Kroll. Berolini: Weidmannos, 1908. Liber I.

VICENTE DE BEAUVAIS. *Spéculum historiale*.

VICO, G. *La science nouvelle*. Paris: Nagel, 1953.

VICTOR, J.-L. (Dir.). *L'univers de la parapsychologie et de l'ésotérisme*. Romorantin: Martinsart, 1976. t.I.

VIGNOIS, E. de *Notre histoire racontée à l'avance par Nostradamus*. Paris: A. Leclerc, 1910.

VIRGÍLIO. *Eneida*.

VITRÚVIO. *De architectura*.

VOGEL, C. (Éd.). *Le pécheur et la pénitence au Moyen Âge*. Paris: Éditions du Cerf, 1969.

VOLTAIRE. Des prophètes. In: ______. *Examen important de Milord Bolingbroke ou le Tombeau du fanatisme*. [S.l.: s.n.], 1736.

______. *Le siècle de Louis XIV*.

______. Sur le chancelier Bacon (12e lettre). In: ______. *Lettres philosophiques*.

WACKENHEIM, C. *Christianisme sans idéologie*. Paris: Gallimard, 1974.

WADSTEIN, E. *Die eschatologische Ideengruppe:* Antichrist-Weltsabbat-Weltende und Weltgericht, in den Hauptmomenten ihrer christlich-mittelalterlichen Gesamtentwicklung. Leipzig: Reisland, 1896.

WAGNER, F. *Prédictions de la prophétesse*. Bruxelles: [s.n.], 1934.

WARD, J. *Diary*. Ed. C. Severn. London: H. Colburn, 1839.

WEBER, M. *The Sociology of Religion*. Boston: [s.n.], 1922.

WEDEL, T. O. *The Medieval Attitude toward Astrology*. [S.l.]: Yale Studies, 1920.

WEINSTEIN, D. *Savonarole et Florence:* prophétie et patriotisme à la Renaissance. Paris: Calmann-Lévy, 1973.

WELLS, H. G. *Anticipations*. London: Chapman and Hall, 1902. Éd. franç.: *Anticipations*. Paris: Mercure de France, 1904.

______. La découverte de l'avenir. In: ______. *La découverte de l'avenir et le grand État*. Paris: Mercure de France, 1913.

WESTERMANN, C. *Grundformen prophetischer Rede*. München: C. Kaise, 1960.

WHITELOCKE, B. *Memorials of the English Affairs*. London: J. Tonson, 1732.

WILKIN, P. *Le comte de Saint-Germain*. Alleur: Marabout, 1996.

WILLIAMS, A. (Ed.). *Prophecy and Millenarianism*: Essays in Honour of Marjorie Reeves. Essex: Longman, 1980.

WILSON, R. R. *Prophecy and Society*. Philadelphia: Fortress Press, 1980.

WÎTTGENSTEIN, L. *Culture and Value*. Ed. G. H. von Wright. Oxford: B. Blackwell, 1980.

WORSOP, E. *A Discoverie of Sundry Errours*. London: Henrie Middleton, 1582.

WREN, C. *Parentalia*. London: T. Osborn & R. Dodsley, 1750.

WÜLKER, L. *Die geschichtliche Entwicklung des Prodigienwesens bei den Römern*: Studien zur Geschichte und Überlieferung der Staatsprodigien. Leipzig: E. Glausch, 1903.

XENOFONTE. *Helênicas*.

______. *Memorabilia*.

ZAMBELLI, P. (Ed.). *Astrologi hallucinati*: Stars and the End of the World in Luther's Time. Berlin: W. de Gruyte, 1986.

______. Albert le Grand et l'astrologie. *Recherches de Théologie Ancienne et Médiévale*, n.49, p.141-58, 1988.

ZAMIATIN, E. *Nous autres*. [S.l: s.n.], 1928.

ZARRI, G. Les prophètes de cour dans l'Italie de la Renaissance. *Mélanges de l'École Française de Rome – Moyen Âge*, Rome, t.102, n.2, 1990.

# ÍNDICE ONOMÁSTICO

B

D

## K

T

U

## V



## W

SOBRE O LIVRO

*Formato*: 16 x 23 cm
*Mancha*: 27 x 42 paicas
*Tipologia*: Iowan Old Style 10/13,1
*Papel*: Off-white 80 g/m² (miolo)
Cartão Supremo 250 g/m² (capa)
*1ª edição Editora Unesp*: 2016

EQUIPE DE REALIZAÇÃO

*Capa*
Estúdio Bogari

*Edição de texto*
Gisele Silva (Copidesque)
Carmen T. S. Costa (Revisão)
Fábio Bonillo (Revisão)
Nair Hitomi Kayo (Revisão)

*Editoração eletrônica*
Sergio Gzeschnik (Diagramação)

*Assistência editorial*
Alberto Bononi
Jennifer Rangel de França

Cromosete
Gráfica e editora ltda.
Impressão e acabamento
Rua Uhland, 307
Vila Ema-Cep 03283-000
São Paulo - SP
Tel/Fax: 011 2154-1176
adm@cromosete.com.br